# Musikalische Akustik

Veröffentlichung
Des Zentrums für Kunst und Medientechnologie Karlsruhe,
Institut für Musik und Akustik

Donald E. Hall

# Musikalische Akustik

## Ein Handbuch

Herausgegeben von Johannes Goebel

Aus dem Amerikanischen von Thomas A. Troge

SCHOTT

Mainz · London · Berlin · Madrid · New York · Paris · Prague · Tokyo · Toronto

*Für Karl und Kurt*

Bibliografische Information der Deutschen Nationalbibliothek
Die Deutsche Nationalbibliothek verzeichnet diese Publikation in der Deutschen Nationalbibliografie; detaillierte bibliografische Daten sind im Internet über http://dnb.d-nb.de abrufbar.

Bestellnummer 8737
ISBN 978-3-7957-8737-0

Die amerikanische Originalausgabe ist erschienen unter dem Titel Musical Acoustics bei Brooks/Cole Publishing Company, Pacific Grove, California.


www.schott-music.com



Satz: Thomas A. Troge, Karlsruhe
Druck und Bindung: Druckerei Strauss

Printed in Germany · BSS 52883

# Inhalt

Anhänge

# Vorwort

In der musikalischen Akustik bietet sich uns eine einzigartige Möglichkeit, Wissenschaft und Kunst miteinander vereint zu erleben. Auf unserem Weg werden wir sie manchmal in der Rolle freundlicher Antagonisten, aber letztlich doch immer als Partner dabei vorfinden, zu erklären, was Musik ist und „wie" sie ist.

Dieses Buch ist für ein einführendes, nicht-technisches Studium gedacht; es setzt weder wissenschaftliche noch musikalische Vorkenntnisse voraus. Es ist also lesbar für den Neuling, aber gleichzeitig von Interesse und Bedeutung für den erfahrenen Musiker. Ich versuche, eine gleichwertige Darstellung aller Aspekte von musikalischer Akustik zu geben, wobei ich die traditionelle physikalische Analyse (Kap. 8–16) mit der musikalischen Praxis im Bestreben verbinde, die Funktionsweise unseres Gehörs und unseres Gehirns bei der Wahrnehmung musikalischer Ereignisse zu erklären (Kap. 17–19). Eine kurze Betrachtung von Hifi-Komponenten ist eingeschlossen (Kap.16), ohne jedoch allzusehr ausgearbeitet zu sein, da dieser Bereich für eine musikalische Akustik eher nebensächlich ist.

Da dieses Buch für die meisten Leser wohl eine neue Erfahrung von Wissenschaftsverständnis bedeutet, hatte ich zwei Ziele vor Augen: 1. Dem Leser durch einfache physikalische Konzepte die nötigen Werkzeuge an die Hand zu geben, um das „Funktionieren" von Musik zu verstehen; und 2. des Lesers Interesse an Musik als Motivationsquelle für das Studium der wissenschaftlichen Methoden zu nutzen. Jedes Kapitel möchte den Leser mit einigen Aspekten anregen, die auf den ersten Blick alles andere als naheliegend sind; ich hoffe, dem Leser damit den Anreiz zum echten Lernen zu vermitteln.

# Hinweise zur Benutzung

Eingerahmter Text ist ebenso wichtig wie der Haupttext (außer wenn der Titel ein vorangestelltes Sternchen enthält) und nicht schwieriger als dieser; er ist nur abgesetzt, um den Fluß der Darstellung nicht unterbrechen zu müssen. Mit einem Sternchen bezeichnete Abschnitte, einschließlich des ganzen Kapitel 16, sind wahlfrei und keine Voraussetzung für die folgenden Abschnitte. Einige stellen Details dar, die den durchschnittlichen Leser wohl weniger interessieren dürften, andere bedingen mehr wissenschaftliches Hintergrundwissen als ansonsten vorausgesetzt wird.

Jedes Kapitel beinhaltet einige Studienhilfen: Eine Zusammenfassung, eine Liste der verwendeten Symbole, Ausdrücke und Beziehungen, Übungsaufgaben und schließlich Vorschläge für weitergehende Studienprojekte. Die Übungsaufgaben sind äußerst wichtig, und ich habe mir alle Mühe gegeben, sie sowohl realistisch als auch interessant zu gestalten. Viele dieser Aufgaben sind im Anhang beantwortet, aber die Lösung selbst ist meistens viel weniger wichtig als eine klare und sorgfältige Darstellung des Lösungsweges. Mit Sternchen ausgezeichnete Übungen beziehen sich entweder auf wahlfreie Textabschnitte, oder sie sind etwas schwieriger als die übrigen.

Einige Strukturen beziehen sich auf das Buch als ganzes. So sind in einem Glossar die Definitionen der wichtigsten Fachausdrücke rasch nachschlagbar, und die systematische Übersicht in der vorderen Umschlag-Innenseite gibt eine Orientierung, wo welches Schlagwort behandelt wird. Die Darstellung E auf der hinteren Umschlag-Innenseite vereinfacht den Überblick über Noten und Intervalle, Obertonreihen und Kombinationstöne. Anhang A gibt eine kurze Einführung in die Notenschrift für solche Leser, die damit noch nicht vertraut sind; und Anhang B schließlich stellt die nötigen Grundinformationen über physikalische Einheiten und wissenschaftliche Notation zusammen. Die Bibliografischen Hinweise enthalten neben den englischen Originalquellen auch eine Liste deutschsprachiger Literatur.

## Spiralstruktur

Das Thema läßt sich in drei größere Bereiche unterteilen:
1. Klang-ERZEUGUNG durch verschiedene Mittel, insbesondere durch Musikinstrumente;
2. Klang-ÜBERTRAGUNG von der Quelle zum Hörer, und zwar nicht nur durch direkte Übertragung durch die Luft, sondern auch indirekte durch elektroakustische Verstärkung bzw. durch Aufnahme und Wiedergabe;
3. Klang-WAHRNEHMUNG und -VERARBEITUNG durch das menschliche Gehirn auf der Grundlage der Informationsübertragung durch Nervensignale vom Gehör.

Da ein weitergehendes Verständnis eines dieser Bereiche nicht möglich ist ohne zumindest einige Kenntnisse der anderen beiden, wäre eine Abhandlung in einfacher Reihenfolge nicht besonders praktisch. Ich habe stattdessen eine spiralförmige Darstellungsform gewählt, die unten dargestellt ist.

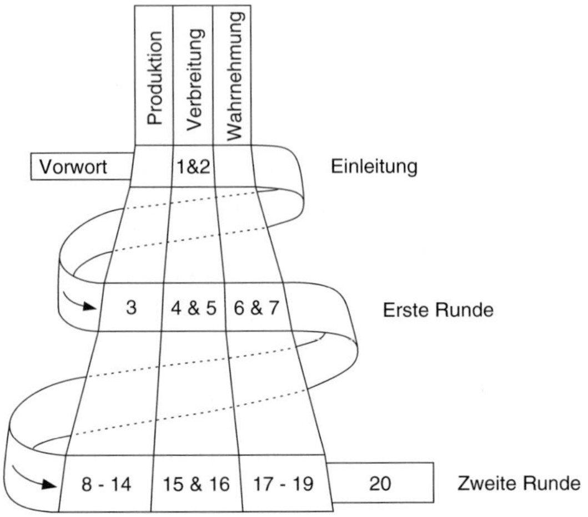

Die ersten beiden Kapitel sind eine breite allgemeine Einführung in die Akustik und solche methodische Hilfsmittel wie Analogien und graphische Darstellungsweisen. Mit Kap. 3–7 schließen wir die erste Spiralumkreisung und haben damit eine Grundlage für alle drei Bereiche gelegt. Die verbleibenden Kapitel stellen eine weitere und gemächlichere Umkreisung mit wesentlich mehr Themen und Konzepten dar. Diese Struktur erlaubt eine Vielzahl von Themen mit unterschiedlicher Gewichtung einzubringen, und der Leser kann zudem relativ leicht gewisse Themen als wahlfrei erkennen. Ich empfehle, das Buch in dieser Art und Weise zu benutzen, da es wohl zu viel Material enthält, um es in einem Zug komplett durcharbeiten zu können.

Ein weiterer Vorteil der spiralförmigen Darstellung ist, daß wir einige knifflige Fragen zunächst anreißen und uns Zeit zum Nachdenken nehmen können, bevor wir die endgültige Erklärung versuchen. Der berühmte Erfinder Charles F. Kettering überzeugte einst einen Freund, einen leeren Vogelkäfig in seinem Haus aufzuhängen, und wettete mit ihm, daß er über kurz oder lang gezwungen sein würde, auch einen Vogel dazu zu kaufen. Bald war der Freund so verärgert über die ständigen Fragen seiner Besucher „Oh, wann ist ihr Vogel gestorben?“ –, daß er schließlich einen Vogel kaufte und die Wette verlor. Kettering glaubte, daß wir absichtlich ungelöste Fragen in unserem Verstand ganz ähnlich wie leere Vogelkäfige aufhängen; deren beunruhigende Präsenz treibt uns dazu an, Lösungen zu finden, um die „leeren Käfige“ füllen zu können.

Das Studium der musikalischen Akustik wäre schwerwiegend beschnitten, wenn nicht psychologische und künstlerische Erkenntnisse gleichwertig mit physikalischen behandelt würden. Ich hoffe, der Leser möge mit fortschreitendem Studium oft über die Wechselwirkung zwischen den drei zentralen Gesichtspunkten nachdenken, so daß jeder der drei zu unserem Verständnis darüber beiträgt, „wie Musik funktioniert“.

## Danksagungen

Die folgenden Personen haben ganz oder teilweise das Manuskript der ersten Auflage durchgesehen und viele wertvolle Hinweise gegeben: William T. Achor; R. Dean Ayers, John W. Coltman; Lowell Cross; Eric N. Koch; Edward L. Kottick; Mark Lindley; William R. Savage; John C. Schelleng; Gabriel Weinreich; Frederick L. Whrightman; John S. Zetts. Ich danke dem beratenden Herausgeber John Shonle für seine unschätzbare Hilfe beim Klären und Ordnen meiner Ideen. Für die vorliegende Auflage waren William Hartmann, Anders Askenfelt und William E. Baylis so freundlich, mir ausgiebige kritische Kommentare zur Verfügung zustellen, die mir bei der Verbesserung des Textes dienlich waren.

Besonderen Dank schulde ich Ray Hefferlin (Southern College), Peter Sturrock (Stanford University) und Claude Barnett (Walla Walla College). Sie nahmen die wichtige Rolle als Mentor während meiner Zeiten als Student, Physiker und Lehrer wahr, und ich schätze die zahllosen Stunden, in denen ich von ihnen lernte.

Es war ein besonderes Privileg, zusammen mit Gaylen Hatton mehrere Jahre lang musikalische Akustik zu unterrichten. Den Abteilungsleitern Michael Shea und Edward Gibson gebührt Dank für die Unterstützung und tatkräftige Anregung meines Lehrens und Schreibens, ebenso Mike Snell, Jenny Sill, Autumn Stanley und Linda Hayes für ihre Hilfe, das Projekt zu beginnen.

Meinen Eltern bin ich dankbar dafür, daß sie mich stets zum Lernen und zur Musik anregten. Und schließlich danke ich meiner Frau, Carol Maxwell, für ihre Geduld während all der Zeit, die dieses Buch in Anspruch nahm.

Donald E. Hall

# Über den Autor

Nach dem Erwerb des Ph. D. in Physik an der Stanford University 1967 lehrte Donald Hall am Walla Walla College, wo er 1971 erstmalig einen Kurs in musikalischer Akustik abhielt. Ein M.A. in Musik an der University of Iowa folgte 1973. Nach einer Lehrtätigkeit an der University of Colorado in Denver kam er an die California State University in Sacramento, wo sein Lehrangebot von den Fakultäten für Musik und Physik getragen wird.

Hall war seit seiner Kindheit aktiver Amateur- und später Berufsmusiker und spielt zahlreiche Instrumente, wobei die (akustische) Orgel sein bevorzugtes Instrument ist. Er ist Mitglied der Amerikanischen Organisten-Vereinigung (American Guild of Organists); neben gottesdienstlichen Funktionen in vielen Kirchen gab er mehrere Solo-Konzerte. Auch baute er mehrere Cembalos; das jüngste zweimanualige Modell nimmt derzeit einen zentralen Platz in seinem Wohnzimmer ein.

# Vorwort zur deutschen Ausgabe

*„Der Ton macht die Musik.“*

Über die ästhetische Seite von Tönen lernen Musiker und Komponisten viel – über ihre akustischen Zusammenhänge allerdings eher gar nichts. Handwerkliche Traditionen und naturwissenschaftliche Grundlagen ihrer Instrumente und die Einflüsse architektonischer, physiologischer und psycho-akustischer Gegebenheiten auf die Wahrnehmung von Musik gehören (noch) kaum zu den Lehrgebieten an Musikhochschulen. Und wer sich dennoch dafür interessiert, hat es schwer, geeignetes Material zu finden.

Gerade im deutschsprachigen Raum tun wir uns schwer mit wissenschaftlichen Aufbereitungen, die einerseits die Fachleute befriedigen und andererseits auch den Nicht-Fachleuten einen Einstieg ermöglichen. Im Fall von »Musik« und »Naturwissenschaft« scheint das ein schon hoffnungsloses Unterfangen zu sein. Die vorliegende deutsche Übersetzung eines US-amerikanischen textbooks kann für Lehrende und Lernende, für Tonmeister, Tonsatzlehrer, ausübende Musiker – gerade auch alter und zeitgenössischer Musik – und für Komponisten ein Vademecum sein, ein ständiger Begleiter im Dschungel übereinandergelagerter Schwingungen. Die klare Struktur des Buches, seine didaktische Auslegung und die Verarbeitung des gegenwärtigen Stands der Forschung laden nicht nur zum konsequenten Durcharbeiten, sondern auch zum Nachschlagen ein.

Mit den zunehmend verbreiteten elektronischen Produktionsmitteln im Bereich der Musik ist auch gerade Komponisten eine intensive Auseinandersetzung mit den akustischen Eigenschaften von Musik zu wünschen. Allzuoft erlebt man etwa, daß Lautsprecher mehr und mehr aufgedreht werden, um größere „Intensität“ zu erreichen; welch ein Fehlschluß, wie man in diesem Buch erfahren kann. – Oder ein Instrumentalist arbeitet mit Differenztönen, die er mit seinem Instrument entdeckt hat, und steht vor einem ihm unbekannten Phänomen, das er weiter erforschen möchte. Oder eine Sängerin fragt sich, warum sie eigentlich lauter als ein Orchester sein kann.

Diese Veröffentlichung ist ein erster Schritt in der Schriftenreihe des Instituts für Musik und Akustik im Zentrum für Kunst und Medientechnologie Karlsruhe. Das Institut ist der Verbindung von künstlerischer Produktion und wissenschaftlicher Forschung verpflichtet. Wir hoffen, in Zukunft weitere Publikationen veröffentlichen zu können, die auch Musiker in den Balanceakt zwischen Ästhetik, Technik und Wissenschaft mit einbeziehen. Eine solide Grundlage über das, was klingt, sei mit dieser Übersetzung gelegt.

Johannes Goebel

# 1. Schall und Klang

Vielleicht erinnern Sie sich an die alte Rätselfrage, ob das Umstürzen eines Baumes in einem menschenleeren Wald ein Geräusch[1] verursacht. Die Antwort hängt natürlich davon ab, wie wir „Geräusch" definieren. Wenn keine Menschenseele im Umkreis von 50 Meilen anwesend ist, würde ein Psychologe möglicherweise mit „Nein" antworten, da keine menschliche Wahrnehmung eines Geräuschs stattgefunden hat. Ein Biologe würde wahrscheinlich fragen, ob ein Vogel oder ein Fuchs nahe genug war, um etwas zu hören. Ein Physiker hingegen würde entschieden mit „Ja" antworten und darauf bestehen, daß „Geräusch" eine Störungsausbreitung in der Luft bedeutet und keinen lebenden Beobachter benötigt.

Ein Lexikon wird Ihnen die Antwort geben, daß „Schall" bzw. „Geräusch" entweder die Bedeutung von Hör-Wahrnehmung *oder* die Schallwelle, die ersteres verursacht, haben kann. Um „Schall" richtig zu verstehen, müssen wir also sowohl dessen physikalische als auch psychologische Aspekte und deren Verknüpfung untersuchen.

In diesem Kapitel werden wir einige der Grundkonzepte von Schall als Grundlage für die folgenden Kapitel erläutern. Nach der genaueren Definition einiger umgangssprachlicher Begriffe werden wir unser Thema in die drei Hauptbereiche gliedern: Schallerzeugung, Schallausbreitung und Schallwahrnehmung. Im Abschnitt 1.3 beginnen wir mit der grundlegenden Beschreibung von Schallwellen, wobei wir anschauliche Analogien zu anderen Wellenerscheinungen finden werden. In den abschließenden Abschnitten des Kapitels werden wir etwas näher auf solche Eigenschaften wie die Geschwindigkeit von Schallwellen und deren Beschreibung in Form von Schalldruckwerten eingehen.

[1] Hall benutzt hier und im folgenden meist das Wort „sound", dessen Bedeutung im Englischen über die des deutschen „Klang" hinausgeht und hier daher je nach Sinnzusammenhang mit „Geräusch", „Schall" oder „Klang" übersetzt ist (A.d.Ü.).

## 1.1 Akustik und Musik

Mit *Akustik* bezeichnet man die physikalische Wissenschaft von den Schallwellen; sie ist einer der Hauptbereiche in der klassischen Physik neben der Mechanik, der Thermodynamik oder Wärmelehre, der Optik und der Elektrizitätslehre. In diesem Jahrhundert sind die Atom- und Kernphysik als neue Forschungsbereiche hinzugekommen.

Obwohl die Akustik nach wie vor ein Hauptgebiet der Physik bleibt, hat sich doch ihr Gegenstandsbereich beträchtlich erweitert. Wer heute eine Fachkonferenz über Akustik besucht, kann dort zahlreiche Vorträge hören, die sich mit Physiologie, Psychoakustik und sogar mit Experimenten, in denen das menschliche Ohr nichts hören kann, beschäftigen. Mit der Erweiterung unseres Wissens hat sich auch die Bedeutung von Akustik schrittweise verbreitert (siehe Kasten 1.1); Akustik um-

Kasten 1.1 Teilbereiche der Akustik

*1) Ultraschall:* Schwingungen, die so schnell erfolgen, daß unser Gehör sie nicht mehr wahrnimmt. Sie finden jedoch zahlreiche Anwendungen, z. B. für Hundepfeifen, Überwachungsanlagen, Reinigungsmaschinen für kleine Maschinenteile usw. Die Festkörper-Physiker benutzen Ultraschallwellen, um z. B. Einzelheiten von Kristallstrukturen zu untersuchen.

*2) Infraschall:* Schwingungen, die zu langsam für unser Gehör erfolgen und die z. B. von Strömungsphysikern bei der Analyse von Detonationswellen und Wettersystemen benutzt werden.

*3) Unterwasserschall:* Er wird mittels Sonar-Geräten bei der Suche nach Unterwasserobjekten angewendet, seien es Fischschwärme, Unterseeboote oder Bodenerfassung.

*4) Eigenschwingungen:* Gebäude-, Brückenschwingungen u. a. , die durch Wind, Erdbeben, marschierende Soldaten usw. verursacht werden können.

*5) Physiologische Akustik* beschäftigt sich mit der Funktionsweise von Gehör und Gehörnerven sowie deren Erkrankungen und wird oft durch Experimente an Tieren untersucht.

*6) Psychoakustik* hat die menschliche Wahrnehmung und Verarbeitung des Schalls, die Beurteilung, Vergleich von und Reaktion auf verschiedene Schallereignisse zum Gegenstand.

*8) Sprache und Hören:* Die Organisation von Schallereignissen zum Zweck der Kommunikation; Betonung auf Therapie solcher Probleme wie Stottern, Aphasie (Verlust der Sprechfähigkeit), Taubheit.

*9) Lärmmessung und -kontrolle:* Ein zunehmend wichtiger Bereich angesichts des ansteigenden Umweltlärms, unter anderem bei Luftverkehr, Straßen- und Industrielärm, Rockmusikkonzerten etc.

*10) Raumakustik:* Entwurf und Materialverwendung für die Schalleigenschaften von Wohnungen, Büros, Konzerthallen usw.

*11) Musikalische Akustik* beschäftigt sich mit den Mechanismen der Schallerzeugung durch Musikinstrumente, den Auswirkungen der Schallwiedergabe und/oder der Wiedergaberäume auf den Klang; schließlich der menschlichen Wahrnehmung von Klang/Geräusch als Musik.

Die ersten vier dieser Bereiche liegen außerhalb unseres Interesses. Die folgenden gehören jedoch eindeutig dazu, auch wenn die meisten (akustischen) Experimente nicht unter musikbezogenen Gesichtspunkten erfolgen. Relativ wenige Wissenschaftler haben ihr Interesse hauptsächlich oder ausschließlich auf musikalische Akustik gerichtet, aber diesen wenigen verdanken wir viele bedeutende Erkenntnisse.

schließt heute verschiedene andere Bereiche, die direkt oder indirekt mit dem, was wir „hörbaren Schall“ nennen, verknüpft sind.

Für den Augenblick wollen wir unsere Aufmerksamkeit auf hörbaren Schall begrenzen und dessen unterschiedliche Arten untersuchen. Mit *Musik* bezeichnen wir jene beabsichtigten Kombinationen von Schallereignissen, die wir für unser ästhetisches Vergnügen auswählen, und üblicherweise hängt dieser Vergnügungseffekt davon ab, inwieweit diese Kombinationen wohlgeordneten Mustern folgen. *Sprache* hat einiges mit Musik gemeinsam, unterscheidet sich aber in ihrem Zweck; sie vermittelt den ganzen Kosmos menschlicher Ideen durch Wortsymbole und weniger durch direkte Übermittlung von Emotionen. Mit *Geräusch* bezeichnen wir gewöhnlich etwas vage alle anderen Schallereignisse, aber meistens meinen wir damit solche, die als ungeordnet oder auch als unangenehm oder unerwünscht erscheinen; laute Geräusche bezeichnen wir als *Lärm*.

Die Grenze zwischen Musik und Geräusch ist jedoch nicht präzise festlegbar. Jede neue Teenager-Generation scheint sich für eine Musik zu begeistern, die ihren Eltern nur Kopfweh verursacht. Und viele Kompositionen, die heute zum klassischen Standardrepertoire gehören, wurden bei ihrer Uraufführung als unerhört und abscheulich bezeichnet. Die Krawalle bei der Erstaufführung von Strawinskys *Sacre du Printemps* waren ein extremer Fall, aber feindselige Reaktionen auf neue musikalische Ideen wie z. B. die in den 50er Jahren entstehende elektronische Musik sind ziemlich verbreitet. Wir wollen daher vorsichtig formulieren, daß jedes hörbare Schallereignis eine durch die Absicht des Komponisten begründete Rolle in seiner Musik spielen kann.

* Kasten 1.2
„... und das soll Musik sein ?“

Am Abend des 29. Mai 1913 wurde ein Ballett mit dem Titel *Sacre du Printemps* erstmalig in Paris aufgeführt. Die Musik stammte von Igor Strawinsky, dessen frühere Werke *Feuervogel* und *Petruschka* ihn bereits als einen Rebellen und Erneuerer bekannt gemacht hatten. Einige Cliquen nutzten die neue Aufführung, um ihren Überzeugungen Ausdruck zu verleihen, wie dies später von Carl van Vechten berichtet wird:

„Ein gewisser Teil des Publikums war fasziniert von dem, wie sie meinten, blasphemischen Versuch, die Musik als Kunst zu zerstören, und mitgerissen von wütender Begeisterung fingen sie an, bald nachdem der Vorhang sich geöffnet hatte, zu miauen und laute Vorschläge für den Fortgang der Vorstellung zu machen. Das Orchester spielte ungehört, ausgenommen wenn es gelegentlich etwas leiser im Zuschauerraum wurde. Der junge Mann, der hinter mir in der Loge saß, stand im Verlaufe des Balletts auf, um besser zu sehen. Die starke Erregung, die ihn gefangenhielt, äußert sich darin, daß er sogleich anfing, mit den Fäusten im Takt auf meinen Kopf zu schlagen. Ich selbst war so außer mir, daß ich die Schläge lange Zeit nicht spürte...“

## 1.2 Zur Vorgehensweise

Wir wollen uns unserem Untersuchungsgegenstand, dem Schall, mit drei Fragestellungen nähern: 1. wie entsteht Schall, 2. wie wird er von einem Ort zu einem anderen übertragen, und 3. wie beeinflußt er die Sinne und Emotionen eines Hörers. Wir können dies auch mit den Begriffen 1. Schallerzeugung, 2. Schallübertragung oder -ausbreitung und 3. Schallwahrnehmung bezeichnen.

Man kann sich leicht davon überzeugen, daß Schallerzeugung etwas mit Schwingungen zu tun hat. Wenn man zum Beispiel den Finger leicht an den Kehlkopf legt (den „Adamsapfel") und dabei singt, brummt oder spricht, kann man die Vibrationen spüren, die ein Zeichen dafür sind, daß Schall etwas mit sich schnell hin- und herbewegenden Objekten zu tun haben muß. Noch offensichtlicher wird dies beim Zupfen einer Gitarrensaite: Man kann nicht nur durch vorsichtiges Berühren das Schwingen der Saite fühlen, sondern sogar ihr Schwirren mit bloßem Auge sehen. Wir müssen also vibrierende, d.h. schwingende Gegenstände untersuchen, um die Schallerzeugung zu verstehen, und wir werden das in den Kapiteln 2–3 und 9–14 tun.

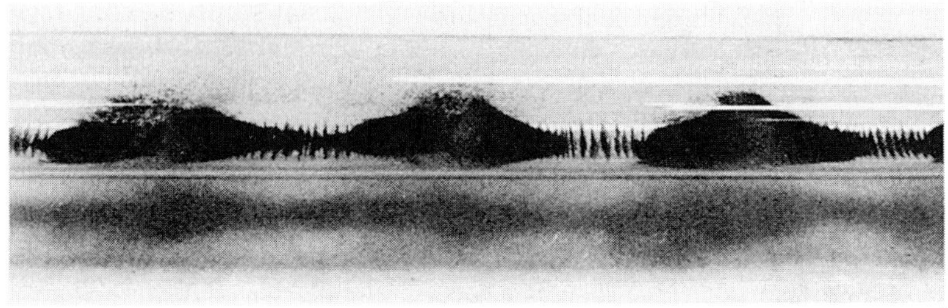

Bild 1.1 Feines Korkmehl wurde zunächst gleichmäßig auf dem Boden dieses Glasrohres verteilt. Ein starker Lautsprecher, an einem Ende angebracht, wirkte dann – zusammen mit seinem Echo durch die andere geschlossene Seite des Rohres – auf die Luftsäule im Rohr ein. Wo die Luftstörung am kräftigsten war, wurde der Staub weggeblasen, und wo sie am schwächsten wirkte, bildeten sich die Häufchen. (Photo : Stephen Hamilton)

Wir können ebenso leicht feststellen, daß es unsere Ohren sind, die uns zur Wahrnehmung von Schall dienen. Aber *wie* sie dies tun oder wie die Nerven und unser Gehirn die Schallinformation der Ohren verarbeiten, ist schon überhaupt nicht mehr offensichtlich. Für unsere Ohren sind die zwei wichtigsten Eigenschaften von musikalischem Schall dessen Tonhöhe und Lautstärke. **Tonhöhe*** ist die Wahrnehmung, wie „hoch" oder „tief" ein Klang ist (entsprechend rechts oder links auf der Klaviertastatur). Wir nennen die Klänge mit hoher Tonhöhe oft auch einfach „Höhen", und die tieferen entsprechend „Bässe". Mit **Lautstärke** bezeichnen wir die Wahrnehmung der Stärke oder Schwäche eines Klangs. Dabei dürfen wir nicht ohne weiteres annehmen, daß eine Schallwelle mit verdoppelter physikalischer Energie auch für unsere Ohren doppelt so laut erscheint; nur durch Messungen können wir den Lautstärkeunterschied herausfinden. Darüber werden wir mehr in den Kapiteln 6–7 und 17–19 erfahren.

* Viele wichtige Bezeichnungen einschließlich der mit einem Sternchen gekennzeichneten sind im Glossar erläutert.

Jedermann weiß wohl, daß die Schallwellen vom Entstehungs- zum Wahrnehmungsort durch Luftschwingungen übertragen werden, obwohl wir diese Schwingungen weder sehen noch fühlen können. Wir versuchen daher, uns Schallwellen unter Zuhilfenahme von Analogien bildlich vorzustellen, sie fiktiv zu „sehen". Üblicherweise stellen wir uns die Schallausbreitung ganz entsprechend den Wasserwellen vor, die wir auf der Oberfläche eines Teiches beobachten können. (Diese Wasserwellen beweisen eigentlich gar nichts, aber sie scheinen die Annahme plausibel zu machen, daß etwas ähnliches in der Luft vor sich gehen könnte.) Wir können auch die Technologie zur Unterstützung unserer Sinne heranziehen, indem wir z. B. einen Raum mit einem kleinen Mikrophon erkunden, welches uns erlaubt, die Schallwellen an jedem Raumpunkt aufzuzeichnen. Die vielleicht beste Anschauung für die Bewegung der Luftteilchen infolge von Schallwellen gibt die Versuchsanordnung in Bild 1.1 wieder.

Es mag vielleicht überraschen, daß die Schallausbreitung – scheinbar der abstrakteste Teil der Akustik – für den Physiker zu den am einfachsten beschreibbaren Phänomenen gehört. Die Schallausbreitung in der Luft kann nämlich durch eine besonders einfache Art von Gleichungen beschrieben werden, die von Mathematikern als *linear* bezeichnet werden. Die physikalische Bedeutung der Linearität ist, daß sich viele verschiedene Schallwellen (beispielsweise die von den Instrumenten eines Orchesters ausgehenden) durch ein und denselben Raum gleichzeitig ausbreiten können, ohne daß eine die andere beeinflußt. Lichtwellen haben gewöhnlich die gleiche Eigenschaft, sich bei ihrer Reise durch den Raum gegenseitig nicht zu stören. Physiker haben es verständlicherweise wesentlich leichter, lineare Phänomene zu berechnen und zu erklären, als solche nichtlinearer Art.

Wir werden die Schallübertragung und -ausbreitung in den Kapiteln 4–5 und 15–16 untersuchen. Es bleibt somit der größte Teil des Buches für die anderen zwei Bereiche vorbehalten, Schallerzeugung und Schallwahrnehmung. Wir werden sehen, daß diese Bereiche infolge von Nichtlinearitäten schwerer zu beschreiben sind und deshalb mehr Raum für unsere Erklärungen benötigen.

Im Rest dieses Kapitels und in dem darauf folgenden werden wir uns mit den grundlegenden Eigenschaften des Schalls vertraut machen. Es werden einige allgemeine konzeptionelle Hilfsmittel vorgestellt, mit deren Hilfe wir die akustischen Theorien klarer und effizienter darstellen können.

## 1.3 Die physikalischen Eigenschaften des Schalls

Schall ist also eine Störung der Luft, durch die er sich ausbreitet. Aber was für ein Art von „Störung"? – Schall wird in der Luft durch sogenannte Longitudinalwellen übertragen, welche Energie von der Entstehungsquelle nach außen abtransportieren; wir werden uns nun mit diesen Wellen vertraut machen.

Obwohl wir diese Unterscheidung später wieder aufgeben werden, wollen wir für den Augenblick zwischen Vibrationen und Wellen unterscheiden. Wir bezeichnen mit *Vibration* die schnelle Hin- und Herbewegung eines einzelnen Objekts oder eines

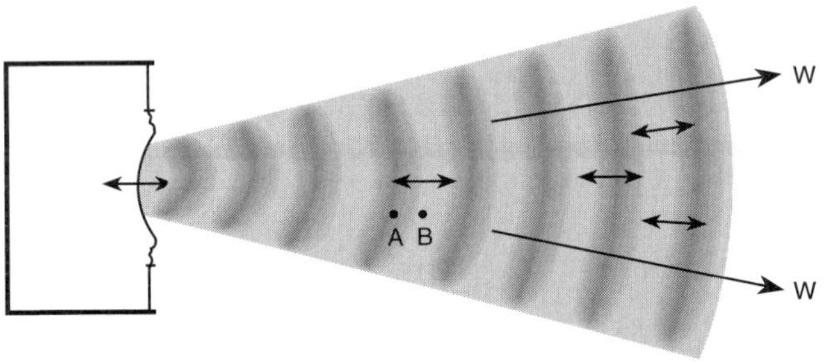


Bild 1.2
Schall wandert als Longitudinal- oder Längswelle von einem vibrierenden Lautsprecher radial nach außen. Es ist das Wellen*muster*, welches „wandert", wie von den Pfeilen W angedeutet. Die einzelnen Teilchen der Luft (kleine kurze Doppelpfeile) bewegen sich vor und zurück parallel zur Ausbreitungsrichtung der Welle W, bleiben aber immer innerhalb eines kleinen Bereichs. Die Grau-Schraffierungen stellen die Verdichtungen bzw. Verdünnungen höchst übertrieben dar, denn in Wirklichkeit handelt es sich dabei um winzige Abweichungen von der durchschnittlichen Dichte in der Größenordnung von Tausendsteln eines Millimeters.

kleinen Teils eines größeren Objektes, wie z. B. die Spitze einer Zinke der Stimmgabel. Das Wort *Welle* soll dagegen eine Störung bezeichnen, die sich von einer vibrierenden Quelle nach allen Richtungen fortpflanzt, wie z. B. die sich ausbreitenden Ringe rund um einen Punkt auf einer Wasseroberfläche, auf den regelmäßig nacheinander herunterfallende Steine treffen.

Es besteht natürlich eine enge Verbindung zwischen diesen beiden Konzepten, denn das Passieren einer Welle durch ein Material bringt jedes winzige Teilchen dieses Materials an den Durchgangsstellen zur Vibration. Jedoch bringt Vibration die Materialteilchen nicht sehr weit von ihrem Ausgangsort weg, und nach dem Passieren der Welle kehrt jedes Teilchen wieder zu seiner vorherigen Ruheposition zurück. Deswegen türmen die Wasserwellen am Strand sich nicht höher und höher auf, und deswegen bringt Schallausbreitung nicht einen stetigen Luftstrom vom Lautsprecher zu unserem Ohr mit sich. Es ist nicht die Luft selbst, die sich durch den Raum bewegt, sondern das Signal *in* der Luft.

Bild 1.2 veranschaulicht, wie eine Schallwelle aussähe, wenn wir die einzelnen Luftteilchen (die Luftmoleküle) sehen könnten. Die dunkleren Gebiete nennen wir *Verdichtungen*; hier sind Dichte und Luftdruck größer, als sie es ohne Schallwelle

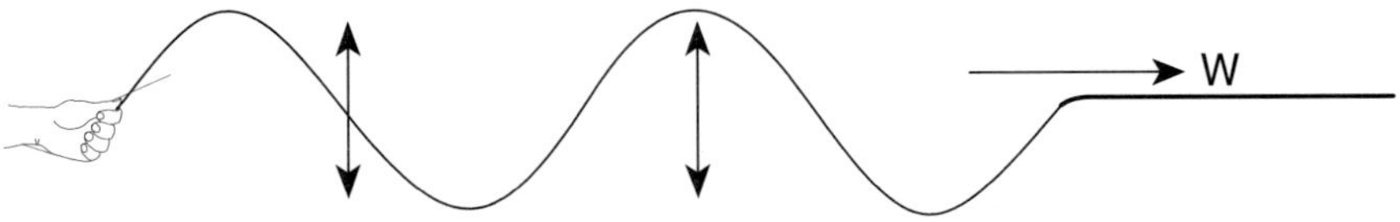


Bild 1.3 Eine transversale Welle bewegt sich ein Seil entlang, das an einem Ende hin- und hergeschwenkt wird. Wenn die Welle sich in Richtung W fortsetzt, wird der im Bild noch ungestörte Teil des Seils ebenfalls zu schwingen anfangen. Es ist lediglich das Wellenmuster, das sich nach rechts fortpflanzt; jedes einzelne Materialteilchen des Seils bewegt sich dagegen auf und ab, wie durch die Pfeile angedeutet. Weil die Bewegung der Welle und die der (Seil-)Teilchen senkrecht zueinander stehen, nennen wir solche Wellen *Transversalwellen.*

*Kasten 1.3 Die Bedeutung von Wellenanalogien

Die Tatsache, daß verschiedene Wellenarten viele gemeinsame Eigenschaften haben, ist in der Physik von größter Bedeutung. Ein Wissenschaftler, der sich einmal generell mit Wellentheorie vertraut gemacht hat, kann in der Regel das Verhalten selbst solcher Wellen voraussagen, die ihm neu sind.

Es gibt außer den bereits erwähnten noch viele andere Wellenarten. Die Steifigkeit von festen Materialien wie z. B. eines Rundeisens bringt es mit sich, daß es sowohl Längs- als auch Querwellen übertragen kann, die sich gewöhnlich mit verschiedenen Geschwindigkeiten ausbreiten. Der Begriff *Schall* wird gewöhnlich ausschließlich mit Längswellen assoziiert; die anderen können als *Biegewellen* oder *Torsions-* bzw. *Verdrehungswellen* beschrieben werden. Die von Erdbeben verursachten seismischen Wellen beinhalten alle diese Wellenarten.

*Plasmawellen* treten in extrem heißen Gasen auf, sowohl in Längs- als auch Querwellenform. Sie sind z. B. von Bedeutung in der Ionosphäre der Erde und beim Solarwind, der die Erde umströmt. Das exakte Verständnis und die Beherrschung von Plasmawellen ist eine der Hauptaufgaben bei den Anstrengungen, die kontrollierte Wasserstoff-Fusion in Gang zu bringen, die eines Tages unsere fossilen Energiequellen ersetzen soll.

Die Analogie der Wellen erstreckt sich bis hin zu den *Quantenwellen*, die um 1920 durch Louis de Broglie und Erwin Schrödinger in die Physik eingeführt wurden. Sie beschreiben das Verhalten von Elementarteilchen im submikroskopischen Bereich. Die einfache und naive Vorstellung von Elektronen und Neutronen (als sozusagen kleinen Billiardkugeln) ist unvollständig, denn Experimente haben gezeigt, daß sie – die Elementarteilchen – auch Welleneigenschaften aufweisen. Die Theorie der Quantenwellen ist eine der Grundlagen für unser gegenwärtiges Verständnis des Atoms und der Kernphysik.

Wir werden noch gelegentlich auf weitere Wellenanalogien zurückkommen.

wären. Die helleren Gebiete sind *Verdünnungen*, in denen Dichte und Luftdruck unterhalb der Werte im Ruhezustand liegen. Jedes Verdichtungsgebiet entsteht dadurch, daß vorübergehend von den beiden benachbarten Verdünnungsgebieten Luftteilchen hineinbewegt werden. Kurze Zeit später dehnt sich das verdichtete Gebiet wieder aus, so daß die Position A im Bild allmählich in ein Verdünnungsgebiet übergeht, und das Verdichtungsgebiet bewegt sich auf Position B zu. So, wie sich dieses Muster von der Schallquelle weg bewegt, wird also die Luft an jedem beliebigen Punkt wiederholt verdichtet und verdünnt.

Es ist von größter Bedeutung, daß sich Schall in Form von Wellen ausbreitet, denn alle Wellen haben gewisse gemeinsame Eigenschaften. Wir können Schall manchmal besser erklären und verstehen, indem wir das entsprechende Verhalten von anderen Wellenarten betrachten (siehe Kasten 1.3). Die Wellen der Wasseroberfläche sind uns wohlvertraut und leicht darzustellen; aber wir kennen auch Licht- und Radiowellen oder die Wellen, die man durch das Hin- und Herschwenken eines gespannten Seils oder einer langen Feder erzeugen kann.

Einige Wellen können danach klassifiziert werden, ob die örtlichen Störungen quer (transversal) oder längs (longitudinal) zur Ausbreitungsrichtung des Störungsmusters liegen. Wenn man ein horizontal gespanntes Seil hin- und herschwenkt, erzeugt man eine Querwelle (Transversalwelle). Gleichgültig, ob man links-rechts oder auf-ab schwenkt, jedes Teil des Seils führt beim Passieren der Welle eine Vibration in der Richtung aus, die senkrecht zur Gesamtlänge des Seils und zur

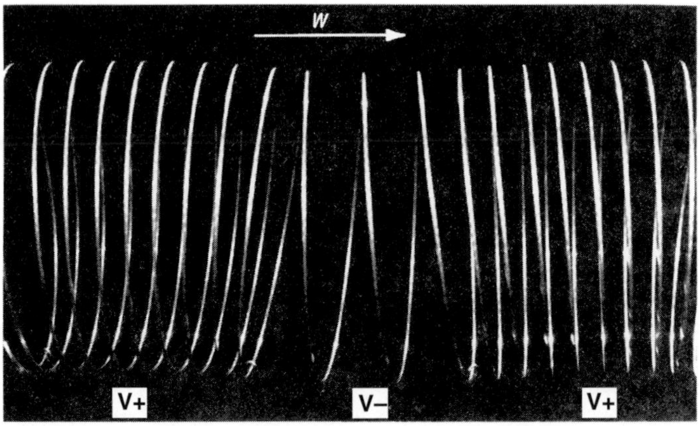


Bild 1.4 Die Ausbreitung einer Längswelle entlang einer elastischen Feder. Sie weist Verdichtungen **V+** und Verdünnungsgebiete **V–** dort auf, wo die einzelnen Windungen gerade enger oder weiter als im Durchschnitt zueinanderstehen.

Ausbreitungsrichtung der Welle ist (Bild 1.3). Auch elektromagnetische Wellen (diese umfassen Radio-, Licht- und Röntgenwellen) haben eine Auslenkung im rechten Winkel zu ihrer Ausbreitungsrichtung; wir nennen daher all diese Wellen *transversal.*

Schallausbreitung in der Luft ist jedoch eine *Longitudinal-* oder Längswelle. Damit meinen wir den Umstand, daß die Vibrationsrichtung jedes einzelnen Luftteilchens *parallel* zur Ausbreitungsrichtung des Wellenmusters erfolgt. („Teilchen" meint hier, daß wir uns die Luft in winzige Würfel unterteilt vorstellen, jeder z. B. einen Hundertstel-Millimeter hoch und angefüllt mit -zig Millionen von Luftmolekülen). Da sich diese Teilchen nicht alle gleichmäßig miteinander – sozusagen „im Takt" – bewegen, werden sie an einigen Stellen zusammengedrängt und an den dazwischenliegenden Stellen auseinandergezogen, ganz wie die Windungen der Feder in Bild 1.4; das bedeutet, die Bewegung der Luftteilchen hat Zu- und Abnahmen der Luftdichte zur Folge. Dies wiederum bewirkt, daß der Luftdruck regelmäßig um seinen Normalwert hin- und herschwankt, und diese Druckschwankungen sind es, die von den meisten Mikrophonen und ebenso von unserem Trommelfell im Ohr registriert werden.

Lassen Sie sich nicht verwirren: Schall wird ganz richtig als Wellen-Erscheinung bezeichnet insofern, als er eine vibrierende Störung ist, die sich von seinem Entste-

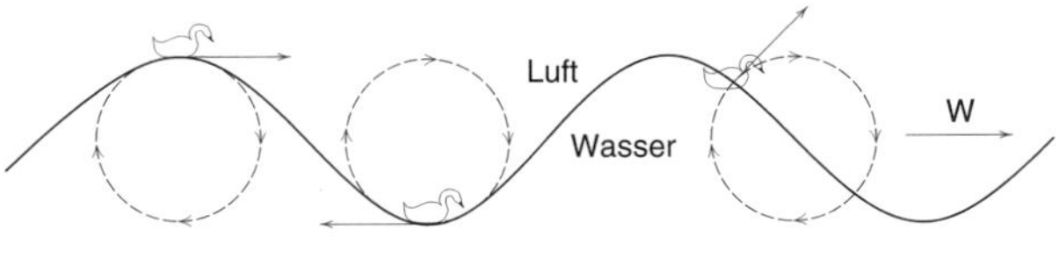


Bild 1.5 Eine Welle breitet sich über die Oberfläche eines Sees aus und „stört" dabei eine Entenfamilie. Während das Wellenmuster sich in Richtung W ausbreitet, bleibt doch jedes einzelne Wasserteilchen ungefähr an derselben Stelle. Jede Ente verbildlicht, was mit dem jeweiligen Wasserteilchen unter ihr gerade passiert. Ein Wasserteilchen auf einem Wellenkamm bewegt sich vorwärts, aber eine halbe Schwingung später, wenn sich dieses Wasserteilchen in einem Wellental befindet, bewegt es sich wieder rückwärts (gestrichelte Kreis-Pfeile). Wo ein Tal gerade vorbei ist und der nächste Wellenkamm herankommt, bewegt sich das Wasserteilchen mit der Ente aufwärts (und umgekehrt). Die vollständige Bewegung eines Wasserteilchens beschreibt eine kreisförmige Linie, so daß diese Welle weder als longitudinal noch als transversal bezeichnet werden kann. – Wenn die Welle in niedrigeres Wasser nahe des Strandes kommt, wird diese Bewegung weit komplizierter.

hungsort her ausbreitet, und er hat viele Eigenschaften mit anderen Wellen gemeinsam. Aber Schall verursacht *nicht* jene Art von Oberflächenwellen, die wir gewöhnlich mit dem Begriff von Welle assoziieren. Oberflächenwellen des Wassers enthalten sowohl Longitudinal- als auch Transversalkomponenten. In dieser Hinsicht sind sie also komplizierter als Schallwellen. Noch komplizierter wird ihre Beschreibung, wenn sie in der Nähe des Ufers „brechen"; dies entspricht in der Luft eher den Schockwellen beim Durchbrechen der Schallmauer als normalem Schall. Man muß daher das Heranziehen dieser Analogie, soweit überhaupt nötig, auf schöne gleichmäßige Wellen oder eine Dünung wie in Bild 1.5 beschränken.

Wir werden oft eine vereinfachte und schematische Darstellung von Schallwellen benutzen, wie sie in Bild 1.6b gegeben ist, anstelle der detaillierten Darstellung in Bild 1.2. In Anlehnung an Wasserwellen nennen wir die Punkte höchster Verdichtung Wellenhügel oder -kamm. Und in Anlehnung an Lichtwellen deuten wir mit einer Reihe von Pfeilen die Richtungen an, in die sich das Wellenmuster bewegt. Diese Pfeile stehen immer senkrecht zu den Wellenhügeln. Sowohl eine Reihe von Pfeilen als auch eine Reihe von Wellenhügeln können eine gute Vorstellung vom jeweiligen Zustand einer Schallwelle geben, und gelegentlich werden wir nur eine von beiden Darstellungsformen benutzen.

Der Abstand von einem Wellenhügel zum nächsten entlang der Ausbreitungsrichtung wird als **Wellenlänge** bezeichnet (obwohl der Begriff Wellenabstand eigentlich besser wäre). Beachten Sie, daß Wellenlänge *nicht* in Richtung der Wellenhöhe gemessen wird. Als Symbol für die Wellenlänge wird der griechische Buchstabe $\lambda$ (lambda) benutzt. Die Wellenlängen des Schalls reichen von ungefähr $\lambda = 2$ cm für die höchsten noch hörbaren bis zu $\lambda = 20$ m für die tiefsten Töne.

## 1.4 Die Geschwindigkeit des Schalls

Bei einem gewöhnlichen Gespräch scheinen die Schallwellen im gleichen Augenblick in unseren Ohren anzukommen, in dem sie gesprochen werden. Ab Abständen von 20 Metern oder mehr kann man aber feststellen, daß die Schallwellen doch etwas Zeit für ihre Reise brauchen. Manche Leute finden es äußerst unangenehm, im hinteren Teil einer großen Konzerthalle zu sitzen, denn die Schallwellen jedes Akkords „reisen" viel langsamer als die Lichtwellen, und so entsteht ein Zeitunterschied zwischen der wahrgenommenen Bewegung des Dirigentenarms und den ankommenden Schallwellen. Dieser Zeitunterschied ist ganz deutlich festzustellen, wenn Sie einen Handwerker in größerer Entfernung beim Einschlagen eines Pfahls mit einem Vorschlaghammer beobachten.

Allerdings sind Schallwellen immer noch so schnell, daß man sich schon etwas einfallen lassen muß, um ihre Geschwindigkeit genau messen zu können (probieren Sie dazu die in Projekt 2 am Ende des Kapitels beschriebene Methode aus). Die Geschwindigkeit von Schallwellen in trockener Luft bei Raumtemperatur ($T = 20°$ C) beträgt $v_{20} = 344$ Meter pro Sekunde; 344 m/s entsprechen 1.238 km/h. Das heißt, der Schall braucht ungefähr drei Sekunden, um einen Kilometer zurückzulegen; damit können Sie ungefähr die Entfernung eines Gewitterzentrums in km ausrechnen, indem Sie die Sekunden zwischen dem Blitz und dem Donner zählen und durch drei teilen. Diese Geschwindigkeit ist für alltägliche Bewegungen sehr schnell; nur wenige von uns haben wahrscheinlich jemals ein Überschallflugzeug bestiegen. Für Physiker jedoch, die mit Lichtgeschwindigkeit (fast eine Million mal schneller!) umzugehen gewohnt sind, ist Schallausbreitung eine relativ langsame Sache.

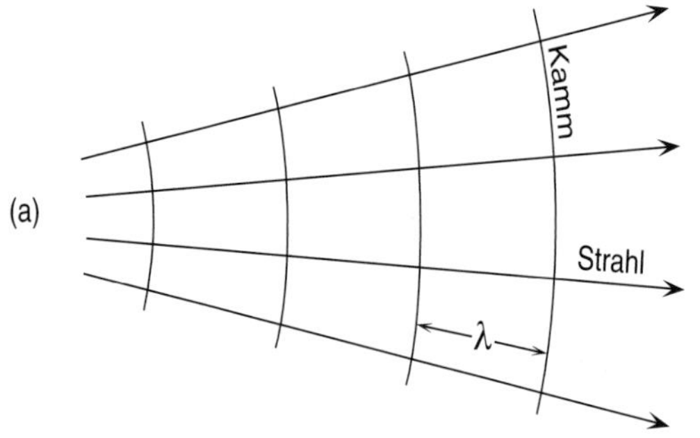


Bild 1.6 a) Eine Folge von Wellenkämmen und die entsprechenden Radialstrahlen ihrer Ausbreitungsrichtung. Der Abstand von Kamm zu Kamm ist die Wellenlänge $\lambda$.
b) und c): Eine etwas genauere Darstellung von: b) Wasser- und c) Schallwellen mit Angabe der Wellenlänge.

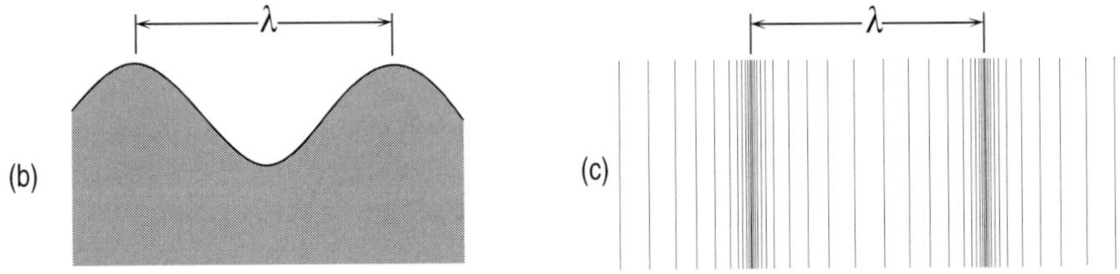


Es ist ein Glück für uns Musiker, daß Luft ein *nicht-dispersives Medium* ist. Damit ist gemeint, daß sich alle Schallwellen, gleichgültig welche Frequenz sie auch haben, mit der gleichen Geschwindigkeit ausbreiten. Man stelle sich vor, wie es im hinteren Teil eines Konzertsaals zugehen würde, wenn dies nicht der Fall wäre: Hohe und tiefe Töne, die zur gleichen Zeit von den Musikern auf der Bühne gespielt werden, würden unsere Ohren zu verschiedenen Zeiten erreichen, so daß jede akkordische Musik hoffnungslos chaotisch wahrgenommen würde!

---

* Diese konstante Ausbreitungsgeschwindigkeit für alle Klänge und Geräusche ist eine Eigenschaft, die nicht alle Wellenarten aufweisen. Alle Farben der Lichtwellen breiten sich im Vakuum mit der gleichen Geschwindigkeit aus, und in der Luft mit fast der gleichen. Aber bei der Ausbreitung durch Glas unterscheiden sich die Geschwindigkeiten beträchtlich: Dies ist der Grund dafür (und auch für das Entstehen des Regenbogens), warum wir weißes Licht nach dem Durchgang durch ein Glasprisma in seine farbigen Bestandteile zerlegt sehen. Wasserwellen breiten sich überhaupt nicht mit gleichen Geschwindigkeiten aus; die Wasseroberfläche ist ein *dispersives Medium,* auf dem sich lange Wellen (d. h. mit großem $\lambda$) schneller und kleine Wellen langsamer fortpflanzen. Man kann dies leicht feststellen, wenn man von einer Brücke aus das Kielwasser eines durchfahrenden Bootes beobachtet. Wer in der Nähe des Meeres lebt, ist mit einem anderen Beispiel vertraut: Ein Sturm weit draußen auf der See erzeugt sowohl lange als auch kurze kleine Wellen. Die langen Wellen erreichen den Strand zuerst, und es kann einen Tag oder mehr dauern, bis auch die kleinen Wellen ihn erreichen.

---

Bei einer Änderung der Lufttemperatur ändert sich auch die Schallgeschwindigkeit. Dies liegt daran, daß Temperatur nichts anderes ist als ein Maß für die Heftigkeit der

Molekularbewegung. Steigt die Temperatur, so werden die zufälligen Molekularbewegungen schneller, benachbarte Moleküle stoßen öfter miteinander zusammen und können so die Schallstörung schneller von einem Gebiet zum nächsten übertragen. Innerhalb unseres musikalischen Interessengebiets können wir festhalten, daß die Schallgeschwindigkeit pro Grad Temperaturzunahme auf der Celsius-Skala um ungefähr 0,6 m/s zunimmt . Beispielsweise beträgt in einem warmen Raum mit 30° C die Schallgeschwindigkeit 350 m/s, also fast 2% mehr als bei 20°C. Das ist mehr als genug, um sich verheerend auf den Klang einer Orgel auszuwirken, die bei 20°C gestimmt wurde: Die Zungenpfeifen der Orgel würden ungefähr ihre Tonhöhe behalten, aber die anderen würden um einen Drittel-Halbton verstimmt klingen (wir werden besser verstehen, warum, wenn wir Kapitel 12 und 13 bewältigt haben). Dies ist auch der Grund, warum Bläser manchmal vorsichtig und lautlos in ihr Instrument hineinblasen, um dieses aufzuwärmen (nämlich, um dessen Innenraum durch Luft mit Atemtemperatur anzufüllen), bevor sie einen wichtigen Einsatz während des Konzerts haben.

*Die Geschwindigkeit des Schalls hängt auch davon ab, durch welches Medium er sich ausbreitet. Bei Raumtemperatur breiten sich Schallwellen mit 1000 m/s durch Helium aus, aber nur mit 270 m/s durch reines Kohlendioxyd. Generell sind Schallwellen in flüssigen oder festen Materialien schneller als in Gasen. Ihre ungefähre Geschwindigkeit z. B. in Wasser beträgt 1500 m/s, in Stahl 6000 m/s.

## 1.5 Schalldruck und Schalldruckamplitude

Wir brauchen nicht nur für die Wellenlänge und die Ausbreitungsgeschwindigkeit, sondern auch für die Wellenstärke präzise Maßeinheiten. Eine mögliche Einheit könnte z. B. der Abstand sein, den jedes Luftteilchen zu seinem normalen Ruhepunkt nach beiden Seiten hin erreicht, während es vibriert. Dies nennen wir die *Auslenkungsamplitude.* Für gewöhnliche Schallwellen ist sie sehr klein – in der Größenordnung von Millionsteln eines Meters oder weniger. Weil es extrem schwierig ist, solch kleine Größen zu messen, wird die Maßeinheit der Auslenkungsamplitude nur sehr selten verwendet.

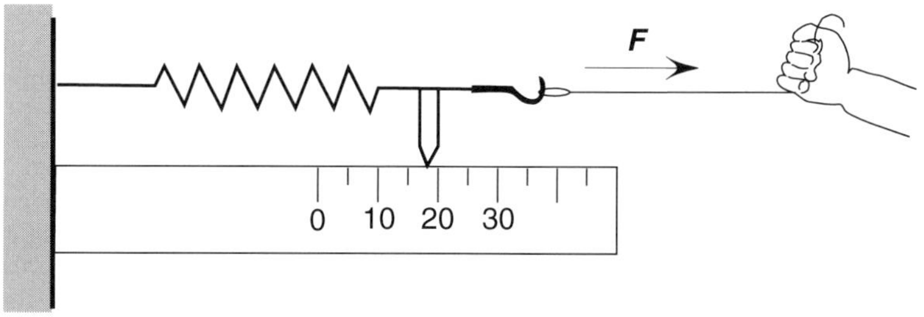


Bild 1.7 Eine Möglichkeit, um Kraft zu messen: Die Federwaage.

Dagegen ist es weit mehr üblich, die *Druckamplitude* zu verwenden. Diese ist definiert als der maximale Anstieg des Luftdrucks (über den normalen atmosphärischen Druck) in einer Schallwellenverdichtung. Schalldruckamplituden sind ebenfalls sehr klein (Millionstel des atmosphärischen Drucks), aber sie können leicht gemessen werden, da Mikrofonmembranen sehr sensibel auf Druckschwankungen reagieren.

Wir haben bisher mit dem vertrauten Begriff des Luftdrucks gearbeitet. Jedermann weiß, zumindest im Falle des Ballons oder des Fahrradreifens, daß eingeschlossene Luft Druck auf seine Behälterwände ausüben kann. Wir sollten aber nun genau erklären, was Wörter wie *Stärke* und *Druck* im physikalischen Sinn bedeuten.

Immer wenn man ein beliebiges Objekt drückt oder schiebt, übt man eine **Kraft** ***F*** auf es aus. Wir können uns nicht damit zufriedengeben, von kleinen und großen Kräften zu sprechen, sondern wir benötigen eine genaue Maßeinheit, mit der wir Kräfte messen können. Dies kann leicht dadurch geschehen, daß wir eine Kraft auf eine Federwaage ausüben. Je stärker die Kraft, umso mehr wird die Feder gedehnt, und mittels eines Zeigers können wir auf einer Skala eingravierte Zahlen ablesen (siehe Bild 1.7), die der ausgeübten Kraft entsprechen. (Wir wollen hier nicht die Frage diskutieren, wie die Federwaage ursprünglich geeicht wurde.)

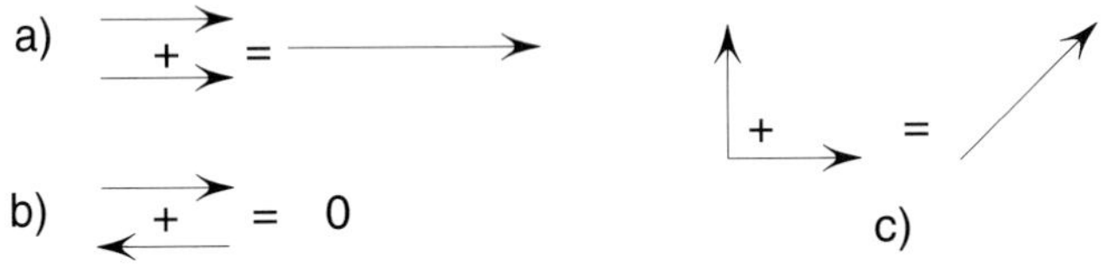


Bild 1.8 Drei Beispiele für die Addition zweier (Vektor-)Kräfte.

Die Maßeinheit für Kraft ist das *Newton* (N); ungefähr 9,8 N entsprechen 1 kp (Kilopond). Das ist ungefähr die Kraft, die man braucht, um eine Literpackung Milch aufzuheben. Um ein Klavier zu heben, brauchen wir ein paar tausend N.

Eine Kraft ***F*** ist nicht vollständig beschrieben, solange wir nicht auch ihre Richtung ebenso wie ihre Größe (den Betrag) angeben. (Physikalische Größen, die sowohl Richtung als auch Größe haben, werden auch als *Vektoren* bezeichnet.) Eine Kraft von 20 N nach links ist nicht das gleiche wie eine Kraft von 20 N nach rechts; jede wird eine andere Bewegung verursachen. Wenn zwei oder mehr Kräfte gleichzeitig wirken, müssen ihre Richtungen berücksichtigt werden, um die resultierende Gesamtkraft zu erhalten. Wenn zwei Leute gleichzeitig mit jeweils 300 N einen stehenden Wagen auf ebenem Boden in die gleiche Richtung schieben (Bild 1.8a), wird die Gesamtkraft von 600 N den Wagen zweimal so schnell beschleunigen, als wenn nur einer allein schieben

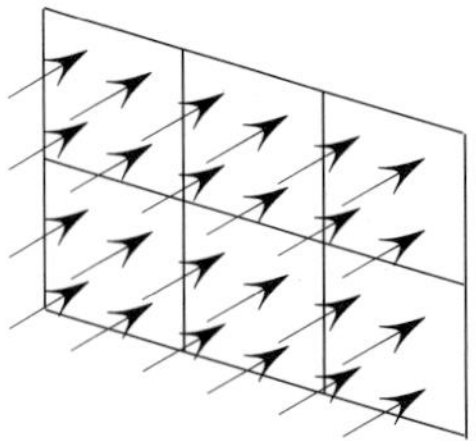

Bild 1.9 Eine Gesamtkraft ***F*** von 24 N wirkt gleichmäßig auf eine Fläche ***S*** von 6 m² und ergibt dadurch einen Druck $p = F/S$ = 4 N/m². (Die Darstellung ist nur schematisch, denn jedes Newton verteilt sich wiederum über seinen Viertel-Quadratmeter usw.; man sollte sich daher eine fast unendlich große Zahl von Pfeilen und winzigen Quadraten vorstellen.)

würde. Wenn aber einer an der Motorhaube und der andere am Kofferraum jeweils in die entgegengesetzte Richtung schieben (Bild 1.8b), beträgt die resultierende Gesamtkraft auf den Wagen Null, und er bewegt sich überhaupt nicht.

Es gibt eine einfache mathematische Methode, um Vektoren zu addieren, die in beliebige Richtung zeigen. Es genügt hier, wenn Sie ihre intuitive Auffassung benutzen, um zu verstehen, daß dann, wenn Sie ein Klavier nach Norden schieben und ich nach Osten, jeder von uns mit einer Kraft von 200 N (Bild 1.8c), die resultierende Gesamtkraft genau so groß ist, als wenn einer von uns alleine nach Nordosten schieben würde mit einer Kraft, die beträchtlich kleiner als 200+200 = 400 N ist (die exakte Zahl beträgt 283 N).

Bisher haben wir den Begriff der Kraft unter der Annahme behandelt, daß die Kraft auf einen Punkt konzentriert wirkt. Für manche Zwecke ist diese Annäherung völlig ausreichend; beispielsweise reden wir meistens nur von der Gesamtkraft, die auf eine Gitarrensaite durch Drehen der Stimmwirbel aufgebracht wird (die sog. *Spannung*), und nicht darüber, wie diese Spannung sich über den kleinen Querschnitt der Saite verteilt.

Realistisch gesehen wirken jedoch fast alle Kräfte auf eine Fläche, nicht auf einen (abstrakten) Punkt; und es kann von großer Bedeutung sein, wie groß die jeweilige Fläche ist. Druck ist ein Maß dafür, wieviel Kraft auf jeden Teil einer Fläche einwirkt. Hier die formal exakte Definition: **Druck $\boldsymbol{p}$** (von *pressure, pression)* bedeutet Kraft pro Flächeneinheit, $p = F / S$ ($S$ steht für Fläche in Quadratmetern oder -millimetern, $F$ für Kraft in Newton, s. o. und unten Bild 1.9).

Betrachten wir zum Beispiel das Gewicht einer Frau, das auf einem dünnen hohen Absatz lastet – nehmen wir an, 500 N (das entspricht unseren umgangssprachlichen 50 kg) verteilt auf 0,0002 $m^2$ oder 2 $cm^2$. Dieser Druck kann sich in einen Teppichboden mehr eindrücken als der Fuß eines Elefanten, der mit etwa 10.000 N auf 0,1$m^2$ Fußfläche drückt; im letzteren Fall beträgt der Druck $(10^4\ N)/(10^{-1}\ m^2) = 10^5\ N/m^2$. Im Falle der Frau auf dem dünnen Absatz beträgt der Druck dagegen $(5 \cdot 10^2\ N)/(2 \cdot 10^{-4}\ m^2) = 2{,}5 \cdot 10^6\ N/m^2$. Da sich nur ein kleines Stückchen Teppich unter dem Absatz befindet, muß dieses Stückchen eine Kraft aushalten, die einem Druck von 2,5 Millionen N pro Quadratmeter entsprechen würde. Das ist 25mal mehr als der Druck des Elefantenfußes.

Besonders interessiert uns natürlich der Druck, den die Luft auf alle Gegenstände ausübt, die sie berührt. Unter normalen Umständen beträgt dieser circa $10^5\ N/m^2$ (das entspricht 1.000 millibar auf einer Wetterkarte). Dieser Druck wird als *eine Atmosphäre (atm)* bezeichnet und oft alternativ als Druckeinheit benutzt; z. B. sind $5 \cdot 10^6\ N/m^2$ gleich 50 atm.

Da die Lufthülle unserer Erde eine Kraft von $10^5$N auf jeden Quadratmeter ausübt, der der Luft ausgesetzt ist, ist das Glas eines Schaufensters mit einer Fläche von $S$ = 10 $m^2$ einer Gesamtkraft von $F = p \cdot S = 10^6$ N ausgesetzt, die nach innen drückt. Warum aber bricht dann das Glas nicht unter solch einer großen Kraft? Weil die Luft im Gebäudeinneren mit der gleichen Kraft auf das Glas nach außen drückt; die resultierende Gesamtkraft auf das Glas ist daher gleich Null. Was passiert aber, wenn der Luftdruck im Inneren gleich bleibt, während der Außendruck um 2% abnimmt?

(Das kann z. B. während eines Tornados passieren, wenn alle Fenster luftdicht geschlossen sind, so daß kein rascher Druckausgleich erfolgen kann.) In diesem Fall würde sich eine Gesamtkraft von $1{,}00 \cdot 10^6 - 0{,}98 \cdot 10^6 = 0{,}02 \cdot 10^6 = 2 \cdot 10^4$ N nach außen ergeben, und die Schaufensterscheibe würde sofort zerbrechen.

Luft ist elastisch; wenn man versucht, sie in ein kleineres Volumen zu pressen, drückt sie mit zunehmendem Druck zurück (denken Sie an das Aufblasen eines Gummiballons oder eine Fahrradpumpe). Wenn wir unsere Lunge mit bestimmten Muskeln zusammenziehen, erhöhen wir den Druck der Luft in ihr gegenüber dem Außendruck; damit erreichen wir, daß beim Ansetzen eines Trompeten-Mundstücks die Luft in der Trompete durch den Druck in unserem Mundraum bewegt wird, da dieser größer ist als der Druck in der Umgebung. Die aus dem Druckunterschied resultierende Kraft verursacht die nach außen strömende Bewegung der Luft im Mundstück der Trompete.

Die Elastizität der Luft ist wesentlich für die Ausbreitung von Schallwellen – der verstärkte Druck in einer Verdichtungszone drückt allseits auf alle umgebenden Luftteilchen in niedrigeren Druckzonen und schiebt sie beiseite, so daß die verdichtete Druckzone sich wieder ausdehnen kann.

Die Druckamplituden von Schallwellen reichen bei erträglicher Lautstärke von circa 0,01 bis 1,0 $N/m^2$, oder $10^{-7}$ bis $10^{-5}$ atm. Eine Druckamplitude von $10^{-5}$ atm bedeutet, der Druck hat einen Maximalwert von 1,00001 atm in der Verdichtungszone und einen Minimalwert von 0,99999 atm in der Verdünnungszone.

## Zusammenfassung

Während die Psychologen sich dafür interessieren, wie der Mensch Klänge bzw. Schallwellen wahrnimmt und verarbeitet, konzentrieren sich die Physiker auf die physischen Mechanismen, durch die Schallwellen erzeugt und transportiert werden. Für sie ist Schall eine Art von Wellenerscheinung unter vielen anderen, die zum Teil von unseren Sinnesorganen gar nicht wahrgenommen werden können. Musiker wählen und kombinieren bestimmte Schallwellen bzw. Klänge für ihre Zwecke, und vielleicht können sie ihr Handwerk des Komponierens und Spielens noch besser verwirklichen, wenn sie wissen, was die Psychologen und die Physiker über Klänge, Klangerzeugung usw. herausgefunden haben.

Schallwellen sind Längs- oder Longitudinalwellen und breiten sich bei Raumtemperatur in der Luft mit einer Geschwindigkeit von 344 m/s aus. Sie werden durch Angabe ihrer Wellenlänge und ihrer Amplitude beschrieben. Die Wellenlänge (Abstand zwischen zwei aufeinanderfolgenden Verdichtungszonen bzw. Wellenkämmen) des hörbaren Schalls liegt zwischen wenigen Zentimetern und mehreren Metern. Die Druckamplituden (maximale Druckanstiege über den Atmosphärendruck in einer Verdichtungszone) sind extrem kleine Bruchteile von 1 atm.

# Symbole, Begriffe, Beziehungen

Die verwendeten Symbole und Begriffe entsprechen in der Schreibweise den internationalen SI-Einheiten, deren Verwendung in der Bundesrepublik gesetzlich vorgeschrieben ist (DIN 1301 u. a.).

$v$ Geschwindigkeit
$T$ Temperatur (in Kelvin K oder Celsius, 273 K = 0°)
$\lambda$ Wellenlänge
$\boldsymbol{F}$ Kraft
$S$ Fläche
$p$ Druck (pression)
$v_{20^\circ}$ = 344 m/s (bei 20° Celsius)
$v_{0^\circ}$ = 332 m/s (bei 0° Celsius)

$v_T = 332 + 0{,}6 \cdot (T_{Celsius})$ m/s (Näherungsformel)
$p = \boldsymbol{F}/S$
$v = s/t$ (Weg durch Zeit)
Schall
Vibration (Schwingung)
Welle:
–longitudinal (= längs)
–transversal (=quer)

Amplitude
Verdichtung
Verdünnung
Tonhöhe
Lautstärke
Höhen
Tiefen (Bässe)

# Übungsaufgaben

1. Kann man mit den einfachen Kategorien von Musik, Sprache und Geräusch das Miauen einer Katze ausreichend genau bezeichnen? Oder das Lied einer Spottdrossel? Das Raunen des Windes in den Bäumen?
2. Wie weit breitet sich eine Schallwelle in der Zeit von 0,002 sec aus, wenn die Temperatur 20° C beträgt?
3. Wie lange braucht der Schall, um die Rückwand eines Konzertsaales zu erreichen, wenn die Temperatur 30° C beträgt und die Bühne 35 m weit weg ist?
4. Bereits kleine Änderungen der Schallgeschwindigkeit von 0,5% (1,7 m/s) können in bestimmten Situationen bei Musikaufführungen von Bedeutung sein. Wie groß dürfen demnach die zulässigen Temperaturschwankungen höchstens sein?
5. Nehmen wir an, ein Xylophonschlegel mit einem Kopf aus Hartgummi bleibt lediglich einige Millisekunden in Kontakt mit dem hölzernen Klangstab, aber während dieser kurzen Zeit übt er eine Kraft von 500 N aus. Wenn diese Kraft auf eine Fläche von nur 5 $mm^2$ ($= 5 \cdot 10^{-6} m^2$) einwirkt, wie groß ist dann der Druck auf diesen Teil des Klangstabs? Geben Sie die Antwort in $N/m^2$ und in atm an. Bedeutet dies, daß die Holzoberfläche während des Aufschlags verformt wird? Wenn Sie etwaige Zweifel beschleichen, betrachten Sie einmal die Oberfläche eines Xylophonstabes genauer!
6. Stellen Sie sich vor, Sie liegen rücklings auf dem Teppich. Schätzen Sie die Oberfläche Ihres Brustkorbs, und berechnen Sie damit die Gesamtkraft, mit der die Atmosphäre auf Ihren Brustkorb drückt. Wie viele Personen mit einem Gewicht von jeweils 500 N müßten auf Ihnen stehen, um die gleiche Kraft zu erzeugen? Warum zerquetscht diese Kraft der Atmosphäre nicht sofort Ihren Brustkorb?
7. Nehmen wir eine Schallwelle mit einer Druckamplitude von 0,3 $N/m^2$ an. Wie groß ist diese Amplitude, ausgedrückt in atm (Atmosphären)? Wie groß sind der Maximal- und der Minimalwert des Drucks im Wirkungsbereich dieser Welle?
8. Nehmen wir an, hochfrequente Schallwellen würden sich mit 400 m/s ausbreiten, tieffrequente dagegen nur mit 300 m/s. Wenn dies tatsächlich der Fall wäre, und man würde

einer Blaskapelle aus 120 m Entfernung zuhören, in welchem Zeitabstand würde man dann eine Tuba und eine Trompete hören, die gleichzeitig einen Akkord blasen?

9. Sie dirigieren eine Kapelle beim ersten Mainzer Karnevalumzug des Jahres. Die Temperatur an diesem Januartag beträgt –10° C. Wie groß ist die Schallgeschwindigkeit? Wie lange braucht die Musik, um einen Zuhörer in 65 m Entfernung von der Band zu erreichen?

10. Nehmen wir an, eine einzelne Schallwelle erzeuge einen momentanen Schalldruck von $10^{-4}$ atm auf eine Mikrofonmembran mit der Fläche von 1 $cm^2$. Welche Gesamtkraft in N wirkt auf die Membran? (Um mit den verschiedenen Einheiten dieser Aufgabe umzugehen, können Sie in Anhang B nachsehen.)

11. Wenn sich in den Verdünnungszonen einer Schallwelle der Druck auf 0,997 atm verringert, wie groß ist dann der Druck in den Verdichtungszonen? Wie groß ist die Druckamplitude dieser Schallwelle, ausgedrückt in $N/m^2$ und in atm? Handelt es sich um einen leisen oder lauten Klang?

# Projektvorschläge

1. Experimentieren Sie mit Wellenerscheinungen, indem Sie eine elastische Feder oder etwas ähnliches benutzen. Beobachten und messen Sie soweit möglich Längs- und Querwellen, deren Geschwindigkeit, das Geschehen, wenn sie das Ende der Feder erreichen, usw. Was müssen Sie tun, um kurze oder lange Wellenlängen zu erhalten? Breiten sich alle Wellen unabhängig von der Wellenlänge gleich schnell aus?

2. Suchen Sie sich ein großes Gebäude, vor dem Sie in 30 bis 40 m Abstand stehen können und ein deutliches Echo hören, wenn Sie in die Hände klatschen. Finden Sie einen Klatsch-Rhythmus, bei dem das Echo die Zeit zwischen zwei aufeinanderfolgenden Schlägen genau halbiert. Stoppen Sie mit Ihrer Armbanduhr die Zeit für 10 oder 20 solcher Klatsch-Schläge. (Erklären Sie, warum das genauer ist, als nur die Zeit für zwei Schläge zu messen.) Schreiten Sie die Entfernung zum Gebäude ab und berechnen Sie daraus die Schallgeschwindigkeit; wie nahe kommen Sie an den zu erwartenden Wert von 344 m/s heran? Wenn Ihr Ergebnis eher bei der Hälfte oder dem Viertel dieses Werts liegt, prüfen Sie, ob Sie die Länge des vom Schall zurückgelegten Weges (hin zur Wand, zurück zu Ihnen) richtig angesetzt haben!
(Die allgemeine Definition der Geschwindigkeit lautet: Die Geschwindigkeit $v$ ist gleich dem zurückgelegten Weg geteilt durch die benötigte Zeit.)

# 2. Wellen und Schwingungen

Schallwellen entwickeln und verändern sich in der Zeit, sie sind dynamisch. Wir müssen daher eine genaue Beschreibung für dieses zeitliche Verhalten finden, da wir bisher immer nur „Momentaufnamen“ dieser Vorgänge behandelt haben. Wir werden das genaue Zählen von Schwingungen oder Vibrationen in Abschnitt 2.1 behandeln und die präzisen Eigenschaften jeder einzelnen Schwingung in Abschnitt 2.2.

Diese Druckschwingungen sind bei weitem zu schnell, um sie nur mit Hilfe unserer Sinne begreifen zu können; deshalb müssen wir nach Hilfsmitteln und Konzepten suchen, die die Physik für uns bereithält. Wir werden sehen, daß die modernen elektronischen Geräte es uns erleichtern, Klänge bis in Tausendstel-Sekunden zu zerlegen, und wir werden dabei eine Vielzahl von verschiedenen Wellenformen entdecken. Um die Fülle dieser Informationen übersichtlich handhaben zu können, müssen wir uns mit deren graphischen Darstellungsformen vertraut machen; dies ist Aufgabe von Abschnitt 2.3.

Die Suche nach der elementaren Wellenform führt uns in Abschnitt 2.4 zur Betrachtung der einfachsten Form einer Schwingung; diese „einfache harmonische Schwingung“ wird sich später auch bei der Untersuchung komplexer Schwingungen als äußerst nützlich herausstellen. Dabei werden wir die Gelegenheit nutzen, um uns solche grundlegenden physikalischen Konzepte wie Trägheit, Widerstandskraft, Eigenfrequenz und (in Abschnitt 2.5) Arbeit und Energie soweit verständlich zu machen, wie wir dies für unsere Zwecke brauchen.

## 2.1 Das Element der Zeit im Schall

Im Gegensatz zu einem Bild hält die Musik nicht still, während wir sie genießen; die Veränderung in der Zeit, das Klingen und Ver-Klingen, gehört zum Wesen der Musik. Wir können zwar die aufgeschriebene Musik in der Partitur beliebig lange studieren, aber dies kann wohl kaum das Hörerlebnis vollständig ersetzen. Wenn wir versuchen, einen musikalischen Ablauf zu verlangsamen, um mehr Details wahrnehmen zu können, verändern wir seine Eigenschaften, und ebenso zerstören wir eine der wichtigsten Eigenschaften einer Aufführung, wenn wir das Tempo beschleunigen. Dies gilt sowohl für die Abfolge von Noten in einer Komposition als auch für die dynamischen Eigenschaften des Klanges eines jeden Tons.

Es gibt mehrere charakteristische Zeitskalen für musikalische Ereignisse. Die größte ist die Gesamtzeit eines Werkes vom Beginn bis zum Ende, in der sich dessen Struktur entfaltet; sie kann zwischen einer Minute und mehreren Stunden betragen. Im Fall einer Sinfonie kann diese Gesamtstruktur überaus kompliziert sein. Durch die Einteilung in Sätze, Abschnitte und Phrasen kommen wir schließlich bis zu einzelnen Akkorden und Noten, ganz ähnlich wie ein Buch in Kapitel, Absätze, Sätze, Wörter und Buchstaben unterteilbar ist.

Einzelne Töne dauern typischerweise ungefähr eine Sekunde, obwohl durchaus auch Dauern von mehreren Sekunden ebenso wie solche von Sekundenbruchteilen auftreten können; wir wollen diesen Bereich von Klangdauern die mittlere Zeitskala nennen. Wir nehmen sowohl Ereignisse auf der mittleren als auch der großen Zeitskala direkt und bewußt wahr; diese Ereignisse bzw. deren Wahrnehmung repräsentieren einen vor allem psychologischen Aspekt von Musik. In Kapitel 7 und 19 werden wir darüber mehr erfahren.

Jeder erklingende Ton eines Musikstücks enthält viele einzelne Schallschwingungen, deren Aufeinanderfolge so schnell ist, daß wir sie nicht mehr einzeln unterscheiden können. Diese kleine Zeitskala bewegt sich in der Größenordnung von Hundertstel- und Tausendstel- (und darunter) Sekunden. Natürlich möchten wir gerne die genauen Eigenschaften jeder Schwingung kennenlernen, und dazu müssen wir zunächst eine Möglichkeit finden, deren Zeitdauer genau zu bestimmen.

Vor der Entwicklung elektronischer Meßgeräte war es ziemlich schwierig, solche kleinen Zeitgrößen genau zu messen. Trotzdem fanden geschickte Experimentatoren einiges Wissenswerte heraus. Im frühen 17. Jahrhundert erzeugte Galileo Galilei Klänge, indem er eine Spielkarte gegen die gezackte Kante einer Münze rieb. Sie können leicht den gleichen Effekt erzielen, wenn Sie statt einer Münze einen Kamm nehmen. Wenn man dann die Zahl der Zähne zählt und die für jede Bewegung benötigte Zeit abschätzt, kann man daraus einen Anhaltswert für die Zahl der Schwingungen erhalten. Durch aufmerksames Hinhören kann man eventuell sogar die Tonhöhe dieses Klanges durch Vergleich mit den Tönen eines Klaviers bestimmen. Je schneller die Bewegung über die Kammzähne, desto höher die Tonhöhe. (Bei einem Versuch schätzte ich einmal eine Tonhöhe irgendwo um das mittlere C bei einem Kamm mit 40 Zähnen und einer grob geschätzten Zeit von einer Fünftelsekunde pro Überstreichen des Kamms. Dies würde eine Vibration von 200 Schwingungen pro Sekunde bedeuten, ungefähr 20% Abweichung vom korrekten Wert – gar nicht allzu schlecht angesichts der Schwierigkeit, solch ein kleines Zeitintervall exakt zu schätzen.)

Im 19. Jahrhundert führten mehrere Forscher genaue Messungen der Schwingungsraten verschiedener Tonhöhen durch, und zwar mit Hilfe entweder von Zahnrädern, die mit einer bekannten Geschwindigkeit rotierten, oder von Sirenenscheiben (siehe Bild 2.1). Die Ergebnisse werden üblicherweise mit dem Begriff der Frequenz der jeweiligen Schwingung angegeben. Wir werden das Symbol »$f$« für die Frequenz benutzen, die in Schwingungen pro Sekunde angegeben wird, meist mit der Benennung Hertz, abgekürzt Hz (benannt nach dem Physiker Heinrich Hertz, 1857–1894). So beträgt z. B. die Stimmfrequenz, nach der die meisten Orchester stimmen, $f = 440$ Hz, der sogenannte Kammerton. Diese Frequenz bedeutet, daß die Trommelfelle des Ohres 440mal pro Sekunde schwingen.

Manchmal sprechen wir auch von der Periode $P$ einer Schwingung, um die Zeit für einen einzelnen vollständigen Schwingungsdurchlauf anzugeben. Da dies die Zahl der Sekunden pro Durchlauf (d.h. pro Schwingung) ist und andererseits Frequenz definiert ist als Zahl der Schwingungen pro Sekunde, muß die einfache Beziehung $P = 1/f$ gelten. Beispielsweise dauert jede einzelne Schwingung einer Stimmgabel mit

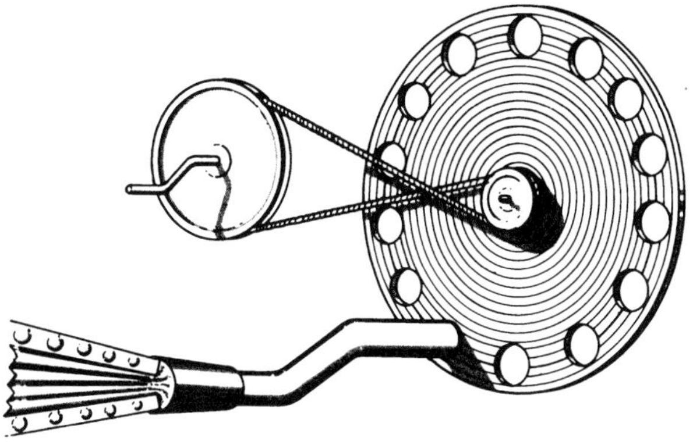

Bild 2.1 Wenn die Sirenenscheibe in Rotation versetzt wird, kann durch jedes Loch ein kleiner Luftstoß aus dem Blasebalg strömen. Durch die Zahl der Löcher auf der Scheibe und der Zahl der Umdrehungen pro Sekunde kann die Frequenz des erzeugten Sirenenklangs bestimmt werden.

A = 440 Hz genau 1/440 einer Sekunde, also 0,00227 s. Dies könnte man auch in der Form $P = 2{,}27$ ms schreiben, wobei ms für Millisekunde steht, dem Tausendstel einer Sekunde.

Wenn wir lediglich daran interessiert sind, die Frequenz einer Schwingung herauszufinden, können wir dies mit Hilfe eines Stroboskops tun. Ein Stroboskop beleuchtet das schwingende Objekt mit einer Folge von kurzen Lichtblitzen, zwischen denen das Objekt unbeleuchtet bleibt. Das Stroboskop-Prinzip ist schon seit langem bekannt, aber erst Xenon-Blitzlichtgeräte erleichterten seine Anwendung (z. B. bei Plattenspielern). An einer modernen Stroboskoplampe können wir mit einem Drehknopf die Blitz-Frequenz einstellen. Wenn diese Folge von Lichtblitzen mit der Frequenz des schwingenden Objekts übereinstimmt, trifft jeder Lichtblitz es am gleichen Punkt in seinem Bewegungsablauf, und das Objekt scheint daher stillzustehen; stimmen die Frequenzen nicht genau überein, so scheint sich das Objekt langsam zu bewegen. Elektronische Frequenz-Zähler sind heute leicht verfügbar; wenn sie z. B. mit dem Signal eines Mikrofons gespeist werden, geben sie automatisch entweder die Periode oder die Frequenz des Signals an.

Der Bereich hörbarer Frequenzen umfaßt ungefähr zehn Oktaven und ist allgemein als ungefähr zwischen 20 Hz und 20.000 Hz liegend bekannt (oder 20 KHz anstatt 20.000 Hz, wobei KHz für Kilohertz steht und 1.000 Schwingungen pro Sekunde bedeutet). Wir bezeichnen niedrige Frequenzen als tiefe, hohe Frequenzen als hohe Tonhöhen.

Die Träger-Frequenzen in der Rundfunktechnik sind viel höher. AM-Rundfunk (Mittelwelle) benutzt einen Sendebereich um 1 MHz (Megahertz, eine Million Schwingungen pro Sekunde) und FM-Rundfunk (Ultrakurzwelle, UKW) einen Bereich um 100 MHz; die Fernsehsender benutzen sogar noch um mehrere hundert MHz höhere Bereiche.

Wir haben nun drei grundlegende physikalische Eigenschaften gefunden, mit denen wir jede sich wiederholende Welle beschreiben können: die Geschwindigkeit $v$, die Wellenlänge $\lambda$ und die Frequenz $f$. Zwischen ihnen existiert eine äußerst wichtige Beziehung, ausgedrückt durch die Gleichung $v = \lambda \cdot f$. Sobald wir also zwei dieser

Größen kennen, können wir sofort auch die dritte berechnen. Dies wollen wir kurz überprüfen.

Betrachten wir eine angeschlagene Stimmgabel bei 20°C im Freien (wo wir keine störenden Reflexionen haben). Während 1 Sekunde bewegen sich 440 Verdichtungszonen von ihr weg, eine nach der anderen. Wenn die 441ste Verdichtung erzeugt wird, hat sich die allererste bereits 344 m weg bewegt. Wenn der Klang sichtbar wäre, würde eine Momentaufnahme von oben zu diesem Zeitpunkt 440 vollständige Wellen zeigen, gleichmäßig verteilt über 344 Meter, so daß der Abstand von jedem Wellenkamm zum nächsten genau 344m : 440 sein muß. Dies ergibt 0,782 m oder 78,2 cm und ist das, was wir in Kapitel 1 als die Wellenlänge $\lambda$ definiert haben.

Die gleiche Überlegung kann auf jeden Fall angewendet werden: Eine Schallquelle mit der Frequenz $f$ Hz sendet in jeder Sekunde genau $f$ vollständige Schwingungen aus, und bei der Geschwindigkeit $v$ werden diese sich über eine Strecke von $v$ Metern in einer Sekunde ausgebreitet haben. Also muß der Wellenkammabstand $\lambda = v/f$ sein.

Diese Gleichung gilt nicht nur für Schallwellen, sondern für jede Form von Wellen. Sie gilt sogar für komplexe Wellenformen (wie z. B. die in Bild 2.4 und 2.5), solange $f$ als die Wiederholungsrate des komplexen Schwingungsmusters interpretiert wird. Entsprechend muß dann $\lambda$ nicht als die einfache Entfernung eines Wellenkamms zum nächsten interpretiert werden, sondern als die zum nächsten korrespondierenden Wellenkamm, bei dem das vollständige Wellenmuster sich zu wiederholen beginnt.

Manchmal ist es bequemer, die Gleichung in den Formen $f = v/\lambda$ oder $v = \lambda \cdot f$ zu schreiben. Es ist leicht einsehbar, daß die Einheiten dieser physikalischen Größen unsere Aussage bekräftigen:

$$v \left(\frac{\text{Meter}}{\text{Sekunden}}\right) = f \left(\frac{\cancel{\text{Schwingungen}}}{\text{Sekunden}}\right) \quad \text{mal} \quad \lambda \left(\frac{\text{Meter}}{\cancel{\text{Schwingungen}}}\right)$$

Falls man einmal die Gleichung vergessen sollte, kann man sie leicht wieder rekonstruieren, indem man die Übereinstimmung der physikalischen Einheiten überprüft.

## 2. 2 Wellenformen

Die Wissenschaftler haben verschiedene Wege beschritten und beträchtlichen Erfindungsgeist entwickelt, um die Einzelheiten der Schallschwingungen anschaulich darzustellen. Nach der Erfindung des Phonographen konnte man mit einem gewöhnlichen Mikroskop die Schallrillen auf der Platte betrachten (Bild 2.2) und hier, konserviert in Hartwachs, eine klare Anschauung gewinnen, wie die ursprünglichen Schallschwingungen bei der Aufnahme den Schneidestift hin- und herbewegt hatten.

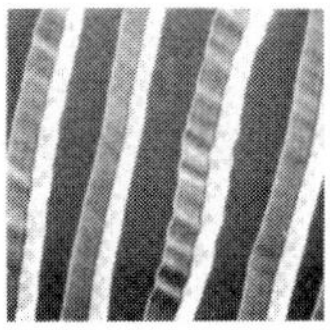

Bild 2.2 Vergrößerte Ansicht einer Schallrille auf einer Schallplatte (mit frdl. Genehmigung von Csaba Hunyar).

Die moderne Technologie macht es uns noch leichter, entsprechende Informationen zu erhalten. Eine Schlüsselrolle spielt dabei das Oszilloskop (Kasten 2.1), ein Gerät, mit

Kasten 2.1 Das allgegenwärtige Oszilloskop

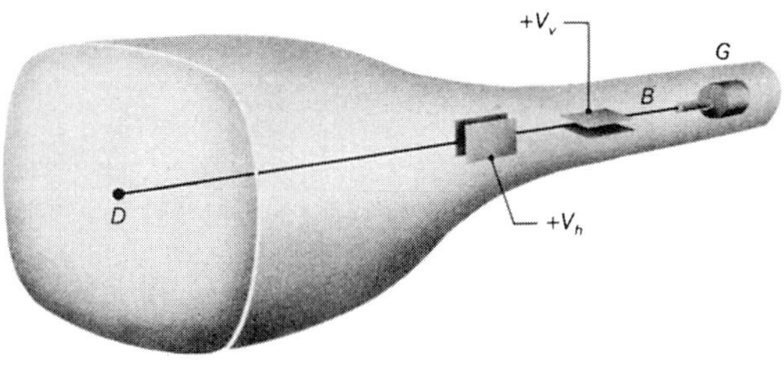


Bild. 2.3 Schema-Skizze einer Kathodenstrahlröhre. Der Elektronenerzeuger G (der sog. Wehnelt-Zylinder) sendet einen Strom B von schnellen Elektronen aus, die beim Auftreffen auf dem phosphoreszierenden Schirm einen Lichtpunkt D erzeugen. Wird eine positive Spannung $U_V$ auf die obere der beiden Vertikal-Ablenkplatten aufgebracht, so zieht diese die (negativ geladenen) Elektronen während deren Durchgang zu sich an und bewegt so den Lichtpunkt auf dem Schirm nach oben. Wird eine negative Ladung aufgebracht, so stößt diese den Lichtpunkt entsprechend nach unten ab. Entsprechend bewegen positive/negative Spannungen $U_h$ auf der rechten der beiden Horizontal-Ablenkplatten den Bildpunkt nach rechts bzw. links. Die zweite Platte in jedem Paar ist elektrisch geerdet. Die Ablenkspannungen werden durch Verstärkerschaltungen aufgebracht, die durch Drehknöpfe und externe Eingangssignale gesteuert werden (z. B. das Antennen-Empfangssignal eines Fernsehers oder das Mikrofonsignal eines Oszilloskops).

Das Oszilloskop ist äußerst vielfältig einsetzbar und in vielen Bereichen der Physik unersetzlich. Wir finden es nicht nur in Physiklabors und Fernseh-Reparaturwerkstätten, sondern auch in den Intensivstationen der Krankenhäuser, in Aufnahmestudios und sogar in Werkstätten für Musikinstrumente. Jeder gründliche Akustikstudent sollte etwas Erfahrung im Umgang mit Oszilloskopen haben.

Wie funktioniert ein Oszilloskop? Ganz ähnlich wie ein Fernseher: Beide haben eine Bildröhre und elektronische Schaltkreise, mit denen das Bild auf dem Schirm kontrolliert wird. Die Bildröhre (auch Kathodenstrahlröhre genannt) hat eine phosphoreszierende Beschichtung, die aufleuchtet, wenn sie von einem Elektronenstrahl getroffen wird, der auf der Rückseite der Röhre erzeugt wird.

Der Elektronenstrom kann durch Ablenkplatten horizontal (links-rechts) und vertikal (auf-ab) gesteuert werden. Die Fernseh-Bildröhre hat elektromagnetische Ablenkplatten in Form zweier Paare von stromleitenden Spulen. Bei den meisten Oszilloskopen wird der gleiche Zweck durch Paare von elektrostatischen Ablenkplatten erreicht (Bild 2.3). Der Elektronenstrom strömt zwischen den beiden Plattenpaaren hindurch; dabei werden je nach deren Ladung die Elektronen abgestoßen oder angezogen, so daß mit der Ladung die Richtung der Elektronen beliebig gesteuert werden kann.

In der üblichen Konstruktionsform wird das Horizontal-Ablenkungsplattenpaar durch Schaltkreise gesteuert, die den Elektronenstrahl von links nach rechts in gleichmäßiger Geschwindigkeit steuern; nach jedem Durchlauf springt der Strahl zurück in die linke Ecke. Mit einem Drehknopf kann man diese Geschwindigkeit und damit die Zeilensprungrate steuern. Wenn sie niedrig ist, z.B. 1 s für jeden Zeilendurchlauf, läßt sich der Elektronenstrahl mit bloßem Auge verfolgen. Ist sie dagegen hoch (z.B. 1 ms pro Zeilendurchlauf), läßt uns die Trägheit unserer Sehwahrnehmung (und der Nachglimmeffekt des Phosphors) es so erscheinen, als ob eine gleichmäßige Linie auf dem Bildschirm leuchten würde.

Für das Vertikal-Ablenkplattenpaar wird eine externe Spannung wie z. B. ein Mikrofonsignal verstärkt und aufgebracht. Ein Anwachsen des Luftdrucks auf das Mikrofon verursacht einen stärkeren positiven Strom, der nun den Elektronenstrom nach oben ablenkt, und ein Nachlassen des Luftdrucks auf einen Wert unterhalb Normaldrucks erzeugt einen negativen Strom, der den Elektronenstrahl nach unten ablenkt. Die wiederholten Schwankungen des Luftdrucks, die durch eine Schallwelle erzeugt werden, verursachen somit einen ebenso wiederholten vertikalen Ausschlag des Elektronenstrahls. Da sich dieser dabei gleichzeitig waagerecht über den Bildschirm bewegt, ist der Gesamteffekt so, als ob die Wellenform sich über den Bildschirm bewegen würde.

Es kann sehr hilfreich sein, diese visuelle Darstellung eines Klangs gleichzeitig zu hören und zu sehen. Es gibt viele Klänge, bei denen das Auge Veränderungen entdeckt, die dem Ohr entgehen.

dem die Veränderung eines elektrischen Signals über die Zeit sichtbar gemacht werden kann. Wir benötigen nur noch ein Mikrophon, das die akustischen in elektrische Signale umwandeln kann, und können sofort jedes kleine Detail einer komplexen Schwingung sehen, sobald wir dies an das Oszilloskop anschließen (Bild 2.4).

Die Zahl möglicher Wellenformen von akustischen Schwingungen ist praktisch unendlich groß (Bild 2.5); die jeweilige Wellenform ist eng verknüpft mit dem, was wir als die Qualität oder „Klangfarbe“ eines Tons empfinden. Bevor wir jedoch diesen Zusammenhang detaillierter darstellen können, müssen wir uns noch einige andere Hilfsmittel zurechtlegen; zur vollständigen Erklärung der Klangfarbe werden wir etwas später kommen.

Auch ein und dasselbe Instrument kann sehr verschiedene Wellenformen erzeugen, je nachdem, wie es gespielt wird. In späteren Kapiteln werden wir dies bis ins Detail studieren; darunter Schlagzeugklänge („perkussive Klänge“), die schnell abklingen (Kap. 9, 10); künstliche, absolut gleichmäßig-statische Klänge, die das gleiche Wellenformmuster unendlich wiederholen (Kap. 8); und die Klänge der Streich- und Blasinstrumente, die teilweise zwar fast gleichmäßige Wellenformen produzieren, in ihrer Anfangs- und Endphase jedoch sehr komplizierte Klangveränderungen durchlaufen (Kap. 11–14).

Eine wichtige Bemerkung über Wellenformen können wir bereits hier machen. Schon ein kurzes Experimentieren mit dem Oszilloskop und einem Mikrofon zeigt, daß einige Schallschwingungen (bzw. deren Wellenformen) wesentlich komplizierter

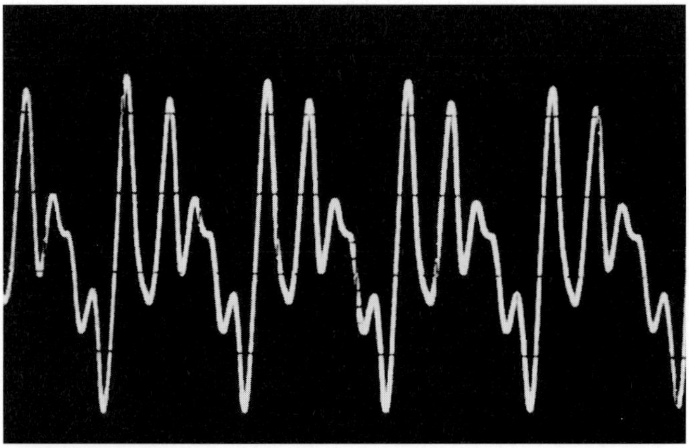

Bild 2.4 Die Anzeige des Oszilloskops zeigt einen vom Autor gesungenen Vokal „o“ mit einer Tonhöhe von ungefähr A ($f \approx$ 110 Hz). Wie in Abschnitt 2.3 erklärt werden wird, zeigt dieses Bild, wie sich der Luftdruck auf das Mikrofon (vertikal) über die Zeit (horizontal) verändert.

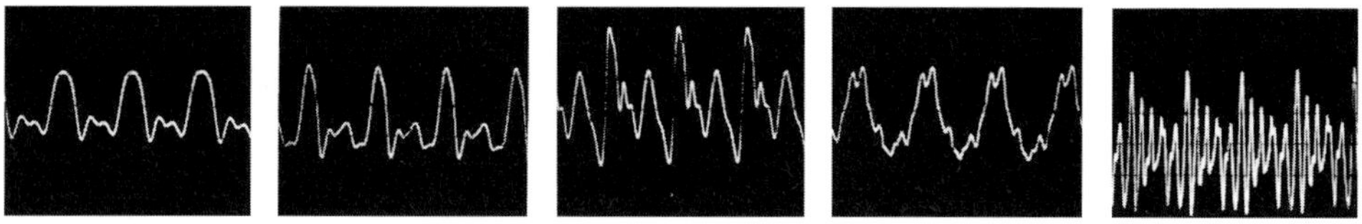

Bild 2.5 Ausschnitte von Wellenformen verschiedener Klangquellen: a) Flöte, b) Trompete, c) Sopransaxophon, d) Violine. a) bis d) spielen jeweils ein a' ($f = 440$ Hz); die dargestellten 3 1/2 Zyklen dauern jeweils ca. 8 ms. – e) zeigt den Klang eines Fagotts mit der Tonhöhe A ($f = 110$ Hz), bei dem die dargestellten 4 1/2 Zyklen ungefähr 40 ms dauern. Man sollte jedoch solche Darstellungen nicht überbewerten, da manche Details von der Position des Mikrofons beeinflußt werden.

sind als andere. Sinnvollerweise bezeichnen wir solche Wellenformen, die innerhalb eines vollständigen Schwingungs-Zyklus mehrere Spitzen aufweisen (wie z. B. in Bild 2.4), als komplexe Wellenformen.

Dies läßt noch viele Möglichkeiten für relativ einfache Wellenformen übrig, wie z. B. die in Bild 2.6. Können wir darunter eine herausfinden, die sich als die einfachste und elementarste von allen bezeichnen läßt? – Wir werden diese Frage in Abschnitt 2.4 beantworten; zunächst unterbrechen wir noch einmal, um sicherzustellen, daß wir die Bedeutung all dieser Bilder von Wellenformen eindeutig verstehen.

## 2.3 Funktionale Beziehungen

Die Abbildungen 2.4 bis 2.6 zeigen uns Bilder aus experimentellen Beobachtungen. Es sind hübsche Bildchen und recht anschaulich, was wellenähnliche Erscheinungen betrifft. Aber was sagen sie genaugenommen aus?

Sie sind Beispiele eines grundlegenden mathematischen Konzepts, das als funktionale Beziehung bezeichnet wird. Eine solche Beziehung beinhaltet Variable oder Größen, die verschiedene Werte unter verschiedenen Umständen annehmen können. So ist beispielsweise die Steuer, die ich jedes Jahr zahle, ein variabler Betrag, der verschiedene Werte annehmen kann, abhängig von meinem Einkommen, meinen Familienangehörigen und den möglichen Absetzungen. Mein Einkommen ist selbst wieder eine Variable, unterschiedlich von Jahr zu Jahr, je nachdem, ob ich den Job gewechselt habe, befördert wurde oder eine erfolgreiche Investition gemacht habe.

Eine funktionale Beziehung ist eine Beschreibung dafür, wie eine Variable von einer anderen abhängt. Mathematiker studieren solche Abhängigkeiten als Abstraktionen um ihrer selbst willen, aber Physiker beschäftigen sich mit funktionalen Beziehungen immer als Beschreibungen der zugrundeliegenden physikalischen Prozesse, besonders der von Ursache und Wirkung. Die Geschwindigkeit einer Rakete ist abhängig von der Zeitdauer, die der Treibsatz brannte, weil die Kraft, die während dieses Prozesses erzeugt wurde, in Wirklichkeit das war, was diese Geschwindigkeit bewirkte. Der Grad an Lautheit, den Sie in ihrem Gehirn registrieren, ist abhängig von der Intensität der Schallwellen, die an ihrem Trommelfell eintreffen, denn die Hör-

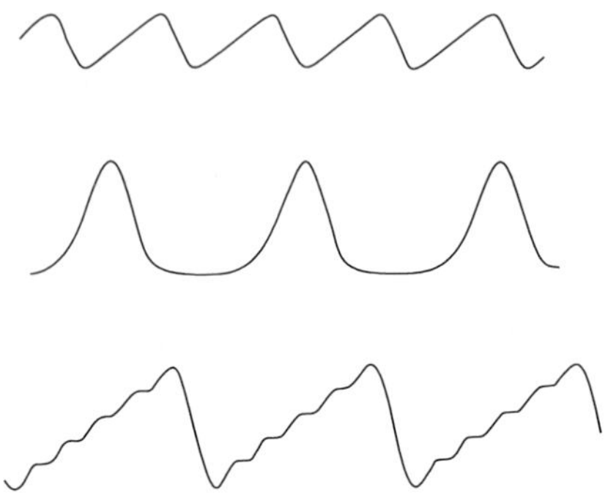

Bild 2.6 Verschiedene Formen für relativ einfache Wellen mit jeweils nur einem einzigen Maximum und Minimum pro Schwingungs-Zyklus.

wahrnehmung ist das Ergebnis der Energie dieser Schallwellen (nach mehreren Zwischenstufen).

Funktionale Beziehungen durchziehen unser tägliches Leben; oft sind sie leicht zu erkennen und qualitativ zu beschreiben. Wir können z. B. sagen: „Die Steuerhöhe ist eine wachsende Funktion des Einkommens", und damit ausdrücken, daß mit steigendem Einkommen auch die Steuerzahlung steigt. Da Wörter für die Wissenschaftler jedoch zu ungenau sind, um Beziehungen präzise zu beschreiben, greifen sie zu anderen Mitteln der Beschreibung.

Eine Möglichkeit solcher Beschreibungen ist das Auflisten von verschiedenen Wertepaaren, die einander zugeordnet sind, in Tabellen mit zwei oder mehr Spalten wie in Tabelle 2.7. In ähnlicher Form werden wir im folgenden mehrfach solche Tabellen benutzen. Tabelle 7.1 zeigt beispielsweise die Beziehung zwischen einer Variablen, die in Zahlen gemessen wurde, und einer anderen mit qualitativen Werten, die durch Codewörter oder Symbole bezeichnet sind. Für den Wissenschaftler mehr geeignet sind aber Tabellen, in denen die Variablen durch Zahlen beschrieben werden, wie z. B. in Tabelle 5.1. Der entscheidende Punkt an solchen Tabellen ist der, daß wir immer, wenn wir einen bestimmten Wert einer der Variablen haben, der uns interessiert, in der Tabelle nachsehen können, um den entsprechenden Wert der anderen (und weiterer) Variablen zu finden. Zum Beispiel kann ich, da ich gerade am 6. August beim Schreiben bin, sofort sehen, daß der Sonnenaufgang heute um 6.12 Uhr ist und der Untergang um 20.11 Uhr. Wenn wir viele solche Einzelfälle untersuchen, können wir auch ein gewisses Verständnis für die zugrundeliegende Gesetzmäßigkeit entwickeln.

Eine zweite Möglichkeit der Beschreibung einer solchen Beziehung ist ihre Codierung in der Kurzform einer algebraischen Formel. Wir könnten zum Beispiel für einen Physiker die gesamte Information in Tabelle 5.1 in der Formel zusammenfassen: „LD = 10 log IR". Ein anderes Beispiel aus dem Alltag ist die Formel „$t = d/v$", in der $t$ die Zeit ist, die Ihr Auto für eine bestimmte Distanz $d$ bei einer Durschnittsgeschwindigkeit $v$ braucht. Es ist eine kurze Form zu sagen: „Wenn man die Zahl der Kilometer bis zu einem Zielort durch die zu erwartende Durchschnittsgeschwindigkeit in km/h teilt, erhält man die voraussichtlich benötigte Reisezeit." Die Formel, die die Tagesdauern in Tabelle 2.7 erzeugt, lautet z. B.

$$L = 12hr[1 + (2/p)arcs\ in(tan\ N\ tan\ D)] + C$$

und ist weit komplizierter als alles, was von Ihnen in diesem Buch verlangt wird. Aber sie beschreibt exakt die physikalische Beziehung, daß die Position D der Sonne (relativ zur Erde) an jedem Tag des Jahres dazu benutzt werden kann, um die Tageslänge L zu berechnen.

Die Bedeutung einer Formel liegt darin, daß sie alle spezifischen Einzelfälle beschreibt und zusammenfaßt. Glauben Sie nicht, daß solche Formeln Ihnen grundsätzlich dunkle Rätsel bleiben müssen. Viele sind durchaus mit dem Verständnis eines jeden Lesers dieses Buches zu begreifen, und das Haupthindernis für ihr Verständnis liegt nur an der Bequemlichkeit, sorgfältig über die exakte physikalische Bedeutung jedes einzelnen Symbols nachzudenken. Trotzdem werden wir solche mathematischen Abkürzungen nur gelegentlich benutzen.

Die dritte Möglichkeit, funktionale Beziehungen zu beschreiben, besteht in deren graphischer Darstellung, und diese Möglichkeit werden wir überwiegend benutzen, denn, wie es so schön heißt, „ein Bild sagt mehr als tausend Worte". Betrachten wir z. B. die mit „Sacramento" bezeichnete Kurve in Bild 2.8, welche die Beziehung zwischen Tageslänge und Datum darstellt. Sie gibt uns genau die gleiche Information,

August 1987
Sonnenaufgangszeiten

| Tag | Sonne Aufgang | Sonne Unterg. | Tagesdauer Stdn. | Tagesdauer Min. | Mond Aufgang | Mond Unterg. |
|---|---|---|---|---|---|---|
| 1 | 6: 07 | 20: 17 | 14 | 10 | 00: 45 | 23: 35 |
| 2 | 6: 08 | 20: 16 | 14 | 08 | 01: 53 | -- -- |
| 3 | 6: 09 | 20: 15 | 14 | 06 | 15: 04 | 12: 05 |
| 4 | 6: 20 | 20: 14 | 14 | 04 | 16: 18 | 12: 41 |
| 5 | 6: 11 | 20: 12 | 14 | 01 | 17: 29 | 01: 28 |
| 6 | 6: 12 | 20: 11 | 13 | 59 | 18: 33 | 02: 27 |
| 7 | 6: 13 | 20: 10 | 13 | 57 | 19: 27 | 03: 38 |
| 8 | 6: 13 | 20: 09 | 13 | 56 | 20: 11 | 05: 58 |
| 9 | 6: 14 | 20: 08 | 13 | 54 | 20: 47 | 06: 19 |
| 10 | 6: 15 | 20: 07 | 13 | 52 | 21: 16 | 07: 39 |
| 11 | 6: 16 | 20: 05 | 13 | 49 | 21: 42 | 08: 59 |
| 12 | 6: 17 | 20: 04 | 13 | 47 | 22: 07 | 10: 06 |
| 13 | 6: 18 | 20: 03 | 13 | 45 | 22: 32 | 11: 16 |
| 14 | 6: 19 | 20: 02 | 13 | 43 | 22: 59 | 12: 24 |
| 15 | 6: 20 | 20: 00 | 13 | 40 | 23: 29 | 13: 31 |
| 16 | 6: 21 | 19: 59 | 13 | 38 | -- -- | 14: 37 |
| 17 | 6: 22 | 19: 58 | 13 | 36 | 00: 04 | 15: 40 |
| 18 | 6: 22 | 19: 57 | 13 | 35 | 00: 46 | 16: 38 |
| 19 | 6: 23 | 19: 55 | 13 | 32 | 01: 34 | 17: 27 |
| 20 | 6: 24 | 19: 54 | 13 | 30 | 02: 28 | 18: 08 |
| 21 | 6: 25 | 19: 52 | 13 | 27 | 03: 27 | 18: 50 |
| 22 | 6: 26 | 19: 51 | 13 | 25 | 04: 28 | 19: 21 |
| 23 | 6: 27 | 19: 50 | 13 | 23 | 05: 30 | 19: 48 |
| 24 | 6: 28 | 19: 48 | 13 | 20 | 06: 31 | 20: 11 |
| 25 | 6: 29 | 19: 47 | 13 | 18 | 07: 32 | 20: 33 |
| 26 | 6: 30 | 19: 45 | 13 | 15 | 08: 33 | 20: 15 |
| 27 | 6: 30 | 19: 44 | 13 | 14 | 09: 35 | 21: 15 |
| 28 | 6: 31 | 19: 42 | 13 | 11 | 10: 38 | 21: 39 |
| 29 | 6: 32 | 19: 41 | 13 | 09 | 11: 44 | 22: 06 |
| 30 | 6: 33 | 19: 39 | 13 | 06 | 12: 53 | 22: 39 |
| 31 | 6: 34 | 19: 38 | 13 | 04 | 14: 04 | 23: 21 |

Tabelle 2.7 Eine Tabelle, aus der Informationen über die Dauer des Tageslichtes in Sacramento ersichtlich sind. Wenn Sie sicher sind, daß die Sonnenaufgangszeit keinen Zufällen unterliegt, können Sie einen Tippfehler in der Tabelle entdecken.

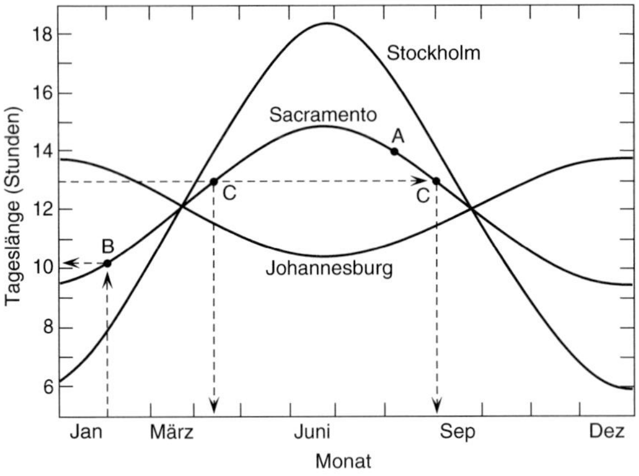


Bild 2.8 Eine graphische Darstellung, die die in Bild 2.7 angegebenen Werte für drei Städte auf verschiedenen Breitengraden enthält. Die Antworten für die im Text gestellten Fragen sind: B) ungefähr 10h 10min und C) 11. April und/oder 2. September.

die wir aus einem Satz von solchen Tabellen wie in Bild 2.7 erhalten könnten, denn diese wurden für das Zeichnen der Kurve benutzt. Beispielsweise, wenn wir den 6. August nehmen, können Sie das Datum auf der waagrechten Achse bestimmen und dann senkrecht nach oben gehen, bis Sie bei der vertikalen Höhe von 14 h einen Punkt machen. Wenn man das mit vielen Punkten macht, kann man schließlich eine glatte Kurve durch diese Punkte legen.

Ist einmal die Kurve gezeichnet, so kann jedermann sie benutzen, um korrespondierende Wertepaare zu finden, ohne die ursprüngliche Tabelle oder Formel haben zu müssen. Sie können z. B. die Frage „Wie lang wird die Sonne am 13. Februar in Sacramento scheinen?“ beantworten, indem Sie die Pfeile (in Bild 2.8) durch den Punkt B nachvollziehen; die Pfeile durch Punkt C beantworten die Frage „An welchem Datum scheint die Sonne 13 Stunden lang?“

An Bild 2.9 kann man ersehen, wie unterschiedliche Informationen rasch durch eine graphische Darstellung veranschaulicht werden können. Wenn Sie die Bedeutung der dargestellten Linien in Bild 2.9 verstanden haben, sollten Sie auf die weiteren Darstellungen vorbereitet sein, die vor uns liegen. Wir können nun auch im einzelnen präzise definieren, was die bisherigen Funktions-Darstellungen (man sagt auch: Graphen) in diesem Kapitel aussagen: Die Oszilloskop-Bilder sind Graphen einer Mikrofonspannung über der Zeitachse; da die Spannung direkt proportional zu dem von einer Stimme oder einem Instrument erzeugten Schalldruck ist, können wir diese Graphen auch als Darstellung des Schalldrucks über die Zeit hinweg betrachten.

Ein zusätzlicher Gesichtspunkt ist aus Bild 2.8 ersichtlich, in dem die Tageslängen für verschiedene Städte dargestellt sind, die in unterschiedlichen Entfernungen nördlich bzw. südlich des Äquators liegen. Wir haben so mehr als zwei voneinander abhängige Variablen, die eine Rolle spielen; in der Formel würde das bedeuten, daß wir verschiedene mögliche Werte für N hätten. Wir könnten dieses Problem dadurch lösen, daß wir einen ganzen Satz von graphischen Darstellungen erstellen, jeweils eine für jede Stadt. Solange wir aber nur einige Städte darstellen wollen, können wir uns vorstellen, daß ihre zugehörigen Graphen jeweils auf durchsichtigen Plastikfolien

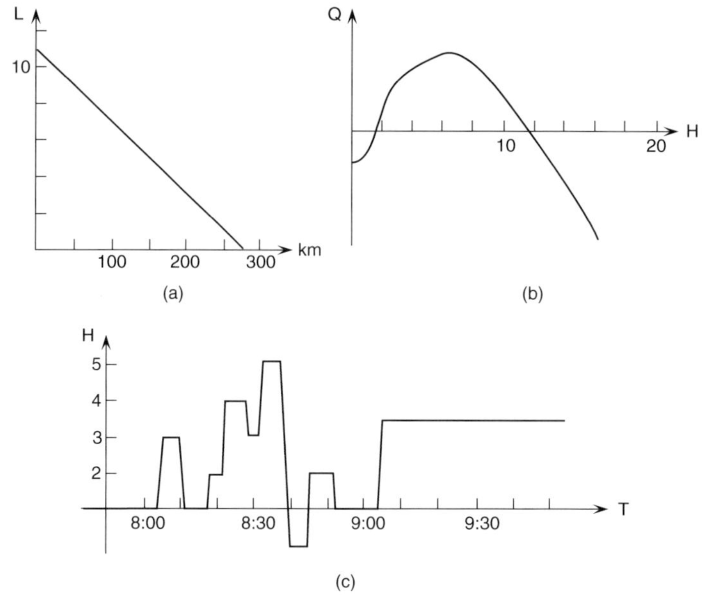


Bild 2.9 Beispiele für graphische Darstellungen. a) Zahl der Liter Benzin im Benzintank eines Autos als Funktion der zurückgelegten Strecke in km; b) Qualitätsverbesserung Q einer musikalischen Aufführung als Funktion der pro Tag für die Vorbereitung aufgewendeten Übungsstunden H; c) Höhe über Grund H (gemessen in Stockwerken) eines Aufzugs als Funktion der Zeit *T*. Zur weiteren Interpretation siehe Übungsaufgabe 11.

gezeichnet sind und übereinandergelegt das Bild 2.8 ergeben. In ähnlicher Weise werden wir in Kapitel 6 die Beziehung zwischen der physikalischen Kraft einer Schallwelle und der vom Menschen wahrgenommenen Lautstärke darstellen. Auch dort spielt nämlich eine dritte Variable mit, da sich verschiedene Ergebnisse ergeben, je nachdem, ob man Klänge mit hoher, mittlerer oder niedriger Tonhöhe zur Messung benutzt. Wir werden dies ebenfalls durch einen ganzen Satz von Graphen darstellen (Bild 6.10).

## 2.4 Die einfache harmonische Schwingung (EHS)

Kehren wir nun zu der Frage zurück, welche Wellenbewegung wir als die einfachste definieren können. Die einfachsten Schallwellen stammen offensichtlich von Klangquellen, die in sehr einfacher Weise schwingen. Was sind also die grundsätzlichen Bedingungen, unter denen irgend ein Objekt zu schwingen anfängt?

Zuerst muß wohl ein Gleichgewichts- oder Ruhezustand vorhanden sein, in welchem das Objekt sich befindet, solange es nicht schwingt. Im Bild 2.10 sind diese Zustandspositionen mit Rp (Ruhepunkt) bezeichnet. Zweitens muß jede Störung dieses Ruhezustandes eine Widerstandskraft $\boldsymbol{F}$ hervorrufen, die auf die Wiederherstellung des Gleichgewichts- bzw. Ruhezustandes hinwirkt. Diese Widerstandskraft stellt man sich üblicherweise als aus der „Steifheit" oder „Elastizität" des Körpers herrührend vor. Beispiele sind sowohl die Widerstandskraft einer gedehnten Feder als auch die Rückstoßkraft einer zusammengequetschten Luftsäule.

Noch eine dritte Voraussetzung muß gegeben sein, damit sich das Objekt bei der Rückbewegung über den Ruhepunkt E hinaus bewegt, und zwar in Form der Trägheitskraft. Damit bezeichnet man üblicherweise die Tendenz jedes physikalischen Körpers, seine derzeitige Bewegung beizubehalten; nur die Wirkung von irgendwelchen anderen Kräften kann diese Bewegung beeinflussen. Das heißt also: Ein Pendel stoppt seine Bewegung nicht plötzlich, wenn es den tiefsten Punkt seiner Schwingung erreicht, sondern seine Trägheit läßt es über diesen Punkt hinausschwingen, und eine andere Kraft bewirkt dann seine allmähliche Abbremsung und läßt es von der anderen Seite her zurückschwingen. Trägheit ist eine Auswirkung der Masse eines Körpers (siehe Kasten 2.2).

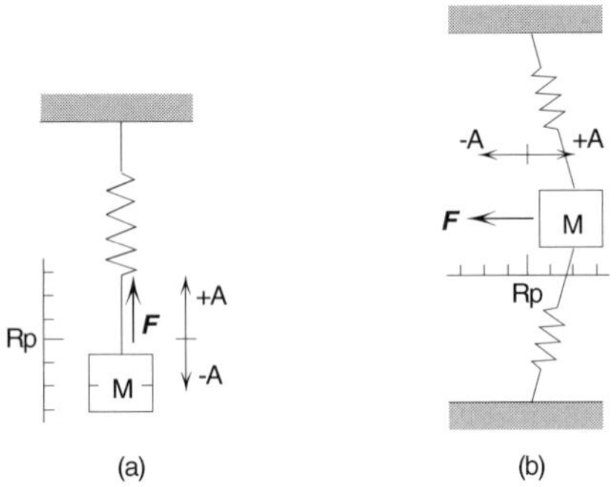


Bild 2.10 Zwei Beispiele von einfachen Schwingungssystemen. a) Durch die Dehnung einer Feder wird eine Widerstandskraft ***F*** auf den Massekörper M ausgeübt. b) Die Spannung der beiden Aufhängungsfedern erzeugt bei Auslenkung von M eine Widerstandskraft ***F***. – Rp ist der Ruhelage- oder Gleichgewichtspunkt; die Distanz A ist die Amplitude der Schwingung.

Der Schwingungsprozeß vollzieht sich also folgendermaßen: Nehmen wir an, der Massekörper M wird nach rechts um eine Distanz +A (wie in Bild 2.10b) aus seiner Ruhelage verschoben, weil jemand ihn zur Seite drückt, und dann losgelassen. Die Widerstandskraft ***F*** beschleunigt den Körper nun zurück nach links mit zunehmender Geschwindigkeit, solange M noch rechts vom Ruhepunkt Rp ist. Wenn M den Punkt Rp erreicht, treibt ihn seine Massenträgheit weiter voran und über Rp hinaus, wobei aber nach Passieren von Rp die Widerstandskraft ***F*** nun in umgekehrter Richtung auf M wirkt und M daher solange abbremst, bis M zum Stillstand kommt bei einer Distanz –A links von Rp. Die Widerstandskraft ***F*** wirkt aber weiterhin nach rechts, und M wird daher wieder in Richtung auf Rp zu beschleunigt. Nach Passieren des Punktes Rp dreht sich die Richtung der Widerstandskraft wieder um und bremst M ab, bis er auf seinem Ausgangspunkt +A wieder für einen Moment zur Ruhe kommt. Danach wiederholt sich die ganze Sequenz. Die maximale Auslenkung (A) nach beiden Seiten des Gleichgewichtspunktes Rp nennen wir die Amplitude der Schwingung.

Ein Sonderfall der Schwingung, den wir einfache harmonische Schwingung (=EHS – bitte merken) nennen, tritt dann auf, wenn die Widerstandskraft ***F*** die Eigenschaft hat, linear zu sein. Damit meinen wir, daß F direkt proportional zur Auslenkung ist: wenn wir den Massekörper zweimal so weit auslenken, wird auch die Kraft ***F*** genau zweimal so groß. Die EHS ist deswegen physikalisch von großer Bedeutung, weil viele kleine Schwingungen natürlicher Systeme von dieser Art sind. Für uns ist es sehr vorteilhaft, daß die Widerstandskräfte von Geigen- oder Klavier-Saiten und luftgefüllten Röhren (Orgelpfeifen, Blasinstrumente) fast vollständig linear sind.

Die Frequenz einer einfachen Schwingung ist immer bestimmt durch die Größe der Widerstandskraft und die Größe der Massenträgheit. Nehmen wir beispielsweise eine ideale Feder mit einer Steifheit (=Widerstandskraft) $k$, so daß das Dehnen der Feder um eine kleine Distanz $y$ genau die Kraft $\mathbf{F} = k \cdot y$ erfordert, wie in Bild 2.11a angegeben. Dann wird ein Massekörper M mit der Masse $m$, den wir am Ende der Feder aufhängen, in einer EHS mit der Frequenz $f = (1/2\,\pi) \cdot \sqrt{k/m}$ hin und her (oder auf und ab ) schwingen, wobei $\pi$ den Wert $\approx 3{,}1416$ hat. Aus der Formel geht exakt hervor, daß die Schwingung umso schneller ist, je steifer die Feder (je größer also die Widerstandskraft $\mathbf{F}$), und umso langsamer, je größer die Masse ist. Am bemerkenswertesten an der Formel ist aber, daß die Größe A überhaupt nicht erscheint – das

Kasten 2.2 Masse und Gewicht

Kräfte können auf vielfältige Weise ausgeübt werden – durch Seile, Stöcke, Finger, Wind, Magnete und so weiter. Eine uns besonders vertraute Kraft ist die Schwerkraft: Die Erde zieht jeden beliebigen Körper in ihrer Nähe zu sich herunter (gleichgültig, ob sie in direktem Kontakt dazu steht oder nicht) mit einer Kraft, die wir als das Gewicht dieses Körpers bezeichnen. Merke: *Gewicht ist nicht das gleiche wie Masse!*

Masse sagt etwas darüber aus, wieviel Materieteilchen ein Körper besitzt und wird in Kilogramm gemessen; sie ist eine *bestimmende innere* Eigenschaft des Körpers. Insbesondere bezeichnet „wie viel Materie“ die Anzahl der Elementarteilchen (Protonen, Neutronen usw.) eines Körpers. Dies ist unabhängig davon, wie dicht diese Teilchen in verschiedenen Atomen oder Molekülen gepackt sind. Ein Kilogramm Federn kann ein weit größeres Volumen einnehmen als ein Kilogramm Blei, aber – mit einer Abweichung von weniger als 1% – beide enthalten die gleiche Anzahl von Protonen und Neutronen.

Masse ist die Ursache für die Eigenschaft der Trägheit; sie ist ein Maß dafür, wie schwer es ist, die Bewegung eines Körpers zu verändern. Dies wird durch Isaac Newtons berühmtes Bewegungsgesetz ausgedrückt: $\mathbf{F} = m \cdot a$. Klarer ist diese Aussage in der Form $a = \mathbf{F}/m$, welche besagt, daß beim Wirken identischer Kräfte auf zwei verschiedene Körper der massereichere von beiden weniger Beschleunigung $a$ (=Änderung seiner Geschwindigkeit) zeigen wird.

Gewicht ist die *Kraft*, mit der ein Körper von der Erde (oder einem anderen Himmelskörper) angezogen wird; sie wird in Newton gemessen und ist eine *äußerliche* Eigenschaft des Körpers. Die Beziehung zwischen Gewicht und Masse ist gegeben durch Gewicht $= m \cdot g$; $g$ (die Erdanziehungskraft) besagt, wie schnell ein Körper im freien Fall auf der Erde beschleunigt wird, und ist ihrerseits bestimmt durch die Masse der Erde und seinen Abstand zur Erde. Der Wert von $g$ beträgt auf der Erdoberfläche näherungsweise 9,8 m/sec$^2$; das heißt, ein losgelassener Körper wird in jeder Sekunde seines freien Falls (wenn wir den Luftwiderstand einmal vernachlässigen) seine Geschwindigkeit um 9,8 m/sec erhöhen.

Ein durchschnittlicher junger Mann könnte z. B. eine Masse von 70 kg und ein Gewicht von $70 \cdot 9{,}8 = 686$ N haben. Wenn der gleiche Mann auf den Mond reisen würde, bliebe seine Masse die gleiche. Da aber die Größe $g$ auf dem Mond nur rund 1,6 m/sec$^2$ beträgt, würde er dort nur etwa ein Sechstel so viel wiegen wie auf der Erde, rund 114 N. Wenn er auf einem Raumflug weitab von jedem Planeten oder Mond wäre, würde er immer noch die gleiche Masse haben, aber sein Gewicht wäre praktisch gleich Null. Unglücklicherweise ist unsere Lebensmittelindustrie höchst nachlässig, was diese Unterscheidung betrifft. Sie können z. B. ein Glas Kirschen kaufen mit der Aufschrift „Nettogewicht 454 Gramm“, aber das ist schlicht falsch. Sie bezahlen für die Netto-*Masse* von 0,454 kg Kirschen, deren *Gewicht* hier auf der Erde $0{,}454 \cdot 9{,}8 = 4{,}45$ N beträgt; würden Sie die gleiche Menge Kirschen auf einem anderen Planeten kaufen, hätte sie ein anderes Gewicht.

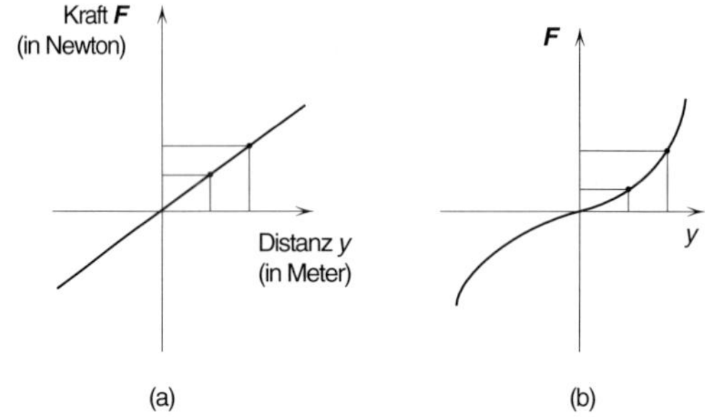


Bild 2.11 Die Abhängigkeit der Widerstandskraft **F** von der Auslenkung $y$ aus der Ruhelage (dem Gleichgewichtszustand) für eine (a) lineare und (b) eine nichtlineare Widerstandskraft. Die Eigenschaft „linear" besagt hier, daß eine exakte Verdoppelung der Auslenkung immer auch eine exakte Verdoppelung der Widerstandskraft bewirkt.

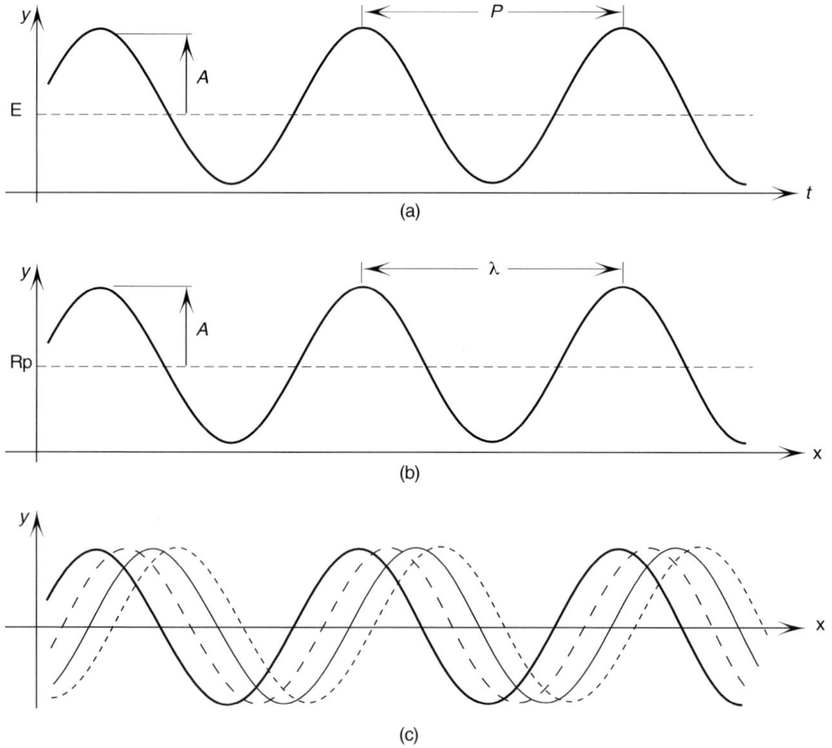


Bild 2.12
a) Graphische Darstellung einer einfachen harmonischen (sinusoidalen) Bewegung EHS. Die senkrechte Achse y repräsentiert die Auslenkung (z. B. die vertikale Bewegung eines Massekörpers, der an einer Feder aufgehängt ist); die waagrechte Achse t stellt den Zeitverlauf dar. Beachten Sie die Amplitude $A$ (maximale Auslenkung) und die Periode $P$ über der Zeitachse. b) Eine sinusoidale wellenförmige Störung als Funktion der Position x im Raum. Die y-Achse stellt einen beliebigen Aspekt dieser Störung dar, wie etwa Höhe der Wasseroberfläche, elektrische Feldstärke eines Radiosenders oder Luftdruck in einer Schallwelle. Beachten Sie die Amplitude $A$ und die Wellenlänge $\lambda$. Diese Darstellung stellt praktisch eine Momentaufnahme der Welle dar, und wir können uns vorstellen, wie eine Folge solcher Aufnahmen [Teilbild c)] ein bewegtes Bild ergibt, in welchem sich die Wellenform über die Seite bewegt. Der Zeitablauf einer EHS für jedes kleinste Teilchen des schwingenden Mediums ist eine Darstellung entsprechend a); für verschiedene Teilchen werden die Spitzenwerte A zu verschiedenen Zeitpunkten erreicht.

heißt, die Frequenz von EHS hängt nicht von der Größe der Amplitude ab. Dies ist eine Eigenschaft, die wir gerne an jedem musikalischen Schwingungskreis oder -erreger so vorfinden möchten, weil sie nämlich bedeutet, daß die Tonhöhe konstant bleibt, gleichgültig ob der Ton laut oder leise gespielt wird.

Die Wichtigkeit der Formel geht jedoch über das geschilderte Beispiel hinaus, denn in jedem Fall einer EHS finden wir immer eine Größe vor, die der Steifigkeit oder Elastizität (und also der Widerstandskraft ***F***), und ebenso eine Größe, die der Trägheit oder Masse entspricht. Die Frequenz der Schwingung wird also immer bestimmt durch diese Größen, ganz genau wie im Beispiel der Feder oben durch die Größen $k$ und m. Verschiedene musikalische Beispiele von ähnlichen Quadratwurzel-Formeln (für Felle bei Schlaginstrumenten, Gitarrensaiten usw.) werden in Kapitel 9 und 10 folgen.

Eine gleichwertige Bezeichnung für EHS ist sinusoidale Bewegung. Bild 2.12 zeigt die Darstellung einer solchen Bewegung. Ein Körper, der sich in einer EHS bewegt, erzeugt wiederum eine Schallwelle, in der jedes Luftmolekül einer solchen EHS unterliegt. Dies wird als einfache harmonische Schwingung oder sinusoidale Welle oder kurz als Sinusschwingung bezeichnet (Bild 2.12b, c). Wenn wir pfeifen, erzeugen wir annähernd eine solche Sinusschwingung.

Die volle Bedeutung von EHS im Bereich der Akustik wird deutlich werden, wenn wir (in Kapitel 8 und den darauf folgenden) untersuchen werden, wie komplexe Schwingungen als Kombination mehrerer einfacher Schwingungen erklärt werden können.

## 2.5 Arbeit, Energie, Resonanz

Für ein tiefergehendes Verständnis schwingender Systeme müssen wir noch einen Schritt über die bloße Beschreibung von EHS hinausgehen. Wir müssen genauer die Beziehung zwischen einem Oszillator (= einem schwingenden System) und seiner Umgebung untersuchen, vor allem die Frage, wie die Umgebung auf den Oszillator einwirken muß, damit eine Schwingung in Gang kommt.

Die Schlüsselkonzepte hierfür sind Arbeit und Energie. Diese zwei Worte haben in der Physik eine viel genauere Bedeutung als in der alltäglichen Umgangssprache: Arbeit wird immer dann verrichtet, wenn ein Körper eine Kraft auf einen anderen Körper ausübt in der gleichen Richtung, in der der zweite Körper sich bewegt. Findet keine Bewegung statt, so wird auch keine Arbeit verrichtet, wie groß die Kraft auch immer sein mag. Ich könnte den ganzen Tag mit aller Kraft gegen eine Ziegelmauer drücken und todmüde nach Hause kommen, aber solange die Mauer stehen bleibt, hätte ich keinerlei Arbeit im physikalischen Sinne verrichtet. Man muß also immer beachten, daß nur Kräfte oder Kraftkomponenten in der gleichen Richtung wie die Bewegung für die Berechnung der verrichteten Arbeit zählen. Ein Körper, der sich nur waagerecht bewegt, erfährt keine auf ihn verrichtete Arbeit durch die Schwerkraft, die ja vertikal wirkt; nur wenn er sich auf- oder abwärtsbewegt, kann die Erdanziehung Arbeit auf ihn verrichten.

Die Maßeinheit von Arbeit (Symbol: $W$) ist definiert als die Kraft multipliziert mit der Strecke, entlang derer sie wirkt: $W = \mathbf{F} \cdot s$. Um eine 10 kg-Masse anzuheben, muß ich aufwärtsdrücken mit einer Kraft, die dem Massen-Gewicht entspricht, also 98 N. Wenn ich die Masse über eine vertikale Strecke von 2 m anhebe, beträgt die von mir verrichtete Arbeit $W$ = 98 N · 2 m = 196 Nm; dieser Wert wird auch als 196 J (Joule) bezeichnet. (Eine 100-Watt-Glühbirne verbraucht gleichviel Energie – gespeicherte Arbeit – in etwa 2 s.) Nehmen wir für ein anderes Beispiel einen Geiger, der den Bogen mit einer Kraft von $\mathbf{F}$ = 0,6 N gegen die Saiten streicht. Die Arbeit, die verrichtet wird, um den Bogen über eine Strecke $s$ = 0,3 m zu führen, beträgt also $W$ = 0,6 N · 0,3 m = 0,18 Nm bzw. 0,18 J. Ein kleiner Anteil dieser Arbeit wirkt auch auf die den Geigenkörper umgebende Luft.

Energie ist eine unvermeidbare Eigenschaft jedes Körpers, auf den wir Arbeit verrichten. Sie kann definiert werden als ein Maß für den Nettobetrag der Arbeit, die auf einen Körper in der Vergangenheit verrichtet wurde und in ihm sozusagen gespeichert ist, oder, gleichbedeutend, als Maß der potentiellen Arbeit, die dieser Körper in der Zukunft auf andere Körper verrichten könnte. Energie ist also eine Quantität, die von einem Körper auf einen anderen übertragen wird durch den Vorgang der Verrichtung von Arbeit. Sie kann gespeichert werden wie Geld auf der Bank und später verbraucht werden. Energie (sozusagen der Stand des Bankkontos) wird in der gleichen Einheit Joule gemessen wie die Arbeit (der Ein- oder Auszahlungsbetrag, um im Beispiel zu bleiben).

Eine rollende Billardkugel besitzt Energie (genannt kinetische Energie), denn wenn sie durch die Kollision mit einer anderen Billardkugel gestoppt wird, kann sie Arbeit auf diese verrichten; d.h., die erste Kugel kann die zweite in Bewegung versetzen und damit Energie auf diese übertragen. Das hinter einem Staudamm aufgestaute Wasser besitzt ebenfalls Energie (potentielle Energie genannt) in Abhängigkeit von seiner Höhe, denn wenn es auf eine niedrigere Höhe durch eine Turbine hindurch herunterströmt, verrichtet es ebenfalls Arbeit. Eine gedehnte Stahlfeder hat ebenfalls Energie gespeichert und kann einen massiven Körper bewegen, wenn sie in ihre Ruheposition zurückkehrt.

Energie verschwindet nicht auf magische Weise irgendwohin. Wir müssen immer das sogenannte Gesetz von der Erhaltung der Energie beachten, welches eines der fundamentalsten Naturgesetze ist. Energie kann von einem Körper auf einen anderen übertragen werden oder von einer Form in eine andere wechseln, aber die Gesamtsumme innerhalb des betrachteten Systems ändert sich niemals. Wenn Sie einem Ball kinetische Energie durch einen Armwurf verleihen, geht das auf Kosten der chemischen Energie, die in ihrem Körper bei Ihrer letzten Mahlzeit gespeichert wurde.

Schallwellen transportieren ebenfalls Energie. Der Erzeuger der Schallschwingung verrichtet Arbeit auf die angrenzenden Luftmoleküle, wenn er sie in Bewegung versetzt. Diese Energie wird von Molekül zu Molekül weitergegeben und erreicht schließlich die Luftmoleküle unmittelbar an unserem Trommelfell, welches dadurch ebenfalls in Bewegung versetzt wird; die Arbeit wird also somit auch auf das Trommelfell verrichtet und liefert die Energie, die schließlich die inneren Strukturen des Ohres in Schwingung versetzt.

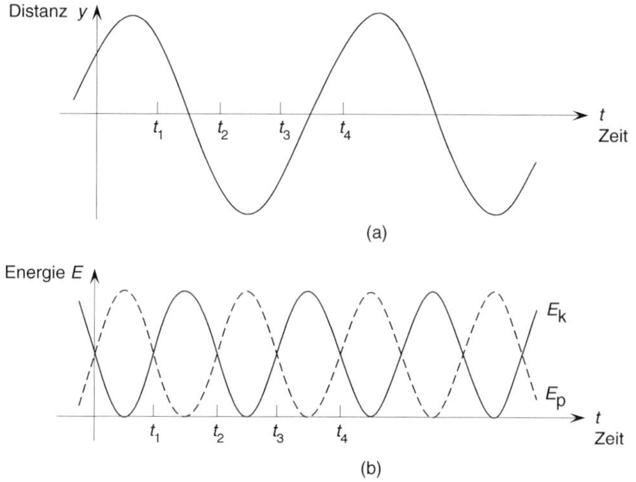


Bild 2.13 a) Auslenkung eines Oszillators als Funktion der Zeit. Positive und negative Werte von $y$ stellen die Positionen über bzw. unter dem Gleichgewichtspunkt z. B. der Masse in Bild 2.10a oder rechts und links desselben in Bild 2.10b dar. – b) Kinetische ($E_k$) und potentielle ($E_p$) Energie (gestrichelte Linie) für den gleichen Oszillator. Zu den Zeiten $t_1$ und $t_3$ wird $E_p$ in $E_k$ umgewandelt und umgekehrt zu den Zeiten $t_2$ und $t_4$. Beachten Sie, daß bei diesem idealisierten reibungslosen Oszillator die Gesamtenergie (die Summe von $E_p$ und $E_k$) während der Schwingungsdauer konstant bleibt.

Der kontinuierliche Wettstreit zwischen Widerstandskraft und Trägheitskraft in jedem harmonischen Oszillator kann auch als ein Wechselspiel zwischen potentieller und kinetischer Energie beschrieben werden. Während die Masse sich auf die Gleichgewichtsposition zubewegt (wie z. B. zur Zeit $t_1$ und $t_3$ in Bild 2.13), verrichtet die Widerstandskraft Arbeit auf sie und erhöht dadurch ihre kinetische Energie. Dieser Energiebetrag geht gleichzeitig der in der Feder gespeicherten potentiellen Energie verloren. Wenn die Masse sich über den Gleichgewichtspunkt hinausbewegt und langsamer wird, wirkt die Widerstandskraft der Bewegung entgegen. Das heißt, die Widerstandskraft verrichtet nun negative Arbeit auf die Masse und reduziert dadurch deren kinetische Energie (Zeitpunkte $t_2$ und $t_4$ in Bild 2.13). Man könnte dies auch so ausdrücken, daß nun die Masse auf die Feder Arbeit verrichtet und deren potentielle Energie erhöht. So wechselt die Energie während der Schwingungen fortwährend zwischen kinetischer und potentieller Form hin und her, aber die Gesamtsumme der Energie bleibt unverändert. In der Realität nimmt natürlich diese Gesamtschwingungsenergie allmählich ab, weil sie durch Reibung oder Abstrahlung allmählich in Wärme- oder Schallenergie umgewandelt wird.

Woher kommt nun die ursprüngliche Schwingungsenergie? Eine Violinsaite beginnt nicht plötzlich zu schwingen – sie muß durch Zupfen, Schlagen oder Streichen angeregt werden. Wir finden hier zwei grundsätzliche Arten von Anregung: schlagartige (impulsartige) und gleichmäßige (kontinuierliche). Schlagen und Zupfen erfordern einen äußerlichen Körper wie z. B. einen Finger, um die Saite auszulenken. Das heißt, der Finger verrichtet Arbeit auf die Saite und liefert durch einen einzelnen Impuls den Energievorrat für die folgenden freien Schwingungen der Saite.

Bei kontinuierlicher oder gleichmäßiger Anregung verrichtet ein anderer Körper wie z. B. der Arm des Geigers mit dem Bogen mehr und mehr Arbeit auf die Saite, während diese schwingt. (Wie das genau funktioniert, ist ein bißchen komplizierter und wird in Kapitel 11 erklärt.) Dieser kontinuierliche Energiezufluß gleicht die Verluste durch Reibung und Abstrahlung wieder aus und sorgt damit für eine gleichbleibende Schwingungsenergie.

Eine besonders effektive Methode, um Energie gleichmäßig an einen Oszillator zu liefern, ist die mittels Resonanz, die dann eintritt, wenn die anregende Kraft ungefähr die gleiche Schwingungszahl (=Frequenz) aufweist wie diejenige, die der Oszillator natürlicherweise bevorzugen würde. Dies hat zur Folge, daß die anregende Kraft genau dann nach rechts wirkt, wenn auch der Oszillator nach rechts schwingt, bzw. umgekehrt, und daß somit immer positive Arbeit verrichtet wird, die die Energie des Oszillators ständig erhöht. Um zu verstehen, was das heißt, stellen Sie sich ein Kind auf einer Schaukel vor. Nur wenn Sie Ihr Anschubsen so abstimmen, daß es immer in die gleiche Richtung wie die natürlichen Schwingungen der Schaukel erfolgt, können Sie durch wiederholte leichte Schubse eine große Schaukelschwingung erzielen.

Die berühmten Gezeiten in der Bucht von Fundy[2] sind ein gutes Beispiel für Resonanz. Sie sind viel höher (10 oder 15 m) als in anderen Buchten, weil die Größe der Bucht und der relativ enge Ausgang ihr eine natürliche Schwingungsperiode des Wasserzu- und -abflusses von ungefähr 12 Stunden verleihen. Wenn bei der Erdrotation die Gezeitenkräfte des Mondes mit diesem natürlichen Schwingungsrhythmus übereinstimmen, d.h. jeweils gerade in die gleiche Richtung wie die natürliche Wasserbewegung wirken, bewirken sie eine Resonanz des Systems und dadurch eine erhöhte Energiezufuhr.

Für den Augenblick wollen wir den Ausdruck Resonanz eher etwas freier benutzen und damit die verstärkte Schwingung bezeichnen, die bei einer Übereinstimmung von Anregungs- und Eigenfrequenz auftritt. Zum Beispiel kann man Klänge infolge von Resonanz-Schwingung der Luft hören, wenn man über die Öffnung einer leeren Flasche bläst. (Diese und andere akustischen Oszillatoren mit großem Luftreservoir und enger Öffnung werden manchmal als Helmholtz-Resonatoren bezeichnet.) – Eine genauere Definition und Erklärung der Resonanz werden wir in den Kapiteln 11 bis 13 vornehmen.

[2] Die große, etwa 75 km breite Bucht an der Ostküste Kanadas, zwischen Neu-Schottland und Neu-Brunswick nahe der Grenze zu den USA (A.d.Ü.).

# Zusammenfassung

Veränderung und Bewegung sind unerläßliche Bestandteile von Musik auf allen Zeitebenen. Moderne Geräte, darunter vor allem das Oszilloskop, ermöglichen uns das Studium einzelner Schallschwingungen, die sich in der Größenordnung von hundertstel oder tausendstel Sekunden abspielen. Ein volles Verständnis dessen, was wir auf einem Oszilloskopschirm sehen, ist nur möglich, wenn wir uns klarmachen, was funktionale Beziehungen bedeuten und wie sie durch Tabellen und graphische Umsetzungen dargestellt werden.

Mit dem Begriff der Frequenz einer Welle drückt man aus, wie oft deren Hauptkamm einen festen Punkt im Raum pro Zeiteinheit passiert, und mit Geschwindigkeit meinen wir, wie schnell er sich von einem Punkt zu einem anderen ausbreitet. Die Wellenlänge bezeichnet den räumlichen Abstand von einem Hauptkamm zum nächsten, gemessen an einer Momentaufnahme, die die gesamte Schwingung zu einem festen Zeitpunkt gleichsam einfriert. Diese drei Größen sind durch die wichtige Gleichung $v = \lambda \cdot f$ miteinander verknüpft. Unter den vielen möglichen Wellenformen ist die sinusoidale oder einfache harmonische Schwingung EHS die grundlegende, welche den Schlüssel zum Verständnis vieler Eigenschaften der Schallerzeugung und -wahrnehmung liefert.

Sinusoidale Wellen werden von Körpern erzeugt, die sich im Zustand einfacher harmonischer Schwingung befinden. Diese Zustände sind das Ergebnis linearer Widerstandskräfte, die direkt proportional zur Auslenkung vom Ruhe- oder Gleichgewichtszustand sind. Jeder einfache harmonische Oszillator hat seine eigene natürliche Frequenz (= Eigenfrequenz), die durch seine Steifigkeit und seine Massenträgheit bestimmt ist. Oszillation bzw. Schwingungen beinhalten sowohl kinetische als auch potentielle Energie. Resonanz ermöglicht es, auf besonders effiziente Weise einen Oszillator mit großen Energiebeträgen zu versehen.

# Symbole, Begriffe, Beziehungen

| | |
|---|---|
| $f$ | Frequenz (anderes Formelzeichen lt. DIN: n) |
| $P$ | Periode |
| $\lambda$ | Wellenlänge |
| $A$ | Amplitude |
| $a$ | Beschleunigung |
| EHS | einfache harmonische Schwingung |
| $\mathbf{F}$ | Kraft |
| $s$ | Strecke |
| $W$ | Arbeit |
| $v$ | Schallgeschwindigk. |
| $k$ | Steifigkeitskraft |
| $m$ | Masse |
| $P = 1/f$ | |
| $v = \lambda \cdot f$ | |
| $f = (1/2\pi) \cdot \sqrt{k/m}$ | |
| $W = \mathbf{F} \cdot s$ | |
| Hz | Hertz |
| Rp | Ruhepunkt |

$m \cdot g$ = Gewicht
$\pi \cong 3{,}1416\ldots$
$g = 9{,}8\ m/s^2$ Erdanziehungsbeschleunigung
Trägheit
Widerstandskraft
Sinuswelle, -schwingung
funktionale Beziehung
kinetische Energie
potentielle Energie

# Übungsaufgaben

1. Wenn die Frequenz eines c'' 262 Hz beträgt, wie groß ist dann die Periode jeder Schwingung?
2. Wenn die Frequenz einer Radiowelle 100 MHz beträgt, wie groß ist dann die Periode jeder Schwingung?
3. Wenn $P = 1/f$ gilt, dann auch $f = 1/P$. Was ist die Frequenz einer Schallwelle, deren Wellenform sich alle 5 ms wiederholt?
4. Die Markierungen auf meiner Armbanduhr zeigen an, daß der Zeiger alle 0,2 s einen Schritt vorwärts springt. Mit welcher Frequenz würden Ticks ausgesendet? (Nicht zu verwechseln mit der weit höheren Frequenz, aus der jeder einzelne Tick besteht.)
5. Sie haben die Frequenz einer Schallwelle mit 175 Hz und deren Wellenlänge mit 2 m gemessen. Welche Schallgeschwindigkeit resultiert daraus? Finden Sie zwei verschiedene Gründe, warum die Antwort von 344 m/s abweichen könnte.
6. Wenn einige Ozeanwellen 25 m Abstand haben und Ihr kleines Boot 15mal pro Minute von diesen auf- und abbewegt wird, mit welcher Geschwindigkeit breiten sich diese Wellen aus? Welche Entfernung würden sie nach 24 Stunden erreicht haben?
7. Wenn eine Stimmgabel mit 1.000 Hz vibriert, wie groß ist dann die Wellenlänge der erzeugten Schallwellen? (Gehen Sie von $T = 20°$ C aus.)
8. Wenn eine Violinsaite mit 1.720 Hz vibriert, wie groß ist dann die Wellenlänge des erzeugten Klangs in der Umgebung? (Gehen Sie von $T = 20°$ C aus.)
9. Wenn eine Orgelpfeife für eine Wellenlänge von 4 m konstruiert wird, welche Frequenz wird dann ihr Klang haben? ($T = 20°$C)
10. Wenn eine Trompete Schall mit der Wellenlänge 0,5 m erzeugt bei einer Lufttemperatur von 30°C, was ist dann ihre Frequenz?
11. Beschreiben Sie so vollständig wie möglich die Information, die in jedem der drei Graphen des Bildes 2.9. enthalten ist. Überlegen Sie z. B., was für eine Art Auto in a) verwendet wird anhand des Verbrauchs in *l*/km, und begründen Sie, warum der Aufzug in Graph c) nach 9.05 sich nicht mehr bewegte. Begründen Sie auch das Fehlen von quantitativen Einheiten auf der Q-Achse in Graph b).
12. Finden Sie ein weiteres Beispiel für eine funktionale Beziehung aus dem Alltagsleben, und fertigen Sie eine graphische Darstellung dafür an.
13. Sie beobachten die Wasserwellen, die den Gezeitenmesser am Ende eines Piers passieren. Die Wellenkämme erreichen die Marke 3,8 m, und in den Wellentälern können Sie gerade die Marke 3,2 erkennen. Wie groß ist die Amplitude dieser Wellen?
14. Die Masse eines Kubikmeters Luft auf Meereshöhe beträgt circa 1,3 kg. Wieviel wiegt dieser Luftwürfel in Newton? Wieviel würde eine Säule von 8.000 solcher Luftwürfel wiegen? Wenn dieses Gesamtgewicht auf einer Fläche von 1 $m^2$ ruhen würde, welchen Druck würde es auf diese Fläche ausüben? Die Antworten sollten vertraut klingen. (Obwohl in Wirklichkeit die Atmosphäre mit zunehmender Höhe weniger dicht wird, ist die Gesamtmasse der Luftsäule ungefähr gleich groß, als wenn diese Meereshöhen-Würfel ungefähr 8 km hoch aufgestapelt werden würden.)
15. Wie groß ist die Masse einer Studentin in kg, wenn sie 490 N wiegt?

*16. Wenn eine konstante Kraft der Größe 2 N eine Feder um 0,2 m dehnt, wie groß ist deren Elastizität oder Steifigkeit $k$? Wenn eine Masse von 0,1 kg an dieser Feder aufgehängt wird, wie groß wird dann die natürliche Frequenz (Eigenfrequenz) dieses Schwingungssystems sein?

*17. Sie blasen über den Rand eines Krugs und registrieren die Tonhöhe des Klangs, den Sie hören. Dann füllen Sie den Krug teilweise mit Wasser, wodurch dessen Luftvolumen reduziert wird, und blasen wieder. Ist die Tonhöhe und damit die Eigenfrequenz nun höher oder niedriger als vorher? Wird dies hauptsächlich durch eine Änderung der Steifigkeit oder der Trägheit bewirkt? Tip: Bedenken Sie die unterschiedliche Größe des Luftvolumens im Krug und im relativ kleinen Hohlraum der Kehle. Welches Volumen bewegt sich am stärksten während der Vibration und ist deswegen hauptsächliche Ursache für die Schwingungsträgheit? Wurde dies durch das Zufüllen von Wasser verändert? Was wird zusammengequetscht und ist somit verknüpft mit Steifigkeit? Wurde es durch das zugefüllte Wasser verändert?

18. Wenn Sie ein Auto mit der Kraft von 400 N zu schieben versuchen, aber die Handbremse angezogen ist und das Auto sich nicht bewegt, welche Arbeit verrichten Sie? Wenn nun die Bremse gelöst wird, und Sie schieben weiter mit konstanter Kraft über eine Strecke von 30 m, wieviel Arbeit haben Sie dann verrichtet? Idealerweise möchten Sie, daß all Ihre Arbeit als Zunahme der kinetischen Energie des Autos erhalten bleibt. Tatsächlich geht aber ein großer Teil dieser Energie in welche andere Energieform verloren?
19. Stellen wir uns ein Wasserkraftwerk vor, in dem pro Sekunde 100 $m^3$ Wasser 30 m tief auf eine Turbinenschaufel herabstürzen. Wenn jeder Kubikmeter eine Masse von $10^3$ kg hat, wie groß ist dann die Masse von 100 $m^3$? Berechnen Sie unter Benutzung von $m \cdot g$ das Gewicht dieser 100 $m^3$. (Benutzen Sie der Einfacheit halber den annähernden Wert $g = 10\ m/s^2$.) Welche Arbeit wird von dieser Kraft auf die 100 $m^3$ Wasser verrichtet während des Falles um 30 m? Die Antwort sagt Ihnen, wieviele Joule an Energie jede Sekunde zur Verfügung stehen, um die Turbine anzutreiben. Wenn der Generator einen Wirkungsgrad von 85% hat (d.h., er verliert 15% der Energie durch Umwandlung in Reibung, Hitze, Lärm usw.), wieviel Energie-Joule in elektrischer Form stehen schließlich zur Verfügung? Da 1 J/s das gleiche ist wie 1 Watt, wieviele 100-Watt-Glühbirnen könnten durch diesen Generator gespeist werden?
20. Die Geschwindigkeit von Radiowellen beträgt $3 \cdot 10^8$ m/s, ebenso wie die von Lichtwellen. Wenn ein Raumschiff ein Radiosignal mit der Frequenz $3 \cdot 10^9$ Hz aussendet, wie groß ist dann die Wellenlänge dieser Wellen?
21. Die typischen Werbeanzeigen der Hersteller von Plattenspielern lauten z.B.: „Der Tonarm folgt der Spur genauestens mit einer Spurhaltekraft von weniger als einem Gramm.“ Diese Aussage ist technisch unkorrekt; erklären Sie, warum und was die Hersteller eigentlich meinen.
22. Wenn die Mikrofonmembran aus der Übung Nr. 10 in Kapitel 1 sich um $10^{-5}$ m unter der Einwirkung der Kraft von $10^{-3}$ N auslenken würde, welche Arbeit hätte dann die Kraft verrichtet?
23. Betrachten Sie Bild 2.5. Welches dieser fünf Instrumente verhält sich nach Ihrer Meinung am ehesten wie der Erzeuger einer einfachen harmonischer Schwingung (EHS)? Welches am wenigsten?
24. Wenn Sie Tonklumpen an den Zinken einer Stimmgabel aufbringen, ändert sich dann der Betrag der bewegten Masse? Ändert sich die Steifigkeit der Zinken? Erklären und begründen Sie, ob sich die Eigenfrequenz der Stimmgabel durch den aufgebrachten Ton erhöht oder erniedrigt.

# Projektvorschläge

1. Nehmen Sie einen möglichst langen Kamm und suchen Sie eine Methode, um die Zähne so anzuregen, daß Sie einen Ton hören, dessen Tonhöhe Sie mit einem Klavier oder anderen Instrument vergleichen können. Schätzen Sie die Frequenz der erzeugten Schwingung (wie in Abschnitt 2.1 beschrieben) und erörtern Sie, ob diese in akzeptabler Weise mit der Tonhöhe der gefundenen Vergleichsnote übereinstimmt. Lassen Sie sich nicht überraschen, wenn Sie um eine Oktave danebenliegen (d.h. Faktor 2); für das Ohr ist dies ziemlich schwierig zu beurteilen.
2. Jeder Fernseher ist quasi eine Abart eines Stroboskops mit einer Festfrequenz von ca. 25 Hz (das ist die Frequenz, mit der der

Elektronenstrahl ein vollständiges Bild auf den Bildschirm wirft). Erklären Sie, warum die Speichen eines Wagenrades manchmal in einem Fernsehfilm stillzustehen oder sogar rückwärts zu rotieren scheinen. Schwenken Sie einen Bleistift vor einem Fernsehbild in einem verdunkelten Raum; zählen Sie die Einzelbilder, schätzen Sie die Periode Ihrer Schwenkbewegung, und versuchen Sie, daraus die Bildfrequenz von 25 Hz nachzuweisen. Können Sie irgendein Objekt in Ihrer Umgebung finden, das mit einer Frequenz von annähernd 25 (oder 50 oder 75 oder...) vibriert, so daß seine Schwingungen ebenfalls durch den Stroboskop-Effekt stillzustehen scheinen? Eine Spachtel, das Sägeblatt eines Fuchsschwanzes oder ein Plastiklineal sind gute Kandidaten, wenn sie an einem Ende festgehalten und am anderen Ende angezupft werden.

3. Falls Sie Zugang zu einem Mikrofon und zu einem Oszilloskop haben, erlernen Sie deren Bedienung und Verkabelung, um dann die Wellenformen verschiedener akustischer Phänomene zu studieren. Erzeugen Sie eine Vielzahl möglichst unterschiedlicher Geräusche und Klänge. Beschreiben Sie so genau wie möglich deren Unterschiede in den Begriffen Amplitude, Frequenz sowie Komplexitätsgrad der Wellenform.

# 3. Schallquellen

*Eine Grille zirpt in der Nacht. Weit entfernt pfeift eine Eisenbahnlokomotive. Das zufriedene Trällern der Hauptdarstellerin wandelt sich in einen Schrei voll Panik, als sie den Einbrecher die knarrende Treppe heraufsteigen hört ...*

Geräusche rufen eine Unzahl vertrauter Bilder in unserer Vorstellung hervor, und wir können mühelos Hunderte von Dingen oder Vorgängen aufzählen, die Geräusche produzieren. Aber eine bloße Aufzählung solcher Geräusche würde uns wenig darüber verraten, wie diese entstehen. Im Rahmen unserer wissenschaftlichen Untersuchung des Schalls sollten wir in der Lage sein, diejenigen Grundelemente in unseren Beispielen herauszufinden, die uns eine einheitliche Erklärung für den Ursprung aller Geräusche liefern können.

Wir haben bereits festgestellt, daß vibrierende bzw. schwingende Objekte Schallwellen in der umgebenden Luft erzeugen. Also müssen wir nun untersuchen, 1. wie Gegenstände in Schwingung versetzt werden können, 2. wie diese Schwingungen zumindest für gewisse Zeit aufrechterhalten werden können und 3., wie gut diese Schwingungen auf die Luft übertragen werden können. Die Kombination dieser drei Faktoren bestimmt die Stärke der entstehenden Schallwellen.

Wir werden in diesem Kapitel verschiedene Methoden der Schallerzeugung besprechen, besonders aber die grundlegenden Vorgänge, die in den meisten Musikinstrumenten benutzt werden. Dies wird jedoch mehr den Charakter einer Einführung haben, und in den Kapiteln 8–14 werden wir weitere Details der Schallerzeugung kennenlernen. Glücklicherweise benötigen wir nicht alle diese Detailkenntnisse, um einige der allgemeinen Eigenheiten zu erklären wie z. B. den Umstand, daß zur Erzielung tieferer Töne die Instrumente größer sein müssen.

## 3.1 Einteilung der Schallquellen

Bevor wir die Details einer bestimmten Art von Schallerzeugung untersuchen, wollen wir prüfen, nach welchen Gesichtspunkten wir Schallquellen unterscheiden können.

Zuerst könnten wir natürliche von künstlichen Schallquellen unterscheiden. Die Natur bringt zahlreiche Geräusche in unserer Lebenswelt hervor, von denen einige auch musikalisch anwendbar sind. Aber der größte Teil der Musik besteht aus absichtlichen, durch bewußt kontrollierte Prozesse erzeugte Schallwellen, und vor allem diese Prozesse möchten wir identifizieren und verstehen.

Zweitens sind wir in unserer Untersuchung nicht auf originale Klänge bzw. Geräusche begrenzt, sondern haben die Gelegenheit, auch reproduzierte Klänge heranziehen zu können. Uns interessieren dabei sowohl der Perfektionsgrad, mit dem die Reproduktion das Original wiedergibt, als auch die technischen Prozesse des Aufnehmens, Speicherns und Wiedergebens von Schallwellen. Allerdings können wir erst in Kapitel 16 die Details dieser Reproduktionsschritte besprechen. Falls Sie auch an die elektronische Schallerzeugung und -umformung denken: Abschnitt 3.6 wird sich damit beschäftigen (sowie Abschnitt 8.4 und Kapitel 9).

Drittens gibt es grundlegende Unterschiede zwischen kurzen, schlagartigen Geräuschen bzw. Klängen und gleichmäßigen Klängen oder Geräuschen. Impuls- oder Schlaggeräusche bzw. -klänge erklingen nur kurz und verstummen sofort (Bild 3.1); sie entstehen, wenn eine Schallquelle kurzzeitig in Schwingung versetzt wird (z. B. beim Anzupfen einer Gitarrensaite) und sofort danach sich selbst überlassen wird. Gleichmäßige Klänge/Geräusche bleiben solange unverändert, wie wir sie ständig anregen (beispielsweise solange, wie Sie willens und fähig sind, mit der gleichen Kraft in ein Trompetenmundstück zu blasen). In solchen Fällen brauchen wir eine Erklärung für die Mechanismen, mit denen ein gleichmäßiger Energiezufluß (wie z.B. durch den Luftdruck in Ihrer Lunge) irgendwie eine gleichmäßige Schwingung der Schallquelle aufrechterhält.

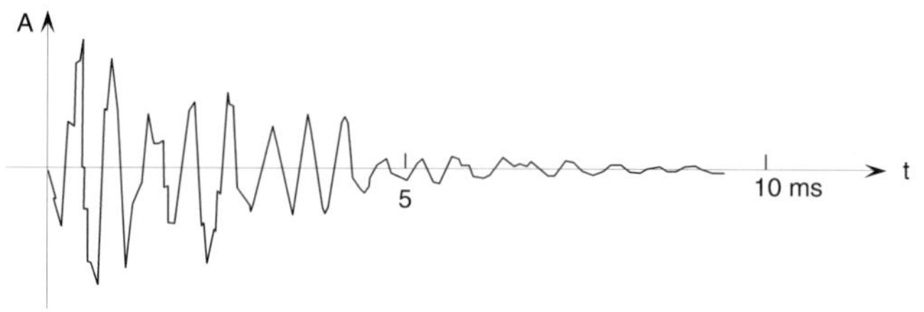


Bild 3.1 Darstellung des Oszilloskops für das "Klack" - Geräusch beim Schlag einer Metallstange auf einen kurzen Holzstab. Vergleichen Sie dieses Bild mit den gleichmäßigen Klängen von Bild 2.4 und 2.5, deren Schallwellenmuster sich immer mit der gleichen Amplitude wiederholen.

Schließlich können wir zuweilen Klänge auch entsprechend den Mechanismen klassifizieren, mit denen sie produziert werden; genauer gesagt, entsprechend den Gruppen der üblicherweise verwendeten Mechanismen. So unterscheiden wir etwa Blasinstrumente von Streichinstrumenten. Diese beiden Gruppen müssen aber weiter unterteilt werden; Flöte und Oboe z. B. sind beide Blasinstrumente, aber in ihrer Funktionsweise bestehen beträchtliche Unterschiede.

Wie bei jeder Schematisierung tut uns die Realität nicht immer den Gefallen, sich an unsere Schubladenordnung anzupassen. Das Klavier ist zwar ein Saiteninstrument, aber in gewisser Hinsicht gehört es zur Gruppe der Schlaginstrumente, denn die Saiten werden durch Hämmer angeschlagen. Eine Violine kann sowohl kurze schlagzeugähnliche als auch lange gleichmäßige Töne erzeugen, je nachdem, ob sie gezupft oder gestrichen wird.

## 3.2 Schlaginstrumente

Man kann ein Geräusch oder einen Klang durch das Aneinanderschlagen zweier beliebiger Gegenstände erzeugen; aber was geschieht dabei eigentlich? Während sich die zwei Körper an der Aufschlagstelle berühren, übt jeder auf den anderen eine starke Kraft aus und verursacht dadurch eine gewisse Verformung, z. B eine kleine Delle. Wenn der Körper sehr elastisch ist (was bedeutet, daß er auf jeden Fall seine ursprüngliche Form wieder annimmt, sobald die Kraft nicht mehr auf ihn einwirkt –

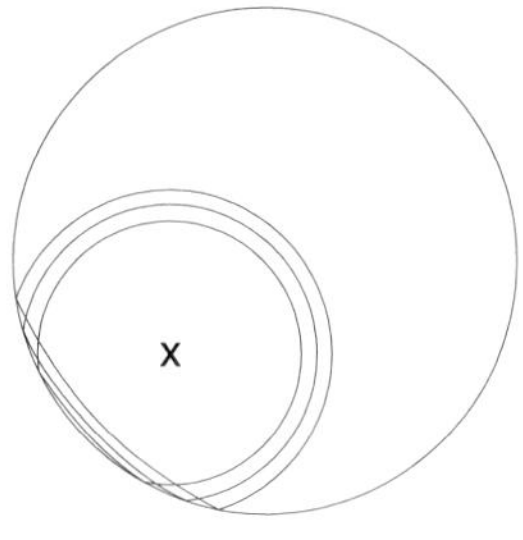


Bild 3.2 Wellenverformung, die sich auf einem Trommelfell nach dem Auftreffen des Schlegels auf den Punkt X ausbreitet. Ähnliche Wellen kann man beobachten, wenn man einzelne Tropfen in eine volle Teetasse fallen läßt.

z. B. wie Stahl, nicht jedoch wie Spachtelmasse), verschwindet die Delle wieder; die verformten Moleküle kehren wieder an ihren Platz zurück, wenn die Kraft nicht mehr wirkt.

Aber inzwischen hat sich ein Teil der Deformation bereits auf die angrenzenden Teilchen bzw. Moleküle, die zunächst gar nicht vom Schlag des auftreffenden Körpers betroffen waren, fortgesetzt, um die örtliche Spannung abzubauen. Dies wiederum pflanzt sich auf die angrenzenden Nachbarteilchen weiter fort, ganz ähnlich, wie sich Schallwellen durch die Luft ausbreiten; so werden schließlich auch Teile, die immer weiter weg vom Schlagpunkt liegen, ebenfalls verformt. Am ehesten kann man sich das am Beispiel eines Trommelfells (Bild 3.2) veranschaulichen, aber praktisch die gleiche Erscheinung läßt sich auch an jedem Gong, einer Kuhglocke, dem Holzstab eines Xylophons usw. feststellen.

Mit anderen Worten: Festes Material hat die Eigenschaft, eine Wellenstörung in sich selbst nach allen Richtungen zu transportieren, was die Möglichkeit einschließt, daß sowohl Längs- als auch Querwellen auftreten. Damit wird natürlich auch die Oberfläche des Körpers zur Vibration angeregt, was wiederum die angrenzende Luft in Schwingungen versetzt und somit eine Luft-Schallwelle erzeugt, die schließlich unser Ohr erreicht. Was sind nun die wesentlichen Eigenschaften dieser Luft-Schwingung in unmittelbarer Umgebung des angeschlagenen Objekts?

1. Der Schall kann lauter oder leiser sein, was von der Kombination zweier Faktoren abhängt: Der Amplitude der Schwingungen des festen Körpers und der Größe des Teils seiner Oberfläche, der schwingt. Ein harter Schlag erzeugt Schwingungen mit größerer Amplitude und damit lauteren Schall; mit dem Abnehmen der Amplitude nimmt auch die Lautstärke ab. Wenn eine Stimmgabel und eine Große Trommel mit der gleichen Amplitude schwingen (sagen wir 3 mm), wird die große Oberfläche der Trommel eine wesentlich größere Luftmasse anregen und daher einen viel lauteren Klang erzeugen als die Stimmgabel.

2. Der Klang oder das Geräusch verklingt mehr oder weniger schnell; dies kann innerhalb eines Sekundenbruchteils geschehen (z. B. ein Xylophonstab oder eine kleine Trommel), in ein bis zwei Sekunden (Kirchenglocke, Große Trommel) oder in vielen Sekunden (großer Gong, Stimmgabel). Was passiert dabei mit der Energie, die anfänglich in der Schwingung vorhanden ist? – Eine Möglichkeit ist, daß sie durch die Verformung eines nur eingeschränkt elastischen Materials in Wärme umgewandelt wurde. Dies ist sicherlich zutreffend für einen großen Teil der Energie, die auf einen

Xylophonstab beim Schlag aufgebracht wird, und vielleicht auch für einen beträchtlichen Teilbetrag der Energie im Falle des Fells einer Trommel.

Aber da die Oberfläche des vibrierenden Körpers auf die angrenzende Luft drückt, liefert es auch Energie an diese; somit tragen also die Schallwellen etwas von der Anfangsenergie hinweg. Dies könnte in einigen Fällen der größte Verlustfaktor sein. So wird z. B. eine Stimmgabel für eine relativ lange Zeit vibrieren, wenn sie frei gehalten wird, denn sie produziert dabei eine sehr schwache Schallwelle. Wenn man jedoch ihren Fuß auf eine Tischplatte setzt, fängt auch diese an zu vibrieren und produziert, aufgrund ihrer viel größeren Fläche, einen wesentlich lauteren Klang. Dies verbraucht jedoch auch wesentlich mehr Energie pro Zeiteinheit, und die Schwingung der Stimmgabel verstummt daher viel schneller.

3. In den meisten Fällen hat ein Geräusch keine deutlich erkennbare Tonhöhe, d. h., man kann es nicht eindeutig mit dem Klang einer bestimmten Taste des Klaviers zur Übereinstimmung bringen. Nur in ganz bestimmten Fällen wie z. B. bei Fellen, die über besonders geformte „Kessel“ gespannt sind und dann Pauken heißen, oder Metallglocken, die in bestimmte Form gegossen sind, oder in bestimmter Weise in der Mitte ausgedünnten Holzstäben, können wir die genauen Noten einer Tonleiter damit spielen (siehe Bild 3.3). In Kapitel 9 werden wir besser verstehen, was an diesen Formen so besonderes ist, und wir werden auch verstehen, warum die „Klangfarbe“ oder Klangqualität der Töne davon abhängt, an welcher Stelle diese Körper angeschlagen werden.

4. Unabhängig davon, ob eine Tonhöhe mehr oder weniger präzise wahrgenommen werden kann, vermittelt das Geräusch doch zumindest das Gefühl einer gewissen Höhe oder Tiefe, und dies kann nur bedeuten, daß sowohl der Körper als auch die umgebende Luft mit entsprechender hoher bzw. tiefer Frequenz vibrieren. Diese Frequenz ist durch die Größe des Körpers bestimmt und durch die Geschwindigkeit, mit der sich Schallwellen in ihm ausbreiten; letztere wiederum ist bestimmt durch die Steifigkeit oder Härte des Körpers und durch seine Masse bzw. Trägheit.

Daraus folgt, daß beim Anschlagen zweier Stäbe aus dem gleichen Material, aber von unterschiedlicher Länge, die Verformung länger braucht, um die Strecke zwischen den Enden des längeren Stabes zurückzulegen; der längere Stab gibt daher an die umgebende Luft eine Schwingung mit längerer Periode und damit tieferer Frequenz weiter. Wenn man schließlich zwei Stäbe mit identischer Größe und Form anschlägt, von denen jedoch einer aus Stahl, der andere aus Eisen ist, dann erzeugt der Stahlstab einen Klang mit höherer Frequenz (kürzerer Periode), denn aufgrund seiner größeren Steifigkeit wird die Verformungswelle schneller von einem Ende zum anderen und zurück transportiert als im Eisenstab. In Kapitel 8 werden wir Formeln herleiten, die präzise aussagen, wie diese Schwingungen durch Material und Maße eines Stabes bestimmt sind.

In modernen Orchestern und Ensembles gelangt heute eine große Anzahl von standardisierten Schlagzeuginstrumenten zum Einsatz. Man kann sie in verschiedene Klassen einteilen, je nachdem, ob die Schwingungserzeugung durch biegsame, auf starre Rahmen aufgespannte Membranen geschieht oder durch Vibration von metal-

Bild 3.3 Schlagzeuginstrumente eines Orchesters. Zwei Pauken-Sätze stehen im Hintergrund; vor dem Glockenspiel in der Mitte hängen mehrere Triangeln. Rechts außen steht ein Vibraphon (mit Metallplatten) und ein Satz Orchesterglocken. Links außen sind eine Marimba und (neben der Baßtrommel) ein Xylophon zu sehen, beide mit Holzstäben. Die langen Röhren auf der linken Seite der Marimba und des Vibraphons dienen lediglich der visuellen Symmetrie; sie sind nahe am oberen Rand zugestöpselt, und die schwingende Luftsäule wird nach den Höhen zu genauso kürzer wie beim Xylophon. (Mit frdl. Erlaubnis von Ludwig Drum Co.)

lenen oder hölzernen Körpern. Wenn Sie ausgefallene Wörter mögen, können Sie dementsprechend von Membranophonen, Metallophonen und Xylophonen reden (die Silbe „xylo“ heißt nichts anderes als „Holz“).

Trommeln haben meist eine Membran aus homogenem Material, die auf einen kreisförmigen Ring aufgespannt ist; dadurch, daß dieser über einen zweiten kleineren Ring gezogen wird, läßt sich die erforderliche Spannung der Membran einstellen. Früher waren die Membranen aus Tierfell; heute wird jedoch Plastik bevorzugt, weil es billiger, belastbarer und von gleichmäßigerer Dicke ist und weit weniger zum Schrumpfen bzw. Wellenwerfen infolge von Luftfeuchtigkeit neigt. Die „Große“ und die „Kleine Trommel“ haben auf beiden Öffnungen eines Zylinders je eine Membran, wobei die Luft dazwischen die Vibrationen von einer zur gegenüberliegenden überträgt; ihr Klang hat keine bestimmbare Tonhöhe.

Die Metallophone können sowohl klare als auch unbestimmbare Tonhöhen haben. Ersteres ist bei Vibraphon, Glocke und Orchesterglocke der Fall, und letztere bei Triangel, Becken und Gong. Die große Elastizität der Hartmetalle geht meist einher mit geringer innerer Dämpfung (Reibung) und daher mit relativ kleinem Energieverlust durch Wärmeerzeugung. Das heißt, die Elastizität des Metalls steht im

Gegensatz zum „schlaffen“ Verhalten von Materialien mit großer innerer Dämpfung wie z. B. Fell oder Holz. Daraus folgt, daß Vibrationen in Metallophonen normalerweise sehr lange ausschwingen, es sei denn, sie werden absichtlich gedämpft, z. B. durch Auflegen eines weichen Gegenstandes oder der Hand.

Die Gruppe der Xylophone beinhaltet natürlich das Instrument, welches gewöhnlich so bezeichnet wird, und dessen engster Verwandter das Marimbaphon ist. Beide haben einige Dutzend Holzstäbe, die ganz ähnlich wie bei einer Klaviertastatur angeordnet sind, mit jeweils einem Resonanzrohr unter jedem Stab, um den Klang zu verstärken. Es gibt auch ausgehöhlte Holzinstrumente wie z. B. die Tempelblöcke.

## 3.3 Streichinstrumente

Eine gespannte (Stahl-)Saite, die mit einem Hammer angeschlagen wird, könnte man eigentlich durchaus als eine weitere Metallophon-Art bezeichnen. Jedoch hat eine lange und dünne Saite einige besondere Eigenschaften, die ihrem Klang eine viel genauere Tonhöhe verleihen als den meisten Schlaginstrumenten. Das Klavier, das ja nichts anderes ist als eine Anordnung von rund 200 solcher Saiten, die durch filzbezogene Hämmer angeschlagen werden, wird musikalisch in erster Linie als Melodie- und Harmonieinstrument verwendet, nicht als Rhythmusinstrument; üblicherweise wird es zu den Saiten- und nicht zu den Schlagzeuginstrumenten gerechnet.

Wir können den Saiten eine etwas andere Tonqualität abgewinnen, wenn wir sie zupfen anstatt sie anzuschlagen, wie es z. B. direkt mit den Fingern bei der Harfe geschieht oder mittels eines besonderen Mechanismus beim Cembalo, das ja ansonsten eine Klaviatur wie das Klavier hat. Alle diese Instrumente benötigen eine (oder mehr) Saiten für jeden einzelnen Ton, der darauf gespielt werden soll.

Eine ganz andere Herangehensweise besteht darin, mit nur wenigen Saiten auszukommen, aber auf jeder verschiedene Tonhöhen spielen zu können, indem jeweils unterschiedliche Teilabschnitte der Saite benutzt werden. Wir können dies ganz einfach tun, indem wir mit dem Finger die Saite an einem Punkt gegen den Instrumentenhals drücken, so daß nur ein kürzerer Teil der Saite frei schwingen kann (Bild 3.4). Man kann dünne hölzerne, metallene oder aus Kunststoff bestehende Streifen, Bünde genannt, quer über das Griffbrett anbringen, die als genau definierte Führungspunkte

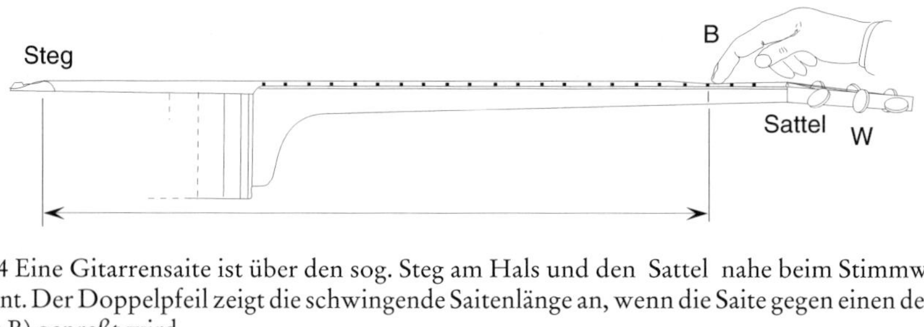


Bild 3.4 Eine Gitarrensaite ist über den sog. Steg am Hals und den Sattel nahe beim Stimmwirbel W gespannt. Der Doppelpfeil zeigt die schwingende Saitenlänge an, wenn die Saite gegen einen der Bünde (Punkt B) gepreßt wird.

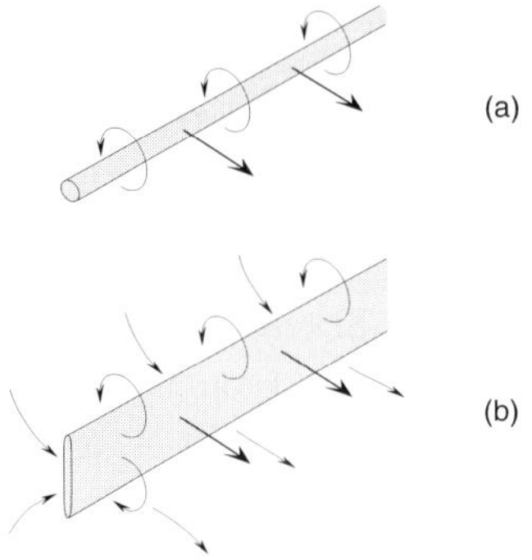


Bild 3.5 a) Wenn eine dünne Saite durch die Luft hin- und herschwingt, wird nur eine sehr kleine Luftmasse dadurch aus dem Weg gedrückt, die sich hinter der Saite wieder zurückbewegt. b) Durch das Schwingen eines breiten Materialstreifens wird eine weit größere Luftmasse in Bewegung versetzt.

dienen, an denen die Saite angepreßt werden soll. Je kürzer dann die frei schwingende Saitenlänge ist, desto höher wird die Tonhöhe. Ganz wie bei den Schlagzeuginstrumenten beruht dies darauf, daß auf einer kürzeren Saite die Querwelle weniger Zeit braucht, um von einem Saitenende zum anderen und zurückzuwandern.

Solche Instrumente sind in vielen Kulturen verbreitet, und in unserer ist wohl die Gitarre der verbreiteste Vertreter. Die gleichen akustischen Eigenschaften gelten aber auch für die Laute, Mandoline, Balalaika, Vihuela[3] usw. Eine 12saitige Gitarre erzeugt die gleichen Noten wie eine 6saitige, lediglich mit einem reicheren Klang, da jede Note von zwei gleichgestimmten (manchmal auch im Oktavabstand schwingenden) Saiten erzeugt wird.

Sobald wir die Saiten in Schwingung versetzen, muß ihre Energie an die Luft weitergegeben werden. Man könnte sich fragen, ob dies nur direkt geschieht, indem die Saite die umgebenden Luftteilchen anregt; aber dieser Prozeß ist extrem unergiebig und klangschwach, weil die Saite ja sehr dünn ist: Nur wenige Luftteilchen werden durch die Bewegung der Saite angeregt (Bild 3.5a). Man kann testen, wie schwach diese Anregung ist, wenn man eine elektrische Gitarre bei ausgeschaltetem Verstärker spielt.

Um einen lauteren Klang zu erhalten, müssen wir größere Massen von Luftteilchen anregen, und dies können wir am besten mittels größerer Flächen. Bei der elektrischen Gitarre geschieht dies, indem ein sehr schwaches Signal direkt von der Saite abgenommen und elektronisch verstärkt wird; mit dem verstärkten elektrischen Signal wird dann die große Fläche einer Lautsprechermembran in Schwingungen versetzt. Die akustische Gitarre (und die Harfe, das Klavier, die Streichinstrumente) benutzen eine mechanische Verstärkung: Die Bewegung der Saite wird auf einen Kasten oder ein Klangbrett übertragen, auf dem die Saite montiert ist, und es sind praktisch zu 100% die Schwingungen von deren Oberfläche, die wir hören. Diese Verstärkung erhalten wir allerdings nicht umsonst: Eine Saitenschwingung mit großer Amplitude resultiert in einer Schwingung des (viel schwereren) Klangbretts mit wesentlich kleinerer Amplitude, welches jedoch trotzdem aufgrund seiner größeren Oberfläche lauter klingt. Genau wie beim Aufsetzen der Stimmgabel auf eine Tischplatte (siehe Ab-

[3] Vihuela ist ein spanisches Musikinstrument, der Familie der Violen zugehörig (A.d.Ü.).

schnitt 3.2) zieht die Schwingungsverstärkung durch das Klangbrett die Ausgangsenergie der Saite schneller von derselben ab; man vergleiche zur Demonstration die Klangdauer einer gezupften Violinsaite mit der einer Elektrogitarre.

Bei der Untersuchung der Streichinstrumente stellt sich die Frage, wie die Saitenschwingung unverändert aufrechterhalten werden kann, anstatt abzuklingen. Einfach festzustellen, daß dies durch das Streichen eines Bündels von Kolophonium-bestrichenen Roßhaaren gegen die Saite geschieht, bringt nicht viel weiter. Wir müssen verstehen, wie die Bogenhaare auf die Saite wirken, um diese Art der Schwingung und damit die spezifische Tongebung der Streichinstrumente erklären zu können; dies werden wir in Kapitel 11 tun.

Da die Instrumente der Geigenfamilie keine Bünde auf dem Griffsteg haben, kann der Spieler jede beliebige Tonhöhe erzeugen und ist nicht auf eine festgelegte Tonhöhenleiter beschränkt. Diese größere Freiheit geht allerdings einher mit einer größeren Spielschwierigkeit, denn die Positionierung der Finger muß viel genauer geübt werden als bei Gamben und Gitarren.

## 3.4 Blasinstrumente

Ein kontinuierlicher Luftstrom ist eine weitere Möglichkeit, einer gleichmäßigen Schwingung die benötigte Energie zuzuführen. Auch hier werden wir später im Detail die Funktionsweise dieser Klangerzeugungsart untersuchen; zunächst wollen wir aber nur die zwei wichtigsten Prinzipien behandeln, um zu sehen, wie sie die Klassifikation der Blasinstrumente beeinflussen.

Ein dünner Luftstrom mit entsprechender Richtung und Geschwindigkeit fließt beim Auftreffen auf eine scharfe und harte Kante nicht gleichmäßig um das Hindernis herum und weiter, sondern in rhythmischen Schwankungen abwechselnd in die eine oder die andere Richtung; diese Störung erzeugt eine sich ausbreitende Schallwelle. Der entstehende Schneidenton hat eine bestimmte Tonhöhe entsprechend der

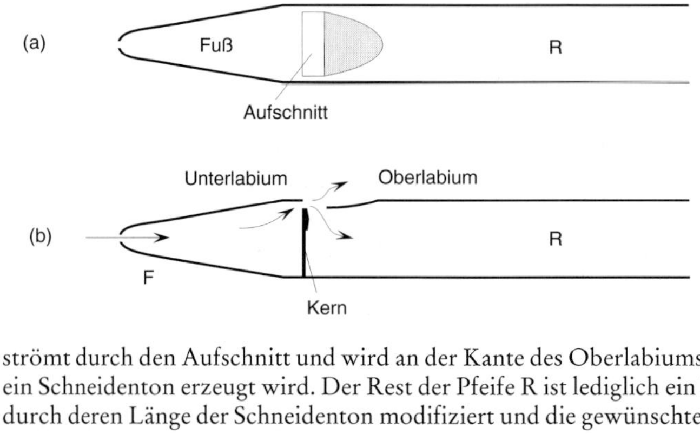


Bild 3.6 a) Frontansicht einer Labial-Orgelpfeife. b) Seitlicher Querschnitt der gleichen Pfeife. Luft aus dem Blasebalg strömt in den Pfeifenfuß F, der als ein zweites Luftreservoir dient, aus dem ein dünner Luftstrom durch die Kernspalte zwischen dem Kern K und dem Unterlabium (Unterlippe) entweicht. Der Luftstrom strömt durch den Aufschnitt und wird an der Kante des Oberlabiums (der Schneide) geteilt, wodurch ein Schneidenton erzeugt wird. Der Rest der Pfeife R ist lediglich ein Resonator in Form einer Röhre, durch deren Länge der Schneidenton modifiziert und die gewünschten Frequenzen verstärkt werden.

Schwankungsfrequenz des Luftstroms, aber diese kann durch die begleitenden Zischgeräusche verdeckt werden. (Sie können einen Schneidenton selbst erzeugen, wenn Sie mit gespitzten Lippen gegen die Kante einer Spielkarte oder auch eines Blattes Papier blasen.) Wenn angrenzend ein fast geschlossenes Luftreservoir mit geeigneter Größe und Form angebracht wird, kann darin eine starke Resonanz auf eine bestimmte Frequenz des Schneidentons entstehen. Diese Resonanz verändert und verstärkt die Schneidenton-Schwingungen und verleiht ihnen sowohl mehr Lautstärke als auch eine besser hörbare Tonhöhe. Als grobes Beispiel mag das Überblasen der Öffnung eines Kruges oder einer Flasche dienen.

Die meisten Orgelpfeifen (Bild 3.6) sind einfache röhrenförmige Resonatoren, bei denen ein Luftstrom gegen die scharfe Schneide an einem Ende gerichtet wird und jede Pfeife nur einen Ton erzeugt. Eine Blockflöte ist im wesentlichen ebenso gebaut (Bild 3.7), nur daß hier die Fingerlöcher längs des Rohres dem Spieler erlauben, die effektive Länge des Rohres zu verändern, so daß dieses bei verschiedenen Frequenzen in Resonanz gerät und somit verschiedene Tonhöhen spielbar werden. Die moderne Querflöte arbeitet ebenfalls nach dem gleichen Prinzip, jedoch kommt der Luftstrom direkt vom Mund des Spielers, anstatt erst ein Mundstück zu passieren. Dies gibt dem Querflötenspieler mehr Flexibilität in der Kontrolle über Lautstärke und Klangfarbe, wofür er aber in Form der höheren spieltechnischen Anforderungen der Querflöte seinen Preis bezahlen muß.

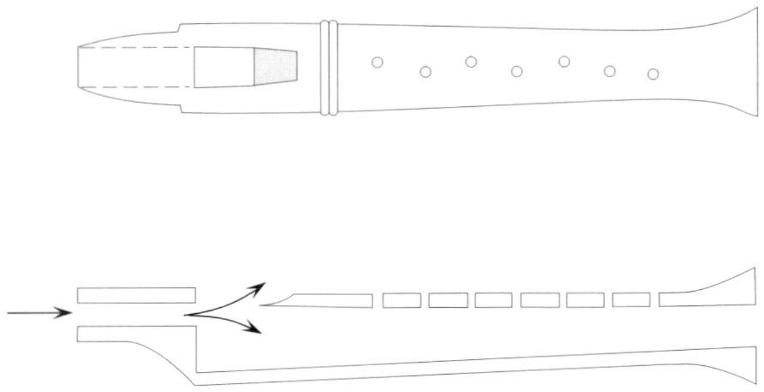

Bild 3.7 Drauf- und Seitenansicht einer Blockflöte; beachten Sie die Ähnlichkeiten mit Bild 3.6. Die Stärke der konischen Verjüngung ist von Instrument zu Instrument verschieden. Die äußerliche Ausweitung des Rohrendes dient nur der Optik; nur das (gerade) Rohrinnere spielt akustisch eine Rolle.

Die anderen Blasinstrumente beinhalten ebenfalls röhrenförmige Resonatoren; es spielt dabei keine Rolle, ob diese gerade sind wie bei einer Klarinette oder gekrümmt wie bei einem Waldhorn. Während jedoch die Flötenfamilie einen Schneidenton benutzt, beruht die Klangerzeugung der Blech- und Rohrblattinstrumente auf dem Luftstrom durch eine enge Öffnung mit variabler Weite. Beim Austritt des Luftstroms aus dem Mund des Bläsers können durch Druckänderungen die biegsamen Enden des Mundstücks zu Schwingungen angeregt werden und dadurch ihrerseits – entsprechend der Verengung bzw. Vergrößerung der Öffnung für den Luftdurchlaß – den Luftstrom in den Resonatorteil verkleinern oder erhöhen. (Wie dies im einzelnen geschieht, werden wir in Kapitel 13 sehen.)

Die flexible Begrenzung kann eine feine Lamelle aus Holzrohr sein, wobei wir dann von der Familie der (Einfach-)Rohrblattinstrumente sprechen. Die Klarinette

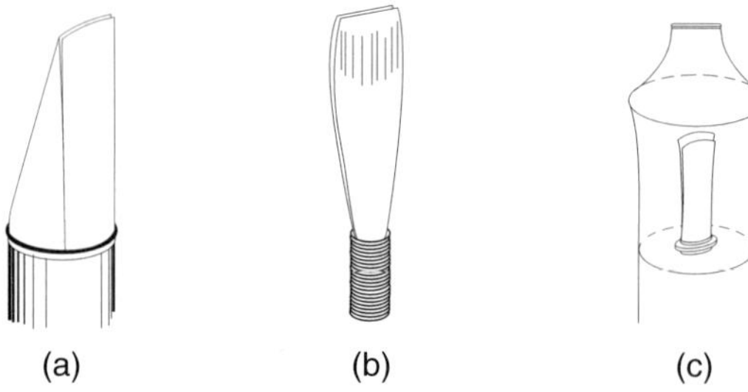


Bild 3.8 a) Einfach-Rohrblatt und Mundstück der Klarinette und des Saxophons. b) Doppelrohrblatt, mit Fadenschnur zusammengebunden und direkt auf ein Fagott oder eine Oboe aufgesetzt. c) Gekapseltes Doppelrohrblatt (Windkapsel) in einem Mundstück, wie z. B. beim Krummhorn.

und das Saxophon gibt es in verschiedenen Größen, jedoch immer mit einem Rohrblatt, das gegen die hohle Seite des Mundstücks gebunden wird (Bild 3.8a). Der Unterschied zwischen beiden Instrumenten liegt im Hauptkörper: Die Klarinette hat ein zylindrisches Schallrohr, das Saxophon ein konisches. Oboe, Englisch Horn und Fagott bilden eine andere Familie (die Doppelrohrblatt-Instrumente) mit konischem Schallrohr und doppeltem Rohrblatt (Bild 3.8b).

Alle bisher erwähnten Rohrblätter werden von den Lippen des Bläsers umschlossen; es ist aber auch möglich, das Rohrblatt in eine kleine Kammer einzuschließen (Bild 3.8c), wobei der Bläser oder der Blasebalg (beim Dudelsack) lediglich den Druck in dieser Kammer über Normaldruck halten muß. Das Krummhorn ist solch ein Windkapsel-Instrument mit bedecktem Rohrblatt, das in der Renaissance verbreitet war und heute gelegentlich bei Konzerten Alter Musik zu hören ist. Ähnlich wie bei der Querflöte erlauben die modernen Rohrblattinstrumente durch den direkten Ansatz des Bläsers am Rohrblatt eine flexiblere Kontrolle über den Klang als die Windkapsel-Instrumente.

Bei all diesen Instrumenten kann das Rohrblatt viele unterschiedliche Tonhöhen erzeugen, was leicht zu demonstrieren ist, wenn man durch das (Doppel-)Rohrblatt bläst bzw. bei der Klarinette durch Rohrblatt und verbundenes Mundstück, ohne den Rest des Instruments. Auch hier ist es diese Resonanzröhre, die die Tonhöhe des kompletten Instruments bestimmt, ganz wie bei der Flötenfamilie.

Es ist aber auch möglich, die Tonhöhe hauptsächlich durch das vibrierende Rohrblatt bestimmen zu lassen, wie es z. B. in der Harmonika und in den Zungenpfeifen (auch Lingualpfeifen genannt) der Orgel der Fall ist. Da diese Zungen Töne stärker als alle anderen erzeugen sollen, werden sie aus Metall anstatt aus Rohrholz angefertigt.

Die Blechblasinstrumente haben ebenfalls eine veränderbare Öffnung, die den Lufteinlaß kontrolliert, aber in diesem Fall wird sie von den Lippen des Bläsers gebildet. Ähnlich wie das Holzrohrblatt können die (menschlichen) Lippen bei jeder beliebigen Frequenz innerhalb eines großen Bereichs vibrieren, wobei der erzeugte Klang allerdings nicht sehr musikalisch ist. Wird jedoch das Mundstück an die Lippen gesetzt, so wandern Schallwellen das Schallrohr auf und ab. Bei der Rückkehr zum Mundstück unterstützt jede Schallwelle die Bewegung der Lippen zur Erzeugung der nächsten Welle. Diese Resonanzeinwirkung der langen Röhre zurück auf die Lippen des Bläsers bringt die weit regelmäßigeren (und üblicherweise musikalisch bevorzugten) Vibrationen hervor, macht es aber gleichzeitig auch unmöglich, andere als ein paar genau bestimmte Frequenzen zu spielen. Warum dies so ist, werden wir in Kapitel 13 zeigen.

Die menschliche Stimme funktioniert in gewisser Weise ähnlich wie ein Blechblasinstrument. Die Stimmlippen vibrieren wie die Lippen eines Trompetenspielers; da sie aber nicht an eine so lange, dünne und hochwirksame Resonanzröhre angeschlossen sind, können sie alle möglichen Frequenzen erzeugen, praktisch wie ein Mundstück alleine. Die Mundhöhle beeinflußt zwar den Klang in geringem Umfang, wenn die Schallwellen in ihr schwingen, jedoch ohne die Frequenzen der Schwingungen der Stimmlippen einzugrenzen, ähnlich als ob man ein Trompetenmundstück an eine Schuhschachtel anstatt an ein langes dünnes Rohr anschließen würde. Mehr Details über die menschliche Stimme werden wir in Kapitel 14 erfahren.

## 3.5 Auswirkung der Instrumentengröße

Aufgrund eigener Erfahrung werden Sie wahrscheinlich ohne Bedenken der Behauptung zustimmen, daß größere Instrumente tiefere Tonhöhen, kleinere höhere Tonhöhen erzeugen. Allerdings sollten wir dies etwas genauer formulieren und gewisse Einschränkungen beachten.

Zunächst müssen wir einen Begriff einführen, der einigen Lesern unbekannt sein könnte. Eine Oktave ist eine natürliche Einheit, um den Abstand zweier Tonhöhen zu bezeichnen; bei diesem speziellen Abstand klingen sie so ähnlich, daß sie mit demselben Tonnamen bezeichnet werden, obwohl eine offensichtlich höher ist als die andere. Eine Demonstration ist hier angebracht, da diese spezielle Eigenschaft durch das Hören offensichtlicher wird als durch jede Beschreibung (siehe Übungsaufgabe 6 mit Hinweisen, wie man dies alleine mit einem Klavier ausprobieren kann).

Wenn wir eine einzige Instrumentenfamilie nehmen (wie in Bild 3.9), die sich durch den gleichen klangerzeugenden Mechanismus auszeichnet, können wir in einigen Fällen eine präzise Beziehung zwischen Tonhöhe und Größe herausfinden. Die Posaune z. B. spielt eine Oktave tiefer als die Trompete und hat ein doppelt so langes Schall- oder Resonanzrohr. Eine ähnliche Beziehung besteht zwischen Quer- und Piccolo-Flöte und zwischen Tenor- und Sopran-Saxophon. (Kasten 3.1 enthält einen Kommentar zu den Notationsweisen für einige Instrumentenfamilien.)

Dies unterstreicht eine der grundlegendsten Beziehungen zwischen Zahlen und Musik: Wenn wir die Länge eines Rohres verdoppeln, brauchen Schallwellen doppelt so lang für den Hin- und Rückweg, so daß jede auftretende regelmäßige Schwingung eine doppelt so große Periode und damit eine um die Hälfte niedrigere Frequenz haben wird. Wenn wir beobachten, daß dies dem Abstand einer Oktave für die erzeugten Tonhöhen entspricht, können wir vermuten, daß der Grund für die herausragende musikalische Bedeutung der Oktave darin liegt, daß einer der Töne exakt die doppelte Frequenz wie der andere hat. Es bleibt aber zu erklären (im Kapitel 18), was die

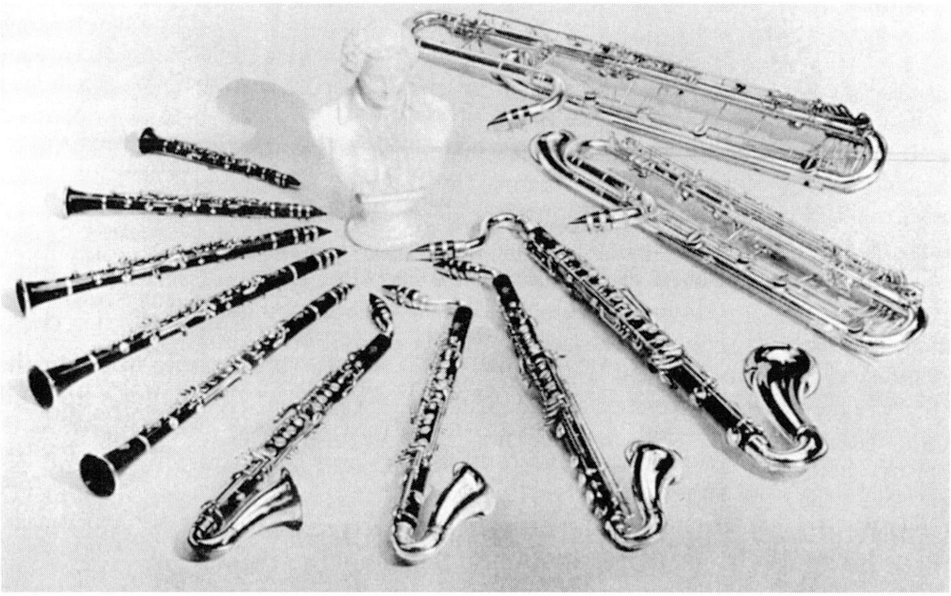

Bild 3.9 Die Instrumentenfamilie der Klarinetten, von der As-Sopran-Klarinette zur B-Kontrabaßklarinette (mit frdl. Erlaubnis der Fa. G. Leblanc).

Frequenzverdopplung im Hinblick auf die Wahrnehmungsverarbeitung im Innenohr und im Gehirn so besonders auszeichnet.

Wenn wir Instrumente aus verschiedenen Familien vergleichen, werden die Verhältnisse komplizierter. Eine Flöte und eine Klarinette haben zwar etwa die gleiche Länge, aber die Klarinette klingt fast eine Oktave tiefer; in Kapitel 13 werden wir sehen, daß dies durch den an einem Ende geschlossenen Klarinettenkörper bewirkt wird, wogegen die Flöte an beiden Enden offen ist. Aber auch die Oboe hat etwa die gleiche Größe wie die Klarinette und, obwohl beide zu den Rohrblattinstrumenten gehören, kann die Klarinette eine halbe Oktave tiefer spielen. In diesem Fall ist die Ursache der Unterschied zwischen einer konischen und einer zylindrischen Bohrung.

Ein Vergleich zwischen einer Violine und einer Klarinette ist natürlich von anderer Art. Die Größe der Klarinette kann nicht verändert werden, ohne gleichzeitig ihren Spielbereich zu ändern, denn die Schallgeschwindigkeit in der Luft im Instrument bleibt immer gleich. Die Größe der Geige oder des Cellos ist teilweise dadurch bestimmt, welche Maße der Spieler bequem im Arm bzw. zwischen den Knien halten kann. Da hier die ursprüngliche Schallerzeugung nicht mittels einer Luftröhre, sondern mittels einer Saite geschieht, können wir die Geschwindigkeit der Schwingungen in der Saite (und damit die Tonhöhe) dadurch beeinflussen, daß wir die Saite dicker oder dünner machen oder die Spannung erhöhen bzw. vermindern.

Dies kann man sich deutlicher machen, wenn man die vier Saiten einer Geige als vier verschiedene Klangerzeugungsmechanismen betrachtet, die nur zufällig auf dem gleichen Kasten aufmontiert sind. Da alle vier die gleiche Länge haben, erhalten wir

* Kasten 3.1 Transponierende Instrumente

Viele Blasinstrumente werden von Musikern als *transponierende Instrumente* bezeichnet, obwohl das eigentlich etwas mißverständlich ist. Es bezieht sich nicht auf irgendeine besondere Fähigkeit dieser Instrumente, sondern lediglich auf eine Übereinkunft darüber, wie die Musik für sie *notiert* wird. (Die im folgenden benutzten Notennamen können mit Hilfe des Bildes C auf der hinteren Umschlaginnenseite auf die Schreibweise übertragen werden.)

Um dies zu verstehen, stellen wir uns einen Tenorsaxophonisten vor, der eine bestimmte Folge von Fingersätzen eingeübt hat, die eine F-Dur-Tonleiter ergeben. Nehmen wir an, er möchte gelegentlich auch das Altsaxophon spielen; dann würde der gleiche Fingersatz aber eine B-Dur-Tonleiter ergeben.

Er sieht nun eine geschriebene Note, die normalerweise besagt: „Spiele ein c' " und betätigt die Finger bzw. Klappen, die das auf dem Tenorsaxophon auch bewirken. Auf dem Altsaxophon erklingt aber stattdessen ein f'. – Ein Weg, um dies zu vermeiden, wäre ein komplettes manuelles und geistiges Studium für jedes der beiden Instrumente, ein anderer wäre, das mentale Transponieren der Note und gleichzeitige Ändern des Fingersatzes so zu trainieren, daß der Spieler dies während des Spielens meistern kann.

Ein dritter Weg jedoch, der keine besondere Vorbereitung oder Training erfordert, besteht in der entsprechenden Transposition bereits beim Niederschreiben der Musik. Das heißt, jede Musik für Altsaxophon wird so notiert, daß immer, wenn ein c' geschrieben erscheint, gemeint ist: „Spiele die gleiche Tastenkombination, als wenn du ein Tenorsaxophon spielen würdest und ein c' siehst". Da in der notierten Musik bereits die Transposition berücksichtigt ist, braucht der Spieler überhaupt nicht darüber nachzudenken, welche Note denn nun eigentlich erklingt.

Bei den Saxophonen ist die gesamte Familie transponierend; der Spieler ist daran gewöhnt, daß ein notiertes c' als Es, B, es oder b erklingt, je nachdem, ob er ein Bariton-, Tenor-, Alt- oder Sopransaxophon spielt; daher werden sie auch als Es-Saxophon usw. bezeichnet. – Andersherum betrachtet: Wenn Sie erreichen wollen, daß ein Tenor- und ein Altspieler die gleiche erklingende Note spielen, z. B. ein c' auf dem Klavier, dann müssen Sie für den Tenorspieler ein d'' und für den Altspieler ein a' schreiben.

Die normale moderne Trompete steht in B, was meint, daß der Spieler beim Erblicken eines geschriebenen c'' alle Ventile offenläßt und den Klang des b' auf dem Klavier produziert. Andere Trompetengrößen (z. B. in C, D oder Es) waren im 18. Jahrhundert verbreitet und kommen gelegentlich in Orchesterstücken zum Einsatz. Die Standard-Klarinette ist ein B-Sopran, andere Instrumente dieser Familie (Bild 3.9) in B und Es kommen hauptsächlich in Blasorchestern zum Einsatz. In der Orchesterliteratur wird oft eine Klarinette in A verlangt; in diesem Fall befestigt der Spieler lediglich sein Mundstück an einem längeren Schallkörper und kann somit seinen Fingersatz unverändert mit den geschriebenen Noten übereinstimmen lassen.

Obwohl dieser Notationstrick es den Bläsern natürlich erleichtert, verschiedene Instrumente zu spielen, bringt er doch zwei Nachteile mit sich. Der erste ist das beträchtliche Durcheinander für den Dirigenten: Wenn die Partitur die Noten so zeigt, wie sie auch den verschiedenen Bläsern erscheinen, dann muß der Dirigent damit zu leben und arbeiten lernen, daß Teile des Orchesters zur gleichen Zeit in anscheinend verschiedenen Tonarten spielen. Wenn, als zweite Möglichkeit, die Partitur die Noten so zeigte wie sie klingen, dann muß der Dirigent jedesmal umdenken und transponieren, wenn er mit einem Bläser über eine bestimmte Stelle oder einen Fehler reden will (z. B. muß er, wenn er ein g' in der Trompetenstimme sieht, es in ein a' umdenken, weil das nämlich die Note ist, die der Spieler vor sich sieht).

Der zweite Nachteil ist, daß es für Menschen mit absolutem Gehör schwierig ist oder sein kann, mit transponierenden Instrumenten umzugehen. Als Kind bekam ich einst eine erste Unterrichtsstunde für die Trompete, konnte es aber nicht ertragen, daß die Note, die aus dem Instrument herauskam, immer einen Schritt tiefer klang als die Note, die auf dem Papier stand, und ging nicht mehr zur zweiten Stunde. Obwohl ich viele verschiedene Instrumente gespielt habe, blieb meine Praxis bis heute auf nicht-transponierende Instrumente beschränkt.

Klänge mit niedrigerer (oder höherer) Frequenz und Tonhöhe durch die Wahl von schwereren (oder leichteren) Saiten, die die Vibrationen mit langsamerer (oder schnellerer) Geschwindigkeit hin- und hertransportieren. Erhöhung der Spannung durch Drehen der Stimmwirbel erhöht ebenfalls die Geschwindigkeit und damit die Tonhöhe. Die vier Saiten zusammen können daher einen viel größeren Spielbereich abdecken, als es mit einer Saite möglich wäre.

Auch hier finden wir jedoch wieder, daß ein Cello keineswegs genau doppelt so groß wie eine Viola ist, obwohl sein Spielbereich eine Oktave tiefer beginnt. Und im Gegensatz zu den Blasinstrumenten können die Streichinstrumente auch in Halb- und Dreiviertelgrößen angefertigt werden, um für Kinder spielbar zu sein. Die kleineren Versionen haben allerdings zwei Nachteile: Um die gleichen Tonhöhen zu erzeugen, müssen sie entweder schwerere Saiten oder geringere Spannung haben, was in beiden Fällen zu einer stumpferen Klangfarbe führt; und zweitens bringt der kleinere Klangkörper natürlich auch eine geringere Lautstärke mit sich.

Eine weitere Komplikation besteht bei den Schlaginstrumenten. Obwohl allgemein für Membrane ebenso wie für Saiten gilt, daß die Verdopplung der Größe z. B. eines Paukenfells (bei gleichem Material und gleichbleibender Spannung) zu einer Erniedrigung des Tones um eine Oktave führt, trifft dies nicht bei den Metallophonen und Xylophonen zu. Wenn man einen langen regelmäßigen Stab in zwei gleiche Hälften zerschneidet, ist der Klang beim Anschlagen des halbierten Stabes nicht eine, sondern zwei Oktaven höher als beim unzerschnittenen Stab. Dies hängt damit zusammen, daß Querwellen mit verschiedenen Wellenlängen sich in einem festen Körper nicht mit der gleichen Geschwindigkeit ausbreiten; die halbe Wellenlänge und die Verdoppelung der Geschwindigkeit bewirken, daß ein vollständiger Schwingungszyklus nur ein Viertel der Zeit in einem halbierten Stab benötigt.

## 3.6 Klänge der Natur

Es ist ein alter Komponistentraum, die Klänge und Geräusche der Natur in ihre Musik zu integrieren. In den vergangenen Jahrhunderten konnten sie aber solche Klänge lediglich mit Musikinstrumenten imitieren, indem sie z. B. einen Vogelruf als Flötenstimme, Pauken für Donnergrollen oder Violin-Flageoletts für das Singen des Windes in den Bäumen notierten. In den zwanziger Jahren unseres Jahrhunderts legte Ottorino Respighi fest, daß die phonographische Aufzeichnung einer Nachtigall als Teil seiner Sinfonischen Dichtung *I Pini di Roma* wiederzugeben sei. Viele zeitgenössische Komponisten benutzen Tonbandgeräte, um kurze Ausschnitte natürlicher Klänge zu sammeln, die dann zu beliebiger Zeit wiedergegeben werden können. Die einzige Begrenzung liegt hier in der Imaginationskraft des Sammlers, denn durch Schlagen oder Reiben aller möglichen und unmöglichen Gegenstände lassen sich unzählige Klänge erzeugen; wenn man diese dann mit verschiedenen Geschwindigkeiten oder rückwärts sowie unter Verwendung von Filtern abspielt, erhält man eine fast unbegrenzte Klangvielfalt.

Wenn eine musikalische Komposition vorwiegend aus Naturklängen und -Geräuschen und/oder deren Bearbeitungen besteht, wird sie oft mit dem französischen Begriff *musique concrète* belegt, was soviel heißt wie „Musik mit Tonmaterial aus der konkreten Welt" (im Gegensatz zu rein elektronisch erzeugten Klängen). Komponisten, die eher von konkreten Klängen ausgehen (die sie „gesampelt" haben, wie wir heute sagen), greifen aber seit Mitte der 50er Jahre gleichermaßen auch auf Klänge zurück, die mit elektronischen Oszillatoren erzeugt werden. Als ein frühes Beispiel mag Edgar Varèses Poème électronique (1958) dienen.

Die Unterscheidung zwischen natürlich und künstlich ist für unsere Studie über Akustik nicht allzu wichtig, da wir Klänge mit den gleichen Konzepten untersuchen, unabhängig davon, ob sie durch traditionelle Instrumente entstehen oder durch beliebige andere Mechanismen. Auch gibt es keine feste Grenzlinie zwischen Musikinstrument und *musique concrète,* wenn man z. B. 1. vom normalen Spielen eines Flügels zum 2. Hineingreifen und Anzupfen der Saiten übergeht, 3. die Saiten mit einem Trommelschlegel anschlägt, 4. alle Teile des Flügels anschlägt oder 5. schließlich ein gut resonierendes Brückengeländer durch Schläge zum Erklingen bringt. Wenn Ihnen diese Erweiterung musikalischen Materials faszinierend erscheint, sollten Sie sich in die Werke von z. B. Henry Cowell und John Cage vertiefen.

# Zusammenfassung

Durch Zupfen oder Anschlagen beliebiger Gegenstände entstehen verklingende Geräusche. Die musikalische Nutzbarkeit solcher Schlaginstrumente wird von folgenden Faktoren beeinflußt: 1. spezielle Formen können Klänge mit einer deutlichen Tonhöhe erzeugen, besonders solche lange dünne Saiten, wie sie z. B. im Klavier oder im Hackbrett angeschlagen werden; 2. federndes, hochelastisches Material (Metall) produziert längerdauernden Klang, Material mit hoher innerer Dämpfung wie Holz, Plastik, Leder dagegen relativ kurze, dumpfe Schläge; 3. kleinere, leichtere oder steifere Gegenstände unter größerer Spannung erklingen höher; 4. größere Oberflächen oder ein angeschlossener Resonator verstärken die Lautstärke.

Gleichbleibend andauernde Klänge erfordern eine ständige Energiezufuhr, wofür in Musikinstrumenten üblicherweise zwei verschiedene Methoden verwendet werden: 1. die andauernde Arbeit des Bogenstreichens über eine Saite und 2. die gleichmäßige Luftzufuhr durch eine enge Öffnung, entweder gegen eine scharfe Schneide oder durch biegsame Rohrblätter oder Lippen. Wenn wir elektronische Oszillatoren mit einschließen, können wir als dritte Methode der Erzeugung gleichbleibender Klänge die elektrische Energiezufuhr benennen.

Die Größen der Blasinstrumente hängen direkt mit den von ihnen erzeugten Tonhöhen zusammen; innerhalb einer Instrumentenfamilie verdoppelt die Halbierung der Größe die Frequenz und hebt damit den Klang um eine Oktave an. Bei den Streichinstrumenten besteht diese Beziehung nur in abgeschwächter Form, da die

Frequenz außerdem durch den Durchmesser und die Spannung der Saite beeinflußt wird.

Tonbandaufnahmen und gesampelte Klänge ermöglichen es den Komponisten, die unendliche Vielzahl von Klängen und Geräuschen zu verwenden, die von anderen Quellen als den Musikinstrumenten stammen. Die volle Ausnutzung dieser Möglichkeiten schließt die elektronische Umformung der Klänge ein.

## Symbole, Begriffe, Beziehungen

| | | |
|---|---|---|
| Schlagzeug (-instrument) | verklingend | Schneidenton |
| Bläser | Dämpfung | Rohrblatt |
| Streicher | Bünde | Oktave |
| | *musique concrète* | |

## Übungsaufgaben

1. Wie würden Sie das Instrument und den Klang einordnen, wenn a) eine Violine *col legno* gespielt wird? (col legno heißt, der Bogen wird umgedreht, so daß die hölzerne Stange über die Saiten streicht) – wenn b) in der Partitur steht, der Spieler solle mit seinen Fingerknöcheln gegen den Geigenkörper schlagen? – c) wenn er die Geige über den Kopf des Nebenspielers schlagen soll?
2. Begründen Sie, warum der Klang ungefähr eine Oktave höher im Vergleich zur ganzen Saitenlänge wird, wenn Sie Ihren Finger genau in der Mitte einer Gitarren- oder Geigensaite ansetzen und gegen den Steg drücken. Erklären Sie (mit dem Begriff der Spannung in der Saite), warum der Unterschied etwas größer als eine Oktave sein könnte, vor allem, wenn der Steg sehr hoch ist und die Saiten weit über dem Griffbrett hält.
3. Wenn ein Sopransaxophon 69 cm lang ist und das Tenorsaxophon eine Oktave tiefer klingt, wie lang müßte dann das Tenorsaxophon sein?
4. Messen Sie mit einem Bandmaß die Gesamtlänge des Schallrohres (ohne die Rohrlänge der mit den Ventilen verbundenen Rohrstücke) einer Trompete, einer Posaune und einer Tuba. Bestätigen die Ergebnisse die Behauptung, daß die Verdoppelung der Länge zu einer Tonhöhen-Erniedrigung um eine Oktave führt? Messen Sie dann auch ein Waldhorn; bei diesem Instrument werden Sie das Ergebnis unverständlich finden, bis Sie Kapitel 13 studiert haben.
5. Falls Sie noch nie ein Blasinstrument gespielt haben, bitten Sie einen Freund, einmal hineinblasen zu dürfen. Blasen Sie mit gespitzten Lippen jedoch zuerst nur das Mundstück alleine, und testen Sie, ob Sie durch Veränderung des Luftdrucks und der Lippenspannung einen ganzen Bereich von Tonhöhen erzeugen können. Befestigen Sie dann das Mundstück am Instrument und probieren Sie aus, wie nun das Instrument Sie zwar einige bestimmte Töne erzeugen läßt, es aber wesentlich schwieriger wird, dazwischenliegende Tonhöhen zu produzieren.
6. Falls Sie nicht mit dem Konzept und dem Klang von Oktaven vertraut sind, experimentieren Sie mit Zufallspaaren von Tasten auf dem Klavier. Entdecken Sie, daß immer, wenn der Abstand der beiden Tasten zwölf beträgt (weiße und schwarze Tasten mitgezählt), eine spezielle Beziehung zwischen den beiden Noten hörbar wird. Beschreiben Sie

mit Ihren eigenen Worten, wie Sie einen Oktavklang im Unterschied zu anderen paarweisen Klängen wahrnehmen.

7. Welche Frequenz hören Sie, wenn Sie einen Ton hören, der eine Oktave tiefer als 400 Hz ist? Welche Frequenz ist eine Oktave höher als 400 Hz? Zwei Oktaven höher als 400 Hz?
8. In einem bestimmten Pfeifensatz einer Orgel beträgt die klingende Länge für die Note c' ($f$= 524 Hz) 30 cm. Wie lang wird Ihrer Meinung nach die Pfeife für den Ton c ($f$= 262 Hz) sein? Wie lang für C (noch eine Oktave tiefer) und welche Frequenz?
9. Während ein Organist in einer ungeheizten Kirche im Januar übt, beträgt die Temperatur 8° C; als die Orgel gestimmt wurde, betrug sie jedoch 20° C. Erklären Sie, ob die Pfeifen mit niedrigerer oder größerer Tonhöhe klingen als bei Normaltemperatur. Um wieviel Prozent hat sich die Schallgeschwindigkeit der Luft geändert? Welchen prozentualen Unterschied bewirkt dies in der Tonhöhe der meisten Pfeifen?
10. Wenn die Metallstäbe eines Vibraphons ohne den darunter befindlichen Resonator angeschlagen werden, ist der Klang relativ schwach (das können Sie ausprobieren, indem Sie ein Stück Pappe über die Öffnung des Resonators schieben). Mit einem Röhren-Resonator in der geeigneten Länge wird der Klang wesentlich lauter. Rossing teilt Schwingungsdauern von 30 bis 40 Sekunden für den ersteren Fall und von nur weniger als 10 Sekunden für den zweiten Fall mit. Erklären Sie den Zusammenhang.

# Projektvorschläge

1. Bearbeiten Sie verschiedene Gegenstände durch Schlagen, Klopfen, Reiben, Kratzen, Anblasen usw. Vergleichen Sie die entstehenden Geräusche hinsichtlich Dauer, Lautstärke, musikalischer Qualität und Höhe oder Tiefe der Tonhöhe. Versuchen Sie diese Vergleiche mit den Begriffen der Größe und des Materials der Gegenstände sowie mit der jeweiligen Methode der Klangerzeugung zu erklären.
2. Erzeugen Sie eine Vielzahl von Klängen und Geräuschen wie in Projekt 1 beschrieben, und nehmen Sie diese auf Tonband auf. Benutzen Sie ein zweites Gerät, um davon Kopien mit verschiedenen Bandgeschwindigkeiten herzustellen. Fertigen Sie eine *musique concrète*–Komposition an, indem Sie das Bandmaterial schneiden, kleben, umdrehen, neukombinieren usw. Diese Techniken lassen sich heute auch mit einem Sampler oder einem Harddisc Recording System ausprobieren. Die Bearbeitung der aufgenommenen Klänge wird dann rein elektronisch durchgeführt, die klanglichen Ergebnisse können aber die gleichen sein wie mit den traditionellen Arbeitsmethoden.

# 4. Schallausbreitung

Normalerweise machen wir uns über die Tatsache, daß Schall sich ausbreitet, keine großen Gedanken und nehmen das einfach als selbstverständlich gegeben hin; dieses Phänomen weist jedoch verschiedene spezielle Eigenschaften auf, die unser Interesse verdienen.

Schallwellen können ihre Ausbreitungsrichtung aus mehreren Gründen ändern. Einer davon ist die Reflexion an harten Oberflächen, was uns in der Form des Echos vertraut ist. Weit weniger vertraut sind uns Brechung (Refraktion) und Beugung (Diffraktion) der Schallwellen, welche umlenkende bzw. zerstreuende Effekte beschreiben. Diffraktion spielt eine äußerst wichtige Rolle in der musikalischen Akustik. Nach der Einzelbetrachtung dieser Effekte werden wir in Abschnitt 4.3 untersuchen, wie sie im Freien aufgeführte Musik beeinflussen und wie akustische Probleme in Freilichtbühnen zu behandeln sind.

Nach einem nur für den speziell interessierten Leser gedachten Abschnitt über Frequenzverschiebung bei sich bewegenden Klangquellen werden wir in Abschnitt 4.5 die sog. Interferenz-Effekte betrachten. Diese entstehen durch die Art, in der Schallwellen sich gegenseitig verstärken können, während sie zu anderer Zeit gegeneinander arbeiten oder sich sogar gegenseitig auslöschen. Alle diese Effekte, die hier zunächst qualitativ untersucht werden, können mit den in Kapitel 5 dargestellten Messkriterien auch quantitativ beschrieben werden.

## 4.1 Reflexion und Refraktion

In der wirklichen Welt können sich Schallwellen niemals unendlich lange in die gleiche Richtung ausbreiten. Wenn Schall auf ein Hindernis trifft, erwarten wir, daß er reflektiert wird; wir alle haben sicher schon einmal Echos in der Nähe einer Bergwand oder auch eines großen Gebäudes gehört. Am leichtesten können Echos in 50 oder 100 m Entfernung von einer großen, ebenen und harten Oberfläche festgestellt werden. Ein solches Echo scheint dann gleichsam von einem Punkt hinter der reflektierenden Oberfläche zu kommen, genau wie die von einem Spiegel reflektierten Lichtwellen von einem Bild hinter dem Spiegel zu stammen scheinen.

Schall wird von jeder Oberfläche mit beliebiger Form und Größe reflektiert. Ist die Oberfläche glatt, so ist die Reflexion regelmäßig und wohlgeordnet (Bild 4.1a); eine rauhe Oberfläche führt hingegen zu unregelmäßiger oder diffuser Reflexion (Bild 4.1b). Der relative Grenzwert zwischen „rauh“ und „glatt“ wird durch die identische Größe der Unebenheiten der Fläche und der Wellenlänge der reflektierten Schallwellen angegeben. Ein guter optischer Spiegel sollte also keine Unregelmäßigkeiten aufweisen, die größer als ein tausendstel Millimeter sind, da die Wellenlängen des Lichts noch beträchtlich kleiner sind. Schallwellen werden durch solch kleine Details aber nicht beeinflußt, und selbst eine geriffelte Mauer, die unseren Augen sehr rauh erscheint, kann Schallwellen genauso wie eine glatte Spiegelfläche reflektieren. Die

Unregelmäßigkeiten müssen eine Größe von mehreren Zentimetern haben, um hohe Frequenzen zu zerstreuen, und auf die tiefsten Bassfrequenzen wirken selbst Oberflächen mit Löchern unter ein bis zwei Metern Durchmesser noch wie eine glatte Oberfläche.

Die reflektierte Welle ist immer schwächer als die ankommende, da ein Teil der Schallenergie von der reflektierenden Oberfläche absorbiert wird. Der absorbierte Anteil ist für eine weiche Oberfläche wie z. B. einen schweren Vorhang wesentlich höher als für eine harte nackte Gipswand. Reflexion und Absorption haben somit einen großen Einfluß darauf, ob ein Raum für Musikaufführungen geeignet ist oder nicht, und wir werden uns daher in Kapitel 15 ausführlich mit Raumakustik beschäftigen. Wiederholte Reflexionen sind die Ursache für die nachklingenden Echos bzw. den Nachhall in geschlossenen Räumen.

Vielfache Reflexionen ermöglichen es den Schallwellen, sich von einem Raum in einen anderen auszubreiten (Bild 4.2). Deshalb kann man in der Regel Personen in einem anderen Raum sprechen hören, auch wenn man sie nicht sehen kann.

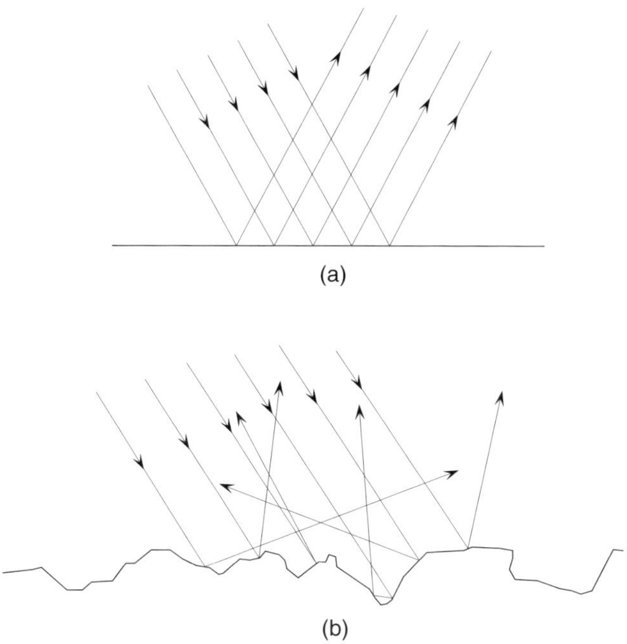


Bild 4.1 a) Eine Gruppe von Wellen mit gleicher Richtung (wie ein Lichtstrahl) wird an einer glatten Oberfläche regelmäßig reflektiert. b) Diffuse Reflexion kommt zustande, wenn Wellen auf eine rauhe Oberfläche treffen (rauh im Verhältnis zur Wellenlänge). Die Wellenenergie wird durch verschiedene Teile der Oberfläche in verschiedene Richtungen gestreut. Eine reflektierende Wand wirkt z. B. auf eine Welle mit der Frequenz 440 Hz (Kammerton) erst dann rauh, wenn die Unregelmäßigkeiten der Wand einen Durchmesser von einem Meter oder mehr haben.

Eine Situation, in der die Schallgeschwindigkeit sich mit dem Ort (z. B. durch übereinanderliegende Luftschichten mit unterschiedlicher Temperatur) ändert, bringt die Schallenergie dazu, gekrümmten Ausbreitungswegen zu folgen; dies wird als Refraktion oder Brechung bezeichnet. Jede Art von Wellen kann gebrochen werden. Luftbilder in der Wüste entstehen beispielsweise durch die Krümmung der Lichtstrahlen, die durch Luftschichten mit unterschiedlicher Dichte passieren.

Man kann manche interessanten Effekte der Schallbrechung entdecken; wir werden sie aber nur kurz beschreiben, da sie nur selten von musikalischer Bedeutung sind.

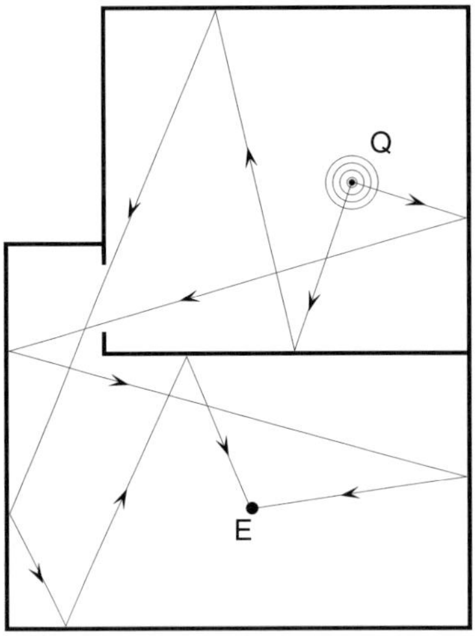


Bild 4.2 Durch vielfache Reflexionen können die Schallwellen sich von der Quelle Q bis zum Empfänger E in einem zweiten Raum ausbreiten. Die zwei dargestellten Wege sind lediglich beispielhaft für viele mögliche andere Ausbreitungswege. Einer davon (er ist nicht dargestellt, versuchen Sie ihn zu entdecken) erfordert nur eine einzige Reflexion.

Vielleicht haben Sie schon einmal festgestellt, daß Sie an extrem ruhigen Tagen oder Nächten weit entfernte Klänge wie z. B. Kirchenläuten manchmal viel lauter als gewöhnlich hören können. Dieser Effekt wird durch den als Inversion bezeichneten Wetterzustand (und durch Smog) hervorgerufen, weil dann kältere Luftschichten auf dem Erdboden liegen und wärmere darüber. Da die Schallgeschwindigkeit in kalter Luft geringer ist, verhalten sich die Wellenfronten wie in Bild 4.3, und ein höherer Schallenergie-Anteil wird auf den Boden umgelenkt. Unter normalen Umständen (besonders an klaren sonnigen Tagen) sind der Erdboden und die unterste Luftschicht am wärmsten, und mit zunehmender Höhe nimmt die Temperatur ab. Dann breiten sich die untersten Schallwellen am schnellsten aus (Bild 4.4), die Wellenfronten werden nach oben abgelenkt, und man hört praktisch keinen Schall, der nicht aus unmittelbarer Nähe kommt.

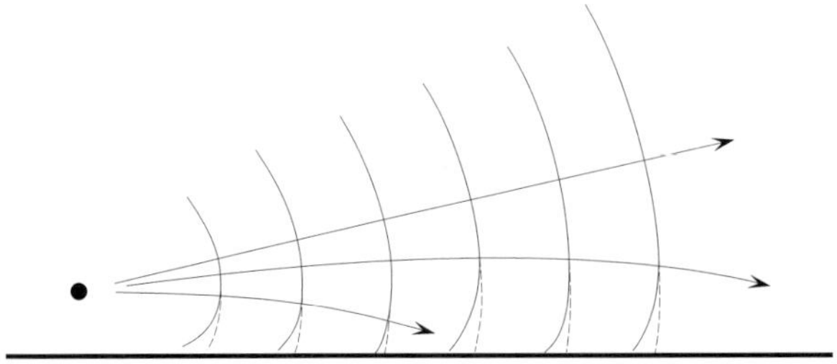

Bild 4.3 Abwärts-Brechung (-Refraktion) der Schallwellen, wenn die Schallgeschwindigkeit zum Erdboden hin abnimmt; die gestrichelten Linien zeigen, wo die Schallwellen bei gleichmäßiger Schallgeschwindigkeit sein würden. Diese Situation trifft z. B. zu, wenn die Luft am Erdboden kühler ist als darüber, oder wenn die Windgeschwindigkeit (der im Bild von links nach rechts bläst) am Boden gering ist und mit steigender Höhe zunimmt.

Der Wind kann ähnliche Effekte bewirken. Vor allem, wenn die Luft nahe am Boden beinahe unbewegt ist und die Windgeschwindigkeit mit steigender Höhe zunimmt, werden die höheren Wellenfronten schneller transportiert. Wenn man sich auf der Lee-Seite der Schallquelle befindet, bringt der Wind mit größerer Höhe gewisserma-

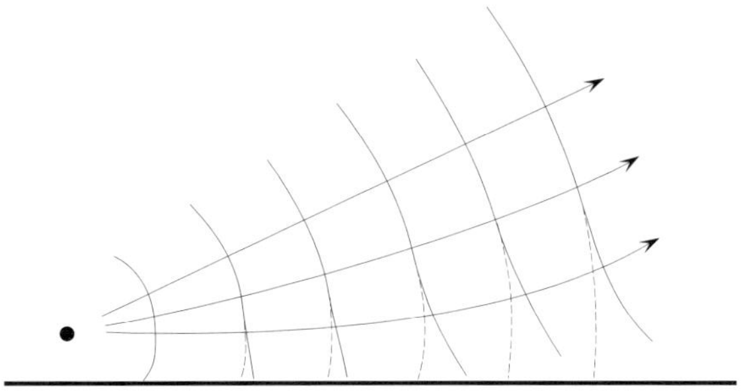

Bild 4.4 Aufwärts-Brechung der Schallwellen, wenn die Schallgeschwindigkeit nach unten hin zunimmt, wie z. B. bei höherer Lufttemperatur nahe am Boden oder bei Wind von rechts nach links. Da die Schallwellen nach oben abgelenkt werden, entsteht rechts unten eine praktisch schalltote Zone, in der die Schallquelle nicht mehr zu hören ist.

ßen den Schall schneller heran, die Wellenfronten werden etwa wie in Bild 4.3 herunter gelenkt, und man hört den Schall lauter. Ist man dagegen auf der Luv-Seite der Schallquelle, so werden die Wellenfronten mit steigender Höhe mehr zurückgehalten, sie werden wie in Bild 4.4 nach oben gelenkt, und man hört den Schall sehr schwach oder gar nicht.

## 4.2 Wellenbeugung (Diffraktion) an Öffnungen

Schall kann sich auch um Ecken herum ausbreiten, was wir uns innerhalb von Gebäuden als durch vielfache Reflexionen bewirkt erklären. Aber auch im Freien, wenn kein Gebäude vorhanden ist, an dem Reflexionen entstehen könnten, kann man die Ambulanzsirene lauter werden hören, bevor man den Ambulanzwagen selbst an der Kreuzung ankommen sieht (Bild 4.5).

Um dies mittels eines Vergleichs besser zu verstehen, stellen wir uns lange Ozeanwellen vor, die durch die enge Öffnung eines Wellenbrechers in einem Hafen passieren. Obwohl sie in ihrer ursprünglichen Richtung am stärksten bleiben, werden sie an der Öffnung auseinandergespreizt und erreichen praktisch jeden Punkt inner-

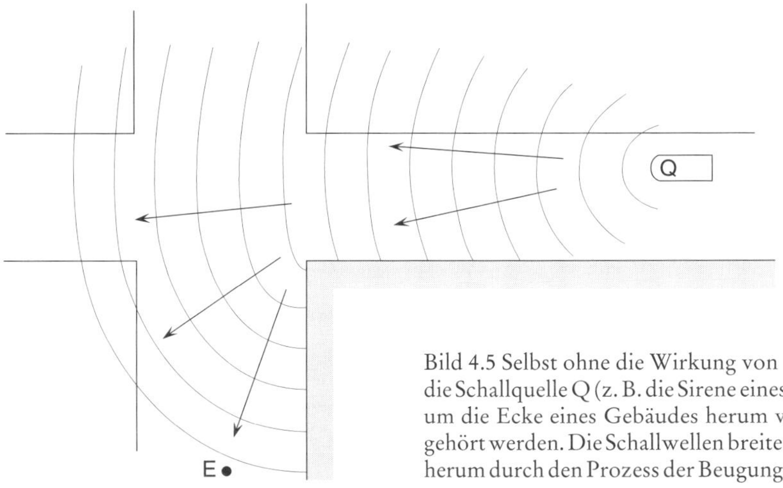


Bild 4.5 Selbst ohne die Wirkung von Reflexionen kann die Schallquelle Q (z. B. die Sirene eines Krankenwagens) um die Ecke eines Gebäudes herum vom Empfänger E gehört werden. Die Schallwellen breiten sich um die Ecke herum durch den Prozess der Beugung (Diffraktion) aus.

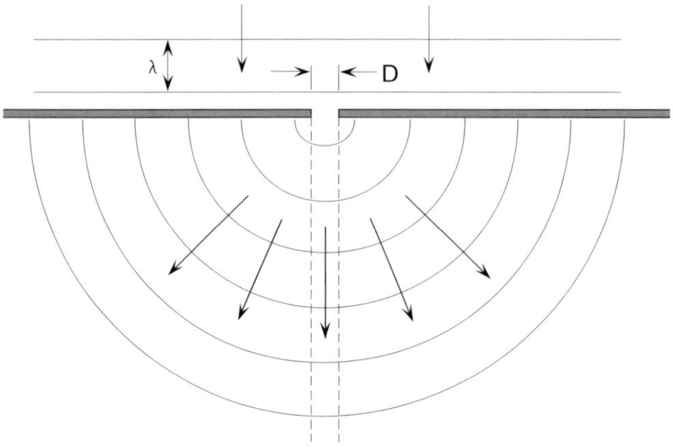


Bild 4.6 Wellen breiten sich beim bzw. nach dem Passieren einer engen Öffnung fast gleichmäßig in alle Richtungen aus. Würden Wellen sich wie Gewehrkugeln verhalten, dann könnten sie nur die schmale Zone zwischen den gestrichelten Linien erreichen, und es bliebe eine Schattenzone auf beiden Seiten. Wellen lassen jedoch keine solchen Schattenzonen entstehen. Ebenso trifft zu, daß Wellen, die auf ein schmales Hindernis treffen, den Raum dahinter sehr wohl erreichen, wie man an Wasserwellen an Brükkenpfeilern beobachten kann.

halb des Hafenbeckens (Bild 4.6). Die gleiche Darstellung könnte ebensogut Schallwellen darstellen, die durch einen Flur kommen und sich in einen Raum hinein ausbreiten (es müßten allerdings recht tiefe Töne sein, um so gut wie im Bild gebeugt zu werden).

Diese Art der Ausbreitung wird als Beugung (Diffraktion) bezeichnet und ist eine generelle Eigenschaft aller Wellenarten (siehe Kasten 4.1). Um wieviel eine Welle gebeugt wird, hängt von der Beziehung zwischen der Wellenlänge $\lambda$ und den anderen beteiligten Größen ab. Im allgemeinen werden Wellen dann gleichmäßig nach allen

* Kasten 4.1 Die Wellennatur der Materie

Gewisse Erscheinungen werden bei allen Wellenarten beobachtet. Umgekehrt kann man sagen, daß alle Phänomene, die solches Verhalten zeigen, als Wellenphänomene bezeichnet werden können.

Damit ist zugleich ausgesagt, daß die grundlegenden Verhaltensweisen der Materie selbst auf wellenähnliche Eigenschaften hinweisen. Wenn wir lediglich wüßten, daß Elektronen gelegentlich reflektiert werden, könnten wir sie noch als geschoßähnliche Partikel betrachten, so wie eine Serie von Tennisbällen von einer Mauer zurückgeworfen werden kann. Aber Elektronen weisen die Eigenschaft auf, sich ganz wie Wellen über ein Gebiet hin zu zerstreuen, anstatt an einem Punkt lokalisiert aufzutreten. Ebenso können wir an Elektronenströmen die Erscheinungen der Beugung, Brechung und Interferenz beobachten.

(Da die Wellenlänge von Elektronen typischerweise $10^{-9}$m oder weniger beträgt, können Diffraktion und Interferenz nur in Experimenten nachgewiesen werden, bei denen Elektronen durch unendlich kleine Öffnungen geschickt werden, wie z. B. zwischen zwei benachbarten Atomen in einem Kristall hindurch.)

Obwohl diese Erscheinungen es nahelegen, Elektronen als Wellen zu betrachten, zeigen sie in anderen Experimenten wiederum explizit partikelhaftes Verhalten. Es wäre daher unzulässig, Elektronen gewissermaßen gewaltsam entweder als Wellen oder als Partikel zu definieren. Vielmehr müssen wir die grundlegende Eigenschaft der Materie akzeptieren, eine duale Natur zu haben, d. h. die Fähigkeit zu haben sowohl als Welle als auch als Partikel in Erscheinung treten zu können.

Richtungen gebeugt, wenn $\lambda$ ungefähr gleich oder größer ist wie die Weite D einer Öffnung; wenn $\lambda$ sehr viel kleiner ist als D, wie in Bild 4.7, dann kommt nur geringe Beugung zustande und nur ein sehr kleiner Teil der Welle erreicht die „Schattenzonen".

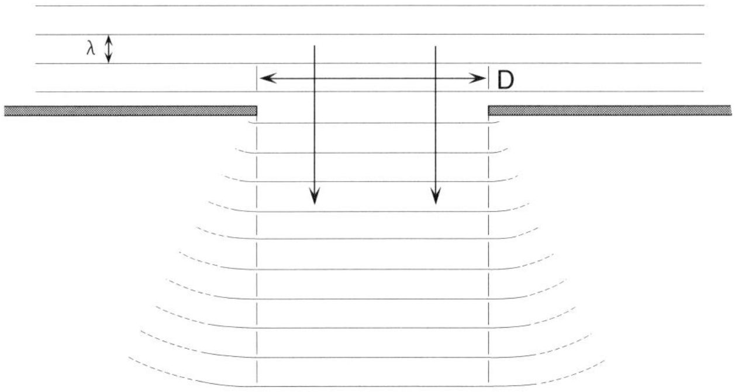


Bild 4.7 Wenn Wellen an einer Öffnung gebeugt werden, deren Durchmesser D sehr groß ist im Verhältnis zu ihrer Wellenlänge $\lambda$, bleibt der Wellenaustritt hauptsächlich auf einen Strahl in der ursprünglichen Richtung begrenzt; die Durchdringung der Schattenzonen außerhalb der gestrichelten Linien ist sehr gering. Ebenso gilt, daß Wellen, die ein breites Hindernis passieren, dahinter eine relativ ungestörte Zone lassen.

Sie könnten nun entgegnen, daß Sie noch nie Lichtwellen beobachtet hätten, die sich so verhalten. Die Strahlen des Blaulichts von dem Ambulanzwagen in Bild 4.5 weisen die Straße entlang und scheinen nicht etwa um die Ecke herum bis zum Punkt E. Tatsächlich ist es jedoch so, daß auch Lichtwellen gebeugt werden, allerdings nicht stark genug, als daß wir dies unter alltäglichen Bedingungen beobachten könnten. Da die Wellenlängen des sichtbaren Lichts weniger als ein tausendstel Millimeter betragen, sind sie im Verhältnis zu den Gegenständen des täglichen Lebens sehr klein, und der Beugungseffekt ist daher so gering, daß wir ihn gewöhnlich nicht wahrnehmen können. Wenn man aber Licht durch eine haarfeine Spalte in einen verdunkelten Raum schickt, kann man ein schönes Beugungsmuster beobachten (Bild 4.8).

Schallwellen sind wesentlich länger, sie weisen Größen von ungefähr 10–15m für die tiefsten noch hörbaren Frequenzen bzw. bis zu 2cm für die höchsten hörbaren Frequenzen auf. Daher können wir bei Schallwellen an normalgroßen Gegenständen starke Beugungserscheinungen erwarten. Ebenfalls können wir verstehen, warum tiefe Töne sich besser um Ecken herum ausbreiten als hohe.

Bild 4.8
Ein mit sichtbarem Licht erzeugtes Beugungsmuster. Stellen Sie sich dieses Foto direkt unter Bild 4.7 plaziert vor; wenn keine Strahlenbeugung stattfinden würde, müßte sich auf dem Film eine scharfe Grenz zwischen Licht und Schatten anstatt dieses Beugungsmusters abbilden. (Photo Stephen Hamilton)

Mit dem Konzept der Beugung können wir verschiedene weitere Effekte erklären:

1. Sie können zu einer anderen Person sprechen und verstanden werden, selbst wenn Sie nicht direkt in deren Richtung sprechen; die Schallwellen aus Ihrem Mund werden nach beiden Seiten hin gebeugt, da sie aus einer Öffnung mit nur wenigen cm Weite kommen, was im Verhältnis zur Wellenlänge der meisten Sprachlaute klein ist. Ähnliches gilt für die Schallwellen aus der Öffnung einer Trompete.

2. Basstöne aus einem Lautsprecher verteilen sich nahezu gleichmäßig im Raum, während hohe Frequenzen aus dem gleichem Lautsprecher sich in einem relativ eng begrenzten Kegel ausbreiten. Der Beugungseffekt ist hier der gleiche, als wenn die Schallwellen von einem angrenzenden Zimmer durch eine lautsprechergroße Öffnung in der Mauer hereingelangen würden. Dies ist einer der Gründe, weshalb separate Hochton-Lautsprecher mit kleineren Austrittsabmessungen gebaut werden; die Beugung verteilt dadurch deren Schallenergie gleichmäßiger im Raum.

3. Ihr linkes Ohr kann Geräusche hören, die rechts von Ihrem Kopf entstehen. Basstöne haben Wellenlängen, die viel größer sind als Ihr Schädeldurchmesser; sie werden daher so gut gebeugt, daß ihre Lautstärke an beiden Ohren nahezu gleich ist. Hohe Töne dagegen bilden am Kopf viel ausgeprägtere Schattenzonen im Beugungsverlauf aus und können daher an einem Ohr viel leiser als am anderen ankommen; wir benutzen dies (unter anderem) unbewußt als Hilfsmittel, wenn wir die Richtung einer Geräuschquelle herausfinden wollen.

## 4.3 Musik im Freien

Musik wird zwar überwiegend in geschlossenen Räumen aufgeführt; da aber die Analyse der Verteilung von Schallenergie für Situationen im Freien viel leichter ist, werden wir erst im Kapitel 15 die Raumakustik im engeren Sinne und den Einfluß der vielfachen Reflexionen an den Wänden erörtern.

Unsere erste und offensichtlichste Beobachtung ist, daß jede Klangquelle im Freien schwächer klingt als in einem Raum; jede Schallwelle, die bei ihrer Ausbreitung nicht

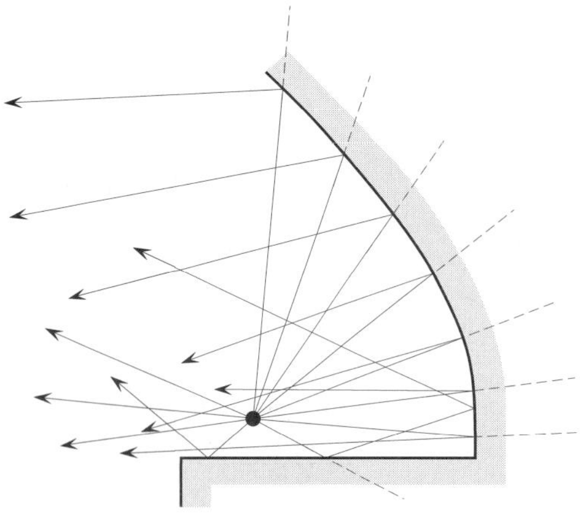

Bild 4.9 Seitenansicht (Schnitt) durch eine rückseitig mit akustischer Muschel versehene Bühne; der Zuhörerraum ist links.

auf Ihre Ohren trifft, ist für immer verloren, während sie durch einen geschlossenen Raum gefangen und wiederholt hin und her geworfen wird. Eine praktische Konsequenz daraus ist, daß man für Aufführungen im Freien Schallquellen braucht, die genügend Schallenergie erzeugen können – große Ensembles eher als Solisten, Blechbläser-Orchester eher als Streichquartette oder ausreichende Unterstützung durch elektronische Verstärkung. Eine zweite und vielleicht weniger offensichtliche Beobachtung betrifft die „Trockenheit" von Musik im Freien. Der Grund ist der gleiche: Der ersten Schallwelle, die das Ohr erreicht, folgt keine Reihe von sich überlappenden Reflexionen, und es fehlen daher der charakteristische Hall und die Wärme eines Raumklanges. Drittens, und wieder aus dem gleichen Grund, ist es schwieriger, Schall über ein großes Auditorium im Freien zu verteilen. Die Reflexionen innerhalb eines Raums kommen aus allen möglichen Richtungen, und in einem gut geplanten Saal addieren sie sich so, daß die Hörer an allen Plätzen nahezu die gleiche Lautstärke empfangen. Draußen dagegen verliert jede Schallwelle unvermeidlicherweise mit zunehmender Entfernung von der Quelle an Stärke. Vielleicht sagte aus all diesen Gründen der Komponist Hector Berlioz einmal „Musik im Freien gibt es nicht".

Man kann mit verschiedenen Strategien versuchen, diese Probleme in den Griff zu bekommen und den Schall dahin zu lenken, wo er gebraucht wird. Wichtigstes Ziel ist es, irgendeine reflektierende Struktur so hinter den aufführenden Musikern anzuordnen, daß der Teil der Schallenergie, der sonst in Richtungen verschwendet würde, wo keine Zuhörer sind, in deren Richtung reflektiert wird. In der einfachsten Form geschieht dies, wenn die Zuhörer auf einer Seite Platz finden, und eine muschelförmige re-

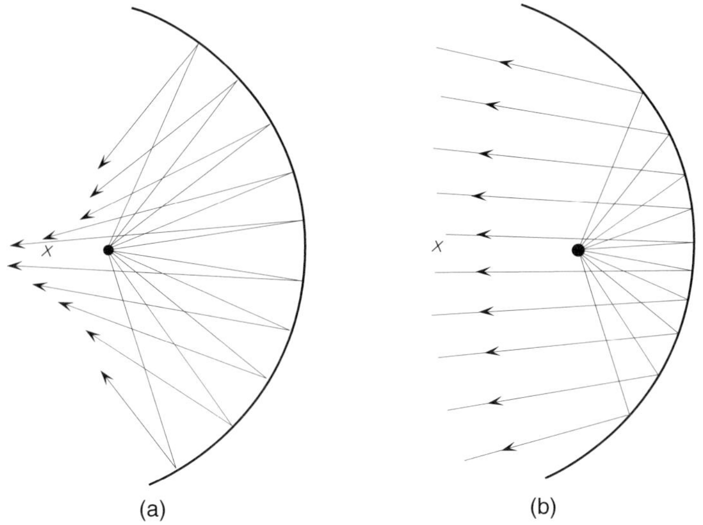


Bild 4.10
Schallreflexionen an einer konkaven Mauer mit dem Krümmungsmittelpunkt X.
a) Befindet sich die Position der Musiker zu weit von der Wand weg, wird der Schall zum großen Teil auf einen schmalen Bereich des Zuschauerraums konzentriert.
b) Geeigneter ist eine Position etwas weniger als den halben Krümmungsradius von der Wand entfernt; dabei werden die Schallwellen gleichmäßig in den Zuschauerraum reflektiert. Zu beachten ist auch, daß ein guter Entwurf nicht nur die Situation des Publikums verbessert, sondern es auch den Musikern erleichtert, sich gegenseitig zu hören. Gestaffelte Sitzreihen verbessern ebenfalls die Situation der Hörer und sind darüberhinaus auch eine visuelle Verbesserung; sie wurden seit den griechischen Amphitheatern immer wieder benutzt. Die ansteigende Fläche der Sitzreihen empfängt mehr von der gesamten Schallenergie, als wenn das Publikum auf flachem Boden säße.

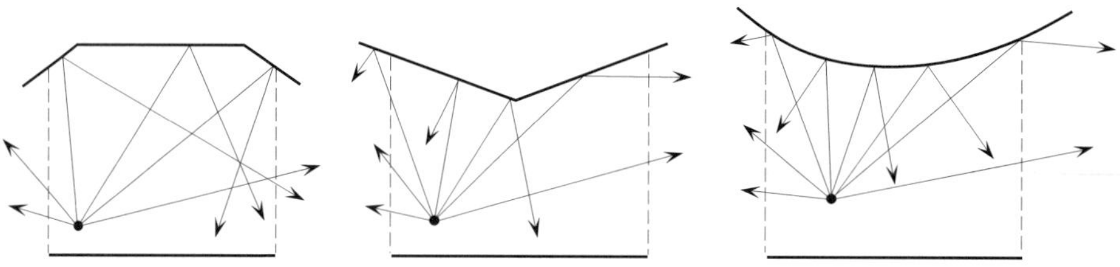

(a) (b) (c)

Bild 4.11 Seitenansicht (Schnitt) verschiedener möglicher Dachformen für Musikpavillons sowie einige typische Schallreflexionswege. Form a) relektiert den Schall so, daß die Musiker sich gegenseitig besser hören können (vielleicht sogar unangenehm laut), verbessert aber den Schallenergie-Transfer nach draußen nicht wesentlich. Form b) nützt zwar den Zuhörern, jedoch wird die eine Hälfte der Kapelle die andere nur schlecht hören. Form c) stellt einen Kompromiß dar, der beiden Anforderungen gerecht wird.

Form auf der gegenüberliegenden Seite den Schall reflektiert (Bild 4.9); die meisten antiken griechisch-römischen Theater weisen diese Form auf. Eine solche wohlgeformte Muschel kann das 10-oder mehrfache an Schallenergie bis zu den letzten Rängen liefern, als diese sonst empfangen würden, und somit den Unterschied zwischen den ersten und letzten Rängen beträchtlich vermindern. Die Postierung der Musiker ist dabei sehr wichtig; wenn sie zu nahe am Publikum ist, oder wenn die Muschel zu stark gekrümmt ist, kann es passieren, daß der Schall in einer Weise konzentriert wird, die die Situation verschlechtert anstatt verbessert. Als gute Faustregel gilt, daß die Entfernung der Musiker vom Rand der Muschel etwas mehr als die Hälfte des Krümmungsradius' betragen sollte (Bild 4.10). Manchmal sind akustische Muscheln auch in geschlossenen Räumen nützlich, z. B. wenn ein kleines Musikerensemble im vorderen Teil einer großen Bühne auftritt.

Wenn das Publikum sich auf allen Seiten der Aufführenden befindet, kann zumindest noch der Teil des Schalles umgeleitet werden, der sonst nach oben hin verloren ginge; man denke an die Überdachungen in Stadtparks etc., unter denen Kapellen und Bands aufspielen, wie in Bild 4.11 skizziert (die dort gezeichneten Schallwege sind allerdings nur für mittlere bis hohe Frequenzen zutreffend).

All diese Hilfsmittel zusammen mit elektronischer Verstärkung können eine ausreichende akustische Qualität von open-air-Veranstaltungen sicherstellen. Letztere müssen aber immer als solche beurteilt werden, und man sollte niemals erwarten, daß bei einer Freiluft-Aufführung auch nur annähernd die gleiche akustische Qualität erreicht werden könnte wie in einem guten Konzertsaal.

## 4.4 Der Doppler-Effekt

Stellen Sie sich einen Düsenjäger vor, der niedrig über Sie hinwegfliegt, oder einen Lastwagen, der an der Landstraße an Ihnen vorbeirauscht. Dabei ist Ihnen sicher schon einmal aufgefallen, daß sich der relativ hohe Ton von dem sich nähernden Düsenjäger oder Lastwagen in einen tieferen verwandelt, sobald die Schallquelle an

Ihnen vorbei ist. Diese Veränderung der Tonhöhe infolge Bewegung der Schallquelle wird als Doppler-Effekt bezeichnet. Er hat praktisch keinerlei musikalische Bedeutung, aber er ist ein weiteres interessantes Beispiel für das Verhalten von Schallwellen im allgemeinen und außerdem leicht verständlich.

In Bild 4.12 bewegt sich die Schallquelle S mit halber Schallgeschwindigkeit nach rechts. Das Zentrum jeder kreisförmigen Wellenfront bleibt bei deren Bewegung nach außen immer an dem Punkt, wo die Welle ursprünglich erzeugt wurde, obwohl sich die erzeugende Schallquelle längst nicht mehr dort befindet. Die Momentaufnahme, welche die räumliche Verteilung der Wellenfronten zu einem bestimmten Zeitpunkt zeigt, macht klar, daß die Wellen auf der rechten Seite näher zusammengedrängt sind, als sie es wären, wenn die Schallquelle S sich nicht bewegen würde, und entsprechend sind sie auf der linken Seite weiter auseinander gezogen. Die kürzere Wellenlänge auf der rechten Seite legt nahe, daß der Beobachter A Wellen mit höherer Frequenz empfängt und Beobachter B solche mit tieferer Frequenz entsprechend der längeren Wellenlänge links. Sie können sich den Sachverhalt noch weiter klarmachen, indem Sie sich vorstellen, daß sich alle diese Wellenfronten mit der gleichen Geschwindigkeit durch die Luft ausbreiten, für die jeweils zuletzt erzeugten jedoch der Abstand zum Punkt A durch die Eigenbewegung von S kleiner wird; dadurch ist die Zeitabstand zwischen den dort ankommenden Wellen geringer als der, mit dem sie von S erzeugt wurden. Entsprechend müssen umgekehrt die zuletzt erzeugten Schallwellen einen weiteren Weg bis zum Punkt B zurücklegen und treffen dort mit entsprechend größeren Zeitabständen ein.

Es gibt auch einen Doppler-Effekt, wenn die Schallquelle stationär ist und der Hörer sich bewegt. Auch dies ist leicht verständlich: Wenn der Hörer sich von der Schallquelle entfernt, müssen die jeweils letzten Schallwellen eine größere Strecke zurücklegen, um ihn zu erreichen, und die wahrgenommene Frequenz ist tiefer als die erzeugte.

Wenn die Relativ-Geschwindigkeit $v_{\mathrm{rel}}$ zwischen Schallquelle und Hörer sehr viel kleiner als die Schallgeschwindigkeit v ist, kann der Betrag der Frequenzverschiebung

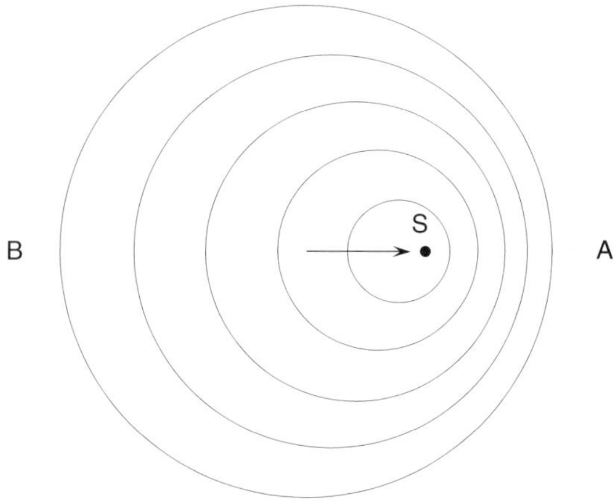


Bild 4.12 Momentaufnahme der Kreislinien von Wellenfronten, die von einer sich bewegenden Schallquelle S ausgehen. Der äußerste Kreis stellt die Welle dar, die erzeugt wurde, als S sich am linken Ende der Pfeillinie befand; zum Zeitpunkt der Darstellung entsteht gerade die sechste Wellenlinie. Ein Beobachter am Punkt A empfängt die Wellen dichter zusammengedrängt, als wenn die Schallquelle ruhend wäre; für den Beobachter am Punkt B treffen sie weiter auseinandergezogen ein.

durch die einfache Formel $(f_1-f_0)/f_0 \approx v_{rel}/v$ berechnet werden. Dabei steht $f_0$ für die erzeugte und $f_1$ für die wahrgenommene Frequenz, und $v_{rel}$ wird als positiv bei Annäherung und negativ bei Entfernung angesetzt. Die gleiche Formel wird übrigens auch von Astronomen benutzt, um die Geschwindigkeiten weit entfernter Galaxien zu berechnen, wenn Doppler-Effekte bei den von diesen ausgestrahlten Lichtwellen beobachtet werden. In diesem Fall tritt natürlich an die Stelle der Schallgeschwindigkeit v die Lichtgeschwindigkeit *c*. Die Frequenzverschiebung des Lichts äußert sich als Veränderung der Farbe, was der Tonhöhenveränderung beim Schall entspricht.

## 4.5 Interferenz und Schwebungen

Was passiert, wenn gleichartige Schallwellen aus unterschiedlicher Richtung in einem Punkt zur gleichen Zeit aufeinandertreffen? Erstaunlicherweise ist das Ergebnis manchmal ein schwächerer Klang, als wenn jede einzelne Schallwelle allein gehört würde. Die Art und Weise, mit der Schallwellen sich gegenseitig verstärken oder auslöschen, wird als Interferenz bezeichnet.

Nehmen wir als Beispiel den Fall zweier Schallquellen, die identische Klänge erzeugen, z. B. zwei Lautsprecher, beide an einen Verstärker mit einem monauralen (also keinem Stereo-) Signal angeschlossen. Betrachten wir nun Punkt A im Bild 4.13, der den gleichen Abstand zu den beiden Schallquellen (=Lautsprechern) mit identischen Sinuswellen mit der Wellenlänge $\lambda$ hat. Jedesmal, wenn ein Wellenhügel vom ersten Lautsprecher den Punkt A erreicht, kommt dort gleichzeitig auch ein Wellenhügel vom zweiten Lautsprecher an; wir sagen in diesem Fall, die beiden Signale sind bei A in Phase (Bild 4.14a). Die gesamte Störung bzw. Interferenz bei A hat also die doppelte Amplitude wie eine Welle alleine (Bild 4.15a).

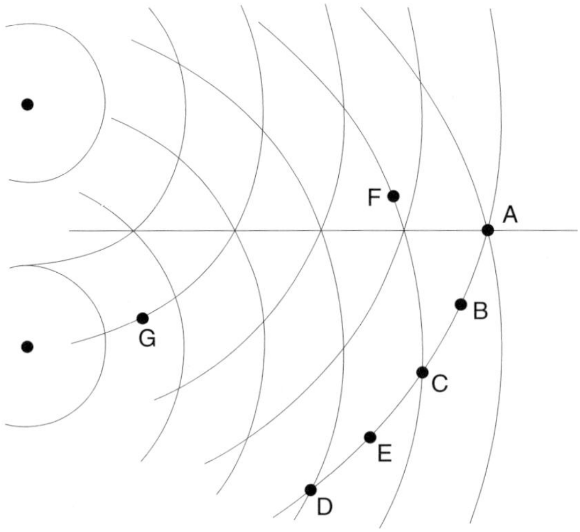


Bild 4.13 Wellenfronten, die mit der gleichen Frequenz von zwei verschiedenen Punkten ausgesendet werden. Man sollte sich dies nur als Momentaufnahme eines ununterbrochenen Ablaufs vorstellen, in dem sich die Wellenfronten kontinuierlich auswärts bewegen. Konstruktive Interferenz (=Verstärkung) geschieht am Punkt A (und ebenso an allen Punkten auf der durch A gezogenen geraden Linie) und an vielen anderen Punkten wie z. B. C und D. An vielen anderen Punkten wie B und E treffen die Wellen*hügel* der einen Welle mit den Wellen*tälern* der anderen zusammen, so daß das Ergebnis gleich Null ist (destruktive Interferenz = Auslöschung). Vergleiche auch Bild 4.14 für eine weitere Darstellung der Wellenfronten bei Punkt A und B.

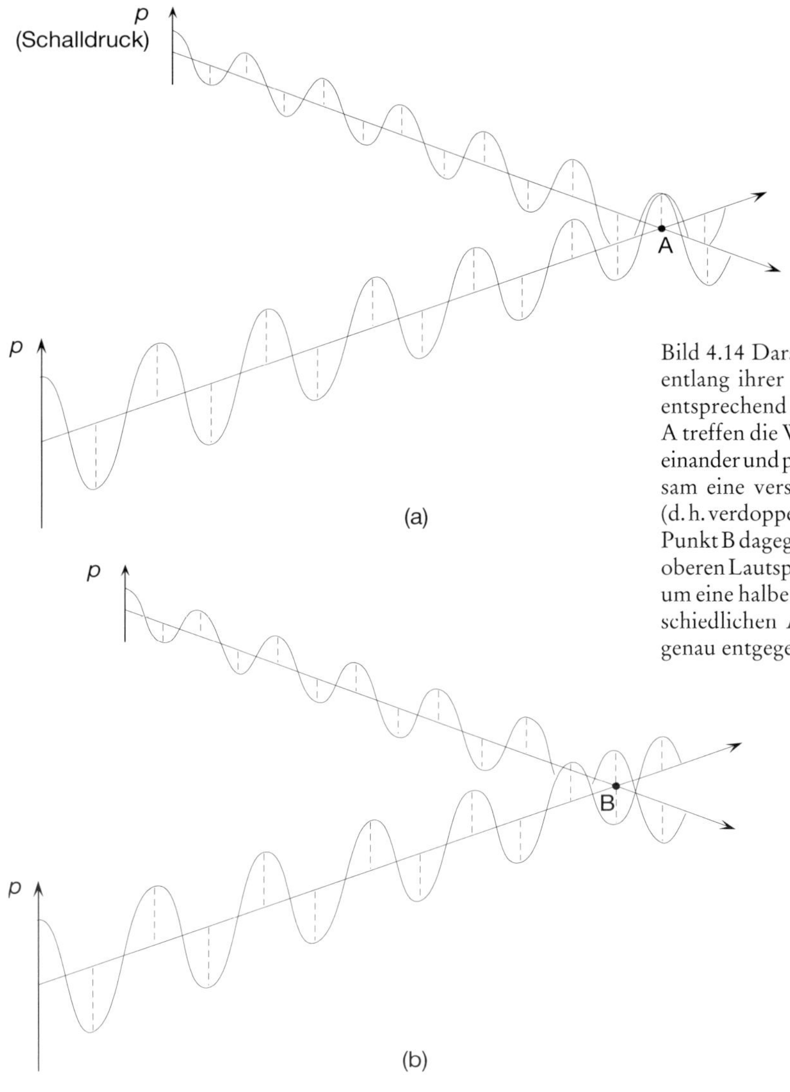


Bild 4.14 Darstellung der Wellen entlang ihrer Ausbreitungslinien entsprechend Bild 4.13. An Punkt A treffen die Wellen in Phase aufeinander und produzieren gemeinsam eine verstärkte Schwingung (d. h. verdoppelte Amplitude). Am Punkt B dagegen ist die Welle vom oberen Lautsprecher aufgrund des um eine halbe Wellenlänge unterschiedlichen Abstands gerade in genau entgegengesetzter Phase.

Die Situation sieht ganz anders aus an anderen Punkten wie z. B. dem Punkt B, der eine halbe Wellenlänge weiter von einem Lautsprecher weg ist als vom anderen. Die „Reisezeiten" der Wellen zu B unterscheiden sich um eine halbe Schwingungsperiode, so daß jedesmal, wenn ein Wellenhügel vom ersten Lautsprecher eintrifft, der entsprechende Wellenhügel vom anderen Lautsprecher schon vorbei und inzwischen das nachfolgende Wellental bei B ist (Bild 4.14b). Die Verdichtungszone (Wellenhügel) der einen Welle überlagert sich mit der Verdünnungszone (Wellental) der anderen (man sagt, sie sind phasenverschoben), und das Ergebnis ist überhaupt keine Schwingung (Bild 4.15). Dies legt die Vermutung nahe, daß man es besser vermeiden sollte,

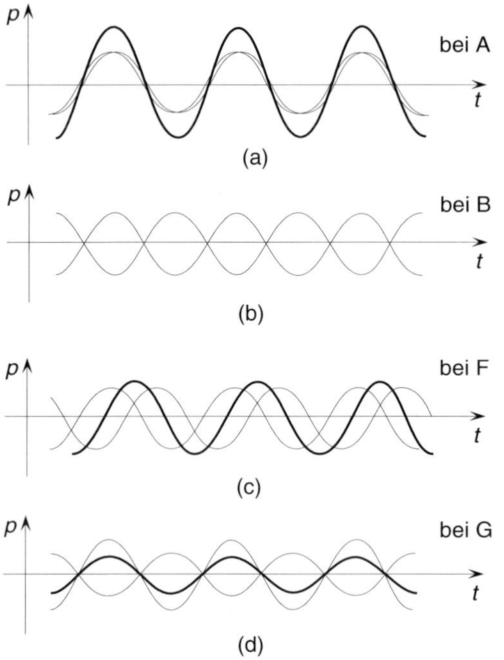


Bild 4.15 Zeitverlaufs-Graphen der Wellen, die bestimmte Punkte aus Bild 4.13 passieren. a) Am Punkt A stimmen beide Wellenbewegungen immer überein (sie sind nur leicht versetzt gezeichnet, um die Existenz *zweier* Wellen anzudeuten), und die gesamte Störung (dickere Linie) hat genau die doppelte Amplitude jeder Welle alleine. b) Am Punkt B sind die beiden Wellen phasenverschoben, und die Gesamt-Störung ist gleich Null. c) Am Punkt F kommt eine Welle etwa um eine Viertelphase verschoben gegenüber der anderen vorbei, und die Gesamt-Störung ist nur etwas größer als die jeder Welle alleine. d) Am Punkt G passieren die zwei Wellen phasenverschoben, aber mit recht unterschiedlichen Amplituden, wodurch die destruktive Interferenz nicht vollständig ist und eine Restschwingung verbleibt.

zwei Lautsprecher in einem Raum mit dem gleichen Signal zu beschicken; in den meisten Fällen würden jedoch – im Unterschied zu der idealisierten Schallverteilung in unseren beiden Bildern – die Reflexionen von den Wänden die Schallverteilung ausgleichen.

Die verstärkte Amplitude bei A wird als konstruktive Interferenz bezeichnet; sie ereignet sich an all den Punkten (wie C oder D), zwischen denen der Abstand ein Vielfaches der Wellenlänge beträgt. Allgemein formuliert: Wenn $s_1$ und $s_2$ die Abstände von den zwei Schallquellen zum Beobachtungspunkt sind, muß gefragt werden, wieviele Wellenlängen in die zusätzliche Distanz passen; wir müssen also die Beziehung aufstellen $n \cdot \lambda = s_1 - s_2$. Immer wenn n eine ganze Zahl ist (positiv, negativ) oder Null, ist die Bedingung für konstruktive Interferenz erfüllt. Immer wenn n dagegen eine ganze Zahl plus ein zusätzliches 0,5 ist (z.B. 1,5 beim Punkt E), sind die Wellen phasenverschoben, und wir haben destruktive Interferenz.

Bei Wellen mit gleicher Amplitude führt eine ständige Veränderung der Phase dazu, daß die resultierende Amplitude nach und nach alle Werte zwischen Null und dem doppelten der einfachen Amplitude annimmt (Bild 4.15c). Aber natürlich kann auch Interferenz zwischen Wellen mit verschiedenen Amplituden auftreten (wie z. B. am Punkt G in Bild 4.13, da G sich weit näher an einem Lautsprecher befindet als am anderen), und in solchen Fällen kann keine vollständige Auslöschung auftreten (Bild 4.15d). Nehmen wir z. B. an, eine Welle habe eine fünfmal größere Amplitude als die andere. Dann wird die Amplitude der überlagerten Welle eine Amplitude aufweisen, die zwischen viermal (phasenversetzt) und sechsmal (in Phase) größer ist als die der kleineren Welle alleine.

Was geschieht, wenn Wellen von zwei Schallquellen zwar annähernd die gleiche Frequenz haben, aber nicht ganz genau? In diesem Fall werden wir – unabhängig davon, welchen Punkt im Raum wir untersuchen – die Erscheinung von sogenannten Schwebungen registrieren (Bild 4.16). Für eine gewisse Zeit befinden sich die beiden Wellen beinahe in Phase, und wir haben konstruktive Interferenz. Allmählich kommen die beiden Wellen aber mehr und mehr aus dem Gleichtakt, und schließlich wird die Interferenz destruktiv. Der Hörer wird aber nicht zwei verschiedene Tonhöhen wahrnehmen, sondern eine einzige, dessen Intensität langsam und regelmäßig zu- und abnimmt. Diese Pulsation des Klanges wird durch Messung der Zahl der Schwebungen oder Amplituden-Maxima pro Sekunde beschrieben.

Um die Beziehung zwischen einer Schwebungsfrequenz und den beiden Originalfrequenzen herauszufinden, betrachten wir ein 1-Sekunden-Intervall und lassen es exakt zu dem Zeitpunkt beginnen, in dem die beiden Wellen sich genau in Phase befinden. Während dieser Sekunde finden $f_1$ Schwingungszyklen der einen und $f_2$ Zyklen der anderen Welle statt. Wenn wir $f_1$ als den größeren Wert annehmen, so hat die erste Welle $f_1–f_2$ zusätzliche Zyklen im Vergleich mit der zweiten durchlaufen. Wenn zum Beispiel $f_1 = 261$ Hz ist und $f_2 = 256$ Hz, dann durchläuft die erste Welle fünf vollständige Zyklen pro Sekunde mehr als die zweite. Wenn 1 Sekunde abgelaufen ist, kommen die beiden Wellen gerade wieder zum fünften Mal in Phase, also müssen fünf Schwebungen pro Sekunde entstanden sein. Allgemein ist also die Schwebungsfrequenz immer durch die Beziehung $f_S = f_1 - f_2$ gegeben.

Schwebungen werden oft von Musikern zum Stimmen ihrer Instrumente benutzt. Je schnellere Schwebungen Sie hören, wenn Sie Ihr Instrument und ein anderes gleichzeitig anspielen (oder eine Klaviersaite und eine Stimmgabel), umso größer ist der Unterschied in den beiden Frequenzen. Wenn Sie nach dem Stimmen überhaupt keine Schwebungen mehr wahrnehmen, dann sind die beiden Instrumente gleichgestimmt. In der Praxis ist es jedoch sehr schwierig, Schwebungen zu hören, die langsamer als einmal pro 2–3 Sekunden sind, weshalb es bereits ein gutes Stimmungsergebnis ist, wenn die Frequenzen bis auf 0,5 Hz übereinstimmen. Auf der anderen Seite können Schwebungen mit Raten über 30–40mal pro Sekunde nicht mehr als

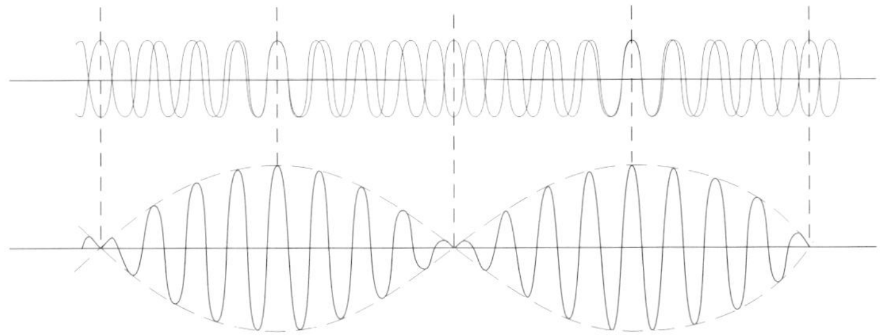

Bild 4.16 Zeitverlaufs-Graphen für (oben) zwei Sinuswellen mit leicht abweichender Frequenz und (unten) für die überlagerte Welle, wenn beide Sinuswellen gleichzeitig präsent sind. Beachten Sie die Übereinstimmung zwischen den Minima und Maxima der überlagerten Welle und den Zeitpunkten der Phasengleichheit („in Phase") bzw. Phasenversetztheit der beiden Wellen darüber.

einzelne Schwebungen wahrgenommen werden; statt dessen erhält der wahrgenommene Gesamtklang eine rauhe Qualität für Frequenzunterschiede bis zu 100 oder 200 Hz. Wir werden dies im Zusammenhang mit den Eigenschaften des Innenohres in Kapitel 17 weiter untersuchen.

# Zusammenfassung

Schallwellen unterliegen wie alle anderen Wellen den Vorgängen der Reflexion, Beugung, Brechung, Interferenz und der Frequenzverschiebung durch den Doppler-Effekt. Von diesen Effekten sind die drei ersten für musikalische Zwecke von großer Bedeutung.

Vielfache Reflexionen spielen eine große Rolle in der Ausbreitung von Schall von einem Raum in einen anderen und in der Raumakustik. Bei jeder Reflexion wird eine Welle etwas schwächer, da ein Teil ihrer Energie von der reflektierenden Fläche absorbiert wird.

Brechung (Refraktion) von Schallwellen tritt auf, wenn sie sich durch Medien mit unterschiedlicher Dichte, z. B. Luftschichten unterschiedlicher Temperatur, ausbreiten.

Beugung (Diffraktion) ist die Streuungserscheinung, die immer auftritt, wenn Wellen sich um Ecken herum ausbreiten, oder beim Passieren enger Öffnungen oder kleiner Hindernisse. Eng und klein bedeutet hier: „im Vergleich zur jeweiligen Wellenlänge".

Interferenz nennen wir die Erscheinung, daß ähnliche Wellen, die von zwei oder mehr räumlich getrennten Quellen stammen, sich entweder gegenseitig verstärken oder auslöschen können. Die Interferenz ist konstruktiv oder destruktiv, je nachdem, ob die Wellen „in Phase" bzw. „phasengleich" oder „phasenverschoben" aufeinandertreffen. Zwei Wellen mit nur leicht abweichender Frequenz kommen wiederholt in Phasengleichheit miteinander und erzeugen dadurch Schwebungen. Man kann sich Schwebungen auch als ein Interferenzmuster vorstellen, dessen abwechselnde Minima und Maxima in der Zeit stattfinden anstatt im Raum.

Im Freien produzierte Klänge werden allgemein vom Hörer als schwächer und lebloser wahrgenommen sowie stärker vom jeweiligen Standort abhängig als in geschlossenen Räumen. Diese Probleme können teilweise durch gestaffelte Sitzreihen und Anbringen von akustischen Schallmuscheln hinter den Aufführenden gelöst werden.

# Symbole, Begriffe, Beziehungen

$\lambda$ Wellenlänge
$f$ Frequenz
n Zahl der Schwingungszyklen
$D \leq \lambda$ für starke Beugung

$f_S = f_1 - f_2$
$s_1 - s_2 = n \cdot \lambda$
Reflexion
Absorption
Refraktion (Brechung)

Diffraktion (Beugung)
Doppler-Effekt und Doppler-Frequenzverschiebung
Interferenz
Schwebungen

# Übungsaufgaben

1. Zeichnen Sie eine Skizze des Wellenbildes, wenn Ozean-Wellen mit a) $\lambda = 10$ m und b) $\lambda = 200$ m auf eine kleine Insel mit dem Durchmesser 100 m treffen. Erörtern Sie die jeweilige Größe des wellengeschützten Bereichs, den Sie mit Ihrem kleinen Boot auf der windabgewandten Lee-Seite der Insel vorfinden.
2. Legen Sie dar, wie stark die Schallausbreitung behindert wird, wenn Sie in einem Konzertsaal hinter einer großen Säule sitzen. Gibt es Unterschiede für hohe oder tiefe Klänge? Wird die Situation durch die Reflexionen von den Wänden verbessert?
3. Erklären Sie das Prinzip der Beugung (Diffraktion) am Beispiel des Megaphons, mit dem Sie Ihre Stimme richtungsgebunden verstärken.
4. Durch ein teilweise geöffnetes Fenster ist eine Öffnung mit 20 cm Breite gegeben. Welche Art Klänge bzw. Geräusche von draußen werden den Raum in einem gutbegrenzten Strahl geradewegs durchqueren? Welche Art Klänge werden sich gleichmäßig durch den Raum verteilen? Welche Frequenz beschreibt ungefähr die Grenze zwischen den beiden Fällen?

*5. Angenommen, ein Beobachter stehe in beträchtlicher seitlicher Entfernung von der Situation in Bild 4.12 (etwa sinngemäß am Fuß der Buchseite), so daß der Klang weder auf ihn zu noch von ihm weg, sondern lediglich durch sein Gesichtsfeld wandert. Wie stark würde er den Doppler-Effekt wahrnehmen? Begründen Sie Ihre Antwort.

*6. Eine nahe am Bahndamm stehende Musikerin hört die Zugpfeife, während der Zug an ihr vorbeifährt. Sie bemerkt, daß dabei die Tonhöhe um eine große Terz absinkt. Wie wir noch lernen werden, bedeutet dies, daß die wahrgenommene Frequenz ungefähr um 12% höher ist, während der Zug nahte (und 12% niedriger, während er sich entfernte), als die Frequenz $f_0$, die man gehört hätte, wenn der Zug gestanden hätte. Wie schnell fuhr der Zug?

7. Schall mit der Frequenz $f = 688$ Hz wird aus zwei Lautsprechern wie in Bild 4.13 abgestrahlt. Nennen Sie verschiedene Werte für eine Weglängen-Differenz $s_1 - s_2$, die zu konstruktiver Interferenz führt.
8. Angenommen, Sie hören Musik aus zwei Lautsprechern wie in Bild 4.13, wobei ein Lautsprecher sich 6 m und der andere 4,8 m entfernt befindet. Nennen Sie verschiedene Wellenlängen und die entsprechenden Frequenzen, bei denen Sie konstruktive Interferenz wahrnehmen. Bei welchen Wellenlängen und Frequenzen sind die Interferenzen destruktiv?
9. In Bild 4.17 schickt der Lautsprecher L nicht nur direkten Schall zum Hörer H, sondern auch indirekten durch Reflexionen an der harten Wand W. (Nehmen Sie an, die nicht gezeigten Wände seien mit schweren Tapeten versehen, die Decke aus schalldämmendem Akustik-Gips, der Boden mit dickem Teppich belegt, so daß das Problem nicht durch andere Reflexionen komplizierter wird).

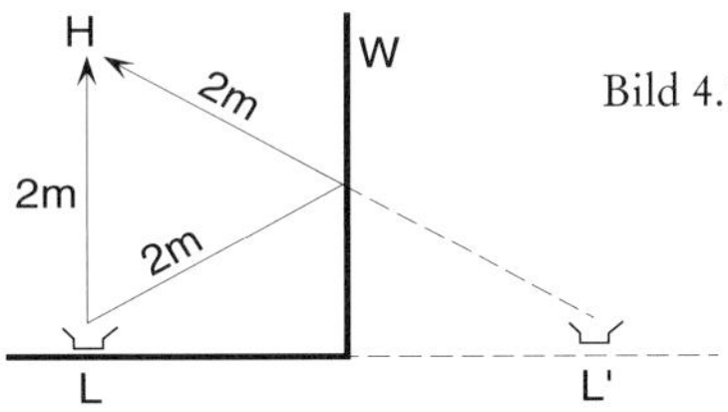


Bild 4.17

Der kombinierte Schall ist praktisch der gleiche, als wenn ein zu W spiegelbildlich angeordneter Lautsprecher L' vorhanden wäre und beide das gleiche Schallsignal aussenden würden. Besteht bei einer Frequenz von $f_1 = 172$ Hz am Punkt H konstruktive oder destruktive Interferenz? Welche Art von Interferenz besteht für $f_2 = 86$ Hz? Würden sich die Bedingungen ändern, wenn der Hörer zu anderen Punkten im Raum geht? Erklären Sie, warum die Situation verbessert würde, wenn der Lautsprecher in die Ecke gestellt würde, indem Sie die Änderung der Weglängen-Unterschiede für das zwei-Wege-Signal erörtern.

10. Zwei Orgelpfeifen klingen mit den Frequenzen 523,0 und 520,6 Hz. Welche Schwebungsfrequenz ist zu hören, wenn beide Pfeifentöne sich überlagern?

11. Eine bestimmte Klaviersaite und eine A-Stimmgabel mit $f = 440$ Hz erzeugen beim gleichzeitigen Erklingen drei Schwebungen pro Sekunde. Welches sind die möglichen Werte für die Frequenz der Klaviersaite?
12. Welche Schwebungsfrequenzen sind zu hören, wenn drei Instrumente mit den Frequenzen 440, 438 und 443 Hz gleichzeitig spielen?
13. Der Durchmesser der Schallöffnung einer Trompete beträgt circa 10 cm. Wenn die Trompete das c' bläst ($f = 262$ Hz), breitet sich dann der Schall in einem geraden Schallstrahl aus, oder wird er in alle Richtungen gebeugt? Geben Sie eine klare physikalische Begründung für Ihre Antwort.
14. Die Radiowellen aus Übung 20 in Kapitel 2 haben die Wellenlänge 0,1 m. Wenn wir dieses Radiosignal in einem gutbegrenzten Strahl vom Raumschiff in Richtung Erde schicken und vermeiden wollen, daß Energie durch Beugung nach allen Richtungen verloren geht, wie groß muß dann die Raumschiff-Antenne ungefähr sein? Begründen Sie die Antwort.
15. Flugzeuge können mittels des Radars geortet werden, welches die ausgesendeten und reflektierten Radiowellen mit einem Transmitter empfängt. Ganz analog können Fledermäuse Insekten orten, indem sie hochfrequente Töne ausstoßen und auf die Echos horchen. Können Sie mit den Konzepten dieses Kapitels erklären, warum das Radar mit Mikrowellen (typische Wellenlänge 10 cm) weitaus besser arbeitet, als es das mit AM-Rundfunkwellen (Wellenlänge über 100 m) tun würde? Können Sie in ähnlicher Weise erklären, warum eine Fledermaus, die ultrahohe Frequenzen (80 KHz z.B.) benützt, erfolgreich Insekten fängt, aber kläglich verhungern müßte, wenn sie 800 Hz-Töne verwenden würde?

# Projektvorschläge

1. Erweitern Sie Ihre Kenntnise über Wellen so weit wie möglich, indem Sie mit Wasser experimentieren. Werfen Sie Kieselsteine in einen Teich; beobachten Sie die von Booten erzeugten Wellen, oder erzeugen Sie selbst welche, indem Sie einen Stock durchs Wasser ziehen; machen Sie Wellen in einer flachen Wasserschicht auf dem Boden einer gläsernen Küchenschüssel. Versuchen Sie die Ausführungen dieses Kapitels über Wellenausbreitung zu bestätigen.
2. Rufen Sie sich Ihre Hörerfahrungen ins Gedächtnis und prüfen Sie, ob diese mit der Behauptung übereinstimmen, daß sich tiefe Frequenzen besser um Ecken herum ausbreiten als hohe. Noch besser, entwerfen und führen Sie ein Experiment durch (z. B. mit einer Tuba und einer Piccolo-Flöte), um dies zu testen. Nochmals besser, vertrauen Sie nicht nur auf Ihre Ohren, sondern messen Sie die Schallquellen mit einem Hörpegel-Meßgerät (es ist leicht zu bedienen, auch wenn wir es erst in Kapitel 5 erklären werden). Sie können den Grad der Abschwächung für jeden Schall bestimmen, indem Sie eine Ablesung in direktem Sichtkontakt zum Instrument machen und eine zweite mit gleicher Entfernung, aber um eine Ecke herum.

# 5. Lautstärke und Lautstärkemessung

Manche Klänge sind kaum hörbar und andere wiederum so laut, daß sie förmlich schmerzen. Welche physikalische Eigenschaft des Schalles verursacht diese Empfindung und wie können wir diese exakt messen? Welches ist der für Musik nutzbare Lautstärkebereich und wie verhält es sich diesbezüglich mit anderen alltäglichen akustischen Wahrnehmungen? Können wir die Lautstärkenänderung erklären, die wir beim Umkreisen, Entfernen oder Annähern an eine Schallquelle bemerken? Dies sind einige der Fragen, die wir in diesem Kapitel behandeln wollen.

Wir müssen dabei im Bewußtsein halten, daß wir hier nur über die *physikalische Messung* von Lautstärke sprechen. Die *menschliche Wahrnehmung* der Lautstärke ist *nicht* damit identisch, so daß wir den Ausdruck *Lautheit* für diese psychologische Wahrnehmung reservieren wollen, die wir in Kapitel 6 untersuchen werden.

Wie wir in Abschnitt 5.1 sehen werden, kann sogar der physikalische Aspekt der Lautstärke in zwei verschiedenen Größen beschrieben werden, nämlich durch Amplitude und Intensität. Die Größe »Intensität« werden wir in den folgenden Kapiteln hauptsächlich benutzen; in Abschnitt 5.2 werden wir jedoch die Dezibel-Skala zu benutzen lernen, um damit diese Größe in einer alternativen Form auszudrücken, die wir als *Schallpegel* bezeichnen. Im Rest des Kapitels werden wir verschiedene alltägliche Schallpegel untersuchen und die Gründe für deren Veränderung herauszufinden versuchen. Insbesondere werden wir zeigen, wie der voraussichtliche Schallpegel bei der Kombination von zwei oder mehr Schallquellen berechnet werden kann

## 5.1 Amplitude, Energie und Intensität

Lassen wir einen Moment alle Fragen nach Frequenz, Wellenform oder Klangdauer beiseite und konzentrieren wir uns nur auf Lautstärke. Was ist das geeignete physikalische Maß für Lautstärke oder, wie man ja auch sagen könnte, Laut-Schwäche?

Ein Maß könnte uns die Amplitude der Schallwelle bieten. Genauer betrachtet müßten wir unterscheiden zwischen der Auslenkungsamplitude (den größten Abstand, den ein Luftteilchen von seinem Ruhepunkt aus nach beiden Seiten erreicht) und der Schnelligkeitsamplitude (die größte Geschwindigkeit, die ein Luftteilchen während seiner Auslenkung erfährt, auch als *Schallschnelle* bezeichnet). Alle beide sind jedoch nur mit Schwierigkeiten direkt meßbar; wie schon erwähnt, ist es viel einfacher, die Druckamplitude zu messen (die größte Abweichung des Luftdrucks nach unten und oben vom normalen atmosphärischen Druck). Da alle drei im wesentlichen die gleiche Information ausdrücken, wollen wir vereinbaren, daß wir von nun an den Ausdruck *Amplitude* für die Druckamplitude reservieren wollen, solange wir uns auf Schallwellen beziehen.

Eine zweite denkbare Meßmöglichkeit bestünde darin, direkt und primär mit der in einer Schallwelle enthaltenen *Energie* zu arbeiten. Diese Energie steht zwar in Beziehung zur Amplitude, aber beide sind nicht das gleiche. Um diese Beziehung zu verstehen, stellen Sie sich einen Massekörper vor, der an einer Feder angebracht ist und auf einer reibungslosen Fläche gleitet. Wenn Sie den Körper 3 cm aus seiner Ruheposition ziehen und dann loslassen, schwingt er mit einer Amplitude von 3 cm. Die ursprüngliche von Ihnen geleistete Arbeit des Zur-Seite-Ziehens steckt nun als Energie in dieser Schwingung.

Nun nehmen wir an, Sie würden den Massekörper ein zweites Mal aus seiner Ruhelage ziehen und diesmal 6 cm weit, um eine 6 cm-Amplitude zu bekommen. Dazu müssen Sie den Körper nicht nur zweimal so *weit* ziehen, sondern auch zweimal so *stark*. Da der Betrag der geleisteten Arbeit aus der Beziehung Kraft x Weg berechnet wird, müssen Sie also viermal so viel Arbeit wie im ersten Fall leisten, und die Schwingung enthält danach auch viermal so viel Energie. Falls Sie dreimal so weit und dreimal so stark ziehen würden, wäre die Energie neunmal so groß; 10mal so weit und 10mal so stark würden eine 100fache Energie ergeben. Wir können alle diese Fälle zusammenfassen mit der Feststellung, daß die *Schwingungsenergie proportional zum Quadrat der Amplitude* ist. Dies gilt nicht nur für den Massekörper an einer Feder, sondern für *jede* einfache harmonische Schwingung einschließlich Licht- und Schallwellen.

Jede Feststellung über die Stärke einer Schallwelle ist unpräzise, solange nicht geklärt ist, ob die Amplitude oder die Energie gemeint ist. Betrachten wir drei verschiedene Wellen X, Y, und Z; Y soll die doppelte Amplitude wie X haben und Z die doppelte Energie wie X. Dann sind Y und Z keineswegs gleichstark oder gleichlaut; Y hat die vierfache ($2 \cdot 2 = 4$) Energie wie X und die doppelte Energie wie Z. Die Energie ist meistens von höherem Interesse als die Amplitude, so daß wir die Beschreibung und Messung der Energie einer Schallwelle nun etwas genauer darstellen wollen.

Diese Energie ist weder in einem Punkt konzentriert noch unbewegt. Da die Energie sich mit den Wellen durch den Raum ausbreitet, versuchen wir lieber erst gar nicht, den Gesamtbetrag zu messen. Geschickter ist es, den *Energiefluß* an jedem Punkt zu messen. Betrachten wie die gesamte Energiemenge $E$, die ein Schalldetektor während einer Zeitspanne $t$ aufnimmt. Bei einem gleichmäßigen Geräusch bedeutet jedes Vergrößern von $t$ eine entsprechende proportionale Vergrößerung von $E$; je länger man wartet, desto größer wird der empfangene Energiebetrag. Wir sind aber nur an der *Rate* des Energie-Transfers interessiert, also an der *pro Zeiteinheit* empfangenen Energie. Diese Größe $P = E/t$ wird als **Leistung** bezeichnet und mit der Größeneinheit Watt gemessen (1 W = 1 J/s). Eine 100 W-Glühbirne verbraucht beispielsweise 100 J Energie in jeder Sekunde, die sie eingeschaltet ist.

Die Leistung, die unser Detektor empfängt, hängt aber auch noch von der Größe der Fläche $S$ ab, auf der die Schallwellen auftreffen. Da unsere Messung der Schallstärke nicht von der Detektorgröße eines Geräts abhängen soll, müssen wir sie also als *Leistung pro Flächeneinheit* oder $I = P/S = E/F \cdot t$ definieren. $I$ steht dabei für die **Intensität** und wird in Watt pro Quadratmeter gemessen. Eine gesamte Leistung von $P$ = 10 W, gleichmäßig über eine Fläche $S$ = 5 m$^2$ verteilt, bedeutet eine Intensität $I$ = 2 W/m$^2$, die auf jeden Teil dieser Fläche wirkt.

Da die Intensität die Rate des Energieflusses bedeutet, ist sie damit auch proportional zum Quadrat der Wellenamplitude. Mathematisch kann dies ausgedrückt werden durch die Gleichung $I \propto A^2$ oder, gleichbedeutend, $I = b \cdot A^2$, wobei b eine Konstante bedeutet. Fast immer jedoch können wir unsere Probleme durch den Vergleich zweier Schallquellen beschreiben, so daß wir b nicht zu kennen brauchen; statt dessen werden wir Verhältnisse benutzen (d.h. $I_1/I_2 = [A_1/A_2]^2$).

* Für Sinuswellen gilt die Beziehung $I = A^2/\,2\rho\, c$, wobei *A* die Druckamplitude, $\rho$ (sprich „rho") die spezifische Dichte und *c* die Schallgeschwindigkeit bedeutet. Daraus ergibt sich die Größe der Konstanten *b* unter normalen atmosphärischen Bedingungen zu 0,0012 $(W/m^2)(N/m^2)^2$.

# 5.2 Schallpegel und die Dezibel-Skala

Selbst die lautesten Klänge und Geräusche überschreiten kaum eine Intensität von 1 $W/m^2$; trotzdem kann deren Energie um eine Billion mal größer sein als die der leisesten noch hörbaren Klänge. Das macht es ein bißchen unpraktisch, die Intensität direkt in $W/m^2$ als Meßgröße zu benutzen; wir müßten dauernd mit kleinen und kleinsten Bruchteilen von $W/m^2$ umgehen. Es ist daher zum Standard geworden, stattdessen die **Schallpegel**-Skala zu benutzen, deren Einheit das **Dezibel**[4] (abgekürzt dB) ist. In der Praxis werden Schallmessungen mit Pegelmeßgeräten (Kasten 5.1) durchgeführt, die Ablesewerte in dB liefern.

Man kann sich diesen Schallintensitäts-Pegel $L_I$ als einen Code vorstellen; es gibt immer eine Beziehung zwischen Code und der Intensität, aber sie sind nicht identisch. Am leichtesten ist der Code zu entziffern, wenn wir uns zunächst klarmachen, daß ein Dezibel einfach bedeutet: ein Zehntel („dezi-") von einem Bel („-bel"). Das Bel wiederum ist definiert als das *Verhältnis* von 10 zu 1 zwischen zwei Intensitäten. Dies sollte man sich gut einprägen: Ein Bel ist *nicht* der *Betrag* des Schalls, es ist ein *Verhältnis* zwischen zwei Schallereignissen.

Das heißt also, wenn der Klang Y 10mal so viel Energie hat wie der Klang X, dann sagen wir, der Pegel von Y ist 1 Bel oder 10 dB höher. Anders ausgedrückt: $I_y/I_x = 10$ bedeutet $L_{I\,y} - L_{I\,x} = 10$ dB. Wenn ein dritter Klang Z nochmals 10mal mehr Energie hat als Y, dann ist sein Pegel nochmals 10 dB höher. Beachten Sie, daß damit ausgedrückt ist, daß Z 100-mal mehr Energie hat als X (10mal so viel wie Y, der selbst 10mal so viel wie X hat), aber sein Schallpegel nur 20 dB beträgt (10 dB plus 10 dB). Das heißt, $I_z/I_x = 100$ entspricht $L_{I\,z} - L_{I\,x} = 20$ dB.

Allgemein formuliert: Betrachten wir den Fall, daß wir eine 1 gefolgt von n Nullen benötigen, um auszudrücken, wie viel mal mehr Energie ein Klang im Vergleich zu einem anderen aufweist; dies können wir formulieren $I_1/I_2 = 10^n$. Wenn wir nun eine Folge von Klängen nehmen, von denen jeder 10-mal mehr Energie hat als der vorhergehende, sehen wir, daß der letzte Schallpegel um n Bel oder $10 \cdot n$ dB größer als der erste sein muß, also $L_{I\,1} - L_{I\,2} = 10 \cdot n$ dB. Wenn also ein Klang um 10 Millionen ($10.000.000 = 10^7$) mal mehr Intensität hat als ein anderer, so müssen wir sagen, daß der erste Schallpegel um 7 Bel oder 70 dB höher ist als der zweite.

[4] Benannt nach dem amerikanischen Physiker Abraham G. Bell (dem Erfinder des Telefons, 1847–1922) und der Vorsilbe dezi (= zehntel, hier: Zehner-Logarithmus).

Kasten 5.1 Schallpegelmeßgerät

Obwohl unsere Ohren einigermaßen ausreichend Schallstärken unterscheiden können, lassen sich damit aus zwei Gründen doch keine präzisen Intensitätsmessungen durchführen. Erstens wäre es unzulässig, die subjektiven Unterschiede zuzulassen, die von Person zu Person in der Beurteilung von Lautheit bestehen (und selbst bei der gleichen Person zu unterschiedlichen Zeitpunkten); zweitens, selbst wenn wir durch wiederholte und zahlreiche Messungen vieler Personen und statistischer Mittelung der Ergebnisse ausreichend genaue Durchschnittswerte erhalten könnten, würden diese Schätzungen doch nicht die physikalische Intensität messen.

Das Schallpegelmeßgerät ist ein für diese Zwecke entwickeltes elektronisches Instrument. Die Kosten solcher Geräte liegen zwischen etwa 100 DM (für einfache Geräte) und mehreren tausend DM für hochempfindliche und vielseitig einsetzbare Geräte (Bild 5.1). Meistens sind die Geräte batteriegespeist, um ortsunabhängig einsetzbar zu sein. Die drei Hauptbestandteile sind: Ein (eingebautes) Mikrofon, die Verstärkerschaltung und der Ableseteil. Das Mikrofon sollte eine gleichmäßige Empfindlichkeit für alle Frequenzen des Hörbereichs haben. Die Meßwerte werden am Ausschlag eines Drehzeigers entlang einer Dezibel-Skala oder, bei neueren Geräten, direkt an einer digitalen Ziffernanzeige abgelesen. Manche Geräte können zur Messung auf bestimmte Teile des Klangs eingestellt werden, wie in Abschnitt 5.4 beschrieben.

Bild 5.1 Ein Präzisions-Schallpegelmeßgerät (Mit frdl. Genehmigung von GenRad, Inc.)

Wenn das Verhältnis nicht mehr eine einfache Zehnerpotenz ist, können wir die Tabelle 5.1 heranziehen, mit der wir näherungsweise diese Information codieren oder entziffern können. Einige der Zahlen in der linksbündigen Spalte sind nicht exakt, sondern auf das nächste Zehntel gerundet. Das Intensitäts-Verhältnis für 1 dB liegt eigentlich näher bei 1,26 als bei 1,30. Studieren Sie die Übungsaufgabe 4, um zu verstehen, wie diese Zahlen entstehen.

Da eine umfassende Tabelle mit allen möglichen Werten viel zu viel Platz beanspruchen würde, müssen wir lernen, die Angaben zu interpolieren. Wenn wir beispielsweise einen Pegelunterschied von 36 dB haben, zerlegen wir ihn in den Werte 30 und 6. Wir wissen, daß 30 dB der dreifachen Potenz von 10, also 1.000 entsprechen, und aus der Tafel ersehen wir, daß die weiteren 6 dB dem Verhältnis 4 entsprechen. Zusammengenommen muß also das Verhältnis der Intensitäten, das 36 dB entspricht, 1.000 · 4 = 4.000 betragen. Ganz entsprechend verfahren wir umgekehrt bei einem gegebenen Intensitätsverhältnis von 300, indem wir es zerlegen in 3 · 100 und die entsprechend abgelesenen Pegelunterschiede 5 (für gerundet 3) und 20 (für 100) addieren: 20 + 5 = 25 dB.

Tabelle 5.1
Das Verhältnis der Schallintensitäten und die entsprechenden Schallpegelwerte in Dezibel (dB). dB-Zwischenwerte zu den angegebenen Werten können geschätzt werden; für musikalische Zwecke ist es jedoch meist ausreichend genau, einfach den nächsten dB-Wert zu nehmen. Bei Kombinationen bzw. Zerlegungen müssen die Intensitäts-Verhältnisse immer multipliziert, die Schallpegelwerte dagegen addiert werden.

| Intensitätsverhältnis | Pegelunterschied in dB | |
|---|---|---|
| $I_1/I_2 =$ 1,0 | 0 dB | $= L_{I\,1} - L_{I\,2}$ |
| 1,3 | 1 dB | |
| 1,6 | 2 dB | |
| 2,0 | 3 dB | |
| 2,5 | 4 dB | |
| 3,2 | 5 dB | |
| 4,0 | 6 dB | |
| 5,0 | 7 dB | |
| 6,3 | 8 dB | |
| 7,9 | 9 dB | |
| 10,0 | 10 dB | |
| 100,0 | 20 dB | |
| 1.000,0 | 30 dB | |
| ... | ... | |
| $10^n$ | 10 · n dB | |

Hier nun eine grundsätzliche Regel für den Umgang mit diesen Zahlen und Werten beim Zerlegen und Zusammensetzen: Die Intensitätsverhältnisse werden immer multipliziert, die Schallpegelwerte (dB) dagegen immer addiert. Wenn Sie also ein Intensitätsverhältnis von 130 haben wie in Übung 11, dürfen Sie dies nicht in 100+30 zerlegen (denn das ist keine Multiplikation), sondern in 1,3 · 100.

Wenn man eine Feststellung liest wie z. B.: „Das Geräusch des vorbeifahrenden Lastwagens erreichte einen Pegel von 75 dB", scheint es auf den ersten Blick nicht so, als wenn hier das *Verhältnis* zweier Schallintensitäten gemeint wäre. Es ist aber durchaus vorhanden, denn gemäß einer Übereinkunft werden alle Schallintensitäten (z. B. die in Tab. 5.2) immer ins Verhältnis zu einem festen Bezugswert $I_0$ gebracht. Dieser Bezugswert ist derartig leise bzw. schwach, daß ihn nur sehr gute Ohren unter idealen Bedingungen wahrnehmen können; er ist definiert als Intensität $I_0$ = 0,000.000.000.001 = $10^{-12}$ W/m². Betrachten wir daher abschließend einen Ablesewert von 90 dB, wie er zuweilen bei Musikaufführungen erreicht wird (siehe Kasten 5.2): Gemeint ist damit also ein Klang, dessen Intensität um $10^9$mal größer ist als der Bezugswert $I_0$. Die Intensität dieses 90 dB-Klangs beträgt also $10^{-3}$ W/m². Zum Vergleich: Die Intensität der direkten Sonneneinstrahlung an einem wolkenfreien Tag beträgt ungefähr $10^{+3}$ W/m², ist also eine Million mal größer. Das heißt, ein solcher 90 dB-Klang enthält nur einen winzigen Energiebetrag, obwohl wir ihn schon als fast unerträglich laut empfinden; daraus können wir sehen, was für extrem empfindliche Sinnesorgane unsere Ohren sind!

Kasten 5.2 Schallpegel in der Musik

Schallpegel unter 50 dB sind in der Musik nur selten anzutreffen, da die Hintergrundgeräusche (angrenzende Räume, Publikumsgeräusche, Lüftungssystem usw.) noch deutlich darunter liegen müßten, was selten zu erreichen ist. Pegel über 100 dB sind nicht nur unangenehm laut, sondern schädigen das Gehör (mit zunehmenden Schäden bei längerem Ausgesetztsein). Man muß außermusikalische Gründe in Betracht ziehen, um zu erklären, warum sich manche Leute den hohen Schallpegeln freiwillig aussetzen, wie sie etwa bei Rockmusikkonzerten üblich sind (bis 115 dB).

Die Versuchung liegt nahe, den Dynamik-Angaben der klassischen Musik absolute Schallpegel zuweisen zu wollen. (Wenn Sie nicht mit den folgenden Begriffen vertraut sind, lesen Sie zuerst Anhang A durch). In einigen Büchern wird vorgeschlagen, 70 dB als typischen Wert für mittlere Lautstärke zu definieren (*mf* oder *mp*), 60, 50 und 40 dB für die piano-Angaben *p*, *pp*, *ppp* sowie 80, 90 und 100 dB für die Anweisungen *f*, *ff*, *fff*. Diese schönen runden Zahlen übertreiben aber die tatsächlich registrierten Lautstärkeunterschiede bei realen Aufführungen.

Bei Messungen während eines Sinfoniekonzerts von einem der besten Sitze aus fand ich, daß die Pegel nur selten außerhalb des Bereichs von 60 bis 85 dB lagen. Das Orchester wäre sicher imstande, einen Schallpegel von 95 bis 100 dB an meinem Sitzplatz zu erzeugen, aber nur selten, wobei das einem vierfachen *f* (*ffff*) oder mehr entsprechen würde. Nur eine einzige, mit *ppp* bezeichnete Passage eines Soloinstrumentes erreichte eine minimale Lautstärke von 50 dB; ein Pegel von 40 dB würde im Konzertsaal so unhörbar leise sein, daß er praktisch nutzlos ist.

Noch ein weiteres Argument spricht dagegen, den dynamischen Angaben absolute Schallpegel zuzuordnen. Einzelne Instrumente können zum großen Teil noch nicht einmal einen Pegelbereich von 40 dB abdecken. Patterson vertritt sogar die Ansicht, daß Holzbläser nur einen Dynamikbereich von etwa 10 dB erreichen können. Folgt daraus aber, daß wir beim Anhören dieser Instrumente nur *p* oder *f*, niemals aber ein *pp* oder *ff* wahrnehmen? Mit Sicherheit nicht, denn der Hörer wird automatisch eine Anpassung an die Grenzen des Instruments vornehmen; die jeweils möglichen Extremwerte werden zumindest als *pp* oder *ff* gehört, auch wenn sie physikalisch nur eine Schallpegeldifferenz von 10 oder 15 dB aufweisen.

Außerdem kann der Interpret seine dynamischen Absichten auch durch Phrasierung und Artikulation (siehe Kapitel 7) unterstützen oder auch durch visuelle Hilfen. Wenn der Interpret sich sichtbar anstrengt, wird unser Eindruck von Lautstärke verstärkt; erscheint er visuell entspannt, so wird auch die Lautstärke geringer beurteilt. Man könnte so weit gehen zu behaupten, daß der Hörer zuweilen eine Passage als *forte* und eine andere als *piano* empfinden kann, obwohl der physikalische Schallpegel in beiden Fällen gleich hoch ist.

Dies ist ein gutes Beispiel für eine der vielen Fallgruben, die auf jeden Möchtegern-Wissenschaftler warten. Es entspricht dem wissenschaftlichen Selbstverständnis, nur auf objektive Messungen mit einem oder mehreren Meßgeräten zu vertrauen und diese Meßwerte in gesetzmäßiger Weise den musikalischen Dynamikangaben zuzuordnen. Tatsächlich bezieht aber Musik auch den Menschen mit ein, der manche seiner Urteile eher an flexiblen Skalen als an absoluten Werten festmacht; ein Wissenschaftler muß daher alle zu berücksichtigenden Variablen bei einem Problem identifizieren.

---

* Wer mit Logarithmen vertraut ist, wird erkennen, daß der gesamte Sachverhalt in der Formel $L_I = 10 \log (I/I_0)$ enthalten ist. Technisch gesehen befindet sich in unserer obigen Darstellung eine ungenaue Aussage, denn ein Mikrofon mißt eigentlich nicht den Schall*intensitäts*pegel, sondern den Schall*druck*pegel $L_p = 20 \log (p/p_0)$, wobei der Druck-Bezugswert $p_0 = 0{,}00002\ N/m^2$ gilt. Wenn wir jeweils nur einzelne Wellenzüge in einer Richtung messen könnten, so würden $L_I$ und $L_p$ sich mit einer geringen Abweichung von etwa 1dB entsprechen. Bei reflektierten Klängen in geschlossenen Räumen beträgt der Unterschied aber mehrere dB. Glücklicherweise ist der Unterschied für die meisten

musikbezogenen Situationen unwesentlich, so daß wir ihn in diesem Buch vernachlässigen können. Wenn wir für ein Forschungsprojekt jedoch Meßreihen durchführen wollten, müßten wir diesen Unterschied genau beachten.

Tabelle 5.2

Angenäherte Schallpegelwerte für Umweltgeräusche (linke Spalte) und den musikalischen Bereich (rechte Spalte). Die Werte sind als typische Beispielangaben zu betrachten; Abweichungen bis 10 dB nach unten oder oben sind möglich.

( Bezugswert $I_0$ $=10^{-12}$ W/m² siehe Text oben S. 93)

| Schallquelle | Schallpegel (dB) | $I$ (W/m²) | Reaktion |
|---|---|---|---|
| Düsentriebwerk in 10 m | 150 | $10^{3}$ | Unerträglich |
| | 140 | | |
| | 130 | | |
| Start eines Jets in 500 m | 120 | 1 | Schmerzhaft |
| Rockmusik-Konzert | 110 | | |
| Maschinenhalle | 100 | | |
| U-Bahn | 90 | $10^{-3}$ | |
| Fabrik | 80 | | |
| Stadtverkehr | 70 | | musikalisch |
| Leise Unterhaltung | 60 | $10^{-6}$ | nutzbar |
| Leises Auto-Innere | 50 | | |
| Bibliothek | 40 | | |
| Leerer Konzertsaal | 30 | $10^{-9}$ | |
| Flüstern in 1m Entfernung | 20 | | |
| Fall einer Stecknadel | 10 | | |
| | 0 | $10^{-12}$ | Unhörbar |

# 5.3 Das Abstands- oder Entfernungsgesetz

Bevor wir anfangen, Meßreihen mit unserem Schallpegelmeßgerät durchzuführen, können wir schon ein Ergebnis vorwegnehmen. Je mehr wir uns von einer ortsfesten Schallquelle entfernen, desto leiser wird der hörbare Schallpegel werden. Nach welcher Gesetzmäßigkeit vollzieht sich diese Abnahme? In einem geschlossenen Raum wird die Antwort wahrscheinlich kompliziert sein; in einem sehr halligen Raum können die Echos tatsächlich so stark sein, daß der Schallpegel überall fast gleich ist. Aber wenn wir die Schallquelle in die Mitte einer großen, flachen Wiese postieren, haben wir eine Situation, in der der Schall sich gleichförmig in alle Richtungen ausbreitet und nicht zurückgeworfen wird; und in diesem Fall können wir das Gesetz von der Erhaltung der Energie anwenden. Stellen wir uns zwei ineinander geschach-

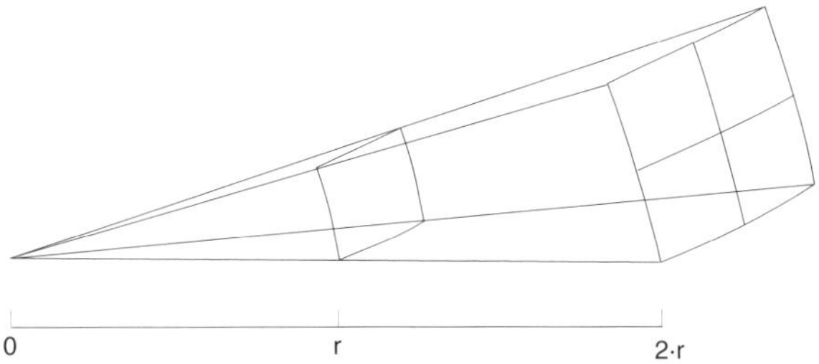


Bild 5.2
Das Abstandsgesetz, geometrisch dargestellt. Bei Verdoppelung der Entfernung (2r) von der Schallquelle (0) durchquert die gleiche Schallenergie die vierfache Fläche, hat also pro Flächeneinheit nur ein Viertel der Energie wie beim Abstand r.

telte große Halbkugeln vor, deren Zentren mit der Position der Schallquelle übereinstimmen (Bild 5.2). Welcher Energiebetrag auch immer die innere Halbkugelfläche durchquert, exakt der gleiche muß etwas später auch die äußere passieren. Der Grund dafür, daß die Intensität nach außen hin abnimmt, liegt darin, daß der gleiche Energiebetrag nun über eine größere Fläche verteilt wird.

Wenn die äußere Halbkugel einen doppelt so großen Radius hat wie die innere, dann muß die Energiemenge, die durch 1 $m^2$ der inneren Halbkugelfläche passiert, die vierfache Fläche = 4 $m^2$ auf der äußeren Halbkugel durchqueren. Die Intensität wird daher nur noch ein Viertel betragen, und der Schallpegel hat um 6 dB abgenommen. Jede weitere Verdopplung der Entfernung von der Schallquelle reduziert den Schallpegel um weitere 6 dB. Bei einem Meßwert von 84 dB bei 10 m Entfernung von der Schallquelle läßt sich also voraussagen, daß bei 20 m der Pegel nur noch 78 dB, bei 40 m nur 72 dB, bei 80 m nur noch 66 dB usw. beträgt.

Allgemeiner ist dieser Sachverhalt in der Formel $I_2/I_1 = (r_1/r_2)^2$ oder $L_{I\,2} - L_{I\,1} = 20 \log (r_1/r_2)$ ausgedrückt, dem sog. Abstandsgesetz, allgemein als Gesetz der Abnahme mit dem Quadrat der Entfernung bezeichnet. Aus dem gleichen rein geometrischen Grund (daß irgendetwas sich radial ausbreitet und die Oberfläche einer Kugel mit dem Quadrat des Radius zunimmt) gilt dieses Gesetz sowohl für die optischen als auch die elektromagnetischen Wellen und die Schwerkraft. Gewöhnlich wird es in der Optik weit mehr als in der Akustik benutzt, weil sich dort viel leichter die notwendigen Bedingungen herstellen lassen (eine kleine Lichtquelle, die nach allen Seiten gleichmäßig abstrahlt). Selbst auf einem ebenen Wettkampfrasen wird der Schallpegel um etwas mehr als 6 dB pro Entfernungsverdopplung abnehmen, da die Absorption durch das Gras zusätzlich Energie entzieht.

## 5.4 Umweltgeräusche und Lärmbelästigung

In den letzten Jahren hat das Interesse an (zumeist unerwünschten) Umweltgeräuschen und deren Kontrolle zugenommen. Viele Behörden haben Verordnungen erlassen, die die zulässige Grenze von Geräuschen durch Luft- oder Straßenverkehr oder von Fabrikanlagen regeln; oft findet man auch Bestimmungen für die Obergrenze des Schallpegels bei Rockmusik- oder Freiluftkonzerten allgemein. Tabelle 5.3 gibt verschiedene Schallschutzwerte aus deutschen Vorschriften an. Wer an weiterführender Literatur zum Lärmproblem und Schallschutz interessiert ist, sei auf Murray Schafer's Standardwerk »Klang und Krach« (S. 234 ff.) sowie auf den »Deutschen Arbeitsring für Lärmbekämpfung DAL« und dessen Mitteilungen (Postfach 1139, Düsseldorf) verwiesen.

Diese Angaben und Meßwerte beziehen sich praktisch nie auf die totale Lautstärke, die von einer Schallquelle erzeugt wird, sondern darauf, wie groß die Intensität dieser Schallquelle in einer bestimmten Entfernung ist oder maximal sein darf. Eine Tabelle wie 5.3 setzt also stillschweigend voraus, daß wir bezüglich der jeweils „vernünftigen" Entfernungen übereinstimmen, wie z. B. 500 m von einer Startbahn für Düsenjets oder 1 bis 2 m von einem Gesprächspartner.

| Einwirkungsort | Maximale Immissionswerte in dB (A) tags | nachts |
|---|---|---|
| Rein gewerbliche Anlagen (Industriegebiet) | 70 | 70 |
| Vorwiegend gewerbliche Anlagen (Gewerbegebiet) | 65 | 50 |
| Weder vorwiegend gewerbliche Anlagen noch vorwiegend Wohnungen (Mischgebiet) | 60 | 45 |
| Vorwiegend Wohnungen (Allgemeines Wohngebiet) | 55 | 40 |
| Ausschließlich Wohnungen (Reines Wohngebiet) | 50 | 35 |
| Kurgebiete, Krankenhäuser | 45 | 35 |

Tab. 5.3 Die maximal zulässigen Schallpegel nach VDI 2058 Bl. 1 für verschiedene Nutzungen in Wohn- und Industriegebieten. (Nach: Rieländer, Reallexikon der Akustik, Stichwort »Schallimmissions-Richtwerte«.)

Wenn wir unser Schallpegelmeßgerät einsetzen wollen, um verschiedene Geräusche des alltäglichen Lebens zu messen, treffen wir auf einige Hindernisse. Eines besteht darin, daß die meisten Geräuschquellen nicht gleichmäßig anhalten, so daß wir sie mit einem einzigen Meßwert nicht korrekt messen können. Solange wir nicht detaillierte Statistiken anfertigen wollen, in denen die Häufigkeit jedes Meßwerts festgehalten wird, müssen wir auf einen Teil der Information verzichten und hoffen, daß der verbleibende Teil zutreffend ist. Eine Möglichkeit ist es, nur den höchsten Meßwert zu registrieren und den Rest zu vergessen; wenn aber Grenzwerte derart festgelegt werden, können sie höchst irreführend sein. Ein einziger Lastwagen mit einem defekten Auspuff kann dann den Meßwert an einer Straße vor einer Schule verfälschen, die den Rest des Tages absolut ruhig ist.

Eine andere Möglichkeit besteht darin, einen Durchschnitts-Schallpegel zu benutzen; praktische Messungen über eine bestimmte Zeit (meistens eine 24-Stunden-Einheit) erfordern dann eine zusätzliche Ausrüstung, um die Meßwerte des Geräts zu verarbeiten. Da es verschiedene Möglichkeiten gibt, den Durchschnitt zu definieren, muß jeweils angegeben sein, welche benutzt wurde. Am meisten verbreitet ist das Verfahren, bei dem ein sog. Mittelungspegel $L_M$ (auch als energieäquivalenter Dauerschallpegel bezeichnet) eingeführt wird, den wir dadurch erhalten, daß wir den Gesamtbetrag an gemessener Schallenergie eines Zeitabschnittes (üblicherweise ein Tag, manchmal auch ein Monat) nach bestimmten Gewichtungen auf einen Einzahl-Wert berechnen. Oft findet man Meßpegel, die angeben, zu wieviel Prozent der Tageszeit dieser Pegel erreicht oder überschritten wurde, z.B. gibt der sog. Grundgeräuschpegel $L_{90}$ oder $L_{95}$ an, daß dieser Pegel zu 90 bzw. 95% der Tagesdauer erreicht oder überschritten wurde; entsprechend gibt es den mittleren Schallpegel $L_{50}$ und den Spitzenschallpegel $L_5$. Eine andere für Wohngebiete übliche Methode ist es, den Tag-Nacht-Pegel $L_{TN}$ zu benutzen, der als Mittelungspegel gemessen wird, wobei aber alle nächtlichen Meßwerte zwischen 22.00 und 7.00 Uhr um 10 dB angehoben werden.

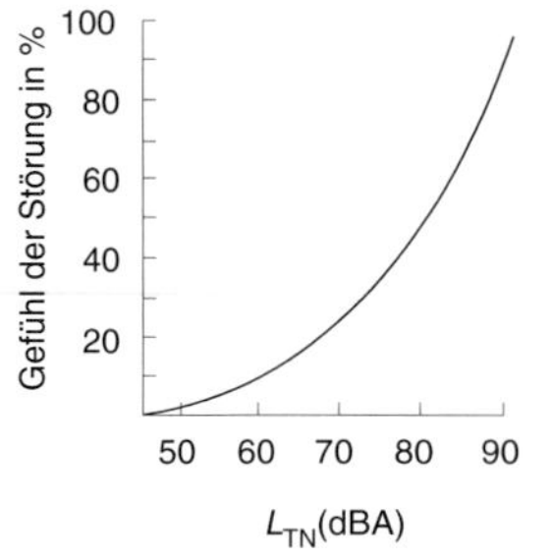


Bild 5.3 Zusammenhang zwischen dem durchschnittlichen Umweltgeräusch-Pegel und dem Gefühl der Belästigung/Beeinträchtigung. Die Kurve gibt die Durchschnittswerte der zahlreichen Meßreihen wieder, wie sie von T.J. Schultz berichtet wurden in JASA, 64, 377 (1978).

Dieser Meßwert $L_{TN}$ entspricht besser der Langzeit-Reaktion (siehe Bild 5.3). Solche Durchschnitts-Methoden können zu ganz anderen Schlußfolgerungen führen als eine reine Höchstwert-Messung, denn wenn ein Geräusch sehr kurz ist, treibt es den Pegel nur wenig in die Höhe, egal wie laut es ist. Eine Explosion, die 110 dB erzeugt, aber nur eine Sekunde lang, und eine anschließende Stille für den Rest der Meßzeit würden einen Durchschnittsspegel von nur $L_{\varnothing} = 60$ dB ergeben; trotzdem dürfte diese eine Sekunde nicht sehr angenehm für die Betroffenen zu ertragen sein.

Eine weitere Möglichkeit ist es, den Pegel $L_{10}$ zu bestimmen, der nur zu 10% der Meßzeit überschritten wird, und für diesen einen gesetzlichen Höchstwert festzusetzen. So kann durch Verordnungen z. B. festgelegt werden, daß zusätzliche Lärmschutzwälle etc. überall errichtet werden, wo dieser Pegel $L_{10}$ sonst den Wert von 70 dB für Wohngebiete überschreiten würde; für Krankenhäuser oder Schulen muß der Wert noch niedriger angesetzt werden.

* Es kann in bestimmten Situationen relativ schwierig sein, eine Geräuschreduktion um 10 dB zu erzielen. Nehmen wir z. B. einen großen Kompressor als Teil der Klimaanlage eines Bürohochhauses. Wenn es eine ältere und vielleicht schlechtgewartete Maschine ist, kann sie ohne weiteres einen Pegel von 75 dB noch an der Grenze zu umgebenden Wohngrundstücken erzeugen, obwohl der höchstzulässige Wert laut Gemeindeverordnung z. B. nur 60 dB beträgt. Auf den ersten Blick mag die erforderliche Dämpfung um 15 dB recht gering erscheinen, bis wir uns klarmachen, daß 15 dB eine 30-mal geringere Intensität bedeutet. Eine Lärmschutzmauer würde in diesem Fall nicht ausreichen, da es nicht viel Beugung erfordert, um immer noch 3% des Ausgangsgeräuschs über die Mauer gelangen zu lassen. Das Problem kann in solchen Fällen meist nur durch die Installation eines neueren Kompressors gelöst werden. Heutzutage wird (meistens) schon beim Maschinenentwurf und der baulichen Ausführung solchen Problemen mehr Aufmerksamkeit gewidmet.

Die meisten Schallmeßgeräte erlauben die Wahl verschiedener Meßmethoden. Die Diskussion in Abschnitt 5.1 wurde so geführt, als ob wir jedes Geräusch nur auf der Grundlage seiner Energie messen würden, gleichgültig, ob es sich aus tiefen, mittleren oder hohen Frequenzen zusammensetzt. Ein Physiker würde natürlich so vorgehen, und dies entspricht der linearen (oder „ungewichteten") Skala auf dem Meßgerät. Was passiert aber, wenn die Frequenzen so hoch oder so tief sind, daß sie unhörbar werden? Solange wir nicht die Grenzen der Mikrofonempfindlichkeit überschreiten, zeigt das Meßgerät weiterhin Ausschläge an, obwohl wir nichts hören! Physiker mögen ja an solchen Meßreihen interessiert sein, aber Gehörpsychologen und Lärmschutzbeauftragte sicher weniger. Deswegen können wir auf unserem Meßgerät eine A-Skala einstellen, wobei dann das Mikrofonsignal durch einen Filter geschickt wird, bevor es in die Ablesewerte umgewandelt wird. Diese Schaltung dient dazu, die Stärke von Signalen mit den mittleren Frequenzen richtig darzustellen, für die das menschliche Gehör am empfindlichsten ist. Gleichzeitig werden dabei die Stärke der hohen Frequenzen etwas und die der tiefen Frequenzen nachhaltig reduziert, da das Ohr für diese weniger empfindlich ist; die unhörbaren Frequenzen werden ganz ausgefiltert. Es können also drei verschiedene Schallquellen in den drei verschiedenen Frequenzbereichen, die bei Verwendung einer linearen Skala gleiche Meßpegel ergeben würden, auf der A-Skala drei abweichende Werte ergeben. Geräusche mit sehr hohen und noch mehr solche mit sehr tiefen Frequenzen würden nur geringe Meßwerte auf der A-Skala ergeben und damit zumindest qualitativ der Art und Weise entsprechen, mit der unsere Ohren die Lautstärke dieser Geräusche beurteilen würden.

Das „A-“ wird immer als Suffix angehängt (db-A oder dBA), um auf die verwendete Skala hinzuweisen, z. B.: „Mein Meßgerät zeigte einen Wert von 93 dB-A beim Überflug des Flugzeugs an“. Teure Geräte lassen sich außerdem noch auf die B-, C- und D-Skala umschalten; diese weisen Unterschiede im Detail auf, beruhen aber wie die A-Skala alle auf dem Bemühen, das menschliche Hörempfinden besser nachzuempfinden (Bild 5.4). Obwohl B, C und D zuweilen im technischen Sinne vorzuziehen sind, werden doch Geräuschmessungen fast immer mit der A-Skala durchgeführt. Teilweise beruht dies darauf, daß die A-Skala es gut ermöglicht, die Gefahr des Hörverlustes abzuschätzen, teilweise auch einfach darauf, daß sie fast überall zur Verfügung steht, auch auf älteren und billigeren Geräten.

Schallpegelmessungen in dB-A sind also eine verwirrende Mischung aus physikalischen und psychologischen Elementen. Sie sind weder reine Energiemessungen auf vergleichbarer Grundlage, noch beruhen sie auf rein menschlichen Beurteilungen. Sie sind physikalische Messwerte (gemessen durch eine Maschine, nicht eine Person), jedoch mit einem zusätzlichen physikalischen Apparat (der Filterschaltung), der Anpassungen dergestalt vornimmt, daß die Ergebnisse *in mancher Hinsicht* der menschlichen Beurteilung entsprechen. Wir werden uns mit dieser Unterscheidung nochmals in Kapitel 6 auseinandersetzen.

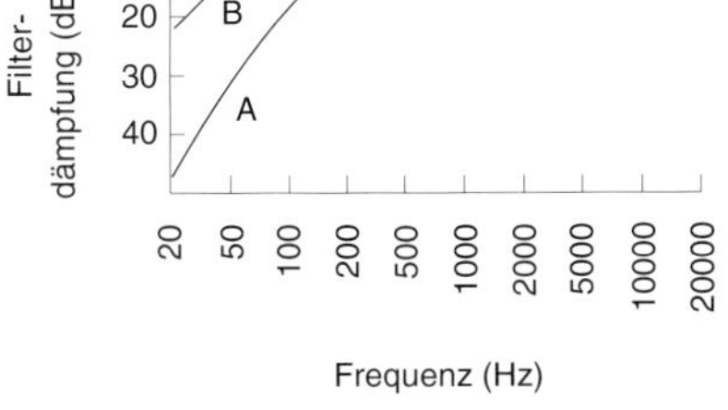


Bild 5.4 Relative Empfindlichkeit eines Schallpegelmeßgeräts bei verschiedenen Frequenzen für drei Standard-Gewichtungen. Die A-, B- und C-Filterlinien wurden entwickelt, um sich der Empfindlichkeit des menschlichen Gehörs bei 40-, 70- und 100-dB-Pegeln besser anzunähern.

## 5.5 Zusammengesetzte Schallpegel und Interferenz

Was geschieht, wenn zwei Schallquellen zur gleichen Zeit Schall erzeugen? Wenn es zwei voneinander unabhängige Quellen sind, die verschiedene Klänge/Geräusche erzeugen (insbesondere verschiedene Frequenzen), ist die Antwort einfach. Jede Schallquelle erzeugt fortlaufend Energie, als ob es keine zweite gäbe: Man kann einfach die Einzelintensitäten der beiden Schallquellen addieren und erhält die Gesamtintensität des zusammengesetzten oder überlagerten Schallpegels.

Betrachten wir z. B. einen Flötenton g'' und einen Klarinettenton b'. Die Flöte alleine bringt den Zeiger des Meßgeräts auf einen Ausschlag von $L_{I\,\text{Flöte}} = 60$ dB und die Klarinette alleine auf $L_{I\,\text{Klar.}} = 63$ dB. Wie groß ist der Gesamtpegel, wenn sie gleichzeitig spielen? Zunächst müssen Sie der Versuchung widerstehen, die beiden dB-Werte einfach zu addieren; der Gesamtklang kann niemals auch nur in der Nähe von 123 dB sein! Vielmehr bedeutet $L_{I\,\text{Flöte}} = 60$ dB eine Intensität für die Flöte von $I_{\text{Flöte}} = 10^{n} \cdot I_0 = 10^{-6}$ W/m²; und entsprechend für die Klarinette $L_{I\,\text{Klar.}} = 63$ dB eine Intensität von $I_{\text{Klar.}} = 2 \cdot 10^{n} \cdot I_0 = 10^{-6}$ W/m² (mit $\cdot I_0 = 10^{-12}$ W/m²); die zusammengesetzte Intensität ist also $3 \cdot 10^{-6}$ W/m² und der entsprechende Schallpegel beträgt 65 dB. Wir brauchen aber gar nicht diese umständliche Rechnung durchzuführen. Ausreichend ist, daß $I_{\text{Klar.}} = 2 \cdot I_{\text{Flöte}}$ ist (aus Tab. 5.1; 3 dB mehr bedeutet doppelte Intensität); die zusammengesetzte Intensität muß also dreimal so groß sein wie die der Flöte alleine und der zusammengesetzte Schallpegel daher 5 dB größer als für die Flöte alleine, also 65 dB. (Ein weiteres Beispiel finden Sie in Kasten 5.3).

Die Angelegenheit wird etwas komplizierter, wenn wir zwei Schallquellen mit identischen oder beinahe identischen Frequenzen betrachten; und zwar, weil die Wellen nun über längere Zeit in einer unveränderten Phasenbeziehung stehen und die Gesamtenergie völlig davon abhängt, ob die entstehende Interferenz konstruktiv oder destruktiv ist.

Nehmen wir zum Beispiel zwei Wellen mit der gleichen Frequenz, aber eine um das dreifache unterschiedlichen Amplitude; d.h. $A_1 = 3 \cdot A_2$. Wenn jede einzeln gehört wird, weisen die Intensitäten die Beziehung auf: $I_1 = 3^2 \cdot I_2 = 9 \cdot I_2$, woraus sich ergibt $L_{I\,1} \approx L_{I\,2} + 9{,}5$ dB. Nehmen wir nun an, wir erwischen einen Punkt im Wellenmuster, an dem die beiden Wellen in Phase sind. Dort beträgt dann die Summenamplitude $A_{\text{Summe}} = A_1 + A_2 = 3 \cdot A_2 + A_2 = 4 \cdot A_2$. Die entsprechenden überlagerten Intensitäten und Schallpegel betragen somit $I_{\text{Summe}} = 4^2 \cdot I_2$ und $L_{I\,\text{Summe}} \approx L_{I\,2} + 12$ dB.

Nun gehen wir zu einem anderen Punkt im Wellenmuster, an dem die zwei Wellen nicht in Phase sind. Dort besteht destruktive Interferenz: $A_d = A_1 - A_2 = 3 \cdot A_1 - A_2 = 2 \cdot A_2$; die Intensität ist $I_d = 2^2 \cdot I_2 = 4 \cdot I_2$ und $L_{I\,d} \approx L_{I\,2} + 6$ dB. Wenn die einzeln gemessenen Schallpegel z. B. $L_{I\,2} = 77$ dB und $L_{I\,1} = 86{,}5$ dB sind, würde sich somit der zusammengesetzte Schallpegel immer zwischen einem Maximum von $L_{I\,\text{Summe, max}} = 89$ dB und einem Minimum von $L_{I\,\text{d,min}} = 83$ dB bewegen. (Ein weiteres Beispiel findet sich in Kasten 5.3).

Was geschieht bei 10 sorgfältig gestimmten Geigen, deren Spieler genau die gleiche Note spielen? Es ist naheliegend, aber falsch, anzunehmen, daß wir die Amplituden addieren könnten und einen Gesamtklang mit der 10fachen Amplitude und somit mit

* Kasten 5.3 Zusammengesetzte Amplituden, Schallintensitäten und -pegel

Beim erstmaligen Lesen dieses Kapitels werden Sie sich vielleicht verunsichert fühlen, wie und wann Sie Amplituden oder Intensitäten ($L_I$) oder Schallpegel benützen sollen. Lautstärke wird gewöhnlich als $L_I$ in dB ausgedrückt, aber diese Werte müssen erst in eine andere Form überführt werden, bevor man damit rechnen kann. Im folgenden sind daher einige Regeln zusammengestellt, mittels derer man die Stärke von zwei oder mehr überlagerten (zusammengesetzten) Klängen oder Geräuschen ermitteln kann.

1. *Niemals* Pegelwerte $L_I$ direkt addieren.

2. Vermeiden Sie sorgfältig solche Aussagen wie z. B. $10^{-7}$ W/m$^2$ = 50 dB, da dies den Mißbrauch des Gleichheitszeichens bedeutet. Wenn es eine echte Gleichung wäre, könnten wir auf beiden Seiten jede arithmetische Operation ausführen, z. B. Multiplikation mit 2. Dies würde offensichtlich sofort zu Unsinn führen! *Entspricht* ist etwas ganz anderes als *gleich*!

3. Wenn Sie Klänge mit verschiedenen Frequenzen überlagern (oder wenn Sie nur an Durchschnittswerten über längere Zeit interessiert sind, nicht an Schwebungen), brauchen Sie sich nicht um Amplituden zu kümmern, sondern nur die Intensitäten zu addieren und, falls notwendig, die zusammengesetzte Intensität zu einem $L_I$ (dB) konvertieren mittels Tab. 5.1.

4. Es gibt zwei Methoden, um Intensitäten zu addieren. Am korrektesten ist es, jede Intensität als Watt pro Quadratmeter anzugeben. Beispiel: $L_{I1} = 69$ dB und $L_{I2} = 73$ dB (bei verschiedenen Frequenzen) bedeutet $I_1 = 8 \cdot 10^6 \cdot I_0 = 8 \cdot 10^{-6}$ W/m$^2$ = 0,000.008 W/m$^2$ ; und $I_2 = 2 \cdot 10^7 \cdot I_0 = 2 \cdot 10^{-5}$ W/m$^2$ = 0,000.020 W/m$^2$ . Daraus ergibt sich $I_{Summe}$ = 0,000.028 W/m$^2$ = $2{,}8 \cdot 10^7 \cdot I_0$, was $L_{I\,Summe}$ = 74,5 dB ergibt. Die kürzere Methode unter Vermeidung der zweimaligen Umrechnung besteht darin, alle Werte in Verhältnissen auf Bezugswerte anzugeben. Das gleiche Beispiel hierfür: $L_{I2}$ ist 4 dB größer als $L_{I1}$, also ist $I_2 = 2{,}5 \cdot I_1$, und daraus ergibt sich $I_{Summe} = 3{,}5 \cdot I_1$. Das heißt, $L_{I\,Summe}$ ist 5,5 dB größer als $L_{I1}$ und somit 74,5 dB. Sie können wählen, welche Methode Ihnen leichter erscheint; man kann zuweilen beide Methoden als Kontrollrechnung durchführen.

5. Wenn man Klänge mit den gleichen Frequenzen (oder nah genug beieinanderliegend, um langsame Schwebungen zu erzeugen) überlagert, muß man zuerst die Werte der Pegel $L_I$ einzeln in die entsprechenden Amplitudenwerte umrechnen. Erst dann darf man diese Amplituden addieren bzw. subtrahieren, je nachdem, ob die Wellen in Phase sind oder nicht, um den Wert der Gesamtamplitude zu erhalten. Schließlich kann man aus diesem Wert wieder die zusammengesetzte Intensität $L_I$ errechnen.

6. Die kürzere Methode ist vor allem dann vorteilhaft, wenn man mit Amplituden rechnen muß; man vermeidet das umständliche Umrechnen in N/m$^2$. Beispiel (wie vorher, aber jetzt mit gleichfrequenten Klängen): $L_{I1}$ = 69 dB und $L_{I2}$ = 73 dB . Die umständliche Methode rechnet zuerst in die einzelnen Intensitäten um: $I_1$ = 0,000.008 W/m$^2$ und $I_2$ = 0,000.020 W/m$^2$ , konvertiert diese zu Amplitudenwerten $A_1$ = 0,082 N/m$^2$ und $A_2$ = 0,129 N/m$^2$ , woraus sich $A_{Summe}$ = 0,21 N/m$^2$ bei konstruktiver und 0,047 N/m$^2$ bei destruktiver Interferenz ergibt, was wiederum umgerechnet den Intensitäten $I_{Summe}$ von 0,000.054 W/m$^2$ bzw. 0,000.002.6 W/m$^2$ entpricht, dies wiederum den Pegeln $L_I$ von 77 dB bzw. 64 dB. Die kürzere Methode hierfür:

$I_2/I_1 = 2{,}5$; also $A_2/A_1 = \sqrt{2{,}5} = 1{,}58$;
daraus $A_{Summe}/A_1 = 2{,}58$ bzw. $0{,}58$;
$I_{Summe}/I_1 = 2{,}58^2 = 6{,}7$ bzw. $0{,}58^2 = 0{,}34$;
und $L_{I\,Summe}$ = 8,2 über bzw. 4,7 unter 69 dB, also 77 dB Maximum und 64 dB Minimum.

Alle diese Umrechnungen sind Anwendungen der Regel

$$\left(\frac{A_x}{A_y}\right)^2 = \frac{I_x}{I_y} \xleftrightarrow{\text{Tabelle 5.1}} L_{Ix} - L_{Iy}$$

der 100fachen Intensität erhielten, als wenn eine Geige alleine spielte. Der nächste Gedanke ist vielleicht, daß man die genaue Position aller 10 Geigen kennen muß, ebenso wie die des Hörers (und gegebenenfalls aller Reflexionseinflüsse), um daraus die Phasenverhältnisse und deren konstruktiven oder destruktiven Einfluß berechnen zu können.

In Wirklichkeit können jedoch die 10 Geiger niemals exakt die gleiche Frequenz erzeugen, egal wie sehr sie sich auch anstrengen. Jedes Paar von leicht abweichenden Frequenzen erzeugt eine langsame Schwebung; die Interferenz ist abwechselnd konstruktiv und destruktiv. Zehn Geigen zusammen produzieren daher viele unterschiedliche Schwebungsraten gleichzeitig, manche schneller und manche langsamer, denn es ist sogar für einen einzelnen Spieler schon unmöglich, die Frequenz exakt konstant zu halten.

Die ständige Zu- und Abnahme dieser vielfachen Schwebungen, die immer entsteht, wenn drei oder mehr Instrumente gleichzeitig unisono spielen, wird als *Chorus-Effekt* bezeichnet und verleiht dem Klang eine Art von Wärme. Für Komponisten ist es wichtig zu wissen, daß durch das gemeinsame Spiel mehrerer Instrumente (oder Singstimmen) unisono nicht nur die Lautstärke angehoben wird, sondern auch die Qualität des Klanges verändert wird. Obwohl die Intensität des Klanges nicht konstant bleibt, wenn ein Chorus-Effekt vorhanden ist, so ist doch die durchschnittliche Intensität über längere Zeit gerade so groß wie die Summe der Einzelintensitäten, genauso als ob die Frequenzen völlig verschieden wären. In unserem Beispiel ist also die Gesamtintensität der 10 Violinen genau 10mal (nicht 100mal) so groß wie für eine einzelne Violine.

# Zusammenfassung

Bei der Beschreibung der Stärke von Schallwellen muß unterschieden werden zwischen Amplitude, Intensität und Lautheit. Die ersten beiden sind physikalische Begriffe, der dritte ein psychologischer. Intensität meint den Betrag des Energieflusses (Energiebetrag pro Flächeneinheit und Zeiteinheit, $W/m^2$) und ist proportional zum Quadrat der Amplitude.

Jedem Intensitätsverhältnis entspricht ein Schallpegel-Unterschied in Dezibel (dB). Jedes *zusätzliche* Dezibel bedeutet die *Multiplikation* der Intensität mit dem Faktor 1,26 (gerundet 1,3). Ein Schallpegel von $L_1 = 0$ dB entspricht einer Intensität $I_0 = 10^{-12}\ W/m^2$.

Unter selten anzutreffenden idealen Bedingungen nimmt ein Schallpegel bei Verdoppelung der Entfernung von seiner Quelle jeweils um 6 dB ab. Wenn das menschliche Hörempfinden im Vordergrund der Messung steht, wird man mit der dB-A Skala messen, die diejenigen Frequenzen stärker wichtet, die auch das Ohr am besten wahrnimmt. Offizielle Schallschutzverordnungen beziehen sich meistens auf maximal zulässige Schallpegel oder gemittelte Schallpegel in dB-A.

Wenn zwei Klänge mit verschiedenen Frequenzen zusammen erklingen, müssen ihre Intensitäten addiert werden, um den zusammengesetzten Schallpegel zu erhalten. Für zwei Klänge mit gleichen oder nahezu gleichen Frequenzen müssen jedoch die Amplitudenwerte addiert bzw. subtrahiert werden, je nachdem ob die Wellen in Phase sind oder nicht, um den Mindest- und Höchstpegel zu berechnen.

Vielfache Schwebungsmuster beim Unisono-Zusammenspiel mehrerer Instrumente erzeugen den sog. Chorus-Effekt, durch den sich die Qualität des Gesamtklangs von dem eines einzelnen (verstärkten) Instruments unterscheidet. Über längere Zeit entspricht der Durchschnitts-Schallpegel dabei dem einer einfachen Addition der Einzelintensitäten ohne Berücksichtigung der Phasenverhältnisse.

# Symbole, Begriffe, Beziehungen

$A$ Amplitude des Schalldrucks
$E$ Energie
$\mathbf{F}$ Kraft
$S$ Fläche (kleines s := Strecke)
$t$ Zeit
$\mathbf{F} = E/t$
$I = \mathbf{F}/S$
$I_1/I_2 = (A_1/A_2)^2$
$I$ Intensität
$L$ Schallpegel
$L_I$ Schallintensitätspegel
$L_p$ Schalldruckpegel,
$L_M$ Mittelungspegel
$I_0 = 10^{-12}$ W/m²
$P$ Leistung
$I$-Verhältnis: $I$-Unterschiedsbetrag, siehe Tabelle 5.1
Dezibel (dB)
Abstandsgesetz
Chorus-Effekt

# Übungsaufgaben

1. Wenn eine Gesamtenergie von $E = 200$ J während einer Zeitspanne von $t = 4$ s auf eine Fläche $S = 5$ m² auftrifft, wie groß ist dann die Intensität?
2. Wenn Schall mit der Intensität $I = 0{,}01$ W/m² auf ein Fenster mit der Fläche $S = 3$ m² trifft, wie groß ist dann die gesamte auf das Fenster wirkende Kraft? Welche Gesamtenergie ergibt sich, wenn diese eine Stunde lang wirkt? Beweisen Sie, daß dieser Energiebetrag groß genug ist, um die Masse von 1 kg um 11 m anzuheben.
3. Ein Schall mit der Intensität $I = 10^{-6}$ W/m² trifft auf einen kleinen Detektor mit der Fläche $S = 7 \cdot 10^{-5}$ m². (Das entspricht ungefähr der Größe des Trommelfells, ca. 2/3 eines Quadratzentimeters). Welche Gesamtkraft $F$ in Watt wirkt auf den Detektor und welcher Gesamt-Energiebetrag in Joule entsteht, wenn der Schall 10 s lang andauert?
4. Führen Sie mit mit einem Taschenrechner die Multiplikation $1 \cdot 1{,}26$ aus, multiplizieren Sie das Ergebnis wieder mit 1,26 und wiederholen Sie dies. Vergleichen Sie die Ergebnisse mit den Werten der Tabelle 5.1. Stimmt nach 10 Multiplikationen das Ergebnis genau mit 10,00 überein? Wenn nicht, finden Sie einen Wert um 1,26 herum, der genau dieses Ergebnis liefert; diese Zahl ist das Intensitätsverhältnis, das 1 Dezibel entspricht.
5. Welcher Schallpegel $L_I$ in dB muß vorliegen, damit eine Schallintensität $I = 10^3$ W/m² (das ist die Intensität von vollem Sonnenschein) erreicht wird?
6. Wie groß ist die Intensität $I$ bei einem Schallpegel von a) $L_I = 40$ dB, b) $L_I = 85$ dB?
7. Wie groß ist der Schallpegel $L_I$ in dB, wenn die Intensität a) $I = 10^{-10}$ W/m², b) $I = 4 \cdot 10^{-7}$ W/m² beträgt?
8. Zeigen Sie, daß, wenn eine Geige auf Ihrem Schallmeßgerät einen Pegel von 75 dB erzeugt, bei zwei Geigen (unter gleichen Bedingungen) der Pegel auf 78 dB ansteigt. Welche Anzeige erwarten Sie bei drei, fünf oder zehn Geigen? Wie viele Geigen wären erforderlich, um einen Pegel von a) 95 dB, b)105 dB zu erzeugen?
9. Betrachten Sie einen gleichmäßigen Klang mit dem Pegel $L_{I\,1} = 70$ dB sowie einen zweiten (anderer Frequenz), dessen Pegel nacheinander die Werte $L_{I\,2} = 50, 60, 70, 80$ und 90 dB annimmt. Wie groß ist für jeden Fall der zusam-

mengesetzte Schallpegel? Legen Sie allgemein dar, wie sich der zusammengesetzte Schallpegel zweier Klänge ergibt, wenn einer davon viel lauter ist als der andere.

10. Wenn zwei Schallquellen Pegel mit 53 dB und 66 dB erzeugen, wie lautet dann das Intensitätsverhältnis $I_1/I_2$ ?
11. Wenn die größtmögliche Energieabgabe einer Posaune ungefähr das 113-fache der einer Klarinette beträgt und Ihr Meßgerät für die letztere einen Wert von 76 dB anzeigt, welcher Wert würde dann für die Posaune angezeigt werden?
12. Ein Sänger befindet sich im Freien auf ebener Fläche ohne reflektierende Gebäude oder ähnliches. Welcher Pegelunterschied in dB ist zwischen erster und letzter Reihe eines Publikums zu erwarten, wenn die erste 5 m, die letzte 40 m vom Sänger entfernt ist? Welcher Unterschied könnte Ihrer Meinung nach noch akzeptabel sein? Um wieviel könnte eine Schallmuschel die Situation verbessern ?
13. Zwei elektronische Oszillatoren geben Sinuswellen mit $f_1 = 882$ Hz und $f_2 = 880$ Hz ab. Zu einem gegebenen Zeitpunkt sei der Schallpegel eines Oszillators $L_1 = 76$ dB, der des anderen $L_2 = 82$ dB. Wie oft treten Schwebungen auf, und wie ist das Amplitudenverhältnis $A_2/A_1$? Das Wievielfache von $A_1$ beträgt die zusammengesetzte Amplitude, wenn die Wellen in Phase und wieviel, wenn sie außer Phase sind? Wie groß sind Minimal- und Maximalpegel des zusammengesetzten Klangs in dB? Wie groß würde der zusammengesetzte Pegel sein, wenn die Frequenzen sehr unterschiedlich wären?
14. Der Schallpegel von städtischem Verkehr betrage 75 dB, der eines Rockkonzerts 115 dB. Wie groß ist das entsprechende Intensitätsverhältnis, und wie groß das Verhältnis der Amplituden?
15. Nach Meyer und Angster nimmt der Schallpegel eines Geigers beim Spielen von Tonleitern oder Arpeggios um jeweils circa 4 oder 5 dB zu, wenn er nacheinander *pp*, *p*, *mf*, *f* und *ff* spielt (Zeitschrift *Acustica* 1981, Nr. 49, S. 192). Beschreiben Sie die Veränderung der akustischen Energieabgabe bei jedem Lautstärkeschritt. Um wieviel mehr Energie wird bei *ff* im Vergleich zu *pp* abgegeben?
16. Bei einem Rockkonzert tragen Sie vorsichtshalber Ohrstöpsel, die eine Schalldämpfung von 13 dB haben. Welcher prozentualen Minderung der Schallenergie entspricht dies?
17. Ihr Schallpegelmeßgerät zeigt für zwei einzeln gespielte Instrumente – im gleichen Abstand von Ihnen – die Werte 82 bzw. 65 dB an. Um wieviel mehr Schallenergie empfangen Sie vom lauteren Instrument? Können Sie ohne detaillierte Berechnung den Pegel abschätzen, den beide Instrumente gleichzeitig gespielt ergeben würden?
18. Eine Lochsirene erzeugt im Freien ohne reflektierende Flächen einen Schallpegel von 115 dB in einer Entfernung von 10 m. In welcher Entfernung beträgt der Pegel 85 dB?

# Projektvorschläge

1. Bitten Sie einen Freund, auf einem Instrument zu spielen, während Sie ein Schallpegelmeßgerät bedienen. Was sind typische Pegel für *pp*, *p*, *f*, *ff* usw.? Wenn Sie zunächst um normale *piano*- oder *forte*-Passagen bitten und danach den oder die Spieler bitten, die größtmöglichen Extreme an Dynamik zu spielen, um wieviel können die Spieler den Dynamikbereich erweitern?
2. Leihen Sie sich ein Schallpegelmeßgerät und wandern Sie damit auf dem Hochschulgelände oder in der Stadt herum; versuchen Sie, viele verschiedene Klänge und Geräusche zu messen und dabei auch möglichst extreme Werte zu erwischen. Halten Sie beim Messen das Gerät weit von sich weg, um störende Reflexionen durch Ihren Körper zu vermeiden. Wenn Sie Ihre Ergebnisse zusammenstellen, vergessen Sie nicht, bei jeder Messung auch die jeweilige Entfernung von der Schallquelle anzugeben.

# 6. Das menschliche Ohr

Laut – leise, hoch – tief, glatt – rauh, hohl – voll …: In wievielen Begriffspaaren können wir Schallwahrnehmungen beschreiben !? Gibt es unbegrenzt viele Nuancen, oder läßt sich eine endliche Zahl von qualitativen Bezeichnungen finden, mit denen sich jeder mögliche Schall hinreichend beschreiben läßt? Kann es richtig sein, solche Klangqualitäten mit Zahlen beschreiben zu wollen, oder verlieren wir dadurch nicht das Wesentliche ihrer Bedeutung?

Dies sind durchaus wichtige Fragen in der musikalischen Akustik, denn dahinter steht eine grundsätzlichere Frage: Wie weit reichen die Methoden der Wissenschaft, um musikalische Klänge zu analysieren und zu beschreiben? Inwieweit können die physikalischen und psychologischen Aspekte *aller* unserer Hörwahrnehmungen wissenschaftlich zur Übereinstimmung gebracht werden? Es gab und gibt durchaus Leute mit der Ansicht, daß die Physik sich auf die objektive Erforschung von Materie und Energie bei nichtmenschlichen Phänomenen beschränken müsse, weil menschliche Wahrnehmung wesentlich subjektiv ist und die zwei Zugangsweisen – die physikalische hier, die psychologische dort – niemals deckungsgleich werden können.

Andere waren und sind dagegen der Ansicht, es könne durchaus so etwas wie eine Wissenschaft des menschlichen Verhaltens geben, und entwickelten die Psychologie. Die auf die *Psychophysik* spezialisierten von ihnen setzten sich als Ziel, in qualitativer und quantitativer Hinsicht zu erforschen, wie physikalische Reize mit den menschlichen Sinneswahrnehmungen zusammenhängen, wobei sie davon ausgehen, daß letztere keineswegs völlig vage und subjektiv seien. Obwohl wir uns hier nur mit den menschlichen Hörwahrnehmungen beschäftigen, zählen die menschlichen Reaktionen auf Licht, Geschmack, Geruch, Wärme und Berührung natürlich ebenso zum gesamten Untersuchungsgebiet der Psychophysik.

Nach einer kurzen einführenden Betrachtung der Anatomie und Physiologie des menschlichen Gehörs werden wir in Abschnitt 6.2 die Grenzen seiner Schallwahrnehmungs- und -unterscheidungsfähigkeit aufzeigen. Abschnitt 6.3 ist der Frage gewidmet, welche Angaben für eine vollständige Beschreibung der Schalleigenschaften sowohl in physikalischer als auch psychologischer Hinsicht erforderlich sind und wie diese zusammenhängen. Am einfachsten zu definieren sind die Angaben zu Lautstärke und Tonhöhe, was wir in Abschnitt 6.4 und 6.5 behandeln werden. Aus der Sicht eines Wissenschaftlers würde man dazu neigen, diese beiden Eigenschaften so zu behandeln, als ob sie völlig isoliert gegeneinander und von allen anderen wären; die Wirklichkeit ist aber nicht so einfach, und wir müssen daher in Abschnitt 6.6 untersuchen, wie Lautstärke, Tonhöhe, Intensität und Frequenz miteinander verknüpft sind. Beenden werden wir das Kapitel dann mit einigen vorläufigen Bemerkungen über die Klangfarbe und unsere Fähigkeit, Instrumente daran zu unterscheiden.

## 6.1 Das menschliche Ohr und seine Funktionsweise

Unsere Ohren sind ein erstaunlich ausgeklügeltes Instrument, dessen bewegliche Teile außerordentlich klein sind. Letztere sind unsichtbar und vor Beschädigung geschützt in Vertiefungen des Schläfenbeinknochens untergebracht (Bild 6.1). Die Aufgabe des Ohres besteht darin, die eintreffenden Luftdruckschwankungen in elektrische Nervenimpulse umzuwandeln, die dann durch das Gehirn weiterverarbeitet werden. Wir wollen diesen Prozeß Schritt für Schritt nachvollziehen, wobei Sie bitte wechselweise das realitätsnahe Bild des Ohres (Bild 6.1) und die schematische Darstellung desselben (Bild 6.2) heranziehen.

Das *Außenohr* besteht aus der Ohrmuschel (Pinna) und dem Gehörgang (Meatus); es endet am Trommelfell. Der Innenteil der Ohrmuschel mit ca. 3 cm Durchmesser bewirkt einen Trichtereffekt für kurzwellige Schallwellen in Richtung auf das Trommelfell zu. Der Gehörgang (meatus) hat fast 1 cm Durchmesser und etwa 2,5 bis 3 cm Länge; er wirkt als Verlängerung, um das empfindliche Trommelfell ins Innere des Kopfes zu verlagern, wo es besser gegen Staub und scharfe Gegenstände geschützt ist. Das Trommelfell ist eine dünne Scheibe aus faserigem Gewebe, die entsprechend den Schalldruckschwingungen im Gehörgang hin- und herschwingt.

Das *Mittelohr* ist die geschlossene Kammer unmittelbar hinter dem Trommelfell. Sie ist mit der Mundhöhle durch die Eustachische[5] Röhre verbunden, durch die der Druckausgleich erfolgt, um auf beiden Seiten des Trommelfells gleichen Luftdruck herzustellen. Ungleiche Drücke würden das Trommelfell nach einer Seite hin auslenken, so daß es nicht wie sonst frei schwingen könnte und daher eine teilweise Reduzierung

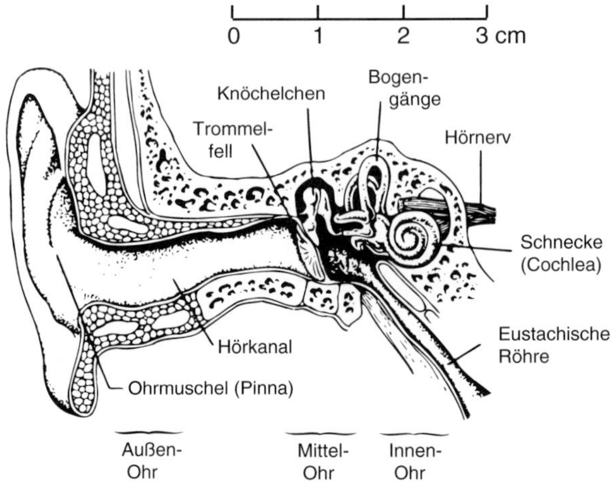


Bild 6.1
Die Anatomie des menschlichen Ohres. Bild 6.2 und 6.4 zeigen weitere Einzelheiten.

[5] So benannt nach ihrem Entdecker, dem italienischen Anatom Eustachius Bartolomeo Eustachi, 1520–1574 (A.d.Ü.).

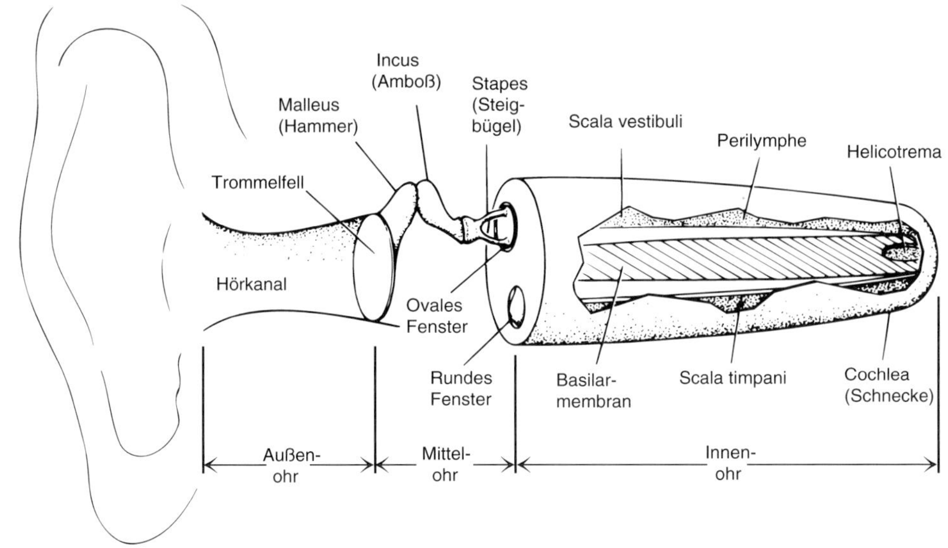


Bild 6.2 Schematische Darstellung des Ohres, bei der die wichtigen Teile vergrößert wiedergegeben sind. Die Schnecke ist in aufgerolltem Zustand gezeichnet.

des Hörvermögens (besonders für tiefe Frequenzen) eintreten würde. Die Verbindung zwischen Mittel- und *Innenohr* ist auf zwei kleine, mit Membranen verschlossene Öffnungen, die als das *ovale* und das *runde Fenster* bezeichnet werden, beschränkt; sie schließen die als *Perilymphe* bezeichnete Flüssigkeit des Innenohrs ein.

Das Mittelohr besteht im wesentlichen aus den drei *Gehörknöchelchen*, die als Hammer (lat. Malleus), Amboß (Incus) und Steigbügel (Stapes) bezeichnet werden. Sie wirken als Hebelsystem, welches die mechanischen Schwingungen des Trommelfells auf das Innenohr umsetzt. Der Griff des Hammers ist am Trommelfell befestigt, der Fuß des Steigbügels am ovalen Fenster. Bei gemäßigten Schwingungen bewegt sich der Hammer ungefähr 1,3-mal stärker als der Steigbügel; d. h. der Steigbügel übt auf das ovale Fenster ungefähr die 1,3-fache Kraft aus wie das Trommelfell auf den Hammergriff (Bild 6.3).

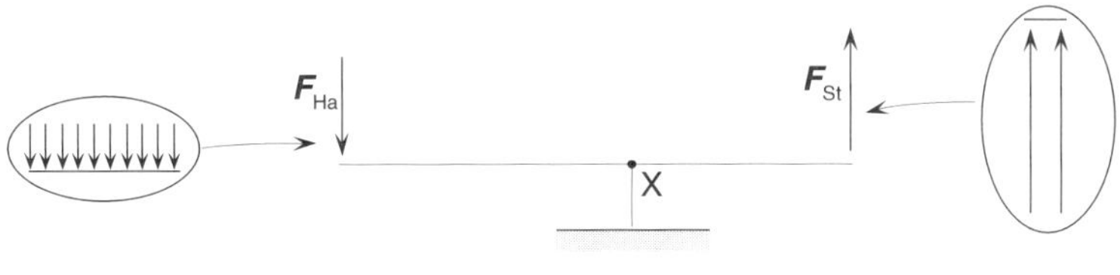


Bild 6.3 Dieses einfache Hebelsystem, am Punkt X gelagert, entspricht in etwa dem Mechanismus des Innenohrs. Die Gesamtkraft $\boldsymbol{F}_{Ha}$ des Hammers ist das Ergebnis der schwachen Luftdruckschwankung, die auf die Gesamtfläche des Trommelfells wirkt. Die durch den Hebellängen-Unterschied bereits etwas größere Kraft $\boldsymbol{F}_{St}$ des Steigbügels auf das ovale Fenster erzeugt auf dessen viel kleinere Oberfläche eine wesentlich größere Kraft.

* Da die Gesamtkraft $\boldsymbol{F}_{St}$ des Steigbügels St auf die sehr kleine Fläche $S_{oF}$ des ovalen Fensters oF wirkt, erzeugt sie einen großen Druck $p_{per}$ in der Perilymphe:

$p_{per} = \boldsymbol{F}_{St}/\boldsymbol{F}_{oF} = 1{,}3 \cdot \boldsymbol{F}_{Ha}/S_{oF} = 1{,}3 \cdot (p_{Tr} \cdot S_{Tr})/S_{oF}$. (Tr für Trommelfell).

Da die Fläche des Trommelfells etwa 20–25mal größer als die des ovalen Fensters (diese ist nur ca. 3 mm² groß) ist, sind die in der Perilymphe erzeugten Druckschwankungen etwa 30mal so groß wie die Luftdruckschwankungen am Trommelfell. Da die Intensität vom Quadrat der Amplitude abhängt, bedeutet dies, daß wir ungefähr $30 \cdot 30 \approx 1000$mal oder 30 dB schwächere Laute hören können, als wenn das ovale Fenster die Druckschwankungen direkt von der Luft aufnehmen würde. Diese Berechnung ist allerdings idealisiert und berücksichtigt nicht die Reibungsverluste im Befestigungssystem der Gehörknöchelchen. Nach G. von Békésy[6] liegt das wirkliche Verhältnis eher zwischen 10 und 20 als bei 30, und der Sensitivitätsgewinn beträgt also etwa 20–25 dB.

Das Mittelohr enthält außerdem zwei kleine Muskeln: Der *Hammermuskel (Tensor tympani)* ist am Hammer befestigt und erhöht die Spannung des Trommelfells, und der *Steigbügelmuskel (Stapedius)* zieht den Steigbügel seitwärts und vermindert dadurch die Beweglichkeit der drei Knöchelchen. Beide Muskeln können also die Schallübertragung durch das Mittelohr reduzieren und dadurch das Innenohr vor einer Beschädigung durch extrem starke Schalldrücke bewahren. Der Stapedius wird mit einer Reaktionszeit von ca. 10–20 ms durch den sog. *akustischen Reflex* bei Schallpegeln über 90–100 dB aktiviert. Der Hammermuskel reagiert als Teil eines allgemeineren Reflexes etwa 10mal langsamer. Beide zusammen bewirken eine Schalldämpfung um bis zu 20 dB bei Frequenzen über 1 kHz.

Das *Innenohr* ist ein Gewirr von Gängen im Felsenbein, die auch die Bogengänge des Vestibularapparates beinhalten, der dem Gleichgewichtssinn dient. Die *Schnecke (Cochlea)* ist ein sich verjüngendes Rohr, das schneckenförmig rund dreimal aufgewickelt ist; in ausgerolltem Zustand ist sie circa 3,5 cm lang.

In der Schnecke findet sich eine erstaunlich komplexe Struktur, die als Schneckenteilung bezeichnet wird (Bild 6.4). Sie teilt die Schnecke in zwei mit Perilymphe gefüllte Gänge (die *Scala timpani* oder *Paukengang* und die *Scala vestibuli* oder *Vorhofsgang*) über die ganze Länge bis auf eine kleine Öffnung zwischen diesen an dem dem Mittelohr entgegengesetzten Ende, dem *Schneckenloch* (*Helicotrema*). Zwischen ihnen liegt ein weiterer Kanal, der Schneckenkanal, der mit einer zähen Flüssigkeit, der Endolymphe, gefüllt ist. Da die obere Begrenzung des Schneckenkanals, die Vestibularmembran (auch als *Reissner'sche Membran* bezeichnet), sehr dünn und leicht ist, schwingt sie einfach mit Bewegungen der angrenzenden Flüssigkeit mit und ist akustisch bedeutungslos. Die **Basilarmembran** hingegen bestimmt durch ihre Schwingungen, was wir hören. Das *Cortische Organ* sitzt lose auf dem inneren Teil dieser Membran; es enthält mehr als 20.000 sogenannte Haarzellen. Durch die Bewegungen unterschiedlicher Teile der Basilarmembran werden verschiedene Haarzellengruppen angeregt und beginnen, Signale in die angrenzenden Zellen der *Gehörnerven* zu senden.

Die Bewegung des Steigbügels wird auf die Flüssigkeit in der Scala vestibuli übertragen. Wäre jedoch das ovale Fenster die einzige Öffnung der Schnecke, so

[6] Georg von Békésy, ungarisch-amerikanischer Biophysiker und Nobelpreisträger, 1899–1972; leistete bedeutende Beiträge zur Erforschung des Gehörs (A.d.Ü.).

könnte der Druck die zähe Perilymphe kaum zusammenpressen, und der Steigbügel könnte sich kaum bewegen. Erst dadurch, daß sich das runde Fenster als zweite Öffnung ausbauchen kann, wenn das ovale Fenster eingedrückt wird, wird Bewegung möglich. Bei tiefen Frequenzen reicht die Zeit während jeder Schwingung dafür aus, daß die Welle durch die Flüssigkeit die ganze Scala vestibuli hinauf, durch das Schneckenloch hindurch und den Weg zurück die Scala tympani durchlaufen kann. Bei höheren Frequenzen muß jedoch die Schwingung direkt in der Nähe des Ovalen Fensters schon auf die darunter befindliche Basilarmembran einwirken, um die Schwingung schnell genug bis an das runde Fenster zu übertragen. Die Tendenz, bei höheren Frequenzen die Basilarmembran in der Nähe der Fenster stärker zu beeinflussen, wird verstärkt durch die relative Schmalheit, Steifigkeit und Leichte dieses Teils der Basilarmembran, während das Ende am Schneckenloch größer, schlaffer und massiver ist. Die Breite der Membran wächst von weniger als 0,1mm bei den Fenstern auf etwa 0,5mm beim Schneckenloch.

Kein einziger der Hörnervenstränge geht direkt vom Innenohr bis in das Gehirn, vielmehr werden die Signale mehrfach gemischt und an verschiedenen Stationen vorverarbeitet, bevor sie schließlich in den auditorischen Cortex oder die *primäre Hörrinde* gelangen, wo die Signale bewußt interpretiert werden. Unsere Hörwahrnehmung hängt ebensoviel von diesen Prozessen im Gehirn ab wie von der Physiologie des Innenohres. Unglücklicherweise ist unser Wissen darüber, wie das Gehirn die Hörinformationen be- und verarbeitet, immer noch sehr beschränkt und unvollständig.

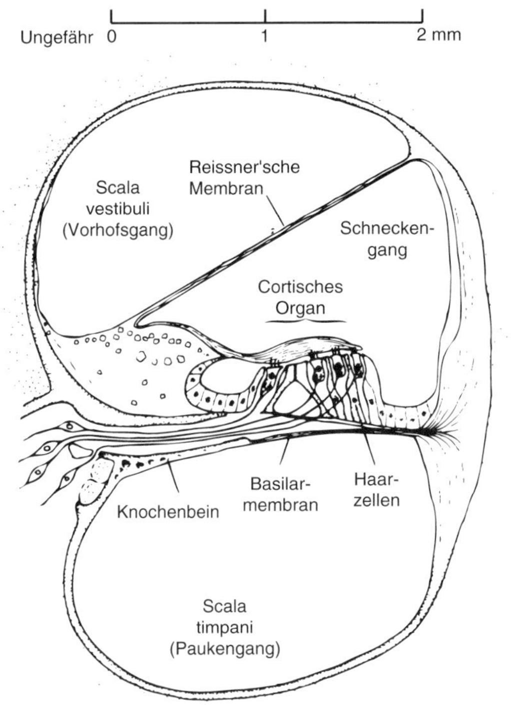


Bild 6.4 Ein Querschnitt durch die ausgerollte Schnecke (Cochlea). Das Zentrum der Schnecke würde links liegen. Die Breite der Basilarmembran steigt von ungefähr 0,08mm beim Ovalen Fenster auf ca. 0,5mm beim Schneckenloch.

## 6.2 Grenzen der Hör- und Unterscheidungsfähigkeit

Menschliche Ohren reagieren auf Geräusche und Klänge nur innerhalb bestimmter Grenzen der Lautstärke und des Frequenzbereichs. Am empfindlichsten sind wir für Schallwellen mit Frequenzen zwischen 2 und 5 kHz. Ein Schallpegel von 0 dB (Intensität $I_0=10^{-12}$W/m$^2$) wird oft als leicht zu merkender Schwellwert für die leiseste von uns noch hörbare Lautstärke genannt. Allerdings benötigen wohl die meisten von uns Schallpegel von 10 oder 20 dB, um etwas zu hören, bei höheren und tieferen Frequenzen noch größere Schallpegel. In Abschnitt 6.6 werden wir ein Diagramm erläutern, das diesen Zusammenhang darstellt.

In Kapitel 1 erklärten wir, daß die Grenzen des Hörbereichs bei 20 Hz und 20 kHz liegen, auch weil diese runden Zahlen so leicht zu merken sind; tatsächlich gibt es jedoch keine so genau festzulegenden Grenzen. Jemand, der noch Frequenzen mit 20 kHz hören kann, ist eine große Ausnahme; ein besserer Durchschnittswert für einen jungen Menschen bei guter Gesundheit liegt etwa bei 17 oder 18 kHz. Im Erwachsenenalter sinkt diese Grenze allmählich ab, und im Pensionsalter liegt sie im Durchschnitt bei 12 kHz (für Frauen) und 5 kHz (für Männer). Glücklicherweise bleibt die Fähigkeit, sich an Musik zu erfreuen, davon weitgehend unberührt, lediglich die Brillanz des wahrgenommenen Klanges nimmt etwas ab. (Dem Kasten 6.1 sind weitere Informationen zum Gehörverlust zu entnehmen).

Tiefere Frequenzen als 30 Hz sind nur mit Mühe wahrnehmbar. Unter geeigneten Bedingungen (große Intensität, gute Isolation gegenüber anderen ablenkenden Klängen) kann es durchaus möglich sein, Sinuswellen bis zu 20 Hz und sogar 15 Hz hinab zu hören. Es gibt Forschungsberichte, nach denen es möglich ist, diese Grenze bei Sinuswellen experimentell bis zu 5 Hz hinab zu erweitern, aber das ist von geringer musikalischer Bedeutung: Erstens, weil sich unterhalb von 20 Hz die Art der Wahrnehmung von „Hören" in „Fühlen" verändert, zweitens, weil die verwendeten Schallpegel mehr als 100 dB betrugen, und drittens schließlich, weil in der Musik reine Sinuswellen mit so tiefen Frequenzen praktisch nicht vorkommen. Zwar kann eine große Orgel durchaus so tiefe Noten wie ein Subkontra-C (d. h. 16 Hz) haben, und ein extrem guter Lautsprecher kann dies auch wiedergeben; die musikalische Hörbarkeit solcher Töne hängt aber fast ausschließlich von den mitklingenden Obertönen ab (also 32, 48, 64 Hz usw.). Diese werden wir in Kapitel 8–14 sowie 17 genauer untersuchen.

---

* Nebenbei bemerkt: Sie sollten niemals aufs Geratewohl mit Infraschall experimentieren. Hohe Intensitäten bei Frequenzen um 7–10 Hz können zu Brechreiz (durch Störung der Bogengänge des Gleichgewichtsorgans) und zu Blutungen bei inneren Organen führen, die sich gegeneinander reiben.

---

Wie groß muß nun unter den Klängen, die wir hören *können*, der Unterschied zwischen zwei von ihnen sein, damit wir sie als verschiedene Klänge wahrnehmen? Die Frage gilt auch für andere Sinneswahrnehmungen: Wie groß sind die kleinsten eben wahrnehmbaren Unterschiede in der Wahrnehmung von Farbe oder Helligkeit des Lichts, der Süßigkeit von Zuckerlösungen, der Schwere von mit der Hand

*Kasten 6.1 Hörverlust

Es gibt drei unterschiedliche Arten von Taubheit: Die Übertragungstaubheit, wenn die Schallwellen nicht richtig vom Trommelfell auf das Innenohr übertragen werden, meist verursacht durch wiederholte Mittelohrentzündungen, infolge derer die Beweglichkeit der Gehörknöchelchen eingeschränkt wird; die periphere Taubheit, wenn die Nervenbahnen die Signale nicht richtig an das Gehirn weiterleiten, sei es infolge Beschädigung der Haarzellen oder der Nervenzellen; und schließlich die zentrale oder Rindentaubheit, wenn das Gehörzentrum im Gehirn die richtig eintreffenden Nervensignale nicht interpretieren kann.

Ältere Personen haben meist eine milde Form von peripherer Taubheit (Alterstaubheit, Presbycusis), bei der die Empfindlichkeit für höhere Frequenzen allmählich abnimmt, während tiefe Frequenzen weiterhin relativ gut gehört werden (Bild 6.5). Längerdauernde Belastung mit hohen Schallpegeln beschleunigt diesen natürlichen Altersprozeß.

Die ersten beiden Arten von Taubheit können leicht unterschieden werden, wenn man eine schwingende Stimmgabel gegen den Schädel andrückt. Jemand mit peripherer Taubheit wird nicht mehr als vorher hören, wogegen jemand mit Übertragungstaubheit deutlich besser hört, weil das Mittelohr nun durch den direkt angeregten Schädelknochen umgangen wird und die Perilymphe nicht durch das ovale Fenster angeregt wird, sondern durch die Vibration der umgebenden Knochenstruktur. Durch Knochenübertragung werden auch Schallwellen direkt von Mund und Nase zum Innenohr übertragen; dies ist der Grund dafür, daß wir unsere eigene Stimme anders als unsere Mitmenschen hören.

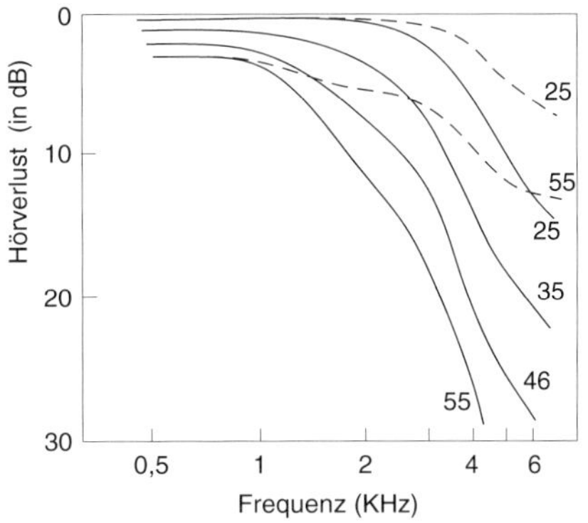


Bild 6.5 Durchschnittliche Hörschwellenabnahme für 100 Personen, die lebenslang keinem Industrielärm ausgesetzt waren (zusammengestellt aus Berger, Royster, Thomas, JASA, 64, 192, 1978). Männer verschiedenen Alters (durchgezogene Linien) zeigen weitaus stärkere Hörverluste für hohe Frequenzen als Frauen (gestrichelte Linien).

gehobenen Gewichten? – Alle diese Fragen werden durch eine klassische Prozedur der Psychophysik beantwortet, der Bestimmung des **eben merkbaren Unterschieds (JND)**, auch als Abstandsempfindung bezeichnet[7].

Uns interessiert die Abstandsempfindung (JND) sowohl bei der Lautstärke (Schallpegel) als auch bei der Frequenz (Tonhöhe) von Sinuswellen. Zunächst wollen wir uns mit JNDs in der Lautstärke beschäftigen; dazu benötigen wir zwei Oszillatoren, die jeweils ein Schallsignal X und Y als Sinuswelle mit gleicher Frequenz, aber unterschiedlichem Pegel erzeugen. Der Versuchsleiter stellt den Ausgang des Oszillators X auf einen festen Pegelwert, z. B. 40 dB, am Ohr des Probanden ein und verändert dann den Ausgangspegel des zweiten Oszillators Y von Zeit zu Zeit. Die Versuchsperson hört abwechselnd X und Y und muß jeweils angeben, welcher Klang lauter ist. Dies

[7] Da auch in deutschen Abhandlungen in der Regel die englischen Bezeichnungen verwendet werden, werden sie auch hier beibehalten: JND= just noticeable difference und difference limens (A.d.Ü.).

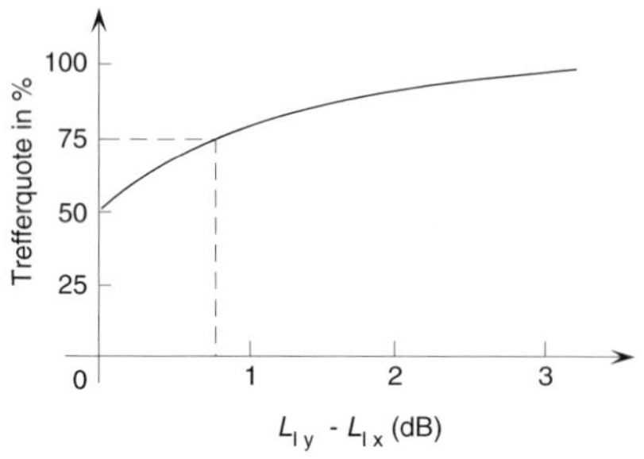


Bild 6.6 Das Verhältnis richtiger Antworten in einem JND (just noticeable difference – eben merkbarer Unterschied) -Experiment für 1.000-Hz-Sinuswellen mit einem Pegel von 40 dB. Je kleiner der Unterschied zweier Wellen X und Y wird, desto mehr nähern sich die Antworten der Zufallsverteilung 50%; bei großen Unterschieden nähern sie sich 100%. Die gestrichelten Linien stellen den JND = 0,8 dB bei einem 75%-Kriterium richtiger Antworten dar.

ist natürlich leicht zu bestimmen, wenn ein Klang 40 dB und der andere 60 dB hat. Wenn beide exakt 40 dB haben, wird die Versuchsperson zwar möglicherweise beide als gleich laut bezeichnen; dies ist aber nicht erlaubt, es muß vielmehr bei dieser „zwei Alternativen-Zwangsentscheidung"-Versuchsanordnung immer entweder X oder Y als lauter bestimmt werden. Wenn beide wirklich gleich laut sind, werden die Antworten also statistisch gleichverteilt sein, das heißt, zu je 50% für X und Y.

Was aber, wenn der Pegel von Y 45 dB oder 41 oder gar 40,01 dB beträgt? Irgendwo zwischen 40 und 60 muß ein Übergang von absoluter Sicherheit des Urteils zu völliger Unsicherheit bestehen, und dieser Übergang erfolgt nicht plötzlich, sondern allmählich, wie Bild 6.6 zeigt. Der Versuchsleiter arbeitet sowohl mit kleinen als auch großen Unterschieden und bestimmt so den Grenzfallbereich, wo die Richtigkeit der Antworten durch die Versuchspersonen am schnellsten abnimmt. Für $f$ = 1.000 Hz würde ein typisches Ergebnis lauten: $L_{I\,y}$ = 40,8 dB bei 75% richtigen Bestimmungen, womit ausgedrückt ist, daß die Hälfte der Entscheidungen zufällig ist, die andere Hälfte jedoch auf der tatsächlichen Wahrnehmung eines Unterschieds beruht. Wir können dann also sagen, daß der JND für eine 1.000-Hz-Sinuswelle bei 40 dB den Wert 0,8 dB hat.

Die ganze Prozedur kann dann wiederholt werden für feste Oszillatoreinstellungen auf 50, 60, 70 dB usw., so daß die JNDs für Schallpegelbereiche von jeweils 10 dB ermittelt werden. Stellt man die Ergebnisse graphisch dar, so erhält man Linien wie die

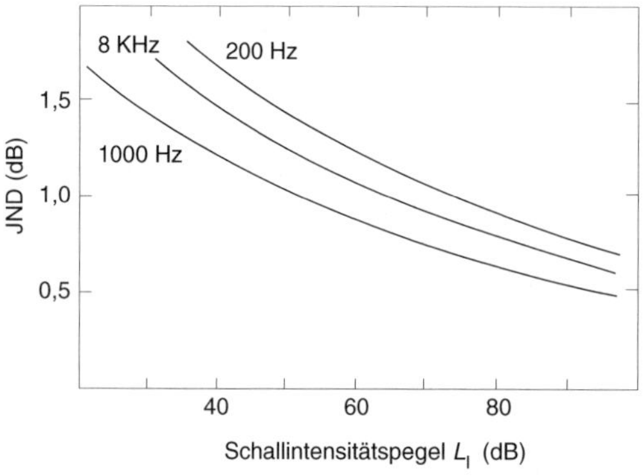


Bild 6.7 Eben merkbarer Unterschied JND im Schallpegel $L_I$ in Abhängigkeit des anfänglichen Schallpegels für Sinuswellen mit verschiedenen Frequenzen (nach Jestaedt, Wier, Green: JASA, 61, 169, 1977). Die 1.000-Hz-Linie stellt eine zulässige Annäherung an alle Frequenzen zwischen 500 und 4.000 Hz dar. Die Werte schwanken natürlich von Individuum zu Individuum und werden auch durch Einzelheiten der Versuchsanordnung beeinflußt; sie können aber als typische Werte bei sorgfältiger Durchführung und guten Ohren gelten.

für 1.000 Hz in Bild 6.7. Danach wird die Experimentfolge mit anderen Frequenzen wiederholt, so daß man schließlich eine Familie von Linien erhält, welche alle möglichen Fälle darstellen.

Obwohl die JNDs tendenziell bei tieferen Frequenzen und geringeren Schallintensitäten größer werden, können wir als zulässige Verallgemeinerung festhalten, daß der JND bei Schallpegeln zwischen 0,5 und 1 dB liegt. Praktisch bedeutet das, daß ein beliebiger Schallpegel sich um ungefähr 15–30% verändern muß, bevor man den Unterschied in der Lautstärke hören kann.

Mit einer entsprechenden Prozedur läßt sich der eben merkbare Unterschied in der Frequenz bestimmen: Die Versuchsperson hört auf wechselnde Töne mit gleicher Lautstärke, wobei eine zweite Schallquelle auf konstanter Frequenz gehalten wird, und muß bestimmen, welche der beiden Töne die höhere Frequenz hat. Dies wird für verschiedene Werte der konstanten Frequenz wiederholt, um die Ergebnisse in Bild 6.8 zu erhalten. Die Gesamtergebnisse können wir so zusammenfassen: Der JND im Frequenzbereich für Sinuswellen beträgt ungefähr 1 Hz für den Bereich unterhalb 1 kHz und steigt mit Frequenzen oberhalb 1 kHz an. Oberhalb von 5 kHz steigt der JND sehr schnell an, da unser Tonhöhenunterscheidungsvermögen hier sehr stark nachläßt und oberhalb von 10 kHz praktisch verschwindet. Es ist daher kein Zufall, daß die Klaviertastatur bei knapp 4 kHz aufhört. – Für komplexe Wellenformen ist der JND kleiner, er beträgt ca. 0,1 Hz im tiefen Frequenzbereich; wir werden später noch sehen, daß dieses höhere Unterscheidungsvermögen sehr gut durch die Anwesenheit von Obertönen in komplexen Klängen erklärt werden kann.

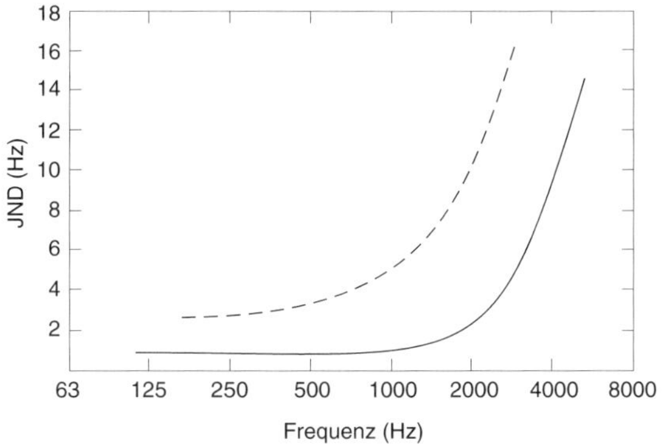


Bild 6.8 Eben merkbare Unterschiede (JNDs) in der Frequenz in Abhängigkeit von der Anfangsfrequenz für Sinuswellen (nach Jestaedt, Wier, Green: JASA, 61, 169, 1977). Die gestrichelte Linie gilt für kaum noch hörbare Schallpegel, die durchgezogene für musikalisch übliche Pegel von 60–90 dB.

So interessant die JND-Experimente auch sein mögen, sie sind doch beschränkt auf die Aussage, ob zwei Klänge gleich oder verschieden sind; sie sagen nichts darüber aus, *um wieviel* sie verschieden sind. Wir werden daher im nächsten Abschnitt einen komplexeren Zugang finden müssen, indem wir ein Beziehungsnetz für unsere Urteilskriterien für Klangereignisse aufbauen.

## 6.3 Eigenschaften von Dauertönen

Obwohl wir natürlich verschiedene Töne gleichzeitig wahrnehmen können, müssen wir bei unserer Analyse mit Einzeltönen beginnen. Um darüberhinaus die Dinge so einfach wie möglich zu halten, werden wir zunächst nur gleichbleibende Klänge betrachten, das heißt Dauertöne, deren Wellenform – wie es in einem Oszilloskop erscheint – unverändert bleibt. Die Dauer eines Klangs ist offensichtlich wesentliches Merkmal eines musikalischen Ereignisses, aber wir wollen uns zunächst noch auf die inneren Eigenschaften solcher gleichbleibender Klänge konzentrieren, wie wir sie bei ausreichend langen Noten zwischen Ein- und Ausschwingphase finden können; in Kapitel 7 und 17 werden wir auf das Thema der Klangdauer zurückkommen, das vor allem bei kurzen Dauern sehr wichtig für unsere Wahrnehmung ist.

Welche Angaben wären für die vollständige *physikalische* Beschreibung eines gleichbleibenden Klanges erforderlich? Drei haben wir bereits genannt: Amplitude (oder gleichwertig: Intensität), Schwingungsfrequenz und Wellenform. Ich behaupte, daß damit die Natur des Klanges physikalisch vollständig beschrieben ist und keine weitere Angabe hinzugefügt werden kann. Sie sollten sorgfältig darüber nachdenken, ob Sie dieser Behauptung zustimmen können; prüfen Sie, ob noch irgendeine Information über einen Klang oder ein Geräusch hinzugefügt werden kann, die nicht schon in den ersten drei Angaben enthalten ist.

Welche Angaben wären hingegen für eine vollständige Beschreibung unserer *psychologischen Wahrnehmung* dieses Klangs/Geräuschs erforderlich? Auf jeden Fall Angaben über Lautstärke und Tonhöhe, aber was noch? Wenn wir anfangen, mit Begriffen wie glatt–rauh, hohl–voll, trompeten- oder violinähnlich usw. zu arbeiten, werden wir eine endlose Liste erhalten und niemals fertig werden. Wir können jedoch zumindest eine Kategorie definieren, in der alles außer Lautstärke und Tonhöhe enthalten ist, und sie mit **Klangfarbe** (oder Klangqualität, (Klang-)Timbre) bezeichnen. Dann können wir einen Klang durch drei Angaben bestimmen: Lautstärke, Tonhöhe, Klangfarbe. Der Preis für dieses handliche Päckchen ist allerdings, daß wir unsere Forderung nach echtem Verständnis dessen, was Klangfarbe ausmacht, lediglich auf später verschoben haben.

Unsere Definition von Klangfarbe beinhaltet, daß sie sich wesentlich von den anderen beiden Kategorien unterscheidet: Lautstärke und Tonhöhe sind einfache eindimensionale, kontinuierliche Größen (sie können sich nur in einer Richtung verändern, laut-leiser bzw. tief-hoch), während Klangfarbe komplex ist und eine multidimensionale Größe ist (d. h., sie kann sich in verschiedenen voneinander unabhängigen Richtungen ändern).

Kernfrage: Wie hängen die psychologischen Wahrnehmungen mit den physikalischen zusammen? Möglicherweise bestimmt Intensität die Lautstärke, Frequenz die Tonhöhe und die Wellenform die Klangfarbe, jeweils unabhängig voneinander? (Bild 6.9) Diese Entsprechung ist zumindest insoweit richtig, daß auch Intensität und Frequenz eindimensionale Größen sind (bestimmbar durch eine einzige Zahl), während Wellenform komplex ist (wir haben noch nicht gezeigt, wie sie effizient beschrieben werden kann). Ein wenig Experimentieren mit einem elektronischen Oszillator und

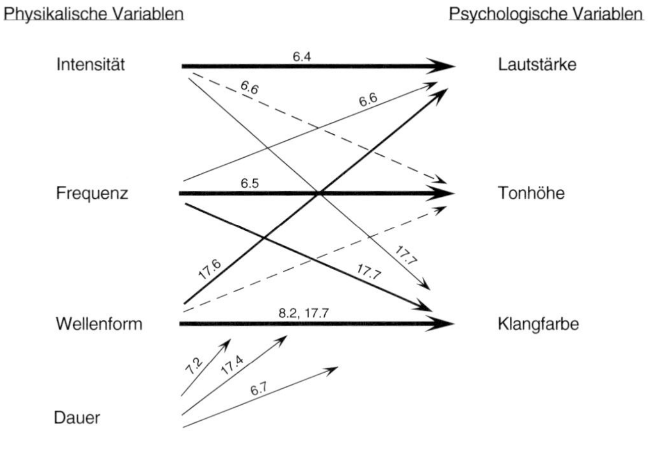


Bild 6.9
Die Zusammenhänge der psychologischen Wahrnehmungen mit den physikalischen Klangeigenschaften. Die Zahlen auf den Pfeilen geben die Kapitel und Abschnitte an, in denen der jeweilige Zusammenhang diskutiert wird.

einem Oszilloskop kann schnell zeigen, daß zumindest ein bißchen Wahrheit in diesem Modell steckt. Beim Aufdrehen der Amplitude wird nur die Lautstärke größer und die Tonhöhe bleibt gleich; beim Drehen des Frequenzreglers ist die eindeutigste Wahrnehmung die einer Tonhöhenveränderung; beim Umschalten zwischen verschiedenen Wellenformen ändert sich die Klangfarbe, aber nicht die Tonhöhe.

Wenn man jedoch bei einem solchen Experiment genau zuhört, entdeckt man deutliche Anzeichen dafür, daß diese einfache Zuordnung doch nicht ganz stimmt. Große Änderungen der Frequenz wirken sich auch als Lautstärkeänderungen in der Wahrnehmung aus, auch wenn die Amplitude unverändert geblieben ist; ausreichend unterschiedliche Wellenformen mit unveränderter Amplitude und Frequenz können unterschiedliche Lautstärken bewirken. Und ebenso gibt es den Fall, daß auf dem Oszilloskop ganz verschieden aussehende Wellenformen für unser Ohr völlig gleich klingen.

Unser einfaches Modell kann also nur eine erste Annäherung sein, aber wir wissen jetzt immerhin, wo wir anfangen müssen: bei den dicken Linien in Bild 6.9; die dünneren Linien stellen weitere Zusammenhänge dar, die wir betrachten müssen, bevor wir uns zufrieden geben dürfen. Zunächst wollen wir nun den Zusammenhang zwischen Intensität und Lautstärke untersuchen.

## 6.4 Lautstärke und Intensität

Es scheint naheliegend, daß die wahrgenommene Lautstärke primär von der Schallintensität abhängt, und der Mechanismus ist einleuchtend: Größere Luftdruckschwankungen verursachen in der Übertragungskette größere Schwingungs-Amplituden zuerst des Trommelfells, dann der Mittelohr-Knöchelchen, des ovalen

Fensters, der Perilymphe und schließlich der Basilarmembran. Heftigere Bewegung der Basilarmembran bedeutet stärkere Reizung der Haarzellen und damit mehr zum Gehirn geschickte Nervenimpulse.

Einige Zahlen sind hierbei recht interessant: Beim Schallpegel eines ruhigen Gesprächs von etwa 60 dB bewegt sich das Trommelfell um circa $10^{-8}$m, das ist nur einige 100mal der Durchmesser eines einzelnen Atoms. Bei einem extrem lauten Schallpegel von 120 dB ist diese Bewegung immer noch nicht größer als $10^{-5}$m (ein hundertstel mm) und bei einem extrem schwachen Geräusch von 0 dB nur ganze $10^{-11}$m, das ist ein Bruchteil eines Atomdurchmessers. Bei allen diesen Fällen ist die Bewegung der Basilarmembran etwa 10mal kleiner.

Die Nervenzellen schicken *nicht etwa* schwächere oder stärkere Impulse an das Gehirn je nach Stärke der empfangenen Reizung; sie sind vielmehr An-Aus-Schalter, d.h. sie senden einen Impuls oder nicht; alle Impulse haben die gleiche Stärke. Stärkere Reizung wird dadurch umgesetzt, daß *mehr* Impulse ausgesendet werden, sowohl von jeder einzelnen Nervenzelle in schnellerer Folge (bis zu 1.000mal pro Sekunde) und von einer größeren Zahl reagierender Nervenzellen. Die Wahrnehmung der Lautstärke im Gehirn ist also eine Interpretation des Gehirns für die durchschnittlich ankommende Zahl von Impulsen auf dem auditorischen Nervenkanal.

Läßt sich eine quantitative Meßgröße für die Lautstärkewahrnehmung bestimmen? Wenn wir uns zur Beantwortung dieser Frage zunächst auf Sinuswellen beschränken, mag das als starke Einschränkung erscheinen; wir werden aber sehen, daß wir die an Sinuswellen gewonnenen Erkenntnisse für beinahe alle unsere Reaktionen auch auf andere Wellenformen anwenden können. Wir beginnen also mit Sinuswellen, deren Frequenz wir auf beispielsweise 1.000 Hz festlegen, so daß nur die Amplitude als veränderliche Größe bleibt.

Man könnte nun versucht sein, eine Messung der Lautstärke durchzuführen, indem man einfach abzählt, wieviele JNDs (eben merkbare Unterschiedsgrade) sie jeweils über der Hörschwelle liegt. Dabei würden wir herausfinden, daß ungefähr 40 JNDs zwischen Hörschwelle und 60 dB liegen (immer bei 1.000 Hz) und weitere 40 JNDs zwischen 60 und 85–90 dB; dies ließe vermuten, daß die Lautstärke bei 85–90 dB doppelt so groß wahrgenommen wird wie bei 60 dB. Unglücklicherweise stimmt dies ganz und gar nicht; wenn man eine große Anzahl von Versuchspersonen befragt, wird deren ganz überwiegende Meinung sein, daß 85 dB viel mehr als nur zweimal lauter ist als 60 dB. Mit JNDs können wir also für unsere Zwecke hier nicht viel anfangen, wenn sie auch für andere Zwecke nützlich sind (siehe Kasten 6.2).

Unser Ziel muß sein, viele verschiedene Amplituden zu hören und *direkt* zu beurteilen, welche Lautstärke jeder Amplitude entspricht; wir wollen also durch Beobachtung die funktionale Beziehung zwischen Lautstärke und Intensität für 1-kHz-Sinuswellen herausfinden (und eventuell auch noch für andere Frequenzen).

Es gibt verschiedene Experimente, bei denen die Versuchspersonen direkt eine Zahl benennen, um damit eine Lautstärke anzugeben. Eine *Verhältnisschätzung* erfordert, daß der Hörer zwei Sinuswellen anhört und dann eine Erklärung etwa folgender Art abgibt: „Welle X war soundsovielmal lauter als Welle Y". *Verhältniseinstellung* bedeutet, daß die Versuchsperson eine Welle X mittels eines Dreh- oder

Kasten 6.2 Das psychophysikalische (Fechner'sche) Gesetz

Es wäre sicher sehr schön, wenn wir entdeckten, daß die gleichen Gesetze für alle Arten menschlicher Wahrnehmung gültig sind. Könnte nicht die quantitative Beziehung zwischen Schallintensität und Lautstärkewahrnehmung genauso für die Beziehung zwischen Lichtintensität und Helligkeitswahrnehmung gelten? Oder für Masse und die Gewichtsempfindung, wenn wir ein Objekt in der Hand halten? – Bis zu einem gewissen Grad ist dies sogar gültig, aber es herrscht oft Konfusion über die richtige Form der jeweiligen Beziehung.

Der Wunsch nach gültigen Regeln führte zuweilen zu Übervereinfachungen und dazu, daß manche Leute eben das in den Daten sahen, was sie zu sehen wünschten. Es gibt so eine populäre Ansicht aus dem späten 19. Jahrhundert, genannt das „psychophysikalische Gesetz", welches immer noch in einigen Büchern überlebt. Es wird oft mit den Namen von zwei Gründervätern der Psychophysik, Weber und Fechner, in Verbindung gebracht; seine ästhetische Überzeugungskraft ist so groß, daß viele Leute bis heute daran glauben, obwohl Experimente gezeigt haben, daß es nicht einmal näherungsweise richtig ist.

Die mathematische Aussage dieses „Gesetzes" ist, daß die wahrgenommene psychologische Größe proportional zum Logarithmus der physikalisch anregenden Größe ist; daß also eine Multiplikation der physikalischen Größe immer eine entsprechende Addition der psychologischen Größe bewirkt. Im Falle der Schallwellen würde dies bedeuten, daß unsere Wahrnehmung von Lautstärke in etwa mit der Dezibel-Skala übereinstimmt; 80 dB müßten doppelt so laut empfunden werden wie 40 dB; jeder 10 dB-Schritt würde einen gleichmäßigen additiven Zuwachs der Lautstärke bedeuten usw. Falls JNDs stets derselben Anzahl von dB und falls Größen von JNDs stets der wahrgenommenen Lautstärke entsprächen, wäre diese Aussage richtig; tatsächlich stimmen aber beide Vorraussetzungen nicht.

Nach S.S. Stevens entsprechen die meisten Sinneswahrnehmungen eher Exponential-Gesetzen; das heißt, gleiche Verhältniswerte zwischen Reizen resultieren in (annähernd) gleichen Verhältniswerten bei den entsprechenden Wahrnehmungen; Multiplikationen bei den Reizwerten entsprechen also auch Multiplikationen der wahrgenommenen Größe und nicht Additionen. Die Lautheit auf der sone-Skala (bei 1.000 Hz und über 40 dB) ist ungefähr proportional zur kubischen Wurzel der Schallintensität; dies entspricht grob unserer Aussage, daß ein 10 dB-Zuwachs im Schallpegel in etwa einer Lautstärke-Verdoppelung entspricht. Bei Frequenzen unter 100 Hz liegt die Beziehung näher bei der Quadratwurzel, was ungefähr einer Verdreifachung der Lautstärke pro 10 dB-Schritt entspricht.

Schiebereglers so einregelt, daß sie genau der Vorgabe des Versuchsleiters entspricht: „Regeln Sie Welle X so ein, daß sie genau zweimal (oder drei-, vier, 0,5-mal usw.) so laut ist wie Welle Y". Bei einer *Größenschätzung* hört die Versuchsperson einer ganzen Reihe verschiedener Wellen zu und muß jeder eine ihrer Lautstärke entsprechende Zahl zuweisen.

Zahlreiche Experimente dieser Art sind z. B. durch S. S. Stevens und seine Mitarbeiter durchgeführt und extensiv ausgewertet worden. Wenn man die menschliche Unzulänglichkeit berücksichtigt, kann man sagen, daß sie einigermaßen übereinstimmende Ergebnisse liefern, wenn sie mit großer Sorgfalt durchgeführt werden. Das heißt also, es gibt durchaus eine Näherungs-Skala für die Wahrnehmung von Lautstärke, mit der viele Leute übereinstimmen können; die Wahrnehmung der Lautstärke ist somit nicht ganz und gar verschieden von Individuum zu Individuum.

Die Einheit für die Lautstärke-Messung ist das **sone** (im Deutschen wird zur Unterscheidung von der Lautstärke in Phon der Begriff *Lautheit* benutzt, wenn sone

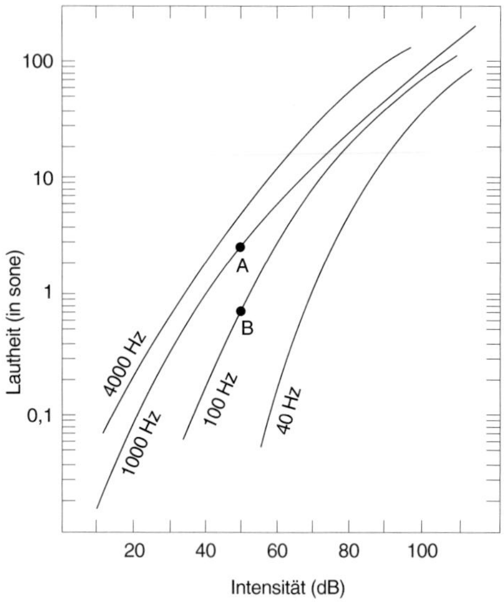


Bild 6.10
Wahrgenommene Lautheit als Funktion des Schallpegels $L_I$ (Schallintensität) für Sinuswellen verschiedener Frequenzen. Punkt A und B beziehen sich auf die im Text angegebenen Beispiele.

gemeint sind). Es gilt die Definition, nach der die Lautheit 1 sone von einer 1.000-Hz-Sinuswelle bei 40 dB Schallpegel verursacht wird; alle anderen Lautstärken werden darauf bezogen. Bild 6.10 zeigt, welche sone-Werte den jeweiligen Schallpegel-Werten entsprechen. Da unser Ohr nicht für alle Frequenzen gleichermaßen empfindlich ist, weist jede von 1.000 Hz abweichende Frequenz ihre eigene Lautstärke-zu-Schallpegel-Beziehung auf; einige dieser Beziehungskurven sind in Bild 6.10 dargestellt. Die Darstellung besagt beispielsweise, daß eine 50 dB-1.000 Hz-Sinuswelle (Punkt A) eine Lautheit von ca. 2,3 sone hat, also 2,3-mal mehr als der 40 dB-Definitionswert. Für ein 50 dB-Signal mit nur 100 Hz hingegen beträgt die Lautheit nur ca. 0,7 sone (Punkt B).

Für Frequenzen und Intensitäten von musikalischem Belang (also oberhalb 50 dB) kann man als zulässige Näherung festhalten, daß jeder 10 dB-Schritt im Schallpegel (d. h., jede Multiplikation der Intensität mit 10) die Lautheit in sone verdoppelt. Daraus folgt, daß eine Gruppe von zehn die gleiche Note singenden Sängern ungefähr doppelt so laut klingt wie ein einzelner Sänger, und ein 100-Mann-Chor nochmals doppelt so laut, insgesamt also viermal so laut wie ein Solosänger.

* Die vorangegangenen Aussagen geben den wissenschaftlich akzeptierten Stand der frühen 1970er Jahre wieder. Dieser wurde jedoch durch die Arbeiten von Warren in Frage gestellt, der behauptet, daß nach Entfernung einiger Vorweg-Annahmen in den experimentellen Prozeduren die Ergebnisse eher auf eine Verdoppelung der wahrgenommenen Lautstärke bei jedem 6 dB-Schritt (anstelle 10 dB-Schritt) hindeuten. Dies legt die interessante Vermutung nahe, daß unser Gehirn automatisch versucht, Halbierung bzw. Verdoppelung der Lautheit mit Halbierung bzw. Verdoppelung der Entfernung zur Schallquelle gleichzusetzen. Die Zeit und weitere Forschungen müssen zeigen, ob andere Wissenschaftler sich ebenfalls der Meinung von Warren anschließen oder der von Stevens.

## 6.5 Tonhöhe und Frequenz

Manche Klänge haben eine klare und eindeutige Tonhöhe, andere sind schwerer zu beurteilen. Wenn eine deutliche Wahrnehmung der Tonhöhe besteht, wird sie in erster Linie durch die Frequenz bestimmt. Wir wollen wiederum mit der Tonhöhenwahrnehmung von Sinuswellen beginnen und die Betrachtung von komplexen Wellenformen auf später (Kapitel 17) verschieben. Für den Moment reicht uns die Feststellung, daß – abgesehen von Ausnahmefällen – unsere Ohren jeder *periodischen* Wellenform (d. h. jeder Wellenform, die sich unverändert wiederholt) fast exakt die gleiche Tonhöhenwahrnehmung zuordnen wie einer Sinuswelle mit der gleichen Frequenz.

In Abschnitt 6.1 vermuteten wir, daß verschiedene Frequenzen unterschiedliche Teile der Basilarmembran zu Schwingungen anregen, so daß das Gehirn Impulse von verschiedenen Nervenenden empfängt und dies wiederum als verschiedene Frequenzen interpretiert. Diese Darstellung kann zwar nicht alle Aspekte der Tonhöhenwahrnehmung erklären, aber sie beinhaltet doch ein großes Stück Wahrheit und reicht für den Moment aus.

Es gibt einen grundlegenden Unterschied zwischen dem, was wir über die Beziehung Lautheit-Intensität gesagt haben, und der Beziehung Tonhöhe-Frequenz. Lautheit (wie auch Helligkeit, Gewicht usw.) ist eine Angelegenheit von stark oder schwach, mehr oder weniger, einschließlich des Wertes Null. Tonhöhe dagegen ist nicht klein oder groß, stark oder schwach usw., sondern hier oder dort, hoch oder tief, links oder rechts, und die Vorstellung einer Null-Tonhöhe ist sinnlos. (In technischer Terminologie wird diese Unterscheidung dadurch ausgedrückt, daß Lautstärke bzw. Lautheit auf einer sog. *prothetischen* Skala gemessen wird, Tonhöhe dagegen auf einer *metathetischen*.) Wir werden daher erst gar keinen Versuch unternehmen, die „Größe" einer Tonhöhe zu bestimmen, sondern nur den Unterschied zu anderen Tonhöhen zu messen versuchen.

Welche Einheit sollen wir benutzen, um Tonhöhenunterschiede exakt zu messen? In manchen Büchern findet man eine Diskussion der mel-Skala, in der ein 1.000 Hz-Ton als 1.000 mel definiert ist und alle anderen Tonhöhen dazu in Bezug gesetzt werden. Beachten Sie die Implikation, daß damit andere Tonhöhen als größer oder kleiner zu 1.000 bezeichnet werden. Diese versuchte Analogie zur sone-Skala ist zwar für einige Experimentalpsychologen von Interesse, aber von geringer musikalischer Bedeutung; erstens, weil sie auf der Fehlkonzeption beruht, musikalische Tonhöhe auf einer prothetischen Skala zu messen, und zweitens, weil man eine echte mel-Skala nur erhalten könnte, wenn man Tonhöhe *außerhalb* jeden musikalischen Bezugs messen würde, möglichst mit Versuchspersonen, die keinerlei musikalische Erfahrung haben (also auch nie Musik gehört haben).

Für unsere Zwecke ist dagegen das Urteil gut geschulter Musiker mit scharfen Ohren wichtig. Die natürliche Einheit für dieses Urteil ist ohne Frage die Oktave. Jede Oktave wird als gleiche Veränderungseinheit durch den gesamten Tonhöhenbereich betrachtet, der überhaupt einigermaßen vernünftig und daher musikalisch sinnvoll beurteilt werden kann. Innerhalb der Oktave dienen weitere musikalische Intervalle (die wir in Kapitel 7 betrachten werden) als unveränderliche Einheiten der Tonhöhenunterscheidung.

Erinnern Sie sich, wie wir ursprünglich die Oktave mit der eher nebenher gemachten Bemerkung einführten, daß diese besondere Tonhöhenwahrnehmung mit einer Verdoppelung der Frequenz einhergeht. Nun sagen wir spezifischer, daß die Oktave die beachtenswerte Eigenschaft hat, eine geeignete Maßeinheit *sowohl* für die physikalische Quantität (Frequenzverhältnis) *als auch* die psychologische Quantität (Tonhöhenunterschied) zu sein; bei Lautheit und Schallintensität gibt es keine solche Verbindung. Wir müßten sorgfältig vermeiden, das gleiche Wort für zwei verschiedene Bedeutungen zu benutzen, wenn nicht durch experimentelle Beobachtung unter angemessenen Bedingungen beweisbar wäre, daß eine psychologische Oktave (als besondere Tonhöhenwahrnehmung) immer einhergeht mit der physikalischen Oktave (der Frequenzverdoppelung).

Beachten Sie die Ähnlichkeit zur Dezibel-Skala: Jedes zusätzliche Bel bedeutet eine Multiplikation der Intensität mit dem Faktor 10; jede zusätzliche Oktave bedeutet eine Multiplikation der Frequenz mit dem Faktor 2. Dies entspricht der mathematischen Aussage, daß die Tonhöhe sich proportional zum Logarithmus der Frequenz verhält.

## 6.6 Tonhöhe und Lautstärke

Es ist allmählich an der Zeit zuzugestehen, daß die Tonhöhe nicht ausschließlich durch die Frequenz und daß die Lautheit nicht nur durch die Schallintensität bestimmt wird. Wir wollen also die Abhängigkeit der Tonhöhenwahrnehmung von der Intensität oder der Wellenform sowie die der Lautheit von der Frequenz untersuchen.

Der erste Fall stellt einen relativ kleinen Effekt dar: Große Änderungen der Intensität können eine Veränderung der Tonhöhenwahrnehmung um maximal etwa einen Halbton bewirken, auch wenn die Frequenz unverändert bleibt. Niedrige Töne haben die Tendenz, etwas tiefer, und hohe Töne die, etwas höher wahrgenommen zu werden, wenn sie mit großer Lautstärke erklingen; mittlere Tonhöhen werden kaum beeinflußt. Dieser Effekt gilt vor allem für Sinuswellen oder andere relativ einfache Wellenformen; gelegentlich ertappe ich mich selbst bei dem Gedanken, ich hätte ein falsches Fußpedal auf der Orgel erwischt, wenn nur Pfeifen mit einer sehr glatten Klangfarbe registriert sind. Die komplexen Wellenformen, die in der Musik vorherrschen, werden in ihrer Tonhöhe unabhängig von der Lautstärke wahrgenommen, weshalb wir uns mit diesem Effekt nicht weiter zu beschäftigen brauchen.

Der zweite Fall ist dagegen von größter Bedeutung; wir sind schon einigen Hinweisen darauf begegnet, daß Klänge mit gleicher Intensität, aber verschiedener Frequenz sehr unterschiedliche Lautheitswahrnehmungen bewirken. Wir müssen also einen Weg finden, um darzustellen, wie die Lautheitswahrnehmung sowohl von der Intensität als auch der Frequenz abhängt. Eine einzige Kurve als Kennlinie reicht hier nicht aus, da es sich um zwei unabhängige Variable handelt, sondern wir brauchen wieder eine Familie vieler Kennlinien. Der Übersichtlichkeit halber werden wir, wie

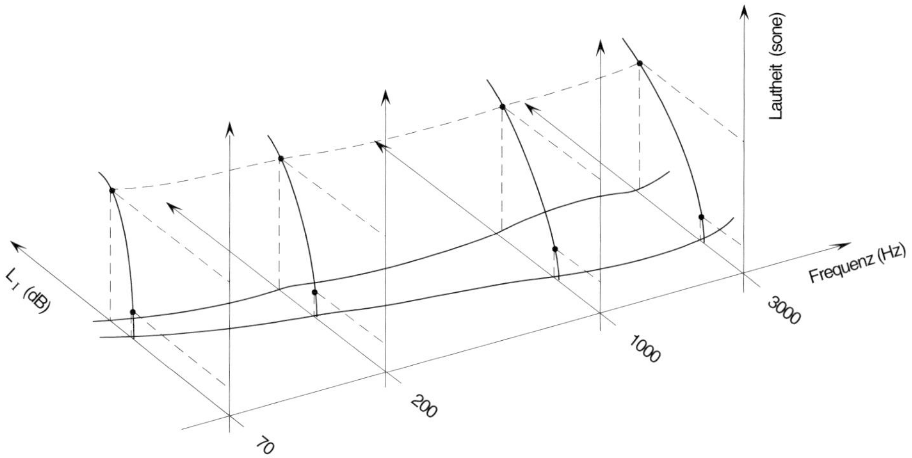


Bild 6.11 Abhängigkeit der Lautheit von Schallpegel und Frequenz, dargestellt als Kombination von Kurven in drei Dimensionen. Ein Beobachter an der oberen rechten Ecke dieser Seite, der nach links unten blickte, würde die vier Kurven übereinandergelegt sehen wie in Bild 6.10. Punkte gleicher Lautheit sind verbunden (wie mit der gestrichelten gekrümmten Linie), und diese Verbindungslinien sind nach unten auf die horizontale Ebene projiziert, um eine Konturen-Darstellung zu erzeugen (die zwei durchgezogenen Kurven). Ein Beobachter senkrecht über der Figur würde beim Blick nach unten das Fletcher-Munson-Diagramm sehen (Bild 6.12).

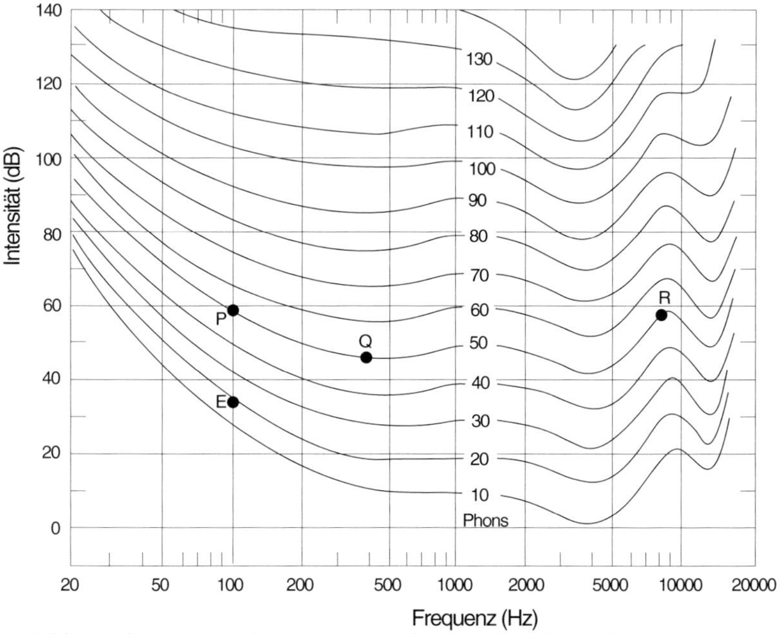


Bild 6.12 Kennlinien gleicher Lautstärke (Phon) für Sinuswellen und einen Hörer mit durchschnittlichem Hörvermögen genau vor der Schallquelle (sog. Fletcher-Munson-Diagramm). Jede Kennlinie ist mit der Lautstärkeangabe in Phon bezeichnet (diese stimmt per definitionem bei der Frequenz $f = 1$ kHz mit dem Schallpegel überein, aber nur dort). Die entsprechende Lautheit in sone muß in Bild 6.13 abgelesen werden. Die enger gedrängten Kennlinien links entsprechen dem steileren Abfall vom „Hochland" zur „See" in der dreidimensionalen Darstellung des Bilds 6.11 am linken Ende. Die Punkte E,P,Q und R beziehen sich auf die Beispiele im Text. (Originaldaten nach Robinson und Dadson, 1956).

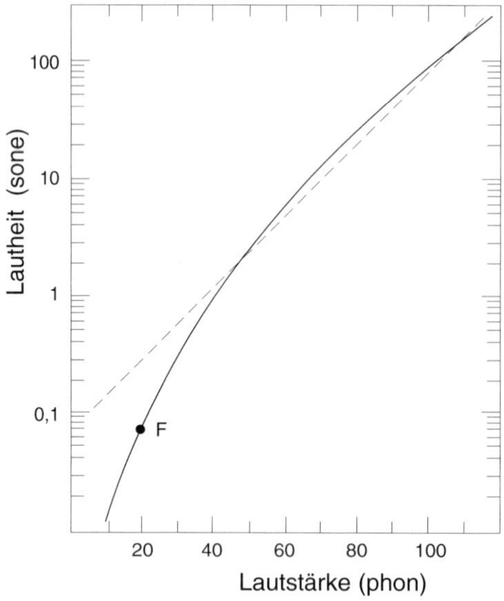


Bild 6.13 Wahrgenommene Lautheit in sone als eine Funktion der Lautstärke in Phon. Hier gilt die gleiche Linie für Sinuswellen aller Frequenzen; sie ist identisch mit der 1.000 Hz-Linie in Bild 6.10. Die gestrichelte gerade Linie stellt die näherungsweise Annahme dar, daß Steigerungen der Intensität in 10 dB-Schritten jeweils Verdoppelungen der Lautstärke bedeuten. Punkt F steht für das gleiche Beispiel wie Punkt E in Bild 6.12.

es auch allgemein üblich ist, immer nur einige ausgewählte Kennlinien aufzeigen, wie wir es auch in Bild 6.10 getan haben.

Eine gute Methode, solche Darstellungen besser zu verstehen, ist es, sich zunächst eine dreidimensionale Darstellung entlang einer Achse (der Frequenz) wie in Bild 6.11 vorzustellen. Wenn man darin genug Kennlinien einzeichnet, verfließen die Linien ineinander, und es entsteht eine dreidimensionale gebirgsähnliche Darstellung, bei der in der horizontalen Ebene Intensität und Frequenz ablesbar sind (Bild 6.11); die jeweilige Höhe der unregelmäßigen Oberfläche senkrecht über einem Punkt der Horizontalebene gibt die zugehörige Lautheit an. Da aber solch eine Superdarstellung entweder eine massive Form (z. B in Gips, Kunststoff usw.) oder aber eine unübersichtliche Perspektivdarstellung der drei Dimensionen auf flachem Papier erfordert, ist es einfacher, solche Darstellungen senkrecht von oben zu betrachten. Dies wird üblicherweise als Kennlinien- oder Konturen-Darstellung bezeichnet; stellen Sie sich vor, Sie würden schrittweise das dreidimensionale Gipsgebirge immer tiefer in Wasser eintauchen und die sich bei jedem Tiefenschritt ergebende „Küstenlinie" nachzeichnen, so erhalten Sie genau so eine Darstellung wie in Bild 6.12.; die gestrichelte Linie in Bild 6.11 ist ebenfalls eine solche „Küstenlinie".

In unserem Fall wird diese Kennliniendarstellung als *Fletcher-Munson-Diagramm* bezeichnet (Bild 6.12), und die Linien sind *Kurven gleicher Lautstärke*. Jede Kennlinie repräsentiert also eine Familie von Sinuswellen, deren Intensität und Frequenzen sich immer so zusammensetzen, daß sie gleich laut wahrgenommen werden. Die Punkte P, Q und R auf der mit „50 Phon" bezeichneten Kennlinie sagen z. B. aus, daß eine 100-Hz-Sinuswelle mit 59 dB, eine 400-Hz-Welle mit 46 dB und eine 8.000-Hz-Welle mit 57 dB jeweils die gleiche Lautstärkewahrnehmung bewirken.

Die Darstellung in Bild 6.12 dient dazu, zu einer gegebenen Sinuswelle mit bestimmter Intensität $I$ und Frequenz $f$ die entsprechende Lautstärke zu finden, indem einfach zu dem Schnittpunkt aus $I$ und $f$ die (nächstliegende) Kennlinie gesucht wird. (Es sind nur 14 ausgewählte Linien dargestellt, die Zwischenwerte können einfach interpoliert werden). Obwohl jede Kennlinie in diesem Diagramm genausogut auch direkt mit den entprechenden Angaben in sone bezeichnet werden könnte, ist es üblich (und, leider, verwirrend), einen Zwischenschritt einzuschalten, der als *Lautstärkepegel* bezeichnet wird (nicht zu verwechseln mit Schall- bzw. Intensitätspegel!) Zwei Klänge gleicher Lautstärke haben auch den gleichen Lautstärkepegel; die Konfusion kommt durch die Zahlenzuweisung: Der **Lautstärkepegel** in **Phon** ist immer die gleiche Zahl wie der Intensitätspegel des 1.000 Hz-Tones der gleichen Lautstärke. Die Töne P,Q, und R in obigem Bild 6.12 haben alle den gleichen Lautstärkepegel von $L_{\text{Phon}}$= 50 Phon, was besagt, daß sie genauso laut sind wie ein 50 dB-1.000 Hz-Ton, also 2,3 sone.

Wir bestimmen also die Lautheit in zwei Schritten. Zuerst lesen wir aus dem Fletcher-Munson-Diagramm die Lautstärke an der Kennlinie ab, die sich für eine bestimmte Frequenz und Intensität ergibt, und danach gehen wir von diesem Lautstärkepegel in Phon zu dem entsprechenden Lautheit-Wert in sone. Dieser zweite Schritt ist an einer einfachen Linie zu vollziehen, die in Bild 6.13 gezeigt ist. Machen wir ein Beispiel: Wir wollen wissen, wie laut eine 100 Hz-Sinuswelle bei 35 dB wahrgenommen wird. Zuerst suchen wir den entsprechenden Punkt E im Fletcher-Munson-Diagramm und finden, daß er sich knapp unter der 20-Phon-Kennlinie befindet. Wir interpolieren den Wert auf 19 Phon und gehen mit dem Wert 19 in Bild 6.13 hinein, wo wir ablesen können, daß ihm ein sone-Wert von 0,07 entspricht (Punkt F in Bild 6.13).

Die normale *Hörschwelle* ist diejenige Schallintensität (in Abhängigkeit von der Frequenz), die unter idealen Bedingungen gerade noch wahrnehmbar ist. Sie ist von Person zu Person sehr verschieden, entspricht aber der einen oder anderen Lautstärken-Kennlinie und kann leicht am Fletcher-Munson-Diagramm abgelesen werden. In einer durchschnittlichen Bevölkerungsgruppe haben höchstens 1% eine Hörschwelle bei der 0-Phon-Kennlinie; etwa 50% haben ihre Hörschwelle unterhalb der 20-Phon-Kennlinie. Manchmal kann man den Ausdruck *Fühlschwelle* oder Fühlgrenze in der Nähe der 120-Phon-Kennlinie finden, weil Schallwellen oberhalb dieses Pegels nicht nur extrem laut sind, sondern auch von einem unangenehmen Kitzelgefühl begleitet werden.

Eine interessante Anwendung des Fletcher-Munson-Diagramms findet man in der Lautstärkeregelung von Hifi-Anlagen. Nehmen wir an, daß 1. ein Konzert mit guten Mikrofonpositionen sehr originalgetreu aufgezeichnet worden ist und 2. daß außerdem im Original (und in dieser Aufzeichnung) gleiche Lautstärkepegel von 90 Phon sowohl bei Frequenzen von 1.000 Hz als auch bei tiefen Bassfrequenzen von 50 Hz vorkommen. Nehmen wir weiter an, daß die Aufnahme nun in einem relativ kleinen Wohnzimmer wieder abgespielt wird, mit geringer Lautstärke, um die Nachbarn nicht zu stören. Ein einfacher Lautstärkeregler wird alle Frequenzen gleichmäßig verändern; nehmen wir an, er sei so eingestellt, daß alle Intensitäten auf 0,01% ihres originalen Werts reduziert sind. Bei 1.000 Hz sind dann die originalen 90 Phon auf 50 dB reduziert, also 50 Phon; bei 50 Hz entsprachen aber die originalen 90 Phon einem Schallpegel von 102 dB, der jetzt auf 62 dB reduziert wird, was nur 36 Phon entspricht. Anstelle der ursprünglichen ausgeglichenen Lautstärkeverteilung (ungefähr 45 sone für beide Frequenzen) haben wir nun 2,3 sone bei den Höhen, und nur 0,6 sone bei den Bässen! Der Wohnzimmerhörer bekommt daher den Eindruck, daß in seiner Stereoanlage die Bässe fast völlig fehlen.

Eine Lösungsmöglichkeit für dieses Problem besteht darin, an der Hifi-Anlage eine zusätzliche Regelung anzubringen, mit der die Bässe bei kleinen Gesamtlautstärken künstlich angehoben (bzw. reduziert bei großen) werden können (meist als boost-Regler bezeichnet). Eine andere besteht darin, einen Regler anzubringen, der zwischen den Stellungen *loudness* und *presence* umgeschaltet werden kann und einen Bassfilter aus- oder einschaltet. Eine dritte, bei besseren Anlagen zu finden, besteht in der Anbringung zweier Regler für Pegel (level) und Lautstärke (loudness). Der erste verändert die Intensitäten für alle Frequenzen gleichmäßig (geeignet für die Beschallung größerer Räume mit mittlerer Lautstärke), während der zweite die Intensität für die Tiefen weniger stark verändert als für die anderen Frequenzen (geeignet für die Wiedergabe bei sehr kleiner oder sehr großer Lautstärke).

## 6.7 Klangfarbe und das Erkennen von Instrumenten

Die dritte primäre Beziehung zwischen den Klangeigenschaften ist die Bestimmung der Klangfarbe durch die Wellenform. Es ist leicht einzusehen, daß hier eine enge Verbindung besteht, entweder durch Experimente mit elektronischen Oszillatoren (wie in Abschnitt 6.3 vorgeschlagen) oder durch die Aufnahme von Flöten-, Oboen-, Klavierklängen usw. in ein Oszillator-Mikrofon (schlagen Sie Bild 2.5 nach). Die Beziehung ist allerdings wesentlich komplizierter zu beschreiben als die bisher behandelten, denn sowohl Klangfarbe als auch Wellenform sind komplexe Größen. In späteren Kapiteln werden wir einige Konzepte entwickeln, mittels derer wir dieses Problem besser behandeln können, und in Kapitel 17 werden wir unsere Anfangsfrage beantworten, ob Klangfarbe sich als exakte Größe beschreiben läßt.

Inzwischen können wir jedoch der Frage des Erkennens von Instrumenten an ihrer Klangfarbe nachgehen. Ein erfahrener Musiker findet nichts dabei, nur anhand des Klanges zu sagen, welches Instrument er oder sie gerade hört; manche können sogar den Unterschied zwischen einer Violine und einer Viola, oder Flügeln verschiedener Hersteller heraushören. Aber wie? Da man leicht einen Versuch arrangieren kann, bei dem Klänge einer Trompete, einer Geige, einer Klarinette usw. bei gleicher Frequenz und Lautstärke gehört werden, scheint es so zu sein, als ob gleichbleibende Klangfarbe (also gleichbleibende Wellenform) die Grundlage ist, nach der wir Instrumente unterscheiden können.

Das ist aber nicht die ganze Wahrheit. Wenn man Tonbandaufnahmen so zerstückelt (oder mit einem Sampler bearbeitet), daß man jeweils nur den relativ gleichmäßigen mittleren Teil jeden Tons hört, wird die Unterscheidung plötzlich sehr viel schwieriger, ja die Instrumentenerkennung nur an diesem Ausschnitt wird teilweise sogar unmöglich.

Sie hängt also zu einem großen Teil von den Übergängen oder Transienten, den Einschwing- und Ausschwingvorgängen (attack und decay) ab, während derer die Wellenformen sich sehr rasch verändern. Dies schließt nicht nur die Initialvorgänge des Hauptmechanismus' ein (das Ansetz-Kratzen des Bogens auf der Saite, der winzige Quieker des Klarinetten-Rohrblatts, bevor es gleichmäßig zu schwingen anfängt, oder das schlagähnliche Luftgeräusch des ersten Luftstoßes eines Trompeters usw.), sondern auch eher zufällige Nebengeräusche (das Klicken von Ventilen, Fallgeräusche der Klavierhammer, das scharfe Einatmen eines Sängers).

Die Dauer der Einschwingvorgänge ändert sich bei allen Instrumenten in Abhängigkeit von der Tonhöhe. Typische Einschwingzeiten reichen von 20 ms oder weniger für eine Oboe, 30–40 ms für Trompete oder Klarinette, bis zu 70–90 ms für Flöten und Geigen. Töne im Bereich oberhalb der kleinen Oktave haben Perioden (Dauer einer Schwingung) zwischen 2 und 4 ms; das heißt, es braucht bis zu einigen Dutzend Schwingungsperioden, bis der Ton seine gleichmäßig klingende Phase erreicht hat. Dieser Einschwingvorgang unterscheidet sich bei den verschiedenen Instrumenten stark genug, um ihnen eine unverwechselbare Identität zu geben.

In der Barockzeit haben der Instrumentenbau und die Spieltechnik die unterschiedlichen Einschwingvorgänge bei Rohrblatt- und den Streichinstrumenten betont und verstärkt. Es wird vermutet, daß J. S. Bach eine größere Klangpräzision und -klarheit anstrebte, wenn er relativ oft vorschrieb, daß eine Geigen- oder Cellostimme durch die Oboe oder das Fagott verdoppelt werden sollte.

## Zusammenfassung

Das menschliche Ohr ist ein hochempfindliches Wahrnehmungsorgan, das seine Sensitivität durch ein Übertragungs- und Verstärkungssystem im Mittelohr erzielt, welches die Schwingungen des Trommelfells an das Innenohr weiterleitet. Verschiedene Frequenzen regen dort verschiedene Teile der Basilarmembran an, so daß verschiedene Nervenstränge des auditorischen Kanals jeweils die stärkste Anregung erhalten.

Als erste Annäherung ist die Vorstellung nützlich, jede der psychologischen Eigenschaften (Lautheit, Tonhöhe, Klangfarbe) eines gleichbleibenden Klangs hauptsächlich einer der physikalischen Eigenschaften (Intensität, Frequenz, Wellenform) zugeordnet zu denken. Die Frequenz hat allerdings ebenfalls einen beträchtlichen Einfluß auf die Lautheitswahrnehmung, was uns zu einer vollständigeren Beschreibung in Form des Fletcher-Munson-Diagramms brachte (Bild 6.12).

Der Vergleich zweier Lautstärken in Phon kann nur etwas darüber aussagen, ob der eine lauter ist als der andere; nur durch Bestimmen der entsprechenden Lautheitswerte in sone können wir angeben, um wieviel lauter. Das Ohr weist eine komprimierte Lautheits-Skala auf, so daß ein tatsächliches Intensitätsverhältnis von 100 Millionen zu 1 (z. B. 1.000 Hz zwischen 20 und 200 dB) als ein reduziertes Verhältnis von 1.000 zu 1 wahrgenommen wird.

Typische JNDs (Just Noticeable Difference) für Klänge von musikalischem Belang liegen zwischen 0,5 und 1 dB bei der Intensität und 1 Hz bei der Frequenz. Dies stellt jedoch *nicht* die Grundlage für die sone- und Oktave-Skala bei der Lautheits- und Tonhöhenwahrnehmung dar. Musikalisch relevante Tonhöhe wird am besten mit Hilfe der Oktave gemessen, entsprechend einem Multiplikationsfaktor 2 bei der Frequenz; diese Tonhöhenskala hat keinen Null-Wert.

Die Klangfarbe von gleichbleibenden Klängen hilft uns bei der klanglichen Unterscheidung verschiedener Instrumente, wobei jedoch die Übergänge während der Ein- und Ausschwingvorgänge jeder Note mindestens ebenso wichtig dafür sind.

# Symbole, Begriffe, Beziehungen

JND (Just Noticeable Difference) = eben merkbarer Unterschied
$L_I$ Schallintensitätspegel (dB)
$L_{Phon}$ Lautstärkepegel in Phon
Fletcher-Munson-Digramm = Kennlinien gleicher Lautstärke

Frequenz
Wellenform
Phon
Basilarmembran
Lautstärke (in Phon)
Lautheit (in sone)
Schallpegel L (in dB)

Tonhöhe
Klangfarbe
Trommelfell
sone
Oktave
Transient = Übergangsvorgang (bei Schwingungen)

# Übungsaufgaben

1. Durchdenken Sie ihre eigenen Gefühle über die Gültigkeit des Versuchs, menschliche Sinneswahrnehmungen zu messen, und schreiben Sie diese nieder. Möglicherweise ist die Lektüre eines Einführungsbuches zur Experimentalpsychologie dabei hilfreich.
2. Aufgrund ihrer unregelmäßigen Form kann die Ohrmuschel Schall aus bestimmten Richtungen besser empfangen als aus anderen, was uns dabei hilft, die Richtung zu bestimmen, aus der ein Schall kommt. Erinnern Sie sich, was über Schallbeugung (Diffraktion) in Kapitel 4 gesagt wurde und erklären Sie, ob dieses Richtungshören besser bei hohen oder tiefen Frequenzen funktioniert.
3. Beschreiben Sie drei verschiedene Effekte im Mittelohr, die die Schwingungsstärke reduzieren können, welche das Innenohr erreicht.

*4. Ein Schallpegel von 160 dB bedeutet maximale Druckschwankungen von 2.800 N/m² = 0,028 atm; nach Backus & Hundley entstehen solch hohe Schallpegel im Inneren eines Trompetenmundstücks. Wenn solch ein Schall auf Ihr Trommelfell einwirken würde, wie groß wären dann die Druckschwankungen im Innenohr, wenn wir die Schutzmechanismen im Mittelohr vernachlässigen? Wie groß wäre die Auslenkung des Trommelfells und des Ovalen Fensters? Erklären die Antworten, warum ein so großer Schallpegel äußerst schädlich ist?

5. Stellen Sie sich für verschiedene Frequenzen vor, wie sich die Flüssigkeit in der Schnecke bewegt und welche Rolle das Ovale Fenster dabei spielt. Erklären Sie mit Ihren eigenen Worten die Unterschiede unter physikalischen Gesichtspunkten..
6. Prüfen Sie die Möglichkeit, eine Liste von Frequenzen der Art zu erstellen, daß a) die Liste so lang wie möglich wird und b) trotzdem alle auf der Liste aufgeführten Frequenzen in ihrer Tonhöhe unterscheid- und wahr-

nehmbar sind. Benutzen Sie Ihr Wissen über JNDs im Frequenzbereich und schätzen Sie grob ab, wieviele Einträge so eine Liste enthalten könnte. Gibt es genug Haarzellen, um die Antwort zu rechtfertigen? (Vorsicht: Ihre zustimmende Antwort darf Sie nicht zu dem Trugschluß verleiten, daß jeweils eine Haarzelle (oder eine kleine Gruppe davon) einer bestimmten Frequenz entspricht).

7. Wenn man mit der Lautheit weit genug hinunter geht, wird der JND bis zu 2 dB groß. Wie groß ist unter diesen Bedingungen der JND, ausgedrückt als Prozentwert?
8. Welche Frequenz hat der Klang, der eine Oktave tiefer ist als 300 Hz? Zwei Oktaven höher als 500 Hz?
9. Nehmen wir an, Sie ändern die Frequenz einer Sinuswelle von 180 zu 400 Hz und dann nochmals von 400 zu 700 Hz. Welche Änderung wird als die größere Tonhöhenänderung empfunden? (Falls möglich, führen Sie das Experiment tatsächlich durch).
10. Bestimmen Sie mit Hilfe von Bild 6.13 die Lautheiten in sone, die den Lautstärkepegeln von 60 und 70 Phon entsprechen. Stimmt die Antwort einigermaßen mit unserer Faustregel der Verdoppelung überein? Wiederholen Sie die Aufgabe für 90 und 100 sowie für 20 und 30 Phon.
11. Welcher Lautstärkepegel in Phon entspricht einer Lautheit von a) 0,5 sone; b) 4 sone; c) 25 sone?
12. Wenn Sie drei Klänge wahrnehmen mit $f = 200$, 1.000 und 3.000 Hz, alle mit dem gleichen Schallpegel $L_I$ =60 dB, welcher wird Ihnen dann am lautesten und welcher am leisesten vorkommen? Wenn Sie drei Klänge mit den gleichen Frequenzen wie eben hören, aber alle mit der gleichen Lautstärke $L_{Phon}$= 60 Phon, welcher hat dann die größte bzw. kleinste Intensität (in dB)?
13. Benutzen Sie die Bilder 6.12 und 6.13, um die Lautheiten in sone für die folgenden Sinuswellen zu ermitteln: a) 500 Hz bei 30 dB; b) 4.000 Hz bei 80 dB; c) 50 Hz bei 70 dB.
14. Welcher Schallpegel in dB ist erforderlich für eine 10-sone-Lautheit bei a) $f$ = 1.000 Hz; b) $f$=4.000 Hz; c) $f$=50 Hz?
15. Machen Sie eine Kopie des Fletcher-Munson-Diagramms und ersetzen Sie die Kennlinien gleicher Lautstärke durch deren Lautheitslinien in sone.
16. Wie groß ist der durchschnittliche Hörverlust für einen 55-jährigen Mann bei 2 kHz nach Bild 6.5? Bei 4 kHz? Wie groß bei den gleichen Frequenzen für eine 55-jährige Frau?
17. Nehmen wir an, Ihre Hifi-Anlage ist so eingestellt, daß sie Höhen und Tiefen bei einem Lautstärkepegel von 40 dB gleichmäßig wiedergibt. Dann nehmen Sie an, durch einen einfachen Lautstärkeregler könnten Sie alle Intensitäten um 40 dB anheben. Erklären Sie unter Angabe von Zahlenwerten, was das für Folgen für die Klangwiedergabe hat und welche Klagen von den Nachbarn zu erwarten sind.
18. Um wieviel müssen Sie die Frequenz eines Klanges verändern, damit die Änderung hörbar wird, wenn der Ausgangsklang a) 1 kHz, b) 4 kHz hat?
19. Wenn Sie bei 1.000 Hz und 95 dB beginnen, um wieviel müssen Sie dann den Schallpegel ändern, um die Änderung hörbar zu machen? Welcher prozentualen Änderung der Intensität entspricht dies?
20. Welcher Schallpegel in dB ist erforderlich für eine Sinuswelle mit a) 50 Hz, b) 300 Hz, c) 10 kHz, damit sie gleich laut wahrgenommen wird wie eine Sinuswelle mit 1.000 Hz und 30 dB?

# Projektvorschläge

1. Entwerfen Sie Experimente, um die Knochenübertragung von Schallwellen nachzuweisen. Sie werden überrascht sein, wie stark und unterschiedlich der Klang sein kann, wenn man z. B. einen Schraubendreher an den Kopf drückt und mit dem anderen Ende an ein vibrierendes Objekt hält, z. B. eine Gitarrensaite. Man kann auch interessante Effekte fest-

stellen, wenn man z. B. einen an einer Schnur aufgehängten Löffel oder Drahtkleiderbügel anschlägt und das freie Ende mit dem Finger ins Ohr hält. Gibt es einen Hinweis darauf, daß bei der Knochenübertragung im Vergleich zur normalen Schallübertragung bestimmte Frequenzbereiche besser übertragen werden?

2. Benutzen Sie ein Oszilloskop zusammen mit einem elektronischen Oszillator und einem Lautsprecher (oder einem Mikrofon und Musikinstrumenten); verfolgen Sie, was passiert, wenn Sie jeweils nur eine Variable ändern, und versuchen Sie nachzuvollziehen, wie jede physikalische Variable mit den psychologischen Variablen zusammenhängt.
3. Führen Sie ein JND-Experiment durch. Sie brauchen dazu zwei Sinuswellengeneratoren und entweder ein elektronisches Frequenzmeßgerät oder eine gute Methode, Amplituden bzw. Intensitäten zu messen (ein Oszilloskop leistet hier wahrscheinlich bessere Dienste als ein Schallpegelmeßgerät). Beachten Sie sorgfältig alle Details bei der Durchführung des Experiments, die die Ergebnisse verfälschen könnten.
4. Entwickeln Sie ein Experiment, bei dem die Verhältniswerte für die relative Lautheit verschiedener 1.000-Hz-Sinuswellen bestimmt werden sollen. Wie gut stimmen Ihre Ergebnisse mit der Faustregel überein, daß jeder 10 dB-Zuwachs des Schallpegels einer Verdoppelung der Lautheit entspricht?
5. Nehmen Sie lange gleichmäßige Klänge von verschiedenen Instrumenten auf Band oder mit einem Sampler auf. Sie können erste Ergebnisse erhalten, wenn Sie das Band bzw. die Samples rückwärts abspielen, so daß Ein- und Ausschwingvorgänge vertauscht sind. Für genauere Ergebnisse sollten sie das Band bzw. die Samples so umschneiden bzw. kopieren, daß Vergleiche sowohl mit als auch ohne die Ein- und Ausschwingphasen gemacht werden können. Bitten Sie andere Personen zum Testhören, und stellen Sie fest, wie viel die Übergangsphasen (Ein-, Ausschwingen) zur Erkennbarkeit der Instrumente beitragen.

# 7. Grundlegende Bestandteile der Musik

Mit Hilfe der Wissenschaft haben wir uns bisher bemüht, ein Grundlagenverständnis der Schallphänomene zu erwerben, und im wesentlichen haben wir herausgefunden, daß Klänge und Geräusche aus sehr schnellen Vibrationen – Schwingungen – bestehen. Das ist sicherlich eine wichtige Einsicht, aber es bleibt eine große Lücke zwischen diesen Erkenntnissen und der Art und Weise, wie wir *Musik* hören und bewußt wahrnehmen. Auch wenn die Wissenschaft unsere Wahrnehmungen der Tonhöhe, der Lautstärke, der Farbe von Klängen zu messen weiß, so hat das doch nur wenig mit der Welt der Musik zu tun.

Wie können wir diese Lücke schließen? Wir müssen studieren, wie auf mannigfaltige Weise Töne und Klänge zusammenwirken – ihr An- und Ausklingen, ihre Dauer, die Wirkung des Zusammenklingens verschiedener Töne usw. Daß das Ganze mehr ist als die Summe seiner Teile, wird bei dieser Untersuchung ein zentrales Konzept sein; d.h., wenn wir einzelne Details von Musikstücken analysieren, können wir nur einen Bruchteil der Bedeutung dieser Musik damit erfassen und nicht das Ganze.

Musik hat Strukturen, und unser Gehirn befähigt uns, solche Strukturen und Muster als etwas den einzelnen Klängen Übergeordnetes wahrzunehmen und sich ihrer zu erinnern. Noch wissen wir sehr wenig darüber, wie unser Gehirn diese komplizierten Aufgaben bewältigt, Schallsignale zu erkennen, sie zu beurteilen, zu vergleichen und Muster daraus zu bilden. Wir müssen die Sprache der Kunst parallel mit der Sprache der Wissenschaft heranziehen, um uns ein grundlegendes Verständnis dafür zu erwerben, wie die Schallphänomene mit den Schönheiten der Musik zusammenhängen.

Dieses Kapitel wird zunächst untersuchen, wie wir ganz allgemein Ereignisse zeitlich wahrnehmen. In Abschnitt 7.2 werden wir kurz darauf eingehen, wie die Kombination aus zeitlicher Wahrnehmung und Tonhöhenanordnung uns die Bestandteile für Melodie und Harmonie gibt. Die Abschnitte 7.3 und 7.4 führen die speziellen Tonhöhenverhältnisse ein, die wir als musikalische Intervalle bezeichnen, und setzen sie in Beziehung zur Obertonreihe. Diese besondere Folge von Intervallen wird sich dabei als ein Schlüsselkonzept herausstellen, mit dem physikalische, psychologische und musikalische Aspekte der Akustik in Übereinstimmung gebracht werden können (Klangerzeugung, Klangfarbe, Tonalität).

Leser, die bisher noch nicht die Notenschrift zu lesen gelernt haben, sollten vorher den Anhang A durchlesen.

## 7.1 Die zeitliche Organisation von Musikereignissen

Es ist keineswegs ein Zufall, wie man glauben könnte, daß wir die Sekunde als Einheit für unsere alltägliche Zeitmessung benutzen. Wenn wir eine kürzere Einheit hätten (kürzer als ungefähr eine Fünftel-Sekunde), könnten wir sie mit unseren Sinnesorganen nicht mehr Schlag auf Schlag zählen; wäre sie viel größer (sagen wir, 5 Sekunden lang oder mehr), müßten wir bald anfangen, diese Einheit wieder zu unterteilen. Und zwar deswegen, weil wir eine 5-Sekunden-Einheit als eine Folge von mehreren Momenten empfinden, in denen mehrere verschiedene Ereignisse unsere Aufmerksamkeit auf sich lenken können.

Die Vermutung ist naheliegend, daß dies etwas mit dem Rhythmus unseres Herzschlags zu tun haben könnte, der ja eine durchschnittliche Dauer von etwas weniger als eine Sekunde hat; jedoch sind verschiedene andere physiologische Gründe wahrscheinlich von größerer Bedeutung. Eine Sekunde ist eine Zeitspanne, in der wir bequem bestimmte Bewegungen unserer Beine oder Arme ausführen können, und dies beruht wiederum darauf, daß Distanzen der Größenordnung von etwa 1 m davon betroffen sind. Ein 1 m langes Pendel braucht ungefähr 1 Sekunde für jede Schwingungsrichtung, und unsere Muskeln sind so geschaffen, daß sie mit solchen Bewegungen der Gliedmaßen bequem umgehen können. Gemäß diesem Kriterium müßte also die natürliche Zeiteinheit für eine Giraffe wesentlich größer (länger) und für ein Insekt viel kleiner sein als für uns.

Unser Nervensystem bringt ebenfalls gewisse Beschränkungen mit sich. Nehmen wir an, Sie legen Ihre Hand auf eine frisch gestrichene Oberfläche, bemerken sofort die Feuchtigkeit und ziehen Ihre Hand weg. Trotzdem blieb Ihre Hand mindestens einige Zehntel-Sekunden in Kontakt mit der Farbe, obwohl Sie überzeugt sind, daß Sie sie „sofort" weggezogen haben. Jedoch brauchte das warnende Nervensignal eine gewisse Zeit, um bis zu Ihrem Gehirn zu gelangen, und selbst wenn das Gehirn ohne Verzögerung reagiert, braucht es eine sogar noch etwas längere Zeit, bis der Befehl an die Armmuskeln zum Heben der Hand an seinem Ziel ankommt, und schließlich benötigt die Bewegung selbst auch eine gewisse Zeit.

Auch in der Musik müssen wir ähnliche Grenzen der Bewegung und der Wahrnehmung beachten. Stellen wir uns, was Bewegung betrifft, zunächst das Spiel auf einer Baßtrommel vor: Wenn Sie mit dem ganzen Arm schlagen, können Sie kaum viel mehr als einen Trommelschlag pro Sekunde spielen; dagegen kann ein Klarinettenspieler ohne weiteres 20 und mehr Noten pro Sekunde spielen. Letzteres ist offensichtlich nur möglich, weil keine großen Armbewegungen dazu nötig sind. Heißt dies nun, daß Spieler von Tasteninstrumenten eine kürzere „natürliche" Zeiteinheit haben? Ich glaube kaum, denn jeder Klavier- oder Orgelspieler kann bestätigen, daß bei schnellen Passagen keineswegs jede Fingerbewegung als einzelne Bewegung durchgeführt wird. Dies passiert nur beim erstmaligen Erlernen einer Passage oder Spielfigur, wo wir aber viel langsamer spielen müssen, solange wir die Passage noch als Folge von einzelnen Tönen und einzelnen Fingerbewegungen begreifen. Wenn die Passage „sitzt" und im schnelleren Tempo gespielt werden kann, behandeln wir ganze Gruppen von Tönen (d.h. eine Folge von Bewegungen etlicher Finger) so, als ob sie eine einzige – wenn auch komplexe – Bewegung seien; unsere Finger können maximal drei oder vier solcher komplexer Ton- und Fingerbewegungsgruppen pro Sekunde ausführen. Ganz genau das gleiche gilt für das Schreibmaschinenschreiben oder das schnelle Lesen: Gruppen von Buchstaben werden als Einheiten organisiert, ja sogar Gruppen von Wörtern.

Noch ist aber die Frage unbeantwortet, was denn nun die natürliche Zeiteinheit für einen Zuhörer ist. Ich behaupte, ebenfalls wieder eine Größe um etwa 1 Sekunde. Wir können zwar Passagen mit 20 Tönen pro Sekunde wahrnehmen, aber wir können dabei nicht Ton für Ton verfolgen, sondern wir erfassen wiederum größere Einheiten von einigen Ton*gruppen* pro Sekunde. Wenn man gute Musik analysiert, wird man finden, daß kein Komponist versucht, 20 verschiedene musikalische Ideen oder Motive in einer Sekunde unterzubringen; schnelle Passagen haben meistens den Charakter von Füllwerk und/oder Verzierung mit starker Redundanz. Das Fortschreiten der größeren Ereignisse eines Stückes (also z. B. der *harmonische* Rhythmus, die Folge von signifikant verschiedenen Akkorden ohne Verzierungsanteile) bewegt sich allgemein in der Gegend von ein bis zwei pro Sekunde. Ist das Fortschreiten sehr viel langsamer, wird es schnell ermüdend, und jeder Versuch eines wesentlich schnelleren Fortgangs ist ebenfalls zum ästhetischen Scheitern verurteilt.

Bisher haben wir hauptsächlich über das Tempo gesprochen, was nicht mit Metrum und Rhythmus verwechselt werden sollte. **Tempo** bezieht sich auf den „Puls" der Musik, und es ist oft der Entscheidung des Interpreten anheimgestellt. Manchmal wird jedoch durch den Komponisten eine Vorgabe in der Form ♩= 120 gemacht oder M.M.=120[8], was dem Interpreten als Zeitmaßstab vorschreibt, die Standardnotenwerte (hier Viertelnoten) mit einer Rate von 120 pro Minute oder zwei pro Sekunde zu spielen. Das Tempo wird in allgemeinerer Form auch durch „Codewörter" wie in Tabelle 7.1 angegeben.

Ein *Metronom* (entweder als federgetriebenes Pendel oder als elektronisches Gerät) wird dazu benutzt, hörbare Klicks (oder Lichtpulse) mit beliebigen Raten zu erzeugen und damit ein gleichmäßiges Übetempo vorzugeben. Kleinere Temposchwankungen bis zu 10% können die ausgedrückte Stimmung eines Stückes beträchtlich verändern. Ein guter Musiker spielt jedoch niemals im absolut gleichmäßigen Tempo eines Metronoms, sondern setzt sorgfältig dosierte Temposchwankungen als künstlerisches Mittel ein.

Mit dem **Metrum** wird angegeben, wie die zugrundeliegenden Zeiteinheiten eines Stückes in Gruppen jeweils zwischen zwei senkrechten Strichen der Partitur organisiert sind; diese Gruppen bezeichnen wir als Takte. Angaben wie 4/4 = vier Viertelnoten pro Takt – oder 6/8 = sechs Achtel pro Takt, unterteilt in zwei Dreiergruppen – am Beginn (oder auch während) eines Stückes informieren den Interpreten über diese Taktstruktur. Die Taktstriche entstanden als Orientierungshilfe für den Musiker; wenn die Musik sehr irregulär ist, können sie aber auch hinderlich sein. Musikstücke aus der Zeit vor 1400 und viele Werke unseres Jahrhunderts haben keine Taktstriche.

Durch den **Rhythmus** werden Muster aus betonten und unbetonten Schlägen bzw. Taktzeiten gebildet (Bild 7.1a, 1b). Solche rhythmischen Muster werden meist – mit Variationen – ein Stück hindurch wiederholt. Sie bestimmen in erster Linie, welche Stimmung durch die Musik vermittelt wird. Rhythmus und Metrum werden oft verwechselt, weil beide zeitliche Strukturen bezeichnen; Metrum ist jedoch das

[8] M. M. bedeutet „Mälzels Metronom"; der Musikinstrumentenbauer Johann N. Mälzel (1772–1838) entwickelte mit anderen 1816 das nach ihm benannte Metronom (A.d.Ü.).

| Tempoangabe | Übersetzung | Metronom-Einstellung |
|---|---|---|
| Largo | Breit | 40– 70 |
| Larghetto | Gemächlich | 70–100 |
| Adagio | Behutsam, langsam | 100–128 |
| Andante | Gehend | 128–156 |
| Allegro | Angeregt, lustig | 156–184 |
| Presto | Rasch, schnell | 184–208 |

Tabelle 7.1 Einige Tempobezeichnungen und die entsprechenden Tempobereiche in Schlägen pro Minute (M.M.) Die angegebenen Tempobereiche können nur als Anhalt genommen werden, nicht als absolute Werte. Auch die Bezeichnungen sind nicht eindeutig festgelegt; zuweilen findet man z.B. Adagio langsamer als Larghetto angegeben. Jeder Musiker nutzt und interpretiert die Begriffe zudem in persönlicher Weise; heute besteht eine Tendenz, in sie extremere Abstufungen hineinzulegen als vor ein paar hundert Jahren.

übergeordnete Zeitmaß, in welches verschiedene Rhythmen sich einfügen können, wie es Bild 7.1c zeigt.

Wie beim Tempo ist es auch beim Rhythmus so, daß kein Musiker ihn mit absoluter Gleichmäßigkeit spielt, sondern ständig etwas davon abweicht – in der Größenordnung von 10 bis 60 ms; ein bekanntes Beispiel dafür ist der Wiener Walzer mit seinem systematisch zu früh kommenden zweiten Schlag in jeder Dreiergruppe.

Die rhythmischen Muster in der klassischen europäischen Musik und der Populärmusik sind eher relativ einfach und geradlinig. Sie werden oft für ein ganzes Stück aus wenigen Grundmustern abgeleitet; meist beruhen sie auf Zweier- oder Dreierteilungen; bereits seltener sind zusammengesetzte Zeiten wie 6/8 als Folge zweier zusammengefaßter Dreierteilungen und die davon abgeleiteten Rhythmen, während 3/4 (was ja auch sechs Achtel enthält) als die Grundlage von Dreier-Rhythmen dient und völlig verschieden von 6/8 ist. Durch sog. *Hemiolen* können interessante Effekte erzielt werden (Bild 7.2): In einem Stück mit normalerweise regulärem Dreier-Rhythmus B–u–u B-u-u (Betont-unbetont-unbetont) wird gelegentlich die Betonung B-u-B-u-B-u-B-u eingeführt bei gleichbleibendem Metrum. Sehr häufig ist dies in der

Bild 7.1 Einige Standardrhythmen; die betonten Taktzeiten oder Taktschläge sind durch Akzente gekennzeichnet. b) zeigt verschiedene Rhythmen, die jedoch alle im gleichen Metrum sind.

Musik des 15. Jahrhunderts zu finden, im Flamenco und in Tanzformen der späten Renaissance und des Barocks (betrachten Sie daraufhin einmal die Schlußtakte aller Couranten in den Englischen Suiten von J. S. Bach ). Ebenso kommt dies in der Scherzo-Form des 19. Jahrhunderts vor (z. B. bei Brahms, 2. Satz des 2. Klavierkonzerts, oder Dvořák's Sinfonie Nr.7). Ein regelmäßiger und durchgehender Wechsel der Form 2 · 3 + 3 · 2 ist z. B. Ursache für den eigenartigen Charakter des »I like to be in America« aus dem Musical »Westside Story« von L. Bernstein.
Ein andere und häufigere Form des Rhythmus' sind Synkopen (Bild 7.2b), das heißt

Bild 7.2 Beispielhafte rhythmische Verschiebungen. a) Anfangstakte von »God Save the King«, verändert, um den Hemiolen-Effekt zu zeigen; b) Synkopen in der Solomelodie eines populären Songs; die normalbetonten Taktzeiten werden vom Orchester auch weiterhin betont; c) ein vertrautes Motiv, bei dem die Pause eine weitere Verstärkung des betonten Taktanfangs bewirkt.

absichtliche Verschiebungen der normalen Betonungen in einem Takt. Auf den ersten Blick scheint das ein Durcheinander von schweren und leichten Zeiten infolge der Verschiebung des rhythmischen Musters (meist in Richtung einer Vorwegnahme der Betonungen) zu bewirken. Jedoch bleibt ja der metrische Rahmen intakt, und wir verlieren daher normalerweise nicht das Gefühl dafür, wo die schweren Taktzeiten „eigentlich" hingehören. (Ein schönes Beispiel ist der zweite Satz des Klavierquintetts von Brahms.) Einen Sonderfall, der zugleich die Wirkungsweise von Synkopen veranschaulicht, zeigt Bild 7.2c: dabei kann ein schwacher Klang oder sogar eine Pause trotzdem als betonte Taktzeit wirken, wenn der Kontext sorgfältig darauf abgestimmt ist. Während einer synkopierten Passage wird also weiterhin die reguläre Folge betonter Taktzeiten wahrgenommen, obwohl sie als solche nicht gespielt wird (außer vielleicht in einer begleitenden Stimme); sie wird nur in einer anderen Weise betont.

Gelegentlich finden wir auch Rhythmen, die auf Fünfer-Takten beruhen (z. B. der 2. Satz aus Tschaikowskys 6. Sinfonie, »Daphne of the Dunes« von Harry Partch, »Everything's Alright« aus Jesus Christ Superstar) oder auf Siebener-Takten (das Finale aus Strawinskys »Feuervogel« oder »The Temple« und »The Arrest« aus Jesus Christ Superstar). Meist werden solche Muster aber als aus abwechselnden Untergruppen zusammengesetzt empfunden, also 2 + 3 oder 3 + 4; der menschliche Verstand nimmt nur selten Gruppen aus fünf oder mehr Einheiten wahr, ohne sie nicht sofort in kleinere Einheiten zu untergliedern; sogar Vierergruppen werden oft schon als 2 +2 wahrgenommen.

Die Musik mancher nicht-westlicher Kulturen (in Afrika und Indonesien finden sich viele Beispiele hierfür) hat weitaus komplexere rhythmische Muster entwickelt, vor allem in der Art und Weise, in der unterschiedliche Rhythmen, gespielt von verschiedenen Instrumenten, ineinander verflochten sind. Dies mag daran liegen, daß diese Kulturen sich diesem musikalischen Element stärker zuwenden und es in den Vordergrund stellen; es mag auch daran liegen, daß dort die Schlagzeuginstrumente dominieren. In der westlichen Kultur dagegen mit ihren vielen Blas- und Streichinstrumenten und deren anhaltenden Klängen liegt der Schwerpunkt darauf, ein reichhaltiges Ausdrucksvokabular mittels ausgehaltener Harmoniefolgen zu entwikkeln. Die heutigen Versuche, den Reichtum der europäischen Harmoniefolgen mit den komplexen rhythmischen Feinheiten anderer Kulturen zu verbinden, stoßen immer wieder auf beträchtliche ästhetische Probleme. Dabei spielt sicher auch eine Rolle, daß für den durchschnittlichen Hörer solche Musik einfach zuviel Information enthält, um sie gleichzeitig verarbeiten zu können.

## 7.2 Melodie und Harmonie

Jeder Zeitschlag in einem rhythmischen Muster stellt eine neue Wahlsituation dar für das, was dann kommt: ein neuer Klang oder die Fortführung eines alten oder eine Pause; ein einzelner neuer Ton oder eine Gruppe von Tönen; ein Schlagzeugklang oder ein tonhöhenbestimmter Klang eines Melodieinstruments; die Tonhöhe kann in zahlreichen Intervallen von der vorhergehenden abweichen oder gleichbleiben. All diese Entscheidungen lassen erst ein Stück entstehen.

*Melodie* ist eine zeitliche Folge verschiedener Tonhöhen, die als kontinuierliche Linie wahrgenommen wird. Sie verleiht der Musik eine horizontale Struktur, das Fortschreiten von einer Note zur nächsten. *Harmonie* ist die Kombination verschiedener Tonhöhen zur gleichen Zeit und gibt der Musik eine vertikale Struktur. Während die Harmonie eine zusätzliche Eigenschaft der Musik darstellt, ist Melodie fast immer vorhanden. Einfache Vokalmelodien überschreiten selten den Bereich einer Oktave; deshalb ist für viele Leute das Lied »Stille Nacht« mit dem Umfang von über 1 1/2 Oktaven ein Problem.

Zuweilen wird eine Melodie durch Harmonien begleitet, die ausschließlich der Stützung dieser Melodie dienen; sehr häufig ist dies bei populärer Musik. Musik ist umso schwieriger zu schreiben (und zu hören), je mehr sie sowohl vertikal als auch horizontal komplex ist, zum Beispiel so, daß in einer anspruchsvollen Folge vierstimmiger Harmonien jeder der vier Spieler gleichzeitig eine eigene interessante Melodie zu spielen hat. Die Kunst, solcherart ineinanderverwobene Musik zu schreiben, wird

Bild 7.3
Entweder durch die Bezeichnung *legato* oder durch a) einen Bindebogen wird angegeben, daß die betreffenden Noten ineinander übergehend gespielt werden sollen. Umgekehrt gibt die Bezeichnung *staccato* oder b) Punkte über den Noten an, daß diese Noten verkürzt gespielt werden sollen, so daß die tatsächliche Spielweise einer Notation wie der in c) oder auch d) angegebenen entspricht.

als Kontrapunkt bezeichnet. Berühmte Meister des Kontrapunkts waren zum Beispiel J. S. Bach (1685–1750) und G. Palestrina (1525–1594).

Ein wichtiger Aspekt der Aufführung einer Melodie ist ihre **Artikulation**, die beabsichtigte Art, in der aufeinanderfolgende Noten durch den Interpreten miteinander verbunden werden. Eine durch die Angabe *legato* bezeichnete Möglichkeit ist es, die Noten ineinander übergehen oder sich sogar überlappen zu lassen (Bild 7.3 a); bei der entgegengesetzten, als *staccato* bezeichneten Artikulation wird die einzelne Note schon früher beendet, als es ihrem Wert entspricht, so daß eine Folge von *staccato*-Noten wie durch Pausen getrennt erklingen (Bild 7.3 b).

Berufsmusiker setzen natürlich viele Abstufungen dieser Artikulationsweisen ein, auch wenn keine entsprechenden Angaben in der Partitur eingetragen sind. Die sorgfältige Kontrolle der Abstände zwischen den Tönen kann genauso wichtig für den gewünschten Effekt sein wie die Töne selbst. Die kurzen Lücken bzw. Übergänge dienen als Mittel der Strukturierung und können vor allem eine Hilfe sein, um starke und schwache Taktzeiten besser wahrnehmbar zu machen. Bild 7.4 zeigt ein Beispiel, wo ein striktes legato den Hörer bis in den zweiten Takt im Unklaren über die Taktzeiten lassen würde. Auf dem Klavier und vielen Orchesterinstrumenten ist es zwar möglich, die betonten Taktzeiten durch Akzente (lauteren Anschlag) hervorzuheben; auf dem Cembalo bzw. Kielflügel (für das dieses Stück geschrieben wurde) und der Orgel ist dagegen nur durch Artikulation eine Hervorhebung möglich.

Hervorhebung durch Artikulation hat eine solide akustische Grundlage. Es ist nicht nur die Wahrnehmung von mehr oder wenig großen Abständen zwischen den Noten, sondern auch eine unterschiedliche Wahrnehmung ihrer Lautstärken. Wie in Bild 7.5 gezeigt ist, muß eine Note mindestens einige Zehntelsekunden lang erklingen,

Bild 7.4
Der Anfang des Preludiums aus der Englischen Suite Nr. 4 von J. S. Bach. Über den originalen Noten sind Zeichen hinzugefügt, die eine geeignete Artikulation veranschaulichen mögen: Ein Bogen bezeichnet legato zu spielende Noten, ein gerade wahrnehmbares Absetzen der Noten ist durch » I «, ein etwas stärkeres Absetzen durch » V «, ein deutlich wahrnehmbares durch » U « angegeben. Diese Artikulation wird den Hörer schnell die hervorgehobenen Noten und damit das 4/4-Taktmaß erkennen lassen.

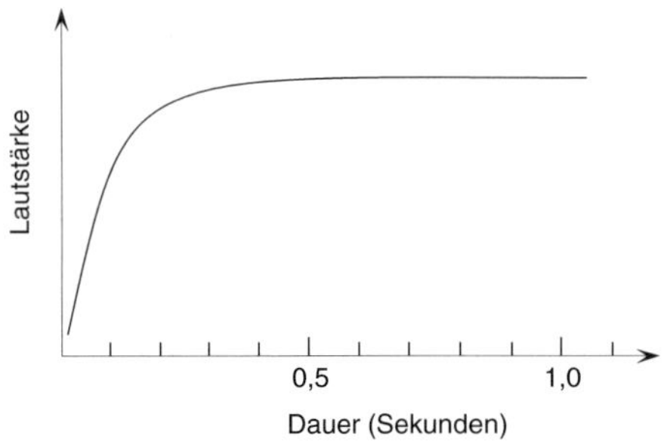


Bild 7.5 Die Kurve zeigt die wahrgenommene Lautstärke eines Klangs in Abhängigkeit von der Wahrnehmungsdauer. Noten, die weniger als etwa vier Zehntelsekunden lang erklingen, werden als weniger laut wahrgenommen als länger erklingende Noten der gleichen Schallintensität.

bevor wir ihre Lautstärke beurteilen können. Bei kürzeren Noten urteilen wir nach der gesamten empfangenen Schallenergie, die proportional zur Klangdauer ist; dadurch scheinen uns bei einem Tempo von mehr als zwei bis drei Noten pro Sekunde die längergehaltenen (legato-) Noten lauter und die kürzer gespielten leiser zu sein.

Die Lücken sind infolge der Raumakustik natürlich nicht tatsächliche Klangpausen; die Verlängerung der einzelnen Notenklänge durch den Raumhall kann je nach Raum sehr unterschiedlich sein, und ein guter Musiker stellt seine Spielweise automatisch darauf ein. Ein stark halliger Raum erfordert eine viel schärfere, d. h. abgesetztere Spielweise, um die Entstehung eines Klangbreis zu vermeiden.

## 7.3 Skalen (Tonleitern) und Intervalle

Welche von all den vielen möglichen Tonhöhen benutzen wir, wenn wir eine Melodie komponieren? Wenn der JND (der eben merkbare Unterschied) bei der Frequenzwahrnehmung nur gerade 1 Hz beträgt, dann stehen uns ja allein in der eingestrichenen Oktave (von 262 bis 523 Hz) mehrere Hundert unterscheidbare Tonhöhen zur Verfügung. In zahlreichen Kulturen (bis zu einem gewissen Grad auch im amerikanischen Jazz) machen Musiker auch Gebrauch von diesen Mikrotönen. Mit unseren Klavieren, Gitarren und den Standard-Orchesterinstrumenten haben wir uns dagegen auf lediglich 12 ausgewählte Tonhöhen pro Oktave eingeschränkt; jede Abweichung von diesen wird als Fehler oder falsche Stimmung betrachtet. Solch eine Gruppe ausgewählter Tonhöhenschritte nennen wir **Skala** oder Tonleiter.

* Der Begriff *Skala* ist allgemein und international üblich, obwohl seine Bedeutung keineswegs eindeutig ist. Manche Musikwissenschaftler unterscheiden streng zwischen Tonleiter als dem alle verfügbaren Tonschritte enthaltenden übergeordneten Begriff und dem der Skala, die dann jeweils nur eine Auswahl aus der Tonleiter bezeichnet, wie sie in einem Motiv oder einer Melodie vorkommt. Wir werden jedoch Skala hier wie allgemein üblich als gleichbedeutend mit Tonleiter benutzen.

Es gibt sehr viele verschiedene Skalen, von denen wir einige in Kapitel 18 näher untersuchen werden. Im Augenblick wollen wir nur auf die *chromatische* Skala eingehen (siehe Anhang A, Bild A.5), die aus den genannten 12 vertrauten Tonschritten besteht, wie wir sie auf der Klaviertastatur vorfinden. Der Schritt von einer Taste zur nächsten wird dabei als Halbton oder Semiton bezeichnet; zwei weiße Tasten, die eine schwarze zwischen sich haben, bilden dann einen Ganzton(-schritt).

Die standardisierten Orchesterinstrumente werden so gestimmt, daß sie zumindest ungefähr die Töne einer gleichtemperierten Skala erzeugen; die Berechnung der entsprechenden Frequenzen ist in Kasten 7.1 erklärt und in Bild C (hintere Einbandinnenseite) mit den zugehörigen Notennamen aufgelistet.

Den wahrgenommenen Abstand zweier Tonhöhen bezeichnen wir als **Intervall**, wobei wir ein Intervall in zwei Arten hören können: Zwei aufeinanderfolgende Tonhöhen bilden ein *melodisches Intervall*, während zwei gleichzeitig erklingende Tonhöhen ein *harmonisches Intervall* bilden. Drei oder mehr zusammen erklingende Tonhöhen bilden einen *Akkord* (auch als Drei-, Vierklang usw. bezeichnet) als Kombination mehrerer Intervalle.

Sie sollten mit dem Klang eines besonderen Intervalls, der Oktave, vertraut sein. Gutgeschulte Musiker können auch alle anderen Intervalle unserer Musik leicht erkennen, da jedes Intervall besondere akustische Eigenschaften hat. Die Intervalle c'–g' und a'–e'' werden beispielsweise trotz der unterschiedlichen Tonhöhen bzw. Frequenzen beide mit dem gleichen Namen (reine Quinte) bezeichnet, da ihr Zusammenklang genauso gleich ist wie der Zusammenklang verschiedener Oktavpaare. Für musikalische Zwecke hat das Intervall, der Tonhöhen*unterschied* mehr Bedeutung als die absolute Höhe der Einzeltöne.

Kasten 7.1 Die chromatische Skala in der gleichschwebenden Temperatur

Es gibt zahlreiche unterschiedliche Methoden, um ein Instrument zu stimmen, d. h. seine zu nutzenden Tonhöhen präzise einzustellen. Die heutzutage fast ausschließlich benutzte wird als *gleichschwebende Temperatur* bezeichnet. Das Klavier, das näherungsweise in dieser Art gestimmt wird, hat dabei einen starken Einfluß ausgeübt.

Nehmen wir es einmal als gegeben an, daß wir eine Skala mit genau 12 Tönen pro Oktave wünschen, und lassen wir die Fragen, warum nicht 11 und warum mit gleichem Abstand, für das Kapitel 18 offen. Als Wahrnehmung der *Tonhöhe* muß dann jeder Halbtonschritt genau 1/12 der Oktave betragen; welchem *Frequenz*-Abstand entspricht dies aber?

Wir gehen von der Oktave aus, von der wir wissen, daß sie jeweils genau einer Multiplikation der Frequenz mit dem Faktor 2 entspricht, und nehmen an, daß jeder Halbton in ähnlicher Weise einer Frequenz-Multiplikation mit einer noch unbekannten konstanten Zahl x enspricht.

Wenn wir also mit einer Frequenz $f_0$ anfangen und zum nächsten Halbton aufwärts fortschreiten, dann ist dessen Frequenz $x \cdot f_0$. Ein zweiter Schritt führt uns zu $x \cdot (x \cdot f_0) = x^2 \cdot f_0$, ein dritter zu $x \cdot (x^2 \cdot f_0) = x^3 \cdot f_0$ usw.; nach 12 Schritten sind wir bei der Oktave und der Frequenz $x^{12} \cdot f_0$ angelangt. Da jedoch eine Oktave genau gleich $2 \cdot f_0$ sein muß, gilt die Gleichung $x^{12} = 2$. Dies ist eine leicht zu lösende Gleichung für die Unbekannte x, und wir erhalten daraus als Näherungswert für $x = 1{,}05946$, die zwölfte Wurzel aus 2 (siehe auch Übungsaufgabe 9).

Wir können damit jetzt eine 12-tönige gleichschwebend temperierte Skala konstruieren, indem wir bei irgendeiner Frequenz anfangen, z.B. a = 440 Hz und den Wert 12-mal mit 1,05946 multiplizieren (oder dividieren). Genau so sind auch die Frequenzangaben in Bild C entstanden.

Tabelle 7.2 Name, Abstand und Beispiele für die Intervalle der chromatischen Skala.

| Intervallname | Zahl d. Halbtonschritte |
| --- | --- |
| Prime | 0 |
| kleine Sekunde | 1 |
| große Sekunde | 2 |
| kleine Terz | 3 |
| große Terz | 4 |
| reine Quarte | 5 |
| Tritonus oder übermäßige Quarte o. verminderte Quinte | 6 |
| reine Quinte | 7 |
| kleine Sexte | 8 |
| große Sexte | 9 |
| kleine Septime | 10 |
| große Septime | 11 |
| Oktave | 12 |
| Duodezime | 12+7=19 |

Beispiele

Die üblichen Intervallbezeichnungen (Terz, Quinte usw.) sind nichts als eine Methode, um den Abstand der Töne auf dem Notenliniensystem anzugeben (oder, einfach demonstriert, den Abstand der weißen Tasten auf der Tastatur). Um die Intervalle genauer zu unterscheiden, werden Adjektive wie groß, klein, vermindert und übermäßig dem Intervallnamen hinzugefügt; die genauen Regeln dafür sind für Nichtmusiker ein klein bißchen kompliziert. Glücklicherweise reichen für unsere Zwecke die Intervalle völlig aus, die in Tabelle 7.2 angegeben sind.

Genau wie jedes Oktavintervall immer einem Frequenzverhältnis von 2 : 1 entspricht und jeder Halbtonschritt einem von 1,05946 : 1, so entspricht auch jedes andere Intervall einem festen und charakteristischen Frequenzverhältnis. Bevor wir jedoch zu Schlußfolgerungen über die Bedeutung dieser Verhältniswerte kommen, müssen wir uns kurz mit der Teiltonreihe beschäftigen.

# 7.4 Die Teiltonreihe (harmonische Reihe)[9]

Um mit dem nicht ganz einfachen Konzept der Teiltonreihe vertraut zu werden, wollen wir zunächst das folgende Experiment betrachten. Wir nehmen an, daß wir über einen Satz elektronischer Oszillatoren verfügen, die leicht auf Sinuswellen beliebiger Frequenz eingestellt werden können. Wir wollen nicht alle möglichen Frequenzkombinationen untersuchen (von denen die meisten ziemlich uninteressant klingen würden), sondern den Spezialfall, daß alle Frequenzen einfache Vielfache einer einzigen Ausgangsfrequenz sind. Eine solche Gruppe wird als **Teiltonreihe** (oder Partialtonreihe, manchmal auch als harmonische Reihe*) bezeichnet; beispielsweise die Folge $f_1$ =110 Hz, $f_2$ =220Hz, $f_3$ =330 Hz, $f_4$ =440 Hz, ...... $f_{10}$ =1100 Hz, bis zu $f_n$ = n · 110 Hz. Alle diese Frequenzen haben den gleichen Abstand von jeweils 110 Hz zur vorhergehenden.

Bereits vor dem Experiment wissen wir schon, daß diese Abstände nicht gleichen Abständen in der Tonhöhe entsprechen. Wir erkennen aber, daß die Verhältnisse $f_2 : f_1$, $f_4 : f_2$, $f_8 : f_4$ usw. jeweils einer Oktave entsprechen; es ist daher keine Überraschung, wenn wir in Bild C sehen, daß $f_1$, $f_2$, $f_4$, $f_8$ usw. den Tonhöhen A, a, a', a'' usw. entsprechen.

Die anderen Töne in dieser Reihe sind jedoch sowohl mathematisch als auch gehörbezogen von besonderer Art. Zunächst einmal scheint es, wenn man die Töne der einzelnen Oszillatoren nacheinander hört, als ob die meisten von ihnen in unsere

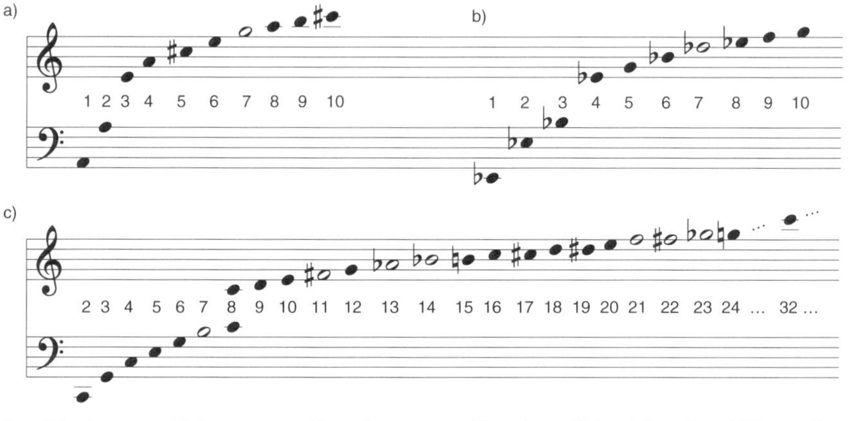


Bild 7.6 Die 10 ersten Teiltöne vom Grundton a) 110 Hz = A und b) 78 Hz = Es. c) Eine vollständigere Abbildung der Teiltonreihe auf dem Kontra-C = 32,7 Hz, das selbst nicht abgebildet ist. Leere Noten bezeichnen Partialtöne, deren Tonhöhe nicht oder nur entfernt mit Tönen der gleichschwebend temperierten Skala übereinstimmt (z. B. der 7., 11., 13. usw. Teilton) und die daher nur ungefähr durch unsere Notation angedeutet werden kann.

[9] Im Deutschen findet man häufig den Begriff „Obertonreihe“ synonym für Teiltonreihe oder harmonische Reihe. Da jedoch leicht Verwirrung dadurch entstehen kann, daß der 1. Oberton dem 2. Teilton (= 2. Ton der harmonischen Reihe) entspricht, der 2. Oberton dem 3. Teilton usw., wird im folgenden einheitlich der eindeutigere Begriff „Teilton“ bzw. „Partialton“ verwendet (A.d.Ü.).

normale Tonleiter passen würden, ja sie erinnern sogar an ein Hornsignal. Zweitens zeigt ein Vergleich der oben genannten Frequenzen mit den in Bild C aufgeführten, daß viele – aber nicht alle – unserer Oszillatortöne sehr nahe bei den Frequenzen der gleichschwebenden Temperatur liegen, nah genug, um sie zulässigerweise mit den gleichen Notennamen bezeichnen zu dürfen: $f_3$ = 330 Hz ≈ 329,6 Hz = e'; $f_5$ = 550Hz ≈ 554,4 Hz = cis'' und so weiter.

Eine Teiltonreihe kann auf jeder beliebigen Frequenz errichtet werden, die dann als ihr **Grundton** (auch: Fundamentalton oder 1. Partialton, 1. Teilton) bezeichnet wird. Die weiteren Töne der Reihe werden als zweiter, dritter, vierter usw. **Partialton** (oder Teilton) bezeichnet. Bild 7.6 zeigt einige Beispiele in ihrer musikalischen Notation; mit Hilfe von Bild C läßt sich jede beliebige Teiltonreihe aufbauen. Wie man in Bild 7.6 sehen oder im Experiment auch hören kann, passen allerdings einige Partialtöne (z. B. der siebte und elfte) einfach nicht in unseren üblichen musikalischen Rahmen, sie fallen sozusagen „zwischen den Tasten" des Klaviers hindurch. Trotzdem sind diese Töne natürlich legitime Mitglieder der Teiltonreihe und akustisch zu beachten. Ihr Fehlen in der chromatischen Skala ist eher ein weiterer Hinweis auf die selbstauferlegte Beschränkung der westlichen Musikkultur hinsichtlich des melodischen und harmonischen Ausgangsmaterials. In Kapitel 18 werden wir uns mit den Gründen hierfür beschäftigen.

Was besagen die anderen Abweichungen? Auch wenn der dritte und fünfte Teilton musikalisch noch eingeordnet werden können, entsprechen sie doch nicht genau den Noten der gleichschwebend temperierten Skala. Welches ist das „richtige" Frequenzverhältnis für das Intervall der großen Terz, $(1{,}05946)^4 = 1{,}2599$ wie in der normalen Skala, oder 5 : 4 = 1,25 : 1, wie es der Teiltonreihe entspricht? – Die Antwort ist davon abhängig, für welchen Zweck das Intervall bestimmt sein soll, welche Anforderung es erfüllen soll. Glücklicherweise akzeptieren unsere Ohren meistens einen relativ weiten Wertebereich für diese Frequenzverhältnisse; auch hier verschieben wir die genauere Diskussion dieser Unterschiede auf Kapitel 18.

Unser Experiment gibt uns auch einen Hinweis auf einen sogar noch wichtigeren Aspekt der Teiltonreihe. Wenn man den gleichzeitigen Klang aller Oszillatoren hört, klingen diese so gut zusammen, daß man glauben kann, einen einzigen Ton zu hören. Unsere Aufgabe im nächsten Kapitel wird es daher sein, die Grundlagen dafür zu erklären, warum die Teiltonreihe eine so bedeutende Rolle spielt. Dies wird uns ein wichtiges Konzept liefern, mit dem wir die nichtharmonische Natur perkussiver Klänge den Teiltonreihen gegenüberstellen, die wir bei allen Instrumenten finden, die gleichmäßige und andauernde Töne erzeugen.

---

Hinweis: Im weiteren wird unter dem Begriff »Teiltonreihe« jeweils – der Umgangssprache entsprechend – eine *harmonische* Teiltonreihe verstanden (d.h. eine solche, deren Teiltonfrequenzen jeweils ganzzahlige Vielfache der Grundtonfrequenz sind), sofern nicht ausdrücklich auf einen abweichenden Sachverhalt hingewiesen wird („*nicht*-harmonische Teiltonreihe") (A.d.Ü.)

---

# Zusammenfassung

Die zeitliche Folge, das Tempo musikalischer Ereignisse muß in Bezug auf unsere Fähigkeiten der Wahrnehmung und Aufführung verstanden werden. Unter Rhythmus verstehen wir das Muster aus betont–unbetonten (laut-leisen, schwer-leichten) Zeitschlägen, das eine organisierende Struktur der Musik in der Zeitachse erzeugt; rhythmische Muster können sowohl durch Intensitätsunterschiede einzelner Noten als auch durch sorgfältige Artikulation wahrnehmbar gemacht werden.

Die Tonhöhen-Abstände zwischen zwei Noten werden als musikalische Intervalle bezeichnet; melodische Intervalle (zusammen mit Rhythmen) ergeben Melodien, und harmonische Intervalle liefern das Rohmaterial für Akkorde, komplexe Harmonien und harmonische Entwicklungen.

Jedes Intervall entspricht einem bestimmten Frequenzverhältnis; die Zahlenwerte dieser Verhältnisse in der gleichschwebend temperierten Skala entsprechen jedoch nur ungefähr denjenigen der Teiltonreihe.

# Symbole, Begriffe, Beziehungen

$f_n = n \cdot f_1$ : Teiltonreihe (Partialtonreihe, Obertonreihe)
Grundton (auch 1. Partialton)
Tempo
Metrum
Rhythmus
Synkope, -ierung
Melodie
Harmonie
Artikulation
Halbton(-schritt)
Ganzton(-schritt)
Intervall
Skala (=Tonleiter)
gleichschwebend temperierte Skala

# Übungsaufgaben

1. Wieviel Zeit verstreicht zwischen einem Schlag und dem nächsten, wenn die Tempoangabe M.M.= 30 lautet? Und wieviel bei M.M.=300? Erläutern Sie die Schwierigkeiten für Spieler und Dirigenten bei solchen Tempi.
2. Entwickeln Sie ein einfaches Experiment, mit dem Sie die schnellste Zeit bestimmen können, in der Sie eine Bewegung des ganzen Arms wiederholt ausführen können, und führen Sie das Experiment durch. Machen Sie dann das gleiche für die am Handgelenk aufgelegte Hand und nochmals für den isolierten Fingeranschlag. Versuchen Sie schließlich zu schätzen, wie schnell ein Pianist aufeinanderfolgende Noten spielen kann, wenn er alle Finger benutzt, und erörtern Sie die Ergebnisse.
3. Wenn aufeinanderfolgende Schläge einen Abstand von 0,4 Sekunden haben, welcher Einstellung des Metronoms entspricht dies? (M.M. = ?)
4. Wie ist es unter Berücksichtigung der durchschnittlichen Reaktionszeiten und der individuellen Abweichungen davon möglich, daß ein Orchester einigermaßen gleichzeitig den Einsatz nach dem Zeichen des Dirigenten zustande bringt? Beantworten Sie die Frage zuerst für die kontinuierlichen Zeitschläge während eines Stückes, und berücksichtigen Sie die gleichmäßig wiederholten Zeichen des Dirigenten. Versuchen Sie dann zu beschreiben, wie der Dirigent das wesentlich schwierigere Problem des allerersten Einsatzes löst.
5. Wie lange braucht der Schall, um 35 m zu-

rückzulegen? Erörtern Sie die Schwierigkeiten, die das Dirigieren von zwei Chören mit sich bringt, welche 35 m voneinander entfernt sein können. Betrachten Sie den Fall, daß das Tempo durch Sechzehntel-Noten bei M.M.= 120 bestimmt wird.

6. Studieren Sie Partituren mit schnellen Passagen in 16tel-Noten, und entfernen Sie (gedanklich) alle Verzierungen und Triller; schätzen Sie dann ab, in welchen Zeitabständen die verbleibenden musikalischen Grundfiguren auftreten. Benutzen Sie eine Fotokopie, auf der Sie die betreffenden Passagen markieren können.
7. Finden Sie zwei oder drei weitere Beispiele für Synkopierung, und prüfen Sie, ob diese mit Abschnitt 7.1 übereinstimmen. Benutzen Sie wieder eine Fotokopie zum Markieren der entsprechenden Passagen.
8. Erörtern Sie, in welchem Ausmaß Ihrer Meinung nach die komplexen rhythmischen Strukturen anderer Musikkulturen die westliche Musik beeinflußt haben und beeinflussen. Nennen Sie beispielhafte Werke, die diesen Einfluß spiegeln.
9. Zeigen Sie unter Benutzung eines Taschenrechners, daß $1{,}10^{12}$ größer als 2 ist und $1{,}05^{12}$ kleiner als 2. Ohne in Kasten 7.1 nachzulesen, versuchen Sie schrittweise Näherungslösungen für die Gleichung $x^{12} = 2$ zu finden, und prüfen Sie dann, ob Ihr Ergebnis mit dem dort genannten übereinstimmt. Ist das Ergebnis eine exakte Lösung?
10. Welchen Noten entsprechen die folgenden Frequenzen: a) 2.093 Hz, b) 587 Hz und c) 311 Hz?
11. Welche sind die jeweils nächstliegenden Noten in der gleichschwebend temperierten Skala zu den folgenden Frequenzen: a) 256 Hz, b) 1.000 Hz, c) 1710 Hz.
12. Welche Frequenz entspricht jeder der folgenden Noten in der gleichschwebend temperierten Skala: a) Kontra-E, b) Fis, c) g'''', d) des.
13. Welche Intervalle werden durch die folgenden Notenpaare gebildet: a) e–g; b) g–e'; c) d–cis'; d) Des–F.
14. Welche Note liegt eine Oktave über e? ... eine reine Quinte über B? ... eine kleine Septime unter b?
15. Welche drei Intervalle sind in dem Akkord c-e-g enthalten, einem Dur-Dreiklang? Welche Intervalle in d–f–a, einem Moll-Dreiklang? Worin besteht der Unterschied?
16. Geben Sie die Namen der nächstliegenden Töne der gleichschwebend temperierten Skala zu den Frequenzen einer Teiltonreihe an, die auf dem Grundton D aufgebaut ist.
17. Zeigen Sie die ersten 12 Partialtöne einer Teiltonreihe auf F in ihren (ungefähren) Entsprechungen als Noten auf dem Liniensystem.
18. Wenn a'' der fünfte Partialton einer Teiltonreihe ist, was ist deren Grundton? b) Was ist der zugehörige Grundton, wenn der neunte Partialton b''' ist?
19. Wenn Sie auf einem in gleichschwebender Temperatur gestimmten Klavier eine Teiltonreihe demonstrieren wollen, welche Partialtöne sind darauf ohne weiteres erzeugbar? Und welche sind nur annähernd, welche gar nicht vorhanden?
20. In der Übungsaufgabe 9 in Kapitel 3 haben Sie gezeigt, daß eine Senkung der Temperatur von 20° auf 8° C die Stimmfrequenz einer Orgelpfeife um ungefähr 2% erniedrigt. Welcher Prozentsatz einer Frequenzänderung entspricht einem Halbton, und um wieviele Halbtöne hat sich dann der Klang der Orgelpfeife geändert?

# Projektvorschläge

1. Interviewen Sie mehrere gute Klavierspieler, Bläser oder Personen, die Schreibmaschinen- bzw. Computertastaturen benutzen, und finden Sie heraus, ob diese die Meinung vertreten, sie würden ihre Fingerbewegungen einzeln kontrollieren oder in Gruppen von automatisierten Abläufen.
2. Ist die Artikulation wichtig für Streich- und Holzblasinstrumente? Sprechen Sie mit Spielern solcher Instrumente; suchen Sie auf Schallplatten Beispiele für die Benutzung von Artikulation.

# 8. Klangspektrum und elektronische Klangsynthese

Auch Kleinigkeiten können faszinierend sein. Jedes Blatt einer Rosenblüte hat seine eigene individuelle Form, Farbe und Textur; im Mikroskop werden seine verzweigten Strukturen und Venen sichtbar. Vielfältige chemische Prozesse bewirken schließlich das Verwelken und Vergehen.

Kleinigkeiten können aber auch ganz schön verwirrend sein. Ließe sich jemals die Bedeutung einer vollständigen Rosenblüte erfassen, wenn man immer nur jeweils ein einzelnes Blatt untersuchen würde? Sicher nicht; denn viel von dieser Bedeutung steckt in den Mustern, in welchen die einzelnen Teile organisiert sind. Es ist sicher besser, zunächst die zusammenfassende Struktur der Blüte und die gemeinsamen Merkmale aller Blütenblätter zu studieren, bevor man die Unterschiede der einzelnen Blätter untereinander untersucht.

In ähnlicher Weise wollen wir uns im folgenden damit beschäftigen, wie Musikinstrumente im einzelnen ihre jeweiligen Klänge erzeugen. Diese werden durch verschiedenartigste Mechanismen erzeugt, und wenn wir einfach mit einem davon anfangen würden – z. B. mit dem der Trompete – , würden wir wahrscheinlich Einzelheiten, die für die Trompete typisch sind, mit generellen und grundlegenden Mechanismen durcheinanderbringen.

Es mag eine kleine Hilfe für den Leser sein, sich den Aufbau der folgenden Kapitel anhand der Frage der Energiezufuhr bei der Klangerzeugung vorzustellen. In Kapitel 9 und 10 werden wir transiente Klänge behandeln, d. h. solche, bei denen die Energiezufuhr nur in einem kurzen Moment durch Zupfen oder Schlagen erfolgt und der anfängliche Klang sofort in seine Abklingphase tritt (also nicht gleichmäßig, sondern von einem Zustand in einen anderen übergehend = transient ist). Wir brauchen dann gewissermaßen nur zu beschreiben, in welcher Weise diese anfangs gelieferte Energie durch die Abstrahlung von Schallwellen wieder abgebaut wird. Gleichmäßig klingende Klänge erfordern hingegen eine kontinuierliche Energiezufuhr, wofür es wiederum verschiedene Möglichkeiten gibt, die leider allesamt – wie das Blasen des Trompeters, das Streichen des Geigers – etwas komplizierter sind; wir werden diese in Kapitel 11 bis 14 behandeln.

Um uns den Einstieg zu erleichtern, werden wir zunächst perfekt gleichmäßige Klänge studieren, die uns nicht mit dem Problem belästigen, wie sie anfangen oder aufhören oder woher sie ihre Energiezufuhr beziehen. Elektronische Oszillatoren können uns genau diese Art von Klängen liefern, und wir können uns bei diesen auf die wesentlichen Eigenschaften gleichmäßigen Klangs konzentrieren, ohne durch zufällige Nebengeräusche der Mechanik usw. gestört zu werden. Und obwohl natürlich auch elektronische Oszillatoren eine ständige Energiezufuhr benötigen, werden wir diese einfach als gegeben voraussetzen und nicht weiter untersuchen, weil die Erklärung der elektrischen Spannungsversorgung außerhalb unserer momentanen akustischen Interessen liegt. Dieses Kapitel ist also auf das Verständnis der sozusagen idealisierten Klangformen gerichtet, wie sie von elektronischen Schaltungen erzeugt werden können; ergänzt wird es durch einen wahlfreien Abschnitt, der kurz in die Terminologie und die Konzepte einführt, die beim praktischen Einsatz von Computern und Synthesizern in der Musik entwickelt wurden.

Um die Bedeutung der zu untersuchenden Einzelheiten erfassen zu können, werden wir in den ersten beiden Abschnitten dieses Kapitels den begrifflichen Rahmen hierfür vorgeben. Wir werden eine wirkungsvolle Methode finden, um scheinbar komplexe Klänge mit den Begriffen der einfachen harmonischen Schwingung zu beschreiben; dieses Konzept des Klangspektrums wird uns durch den Rest des Buches begleiten. Wir werden auch sehen, daß ein wichtiger Zusammenhang zwischen der transienten oder gleichmäßigen Eigenschaft des Klanges und der nichtharmonischen oder harmonischen Zusammensetzung des Klangspektrums besteht.

## 8.1 Ein Prototyp des gleichbleibenden Klangs

Elektronische Oszillatoren sind ideale Quellen gleichbleibender Klänge. Wir können fast alle Details über die Funktionsweise hier außer Betracht lassen, nur zwei Begriffe müssen klar sein: Spannung und Strom. Die *Spannung* (= elektrisches Potential) an jedem Punkt eines elektrischen Schaltkreises entspricht dem Druck bei Schallwellen; eine wechselnde Spannung treibt Elektronen vor und zurück, und deren Bewegung erzeugt einen elektrischen (Wechsel-)*Strom*. Beide gehen immer miteinander verbunden einher, und uns soll diese einfache Erklärung ausreichen, um die zeitlich sich wiederholende Spannungsabgabe eines Oszillators zu verstehen.

Es lassen sich elektronisch auch leicht verschiedene Wellenformen herstellen und als Ausgangsmaterial für die elektronische Musik benutzen. Wir können festhalten, daß jede Wellenform eines elektrischen Signals durch einen (idealen) Lautsprecher in eine akustische Schwingung mit genau der gleichen Wellenform umgewandelt werden kann.

Eine **Sinuswelle** (Bild 8.1a) entsteht, wenn die Elektronen in einem einfachen Schaltkreis in einfacher harmonischer Schwingung hin- und herfließen. Diese Bewegung entspricht weitgehend der mechanischen Bewegung einer Masse an einer Feder, und sie hat eine natürliche Eigenfrequenz, deren bestimmende Größen – der Masse und der Federkraft bei der mechanischen Schwingung entsprechend – als *Induktivität* und *Kapazität* bezeichnet werden. Bei den alten Röhren-Oszillatoren wurde über einen Drehknopf die Kapazität eines Kondensators verändert und damit die gewünschte Eigenfrequenz des Schaltkreises eingestellt; bei modernen digitalen Schaltungen ist die Erzeugung und Kontrolle der Schwingungen etwas komplizierter.

Die **Rechteckwelle** (Bild 8.1b) kann einfach durch das Umschalten eines Schalters erzeugt werden, mit dem die positiven und negativen Anschlüsse an die Stromquelle vertauscht werden, und eine entsprechend schnelle Wiederholung der Umschaltung. Früher wurde dies mit Hilfe von dünnen Metallstreifen realisiert, die hundert- oder tausendmal pro Sekunde hin- und herschwingen können. Heutzutage wird die Schaltung mit Transistoren realisert, die nicht nur genauer eingestellt werden können, sondern auch viel schneller – millionenmal pro Sekunde – schwingen können.

Die **Impulswelle** ist eigentlich eine einfache Anwendung der Rechteckwelle. Ihr *Lastzyklus* (auch: Impulsdauer) besagt, welchen Bruchteil der Schwingungsperiode die Spannung auf einem der beiden möglichen Werte steht. Man kann die Rechteckwelle als eine Impulswelle mit dem Lastzyklus 1/2 bezeichnen. Wenn ein Lautsprecher durch eine Impulswelle angetrieben wird, spielt es für unser Ohr keine Rolle, ob es die Verdichtungen oder die Verdünnungen sind, die länger dauern (Bild 8.1c oder 8.1d).

Die **Dreieck-** und einfachen **Sägezahnwellen** (Bild 8.1e, f) sind extreme Beispiele für eine weitere Familie von Wellenformen, deren Spannung (bzw. der daraus resultierende Schalldruck) eine Zeitlang gleichmäßig ansteigt und dann plötzlich in eine gleichmäßige Abnahme umschlägt, bis beim Minimalwert ein erneutes Umschlagen einen weiteren Zyklus einleitet (Bild 8.1 g, h). Auch hier spielt es für unser Ohr wieder keine Rolle, wenn die Wellenform umgedreht wird.

Eine weitere, elektronisch erzeugbare Signalart ist das *Zufallsrauschen* (Bild 8.1 i).

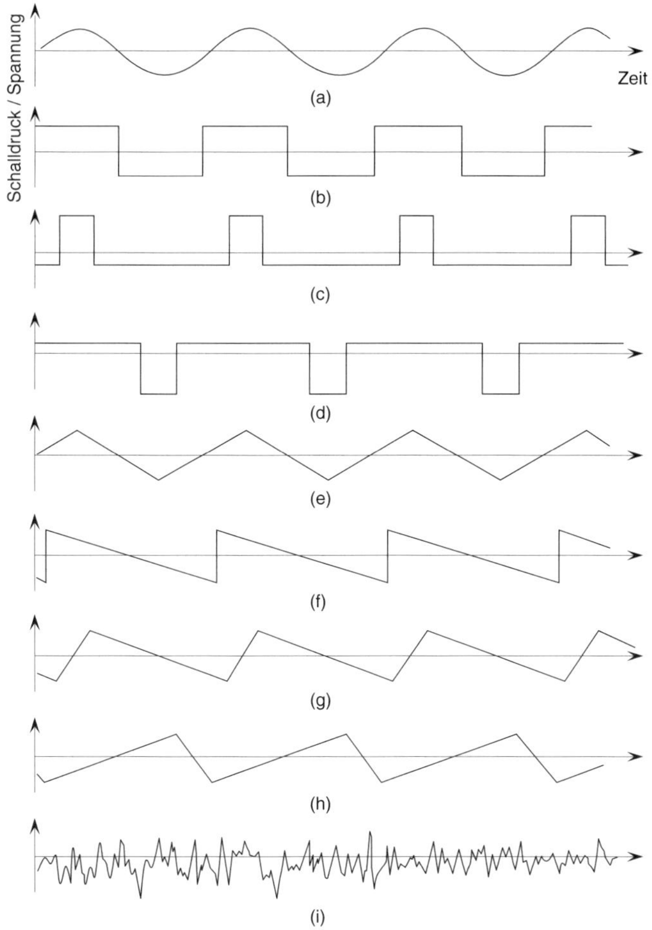


Bild 8.1
Wellenformen, wie sie standardmäßig von elektronischen Oszillatoren erzeugt werden. Man kann sich jede einzelne Linie sowohl als zeitliche Entwicklung der elektrischen Abgabespannung des Oszillators vorstellen, als auch als zeitliche Entwicklung des Schalldrucks direkt an einem idealen Lautsprecher, der durch diese Spannung betrieben wird.
a) Sinuswelle b) Rechteckwelle c) und d): Impulswellen mit 20% Lastzyklus e) Dreieckwelle f), g) und h): Sägezahnwellen; i) Zufallsrauschen.

Dieses unterscheidet sich von allen anderen dadurch, daß sich die Wellenform niemals wiederholt. Sie ist lediglich in dem Sinne gleichmäßig, daß sie für uns als gleichmäßiges Rauschen erscheint. Wir werden dies im nächsten Abschnitt genauer beschreiben.

Müssen wir zahllose Varianten solcher Wellenformen unterscheiden, oder gibt es irgendein Prinzip, auf das sie sich alle zurückführen lassen? Wenn man fragt, welche die einfachste Wellenform ist, fällt die Entscheidung zwischen Sinus- und Rechteckwelle nicht leicht. Hier nützt es uns, wenn wir uns die einfache harmonische Schwingung ins Gedächtnis rufen: Der Massekörper an einer Feder, sicher eins der grundlegendsten beobachtbaren Systeme, zeigt gleichmäßige Sinusschwingungen und nicht die sprungweise Bewegung einer Rechteckwelle. Auch sind die glatten und freundlichen Wellen des freien Ozeans wohl bessere Kandidaten für einfache Beschreibungshilfen als die komplizierten Bewegungen der Brecher am Strand. Und einer der klarsten und reinsten Klänge ist der einer Stimmgabel, deren oszillographische Darstellung einer Sinuswelle sehr ähnlich sieht. Im folgenden Kapitel werden wir weitere und detailliertere physikalische Argumente für die Wahl der Sinuswelle finden; zunächst wollen wir die Ergebnisse aus Überlagerungen von Sinuswellen betrachten.

## 8.2 Periodische Wellen und das Fourier-Spektrum

Eine Welle, deren Form sich unverändert immer wiederholt, wird **periodisch** genannt; die Periode P ist die Zeitdauer, die die Grundform für einen einmaligen vollständigen Durchlauf benötigt, und die Frequenz $f = 1/P$ gibt an, wie oft pro Sekunde diese Wellenform durchlaufen wird. Wir wollen im folgenden nun drei Schritte vollziehen: Zuerst werden wir einfache periodische Wellenformen kombinieren, um so komplexere Formen zu erzeugen; danach werden wir umgekehrt versuchen, komplexere Wellenformen in einfachere zu zerlegen; und schließlich wollen wir die Unterschiede zu nicht-periodischen Wellenformen untersuchen.

Die erste Aufgabe ist relativ leicht: Wir brauchen nur zwei Sinuswellen mit verschiedenen Frequenzen zu nehmen und miteinander zu überlagern. Wird die Überlagerung ebenfalls periodisch sein? – Generell gesehen nicht; wenn die Frequenzen z. B. die Werte $f_1$= 243,72...Hz und $f_2$=539,08...Hz betragen (entsprechende Periodenwerte: $P_1$=4,1031...ms und $P_2$=1,8550...ms) und wir beide Schwingungen exakt zur gleichen Zeit beginnen lassen, werden die beiden Zyklen praktisch niemals wieder zur gleichen Zeit einen Zyklus beginnen, selbst wenn wir sehr lange warten. Die kombinierte Welle ist also nicht-periodisch, wie in Bild 9.6 gezeigt.

Wenn wir aber die Frequenzen sorgfältig auswählen, können wir durchaus periodische Kombinationen erhalten. Ist z. B. $f_1$= 110,00 Hz und $f_2$=440,00 Hz, braucht jeder Zyklus der ersten Welle exakt viermal so lange wie einer der zweiten, um wieder gemeinsam mit einem Zyklus zu beginnen (Bild 8.2a). Es ist aber gar nicht erforderlich, daß beide zur gleichen Zeit starten; wir können eine sog. *Phasenverschiebung* einführen (indem wir eine Welle in der Zeitachse vorwärts oder rückwärts verschieben in Bezug auf die zweite), bei der die Frequenz selbst unverändert bleibt; die dann

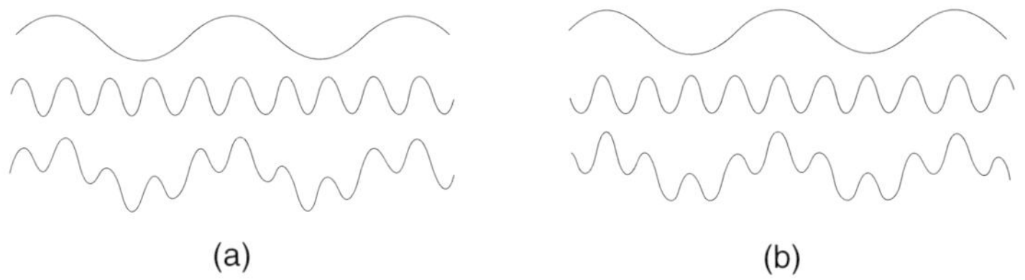


Bild 8.2
Die Überlagerung eines Grundtons und seines vierten Partialtons ergeben bereits eine komplexe Wellenform: a) Beide Wellen beginnen zum gleichen Zeitpunkt mit dem Amplitudenwert Null, d. h. phasengleich; b) der Partialton ist um etwa 1/4 der Schwingungsperiode zeitlich zurückversetzt (=phasenverschoben um 25%), wodurch sich eine andere Wellenform ergibt.

entstehende kombinierte Welle hat zwar eine ganz andere Form, aber nach wie vor die gleiche Periode (Bild 8.2b).

Wir könnten ebensogut irgendein anderes Verhältnis als 4 : 1 nehmen, solange nur beide Wellen jeweils eine bestimmte und vollständige Zahl von Perioden in der gleichen Zeit durchlaufen. Ebenso können wir auch mehr als zwei Wellen überlagern und ein periodisches Resultat erhalten, solange alle Einzelwellen ein vollständiges Perioden-Vielfaches in der gleichen Zeit aufweisen. Der allgemeinste Fall besteht darin, daß die erste Welle einen Zyklus durchläuft, während die zweite zwei Zyklen, die dritte drei, die vierte vier usw. durchläuft, alle in der gleichen Zeitspanne. Wenn also gilt: $f_2=2 \cdot f_1$, $f_3=3 \cdot f_1$, $f_4=4 \cdot f_1$, ... bis $f_n=n \cdot f_1$, dann ist die Kombination oder Überlagerung all dieser Einzelwellen immer noch periodisch mit der Periode $P=1/f_1$ (Bild 8.3). Diese Folge von Frequenzen ist aber nichts anderes als die Teiltonreihe!

Eine allgemeine Formulierung dieser Ausssage macht klar, warum die Teiltonreihe so wichtig ist:

**Jede Auswahl von Sinuswellen, deren Frequenzen eine Teiltonreihe bilden, ergibt in der Überlagerung eine periodische komplexe Welle, deren Wiederholungsfrequenz mit derjenigen des Grundtons übereinstimmt. Dabei können die Einzelwellen beliebige Amplitudenwerte und beliebige Phasenverschiebungen aufweisen und dadurch die Form der komplexen Welle beeinflussen.**

Da sich eine periodische Wellenform ständig und unterschiedslos wiederholt, ist der kombinierte Klang einer Teiltonreihe gleichmäßig. Man könnte an dieser Stelle fragen, ob es irgendeine periodische Welle gibt, die *nicht* in dieser Weise kombiniert, d. h. konstruiert werden könnte, und tatsächlich gibt es keine derartige Ausnahme.

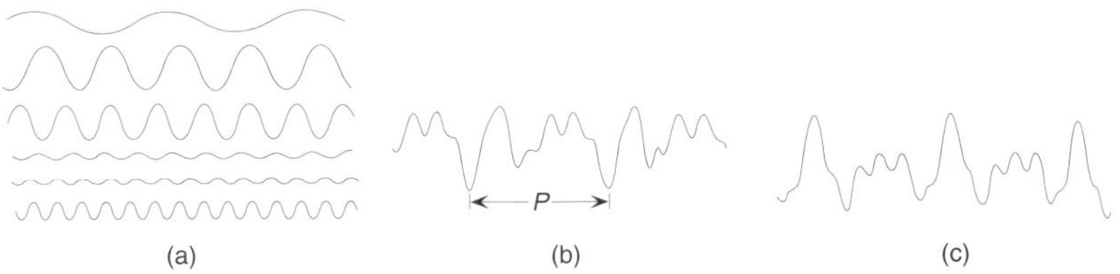


Bild 8.3 a) Beliebig gewählte Amplituden und Phasen eines Grundtons und seines 2. bis 6. Teilltons; b) die sich aus der Überlagerung der 7 Wellen ergebende komplexe Wellenform; c) eine Überlagerung der gleichen 7 Wellen ergibt diese völlig veränderte Wellenform, wenn der 3. und 6. Teilton um 180° (d. h. um eine halbe Periode) phasenverschoben werden.

Es ist eine fantastische Sache, daß wir dieses ganze Konzept einfach umdrehen und in der anderen Richtung anwenden können: Wir können jeden periodischen Klang – periodisch, d. h. also gleichmäßig andauernd – nehmen und ihn in sinusoidale Komponenten zerlegen, gleichgültig, wie komplex seine Wellenform sein mag. Die einzigen Sinuswellen, die wir brauchen, sind die, die die Teiltonreihe formen und daher alle die gleiche Periodizität wie die komplexe Wellenform haben:

**Jede beliebige Wellenform mit der Periode *P* kann aus einer Überlagerung von Sinuswellen gewonnen werden, deren Frequenzen eine Teiltonreihe bilden mit $f_1=1/P$. Jede Sinuswelle muß die Amplitude und relative Phase aufweisen, die aus der Form der komplexen Welle abgeleitet werden kann.**

Es gibt handfeste und schöne Beweise für diesen Satz; unglücklicherweise bewegt sich die dafür erforderliche Mathematik oberhalb des Grades, den wir für dieses Buch zulassen wollten. Aber vielleicht haben Sie schon gelegentlich von der Fourier-Transformation gehört, auf die sich dieser Satz bezieht, benannt nach dem französischen Physiker, der sie anfangs des 19. Jahrhunderts entwickelte. Die Überlagerung oder Addition von Sinuswellen, um daraus komplexe Wellenformen zu erzeugen, wird daher auch als *Fourier-Synthese* bezeichnet; die Zerlegung komplexer Wellenformen in ihre sinusoidalen Bestandteile wird *Fourier-Analyse* genannt. Die Zusammensetzung der Sinuswellen-Amplituden, die in einer komplexen Wellenform vorhanden sind, wird als *Fourier-Spektrum* (oder auch einfach als Spektrum) bezeichnet und eine einzelne Sinuswellen-Komponente auch als Fourier-Komponente. Wir werden ab jetzt den Begriff *Spektrum* verwenden, um damit die Zusammensetzung der Sinuswellen-Komponenten eines Klanges, sein *Klangfarbenspektrum,* zu bezeichnen.

Es ist darüberhinaus auch möglich, nichtperiodische Wellen als Summe von Fourier-Komponenten darzustellen; dann erhalten wir an Stelle des oben aufgeführten ersten Satzes jenen für Synthese:

**Jede Auswahl von Sinuswellen, deren Frequenzen *keine* harmonische Teiltonreihe bilden, ergibt in der Überlagerung eine nicht-periodische komplexe Welle, die auf die eine oder andere Art und Weise unrein und ungleichmäßig klingt.**

Und der zweite Satz muß entsprechend lauten:

**Jede beliebige *nichtperiodische* Wellenform kann aus einer Überlagerung von Sinuswellen gewonnen werden, deren Frequenzen nicht zu einer Teiltonreihe gehören. Jede Sinuswelle muß die Amplitude und relative Phase aufweisen, die aus der Form der komplexen Welle abgeleitet werden können.**

Die Aussage, daß die Frequenzen nicht zu einer harmonischen Teiltonreihe gehören, läßt zwei Möglichkeiten zu: Eine ist, daß einige Frequenzen dazu gehören wie z. B. 243,72, 539,08, 647,92... Hz usw., die nicht Vielfache einer einzigen Zahl sind; dies ist genau der Fall, den wir für die Beschreibung transienter Klänge von Schlagzeuginstrumenten in Kapitel 9 brauchen werden. Die zweite ist ein sog. kontinuierliches Spektrum, bei dem praktisch jede Frequenz vorkommt; und dieser Fall gilt für alle rauschhaften Klänge bzw. Geräusche.

Vielleicht ist Ihnen die Ausdrucksweise im letzten SATZ aufgefallen, daß die Amplitude „...aus der Form der komplexen Welle abgeleitet werden kann“. Dies heißt, daß eine exakt definierte Rechenprozedur existiert, die immer funktioniert: Sie zeigen mir eine komplexe Wellenform, geben mir ausreichend Zeit für die Berechnung, und ich leite daraus alle Amplituden- und Phasenwerte für deren Spektrum ab. Glücklicherweise reicht es für uns Nichtmathematiker aus zu wissen, daß diese Methode existiert; wir brauchen sie nicht selbst auszuführen.

Es gibt noch einen weiteren Weg zur Bestimmung des Spektrums: Sie können (für ein paar tausend Mark) elektronische Geräte kaufen, sog. Fourier-Analyzer. Man füttert eine komplexe Wellenform hinein und erhält im Handumdrehen eine Spektralanalyse, entweder als Listenausdruck oder in Form einer visuellen Darstellung. Manche dieser Geräte sind einfach Spezialcomputer, die für die enorme Rechenarbeit maßgeschneidert sind und uns monatelange Arbeit mit Papier und Bleistift ersparen. Wir können etwas besser verstehen, was diese Dinger tun, wenn wir an die älteren Frequenzanalyser denken, die im Prinzip aus schmalbandigen einstellbaren Filterbänken bestehen. Für jede Einstellung filtern sie die meisten Frequenzen aus und erlauben nur den innerhalb eines schmalen Frequenzbereichs liegenden den Durchgang. Der Amplitudenpegel des durchgelassenen Frequenzbereichs wird auf einem Oszilloskop dargestellt (Bild 8.4) und repräsentiert somit die Amplitude der jeweiligen Fourier-Komponente mit der Frequenz der aktuellen Filtereinstellung. Wenn man die Filtereinstellung schrittweise elektronisch variiert, erhält man nacheinander die Amplitudenwerte der einzelnen Komponenten.

Aber auch ohne die Hilfe von elektronischen Helfern oder mühevollen Rechnungen können wir nützliche qualitative Aussagen über Fourier-Komponenten

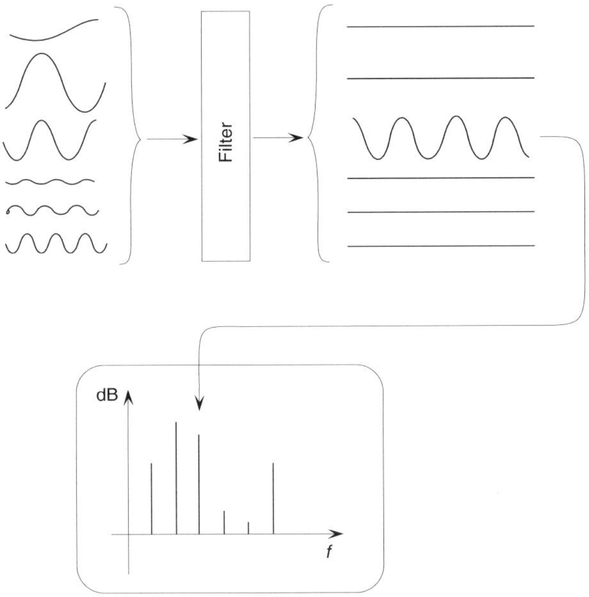


Bild 8.4 Die Eingabe der komplexen Wellenform aus Bild 8.3 in einen Spektrum-Analyzer ist gleichbedeutend mit dem Anlegen eines Filters, der jeweils immer nur eine Frequenz durchläßt. Die Stärke des Signals am Filterausgang dient zur Steuerung eines Oszilloskops (oder des Stiftes einer Meßwertwalze); wenn nun der Filter nacheinander auf alle Frequenzen eingestellt wird, ergibt sich in der Überlagerung die Darstellung des Spektrums der Wellenform.

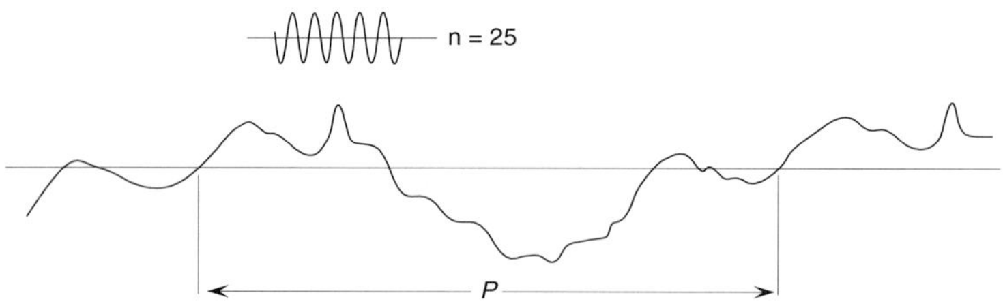


Bild 8.5
Eine komplexe periodische Wellenform mit einem schmalen Sub-Peak (=sekundärer Spitzenamplitudenwert), der als Folge des 25.Teiltons im Spektrum mit sehr starker Amplitude auftritt.

treffen. Die Stärke jeder Komponente ist ein Maß für den Grad, in dem die komplexe Welle sich wie die Komponenten-Welle verhält. Wenn unsere komplexe periodische Wellenform sich sehr allmählich und weich verändert (wie die resultierende Welle in Bild 8.2), dann müssen in den meisten Fällen nur die ersten Partialtöne relativ stark vorhanden sein. Weist die komplexe Wellenform dagegen rasche Schwankungen und Spitzen auf, so müssen Komponenten mit starken Schwankungen vorhanden sein. Betrachten wir z. B. eine Wellenform mit der Periode 10 ms, die einen sekundären Spitzenausschlag (Sub-Peak) aufweist, der lediglich die Dauer 0,2 ms hat. Wir können daraus ableiten, daß im Spektrum eine starke Partialton-Komponente vorhanden sein muß, die eine halbe Schwingung in etwa 0,2 ms (oder eine ganze in 0,4 ms) durchläuft. Das ist nur 1/25 von 10 ms, so daß das Spektrum der Welle beim 25. Partialton sehr starke Amplituden haben muß (Bild 8.5). Plötzliche Sprünge wie in idealen Rechteckwellen (Bild 8.1b) erfordern dagegen, daß die Stärke (=Amplitude) der Partialtöne allmählich und gleichmäßig mit n abnimmt.

Jede der Wellen, die wir zu Beginn des Kapitels beschrieben, hat ein spezifisches Spektrum, das in Bild 8.6 dargestellt ist. Einige Eigenheiten daran sind bemerkenswert: Jede Wellenform, deren zweite Hälfte eine gespiegelte ungefähre Wiederholung der ersten Hälfte ist, erfordert eine ausschließliche Zusammensetzung aus den ungeraden Partialtönen der Teiltonreihe; jede Welle, die nicht diese Symmetrie aufweist, muß zumindest ein paar der geradzahligen Partialtöne im Spektrum haben. Weiter: Je glatter die Wellenform ist oder je allmählicher sie sich ändert, umso schneller nehmen die Amplituden der Partialtöne mit zunehmendem n ab. Und schließlich: Zufallsrauschen (das nichtperiodisch ist) kann nicht durch eine Teiltonreihe repräsentiert oder erzeugt werden, es erfordert vielmehr die Überlagerung von Sinuswellen *aller* Frequenzen.

Diese Ausdrucksweise erleichtert es etwas, zwischen verschiedenen Arten von Zufallsrauschen zu unterscheiden. *Weißes Rauschen* ist als Rauschen definiert, bei dem alle Frequenzen gleiche Amplitudenwerte haben (Bild 8.6 i); dies ist das Rauschen, das Sie auch zwischen zwei Radio- oder Fernsehsendern hören. Da dieses zischende Geräusch starke hochfrequente Anteile enthält, ist es ziemlich störend und ermüdend zu hören. Elektronische Synthesizer lassen daher oft eine alternative Umschaltung auf *Rosa-Rauschen* zu (Bild 8.6j), das die gleiche *Energie*-Summe pro jedem Oktavband enthält. Dies führt uns wieder auf die Wellenanalogie zurück; jedes

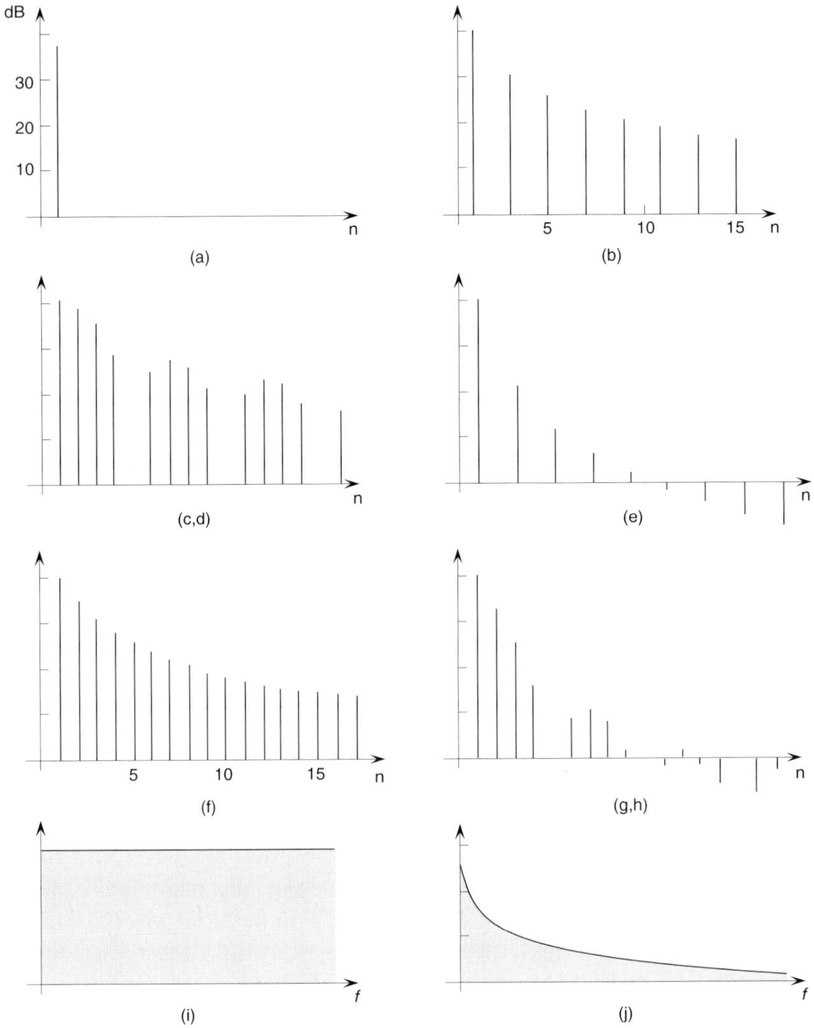


Bild 8.6 Die Klangspektren der Wellenformen aus Bild 8.1, dargestellt als Energiewerte der Fourier-Komponenten. Die Wahl des Nullpunktes auf der Dezibel-Skala ist willkürlich und hat keine physikalische Bedeutung. a) Die Sinuswelle besitzt nur einen Grundton. b) Die Rechteckwelle enthält nur ungeradzahlige Partialtöne, deren Amplituden $A_n$ proportional zu 1/n und deren Energie proportional zu $1/n^2$ sind; dies kann auch als Energieabnahme um 6 dB pro Oktave ausgedrückt werden. c) und d) Die Impulswelle schließt alle Partialtöne ein außer den Reziprokwerten des Lastzyklus' (hier 1/0,2=5) und dessen Vielfachen. e) Die Dreieckswelle weist ebenfalls nur ungeradzahlige Partialtöne auf, wobei deren Amplituden jedoch um $1/n^2$ abnehmen und deren Energie um 12 dB pro Oktave, doppelt so schnell wie bei der Rechteckwelle. f) Die einfache Sägezahnwelle enthält sowohl gerade als auch ungeradzahlige Partialtöne mit Amplitudenwerten proportional zu 1/n. g) und h): Die allgemeine Sägezahnwelle hat gerade und ungerade Komponenten; in diesem Beispiel fehlt jede fünfte Komponente (=Teilton) aufgrund des 20%gen Lastzyklus'. i) Weißes Rauschen hat für alle Frequenzen die gleichen Amplitudenwerte. j) Beim Rosa-Rauschen sind die tiefen Frequenzen verstärkt, die höheren nehmen um 3 dB pro Oktave ab.

Streifenbändchen eines Regenbogens stellt eine Lichtwelle mit reiner Spektralfarbe dar, d. h. eine Sinuswelle mit einer Frequenz. Eine Mischung all dieser Sinuswellen (ein kontinuierliches Spektrum, nicht eine Teiltonreihe) ergibt *weißes Licht.*

Als weitere Beispiele wollen wir die realistischen Wellenformen aus Bild 2.5 betrachten; die ihnen zugehörigen Spektren sind in Bild 8.7 dargestellt, dort als Meßergebnis eines Fourier-Analyzers. Wir werden in den nächsten Kapiteln ähnliche Darstellungen benutzen, um daran zu verdeutlichen, was physikalisch hinter der Klangfarbe verschiedener Instrumente steckt.

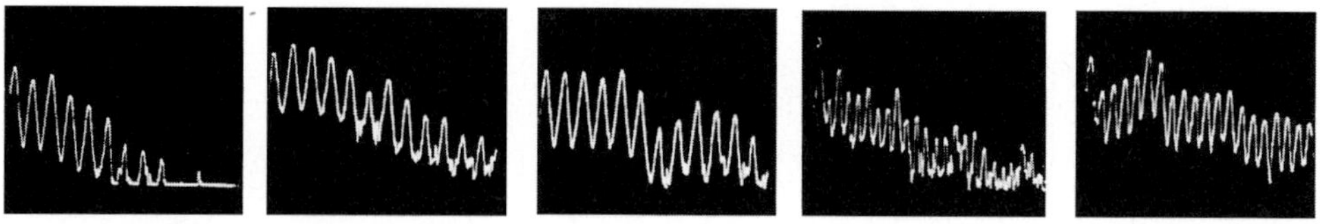

Bild 8.7 Spektralmessungen (entsprechend Bild 2.5) für a) Flöte, b) Trompete, c) Saxophon, d) Violine, alle jeweils beim Erklingen des Tons a', d.h. mit dem Grundton $f_0$=440 Hz; e) Fagott mit Ton A, $f_0$=110 Hz. Die jeweils erste Spitze links ist eine Nullmarkierung, so daß z. B. beim Fagott die stärkste Spitze den 5. Teilton darstellt. Der Spektralbereich reicht bis 5 kHz bei a), b) und c); bis 10 kHz bei d) und bis 2 kHz bei e); in den meisten Fällen sind jedoch noch weitere Teiltöne bei höheren Frequenzen vorhanden. Die Spitzen haben keine scharf begrenzten Werte (wie in Bild 8.6) wegen der grundlegenden Beschränkungen der Meßgenauigkeit.

Vielleicht wundern Sie sich schon, warum wir ständig über Fourier-Komponenten und deren Amplituden und Energieanteile reden, aber kaum ein Wort über die jeweiligen Phasen verlieren. Dies hat seinen Grund darin, daß unsere Ohren bei gleichbleibenden Klängen hauptsächlich auf die Amplituden reagieren und nahezu unempfindlich für Phasenunterschiede sind – eine Aussage, die auch als **Ohm'sches Gesetz** bekannt ist. Praktisch heißt dies, daß Sie beim Anhören der zwei komplexen Wellenformen aus Bild 8.2 keinerlei Unterschied hören würden. Ebenso sind die zwei Wellenformen aus Bild 8.3b und 3c für das Ohr ununterscheidbar. Das Ignorieren der Phasenverhältnisse bei der Zusammensetzung komplexer Klänge ähnelt ein bißchen dem Kochrezept für ein Gemüse-Stew: Es ist lediglich wichtig, wieviel von jeder Gemüsesorte in den Topf wandert, aber völlig gleichgültig, in welcher Reihenfolge oder zu welchem Zeitpunkt. (Um korrekt zu sein, müssen wir anmerken, daß das Ohm'sche Gesetz ein paar kleine Lücken hat, aber für die meisten praktischen Zwecke ist es zutreffend. Die Frage, *warum* unsere Ohren sich so verhalten, schieben wir bis zum Kapitel 17 auf).

Wir können nun unsere ziemlich allgemeinen Aussagen über die Abhängigkeit der Klangfarbe von der Wellenform aus Abschnitt 6.3 etwas präzisieren: Jede periodische Wellenform hat das ihr entsprechende (Klang-)Spektrum, und es ist dieses Spektrum, das die Klangfarbe festlegt, da unser Ohr gemäß dem Ohm'schen Gesetz fast ausschließlich auf diesen Aspekt (die Amplitudenwerte der Frequenzen) der Wellenform reagiert. Völlig verschieden aussehende Wellenformen können das gleiche Spektrum aufweisen (mit Phasenunterschieden der Partialtöne), weswegen es sinnvoller ist zu sagen, daß die Klangfarbe ausschließlich durch das Spektrum definiert wird. (Wenn Sie wollen, können Sie in Bild 6.9 sogar das Wort *Wellenform* durchstreichen und durch *Spektrum* ersetzen.)

## 8.3 Modulierte Klänge

Was aus dem letzten Abschnitt ist nun eigentlich für akustische Musikinstrumente von Bedeutung? Schließlich produzieren diese ja in der Praxis keine gleichbleibenden Töne, sondern weisen solche Komplikationen wie Übergänge und Vibrato auf. Wir wollen letztere Effekte deshalb untersuchen, wiederum zunächst in der idealisierten Form, wie sie durch elektronische Oszillatoren erzeugbar ist.

Die einfachste Form von Ungleichmäßigkeit in einem Klang ist eine Amplitudenveränderung bei ansonsten gleichbleibendem Klangcharakter. Wenn das als Ab- und Zunahme wiederholt geschieht, erhalten wir Wellenformen wie in Bild 8.8, und wir sagen, daß solche Wellen eine Amplituden-Modulation aufweisen, abgekürzt AM. Wenn der Modulationsprozess gleichmäßig wiederholt wird, weist der modulierte Klang eine gewisse Gleichförmigkeit in seiner andauernden Pulsation auf.

Manche Oszillatoren haben zusätzliche Schaltkreise, mit denen die Amplitude ihrer Wellenform durch eine angelegte zweite Spannung anstatt durch einen Schalter kontrolliert werden kann. Wenn diese zweite Spannung vom Ausgang eines anderen Oszillators abgenommen wird, erhalten wir eine sich ständig wiederholende Amplitudenmodulation der ersten Wellenform (die in der Rundfunktechnik als Träger bezeichnet wird). Sowohl Träger als auch Modulationswelle können Sinuswellen oder beliebige andere Wellen sein.

Die handelsüblichen Mittelwellen-Radios benutzen Trägerfrequenzen von ungefähr 1 MHz, die durch Mikrofonsignale im Audio-Frequenzbereich bis zu 5 kHz moduliert werden. Die Modulation stellt gewissermaßen eine Art der Kodierung dar: Das Radiogerät kann sich auf die Trägerfrequenz einstimmen, daran die Modulation „ablesen" und mit den abgelesenen Schwankungen das Klangsignal reproduzieren, das im Sendestudio mit dem Mikrofon aufgenommen wurde.

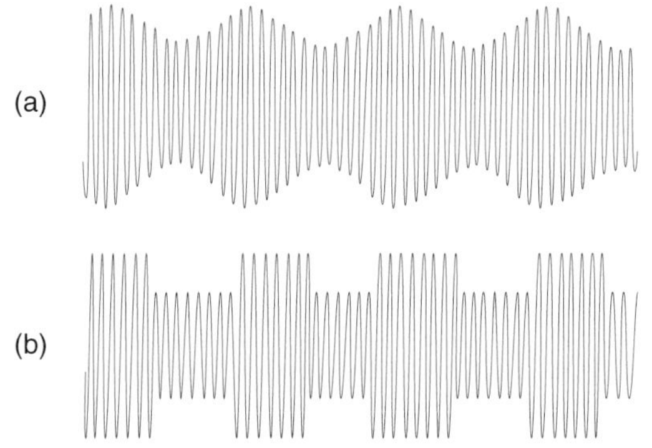


Bild 8.8
Amplituden-Modulation, abgekürzt AM. a) Eine Sinuswelle als Träger, moduliert durch eine zweite Sinuswelle. b) Dreieckswelle als Träger, moduliert durch eine Rechteckwelle.

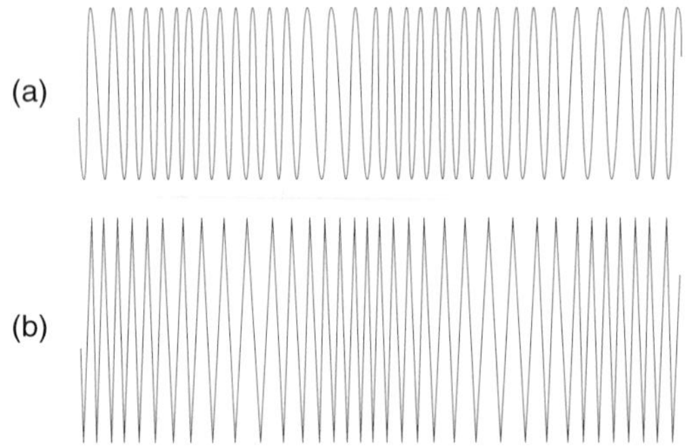


Bild 8.9
Frequenz-Modulation, abgekürzt FM. a) Eine Sinuswelle, moduliert durch eine Sägezahnwelle; b) eine Dreieckswelle, moduliert durch eine Sinuswelle.

Gleichmäßige Schallwellen im hörbaren Bereich können ebenfalls als Trägerwellen dienen; Amplitudenmodulation mit Frequenzen im sub-hörbaren Bereich (besonders zwischen 1 und 10 Hz) bewirken dann den Effekt, der von Musikern als **Tremolo** bezeichnet wird und bei dem die Lautstärke regelmäßig zu- und abnimmt, während die Tonhöhe und Klangfarbe unverändert bleiben. Das Tremolo ist erstens durch die Rate (= die Frequenz der modulierenden Welle) und zweitens durch die Stärke (=Modulationstiefe oder prozentuale Änderung der Amplitude) definiert.

Eine andere Art sich wiederholender Schwankungen, die oft auf Wellenformen angewandt wird, ist die Frequenz-Modulation (FM), dargestellt in Bild 8.9. Wiederum ist es bei entsprechend konstruierten Oszillatoren möglich, die *Frequenz* durch eine zweite angelegte Spannung anstatt durch einen Regler zu bestimmen, so daß FM einfach durch Anlegen der Ausgangsspannung eines zweiten Oszillators an den entsprechenden Eingang erhalten werden kann.

Bei unseren Radios werden für die FM-Bereiche UKW-Trägerfrequenzen um 100 MHz herum verwendet, und die Modulationsfrequenzen können bis zu 15 kHz betragen. FM ist also einfach eine alternative Methode, um Information in eine Trägerwelle hinein zu kodieren, die einen entsprechend konstruierten Empfänger erfordert, der diese Information wieder aus dem modulierten Signal herausliest und damit das ursprüngliche Audio-Signal im Wohnzimmer reproduzieren kann.

Gleichmäßige Schallwellen im hörbaren Bereich können auch hier als Trägerwellen dienen; die Frequenzmodulation mit Frequenzen im sub-hörbaren Bereich (besonders zwischen 1 und 10 Hz) bewirken dann den Effekt, der als **Vibrato** bezeichnet wird und bei dem die Tonhöhe regelmäßige Schwankungen aufweist. Das Vibrato ist ebenfalls durch die Rate (Frequenz der modulierenden Welle = wie oft die Tonhöhenschwankung geschieht) und zweitens durch die Stärke (=Modulationstiefe, hier die prozentuale Änderung der Tonhöhe) definiert. Geiger spielen meistens ein Vibrato mit einer Rate von 5 bis 7 Hz und einer Tonhöhenabweichung von circa 0,2 Halbtönen nach unten und oben.

* Bei der Frequenz-Modulation einer Sinuswelle durchläuft die Frequenz einen Bereich, der um die ursprüngliche Trägerfrequenz nach oben und unten herum liegt. Das Fourier-Spektrum der modulierten Welle muß also alle Frequenzen innerhalb dieses Bereichs enthalten. Weiterhin ist es so (obwohl

nicht so offensichtlich), daß auch bei der Amplitudenmodulation Fourier-Komponenten mit geringfügig abweichenden Frequenzen auftreten müssen. Man kann das in exakten Formeln beschreiben, aber für unsere Zwecke genügt die Aussage, daß *jede* Art von geringfügiger Modulation, auf beliebige Wellenformen angewandt, den Effekt hat, daß jede originale Frequenz der Trägerwelle über einen gewissen Frequenzbereich „verschmiert" wird, dessen Weite ungefähr dem Zweifachen der modulierenden Frequenz entspricht (Bild 8.10). Während der folgenden Kapitel müssen alle Aussagen über die Spektren verschiedener Instrumente in diesem Lichte gesehen werden – d. h. daß, wenn ein Instrument mit Tremolo oder Vibrato gespielt wird, jede Fourier-Komponente über einen gewissen Frequenzbereich verschmiert wird.

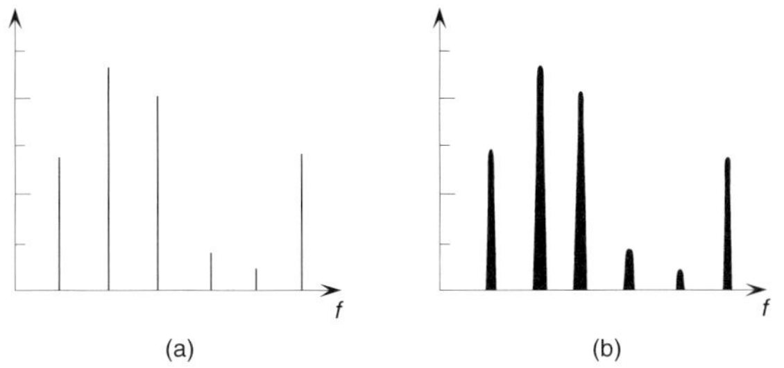


Bild 8.10
a) Das Spektrum der unmodulierten komplexen Wellenform aus Bild 8.3. b) Bei einer Modulation dieser Welle wird aus jeder Einzelkomponente ein verschmierter Bereich von Frequenzen, dessen Weite durch die Modulationsfrequenz bestimmt wird. Im Bild ist der Fall einer Modulationsfrequenz gezeigt, die ungefähr ein Zehntel der Trägerfrequenz beträgt.

Die Möglichkeit der Modulation von Klängen ist von eminenter Bedeutung für die elektronische Musik. Ohne Tremolo- und Vibrato-Effekt würden elektronische Klänge zu leblos und artifiziell klingen und könnten das Interesse des Hörers nicht lange wach halten.

Eine weitere wichtige Modifikation von elektronischen Klängen ist die Erzeugung von Übergängen. Ein guter Synthesizer erlaubt die Gestaltung eines Klangverlaufs in vier Phasen oder Übergängen, die (auch im Deutschen) als ADSR-Regelung bezeichnet werden: Attack – Decay – Sustain – Release, übersetzt: Einschwing-, Dämpfungs-, Aushalte- und Ausklingphase. Durch vier Dreh- oder Schieberegler kann jede Phase einzeln geregelt werden (Bild 8.11).

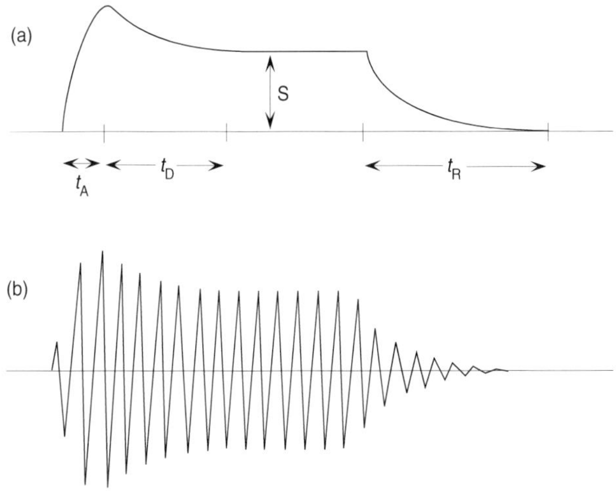


Bild 8.11
a) Die Amplituden-Hüllkurve, wie sie durch eine ADSR-Regelung eingestellt werden kann: $t_A$= Attack-Zeit (Einschwingdauer), $t_D$ = erste Dämpfungsdauer (Decay), S = Sustain-Pegel (Aushalt-Pegel für den stationären Bereich des Klangs), $t_R$= Release-Zeit (Ausklingdauer). b) Eine Dreieck-Trägerwelle nach der Modulation durch die Amplituden-Hüllkurve aus a).

# *8.4 Elektronische und Computer-Musik

Die Entwicklung von integrierten Schaltungen (IC, Integrated Circuit) in den 60er Jahren hatte zur Folge, daß in den 70er Jahren elektronische Musiksynthesizer eine erste weite Verbreitung fanden. Die folgende Entwicklung der digitalen Technik – mit dem weltweiten Erfolg des Personalcomputers – hatte eine zweite Generation von Synthesizern in den 80er Jahren zur Folge, die sich zwar technisch von der vorhergehenden unterschied, deren Konzeption hinsichtlich der Grundlagen der Klangerzeugung und -beeinflussung aber im wesentlichen unverändert blieb.

Einige der Module, aus denen ein Synthesizer besteht, sind praktisch kleine eigenständige Instrumente, die eine Stimme zum Gesamtklang beitragen, wie z. b. ein Sinus- oder Rechteckwellenoszillator. Durch wieder andere Module werden diese Stimmen kombiniert oder verändert, etwa durch Filter- oder Verstärker-Schaltungen. Bei älteren Synthesizern ist diese modulare Bauweise oft auch äußerlich zu erkennen, teilweise sogar die Kabel und Steckfelder, mit denen die Module variabel miteinander verbunden werden. Bei kleineren, auf Massenabsatz hin konzipierten Geräten wurden diese verwirrenden Schaltungen vereinfacht und ins Innere verlegt und durch Schalter von außen bedient (Bild 8.12).

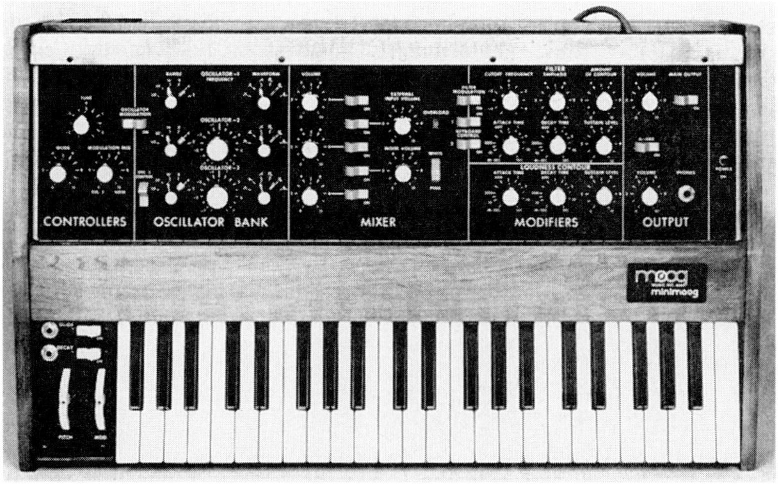


Bild 8.12 Ein kleiner tragbarer analoger Synthesizer aus den späten 60er Jahren, auf dem die Baugruppen gut zu erkennen sind (mit frdl. Genehmigung der Fa. Moog Music Inc.)

Diese Zusammenfassung von Schaltungen macht erst die Erzeugung elektronischer Klänge in vertretbarer Zeit möglich, denn es wäre sehr zeitraubend, wenn man jedes winzige Detail einer Klangsequenz durch Kabelverbindungen, Dreh- und Kippschalter einstellen müßte. Mit den Kontrollsignalen, die wir an einem Oszillator einstellen, können wir die Parameterwerte eines zweiten Oszillators steuern. So würde zum Beispiel ein Spannungs-gesteuerter Oszillator (englisch *Voltage-Controlled Oscillator*

= *VCO*[10]) alleine nur einen perfekt gleichmäßigen Ton erzeugen. Er kann jedoch von einem zweiten Oszillator ein Signal als Input empfangen, das seine Frequenz derart steuert, daß der Klang ein Vibrato erhält; oder von einem Attack-Generator einen Impuls, der jede Note mit einem kurzen Glissando anfangen (und beenden) läßt. Ebenso kann er aufeinanderfolgende Spannungswerte von einem Keyboard empfangen (wobei jeder Spannungswert einer Taste des Keyboards entspricht und so die zugeordneten Tonhöhen erzeugt) oder von einem Sequenzer-Gerät, das eine Folge solcher Spannungen speichert und reproduziert (womit eine Melodie reproduziert werden kann), oder mehrere solcher Eingangsspannungen gleichzeitig.

In entsprechender Weise kann ein *spannungs-gesteuerter-Verstärker*, neudeutsch-englisch ein Voltage Controlled Amplifier oder VCA, durch einen Oszillator gesteuert werden, um ein Tremolo zu erzeugen, oder durch eine ADSR-Schaltung, um Klangübergänge zu steuern; oder auch durch einen Sägezahn-Oszillator mit sehr niedriger Frequenz, wodurch langsame crescendi oder decrescendi möglich werden. Spannungsgesteuerte Filter (englisch: Voltage Controlled Filter, VCF) sind ebenso verwendbar; durch Steuerung der Filtereinstellung durch einen anderen Oszillator oder (häufiger) durch eine ADSR-Schaltung können wiederholte Klangfarbenänderungen oder Klangfarbenübergänge des Signals erzeugt werden, das durch den Filter geschickt wird. Wenn das gleiche Steuersignal sowohl an einen VCA als auch einen VCF in einer Tandemanordnung angelegt wird, können scheinbar leblose elektronische Klänge wesentlich interessanter gestaltet werden; wir werden in späteren Kapiteln noch sehen, daß die meisten akustischen Instrumente ebenfalls ihr Klangspektrum verändern, wenn sie lauter oder leiser gespielt werden. Das Fehlen dieser Eigenschaft ist einer der wesentlichen Gründe für die oft beklagte Klangsterilität vieler einfacher Synthesizer.

Ein weiteres wichtiges Konzept ist das im englischen als *nested control* bezeichnete (deutsch nur schlecht als „gekoppelte" oder „schleifenartige Kontrolle" übersetzbar). All die bisher genannten Steuerungsmöglichkeiten erlauben doch immer nur eine relativ eingeschränkte Kontrolle der erzeugten Klänge. Jedoch kann ein Oszillator ja beides gleichzeitig tun: durch Spannungssteuerung einen anderen Oszillator steuern, dabei aber gleichzeitig selbst durch einen dritten Oszillator gesteuert werden. Hat man z. B. drei Oszillatoren X, Y, Z, so könnte X Y steuern und Y wiederum Z; stellt man X auf 0,2 Hz, Y auf 8 Hz und Z auf 440 Hz, so erhält man als Ergebnis einen Kammerton a mit 440 Hz und einem Vibrato, wobei die Vibrato-Rate in einem Zyklus von 5 s jeweils langsamer und schneller wird.

Durch diese Form vernetzter Kontrolle läßt sich die Zahl möglicher Klangeffekte enorm steigern; wenn man durch einfache Kontrolle 10 Effekte erhielte, so würde eine Zweier-Vernetzung schon 100 Effekte, eine Dreier-Vernetzung schon 1.000 mögliche Effekte liefern usw. Selbst wenn drei Viertel aller Kombinationsmöglichkeiten keine sinnvollen Ergebnisse liefern, verbleibt doch eine fast unendliche Zahl möglicher Klangergebnisse.

10 Da auch im deutschsprachigen Raum die englischen Bezeichnungen und insbesondere deren Abkürzungen verwendet werden, sind sie hier und im folgenden jeweils angegeben bzw. beibehalten (A.d.Ü.).

Noch interessanter wird „nested control", wenn die Vernetzung rekursiv oder in Form eines feed-back benutzt wird. Wenn man den Oszillator Y von X steuern läßt, Z von Y und dann wieder X von Z (also in Form einer geschlossenen Schleife), so können die Ergebnisse äußerst bizarr werden. Dreifache Vernetzung in Verbindung mit feedback werden bereits so komplex, daß es schwierig wird, die Ergebnisse vorherzubestimmen; meistens stellt man – nach dem Motto: Probieren geht über Studieren – eine Kombination zusammen und hört sich die Ergebnisse beim Verändern der Parameter an. In diesem Sinn ist auch das Erzeugen von elektronischer Musik immer noch mehr eine Kunst als eine Wissenschaft; trotzdem sind einige grundlegende Kenntnisse über Oszillatoren, deren Eigenschaften usw. eine nützliche Ergänzung zur intuitiven Experimentierfreudigkeit des Musikers.

Solange die Möglichkeiten heutiger Computertechnik noch nicht gegeben waren, verhinderte die Komplexität großer Synthesizer ihren Einsatz in der Live-Aufführung. Vielmehr verbrachten die Musiker Tage und Wochen in den Studios mit dem mehr oder weniger systematischen Erforschen aller möglichen Einstellungen und deren klanglichen Resultaten und dem Speichern der interessanteren Ergebnisse auf Tonband. Solche Tonbandaufzeichnungen, oft regelrechte Bandschnipsel-Kollektionen konnten dann als „Klangbibliothek" zum Ausgangspunkt für die Realisierung eines Werkes werden, indem sie kombiniert, übereinandergelegt, geschnitten und

*Kasten 8.1 Musikalische Verwendung des Computers

Digitale Computer können Musik erzeugen, indem sie Folgen von Zahlenwerten berechnen, die in elektrische Spannung umgewandelt werden, welche wiederum die Lautsprecher antreibt. Musiker können aber den Computer auch für andere Zwecke einsetzen:

1. als Informationsspeicher und Katalog. Musikwissenschaftler brauchen häufig große Kataloge über Komponisten, Werke, Instrumente usw.. Mit einem Computer sind solche Informationen schnell abrufbar oder nach Suchworten etc. durchsuchbar.
2. als Notenschreibhilfe. Dies kann entweder in direkter Form geschehen, d. h. daß der Musiker die Noten am Computer setzt und als Partitur ausdruckt; oder in indirekter, daß z. B. Stücke, die auf mit dem Computer verbundenen Instrumenten gespielt werden, von diesem direkt in Notenschrift umgesetzt werden.
3. als Kompositionsmittel oder -hilfe. Man kann die Regeln für eine Komposition (sei es klassischer Kontrapunkt, serielle Komposition oder ganz spezielle Regeln eines Komponisten oder eines Stückes) als Computerprogramm zusammenfassen und den Computer daraus – eventuell unter Vorgabe bestimmter Motive oder Parameter – Stücke oder Abschnitte „komponieren" lassen;
4. als Hilfsmittel für die harmonische und strukturelle Analyse. Wenn man die gesamten Informationen einer Komposition im Computer gespeichert hat, kann ein Programm sehr schnell herausfinden, welche Noten- und Harmoniefolgen oder sonstige Eigenschaften in welcher Häufigkeit und Anordnung in dem Werk vorkommen und so z. B. typische Merkmale eines Komponisten bestimmen;
5. Angrenzende mathematische oder wissenschaftliche Probleme; viele Fragen der Akustik (z. B. die Halleigenschaften von Konzertsälen oder das Schwingungsverhalten von Instrumenten) erfordern die Lösung zahlreicher und schwieriger Gleichungen, für deren Bewältigung der Computer prädestiniert ist. Auch gibt es sehr viele mathematische Probleme in der Skalentheorie und Harmonielehre, die mit Hilfe des Computers viel effektiver gelöst werden können. Ein Beispiel dafür werden wir in Kapitel 18 finden.

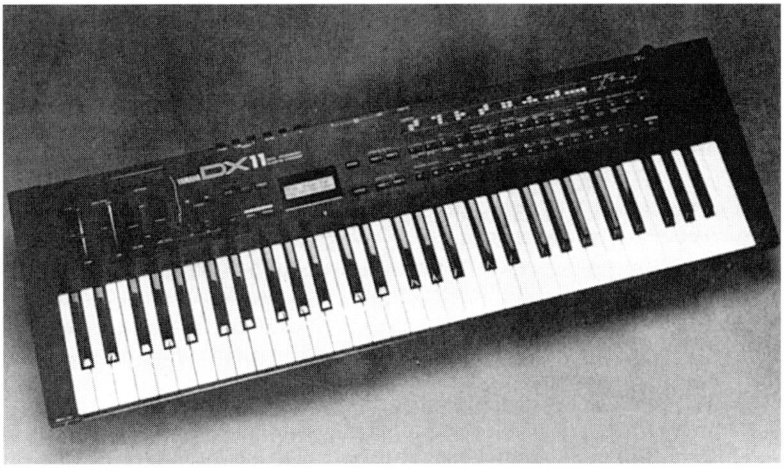


Bild 8.13
Ein moderner digitaler Synthesizer. Dieses Modell benutzt die Frequenz-Modulation (FM-Synthese), um damit eine große Anzahl verschiedener Klänge zu erzeugen. (Mit frdl. Erlaubnis von Yamaha Music Corp.).

aneinandergeklebt wurden. Das schließlich entstehende fertige Band konnte dann im Konzert abgespielt werden, oft als Zuspielband zu gleichzeitig live auftretenden Musikern oder Sängern.

Elektronische Orgeln, die man als einfache Vorläufer der Synthesizer bezeichnen könnte, gibt es nun schon seit rund 60 Jahren. Der entscheidende Unterschied liegt in den festgelegten Frequenzen der Oszillatoren und den ebenfalls festgelegten Filterkombinationen bei der elektronischen Orgel, die dem Benutzer einfach eine vorgebene und von ihm nicht weiter zu verändernde Zahl von Klängen bzw. Klangfarben (Registern) anbietet.

Die meisten elektronischen Orgeln und Synthesizer vor 1980 waren kleine, spezialisierte *analoge Computer*: Maschinen, die eine bestimmte Art von Eingangssignalen (Reglereinstellungen, Tasten, Schalter; Signale von Haupt-Oszillatoren) akzeptieren und diese neu kombinieren und verarbeiten, um ein verändertes Ausgangsignal daraus zu gewinnen. Das Wort „analog" bezieht sich hier darauf, daß diese Maschinen mit Spannungen arbeiten, die sich kontinuierlich ändern und (fast) beliebige Werte annehmen können. Analog-Computer sind in der Öffentlichkeit wenig bekannt, obwohl sie bis heute bei manchen Aufgaben der Meß- und Steuerungstechnik eingesetzt werden. Das Wort spiegelt die Tatsache wieder, daß der Computer Probleme auf analoge Weise löst, d. h. durch Verbindung elektrischer Schaltungen, die so ausgelegt sind, daß sie den gleichen Gleichungen gehorchen wie ein anderes physikalisches System (z. B. die Windkräfte an einem Flugzeug). Das Verhalten der elektrischen Schaltung ist analog zu dem der Windkräfte am Flugzeug.

Meistens wird mit dem Wort „Computer" der Begriff „digitaler Computer" assoziert bzw. in eins gesetzt; dieser arbeitet nicht mit kontinuierlichen veränderbaren Spannungen, sondern mit diskreten Zahlen. Die Zahlen werden zwar durch elektrische Spannungen ausgedrückt, aber diese haben nur zwei mögliche Werte, die man als „Ein" und „Aus" bezeichnet, um damit Nullen und Einser darzustellen; mittels eines solchen binären (=zweiwertigen) Codes lassen sich andere Zahlenwerte darstellen.

Digitalcomputer sind zunehmend wichtig für die Musikwelt geworden. Abgesehen von den Verwendungsmöglichkeiten, die in Kasten 8.1 aufgeführt sind (und der Tatsache, daß jeder CD-Player, DAT-Recorder und demnächst auch das Digital-Radio nichts anderes als spezialisierte Digitalcomputer sind), können Computer zur Klangerzeugung in ganz ähnlicher Weise wie analoge Synthesizer eingesetzt werden, erlauben dabei aber eine präzisere Kontrolle der Parameterwerte als diese. Dabei werden lange Zahlenfolgen, die jeweils eine Wellenform repräsentieren, im Arbeitsspeicher des Computers erzeugt; ein wiederholtes schnelles Auslesen dieser Zahlenfolge und deren Umwandlung in einem DAC (Digital-Analog-Converter = Digital-zu Analog-Wandler) zu kontinuierlichen elektrischen Spannungen ersetzt die alten analogen Oszillatoren und läßt eine große Zahl anfänglicher Wellenformen zu. Solche digital gespeicherten Wellenformen wurden seit der Mitte der 70er Jahre verwendet und finden in den meisten heutigen Synthesizern Verwendung (Bild 8.13).

Digitalcomputer können aber auch die Aufführung eines ganzen Stückes abspeichern, ohne daß ein menschlicher Spieler noch einen Knopf drücken oder eine Taste spielen muß. Der Computer bietet die Möglichkeit einer vollständigen Kontrolle über jeden Aspekt des Klanges – sowohl die Folge von Noten bzw. Klangereignissen als auch die Mikrostruktur jeder einzelnen Note bzw. Klanges; im Prinzip läßt sich jeder denkbare Klang und Klangeffekt erzeugen. Tatsächlich kann dies aber eher ein Nachteil sein; niemand wird wirklich für jede Zehntel-Millisekunde einer ganzen Aufführung die zugehörigen Schalldruckwerte bewußt steuern wollen; für fünf Minuten Musik würde man dann schon eine Liste von drei Millionen Zahlen brauchen! Was man tatsächlich möchte, ist, daß der Computer nach den Angaben des Musikers aus einer Bibliothek an Klängen oder Klangfolgen (entsprechend verschiedenen Instrumenten) Klänge aufrufen, kombinieren und wiedergeben kann.

Die Arbeitsweisen für computerberechnete Kompositionen haben sich seit den 60er Jahren stark verändert; damals hätte man wahrscheinlich eine spezielle Musik-Programmiersprache wie MUSIC V (V steht für fünf als Versionsnummer) oder C-Music[11] erlernt. Mit einer solchen Sprache erteilt man dem Computer präzise Angaben über alle Klangparameter (in ähnlicher Weise wie die Einstellungen auf einem analogen Synthesizer) und Notenparameter. Dies war und ist allerdings sehr mühselig und zeitraubend; denn auch auf den damals leistungsfähigsten Computern dauerte die Berechnung eines kurzen Klanges immer noch länger als der Klang selbst, so daß selbst ein kurzes Stück Minuten oder sogar Stunden an Rechenzeit erforderte, bevor das klangliche Ergebnis gehört werden konnte. Wollte man am Ergebnis etwas ändern, mußte man seine Parameterwerte neu tippen, die entsprechenden Lochkarten wieder in den Computer einfüttern und manchmal stundenlang auf das Ergebnis der Berechnung warten.

Moderne Computer weisen in zwei wesentlichen Punkten Verbesserungen auf. Zunächst sind sie so viel schneller, daß selbst komplexe Klänge in Echtzeit berechnet werden können und sogar während des Klangs Änderungen an Parameterwerten

[11] „C" steht nicht für Computer, sondern für die Programmiersprache C, in der dieses Musikprogramm geschrieben ist (A.d.Ü.).

hörbar werden. Zweitens hat heute jeder Benutzer über einen Bildschirm direkten Zugang zum Computer (sei es ein Personalcomputer oder ein größerer „Mainframe-Computer"); zusammen mit den heute üblichen grafischen Benutzeroberflächen erlaubt dies eine wesentlich direktere und intuitivere Arbeitsweise mit den Klängen. Es ist viel leichter geworden, mit den Details von Klängen und Klangfolgen zu experimentieren und sie mit vertretbarem Zeitaufwand zu verändern. Es gibt heute eine Vielzahl kommerzieller Musikgeräte, die es erlauben, Daten und Steuerbefehle mit anderen digitalen Geräten auszutauschen, und die sich durch einen Computer steuern lassen, so daß die Unterscheidung zwischen Computer und Synthesizer eigentlich hinfällig geworden ist.

# Zusammenfassung

Jede Wellenform kann als Spektrum, d. h. als Zusammensetzung einfacher Sinuswellen beschrieben werden. Dieses Spektrum kann eine harmonische Teiltonreihe darstellen oder nicht: Ist die Wellenform periodisch, so stellt das Spektrum eine Teiltonreihe dar, ist sie nichtperiodisch, so ist auch das Spektrum keine Teiltonreihe. Das Spektrum ist für das Verständnis musikalischer Klänge von größter Bedeutung, denn es stellt die direkte Verbindung zwischen unserem Verständnis der Schwingungen in einem Instrument und der Wahrnehmung von dessen Klangfarbe dar. Wir werden daher das Konzept des Spektrums bei der Analyse verschiedener Instrumente in Kapitel 9–14 und bei der Darstellung der Hörwahrnehmung in Kapitel 17 benutzen.

Elektronische Musiksynthesizer haben seit den ersten einfachen Oszillatoren und Steckfeldern eine beträchtliche Entwicklung durchlaufen. Die wichtigen modularen Funktionen wie Spannungskontrolle der Oszillatorfrequenz, Amplituden- und Filterwerte werden heute auf digitalen Geräten mit größerer Genauigkeit realisiert. Computergestützte Klangsynthese eröffnet einen praktisch unbegrenzten Bereich klanglicher Gestaltungsmöglichkeiten

# Symbole, Begriffe, Beziehungen

Spannung und Strom
Sinus-, Rechteck-, Impuls-, Dreieck-, Sägezahnwelle
Zufallsrauschen
Ohm'sches Gesetz
Periodische Welle
Tremolo = Amplituden-Modulation
Vibrato = Frequenz-Modulation
Teiltonreihe (=Partialtonreihe, Obertonreihe)
Fourier-Synthese
Fourier-Analyse
Fourier-Komponente
Fourier-Spektrum = Zusammensetzung der Teiltonfrequenzen
Amplitude und Phase
Periode $P = 1/f$

# Übungsaufgaben

1. a) Wenn die Komponenten, die in Bild 8.2 zusammengesetzt wurden, die Frequenzen 110 und 440 Hz haben, was ist dann die Frequenz der Wellenformwiederholung der resultierenden komplexen Welle?
   b) Wenn Sie in einem anderen Experiment zwei Wellen mit 200 und 330 Hz überlagern, was ist dann die Frequenz der entstehenden komplexen Welle? (Tip: Zu welcher Teiltonreihe gehören die beiden Frequenzen?)
2. Wenn fünf Sinuswellen mit den Frequenzen 200, 300, 500, 800 und 900 Hz überlagert werden, was ist die Wiederholungsfrequenz und Periode der entstehenden komplexen Welle?
3. Nehmen wir drei Sinuswellen einer Teiltonreihe mit den Frequenzen $f_1$, $f_2 = 2 \cdot f_1$ und $f_8 = 8 \cdot f_1$. Zeichnen Sie diese übereinander wie in Bild 8.4 mit Amplituden $A_1 = 5$ cm, $A_2 = 2$ cm und $A_8 = 1$ cm derart, daß eine vollständige Schwingung von $f_1$ nahezu die Blattbreite ausfüllt. Wählen Sie die relativen Phasen willkürlich, und zeichnen Sie so gut wie möglich die entstehende komplexe Wellenform aus den drei Teiltönen. Wird Ihre gezeichnete Wellenform notwendigerweise mit der eines anderen Zeichners übereinstimmen? Werden die Wellenformen verschiedener Zeichner oder Zeichnerinnen gleich *klingen*?
4. Die Note d wird mit einer komplexen Wellenform erzeugt. Welches sind die Frequenzen ihrer Fourier-Komponenten?
5. Eine komplexe Wellenform wiederholt sich alle 4 ms. Welches sind die Frequenzen ihrer Fourier-Komponenten?
6. Erörtern Sie die Beziehung zwischen dem in Bild 8.7 gezeigten Spektrum und den zugeordneten Wellenformen in Bild 2.5. Erklären Sie spezielle Eigenschaften der Beziehung wie z. B. die relative Glattheit der Wellenform a), die Herkunft und Bedeutung der fünften Spitze in Wellenform e) und so fort.
7. Hören Sie einem guten Sänger oder Sängerin zu und versuchen Sie die Frequenz des Vibratos zu schätzen. Schätzen Sie die höchsten und niedrigsten Werte ab, die noch praktischen Nutzen haben und angenehm zu hören sind.
8. In welchen der folgenden Fälle, unter Berücksichtigung der Regeln in Abschnitt 8.2, ist die Zusammensetzung der Frequenzen exakt eine Teiltonreihe und in welchen kann es eine nichtperiodische Wellenform sein: a) gleichmäßiger Flötenton, b) Xylophonstab, c) gleichmäßig gestrichene Geigensaite, d) Schnarrtrommel (snare drum), e) gleichmäßig geblasener Oboenton, f) angeschlagene Klaviersaite.

# Projektvorschlag

1. Verschaffen Sie sich Zugang zu einem Synthesizer und erlernen Sie dessen Bedienung. Demonstrieren Sie verschiedene der in diesem Kapitel beschriebenen Effekte.

# 9. Schlaginstrumente und Eigenschwingungen

Ponnnngg... ffffffftt... pffffim ... tschänggg... – Schlaginstrumente erzeugen eine unglaubliche Vielfalt von Klängen. Aber weshalb sind diese eigentlich so unterschiedlich? Und wie können wir die Unterschiede präzise beschreiben? Gibt es für all die verschiedenen Klänge ein gemeinsames Prinzip?

Es wird Zeit, sich etwas näher mit den Prinzipien der Klangerzeugung zu beschäftigen, und in den folgenden Kapiteln werden wir uns Antworten für die obigen Fragen erarbeiten, und zwar für alle Instrumentengattungen. Die Schlaginstrumente bieten sich als Ausgangspunkt an, weil wir bei deren Studium genauere Einsichten in die Bedeutung der Fourier-Spektren als Mittel der Klangbeschreibung gewinnen können.

Die Schwingungen von Schlaginstrumenten sind jedoch in einigen Fällen äußerst komplex, weshalb wir wieder zunächst mit einem möglichst einfachen Beispiel beginnen wollen. Einige Beobachtungen an der Stimmgabel legen es nahe, ein noch einfacheres Schwingungssystem zu suchen, und zwar gekoppelte Pendel (oder Doppelpendel) in Abschnitt 9.2. Dies wird uns zur Theorie der Eigenschwingungen eines Systems führen, die wir dann in Abschnitt 9.4 und 9.5 auf Xylophone und Trommeln anwenden wollen. Danach werden wir die Frage diskutieren, wie durch unterschiedliche Schlagarten die verschiedenen Klänge bei ein und demselben Instrument zustande kommen; und schließlich werden wir das Kapitel damit beenden, die Veränderung der perkussiven Klänge während ihres Verklingens zu untersuchen.

Der Schwerpunkt wird darauf liegen, die physikalischen Eigenschaften der Klänge möglichst genau und vollständig beschreiben zu können; die Frage, wie unsere Ohren deren Tonhöhe und Klangfarbe wahrnehmen, verschieben wir auf Kapitel 17.

## 9.1 Auf der Suche nach Einfachheit

Blättern Sie einen Augenblick zurück und betrachten Sie die komplexe Wellenform in Bild 3.1. Das unregelmäßige Muster der Luftdruckschwankungen über der Zeitachse weist darauf hin, daß auch die Oberfläche des Holzstabes sich in einer entsprechenden unregelmäßigen Weise bewegt haben muß; das heißt, der Stab befand sich offensichtlich nicht in einer gleichmäßig wiederholten, unveränderlichen einfachen harmonischen Schwingung. Die Aufgabe, diese irreguläre Bewegung des Stabes – und damit den daraus entstehenden Klang – zu erklären, sieht zunächst entmutigend schwierig aus.

Aber genau dies ist eine der fundamentalen Aufgaben wissenschaftlicher Arbeit: Scheinbar undurchschaubar komplexe Zusammenhänge zu zerlegen, die wichtigen von weniger wichtigen Faktoren zu trennen und zu erklären, wie das Zusammenwirken der wichtigen und grundlegenden Faktoren zu dem scheinbar so undurchschaubaren Phänomen führt. Solche Erkenntnisse kommen in der Regel eher durch weitgespannte Erfahrungen mit vielen ähnlichen Erscheinungen zustande als durch das eingegrenzte Studium eines einzigen Falles.

Deshalb suchen wir lieber weiter, bevor wir zuviel Energie für das „Klack" eines einzelnen Holzstabes aufbringen. Wir könnten ein Mikrofon an ein Oszilloskop anschließen und die Wellenformen aller möglichen auffindbaren Schlaginstrumente aufzeichnen. Dabei würden wir eine große Bildersammlung erhalten (vgl. Bild 9.1), von denen manche genauso komplex und emtmutigend wie Bild 3.1 aussehen; ein Grundmuster zeichnet sich jedoch ab, daß nämlich die Instrumente, die einen „musikalischeren" Klang haben, d. h. einen mit bestimmterer Tonhöhe, deutlich gleichmäßigere und geordnetere Schwingungsmuster aufweisen.

Der nächste Schritt ist also, unter all diesen Bildern das einfachste herauszusuchen. Wenn unter den Bildern das einer Stimmgabel dabei ist, wird es sich als bester Kandidat für die weitere Untersuchung erweisen (Bild 9.2). Besonders, wenn wir die Wellenform *nach* den ersten 10 oder 20 ms der gesamten Klangdauer betrachten, sehen wir

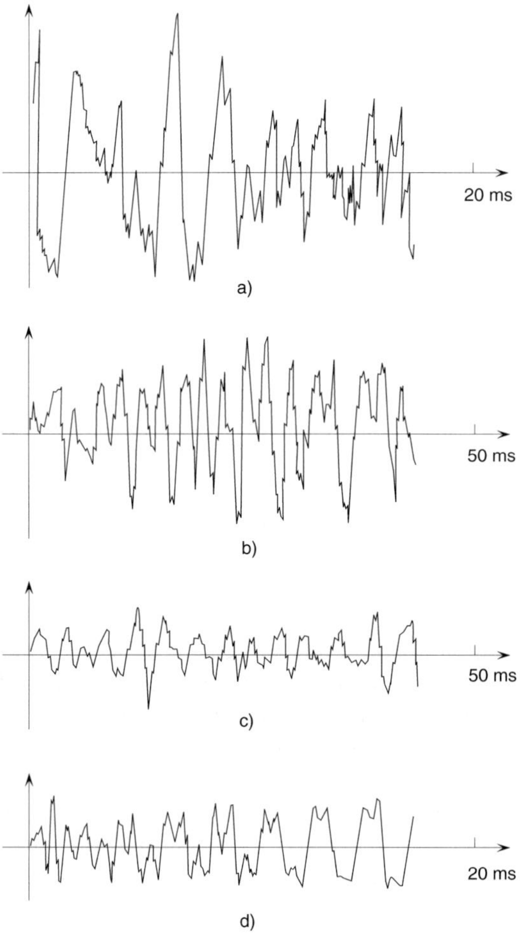


Bild 9.1
Oszilloskop-Darstellungen der Klänge verschiedener Instrumente:
a) Kleine Trommel,
b) Pauke,
c) großer Gong,
d) Xylophon.
Die Wellenform c) wurde etwa 10 Sekunden nach dem Anschlagen des Gongs aufgezeichnet, alle anderen Darstellungen beginnen mit dem Augenblick des Anschlags. Beachten Sie die unterschiedlichen Zeitskalen für a) und d) gegenüber b) und c!

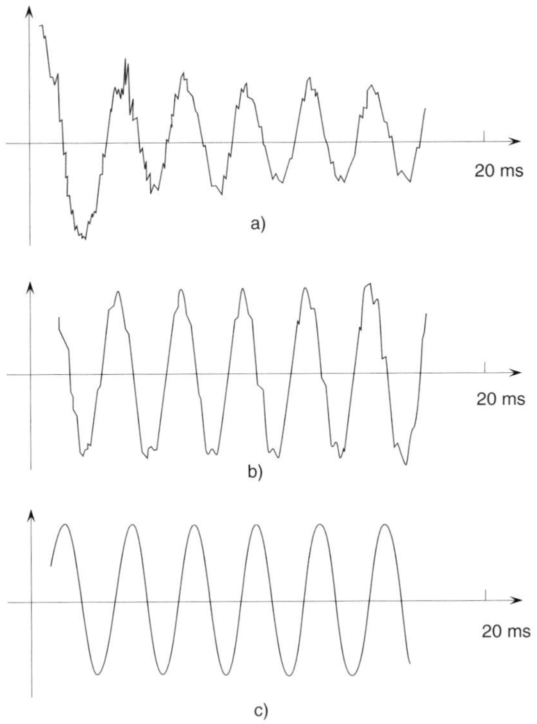


Bild 9.2
Oszilloskop-Bilder einer Stimmgabel: a) im Augenblick des Anschlags, b) nach ungefähr 1 Sekunde und c) nach ungefähr 10 Sekunden. Die in Wirklichkeit abnehmenden Amplituden für b) und c) wurden durch Skalierung so angehoben, daß sie besser sichtbar sind.

ein glattes, regelmäßiges und sich wiederholendes Muster. Obwohl unsere Augen nicht exakt urteilen können, scheint es doch einer einfachen harmonischen Schwingung (EHS) sehr nahe zu kommen. Und der entsprechende Klang in unseren Ohren ist ja per definitionem die Essenz eines reinen, perfekten Klangs mit genau bestimmter Tonhöhe – der *Grundton* dieser Stimmgabel.

Wir haben also hier einen Fall von einfacher Schwingung mit einer einzigen genaubestimmten Frequenz; wie kommen wir aber wieder zurück zu den Fällen komplexer Schwingung? – Einen wichtigen Hinweise gibt uns die Stimmgabel selbst, wenn wir sie (d. h. ihr Schwingungsmuster) nun in den ersten Millisekunden nach dem Anschlag betrachten; und genau in diesen ersten Sekundenbruchteilen hören wir auch noch einen zweiten, viel höheren Ton. Dieser wird als *Schlagton* bezeichnet, und man kann ihn leicht mit dem tieferen, eigentlichen Ton der Stimmgabel verwechseln, wenn man sie nicht dicht genug ans Ohr hält. Wäre es möglich, daß der Schlagton ebenfalls eine EHS ist und daß die Wellenform des Gesamtklangs nur deshalb komplex erscheint, weil Schlagton und eigentlicher Grundton gleichzeitig erklingen und sich überlagern?

Obwohl wir dies im Augenblick noch nicht beantworten können, wollen wir überlegen, wohin uns dieser Gedankengang führen würde. Wenn der Anfangsklang der Stimmgabel sich als die schlichte Überlagerung zweier einfacher harmonischer Schwingungen erweist, könnten dann eventuell auch all die anderen komplexen

Schwingungsformen sich als Ergebnis der Überlagerung von zwei oder mehreren einfachen Schwingungen herausstellen? So primitiv dies auch scheinen mag: Genau das wollen wir behaupten.

Um einen überzeugenden Beweis für diese These anzutreten, müssen wir noch ein paar Seiten der wissenschaftlichen Methode des Abstrahierens widmen. Denn selbst eine Stimmgabel als reales Objekt ist ein bißchen kompliziert; und um unsere physikalische Idee in ihrer reinsten Form auszudrücken, werden wir einige extrem idealisierte Schwingungs-Systeme untersuchen, wobei wir davon ausgehen, daß alle Massekörper jeweils in einem Punkt gedacht werden können und daß sie mit perfekten linearen Federn verbunden sind. Nach der Entwicklung dieses abstrakten Modells zum Zweck der Konzept- und Begriffsbildung werden wir zur Stimmgabel und dann zu den anderen Schlaginstrumenten zurückkehren.

## 9.2 Gekoppelte Pendel

Wir wollen nun die Bewegungen zweier Pendel studieren, die wie in Bild 9.3 aufgehängt sein sollen. Vor der Anbringung der verbindenden Feder schwingt jedes Pendel unabhängig für sich; wenn beide die gleiche Länge haben, schwingen sie auch mit der gleichen Frequenz. In diesem Fall ist die Gesamtbewegung des Systems sehr einfach: Das gleiche Muster wiederholt sich ohne Unterlaß, und jeder Teil des Systems unterliegt einer EHS – einer einfachen harmonischen Schwingung.

Was geschieht jedoch, wenn die waagrechte Feder angebracht wird? Wenn wir ein Pendel zur Seite ziehen und dann loslassen, beobachten wir eine sehr komplexe Bewegung. Sie ist nicht nur *nicht* einfach harmonisch, sondern nicht einmal periodisch (d. h. sie weist kein sich wiederholendes Muster auf). Bild 9.4 zeigt Darstellungen typischer Schwingungen dieser Art.

Diese Komplexität bedeutet aber wohl, daß wir unsere Untersuchung nicht in der richtigen Weise angefangen haben. Als wir ein Pendel zur Seite zogen, ohne das andere zu berühren, hegten wir unbewußt die Hoffnung, die resultierende Schwingung könne die Einfachheit eines einzelnen Pendels haben. Aber natürlich macht die verbindende Feder es unmöglich, daß ein Pendel sich bewegt, ohne daß nicht auch das zweite bewegt würde.

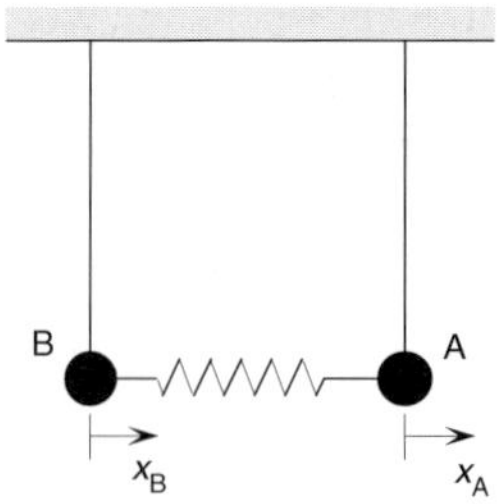


Bild 9.3 Zwei gekoppelte Pendel. Für unsere Untersuchung gehen wir vorläufig davon aus, daß sie nur in der Ebene des Papierblatts, d. h. nach rechts und links schwingen können. Die Pfeile $x_A$ und $x_B$ geben die Richtung positiver Auslenkung für die folgenden Bilder an. Aus Gründen der Einfachheit sei die Länge der Feder so gewählt, daß sie in entspanntem Zustand genau mit dem Abstand der Ruhepositionen der Pendel übereinstimmt. Weiter wollen wir annehmen, die Steifigkeit der Feder sei so groß, daß sie nicht infolge des eigenen Gewichts durchhängt. Wenn also die Pendel auseinanderstreben, wird die Feder gedehnt und zieht nach innen; schwingen die Pendel aufeinander zu, wird die Feder gedrückt und drückt entsprechend entgegengesetzt nach außen auf beide Pendel.

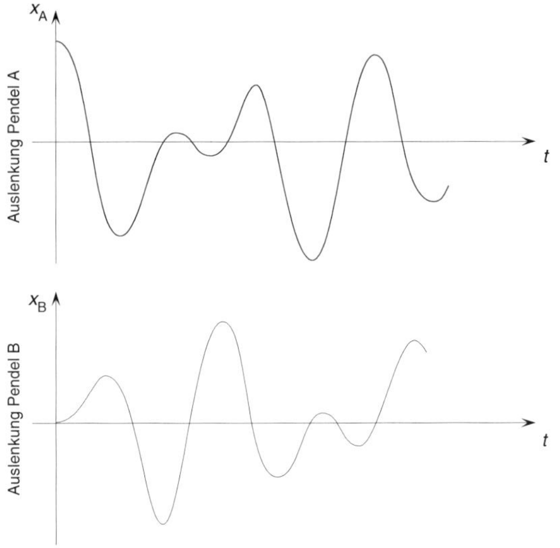


Bild 9.4
Darstellungen der Schwingungsverläufe der beiden Pendel aus Bild 9.3 für den Fall, daß Pendel A etwas nach rechts ausgelenkt wird und dann zum Zeitpunk $t = 0$ losgelassen wird.

Wir wollen also etwas schlauer vorgehen und nunmehr fragen, ob es eine Möglichkeit gibt, das System so anzuregen, daß die entstehende Schwingung sehr einfach ist. Überlegung oder Probieren zeigen uns: Wenn wir beide Pendel gleich weit zur gleichen Seite hin auslenken und gleichzeitig loslassen, ist die entstehende Schwingung extrem einfach (Bild 9.5a). Es ist eine periodische Schwingung – die beiden Pendel schwingen synchron und jedes führt eine EHS aus. Und da während dieser Bewegung die Länge der Feder niemals verändert wird, könnte sie genausogut auch fehlen, und das bedeutet, die Frequenz des ganzen Systems ist die gleiche wie für jedes Pendel alleine.

Dies ist aber nicht die einzige Möglichkeit zum Erhalt einer einfachen Bewegung. Ebenso leicht läßt sich sehen, daß durch gleichzeitiges Loslassen der Pendel nach gleichweiter Auslenkung in *entgegengesetzte* Richtungen (Bild 9.5b) auch eine einfache Schwingung entsteht, bei der sich die Pendel aufeinander zu bzw. voneinander weg bewegen. Dieses Mal entsteht jedoch durch das Dehnen bzw. Stauchen der Feder eine zusätzliche Widerstandskraft (außer der Schwerkraft), die die Rückkehr der Pendel in ihre Ruhepositionen bewirkt. Deshalb muß die Frequenz $f_2$ für diesen Zustand des Systems größer sein als $f_1$; um wieviel größer, hängt von der Steifigkeit der Feder ab.

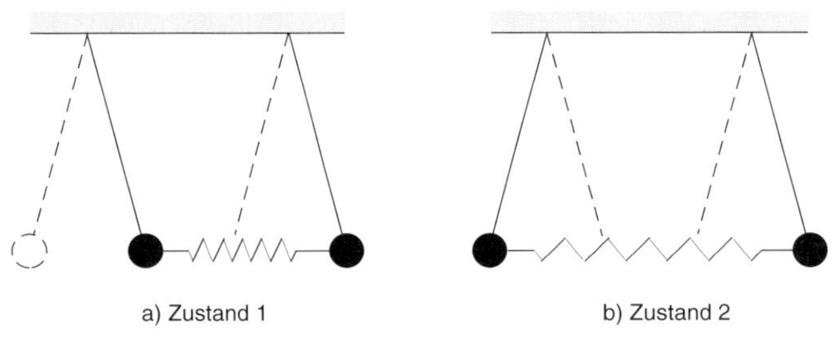


Bild 9.5 Eigenschwingungen zweier gekoppelter Pendel jeweils im Zustand maximaler Auslenkung. Die gestrichelten Linien zeigen die Position einen halben Schwingungszyklus später an. Durch die Widerstandskraft der Feder hat Zustand 2 eine höhere Frequenz als Zustand 1.

Jeder dieser Zustände, der eine EHS darstellt, wird als **natürlicher (Eigen-) Schwingungszustand** oder einfach **Eigenschwingung** bezeichnet, und jeder hat seine jeweilige *Eigenfrequenz*. Eigenschwingungen und Eigenfrequenzen sind Eigenschaften des Systems als ganzem, nicht die eines Pendels alleine.

Soviel Sie auch probieren oder überlegen mögen, Sie werden keine dritte Eigenschwingung für dieses System finden (so lange dieses auf Schwingungen in einer Ebene beschränkt ist). Das soll uns jedoch nicht stören; es scheint naheliegend, daß mit nur zwei Pendeln auch nur zwei Schwingungszustände möglich sind, und beide haben wir gefunden. Und nun kommt der große Sprung spekulativer Einsicht: Wenn in gewissem Sinn die zwei Schwingungszustände alle Möglichkeiten darstellen, dann sind wir vielleicht in der Lage, *jede* Bewegung der Pendel als eine Kombination dieser zwei Zustände erklären zu können.

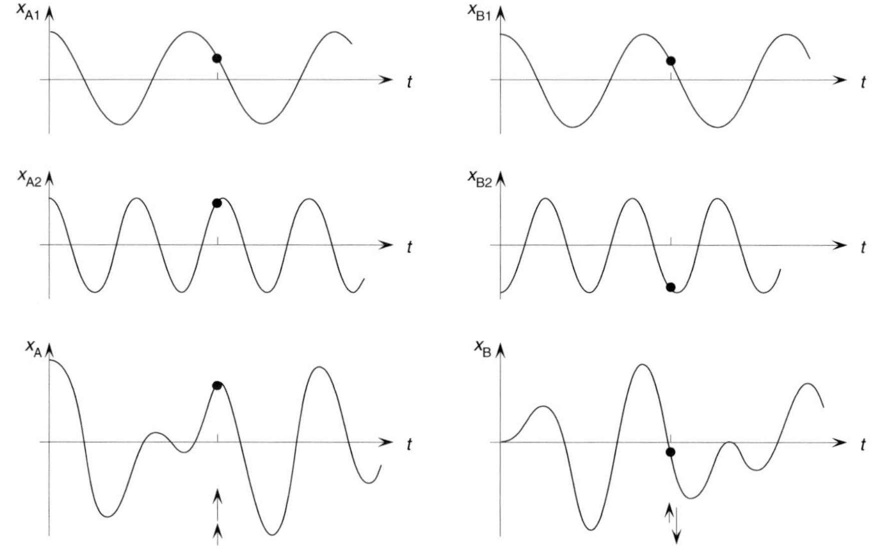


Bild 9.6 Links die Darstellungen der Bewegungen von Pendel A alleine im Zustand 1 (oben), im Zustand 2 (Mitte) und Gesamtbewegung von Pendel A, wenn beide Zustände überlagert sind (unten). Rechts die entsprechende Darstellung für Pendel B. Jeder der unteren Graphen ist die Summe der beiden darüberliegenden; dies ist für einen beliebigen Zeitpunkt durch die Punkte und Striche angedeutet. Vgl. auch Bild 9.7.

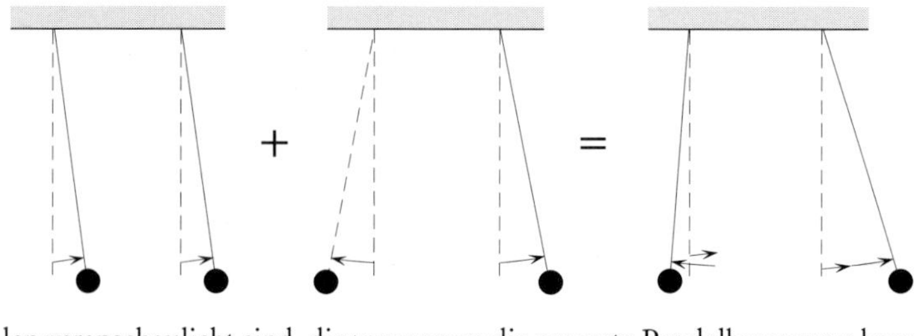


Bild 9.7: Weitere Darstellung der Aussage von Bild 9.6 : Pendelpositionen entsprechend dem durch den Punkt dargestellten Zeitpunkt in Bild 9.6, wobei die entsprechenden Anteile der zwei Zustände mit Pfeilen veranschaulicht sind, die zusammen die gesamte Pendelbewegung bzw. -auslenkung ergeben.

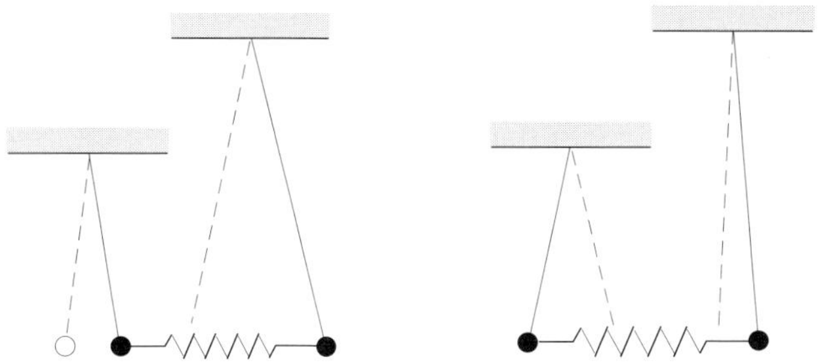

Bild 9.8 Natürliche Schwingungszustände für Pendel ungleicher Länge. Hier wird der Schwingungszustand 1 (der mit niedrigerer Frequenz) hauptsächlich durch die Bewegung des längeren Pendels bestimmt, während auf Zustand 2 das kürzere Pendel aufgrund der höheren Frequenz mehr Einfluß hat.

Wie zum Beispiel würde es aussehen, wenn beide Schwingungszustände mit gleicher Amplitude überlagert würden? Die Bilder 9.6 und 9.7 zeigen, wie wir diese Überlagerung durch Addition berechnen und darstellen können. Das Ergebnis erklärt präzise die scheinbar so komplexe Bewegung von Bild 9.4.

Gleichgültig, wie wir die Schwingung auslösen – ungleiche Anfangsauslenkungen, oder ungleiche Stoßimpulse –, es ist immer eine Kombination der beiden natürlichen Schwingungszustände, die für die scheinbar komplexe Schwingung verantwortlich ist. Im Prinzip müssen wir auch keineswegs auf Schätzungen vertrauen; es gibt eine exakte mathematische Prozedur, mit der die jeweiligen Anteile beider Schwingungszustände genau berechnet werden können. Wir werden diese Prozedur hier nicht darstellen; sie gehört zur Standardausrüstung jedes Wissenschaftlers im wissenschaftlich-technischen Bereich. Auch ohne Benutzung dieser Mathematik werden wir viele wichtige Eigenschaften erklären können.

Bevor wir die allgemeine Theorie natürlicher Schwingungszustände oder Eigenschwingungen beschreiben, sollten wir eine Kleinigkeit korrigieren: Es ist nicht tatsächlich erforderlich, daß beide Pendel die gleiche Länge haben; dies diente nur der anschaulicheren Entwicklung unseres Konzepts. Wenn die Pendellängen verschieden sind, existieren trotzdem immer die beiden natürlichen Schwingungszustände (Bild 9.8), obwohl es etwas schwieriger wird, deren Aussehen aufgrund von Symmetrieeigenschaften abzuschätzen. Aber auch hier gibt es exakte mathematische Berechnungsverfahren, die jede mögliche Bewegung des Systems als Kombination der beiden Zustände erklären können.

## 9.3 Eigenschwingungen und Eigenfrequenzen

Wir wollen nun das Konzept der Eigenschwingungen auf die Stimmgabel und möglicherweise auf alle Schlaginstrumente anwenden. Dazu müssen wir das bisher anhand des Doppelpendels Gelernte so allgemein formulieren, daß es auf jedes schwingungsfähige System anwendbar ist. (NB: Es sollte uns bewußt sein, daß wir hier lediglich Argumente aufzählen, die unsere Theorie der Eigenschwingungen und deren Eigenschaften unterstützen, aber keine Beweise im strengen Sinne. Solche Beweise existieren zwar, aber sie erfordern mehr mathematische Kenntnisse, als wir sie in diesem Buch voraussetzen wollten.)

Eine Möglichkeit bestünde darin, zunächst drei, dann vier, fünf usw. gekoppelte Pendel zu untersuchen. Bei dreien läßt sich noch relativ einfach abschätzen und experimentell zeigen, daß dann drei Eigenschwingungen existieren (Bild 9.9); und obwohl es doch schwieriger würde, ließe sich dies auch für vier, fünf Pendel usw. zeigen. Zunächst wollen wir vereinbaren, daß wir die Eigenschwingungszustände immer mit zunehmender Frequenz aufsteigend bezeichnen, so daß also $f_1, f_2, f_3, \ldots$ usw. die Liste der Eigenfrequenzen eines Systems von der niedrigsten bzw. ersten an aufsteigend bis zur höchsten angibt. Dies wird uns dann als Modell für die Longitudinalschwingungen von Luftsäulen in Blasinstrumenten (Kapitel 12) dienen.

Eine andere Art der Verallgemeinerung ergibt sich, wenn wir uns vorstellen, daß die Pendel in den voranstehenden Bildern jeweils nur senkrecht zur Ebene des Blattes

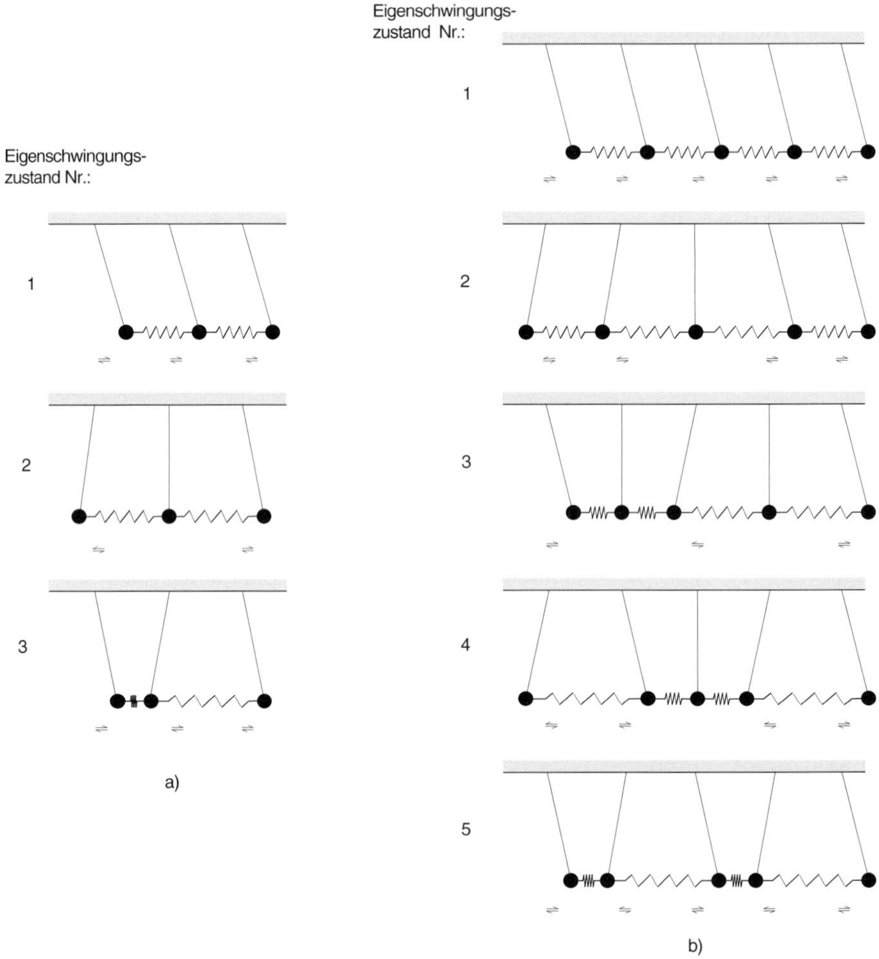


Bild 9.9 Eigenschwingungszustände für drei (links) und fünf (rechts) gekoppelte Pendel. Beachten Sie die schrittweise Zunahme der Einbeziehung der Feder von keiner Federdehnung/-stauchung im Zustand 1 (jeweils oben) bis zu maximalen Federdehnungen/-stauchungen (jeweils unterster Zustand).

(indem sie z. B. in einer Art Spur oder Rinne geführt werden) und *nicht* nach rechts bzw. links schwingen können. Die Ergebnisse sind jedoch gleich: Die sich ergebende Bewegung mag komplex erscheinen, aber sie kann ebenfalls als Kombination einfacher harmonischer Schwingungen erklärt werden. Diese Eigenschwingungen sind für den Fall von fünf Pendeln in Bild 9.10 gezeigt, in dem die Sicht diesmal von oben erfolgt, um die Auslenkung sichtbar zu machen. Diese Zustände werden uns beim Verständnis der Transversalschwingungen von Schlaginstrumenten später in diesem Kapitel helfen.

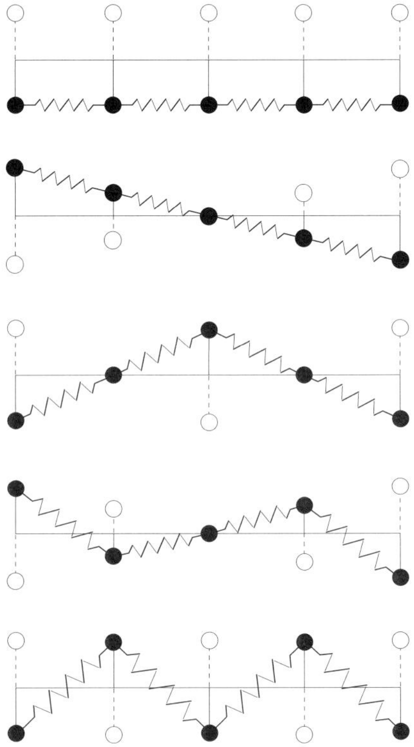

Bild 9.10
Aufsicht auf ein System von fünf gekoppelten Pendeln, die nur senkrecht zu der Linie ihrer Anordnung schwingen können, mit der Darstellung der fünf Eigenschwingungszustände. Leere Kreise deuten die jeweiligen Pendelpositionen einen halben Schwingungszyklus später an.

Was geschieht, wenn wir die Einschränkungen der Bewegungsrichtung aufheben und jede Richtung zulassen? Jedes Pendel kann dann zwei voneinander unabhängige Dinge tun: rechts/links und senkrecht dazu vorwärts/rückwärts schwingen (alle Diagonalschwingungen lassen sich in Kombinationen daraus zerlegen). Demnach können also z. B. fünf gekoppelte Pendel insgesamt 10 verschiedene Bewegungen vollführen, und diese erweisen sich wiederum als 10 verschiedene Eigenschwingungszustände (die fünf aus Bild 9.9b plus die fünf aus Bild 9.10). Jede scheinbar noch so chaotische Bewegung des Fünfer-Systems kann im Prinzip also als Überlagerung von 10 EHS – Einfachen Harmonischen Schwingungen – der Einzelpendel erklärt werden.

Bevor wir nun dieser abstrakten Welt von Pendeln mit punktförmigen Massekörpern und idealen Federn den Rücken kehren, wollen wir die Eigenschaften dieser Schwingungssysteme in der allgemeinsten Form festhalten:

1. Jedes System punktförmiger Massekörper hat eine bestimmte Anzahl von *Freiheitsgraden*, die wir mit N bezeichnen. Dies meint die Zahl der möglichen und voneinander unabhängigen Bewegungen, die das System ausführen kann; es gibt niemals mehr als N Bewegungen, die wirklich unabhängig voneinander sind. (Unser erstes Pendelpaar hat zum Beispiel zwei Freiheitsgrade, N=2). Damit gleichbedeutend ist die Aussage, daß genau N Angaben benötigt werden, um die Position jedes Massekörpers zu beschreiben, oder genau N Zeitgleichungen, um den Bewegungsverlauf des Systems vollständig zu beschreiben (z. B. die zwei Graphen in Bild 9.4 für ein System mit N=2).

2. Ein System mit N Freiheitsgraden hat genau N Eigenschwingungszustände – nicht mehr und nicht weniger. Dies heißt, daß jedem dieser Zustände ein Bewegungsmuster entspricht, in dem alle Teile des Systems eine EHS ausführen. Sie tun dies unisono, d. h. alle Teile erreichen ihre jeweilige (relative) maximale Auslenkung zur gleichen Zeit; jedoch weist diese Bewegung in der Regel unterschiedliche Amplituden für die einzelnen Teile auf; die Teile, die während eines Schwingungsdurchlaufs in Ruhe bleiben, nennen wir *(Schwingungs-)Knotenlinien* dieser Eigenschwingung. Jeder Eigenschwingungszustand kann durch verbale oder zeichnerische Angabe der Bewegungsrichtungen und der relativen Amplituden der einzelnen Massekörper beschrieben werden.

3. Jeder Eigenschwingungszustand hat seine eigene charakteristische *Eigenfrequenz*, und normalerweise sind alle N Eigenfrequenzen verschieden voneinander. Die Frequenz jedes Zustandes wird dabei näherungsweise bestimmt durch die durchschnittliche Trägheit aller beteiligten Massekörper und durch die durchschnittliche wirksame Steifigkeit aller beteiligten Widerstandskräfte (in unseren Beispielen durch Federn dargestellt). Dies ist eine Verallgemeinerung der Formel $f = 1/(2 \cdot p) \cdot \sqrt{k/m}$, die wir in Abschnitt 2.4 für eine einzelne Masse $m$ an einer Feder mit der Widerstandskraft (=Steifigkeit) $k$ gaben. Jeder Eigenschwingungszustand hat außerdem seine eigene Dämpfungsrate, mit der die Schwingungen abklingen; dies werden wir in Abschnitt 9.7 genauer behandeln.

4. Jede beliebig komplexe Schwingung in einem System mit N Freiheitsgraden kann vollständig als Überlagerung der N Eigenschwingungszustände erklärt werden. Es gibt mathematische Prozeduren, mit denen der Anteil jedes Zustandes an der Gesamtschwingung berechnet werden kann. Genau genommen gilt dies jedoch nur für Schwingungen, deren Amplituden nur so groß sind, daß keine nichtlinearen Effekte auftreten; bei fast allen musik-relevanten Schwingungen wird diese Bedingung jedoch sehr gut erfüllt.

Die Bedeutung dieser allgemeinen Aussagen wird uns in den nächsten Kapiteln anhand mehrerer Beispiele klarer werden.

* In der Literatur findet man häufig auch andere Begriffe. So werden – vor allem von Musikern – oft die Eigenschwingungszustände in eins gesetzt mit Partialton, Oberton, Teilton oder Harmonischen. Partial- ebenso wie Teilton meint einfach einen Teil der Gesamtschwingung. Oberton bezieht sich auf alle anderen Schwingungszustände außer den ersten (mit der niedrigsten Frequenz), so daß der zweite Oberton der dritten Eigenschwingung entspricht und dadurch unnötige begriffliche Konfusion geschaffen wird. Die Bezeichnung Harmonische (-Schwingung) müßte eigentlich auf die Fälle beschränkt sein, bei denen alle Eigenfrequenzen auch tatsächlich exakte ganzzahlige Vielfache der ersten Eigenfrequenz sind (siehe Abschnitt 7.4). Alle Fälle, die wir in diesem Kapitel studieren werden, haben jedoch inharmonische Eigenfrequenzen und erfüllen diese Bedingung also nicht.

# 9.4 Stimmgabel und Xylophonbrett

Falls Sie jemals eine Stimmgabel unter Stroboskoplicht beobachtet haben, wissen Sie, daß sie in der Form schwingen kann, wie sie in Bild 9.11 gezeigt ist. Entspricht dies aber nun der ersten Eigenschwingung bzw. dem Grundton oder dem Anschlagston, oder gibt es noch andere Schwingungen, die die Stimmgabel in dieser Weise verformen?

Um zu sehen, wie wir unsere Regeln für Eigenschwingungen anwenden können, gehen wir vom idealisierten Modell der einzelnen Stimmgabelzinke in Bild 9.12a aus. Es handelt sich sozusagen um einen Cousin des einfachen Pendels, nur daß hier die Widerstandskraft durch die Steifigkeit eines dünnen Metallstreifens geliefert wird anstatt durch die Schwerkraft oder eine Feder. Dieser Körper kann nur in einer Richtung schwingen, das System hat also einen Freiheitsgrad und eine Eigenschwingung. Weil nur dieser eine Eigenschwingungszustand möglich ist, lassen sich die Schwingungen leicht als EHS erkennen, und die Frequenz beträgt $1/(2 \cdot p) \cdot \sqrt{k/m}$ wie in Abschnitt 2.4.

Da die Masse einer realen Stimmgabelzinke jedoch nicht in einem Punkt am freien Ende konzentriert ist, betrachten wir jetzt das verbesserte Modell in Bild 9.12b. Dieses weist zwei Freiheitsgrade und Eigenschwingungen auf. Bei einer gegebenen Bewegung der Massen ist leicht ersichtlich, daß Zustand bzw. Eigenschwingung 2 die größere Biegung des Metallstreifens erfordert, somit die größere Widerstandskraft und damit auch die höhere Frequenz hat. An diesem Punkt können wir vermuten, daß Schwingung 1 der Grundtonschwingung einer Stimmgabel entspricht und Schwingung 2 dem kurzzeitig hörbaren Anschlagston.

Stellen wir uns nun eine Reihe von Stimmgabel-Modellen vor, bei denen drei, vier und mehr kleinere Massen in entsprechend kürzeren Abständen auf einem Metall-

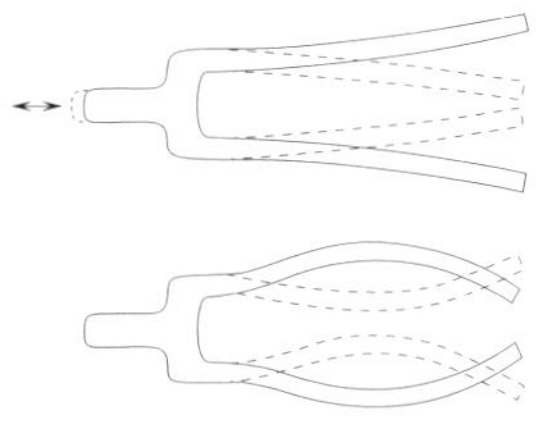

Bild 9.11
Die Bewegungen einer Stimmgabel in den ersten zwei Eigenschwingungen. Die obere Darstellung entspricht dem Grundton (=1.Eigenschwingung), die untere dem höheren Anschlagston. Die geringe Bewegung des Griffs, angedeutet durch den Doppelpfeil, überträgt die Schwingungsenergie der Gabel auf eine andere Oberfläche, z. B. einen Tisch, auf den die Stimmgabel aufgesetzt wird.

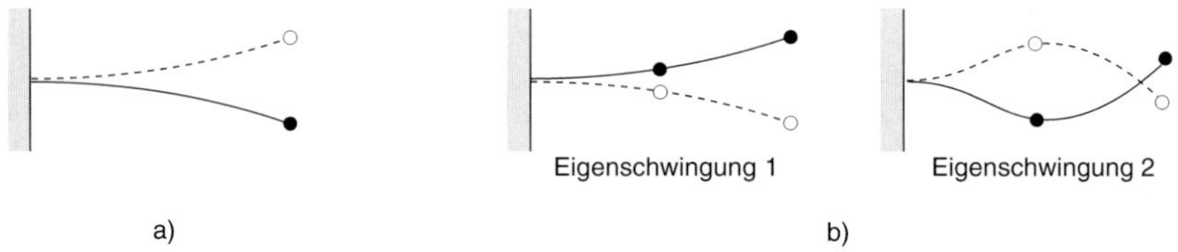


Bild 9.12 Idealisierte Modelle für eine Zinke einer Stimmgabel, hier (in Seitenansicht) als dünner Metallstreifen mit daran befestigten kleinen Massekörpern. Die Masse der Metallstreifen wird als vernachlässigbar klein angenommen im Vergleich zu den Massekörpern. a) Bei einem einzelnen Massekörper gibt es nur eine Eigenschwingung. b) Bei zwei Massekörpern gibt es zwei Eigenschwingungen. Eine Steigerung der Massekörper führt zu den in Bild 9.13 gezeigten Schwingungszuständen.

streifen so verbunden sind, daß die Gesamtlänge des Systems unverändert bleibt. Diese Modelle werden sich immer mehr der realen Stimmgabel annähern, bei der ja die Masse und Steifigkeit gleichmäßig über die Gesamtlänge verteilt ist. Da die Modelle mit steigender Massekörperzahl auch eine steigende Zahl von Eigenschwingungen haben, scheint es so zu sein, daß die reale Stimmgabel eine unendliche Zahl von Eigenschwingungen haben muß, was man durch die Angabe „N geht gegen unendlich" ausdrückt. Berechnungen anhand der Modelle ergeben die in Bild 9.13 dargestellten Schwingungszustände und Frequenzen für einen dünnen gleichmäßigen Stab, der an einem Ende fest eingespannt ist.

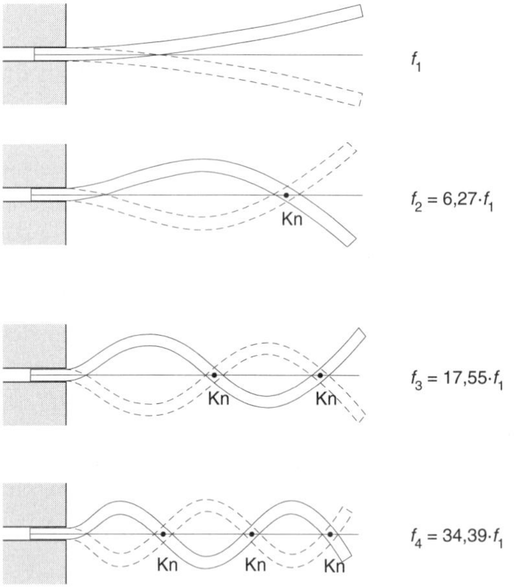


Bild 9.13
Die ersten vier Eigenschwingungen eines Stabes mit gleichförmigem Querschnitt, gleichmäßig verteilter Masse und Einspannung an einem Ende. Beachte die Knotenpunkte Kn, an denen die Auslenkung immer gleich Null bleibt.

Da die Zinke einer realen Stimmgabel jedoch allmählich in den Haltegriff übergeht, weichen ihre Frequenzen etwas von denen in Bild 9.13 ab. Die Stimmgabel aus Bild 9.2 hat $f_2 \approx 6{,}1 \cdot f_1$. Durch entsprechende Gestaltung des Griffs werden Stimmgabeln zuweilen absichtlich so gemacht, daß $f_2 = 6{,}00 \cdot f_1$ ist, so daß der Anschlagston mit dem Grundton ein musikalisches Intervall ergibt (eine Nondezime, d.h. zwei Oktaven plus eine Quinte). Die dritte und alle höheren Eigenschwingungen sind aus zwei Gründen von geringem musikalischem Interesse: erstens haben sie bereits sehr hohe Frequenzen (die fünfte oder sechste liegt meist schon außerhalb des Hörbereichs), und zweitens klingen sie sehr rasch ab (was wir in Abschnitt 9.7 weiter erklären werden). Die dritte und vierte Eigenschwingung tragen noch etwas zu dem kurzen metallischen Klangcharakter im Augenblick des Anschlags bei, aber nur erste und zweite Eigenschwingung haben einen längerdauernden Ton. – Sie sollten nun in der Lage sein, zurück zu Bild 9.2 zu blättern und alle wesentlichen, dort gezeigten Eigenschaften zu erklären.

* Man könnte erwarten, daß noch eine weitere tieffrequente Eigenschwingung existiert, in der beide Zinken (wie in Bild 9.13) zusammen in die gleiche Richtung schwingen und entsprechende weitere Schwingungen wie oben beschrieben. Im Prinzip existieren diese Schwingungen auch, ihre Energie wird aber beinahe sofort durch die Bewegung des Griffs absorbiert, wenn die Gabel in einer (weichen) Hand gehalten wird. Nur wenn der Griff in einer festen und steifen Vorrichtung eingespannt würde, wären diese Schwingungen von Bedeutung; deswegen werden sie gewöhnlich nicht beachtet. Der Grund dafür, daß nicht alle Schwingungen sofort absorbiert werden, liegt darin, daß entgegengesetzte Schwingungen der zwei Zinken praktisch keine Bewegung des Griffs erfordern oder erzeugen.

Andere, physikalisch mögliche, aber musikalisch unwichtige Eigenschwingungen sind Drehschwingungen der Zinken sowie Longitudinalschwingungen.

Wir können jetzt zu anderen hölzernen und metallenen Stäben weitergehen, also beispielsweise Xylophon- und Vibraphonstäben. Worin unterscheiden sich diese von der Stimmgabelzinke? Erstens sind sie an beiden Enden frei und nicht an einer Seite mit einem Griff verbunden; zweitens sind sie nicht von gleichmäßiger Dicke. Zuerst wollen wir deshalb Stäbe mit gleichmäßigem Querschnitt untersuchen, um herauszufinden, warum sie musikalisch gesehen unbefriedigend sind.

Ganz entsprechend wie für festgehaltene Stäbe kann die mathematische Theorie auch für einfache, beidseitig frei gelagerte Stäbe mit gleichmäßigem Querschnitt die Schwingungsformen und Frequenzen berechnen. Die ersten Transversal-Schwingungszustände sind in Bild 9.14 gezeigt.

* Für einen dünnen Stab der Länge $s$ und rechteckigen Querschnitts mit der Dicke $a$ (die Breite spielt keine Rolle) beträgt die erste Eigenfrequenz $f_1 = (1{,}028\, a/s^2) \cdot \sqrt{Y/D}$. Dabei ist $D$ die spezifische Dichte des Stabmaterials und $Y$ eine Maßeinheit für dessen Steifigkeit, die als Youngsche Zahl bezeichnet wird. So hat zum Beispiel Aluminium $D = 2.700$ kg/m³ und $Y = 7 \cdot 10^{10}$ N/m². Die Eigenfrequenzen höherer Ordnung sind gegeben durch $f_n \approx 0{,}441 \cdot (n+{}^1/_2)^2 \cdot f_1$. Für einen an einem Ende eingespannten Stab lauten die entsprechenden Formeln:

$$f_1 = (0{,}162\, a/s^2) \cdot \sqrt{Y/D} \qquad \text{und} \qquad f_n \approx 0{,}281 \cdot (n-{}^1/_2)^2 \cdot f_1.$$

Beachten Sie in beiden Fällen, daß a) eine Verdoppelung der Stablänge zur Erniedrigung der Frequenz auf ein Viertel, nicht auf die Hälfte führt; und daß b) die Frequenzverhältnisse für die Eigenfrequenzen höherer Ordnung keine kleinen ganzen Zahlen sind.

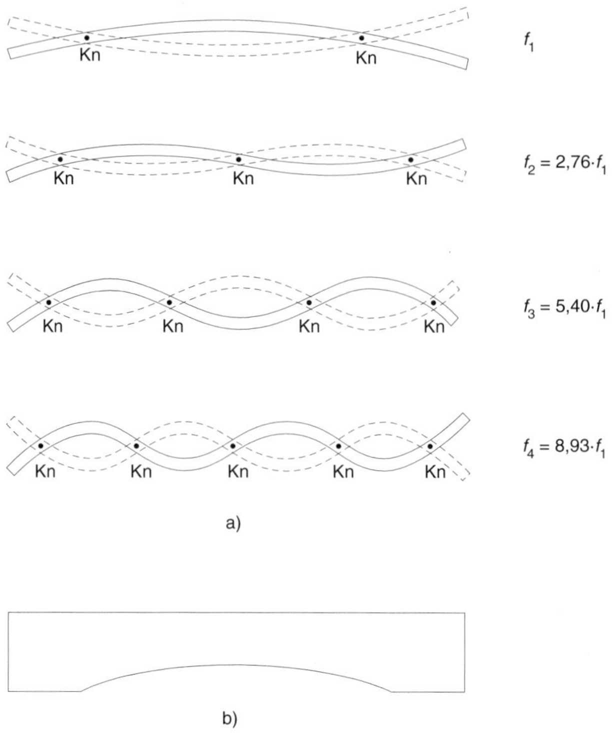


Bild 9.14
a) Die ersten Eigenschwingungszustände eines Stabes, der an beiden Enden frei (nicht eingespannt) ist.
b) Veränderung des Stabquerschnitts, um musikalisch bessere Frequenzverhältnisse zu erzielen. Marimba-Stäbe können noch stärker als hier gezeigt ausgedünnt sein.

Unsere Regeln sagen uns, daß die durch den Schlag auf einen solchen Stab erzeugten Schwingungen als Kombination der Eigenschwingungszustände erklärbar sein müssen. Der Klang, den wir hören, sollte also eine Kombination von reinen Sinusschwingungen der jeweiligen Eigenfrequenzen sein. Wird diese Kombination aber überhaupt einen ansprechenden musikalischen Klang ergeben und als Klang mit einer bestimmbaren Tonhöhe wahrzunehmen sein? – Offenbar nicht, denn diese Frequenzen bilden keine harmonische Teiltonreihe; die zugehörige nichtperiodische Wellenform erzeugt keine eindeutige Tonhöhenwahrnehmung. Am wahrscheinlichsten würde man noch einen Doppelklang mit zwei ungefähr 17,5 Halbtönen auseinanderliegenden Tonhöhen wahrnehmen, entsprechend dem Verhältnis von 2,76 : 1 für die erste und zweite Eigenfrequenz.

Wenn wir allerdings die zweite Eigenfrequenz z. B. in das Verhältnis $f_2 = 4 \cdot f_1$ bringen könnten, dann würden diese beiden Eigenfrequenzen im Doppeloktavabstand klingen und sich gegenseitig verstärken; und tatsächlich können wir solche Frequenzverhältnisse erzielen, wenn wir veränderbare Stab-Querschnitte einführen. Wenn wir einen Stab in der Mitte verdünnen, reduzieren wir seine Widerstandskraft (Steifigkeit), wenn er angeschlagen wird; seine Masse wird auch verringert, aber die Reduzierung der Steifigkeit stellt sich als bedeutsamer heraus, und die Frequenz der ersten Eigenschwingung wird stark reduziert. Die höheren Eigenfrequenzen werden dagegen weniger beeinflußt, da sie stärker die Biegeschwingung der dicker gebliebenen Teile des Stabes erfordern.

Das richtige Verdünnungsmaß kann $f_1$ so weit abmindern, daß sich das Verhältnis $f_2 : f_1$ von 2,61 : 1 bis auf 4 : 1 ändert, und nach diesem Prinzip werden Marimbastäbe angefertigt. (Bei den höchsten Marimbastäben kümmern sich die Hersteller allerdings kaum um dieses Prinzip, weil deren Klang sowieso sehr schnell abklingt). Xylophonstäbe sind viel weniger ausgedünnt, so daß das Verhältnis nur auf 3 : 1 gebracht wird; und dies ist für ihren eigentümlichen Klang verantwortlich, bei dem ein Quintenintervall über dem jeweiligen Stab-Grundton relativ stark wahrnehmbar ist (erinnern Sie sich an die harmonische Reihe!).

Ganz wie bei der Stimmgabel dauern die dritte und alle höheren Eigenschwingungen nicht lange genug an, um zur Tonhöhenwahrnehmung wesentlich beizutragen, so daß wir uns um deren Frequenzen gar nicht weiter zu kümmern brauchen.

## 9.5 Trommeln, Becken und Glocken

Konsequenterweise müßten wir nun so fortschreiten, daß wir die Eigenschwingungen und -frequenzen für alle Arten von Schlaginstrumenten aufzeigen und daraus deren unterschiedliche akustische Eigenschaften ableiten. Das allein würde allerdings schon zu einem dicken Buch werden; wir wollen daher versuchen, uns einen Eindruck vom Inhalt dieses fiktiven Buches zu verschaffen, indem wir ein oder zwei repräsentative Fälle untersuchen, an denen sich die wichtigsten Eigenschaften aufzeigen lassen.

Betrachten wir zuerst ein Trommelfell, das nur über einen Spannreifen gezogen ist. Die Spannung (d. h. die Kraft pro Längeneinheit, mit der diese Fellmembran nach allen Richtungen über den Reifen gezogen wird) wirkt als Widerstandskraft und bestimmt damit wesentlich die Frequenz der Schwingungen. Die Masse der Membran ist gleichmäßig verteilt, und einzelne Teile von ihr können mit unterschiedlichen Amplituden vibrieren. Bild 9.15 zeigt den idealisierten Modelltyp, dessen Eigenschwingungen ein Physiker untersuchen würde, um sich an eine Schwingungstheorie für gleichmäßige Membrane heranzuarbeiten. Die Vorhersagen aus solch einer Theorie sind in Bild 9.17 gezeigt; da die vibrierende Membran zweidimensional ist, müssen wir eine neue Art der Darstellung für die Schwingungszustände wählen: Während des ersten halben Schwingungszyklus' sind die „+“ -Gebiete oberhalb der Ebene des Ruhezustands und die „-“-Gebiete darunter und während des nächsten halben Schwingungszyklus' genau andersherum. Dazwischen gibt es einen kurzen Moment, in dem die Membran flach ist, aber aneinander grenzende Regionen sich entgegengesetzt bewegen. Demzufolge gibt es hier keine Schwingungsknoten, sondern Schwingungslinien dort, wo die Membran sich immer in Ruhe befindet. Diese Muster der natürlichen Eigenschwingungen können experimentell bestätigt werden, wie Bild 9.18 zeigt.

* Die erste Eigen- oder Grundfrequenz für die Membran alleine (ohne Widerstandkraft der angrenzenden Luft) beträgt $f_1 = 0{,}765/d \cdot \sqrt{T/\sigma}$, wobei $d$ der Durchmesser, $T$ die Spannung und

$\sigma$ (sigma) die Masse pro Flächeneinheit ist. Typische Werte für ein Mylar-Paukenfell (Kunststoff, Dicke 0,2 mm) sind $d \cong 0{,}6$ m, $s \cong 0{,}26$ kg/m² und $T \cong 2 \cdot 10^3$ N/m. Für große Werte von n kann eine grobe Näherung für $f_n$ berechnet werden mit $1{,}3 \cdot \sqrt{n} \cdot f_1$. Beachten Sie, daß die Frequenzen der höheren Eigenschwingungszustände eines Trommelfells immer enger beieinander, während sie für massive Stäbe wie bei Xylophon und Marimba immer weiter auseinander liegen.

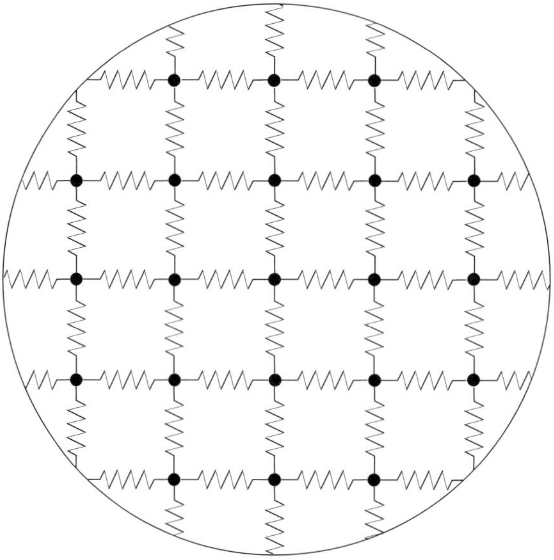

Bild 9.15
Ein System aus idealen Federn und Massepunkten, das als Modell für die gespannte Membran einer Trommel dient. Nur Bewegungen senkrecht zur Papierebene sind hier von Interesse; es existieren 21 Schwingungszustände in diesem Beispiel. Je größer die Zahl der Federn und Massepunkte angesetzt wird, desto mehr nähert sich das Modell dem realen Trommelfell an.

Um zu verstehen, warum Trommelklänge allgemein keine klar erkennbaren Tonhöhen haben, wollen wir versuchsweise die Verhältnisse der Eigenfrequenzen (mit Hilfe von Bild C [hintere Umschlaginnenseite] und dem Teilton-Lineal im Anhang) in Notenschreibweise übertragen. Die Ergebnisse (Bild 9.17c) zeigen eine fürchterliche Akkordmixtur, für die kaum eine bestimmte Tonhöhen- bzw. Akkordwahrnehmung möglich ist. Die Anbringung der Membran auf dem Trommelkörper schafft eine Resonanzhöhle unter der Membran, und dies verändert sowohl die Eigenfrequenzen als auch deren Amplituden, so daß die Klangfarbe wechselt. Ein gut bemessener Trommelkorpus kann bestimmte Eigenfrequenzen so beeinflussen, daß sie in die Teiltonreihe passen und somit ein Klang mit bestimmter Tonhöhe erzeugbar wird. Wie dies bei Pauken erreicht wird, ist in Kasten 9.1 erklärt.

Betrachten wir nun die Schwingungen einer ebenen gleichförmigen Scheibe aus Eisenblech. Die Widerstandskraft besteht nun in der Steifigkeit des Metalls selbst (wie bei der Stimmgabel) und nicht in einer von außen aufgebrachten Spannung. Obwohl die genauen Frequenzen voneinander abweichen, sind doch die Eigenschwingungszustände der gespannten Trommelmembran und der Blechscheibe ähnlich. Der größte Unterschied kommt dadurch zustande, daß die Ränder der Metallscheibe frei schwingen können (wie die Enden der Xylophonstäbe), anstatt eingespannt zu sein.

Kasten 9.1 Pauken

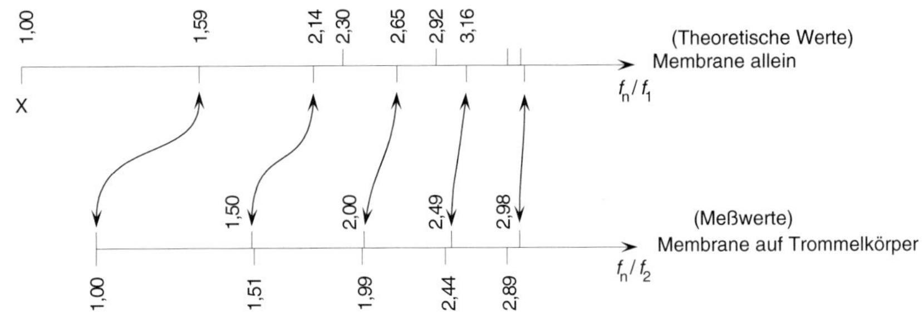


Bild 9.16 Die Frequenzen eines Trommelfells, auf der Tonhöhenskala aus Bild C (hintere Umschlaginnenseite) aufgetragen. Die obere Linie zeigt die Frequenzen (entsprechend Bild 9.17), wie sie sich aus der idealisierten Theorie eines isolierten gespannten Fells rechnerisch ergeben würden. Die Markierungen oberhalb der Linie geben die Schwingungszustände mit kreisförmigen Ruhelinien an; diejenigen unterhalb der Linie schließen die Schwingungen resp. deren Frequenzen ein, die für die Erzeugung einer bestimmten Tonhöhenwahrnehmung wichtig sind. X gibt die Grundschwingung an, die jedoch durch Abstrahlung verloren geht. Die Pfeile geben die Frequenzerniedrigung infolge der eingeschlossenen Luftmasse an. Die untere Linie gibt die Frequenzen als Vielfache von $f_2$ an. Die Markierungen über der Linie zeigen außergewöhnlich gute Übereinstimmungen mit den erwünschten Frequenzen an, nach Meßergebnissen von Benade für eine einzelne gut gestimmte Kesselpauke. Markierungen unterhalb der Linie zeigen die Meßwerte für eine andere Pauke (gemessen durch Craig Anderson, hier zitiert nach Rossing), für die die Übereinstimmung mit der Obertonreihe nur annähernd erreicht wurde; diese Werte sind vermutlich eher für durchschnittliche Pauken typisch.

Die meisten Trommeln erzeugen keinen Klang mit deutlich wahrnehmbarer Tonhöhe, und wir führen das auf das Fehlen von klaren und einfachen Verhältnissen unter den zahlreichen Eigenfrequenzen zurück, die in Bild 9.17 gezeigt werden. Wie kommt es dann, daß wir im Falle der Pauken eine so deutliche Tonhöhe erhalten können? Es zeigt sich, daß dies das gemeinsame Ergebnis verschiedener Effekte ist.

Zunächst bewegt die erste Eigenschwingung die gesamte angrenzende Luft in die gleiche Richtung, während die höheren Eigenschwingungen die an die „+"- und „-"-Regionen angrenzenden Luftteilchen hin- und herdrücken.

Wenn das Trommelfell über einen geschlossenen Kessel gespannt wird, strahlt daher die erste Eigenschwingung – die Grundschwingung – weit mehr und effizienter Energie nach außen ab als alle anderen; dies bewirkt für diese Eigenschwingung einen schnellen Energieverlust und führt dazu, daß sie mit dem Anschlagsgeräusch sehr schnell abklingt und praktisch keinen Beitrag zum wahrnehmbaren Klang mehr leistet. Da ihre Frequenz nicht sehr gut in das erwünschte Klangspektrum paßt, ist dies durchaus erwünscht.

Zweitens liegt der übliche Anschlagspunkt – etwa 1/2 bis 3/4 von der Mitte nach außen – in der Nähe vieler kreisförmiger Ruhelinien (z.B. der Eigenschwingungen 4, 6, 8, 9 in Bild 9.17). Daher enthält die überlagerte Gesamtschwingung nur kleine Spuren dieser Eigenfrequenzen; sie tragen ein bißchen zur Schärfe des Klangs bei, aber der Hauptbeitrag zur Erzeugung eines Klangs mit bestimmter Tonhöhe wird von den Eigenschwingungen geleistet, die keine kreisförmigen Ruhelinien haben (Nummern 2,3,5, 7, 10 usw.).

Drittens muß die Berechnung der Eigenfrequenzen korrigiert werden, da die Angaben in Bild 9.17 nur für ein im Vakuum befindliches Trommelfell zutreffen. In Wirklichkeit muß auch berücksichtigt werden, daß das Trommelfell die angrenzenden Luftteilchen bewegen muß; die Teilchen steuern eine zusätzliche Masse bei, so als wenn das Trommelfell etwas schwerer würde, und reduzieren daher die Eigenfrequenzen. Die Luft kann die Frequenz der 2. Eigenschwingung um 25% oder mehr reduzieren; höhere Eigenschwingungen sind weniger betroffen, da sie auch weniger effizient die Luftteilchen bewegen. Diese Einflüsse hängen in gewissem Grad auch von der Form des Kessels ab, so daß durch deren Gestaltung die Frequenzen in die erwünschten Verhältnisse gebracht werden können.

Da die Grundschwingung so rasch abklingt, übernimmt die 2. Eigenschwingung deren Rolle als Grundfrequenz. Wir können daher die anderen Frequenzen ausnahmsweise als Vielfache von $f_2$ anstatt von $f_1$ ausdrücken sowie den Einfluß der Luftmasse berücksichtigen und das Ergebnis auf der dem Bild C entnommenen Skala aufzeichnen (Bild 9.16). Mit dem Teiltonlineal läßt sich nun nachprüfen, daß die korrigierten Eigenfrequenzen der wichtigen Eigenschwingungen miteinander einfache musikalische Intervalle ergeben; genauer, sie stimmen annähernd mit dem 2. bis 6. Ton der Obertonreihe überein. Dies ist der Grund, warum sie sich gegenseitig verstärken und im Falle der Pauke eine bestimmte wahrnehmbare Tonhöhe erzeugen.

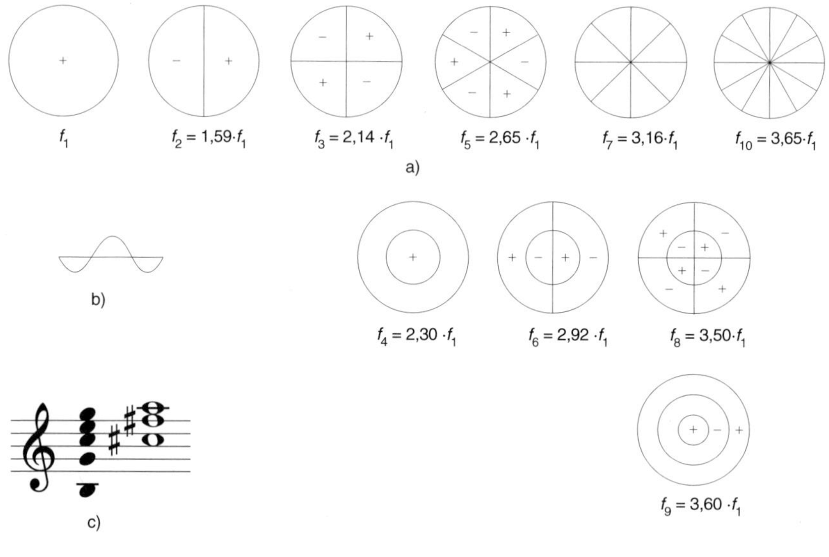


Bild 9.17 a) Die ersten 10 Eigenschwingungszustände einer (idealisierten) gespannten Membran, von oben nach unten gruppiert nach der Zahl kreisförmiger Schwingungs-(Ruhe-)linien. b) Seitenschnitt der 4. Eigenschwingung durch den Mittelpunkt. c) Die zugehörigen Tonhöhen für einen Grundton (=1. Eigenschwingung) mit der Tonhöhe b. Die Ganzen Noten stehen für Tonhöhen, die nicht genau der wohltemperierten Skala entsprechen. Die Eigenfrequenzen 8, 9 und 10 liegen alle innerhalb eines Halbtonbereichs um das gezeigte a''. Die höheren Schwingungszustände erzeugen noch zahlreiche weitere, eng beieinander liegende Tonhöhen aufwärts von den dargestellten.

Nun wollen wir die Scheibe Stück für Stück (dauerhaft) verformen – zuerst zur flachen Schüsselform eines Beckens oder Gongs, dann stärker zur Form einer Kirchenglocke und schließlich zur langen Röhre einer Orchesterglocke auseinandergezogen. Bei jeder Phase können wir die Eigenschwingungen identifizieren und dem Urahn auf dem Trommelfell zuordnen (Bild 9.19). Es wäre mühselig, alle Eigenfrequenzen

Bild 9.18 Photographische Darstellungen einer vibrierenden Plastikmembran in verschiedenen Eigenschwingungszuständen. Jedes Bildpaar stellt den gleichen Schwingungszustand jeweils einen halben Zyklus zeitversetzt dar. (Mit frdl. Genehmigung des National Film Board of Canada und BFA Educational Media).

mathematisch vorauszubestimmen; wir können sie leichter an einem realen Becken oder einer Glocke messen.

Wie beim einfacheren Fall der Xylophonstäbe kann man auch hier durch sorgfältige Abstimmung der Wanddicken die Frequenzverhältnisse so beeinflussen, daß zumindest einige Frequenzen einigermaßen kooperieren und so eine wahrnehmbare

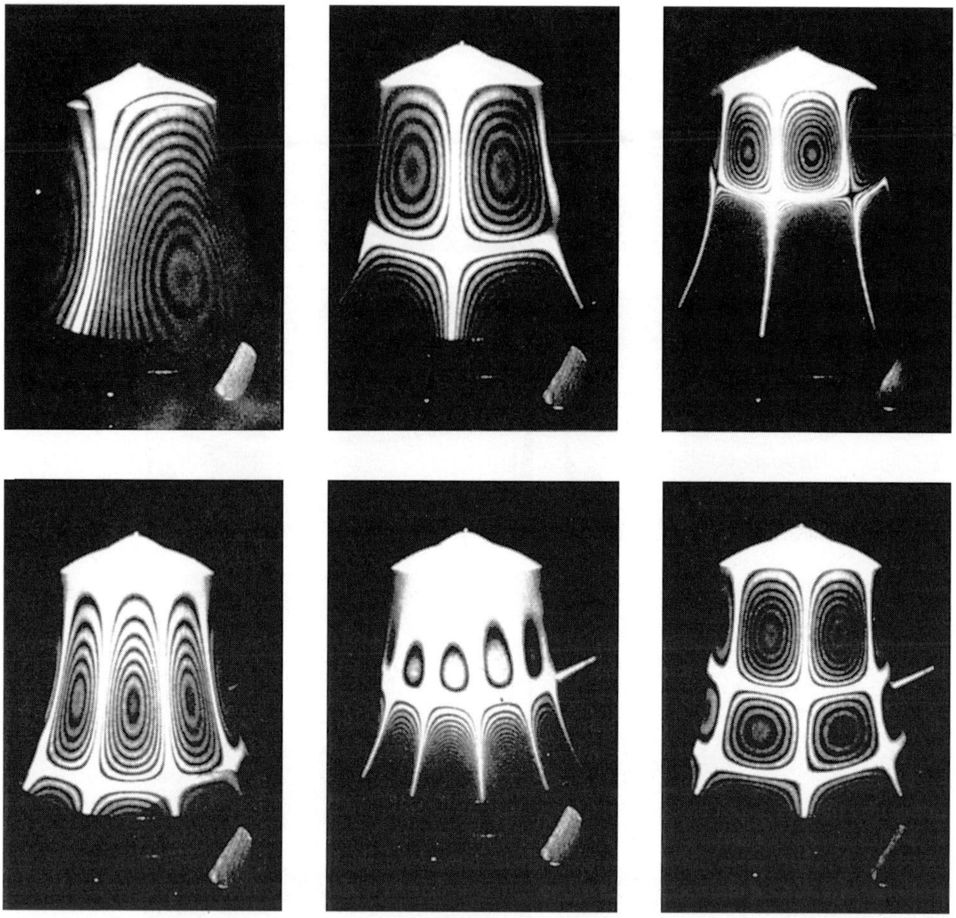

Bild 9.19 Einige Eigenschwingungszustände einer Handglocke, durch holographische Interferenz sichtbar gemacht. Die hellsten Bereiche zeigen die Knotenlinien, und die Zentren der Ringe sind jeweils die Punkte mit maximaler Amplitude = Schwingungsbäuche. (Photos von George Tarbag, mit frdl. Genehmigung von T.D. Rossing).

Tonhöhe erzeugen. Wir wollen dies hier aber nicht vertiefen, sondern auf die Literatur verweisen. (In Abschnitt 17.3 wird erläutert, wie das Zusammenspiel von Eigenschwingungen zur Wahrnehmung einer bestimmten Tonhöhe beiträgt).

## 9.6 Die Beziehung zwischen Anschlagspunkt und Schwingungszusammensetzung

In den letzten zwei Abschnitten haben wir die Eigenschwingungszustände von Stäben und Membranen untersucht und behauptet, daß sie für jede mögliche Gesamtschwingung dieser Gegenstände verantwortlich seien. Aber abgesehen von all den *möglichen* Schwingungen solcher Körper interessiert uns vor allem, welche *tatsächliche* Schwingungszusammensetzung zustande kommt, wenn wir einen Stab oder eine Membran anschlagen. Irgendwie muß dies auch davon abhängen, wo und wie man anschlägt; und zunächst wollen wir wieder die einfachste Möglichkeit betrachten.

Wie könnte man ein Trommelfell in eine einzelne, reine Eigenschwingung versetzen, ohne daß andere Schwingungen hinzutreten? Es gibt dafür nur zwei Möglichkeiten: Eine ist, alle Teile der Fellmembran gleichmäßig in die Form dieses Schwingungszustandes zu drücken und dann plötzlich loszulassen; die andere ist, alle schwingenden Teile gleichzeitig mit der genau bemessenen Kraft anzuschlagen, die die für diesen Schwingungszustand kennzeichnenden Bewegungen erzeugt. Beide Fälle erfordern die Ausübung verschiedener Kraftgrößen (gleichmäßig im ersten, impulshaft im zweiten Fall) auf verschiedene Teile der Membran, d. h. stärker im Zentrum jeder Region, schwächer an den Rändern derselben und exakt Null an den Ruhelinien. Mit der Ausnahme des ersten Eigenschwingungszustandes müssen die Kräfte teilweise aufwärts und teilweise abwärts wirken. Da dies extrem schwierig zu realisieren ist, wird man in der Praxis gar nicht erst solche Versuche starten. Es würde auch nicht viel Sinn haben, denn im besten Fall würde man dann eben den Klang einer Stimmgabel anstelle den einer Trommel erhalten.

Wenn wir also eine Trommel ganz normal schlagen, wie setzt sich die Gesamtschwingung aus den einzelnen Eigenschwingungen zusammen? Das letzte Beispiel läßt vermuten, daß die Antwort etwa so lauten wird: Wenn die Verteilung der Schlag-Kräfte einem der Eigenschwingungszustände ähnelt, dann wird auch dieser Zustand aktiviert, und es gibt wenig Beteiligung von den Eigenschwingungen, deren Muster den Schlag-Kräften nicht ähnelt. Diese allgemeine Regel hat – wie die anderen bisher gefundenen – auch eine exakte mathematische Form, aber für unsere Zwecke reicht die qualitative Aussage völlig aus:

**Jede Eigenschwingung wird mehr oder weniger angeregt, je nachdem, wie stark das Muster der anschlagenden Kräfte dem Muster des Eigenschwingungszustandes entspricht.**

Der Spezialfall, bei dem die angreifende Kraft auf einen sehr kleinen Bereich begrenzt ist, erlaubt die folgende Umformulierung, die vielleicht eher verständlich ist:

**Der Anschlag eines Objekts an einem bestimmten Punkt regt jede Eigenschwingung des Objekts proportional dazu an, wie stark die Eigenschwingung eine Schwingungsbewegung des Anschlagpunktes beinhaltet.**

So wird zum Beispiel die erste Eigenschwingung eines Trommelfells am stärksten durch einen Schlag genau in das Zentrum angeregt, und je näher man zum Rande hin anschlägt, desto kleiner wird der Anteil des ersten Schwingungszustandes.

Es lohnt sich, eine noch speziellere Regel zu formulieren, die in der letzten enthalten ist:

**Wenn der Anschlagspunkt auf dem Schwingungsknoten oder der Ruhelinie eines Eigenschwingungszustandes liegt, dann ist diese Eigenschwingung nicht an der Gesamtschwingung beteiligt.**

Wenn man eine Trommel im Zentrum anschlägt, erhält man lediglich einen dumpfen Klang. Dies liegt daran, daß das Zentrum auf den Ruhelinien der meisten Eigenschwingungen liegt (Bild 9.17, Eigenschwingungen 2, 3, 5, 6, 7, 8, 10 usw.) und nur die wenigen kreis-symmetrischen Zustände (Nr. 1,4,9 usw.) angeregt werden; dem Klang fehlt die Brillanz und Stärke, weil die meisten der Eigenschwingungen nicht beteiligt sind. Um alle „Tortenstück-"Zustände gut anzuregen, sollte man an einem Punkt etwa zwischen der Hälfte und drei Vierteln des Weges vom Zentrum nach außen anschlagen (siehe auch Kasten 9.1 für weitere Anwendungen dieser Regel).

Und noch eine wichtige Folgerung aus der Grundregel:

**Der Anschlag einer vollständigen Region anstelle nur eines Punktes daraus erzeugt die gleiche Schwingungszusammensetzung, die man durch Anschlagen jeden beliebigen Punktes der Region erhielte.**

Wenn ein großer weicher Körper die Membran in einer „+"- oder „–"-Region eines Eigenschwingungszustandes vollständig anschlägt, empfangen alle Punkte dieser Region die gleiche „Botschaft" – : diese Eigenschwingung wird stark angeregt (Bild 9.20 a,b). Wenn dagegen die Anschlagsstelle sowohl eine „+"- als auch eine „–"-Region einschließt, sind die Botschaften widersprüchlich: Die Wirkungen verschiedener Punkte, die Eigenschwingung anzuregen, jedoch einen halben Zyklus phasenversetzt, löschen sich gegenseitig aus, und diese Eigenschwingung hat nur einen geringen Anteil an der Gesamtschwingung (Bild 9.20 c).

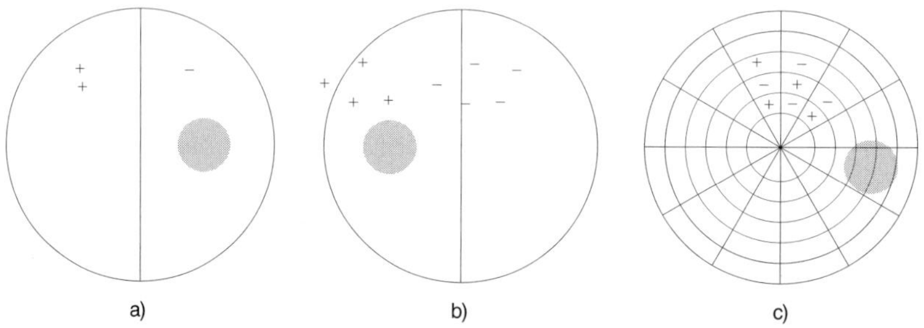


Bild 9.20 a) Ein Schlag-Impuls, der gut innerhalb einer Region eines Schwingungszustandes liegt, regt diese Eigenschwingung stark an. b) Dies ist unabhängig davon, ob die Region als „+" oder „–" bezeichnet ist; der einzige Unterschied besteht in der Verschiebung des Schwingungszyklus' um eine Hälfte. c) Eine Anschlagsfläche, die zwei angrenzende Regionen trifft, kann dagegen den zugehörigen Schwingungszustand nicht anregen, wie hier für die 88. Eigenschwingung ($f_{88} = 11{,}1 \cdot f_1$) eines idealisierten Trommelfells gezeigt ist. Bei einer so großen Anschlagfläche wird die Gesamtschwingung praktisch keine Frequenzen oberhalb drei Oktaven von $f_1$ enthalten.

Der entsprechende Effekt auf der Zeitachse kann in manchen Fällen noch wichtiger sein: Wenn die auslenkende Kraft länger oder gleichlang wie eine halbe Schwingungsdauer einwirkt, wird keine weitere Energie für diese Eigenschwingung mehr geliefert; im Gegenteil, sobald die Membran zurückzufedern beginnt, liefert sie Energie zurück an den Schlegel anstatt noch mehr zu empfangen. Allgemein können wir dies so formulieren:

**Wenn eine anschlagende Kraft eine bestimmte Dauer *T* lang wirkt, dann werden nur solche Eigenschwingungen angeregt, deren Frequenzen niedriger (tiefer) als ungefähr 1/2 ·*T* sind.**

Damit können wir nun erklären, was passiert, wenn ein Trommler oder Xylophonspieler von harten zu weichen Schlegeln wechselt. Der harte Schlegel übt einen großen Anschlagsdruck auf eine kleine Fläche aus und regt dadurch viele Eigenschwingungen an (alle, bei denen die Anschlagsstelle in einer sich bewegenden Region liegt) und erzeugt damit einen relativ brillanten Klang; der weiche Schlegel übt weniger Druck auf eine größere Fläche aus und regt daher nur die niedrigeren Eigenschwingungen an. Alle Schwingungszustände, deren Knotenpunkte und -linien enger beieinander liegen als der Durchmesser der Anschlagsfläche, können nicht effektiv angeregt werden, und dadurch werden alle Frequenzen oberhalb dieser Eigenfrequenz gewissermaßen abgeschnitten. Je weicher der Schlegel und je größer die Anschlagsfläche, desto niedriger wird diese Grenzfrequenz und umso dumpfer die Klangfarbe. Und umso langsamer der Schlegel zurückschnellt, desto mehr höhere Frequenzen werden auch noch durch die längere Kontaktzeit unterdrückt.

## 9.7 Gedämpfte Schwingungen

Bisher haben wir uns auf den Beginn von Schwingungen konzentriert und so getan, als wenn ein einmal angeregtes schwingendes System für immer und ewig weiterschwingen würde – obwohl wir natürlich wissen, daß das nicht stimmt, jede Schwingung kommt irgendwann zur Ruhe. In Kapitel drei haben wir bereits angedeutet, daß dies durch die Abstrahlung von Energie und durch Reibungsverluste bewirkt wird. Wir nennen dies **Dämpfungs**-Prozesse und allmählich abnehmende Schwingungen *gedämpfte Schwingungen.* Wie können wir nun diesen Vorgang exakter beschreiben und wie wirkt er sich auf die Klangwahrnehmung aus?

Die einfachste Form der Dämpfung – die **exponentielle Abnahme** – tritt dann auf, wenn der Betrag des Energieverlustes jeweils direkt proportional zur verbleibenden Energie ist. Um das zu verstehen, nehmen wir beispielsweise an, die Amplitude einer Schwingung sei nach einer Zeit $t_{1/2}$ (=Halbwertszeit) auf die Hälfte ihres Anfangswerts abgesunken und somit die Schwingungsenergie auf ein Viertel des Anfangswerts. Dies gilt dann ebenso für die von der Schwingung erzeugten Schallwellen bzw. deren Amplituden. Wenn wir eine weitere Zeitdauer $t_{1/2}$ verstreichen lassen, ist die Schwingungs- und Schallamplitude nicht gleich Null (siehe Bild 9.21), sondern wiederum um die Hälfte kleiner geworden, beträgt also nun ein Viertel der Anfangsamplitude (die Energie auf ein Achtel). Lassen wir weitere Zeitdauern von jeweils $t_{1/2}$

verstreichen, so beobachten wir die Amplitudenwerte 1/8, 1/16, 1/32 usw, aber niemals völlig gleich Null; theoretisch hört also die Schwingung niemals völlig auf, obwohl sie unendlich kleine Werte annimmt. (Die Abnahme radioaktiver Strahlungen erfolgt nach einer ähnlichen Regel).

Für musikalische Zwecke ist es daher sinnvoll, die *Dämpfungszeit* $\tau$ (tau) einer Schwingung als die Zeit zu definieren, die verstreicht, bis die Schwingungsamplitude auf 1/1000 (ein Tausendstel) des Anfangswertes abgesunken ist; die Beziehung zur Halbwertszeit lautet $\tau \approx 10 \cdot t_{1/2}$. Die nach einer Zeit $t$ ausgestrahlte Schallintensität fällt daher auf einen Wert von 1/1.000.000 (ein Millionstel) des Anfangswertes ab, d. h. auf einen um 60 dB niedrigeren Schallpegel. Dies entspricht ungefähr unserer Wahrnehmung des Ausklingens bis zur Unhörbarkeit.

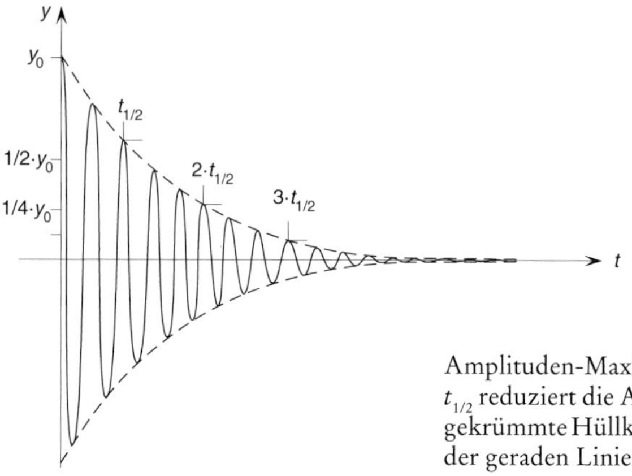


Bild 9.21 Eine exponentiell gedämpfte Schwingung. Die gestrichelten Linien (in der Regel als *Hüllkurve* bezeichnet) stellen die allmählich abnehmenden Amplituden-Maximalwerte dar. Jede weitere Zeitdauer $t_{1/2}$ reduziert die Amplitude nochmals um die Hälfte. Die gekrümmte Hüllkurve dieser Darstellung entspricht einer der geraden Linien in Bild 9.22.

Im allgemeinen sind die Dämpfungszeiten für jede Eigenschwingung verschieden. Die Dämpfungszeit ist umso kürzer, je stärker eine Eigenschwingung Energie abstrahlt und je stärker sie mit Reibungsverlusten verbunden ist. Die höherfrequenten Eigenschwingungen von Stäben und Membranen haben in der Regel kürzere Dämpfungszeiten, weil sie mit größeren und häufigeren Verbiegungen des Materials verbunden sind und daher größere Reibungsverluste haben.

Reibungsverluste können aber auch durch den Kontakt des schwingenden Körpers mit einem anderen, weichen und nachgiebigen Körper wie z. B. einem Finger oder einem Stück Filz entstehen. Dies folgt einer praktischen Regel, die ganz entsprechend unserer Regel für Schwingungsanregung abgeleitet ist:

**Örtliche Dämpfung durch Reibung wirkt sich auf jede Eigenschwingung proportional dazu aus, wie stark diese Eigenschwingung die Stelle, an der die Dämpfung wirkt, in Bewegung versetzt. Hat die Eigenschwingung an dieser Stelle einen Ruhepunkt (Knoten) oder -linie, so wird die Schwingung nicht gedämpft.**

Eine leichte Berührung des Trommelfells im Zentrum wird beispielsweise die Eigenschwingungen 1, 4 und 9 sehr schnell abdämpfen, während fast alle anderen unverändert weiterschwingen.

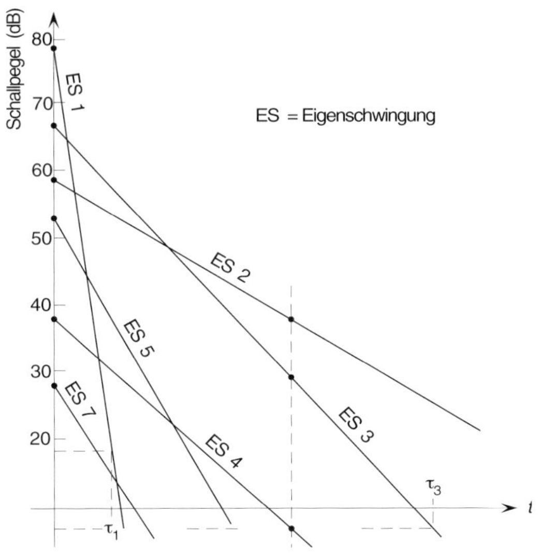


Bild 9.22 Ein hypothetisches Beispiel für die unterschiedliche Abnahme verschiedener Eigenschwingungen eines Klangkörpers. Jede Eigenschwingung beginnt mit einem anfänglichen Beitrag zur Schallintensität, dessen Wert durch einen Punkt auf der vertikalen Achse angegeben ist. Exponentielle Schwingungs-Abnahme erzeugt gleiche Schallpegel-Abnahme für gleiche Zeitdauern, bei dieser Art der Darstellung also durch gerade Linien angezeigt. Beim Zeitpunkt Null sind viele Eigenschwingungen präsent, auch solche mit höheren Frequenzen. Eine gewisse Zeit später (senkrechte gestrichelte Linie) bleiben lediglich einige der niedrigeren Eigenschwingungen mit wirksamer Stärke übrig, so daß die Klangfarbe sehr viel einfacher wird. Die Dämpfungszeit für jede Eigenschwingung ist die Zeit, die für eine Abnahme um 60 dB erforderlich ist. Für Eigenschwingung 1 (sehr kurz) und 3 (länger) sind die Dämpfungszeiten $\tau$ angegeben.

Aufgrund der unterschiedlichen Dämpfungszeiten jeder einzelnen Eigenschwingung ist die Auswirkung der Dämpfung auf den wahrgenommenen Klang weit interessanter, als es bei einem gleichmäßigen Ausklingen der Fall wäre, denn es verändert sich dadurch die Klangfarbe. Nehmen wir zum Beispiel an, ein Klangkörper habe die in Bild 9.22 links gezeigten Eigenschwingungen im Augenblick des Anschlags. Da große Anteile an höheren Eigenfrequenzen vorhanden sind, ist die Klangfarbe strahlend und von komplexer Natur. Nach einer kurzen Zeit bleibt von diesen höheren Frequenzen jedoch kein hörbarer Pegel mehr übrig, so daß nur noch die tieferen Eigenfrequenzen etwas zum Klang beitragen und dessen Klangfarbe dadurch weniger brillant und einfacher wird. Wenn Sie das Bild betrachten, stellen Sie sich das anfängliche „Klonnck-"Schlaggeräusch eines Xylophonstabes vor, das dann von einem langsamer abklingenden Klang mit bestimmbarer Tonhöhe gefolgt wird, bei dem nur einige wenige Eigenschwingungen beteiligt sind.

# Zusammenfassung

Die Schwingungen der Schlaginstrumente sind zwar komplex und nichtperiodisch, aber sie können trotzdem vollständig aus der Überlagerung von Eigenschwingungen erklärt werden. Jeder Massekörper besitzt vieler solcher Eigenschwingungen, von denen jedoch nur die ersten für die hervortretenden akustischen Eigenschaften verantwortlich sind.

Eine Eigenschwingung ist eine periodische Vibration, bei der jeder Teil des Körpers sich in EHS – Einfacher Harmonischer Schwingung – befindet und alle Teile in Phase schwingen, d. h. die maximalen Auslenkungspunkte (positiv oder negativ) gleichzeitig erreichen. Jede Eigenschwingung hat ihre eigene charakteristische Eigenfrequenz, die durch die bei den Schwingungsbewegungen entstehenden Trägheits- und Widerstandskräfte bestimmt wird. Jede scheinbar noch so komplexe Schwingung des Massekörpers kann auf Überlagerung seiner Eigenschwingungen zurückgeführt werden.

Wir haben die Eigenschwingungen von Stimmgabeln, Xylophonstäben und Trommelfellen dargestellt und anhand dieser Beispiele belegt, wie das Konzept der Eigenschwingungen für viele andere Schlaginstrumente angewendet werden kann.

Die Anfangskräfte, durch die ein Objekt in Schwingung versetzt wird (gewöhnlich durch Schläge), sind von besonderer Bedeutung, denn sie entscheiden darüber, welche Anteile der einzelnen Eigenschwingungen in der Gesamtschwingung enthalten sein werden. Wir konnten einige genaue Regeln dafür aufstellen, wie dies von der Anschlagsstelle abhängt. Die Zusammensetzung der Gesamtschwingung ändert sich gewöhnlich während der Zeit des Erklingens, da die Eigenschwingungen unterschiedliche Ausklingdauern (bzw. Dämpfungszeiten) haben. Eine hochfrequente Eigenschwingung wird normalerweise schneller abgedämpft als eine tieffrequente. Bei einer exponentiellen Abnahme nimmt der Schallpegel einer Eigenfrequenz gleichmäßig ab, und die Zeit bis zum Absinken um 60 dB wird als Dämpfungszeit dieser Eigenfrequenz bezeichnet.

# Symbole, Begriffe, Beziehungen

EHS Einfache harmonische Schwingung
N Zahl der Freiheitsgrade eines Systems oder Körpers
n Index der Eigenschwingungen u.Eigenfrequenzen
$f_n$ Frequenz der n-ten Eigenschwingung

$t_{1/2}$ Halbwertszeit der Amplitude
$\tau$ (tau) Dämpfungszeit (60 dB)
$\sigma$ (sigma) Masse pro Flächeneinheit
$\tau \cong 10 \cdot t_{1/2}$
( $\cong$ bedeutet: ungefähr gleich)

Eigenschwingung und Eigenfrequenz
Knotenpunkt und Knotenlinie
Schwingungszusammensetzung
Exponentielle Abnahme
Young'sche Zahl (Maßeinheit für Steifigkeit)

# Übungsaufgaben

1. Wenn die Feder aus Bild 9.3 höher an den Pendelstäben angebracht wäre, wie würde das die Eigenfrequenzen $f_1$ und $f_2$ verändern? Und wie, wenn sie an gleicher Position belassen würde, aber ihre Steifigkeit erhöht würde?
2. Was würde mit den Eigenschwingungen und -frequenzen geschehen, wenn die Feder in Bild 9.3 extrem nachgiebig wäre? Erklären Sie in physikalischen Begriffen, warum $f_2$ nur geringfügig größer als $f_1$ sein würde. Beschreiben Sie das Schwingungsverhalten verbal und mit einer Skizze analog zu Bild 9.6. Begründen Sie anhand der Zeichnung, daß die Schwingungsenergie langsam von einem Pendel zum nächsten und zurück überzugehen scheint.
3. Skizzieren Sie die Eigenschwingungszustände für die Ein-Aus-Bewegung wie in Bild 9.10, aber für den Fall N=4; bezeichnen Sie die Indexnummern der Eigenfrequenzen von der niedrigsten zur höchsten Frequenz.

*4. Skizzieren Sie die Eigenschwingungszustände für die Rechts-Links-Bewegung wie in Bild 9.9, aber für den Fall N=4; bezeichnen Sie die Indexnummern der Eigenfrequenzen von der niedrigsten zur höchsten Frequenz.

5. Zwei Körper gleicher Masse sind durch Federn verbunden und können sich in drei Richtungen frei bewegen (Bild 9.23). Wie viele Freiheitsgrade hat dieses System? Zeichnen und beschreiben Sie seine Eigenschwingungszustände. (Hinweis: Betrachten Sie immer nur eine Dimension auf einmal). Gibt es Eigenschwingungs-Paare, die die gleiche Frequenz haben? (Diese werden meist als *degenerierte Eigenschwingungen* bezeichnet).

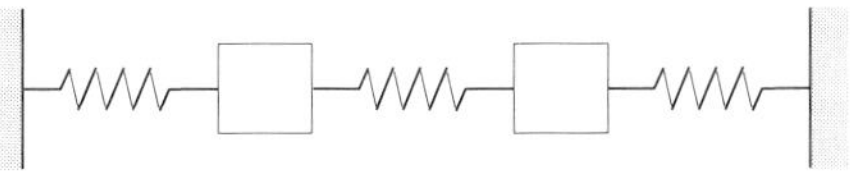

Bild 9.23

6. Erklären Sie in physikalischen Begriffen, *warum* Schwingung 5 in Bild 9.10 eine höhere Frequenz als Schwingung 2 hat.

7. Betrachten Sie die Querbewegungen der zwei Körper in Bild 9.23 als ein grobes Modell für die Schwingungen einer Gitarrensaite. a) Skizzieren Sie die Auslenkungen der Maßeinheit +1 für beide Körper, die bei einer Eigenschwingung auftreten, und die Auslenkungen –1 und +1 (rechter und linker Körper) für die andere. b) Zeichnen Sie das System bei den Auslenkungen +2 und +4, was einer Saite entspricht, die näher dem einen Ende als dem anderen gezupft wird. Zeigen Sie, daß drei Maßeinheiten des einen Schwingungszustandes, überlagert mit einer der anderen Eigenschwingungen, genau diese Form der Auslenkung verursachen können und daher das „Rezept" für die gezupfte Schwingung bilden.

8. Fertigen Sie eine Reihe von Skizzen entsprechend Bild 9.7 für fünf oder sechs gleiche Zeitdauern in Bild 9.6, um dessen Aussage weiter aufzuzeigen.

*9. Vergleichen Sie die Eigenschwingungen des Xylophonstabes in Bild 9.14 mit den transversalen Eigenschwingungen des Pendels in Bild 9.10. Erklären Sie, warum die ersten beiden Eigenschwingungen der Pendel bei der Diskussion der Stäbe weggefallen sind. (Hinweis: Überlegen Sie, welche Art von Widerstandskraft bei einer entsprechenden Bewegung des Stabes auftreten würde und was die daraus resultierende Frequenz sein würde.)

10. Benutzen Sie Bild C und Bild 9.14, um die vier nächstliegenden Notennamen für die ersten vier Eigenfrequenzen eines frei gelagerten gleichförmigen Stabes zu finden, dessen Grundfrequenz bei A liegt (110 Hz), und schreiben Sie diese auf wie in Bild 9.17c.

11. Erklären Sie die verschiedenen Aussagen des Bilds 9.1d mit den Überlegungen aus Abschnitt 9.4. Erklären Sie insbesondere, wie oft die Spitzen zweiter Ordnung nach der rechten Seite der Darstellung hin auftreten. Messen Sie die Dauer der nahezu periodischen Wellenform, die sich nach rechts hin ausbildet, und schätzen Sie, welche Note angeschlagen wurde.

12. Erklären Sie Bild 9.2 im Detail. Begründen Sie, warum die Teildarstellungen a), b) und c) verschiedene Größenmaßstäbe auf der vertikalen Skala haben müssen.

13. Schätzen und zeichnen Sie die ersten Eigenschwingungen einer Orchester-Triangel, d. h. einer Metallstange, die in die Form eines Dreiecks gebogen und an einer Ecke offen ist. Beschreiben Sie, wie und warum Sie durch Anschlagen an verschiedenen Stellen der Triangel unterschiedliche Klangfarben erhalten können.

*14. Messen Sie die Länge und Dicke einer Stimmgabel aus Aluminium, und prüfen Sie, wie gut das Ergebnis aus der angegebenen Formel mit der Grundfrequenz $f_1$ übereinstimmt.

15. Wenn man einen Xylophonstab genau in der Mitte anschlägt, wie stark wird dann Eigenfrequenz 2 in der Gesamtschwingung enthalten sein? Wo müßte man anschlagen, um einen starken Anteil von $f_2$ zu erhalten? Und wo müßte man anschlagen, um Eigenschwingung 1 zu unterdrücken und so $f_2$ besser hören zu können? An welcher Stelle könnte man nach dem Anschlag den Stab mit dem Finger so dämpfen, daß $f_1$ verschwindet, aber $f_2$ unbeeinflußt bleibt? Sofern möglich, überprüfen

Sie mittels dieser Technik, ob Sie tatsächlich an einem Xylophon einen Ton eine Duodezime über dem Grundton hören können.

16. Ein guter Xylophonspieler weiß, wie er durch Variation der Anschlagsstelle auf den Stäben die Klangfarbe beeinflussen kann. Erklären Sie dies.
17. Betrachten Sie einen Stab, der auf weichem Material a) an beiden Enden, b) in der Mitte aufgelagert ist (siehe Bild 9.24). Welche Eigenschwingungen weisen Bewegungen des Stabes an den jeweiligen Lagerpunkten auf und werden daher stark gedämpft, und welche haben dort Knotenpunkte, so daß sie nicht gedämpft werden? Wo würden Sie die Lager anbringen, damit Eigenschwingung 1 frei schwingen könnte? Wird dadurch die übliche Montage von Xylophonstäbchen erklärt? Kann man die Stäbe so auflagern, daß alle Eigenschwingungen 1, 2, 3 usw. gleichzeitig frei schwingen können?

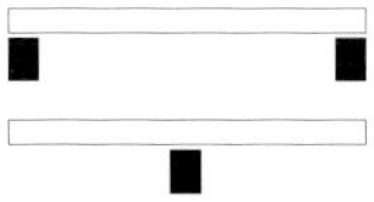

Bild 9.24

18. Welche vier Eigenschwingungen des Trommelfells in Bild 9.17 sind in Bild 9.18 zu sehen?
19. Überlegen Sie, wie die ersten paar Eigenschwingungen eines Beckens aussehen, skizzieren Sie diese, und schätzen Sie deren Frequenzen qualitativ ab. Wie verändert sich der ganze Satz von Eigenfrequenzen, wenn a) der Durchmesser des Beckens und b) die Blechstärke erhöht würden?
20. Obwohl es sicher ein bißchen schwierig ist, nehmen wir einmal an, Sie könnten ein Trommelfell genau gleichzeitig an zwei symmetrischen Punkten anschlagen, wie in Bild 9.25 gezeigt. Welche Eigenschwingungen werden stark, und welche gar nicht in der resultierenden Gesamtschwingung enthalten sein?

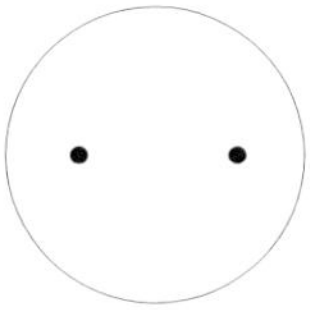

Bild 9.25

21. Multiplizieren Sie die Zahl 1 mit 1/2, und multiplizieren Sie das Ergebnis immer wieder mit 1/2. Zeigen Sie, daß das Ergebnis der 10. Multiplikation auf 3% genau mit der Aussage übereinstimmt, daß $\tau \cong 10 \cdot t_{1/2}$ ist.
22. Wenn die Amplitude einer Eigenschwingung in 0,2 Sekunden um die Hälfte abnimmt, wie groß ist dann deren 60–dB–Dämpfungszeit?
23. Beschreiben Sie, wie man mit dem Finger die erste Eigenschwingung einer Trommel bei kleinstmöglicher Beeinträchtigung anderer Eigenschwingungen abdämpfen kann. Wie könnte man mit dieser Technik unsere Behauptung beweisen, daß die erste Eigenschwingung für Pauken keine wichtige Rolle spielt? Probieren Sie dies nach Möglichkeit an verschiedenen Pauken aus; prüfen Sie, was geschieht, wenn Sie die Stelle des Fingerauflegens variieren.
24. Beschreiben Sie die Zusammensetzung der Gesamtschwingung eines Stabes unmittelbar nachdem Sie ihn a) genau in der Mitte, b) in der Nähe der Mitte, c) weit außerhalb der Mitte angeschlagen haben. Wie werden sich diese Klangfarben nach ein oder zwei Sekunden verändert haben?
25. Nehmen wir an, ein Trommelschlegel bleibe für 2 ms in Kontakt mit einem Holzblock. Bei welcher Frequenz liegt dann ungefähr die Grenze zwischen effizienter und nichteffizienter Schwingungsanregung?
26. Können Sie mit Hilfe der Argumentation in Abschnitt 9.4 angeben, welche Form Sie einem Stab geben würden, damit die Frequenzen der ersten beiden Eigenschwingungen ein Verhältnis von 2,00 zu 1,00 aufweisen?

# Projektvorschläge

1. Zeichnen Sie auf, wie nach Ihrer Meinung die Wellenform eines Marimba-Klangs aussehen würde, der entsprechend Bild 9.1d aufgezeichnet wird. Überprüfen Sie anhand eines Oszilloskops Ihre Voraussage.
2. Untersuchen Sie die Stäbe an einem Vibraphon und einem Glockenspiel. Sind sie ausgehöhlt? Wenn ja, um wieviel? Können Sie mit den Techniken aus Übung 15 schätzen und überprüfen, um wieviel die Frequenz der Eigenschwingung 2 höher ist als die von Nr. 1? Erklären Sie alle Unterschiede und Gemeinsamkeiten im Vergleich zu Marimba- und Xylophonstäben.
3. Versuchen Sie, mit Hilfe Ihrer Armbanduhr und Ihrer Ohren eine grobe Schätzung für die Dämpfungszeit $\tau$ verschiedener Schlaginstrumente zu erhalten.

# 10. Klavier- und Gitarrensaiten

Das Klavier ist ein naher Verwandter der Schlaginstrumente, da ja seine Saiten ebenfalls „angeschlagen" werden. Weil es aber doch ganz anders klingt als Trommeln und Becken oder auch Xylophone, wäre es irreführend, würde man es einfach unter die Schlaginstrumente klassifizieren. Klavierklänge haben klare, langklingende Tonhöhen und lassen sich in allen erforderlichen melodischen, harmonischen und rhythmischen Dimensionen zu einem vollständigen Musikstück gestalten.

Welche Unterschiede in der Klangentstehung des Klavieres bestehen also gegenüber derjenigen der Schlaginstrumente? Als erstes werden wir in diesem Kapitel zeigen, daß lange, dünne Saiten eine besondere Eigenschaft haben: Ihre Eigenschwingungen bilden eine Obertonreihe, und dadurch wird ihr Klang sozusagen „musikalischer" als der anderer Schlaginstrumente.

Wie im letzten Kapitel werden wir untersuchen, wie die Zusammensetzung der Gesamtschwingung durch die Art und die Stelle des ersten Anschlags oder Zupfens der Saite beeinflußt wird. Wir werden das durch das Zupfen der Gitarrensaite erzeugte Spektrum dem der angeschlagenen Klaviersaite gegenüberstellen. Und schließlich wollen wir untersuchen, wie die Wahl der Saitengröße, der Stimmung und der Mehrfachbesaitung weitere Details zu dem beiträgt, was wir als Klavierklang kennen.

## 10.1 Eigenschwingungen einer dünnen Saite

Zahlreiche weit verbreitete Instrumente benutzen den Klang von Saiten, die nach dem Anschlag frei weiterschwingen, wie z. B. die Harfen, Gitarren, Mandolinen, Cembalos und Klaviere. Wir wollen daher versuchen, die Schwingungen dieser Saiten so vollständig wie möglich zu verstehen, indem wir wieder von der Untersuchung der verschiedenen Eigenschwingungen ausgehen.

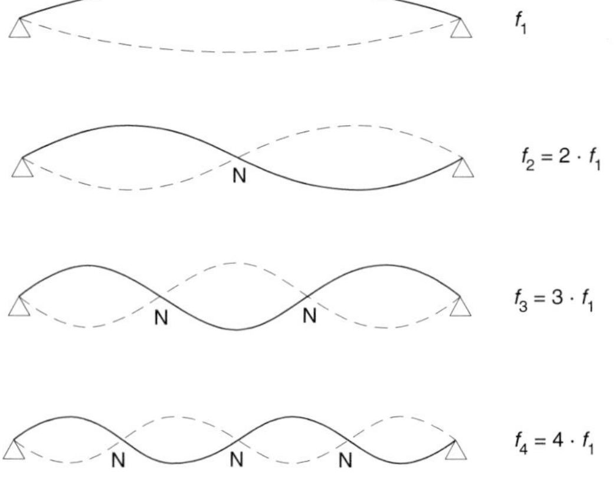


Bild 10.1
Die vier ersten Eigenschwingungen einer idealisierten Saite. Die durchgezogenen bzw. gestrichelten Linien zeigen die maximale Auslenkung jeweils eine halbe Schwingungsdauer auseinander. An den Knotenpunkten N tritt – für eine einzelne isolierte Eigenschwingung – keine Auslenkung auf.

Die vibrierenden Saiten all dieser Instrumente sind straff über zwei relativ harte Auflagen gespannt, wie in Bild 3.4 dargestellt. Die eine dieser Auflagen, der sog. *Steg*, ist auf einem Klangkörper aufmontiert, die andere kann entweder der Saiten-„Sattel“ (ein zweiter Steg, der auf dem Rahmen des Klaviers oder dem Halsende der Gitarre angebracht ist) sein oder einer der Bundstege des Gitarrengriffbretts. Zwar kann sich das letzte kleine Stückchen der Saite vor der Auflage natürlich nicht auf und ab bewegen, wohl aber sich biegen, da es nicht eingespannt, sondern nur aufgespannt ist.

Sie können sich schon vorstellen, daß wir wieder damit anfangen, einige Massekörper in einer Reihe durch Federn zu verbinden, deren Eigenschwingungen zu untersuchen, dann die Zahl der Massekörper zu erhöhen und dies schließlich, wenn die Zahl der Massekörper sehr groß geworden ist, als Modell der schwingenden Saite mit gleichmäßiger Masseverteilung zu nehmen. Aber ich denke, wir sollten uns eigentlich diese nochmalige Kleinarbeit ersparen können, und Sie werden sicher damit einverstanden sein, wenn wir die in Bild 10.1 gezeigten Eigenschwingungen einer Saite als richtig akzeptieren.

Wir sollten aber klarstellen, daß dies die Eigenschwingungen für eine höchst idealisierte Saite sind; sie – die Saite – wird nicht nur als perfekt gleichmäßig, sondern auch als vollständig biegsam angenommen, d. h. sie setzt einer Biegung keinerlei Schwingungswiderstand entgegen. Dies bedeutet, daß die Steifigkeit mit Null angesetzt wird und die gesamte Widerstandskraft von der von außen aufgebrachten Spannung stammen muß. Wir werden später in diesem Kapitel noch zeigen, wie die Steifigkeit realer Saiten einige unserer Behauptungen über deren Eigenschwingungen modifiziert.

Manchmal werden diese Eigenschwingungen auch als **stehende Wellen** bezeichnet; sie haben tatsächlich zwar ein wellenartiges Aussehen, bewegen sich aber nirgendwohin. Sie können einige zusätzliche Informationen über die wichtige Beziehung zwischen stehenden und wandernden Wellen in Kasten 10.1 finden.

Das wichtigste Merkmal dieser Eigenschwingungen ist die Tatsache, daß deren Frequenzen eine harmonische Teiltonreihe bilden; gemeinsam ergeben sie eine deutliche Tonhöhenwahrnehmbarkeit. Diese entspricht der Grund- oder Fundamentalfrequenz; d.h., man glaubt die gleiche Tonhöhe zu hören, als wenn die reine Sinuswelle der ersten Eigenschwingung alleine klingen würde. Aber Vorsicht: Obwohl diese Erklärung zwar richtig ist, sollten wir aber nicht behaupten, daß sie auch vollständig ist, bis wir in Kapitel 17 mehr darüber gelernt haben, warum unsere Ohren so besonders auf harmonische Teiltonreihen reagieren.

Es ist ebenfalls beachtenswert, daß die Formen dieser Eigenschwingungen perfekte Sinusfunktionen mit gleichmäßig verteilten Knoten- und Maximapunkten sind. (Dies traf für die Eigenschwingungen des steifen Stabs im letzten Kapitel nicht zu). Dadurch wird es leichter, sich die Schwingungen zu merken: Die n-te Eigenschwingung erzeugt einfach n „Loops“ (schwingende Abschnitte zwischen Knotenpunkten) in der verfügbaren Saitenlänge *s*. Jeder „Loop“ ist gerade eine halbe Wellenlänge, also gilt die Beziehung

$$n \cdot (1/2 \cdot \lambda_n) = s.$$

(Wir schreiben $\lambda_n$ als Erinnerung dafür hin, daß verschiedene Eigenschwingungen

Kasten 10.1 Stehende und wandernde Wellen

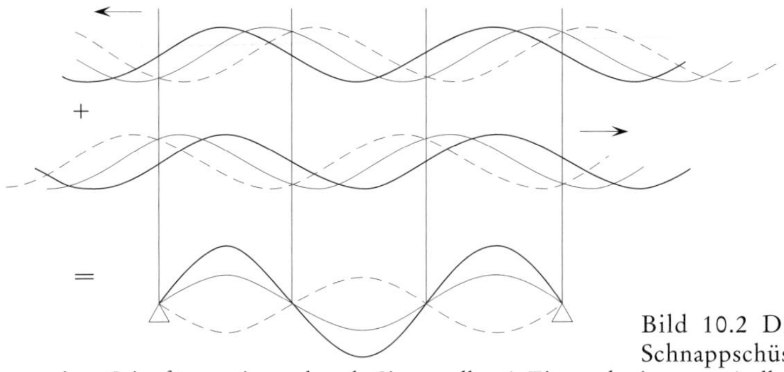


Bild 10.2 Drei überlagerte Schnappschüsse der Verformung einer Saite für zwei wandernde Sinuswellen (=Eigenschwingungen) alleine, darunter die resultierende Verformung aus der gleichzeitigen Überlagerung der beiden Sinuswellen. Die aufeinanderfolgenden Zeiten der Schnappschüsse sind durch gestrichelte, durchgezogene und fett durchgezogene Linien angegeben. Die Form der resultierenden stehenden Welle ist in jedem Augenblick die Summe der beiden wandernden Wellen darüber, wobei die Addition in der gleichen Weise durchgeführt wird wie in Bild 9.6.

Die in diesem Kapitel neu eingeführten wandernden Wellen sind nicht so verschieden von denen in Kapitel 1 und 4, als es scheinen mag; es handelt sich eher um eine andere Art und Weise, das gleiche Phänomen zu betrachten. Es ist tatsächlich nur eine Frage der Gewohnheit, der besseren Darstellung oder der Ästhetik, ob wir uns für die Beschreibung von Wellen als wandernd oder stehend entscheiden.

Zunächst kann *eine stehende Welle als das Ergebnis der Überlagerung zweier wandernder Wellen beschrieben werden*. Bild 10.2 zeigt zwei Sinuswellen, deren Wellenlänge zwei Dritteln der Länge einer gegebenen Saite entspricht, wobei eine nach links, die andere nach rechts wandert. Die Addition oder Überlagerung dieser zwei Wellen ergibt die stehende Welle, die identisch mit der dritten Eigenschwingung dieser Saite ist. Es ist eine nützliche mathematische Fiktion, sich die wandernde Welle so vorzustellen, als ob sie sich auf einer unendlich langen Saite frei ausbreiten könnte; jede Wanderwelle wird mathematisch so formuliert, daß beim Eintritt in den Bereich, der mit einer realen Saite gleichgesetzt wird, genau die Welle entsteht, die in der Wirklichkeit die Reflexion der anderen Welle am Auflagerungspunkt ist.

Beachten Sie, wie bei jedem Knotenpunkt der stehenden Welle (insbesondere den Enden der Saite) die jeweilige positive Auslenkung der Saite durch die eine Welle exakt durch die negative Auslenkung der anderen Welle ausgelöscht wird. Das bedeutet, der zwischen den Auflager- oder Aufspannpunkten einer Saite liegende Teil verhält sich in jeder Hinsicht wie eine stehende Welle. Eine Verallgemeinerung dieser Aussage für nicht-sinusoidale Wellen werden wir in Bild 10.4 und 10.8 zeigen.

Zweitens kann *jede wandernde Welle* – zusammen mit den Reflexionen, die sie an den Endpunkten der Saite erfährt – *als eine Kombination oder Überlagerung von stehenden Wellen beschrieben werden*; d. h. als Zusammensetzung von Eigenschwingungen. Dies ist in Bild 10.3 dargestellt. Die Richtigkeit dieser Behauptung ist weniger offensichtlich, aber sie läßt sich aus den allgemeinen Aussagen über Eigenschwingungen ableiten, die wir in Kapitel 9 aufgestellt haben.

Diese Aussagen gelten nicht nur für die leicht sichtbar zu machenden Wellen an einer Saite, sondern auch für alle anderen Wellen. Wir werden die Beziehung stehender zu wandernden Wellen insbesondere in Kapitel 12, 13 und 15 für Schallwellen nutzen.

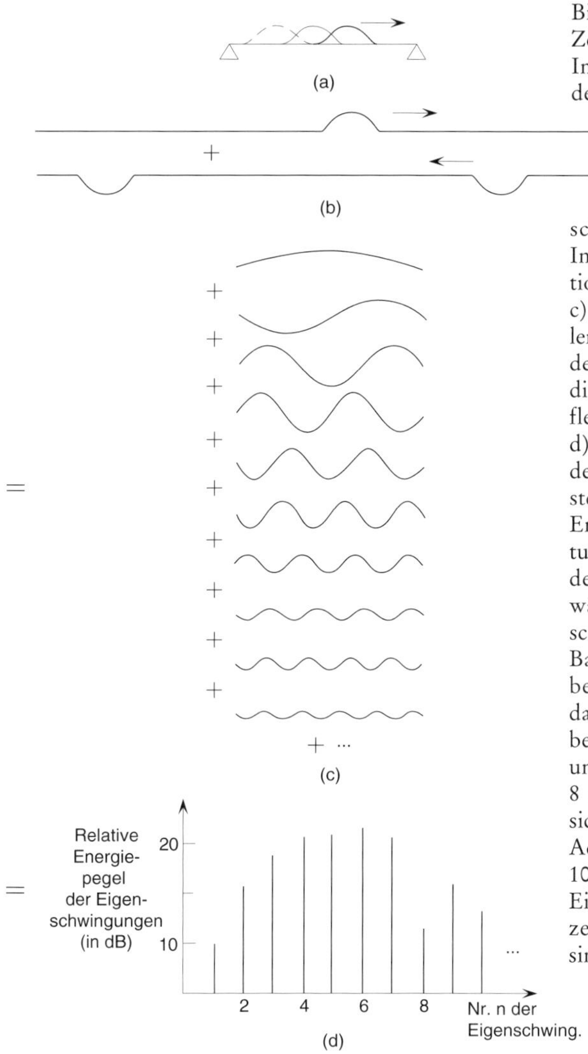


Bild 10.3 a) Aufeinanderfolgende Zeitaufnahmen einer wandernden Impulswelle. b) Die zwei wandernden Wellen, die zusammen als Beschreibung der ursprünglichen Impulswelle und all ihrer Reflektionen angesetzt werden können. c) Die entsprechenden Beträge aller möglichen stehenden Wellen auf der realen Saite, bei deren Addition die Impulswelle mitsamt ihren Reflexionen reproduziert wird. d) Eine häufigere Darstellungsart des Rezepts für die Anteile aller stehenden Wellen, hier gegeben in Energiewerten (anstatt in Amplitudenwerten). Der Nullpunkt auf der vertikalen Skala ist beliebig wählbar; wichtig sind die Unterschiede in den Höhen der einzelnen Balken, die die relativen Energiebeiträge jeder Eigenschwingung darstellen. In diesem Beispiel haben die Eigenschwingungen 4 bis 7 ungefähr die gleiche Energie, 1 und 8 nur ungefähr ein Zehntel. Vorsicht: Im Bildteil c) ist die grafische Addition komplizierter als in Bild 10.2 oder 9.6, weil verschiedene Eigenschwingungen nicht gleichzeitig ihr Maximum erreichen (sie sind nicht vollständig in Phase).

auch verschiedene Wellenlängen haben.) Da die Wellenlänge mit der Frequenz durch die Beziehung $\lambda = v_t/f$ verknüpft ist (nachsehen in Abschnitt 2.1), können wir das auch in der Form $n(v_t/2\cdot f_n) = s$ schreiben, und dies wiederum umgeschrieben als Abhängigkeit der Frequenz von der Eigenschwingung ergibt $f_n = n \cdot (v_t/2\cdot s)$
Das tiefgestellte t bei $v_t$ erinnert daran, daß die Geschwindigkeit hier die von Transversal-Wellen in einer Saite und *nicht* die von Schallwellen in der Luft meint.

Die letzte Gleichung ist deswegen für die idealisierte Saite besonders nützlich, weil $v_t$ für alle Wellenlängen gleich ist. Für den steifen Stab galt dies nicht; dort bedeutet ein

Wechsel von n=1 zu n=2 auch einen Veränderung für $v_t$, und daher war $f_2$ nicht genau zweimal $f_1$. Die perfekt flexible Saite hat die besondere Eigenschaft, daß $v_t$ nur von der Masse der Saite pro Längeneinheit $\mu$ (griechisch, sprich „mü") und ihrer Spannung $T$ (Stärke der Kraft, die die Saite gestrafft hält) abhängt:

$$v_t = \sqrt{T/\mu}$$

Tpyische Werte für eine Gitarren-D-Saite sind z. B. $T \cong 150$ N, $\mu \cong 0{,}005$ kg/m und $v_t \cong 330$ m/s.

Da $v_t/2s$ für alle Eigenschwingungszustände gleich bleibt, sagt uns die Gleichung für $f_n$, daß wir eine Teiltonreihe vor uns haben. Wenn wir den Wert für $v_t$ in die Gleichung einsetzen für n = 1, können wir eine nützliche Gleichung für die Grundfrequenz erhalten:

$$f_1 = v_t/2{\cdot}s = (1/2{\cdot}s) \cdot \sqrt{T/\mu}$$

Dadurch wird klar, daß die Verdoppelung der Saitenlänge zu einer Halbierung der Grundfrequenz führt (wenn die anderen Parameter unverändert bleiben). Erhöhung der Spannung erhöht auch die Frequenz, und Erhöhung der Saitenmasse erniedrigt sie, aber infolge der Quadratwurzel müssen diese Werte vervierfacht werden, um eine Oktave Frequenzänderung zu erzielen.

## 10.2 Schwingungszusammensetzung für gezupfte Saiten

Nachdem wir nun die Eigenschwingungen von Saiten kennen, können wir die Art und Weise betrachten, wie sie überlagert auftreten können. Die gezupfte Saite einer Gitarre oder eines Cembalos bietet dafür einen einfachen Ausgangspunkt, da die anfängliche Erregung bekannt ist und alle unsere Regeln über Eigenschwingungserregung, die wir im letzten Kapitel entwickelten, auch hier anwendbar sein sollten. Nachdem die Saite durch den Finger oder ein Plektrum ausgelenkt wurde, schwingt sie praktisch ab dem Augenblick des Loslassens frei. Eine Methode, um die Saitenbewegung zu verstehen, besteht darin, sich die anfängliche dreieckige Form in zwei ähnliche Teile geteilt vorzustellen, die sich dann entlang der Saite ausbreiten, wie es in Bild 10.4a,b gezeigt ist. Zu jedem nachfolgenden Zeitpunkt kann man diese zwei Wellen wieder addieren, um eine neue Form der Saite zu erhalten, die in der Regel aus drei geraden Segmenten besteht. Die Folge der Formen wiederholt sich mit der Grundfrequenz $f_1$.

Jedoch würde das Frequenzspektrum, das dieser Schwingung entspricht, schon eher eine musikalisch interessante Information liefern. Die Fourier-Theorie sagt uns, daß die bloße Anwesenheit einer Spitze in der anfänglichen Saitenverformung unabhängig von ihrer genauen Stelle eine Energieverteilung unter den Eigenschwingungen erfordert, die um 6 dB pro Oktave in Richtung steigender Frequenzen abnimmt. Dies wird durch die gestrichelte Linie in Bild 10.4 c gezeigt. Aber dieser Eigenschaft ist nochmals die spezielle Eigenheit überlagert, daß die Anregung jeder Eigenschwingung proportional dazu ist, wieviel Bewegung diese am Zupfpunkt aufweist, was vor allem den Fall meint, daß eine Eigenschwingung, die am Zupfpunkt einen Knoten hat,

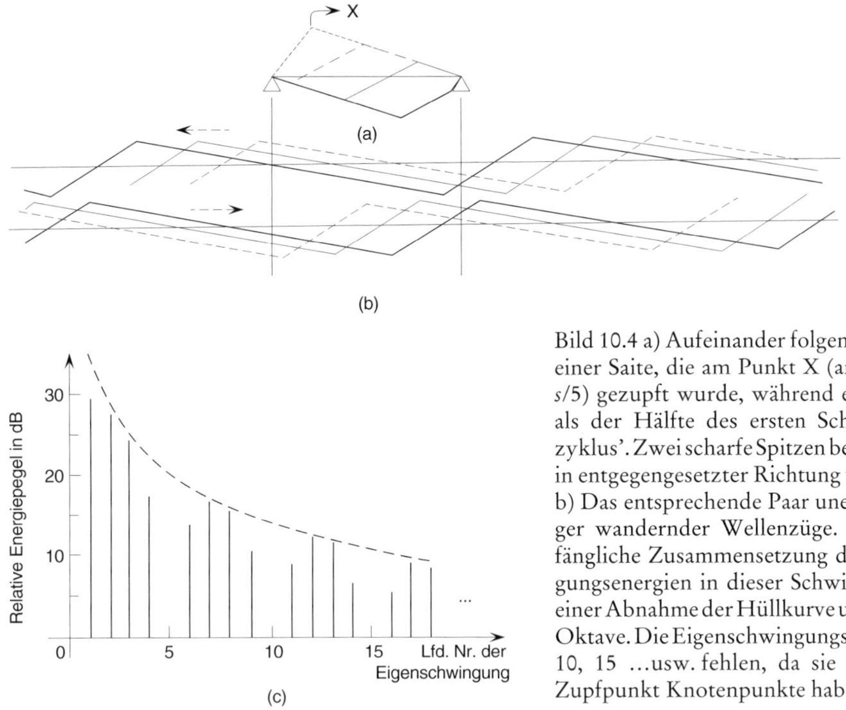


Bild 10.4 a) Aufeinander folgende Formen einer Saite, die am Punkt X (an der Stelle *s*/5) gezupft wurde, während etwas mehr als der Hälfte des ersten Schwingungszyklus'. Zwei scharfe Spitzen bewegen sich in entgegengesetzter Richtung von X weg. b) Das entsprechende Paar unendlich langer wandernder Wellenzüge. c) Die anfängliche Zusammensetzung der Schwingungsenergien in dieser Schwingung, mit einer Abnahme der Hüllkurve um 6 dB pro Oktave. Die Eigenschwingungszustände 5, 10, 15 ...usw. fehlen, da sie jeweils am Zupfpunkt Knotenpunkte haben.

nicht angeregt wird und daher nicht in der Schwingungszusammensetzung auftritt. Das Zupfen der Saite genau in der Mitte würde beispielsweise eine starke Komponente der Grundfrequenz ergeben und, wie die Betrachtung von Bild 10.1 zeigt, ebenfalls relativ starke 3., 5., 7. und folgende ungerade Eigenschwingungen, während die Eigenschwingungen mit gerader Nummer (2,4,6...), die alle einen Knoten in der Mitte haben, vollständig fehlen würden. Wenn man eine Gitarrensaite in dieser Art zupft, ist ein anderer, viel farbloserer Klang als sonst zu hören. Zupfen an dem ersten Viertelpunkt der Saite begünstigt die Eigenschwingungen 2, 6, 10 usw. (die hier ihre größte Auslenkung haben), läßt aber immer noch die Nummern 4, 8, 12 usw. unangeregt (weil diese hier Knoten haben). Zupfen nahe am Steg regt die Grundschwingung und weitere Eigenschwingungen niedriger Ordnung relativ schwach an, so daß der Klang eher schneidend wird.

Die Zusammensetzung der Eigenschwingungsenergien einer Saite entspricht nicht genau dem, was wir hören, da die Schwingung ja erst noch durch die Luft übertragen werden muß. Die elektrische Gitarre stellt einen leichteren Untersuchungsgegenstand dar, weil ihr verstärktes Signal von Pickup-Sensoren stammt, die direkt unter den Saiten befestigt sind und unmittelbar auf die Auslenkungsgröße der Saiten an dieser Montagestelle reagieren. (Den Mechanismus dieser Pickup-Sensoren werden wir in Abschnitt 16.2 besprechen). Wir können für diesen Prozeß wieder eine allgemeine

Regel aufstellen, die analog zu den vorhergehenden über Anregung lautet:

**Jede Eigenschwingung regt die Pickup-Sensoren proportional zu der Auslenkung an, die sie an der Abnahmestelle des Sensors hat. Insbesondere ist jede Eigenschwingung mit einem Knoten an dieser Stelle nicht in dem verstärkten Klang vorhanden, selbst wenn sie in der Gesamt-Saitenschwingung vorhanden ist.**

Bild 10.5 veranschaulicht, wie diese Regel benutzt werden kann, um das Klangspektrum zu bestimmen, das an den Verstärker geliefert wird. Gute elektrische Gitarren geben dem Spieler die Wahl zwischen mindestens zwei Pickup-Punkten, einer näher am Steg (z.B. bei $s/18$) und einer weiter weg (z.B. bei $s/4$ oder $s/5$). Der Pickup näher am Steg reagiert auf viele Eigenschwingungen und ergibt einen strahlenden durchdringenden Klang, eignet sich daher gut für Solos; der zweite Pickup begünstigt die niedrigeren Eigenschwingungen und eignet sich mit seinem runderen Klang mehr für nachgeordnete Begleitung. Letzterer unterscheidet sich deutlich vom Klang jeder akustischen Gitarre, weil einige Eigenschwingungen, die Knoten in der Nähe des Pickup-Punkts haben, weitgehend fehlen. Eine ultimative Supergitarre würde dem Benutzer erlauben, den Pickup-Punkt schnell und leicht an jeden Punkt der Saite zu verschieben und ihm so eine große Auswahl von Klangfarben – alle von der gleichen vibrierenden Saite stammend – ermöglichen. Der elektronische Verstärker bietet dann nochmals weitere Klangveränderungsmöglichkeiten, z. B. durch Filterschaltungen, die die Bässe hervorheben, oder beabsichtigte Verzerrungen wie z.B. Übersteuerung (wir kommen darauf in Kapitel 16 zurück).

Eine akustische Gitarre unterscheidet sich in verschiedener Hinsicht von ihrer elektronischen Cousine. Zunächst kann sie ohne elektrische Verstärkung nicht mit dieser hinsichtlich der Lautstärke konkurrieren, da sie auf die Abstrahlung durch den Gitarrenkörper beschränkt ist. Dieser (vor allem der obere Teil, auf dem der Steg

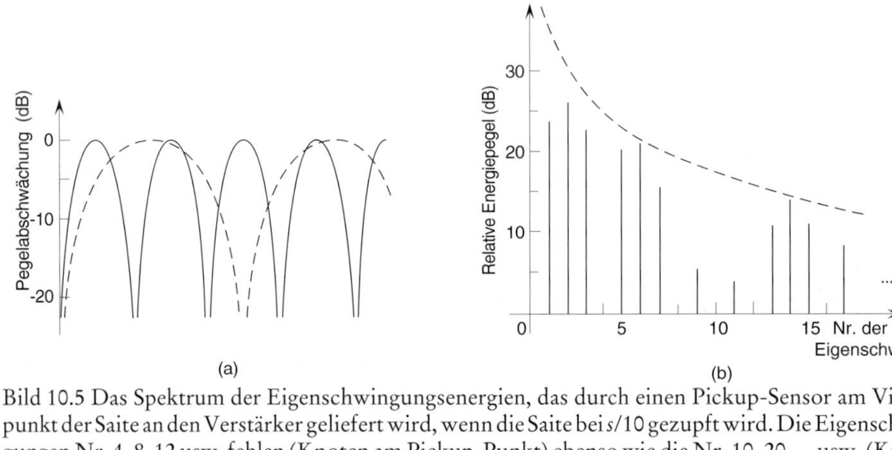


Bild 10.5 Das Spektrum der Eigenschwingungsenergien, das durch einen Pickup-Sensor am Viertelpunkt der Saite an den Verstärker geliefert wird, wenn die Saite bei $s/10$ gezupft wird. Die Eigenschwingungen Nr. 4, 8, 12 usw. fehlen (Knoten am Pickup-Punkt) ebenso wie die Nr. 10, 20 … usw. (Knoten am Zupfpunkt). Es müssen also die zwei Korrekturkurven, die in a) gezeigt sind (gestrichelt für ungenügende Anregung, durchgezogen für ungenügende Abnahme durch den Pickup) von der 6 dB/Oktave-Hüllkurve in b) abgezogen werden, um das resultierende Spektrum (=senkrechte Linien in b)) zu erhalten.

montiert ist) muß sehr leicht sein, um eine maximale Anregung durch die Saiten zu ermöglichen, und eine Wölbung besitzen, die die Resonanz für die tieferen Frequenzen verstärkt. Dagegen ist der Körper einer elektrischen Gitarre mehr oder weniger eine massives Brett – ohne eigene akustische Funktion –, auf dem die Saiten montiert werden. Ein zweiter Unterschied liegt im Abklingverhalten der Gitarre, bei dem die Saiten ihre Energie über Steg und Körper schnell an die Luft abgeben. Steg und Körper einer elektrischen Gitarre sind dagegen wesentlich härter, so daß die Saitenschwingungen und der davon abgenommene Klang wesentlich langsamer verklingen. Schließlich können wir höchstens eine ungefähre Klangfarbenähnlichkeit erwarten, denn die Effizienz, mit der der Körper einer akustischen Gitarre die Saitenschwingungen in Luftbewegungen umsetzt, kann niemals die gleiche Bandbreite abdecken wie die variable Sensor-Empfindlichkeit der elektrischen Pickups. Wir wollen aber noch die Betrachtung der Violine in Kapitel 11 abwarten, bevor wir näher auf das Problem der Abstrahlungs-Effizienz eingehen.

Die Saiten der Harfe und des Cembalos sind ebenfalls auf einem Klangbrett montiert, das hauptsächlich für die Anregung der Luft verantwortlich ist. Die bestmöglichen Formen dieser Klangbretter oder Resonanzböden wurden mit der Methode des Ausprobierens durch Instrumentenbauer der Renaissance entwickelt, aber ihr Resonanzverhalten ist zu komplex für uns, um umfassende Aussagen über das Klangspektrum zuzulassen. Die Schwingung der Saiten entspricht jedoch dem oben beschriebenen. Ähnlich wie der Gitarrist kann auch der Harfenspieler die Klangfarbe beeinflussen, indem er näher oder weiter weg von den Saitenenden zupft. Größere Cembalos haben auch gewisse Wahlmöglichkeiten – ähnlich den doppelten Pickups bei elektrischen Gitarren – der Klangfarbe, da sie auf den rückseitigen Enden der Tasten zwei oder mehr komplette Sätze von Stiften haben, um so die Saiten an verschiedenen festgelegten Positionen anreißen zu können.

## 10.3 Schwingungszusammensetzung beim Klavier

Sehr viel von dem über die Gitarrensaite Gesagten trifft auch für die Klaviersaite zu, aber es bestehen auch einige Unterschiede. Am offensichtlichsten ist, daß die Klaviersaite angeschlagen und nicht gezupft wird, wodurch eine etwas andere Schwingungszusammensetzung erzeugt wird. Wir wollen dieses Spektrum etwas näher betrachten, wobei wir einige Details über die Kontrolle des Hammer-Mechanismus' beiseitelassen (sie sind in Kasten 10.2 dargestellt).

Zunächst gilt: Je weicher der Hammer und je gedämpfter der Kontakt mit der Saite ist, umso weniger höhere Eigenschwingungen werden angeregt und desto dumpfer daher wird auch der Klang. Ein Klaviertechniker kann mit Spezialnadeln den zusammengedrückten Hammerfilz anstechen und auflockern, um einen zu scharf gewordenen Klang – verursacht durch Verdichtung und Verhärtung des Hammerfilzes infolge jahrelangen Gebrauchs – wieder auszugleichen. Natürlich geht es auch andersherum; für gewisse Unterhaltungsmusiken werden Reißnägel in den Hammerfilz gesteckt, um einen abrupteren Kontakt zur Saite herzustellen und damit mehr Energie in die Eigenschwingungen höherer Ordnung zu liefern, wodurch ein heller bis blecherner Klang entsteht. Moderne Hammerfilze sind aus verschiedenen Schichten so aufgebaut, daß bei moderatem Anschlag nur der äußere weiche Filz die Saite anregt; bei schnellerem Anschlag kommen jedoch auch die härteren inneren Filzlagen ins Spiel. Das heißt, wenn ein Pianist vom piano zum forte wechselt, wird der Klang nicht nur lauter, sondern auch obertonreicher (die Klangfarbe verändert sich).

Zweitens klingen die hochfrequenten Eigenschwingungen schneller ab; die 60 dB-Dämpfungszeit reicht von ungefähr 15 Sekunden bei den Baßsaiten über 2 bis 3 Sekunden im Mittelbereich bis zu lediglich einer halben Sekunde oder weniger bei den extremen Höhen. Dies gilt nicht nur für die Gesamtlautstärke verschiedener Töne, sondern auch für die Teiltöne im Spektrum der einzelnen Saiten. Die Einschwingphase ist relativ komplex und strahlend, die Dauerklangphase dagegen weniger, weil die hochfrequenten Teiltöne rascher abklingen.

Drittens gilt wiederum, daß jede Eigenschwingung mit einem Knoten am Anschlagspunkt entfällt. Man kann manchmal hören, daß Klavierbauer angeblich den Anschlagspunkt des Hammers auf ein Siebtel der Saitenlänge legen, um so die Eigenschwingungen Nr. 7, 14, 21 usw. aus dem Klangspektrum fernzuhalten. Dies klingt faszinierend, weil ja der achte Teilton scheinbar nicht in die chromatische Skala „paßt"; tatsächlich ist er aber genauso zu respektieren wie jeder andere Teilton. Wenn

Kasten 10.2 Die Klaviermechanik

Die Mechanik eines Klaviers ist äußerst kompliziert und weist viele Einzelteile für jede Taste auf. Sie hat verschiedene Aufgaben: 1. ist sie ein Hebelsystem, durch das dem Hammer eine größere Geschwindigkeit gegeben wird als der Taste; 2. sie hat einen Auslösemechanismus, durch den der Hammer nicht mehr in Kontakt mit der Taste ist, wenn er die Saite berührt, so daß er diese frei anschlägt und nicht gegen sie gedrückt wird (was eher Dämpfungen zur Folge hätte); 3. jede Taste hebt einen auf der Saite liegenden Filzdämpfer an und läßt diesen erst wieder herunter, wenn die Taste losgelassen wird.

Die Bewegung der Taste wird durch drei Pedale ergänzt. Rechts befindet sich das Dämpfer-Pedal (oft fälschlich als „lautes Pedal" bezeichnet). Es hebt den kompletten Satz von Filzdämpfern von allen Saiten ab, so daß 1. eine Saite weiterschwingen kann, auch wenn ihre Taste wieder losgelassen wird, und 2. andere Saiten, deren Tasten gar nicht angeschlagen wurden, in Resonanz mitschwingen können. Das Pedal in der Mitte (bei kleineren Modellen fehlt es oft) ist das *Sostenuto*-Pedal, mit dem der Filzdämpfer einzelner Saiten hochgehalten werden kann, während andere Tasten gespielt werden. Es hält nur die Dämpfer hoch, deren Tasten gleichzeitig mit dem Treten des Pedals angeschlagen sind und läßt die Dämpfer aller später gespielter Tasten weiter normal agieren.

Links befindet sich das *una corda pedal*, auch als „Leise-Pedal" bezeichnet. Bei Klavieren bewegt dieses Pedal alle Hämmer etwas näher zu den Saiten heran, so daß diese etwas weniger stark angeschlagen werden. (Das heißt, selbst wenn man die Taste mit der gleichen Kraft anschlägt, wirkt diese über einen kürzeren Hebel, so daß der Hammer weniger Energie erhält und auf die Saite überträgt). Bei einem Flügel bewegt dieses Pedal dagegen die ganze Mechanik etwas nach rechts oder links, so daß die Hämmer nur zwei Saiten jeder Dreiergruppe treffen und die dritte auslassen. (Die Bezeichnung „una corda" stammt noch aus der Zeit, als die Flügel so gebaut wurden, daß nur eine von zwei oder drei Saiten beim Drücken dieses Pedals angeschlagen wurde).

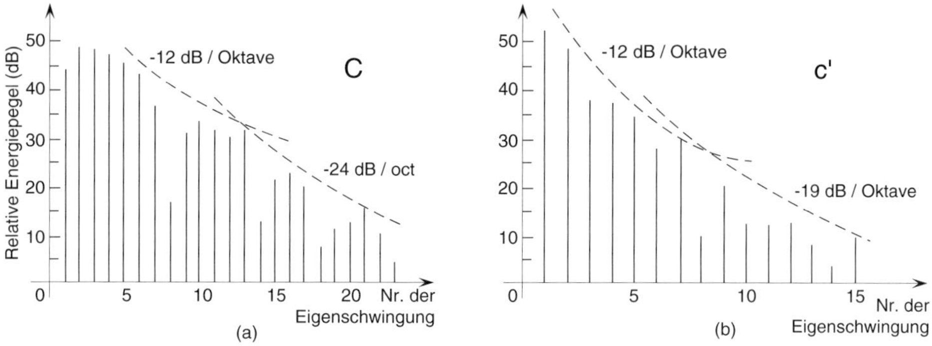


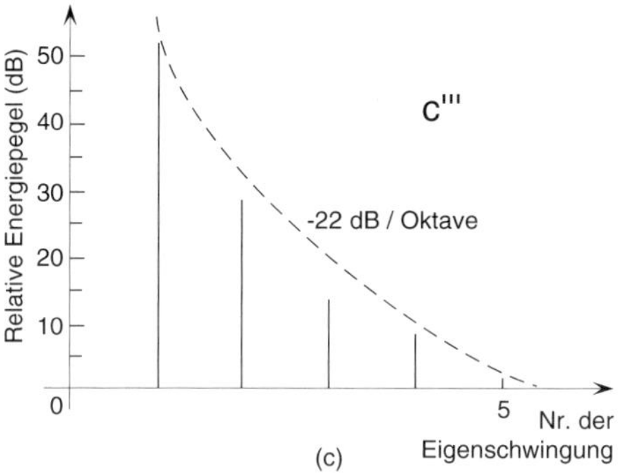


Bild 10.6
Beispiele für das Frequenzspektrum von Klaviersaiten bei forte-Spiel, gemessen durch Hall und Askenfelt. Die zum Vergleich eingezeichneten gestrichelten Hüllkurven fallen bei hohen Frequenzen viel rascher ab als die 6 dB/Oktave in Bild 10.4 für gezupfte Saiten. Die höchste hier noch dargestellte Frequenz ist ungefähr a) 1,5 kHz, b) 4,0 kHz, und c) 5,3 kHz.

man die Hammerpositionen in verschiedenen Flügeln nachmißt, wird man die *s*/7-Position nur als einen Extremwert der vorgefundenen Positionen finden; viel häufiger finden sich Werte von *s*/8 bis *s*/9 im Baß- und Mittenbereich, um bei den Höhen auf *s*/10 bis *s*/12 abzunehmen. Diese durch jahrhundertlanges Probieren gefundenen Positionen ergeben einen vernünftigen Kompromiß zwischen Klangfarbe und Effektivität der Energie-Übertragung vom Hammer auf die Saite.

Wir können für das Klangspektrum des Klavieres nicht so einfache Verallgemeinerungen aufstellen wie für die gezupften Saiten in Bild 10.4; in Bild 10.6 sind Beispiele von gemessenen Klangspektren gezeigt. Bei deren Erklärung müssen wir davon ausgehen, daß der Hammer die Saite nicht sofort wieder freiläßt; erst die Reaktion auf die am näheren Saitenende reflektierten Schwingungen schleudert ihn von der Saite weg. Die Dauer des Kontaktes mit der Saite reicht von ungefähr 5 ms bei den Baß-Saiten bis zu 0,5 ms bei den Höhen, und sie ist bei leisen Tönen etwas länger als bei lauten. Nur im äußersten Baßbereich sind die Hämmer soviel leichter als die Saite, daß der Hammer innerhalb eines Bruchteils der Grundschwingung dieser Saite wieder zurück- und wegschnellt; in diesem Fall können die verschiedenen Eigenschwingungen eine vergleichbare Stärke haben, bevor der Trend zum Abklingen bei den höheren Frequenzen einsetzt. Bei den höchsten Noten sind die Hämmer viel schwerer als die

Saiten und bleiben daher lang genug in Kontakt mit diesen, so daß die Transversalwellen auf der Saite mehrere Durchläufe machen können; dies reduziert die Anregungseffizienz der höheren Eigenschwingungen ganz beträchtlich (wie wir in Abschnitt 9.6 gezeigt haben), und das Klangspektrum verkürzt sich stark von Anfang an. Wenn wir dies mit der 6 dB/Oktave-Abnahmekurve für gezupfte Saiten vergleichen, können wir verstehen, warum der Klavierklang weniger hell und metallisch ist als der des Cembalos. Genau wie bei Gitarre und Cembalo gilt aber auch hier, daß die Übertragung durch Steg und Resonanzboden das Klangspektrum, welches schließlich unsere Ohren erreicht, noch etwas verändert, so daß es nicht genau mit dem der Saiten übereinstimmt.

Das Ausklingverhalten der Klaviertöne ist tatsächlich komplizierter als die idealisierte Darstellung, die in Kapitel 9 gegeben wurde. Sie beginnen zwar fast sofort abzuklingen, aber dann setzt etwas überraschend eine Phase langsamerer Abnahme ein, und der Ton klingt insgesamt recht lange. Um c' herum dauert die erste Phase rascher Abnahme etwa 3 bis 5 Sekunden, wird aber dann von einer relativ langen Phase langsameren Ausklingens gefolgt, die 10 bis 20 Sekunden dauern kann.

Dafür gibt es mehrere mögliche Erklärungen. Zunächst kann jede Saite nicht nur auf- und abwärts schwingen, sondern auch seitwärts (waagrecht, bezogen auf einen Flügel). Das heißt, daß für jede Eigenfrequenz ein Paar von Eigenschwingungen zur Verfügung steht, nicht nur eine; wir können sie als *vertikal* und *horizontal polarisierte Eigenschwingung* bezeichnen. Nun würden wir aber eigentlich erwarten, daß ein vertikaler Hammerschlag auch nur den vertikalen Schwingungsmodus anregt. Was aber, wenn die Anschlagsrichtung nicht genau vertikal ist? Dann erhalten wir zweifelsohne eine kleine Beimischung horizontaler Schwingungen. Die vertikalen Schwingungen werden sehr effizient über den Steg auf den Resonanzboden übertragen, und ihre Energie dadurch rasch abgebaut. Steg und Resonanzboden reagieren jedoch nur schwach auf die horizontalen Schwingungen, so daß deren – zwar kleine – Energiebeträge längere Zeit benötigen, um abgestrahlt zu werden. Die gesamte Schallabstrahlung beider Schwingungsrichtungen könnte daher so aussehen, wie in Bild 10.7a gezeigt. Jedoch zeigen Messungen, daß dieser Mechanismus weniger Bedeutung hat als der folgende.

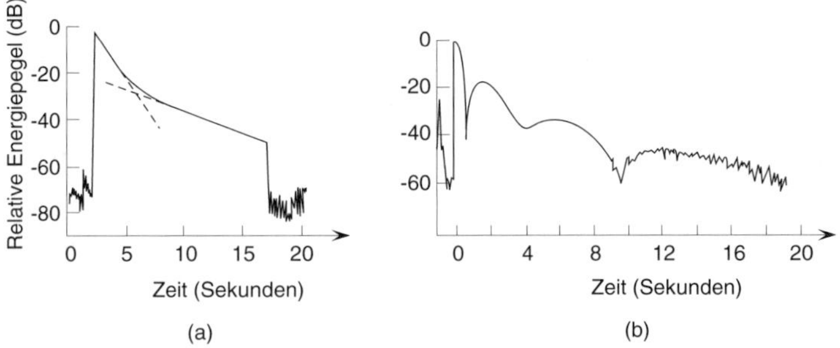


Bild 10.7
a) Klangabnahme bzw. Abklingverhalten einer einzelnen Klaviersaite (gemessen durch Weinreich), die den Beitrag der vertikalen und horizontalen Schwingungen zeigt (rasche und langsamere Phase). Bei der Zeit $t = 17$ s wurde die Taste losgelassen, und der Dämpfer setzte sich wieder auf die Saite. b) Schwebungen während des Ausklingens eines Saitenpaares.

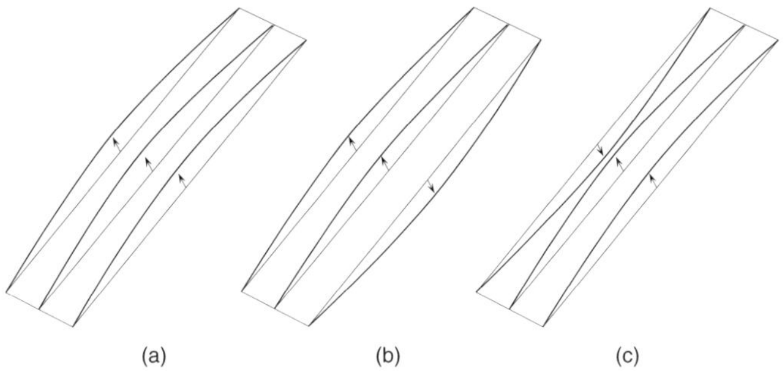


Bild 10.8 Gekoppelte Eigenschwingungen eines Saiten-Triplets. a) Symmetrischer Zustand, bei dem alle Saiten gemeinsam ihre Energie auf den Steg übertragen; b) ein unsymmetrischer Zustand, bei dem der Steg verdreht wird, ohne daß insgesamt eine Auf- und-ab-Schwingung erzielt wird, d.h. immer wenn die zwei linken Saiten aufwärts schwingen, bewegt sich die rechte Saite genau so stark nach unten, daß sich die Kräfte aufheben; c) ein weiterer unsymmetrischer Zustand, der vor allem eintritt, wenn der Hammer nur die zwei rechten Saiten trifft. – Jeder der gezeigten Zustände entspricht jeweils der ersten (Grund-)Eigenschwingung einer ganzen Familie, die in ähnlicher Weise durch Überlagerung der höheren Eigenschwingungen der einzelnen Saiten entsteht.

Ein ähnlicher Effekt kann nämlich von der Mehrfachbesaitung stammen. Die meisten Klaviertasten schlagen einen Satz von drei Saiten an, nicht nur eine. (Meistens reicht die Dreifachbesaitung vom B oder dessen Nähe bis in den Diskant). Was geschieht, wenn drei Saiten unisono in Schwingung versetzt auf dem gleichen Steg aufliegen? Sie produzieren eine dreimal so große Kraft wie eine Saite alleine, und demzufolge vibrieren Steg und Resonanzboden mit dreimal größerer Amplitude. Es bedeutet auch, daß jede Saite ihre Kraft über eine dreimal größere Strecke auf den Steg übertragen muß während jeden Schwingungszyklus', als wenn sie alleine wäre, und daher gibt sie ihre Energie dreimal schneller an den Resonanzboden ab. Dies ist die Ursache für die anfängliche rasche Klangabnahme.

Nehmen wir aber einmal an, daß die Saiten nicht perfekt unisono gestimmt sind – z. B. zu 439,5 Hz, 440,0 Hz und 440,3 Hz. Dann sind sie nach ungefähr einer Sekunde nicht mehr phasengleich und übertragen ihre Energie nicht mehr synchron auf den Steg. Von Zeit zu Zeit kommen sie dann wieder vorübergehend in Phase, so daß wir

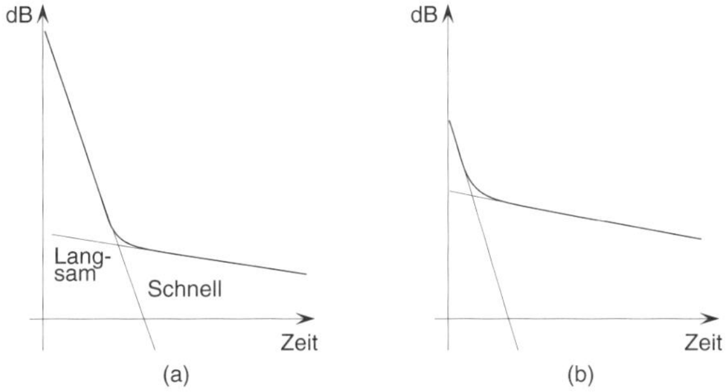


Bild 10.9 Veränderung des Ausklingverhaltens durch das *una corda* Pedal. a) Bei nicht-getretenem Pedal werden alle drei Saiten angeschlagen und der Hauptteil der Energie wird in der ersten Phase raschen Abklingens verbraucht; der anfängliche Klangabschnitt ist hart und laut, der zweite, längerdauernde weich und schwach.
b) Bei getretenem Pedal werden nur zwei Saiten angeschlagen, und ein größerer Energieanteil geht in die Phase langsameren Abklingens ein; der Klang ist weicher und weniger schlagzeugähnlich.

Schwebungen hören, entsprechend der Darstellung in Bild 10.7 b. Der Langzeiteffekt der Schwebungen ist jedoch, daß jede Saite ihre Energie durchschnittlich genauso langsam abgibt, als sie es alleine tun würde, und hauptsächlich dadurch wird die langsamere zweite Abklingphase verursacht. Die kleine Verstimmung der Saiten ist tatsächlich erwünscht, weil sie zur Wärme und Lebendigkeit des Klangs ebenso beiträgt, wie sie verhindert, daß der Klang zu rasch ausklingt und „tot" wirkt anstelle des „singenden" Tones, den wir haben möchten.

Es ist nützlich, sich diesen Vorgang noch etwas genauer anzusehen. Da die drei Saiten auf dem gleichen Steg aufliegen, sind sie nicht wirklich unabhängig voneinander; der Steg verbindet sie in ähnlicher Weise wie in Kapitel 9 die Federn die Pendel verbanden. Die Eigenschwingungszustände des Saiten-Dreiersatzes sind daher ähnlich den in Bild 10.8 gezeigten. Der erste der dort gezeigten Zustände bewegt den Steg sehr effizient und hat daher eine kurze Abklingzeit zur Folge; im idealisierten Fall wäre er der einzige Zustand, der durch einen gleichzeitigen Anschlag aller drei Saiten angeregt würde. Wenn aber der Hammer ein klein bißchen schief ist und nicht alle drei Saiten genau gleich anschlägt, werden auch die beiden anderen Zustände erscheinen. Sie bewirken hauptsächlich eine Verdrehungsbewegung des Steges, welche aber nicht weiter auf den Resonanzboden übertragen werden kann, und dadurch können diese Zustände ihre Energie nur langsam abgeben.

Wir haben damit ein gewisses Verständnis für die Wirkunsgweise des *una corda* Pedals gewonnen, durch welches der Hammer nur zwei Saiten von jedem Dreiersatz anschlägt. Dies bedeutet eine absichtliche Erhöhung des Ausgangs-Energieanteils, der in die weicheren und langsamer abklingenden Zustände der Familie c) in Bild 10.8 fließt. Die Benutzung dieses Pedals bewirkt also nicht in erster Linie eine Änderung der Lautstärke, sondern vielmehr eine Verschiebung des Verhältnisses zwischen dem rasch und dem langsam abklingenden Teil des Tons, wie es schematisch in Bild 10.9 dargestellt ist.

## 10.4 Mensur und Stimmung des Klaviers

Der vorhergehende Abschnitt war den wichtigsten Eigenschaften der Klangerzeugung eines einzelnen Tons auf dem Klavier gewidmet. Im folgenden werden wir uns etwas mit dem gesamten Klavierinstrument beschäftigen, vor allem der Auswahl der Saitengrößen. Die Art und Weise, wie die von Taste zu Taste und von Oktave zu Oktave unterschiedlichen Saitenlängen und -durchmesser berechnet und ausgewählt werden, wird als die *Mensur* des Klaviers bezeichnet.

Ohne Zweifel muß die zentrale Eigenschaft jeder Saiten-Mensur auf der Gleichung $f_1 = 1/2 \cdot s \cdot \sqrt{T/\mu}$ für die Grundfrequenz jeder Saite beruhen; aber dies reicht nicht aus. Es erlaubt uns scheinbar, jeden beliebigen Wert für zwei von den drei Parametern rechts zu wählen (lineare Massedichte und Länge zum Beispiel), um dann den passenden Wert für den dritten Parameter zu finden (die Spannung in diesem Beispiel), der die gewünschte Frequenz ergibt. Es müssen noch andere Gründe für die Eingrenzung der Wahlmöglichkeiten vorhanden sein. Kosten, Tradition und Klangqualität gehen hier mit ein.

Betrachten wir die Saiteneigenschaften einmal umgekehrt, zunächst von der Länge $s$ aus. Die Saite darf nicht zu kurz werden, um Probleme mit der Klangqualität zu vermeiden, wie wir weiter unten noch sehen werden. Wird sie aber zu lang gewählt, wird das Klavier oder der Flügel zu groß und teuer. Nichtsdestotrotz scheint da ein großer Wahlbereich von einigen Zentimetern bis zu ein oder zwei Metern zur Verfügung zu stehen.

Zweitens darf die Spannung natürlich nicht größer werden als die Bruchfestigkeit des Stahldrahtes; diese hängt wiederum sowohl von der Querschnittsfläche als auch der Stahlsorte ab, es gilt: $T < (\pi/4) \cdot d^2 \cdot H$, wobei $d$ der Durchmesser ist und $H$ die spezifische Zugfestigkeit eines Metalls angibt (Stahl hat einen Wert von etwa $H \approx 1{,}5 \cdot 10^9$ N/m$^2$). Es gibt keine bestimmte untere Grenze für $T$, aber eine geringere Spannung reduziert auch die Fähigkeit der Saite, ihre Energie auf den Steg zu übertragen. (Dies gilt aufgrund der unterschiedlichen Widerstände, was in Kasten 10.3 erklärt wird). Wenn wir also soviel Klangstärke wie möglich aus dem Instrument herausholen wollen, müssen wir alle Saiten unter möglichst große Spannung – bis nahe an die Bruchfestigkeit – setzen.

Drittens bringen zu kleine oder zu große Saitendurchmesser andere Probleme mit sich. Ein zu kleiner Durchmesser verschlechtert das Mißverhältnis der Widerstände nochmals – eine leichtgewichtige Saite hat zu wenig Masse, um Steg und Resonanzboden effektiv anzuregen, und der Klang ist daher schwach. Große Durchmesser setzen wiederum die Flexibilität der Saite herab – die größere Steifigkeit der Saite ergibt zusammen mit der Spannung eine zusätzliche Schwingungswiderstandskraft, was wiederum die Frequenzen der Eigenschwingungen anhebt, wobei aber die hohen Eigenfrequenzen stärker als die tiefen betroffen sind, so daß die Übereinstimmung mit der Teiltonreihe zerstört wird; wir sagen daher, daß die Steifigkeit **Inharmonizität** verursacht. Bei geringer Steifigkeit verbleiben die Frequenzen nahe genug an der Teiltonreihe, um angenehme und musikalisch erwünschte Töne zu ergeben. Größere Steifigkeit läßt die Saite sich zunehmend wie ein Metallstab verhalten, die Frequenzen werden mehr und mehr inharmonisch und erzeugen einen metallischeren Klang.

Wo liegt also der beste Kompromiß für alle diese widersprüchlichen Anforderungen? Er entwickelte sich über lange Zeiten hinweg als Ergebnis von Versuch und Irrtum und lautet wie folgt: 1. Alle Saiten werden unter die größtmögliche Spannung gesetzt, um einen strahlenden und langdauernden Klang zu erhalten; 2. die hohen Frequenzen werden dadurch erreicht, daß sowohl die Saitenlänge reduziert wird als auch gleichzeitig der Saitendurchmesser geringfügig abnimmt, um eine zu große Steifigkeit zu vermeiden; 3. die tiefen Frequenzen für die Baßtöne werden mehr durch die Beschwerung (Umwicklung mit Kupferdraht) der Saiten als durch größere Länge bewirkt; und 4. durch doppelte (oberer Baßbereich) und dreifache Besaitung (Mitten bis Höhen) der Tasten wird erreicht, daß alle Töne ungefähr gleiche Energiebeträge an den Resonanzboden liefern. Die folgenden sechs wahlfreien Absätze erklären noch einige Details mehr, z. B. warum Klaviersaiten die üblichen Längen und Durchmesser haben und nicht andere, warum die mittleren und hohen Töne dreifach besaitet und warum die Baßsaiten umwickelt sind.

Kasten 10.3 Widerstands-(Impedanz-)Gleichheit

Sehr oft sind wir daran interessiert, wie gut Schwingungsenergie von einem Körper auf einen anderen übertragen werden kann. Die Energie, die sich entlang einer Klaviersaite ausbreitet, wird keineswegs sofort vollständig auf den Resonanzboden übertragen, wenn sie das erste Mal den Steg erreicht; vielmehr wandert sie mehrere Male hin und her, und jedes Mal wird nur ein kleiner Teil übertragen.

Dies ist nur ein Beispiel für eine allgemeine Situation in der Physik. Das Konzept des **Schwingungswiderstands** (oder der **Impedanz**) zeigt uns, was den verschiedenen Beispielen gemeinsam ist. Die Definition $Z = \boldsymbol{F}/V$ besagt, daß Impedanz ein Maß dafür ist, wieviel alternierende Kraft $K$ aufgewendet werden muß, um eine Schwing-Geschwindigkeit $V$ (nicht die Wellengeschwindigkeit $v$!) in einer Saite zu erzeugen oder in der Luft, in einem elektrischen Schaltkreis oder einem anderen schwingungsfähigen Medium.

Der Schwingungswiderstand einer dünnen flexiblen Saite ist durch die Gleichung

$$Z_{sa} = \sqrt{\mu \cdot T}$$

gegeben. Diese besagt, daß größere Trägheit und ebenso größere Spannung auch einen größeren Schwingungswiderstand oder Impedanz ergeben: Eine dicke Saite hat größere Impedanz als eine dünne.

Der Aspekt, der uns hier interessiert, ist der von *Impedanz-Gleichheit.* An einer Grenze zwischen zwei Körpern mit ähnlicher Impedanz wird eine Welle mit kleiner Reflexion von einem auf den anderen übergehen, der Unterschied fällt kaum auf. Ändert sich jedoch an der Grenzstelle die Impedanz beträchtlich, so wird der größte Teil der Wellenenergie reflektiert, gleichgültig ob die Änderung positiv oder negativ ist. Wenn wir also eine effiziente Energieübertragung wünschen, müssen wir für möglichst große Übereinstimmung der Impedanzen sorgen, und wenn wir die Energie in einem Körper eingrenzen wollen, müssen wir für einen großen Impedanz-Unterschied an den Grenzen dieses Körpers sorgen.

Wir werden Beispiele für den ersten Fall in Kapitel 16 finden; wenn wir eine effiziente Energieübertragung von einem Hifi-Verstärker zum Lautsprecher wünschen, müssen die Impedanzen übereinstimmen (z. B. jeweils 8 Ohm betragen). Kameralinsen sind ein anderes Beispiel: Die Impedanz für Lichtwellen ist in Glas und Luft verschieden groß, weshalb eine gewöhnliche Glasoberfläche (gleichgültig, wie gut der Schliff, die Politur oder die Sauberkeit auch sein mögen) immer einen kleinen Teil des einfallenden Lichts reflektiert. In einer guten Kamera sind bis zu sechs oder acht Linsen, so daß nur die Hälfte oder weniger des einfallenden Lichts bis zum Film gelangt. Doppelschicht-Linsen reduzieren den Lichtverlust, da sie eine Schicht mit mittlerer Impedanz zwischen Licht und Glas haben, die das Licht in zwei Stufen und geringerem Reflexionsverlust passieren läßt. Die Verwendung des Resonanzbodens, um zwischen der dünnen Saite und der umgebenden Luft zu vermitteln, ist dem analog.

Saite und Resonanzboden veranschaulichen aber auch den anderen Fall, bei dem wir *keine* perfekte Übereinstimmung wünschen. Wenn sie gleiche Impedanz hätten, würde die Saite schon bei ihrer ersten Schwingung den größten Teil ihrer Energie an den Resonanzboden abgeben, und die Dämpfungszeit wäre nur noch ein kleiner Bruchteil einer Sekunde; es gäbe keine längerklingende Welle, und wir würden nur einen lauten, aber dumpfen und tonlosen Schlag hören. Wenn andererseits die Impedanz des Resonanzbodens millionenfach größer wäre als die der Saiten, würde nahezu die gesamte Energie am Steg reflektiert werden. Die Saite würde ihre Schwingung für lange Zeit beibehalten (eine Stunde zum Beispiel, wenn sie nicht durch Biegereibung und direkte Abstrahlung auch Energie verlieren würde); während der ganzen Zeit wäre aber nur ein extrem schwacher Klang zu hören. Was wir daher brauchen, ist ein Resonanzboden, dessen Impedanz einige tausendmal größer als die der Saiten ist. Dann behalten die Saiten genug Energie, um einige tausend Schwingungszyklen auszuführen (einige Sekunden lang), und sie andererseits doch genug Energie abgeben, damit der Klang ausreichend laut wird.

* Wir wollen von der Annahme ausgehen,daß alle Saiten unter maximaler Spannung stehen, sagen wir $T = k \cdot (\pi/4) \cdot d^2$, wobei $k$ als Sicherheitsfaktor dient mit $k \approx 0{,}5$. Beachten Sie, daß die lineare Massendichte $\mu$ in gleicher Form vom Durchmesser abhängt: $\mu = (\pi/4) \cdot d^2 \cdot D$ ($D$ ist die spezifische Dichte des Materials, aus dem die Saite besteht; für Stahl gilt $D = 7{,}8 \cdot 10^3$ kg/m$^3$). Dadurch läßt sich der Durchmesser aus der Gleichung für die Frequenz herauskürzen:

$$f_1 = (1/2 \cdot s) \cdot \sqrt{(T/\mu)} = (1/2 \cdot s) \cdot \sqrt{(k \cdot H/D)} \quad .$$

Damit gilt für ein gegebenes Material, daß die Länge praktisch durch die gewünschte Frequenz bestimmt wird und der Durchmesser davon unabhängig gewählt werden kann.

Verfolgen wir diese Argumentation weiter: Eine Stahlsaite für das c' auf dem Klavier sollte dann eine Länge haben von

$$s = (1/2 \cdot f) \cdot \sqrt{k \cdot H/D} \quad = \quad (1/2 \cdot f) \cdot \sqrt{k \cdot H/D} \quad \cong$$

$$\cong (1/523 \text{ Hz}) \cdot \sqrt{8 \cdot 108 \text{ N/m}^2 / 8 \cdot 10^3 \text{kg/m}^3} \quad \cong \quad 0{,}6 \text{ m}$$

Und tatsächlich finden wir ungefähr diese Länge im Klavier für das c'. Es bedeutet aber auch, solange wir Stahl benutzen, daß wir die Länge für jede Oktave halbieren müssen; dies würde zur Folge haben, daß eine c'''''-Saite weniger als 4cm lang sein würde, was ihre Behandlung etwas schwierig macht und außerdem Probleme infolge der Steifigkeit mit sich bringt. In der Praxis werden daher die Saitenlängen pro Oktave durch etwas weniger als 2 geteilt, etwa 1,88, so daß die c'''''-Saite circa 5 cm lang wird. Dies hat zur Folge, daß die einzige Möglichkeit, trotzdem die gewünschte Frequenzverdoppelung zu erhalten, darin besteht, die Spannung zu erhöhen, indem $k$ pro Oktave mit dem Faktor 1,13 multipliziert wird, näher und näher am Saitenriß mit $k$-Werten von ungefähr 0,8 für das c'''''.

Wenn wir nun die Längen der Baßsaiten entsprechend berechnen, indem wir pro Oktave die doppelte Länge nehmen, erhalten wir ungefähr $s \cong 5$ m für das Kontra-C und $s \cong 6$ m für die tiefste Note, das Subkontra-A (einige Flügel haben noch tiefere Noten). Auch eine Multiplikation mit dem abgeminderten Wert von 1,88 würde immer noch $s \cong 4{,}7$ m dafür ergeben. Wohl nur wenige könnten sich solch einen Flügel leisten, selbst wenn sie ausreichend Platz dafür hätten. Wenn wir kürzere Saiten mit geringerer Spannung benutzen, leidet die Tonqualität, der Klang wird dünn und leblos. Die Lösung besteht darin, eine Stahlsaite mit gewöhnlichem Kupferdraht zu umwickeln; dies erhöht die Masse pro Längeneinheit, ohne die Steifigkeit allzusehr zu beeinflussen. (Der erhöhten Impedanz dieser Saiten wird dadurch Rechnung getragen, daß sie auf einem separaten, schwereren Extra-Steg montiert werden.) Dies stellt für große Konzertflügel eine zufriedenstellende Lösung dar, in denen die Länge der Baßsaiten auf 1,5 bis 2 m reduziert werden kann. Bei kleinen Stutzflügeln jedoch, deren Baßsaiten eine maximale Länge von nur 1 m oder weniger haben, werden die Baßsaiten mit weniger Spannung eingebaut, was eine deutlich schwächer klingende Baßlage zur Folge hat. (Dazu trägt natürlich auch der entsprechend kleinere Resonanzboden bei).

Was machen wir aber mit den Durchmessern, nachdem wir nun das Längenproblem gelöst haben? Um einen kraftvolleren Klang zu erhalten, müßten wir möglichst große Durchmesser wählen, was entsprechend größere Spannungen und damit größere Schwingungserregung des Resonanzbodens zulassen würde. Jedoch werden wir hier durch den Steifigkeitsfaktor gebremst; dessen Auswirkung wird durch die Gleichung beschrieben $J = \pi^3 \cdot Y \cdot d^4 / 128T \cdot s^2 = \pi^2\, Y \cdot d^2 / 32\, k \cdot L^2 \cdot H$. ($Y$ bedeutet gemäß Kapitel 9 die Youngsche Zahl für ein spezifisches Material, die für Stahl etwa $1{,}9 \cdot 10^{11}$ N/m$^2$ beträgt). Für größere Durchmesser $d$ wird die größere Steifigkeit durch größere Werte von $J$ ausgedrückt; sowohl größere Spannung $T$ als auch Länge $s$ reduzieren jedoch die relative Bedeutung der Steifigkeit, was sich in kleineren $J$-Werten ausdrückt. Für Stahl gilt bei $k = 0{,}5$ ein Wert von $J \cong 80\,(d/L)^2$.

Die Inharmonizität einer Saite wird gewöhnlich durch $J$ beschrieben mittels der Formel

$$f_n \cong n \cdot f_1 \cdot \{1 + (n^2 - 1) \cdot J\}.$$

Dies besagt, daß $f_2 \cong 2 \cdot f_1 \cdot (1+3J)$ ist, $f_3 \cong 3 \cdot f_1 \cdot (1+8J)$ usw., was keine harmonische Teiltonreihe ergibt, solange nicht $J$ gleich Null ist. Beispielsweise erhöht eine Steifigkeit von $J = 0{,}02$ die Frequenz der zweiten Eigenschwingung bereits um einen Halbton (6%) über den Oktavton zur Grundschwingung, mit rasch zunehmender Verschlechterung der Übereinstimmung bei höheren Eigenschwingungen.

Eine akzeptable Steifigkeit für eine c'-Saite liegt bei ungefähr 0,0002, was alle Eigenschwingungen bis zur sechsten in der Nähe der Obertonreihe beläßt mit einer maximalen Abweichung von 1/8-Halbton. Dies begrenzt den Saitendurchmesser auf etwa 1 mm. Da eine einzelne Saite mit diesem Durchmesser nicht genügend Energie an den Resonanzboden liefern kann, werden drei Saiten benutzt. Wenn wir zu den höchsten Lagen des Klaviers kommen und dabei die Saitenlänge pro Oktave durch 1,88 dividieren unter Beibehaltung des gleichen Durchmessers, nimmt $J$ Werte an von $(1{,}88)^2$ / 1,13 = 3,12 pro Oktave, somit 0,02 für das c''''. Dies wäre etwas zu groß, weshalb man etwas Klangstärke für die bessere Harmonizität opfert und schrittweise dünnere Saiten (mit entsprechend reduzierter Spannung) verwendet; typischerweise hat eine c''''-Saite einen Durchmesser von $d$ = 0,8 mm, wodurch $J$ auf einem kleinen Wert von 0,015 gehalten werden kann.

Das Stimmen des Klaviers wird durch die geringfügige Inharmonizität seiner Saiten beeinflußt. In der Mittellage sind die Eigenschwingungen fast perfekt harmonisch (d.h. sie stimmen mit der harmonischen Teiltonreihe weitgehend überein), und sorgfältige Messungen zeigen auch, daß gute Stimmer dort die Oktaven sehr genau auf ein 2 : 1-Frequenzverhältnis stimmen. Aber in der höchsten Oktave (wo die Saiten relativ steif sind) wären weder der Stimmer noch das Publikum zufrieden, wenn nicht das Verhältnis der Oktavfrequenzen etwas gespreizt würde auf etwa 2,025 : 1; ähnliches gilt für die Baßoktaven.

Eine Erklärung für diese gespreizten Oktaven ist physikalischer Art: Das Kriterium für die Stimmung besteht vielleicht darin, daß die Grundschwingung der höheren Oktavnote mit der zweiten Eigenschwingung der tieferen übereinstimmen soll, so daß keine Schwebungen entstehen, wenn sie zusammen erklingen. Da die Steifigkeit bewirkt, daß die zweite Eigenschwingung des tieferen Tones eine etwas mehr als genau doppelt so große Frequenz hat wie die Grundschwingung, könnte dies den Stimmer dazu veranlassen, die Oktave etwas gespreizt zu stimmen, vor allem in den höheren Lagen.

Eine andere mögliche Erklärung ist psychologischer Art: Möglicherweise verlangt unser Gehör, das ja in den extremen Lagen weniger genau Tonhöhen unterscheiden kann, nach einer Art von Übertreibung des Oktavabstandes, um sozusagen in der Wahrnehmung der Oktave sicher zu gehen. Man kann testen, welche Begründung mehr Gewicht hat, indem man sorgfältig die Arbeit eines guten Stimmers in den Baßlagen mehrerer Klaviere nachmißt. Wenn die psychologische Begründung vorherrschend zutrifft, müßte der Stimmer auf verschiedenen Instrumenten gleicherweise gespreizte Oktaven gestimmt haben; trifft die physikalische Begründung mehr zu, dann müßte er auf einem großen Konzertflügel (bei dem die Inharmonizität der Baßsaiten nur minimal größer ist als die der Mittellage-Saiten) weniger gespreizte Baßoktaven gestimmt haben, sehr viel stärker gespreizte jedoch auf kleinen Stutzflügeln (deren relativ kurze und steifere Baßsaiten wesentlich größere Inharmonizität aufweisen). Die Ergebnisse solcher Messungen, wie sie von Backus berichtet werden, deuten darauf hin, daß die physikalische Begründung aufgrund der Saiteninharmonizität überwiegend oder ganz für die Oktavspreizung zutreffend ist.

# Zusammenfassung

Die Eigenschwingungen einer dünnen Saite haben die Form von stehenden Sinuswellen, und die zugehörigen Eigenfrequenzen haben die besondere Eigenschaft, daß sie eine (nahezu perfekte) harmonische Teiltonreihe ergeben. Diese Frequenzen sind von Saitenlänge, -spannung und -dichte abhängig in der Form $f_n = (n/2 \cdot s)\sqrt{T/\mu}$. Jede Auslenkung einer solchen Saite kann als Zusammensetzung von Eigenschwingungen beschrieben werden oder gleicherweise als Überlagerung von zwischen den Saitenendpunkten hin-und her wandernden Wellen.

Einige akustische Eigenschaften des Klaviers können mit dünnen Saiten erklärt werden: Die Präsenz gut definierter Tonhöhe, die Abhängigkeit des Klangspektrums vom Anschlagspunkt, Härte und Breite des Hammers und die komplexen Vorgänge während der Abklingzeit eines Tones, besonders bei den Mehrfachbesaitungen. Andere akustische Eigenschaften erfordern jedoch auch die Berücksichtigung der Steifigkeit von realen Saiten: Die gespreizten Oktaven in Baß- und Höhenlagen, die Effizienz der Energieübertragung von der Saite auf den Resonanzboden und die unterschiedlichen Saitenlängen (die Saiten-Mensur) in einem Klavier oder Flügel.

Die Proportionen, zu denen Wellenenergie an den Grenzen zweier Körper (wie Saite und Resonanzboden) übertragen oder reflektiert wird, werden durch die jeweiligen Impedanzen (Schwingungswiderstände) bestimmt. Ein optimaler Entwurf erfordert Kompromisse zwischen möglichst großer Übertragung für große Lautstärke (d. h. gute Impedanz-Übereinstimmung) und möglichst großer Reflektion für möglichst langdauernde Klangabstrahlung (d.h. möglichst großer Impedanz-Unterschied).

Die Zusammensetzung der Schwingungen von Gitarrensaiten unterscheidet sich etwas von der der Klaviersaiten, da die Schwingung durch Zupfen anstatt Schlagen angeregt wird; aber sie hängt in ähnlicher Weise davon ab, wie nahe der Anschlags- bzw. Anzupfpunkt am Steg liegt. Bei elektrischen Gitarren wird die Schwingungszusammensetzung veränderbar, weil jeweils die Eigenschwingungen verstärkt werden, deren Bewegung am größten in der Nähe des Pickup-Punktes ist.

# Symbole, Begriffe, Beziehungen

n Indexzahl (d. Eigenschwingung/Eigenfrequenz)
$\lambda_n$ Wellenlänge
$f_n$ Eigenfrequenz n-ter Ordnung
$v_t$ Wellengeschwindigkeit der Transversalwelle
$T$ Spannungskraft
$\mu$ Saitenmasse pro Längeneinheit
$s$ Saitenlänge
$d$ Saitendurchmesser

$D$ Dichte (Masse pro Volumeneinheit)
$H$ Zugfestigkeit
$Z$ Impedanz (Schwingungswiderstand)

$f_n = n(v_t / 2s)$

$v_t = \sqrt{T/\mu}$

$T_{max} = (\pi/4)\, d^2 H$

$J$ Steifigkeitsfaktor
Eigenschwingung

Stehende Wellen
Wandernde Wellen
(Schwingungs-)Knoten und Bäuche
Dämpferpedal
*una corda* Pedal
Harmonische Teiltonreihe
Inharmonizität
Gespreizte Oktaven
Schwingungszusammensetzung
Fehlende Eigenschwingungen

# Übungsaufgaben

1. Wie groß sind die Wellenlängen der drei ersten Eigenschwingungen einer Saite mit der Länge $s = 0{,}6$ m? (Vorsicht: Hier ist nach der Wellenlänge der transversalen Saitenschwingung gefragt, nicht nach der der Luftschwingung).
2. Wenn die Geschwindigkeit einer Transversalwelle auf einer Saite mit der Länge $s = 0{,}3$ m den Wert $v_t = 240$ m/s hat, wie groß ist dann die Frequenz der ersten Eigenschwingung?
3. Nehmen wir an, Sie hätten eine Saite der Länge 0,5 m, auf der die Wellen sich mit einer Geschwindigkeit $v_t = 150$ m/s ausbreiten. Welches ist die Frequenz $f_5$ der fünften Eigenschwingung? Wenn man die Eigenschwingung als eine stehende Welle betrachtet, wie groß ist dann die Wellenlänge $\lambda_5$ (Vorsicht wie bei Übung 1!)
4. Eine Saite vibriert im Eigenschwingungszustand Nr. 6. Skizzieren Sie ihr Aussehen zu mehreren Zeitpunkten innerhalb eines Zyklus', und geben Sie auch die jeweilige Bewegungsrichtung an.
5. Wenn Sie die Spannungskraft einer Saite verdoppeln, um wieviel erhöht sich dann die Grundfrequenz? Wieviele Halbtöne sind das?
6. Wenn eine Saite mit linearer (gleichmäßiger) Massedichte $\mu = 0{,}002$ kg/m einer Spannungskraft von $T = 180$ N ausgesetzt ist, mit welcher Geschwindigkeit $v_t$ werden sich dann Transversalwellen darauf ausbreiten?
7. Wenn eine Saite mit linearer (gleichmäßiger) Massedichte $\mu = 0{,}006$ kg/m und der Länge $s = 0{,}75$ m einer Spannungskraft von $T = 540$ N ausgesetzt ist, wie groß ist dann die Frequenz $f_1$ der ersten Eigenschwingung?

*8. Sie haben eine Klavier-Baßsaite der Länge $s = 2$ m und der linearen Massedichte $\mu = 0{,}06$ kg/m, und Sie wollen eine Grundschwingung mit $f_1 = 30$ Hz erzielen. Welche Spannungskraft müssen Sie aufbringen?

9. Öffnen Sie ein Klavier, und schätzen Sie die effektive Saitenlänge, die in der Mittellage vom Hammer angeschlagen wird (die Rillen im Hammerfilz sind ein guter Indikator). Drükken Sie diese Länge als Bruchteil der gesamten Saitenlänge aus, und schätzen Sie damit die Indexnummer der Eigenschwingung, oberhalb derer es eine schlechte Annäherung wäre, den Hammeranschlag als punktförmig zu bezeichnen.
10. Vergleichen Sie die Komplexität der Schwingungszusammensetzung einer Baß- und einer Diskant-Saite des Klaviers ein oder zwei Sekunden nach dem Anschlag.
11. Erklären Sie aufgrund der Flexibilität des Resonanzbodens, warum die horizontale Schwingungsrichtung der Saiten in einem Flügel nur minimal übertragen wird.
12. Begründen Sie physikalisch, warum von zwei Saiten mit gleichem Durchmesser und gleicher Spannung die kürzere eine größere Inharmonizität zeigt.
13. Welche spezifischen Fehler wird jemand hören, wenn ein Klavier exakt in der gleichschwebenden Temperatur gestimmt ist, wie sie in Bild C dargestellt ist?

*14. Prüfen Sie nach, daß $J = 0{,}000.2$ ein f''' ergibt mit einer Abweichung von einem Achtel Halbton in Bezug auf $6 \cdot f_1$, wobei $f_1$ = Frequenz des Kontra-F ist.

*15. Wenn eine Stahlsaite und eine Messingsaite gleiche Länge und gleichen Durchmesser haben und mit dem gleichen Sicherheitsfaktor k gespannt sind, um wieviel ist dann die Grundfrequenz der Stahlsaite höher? (Siehe Projekt 3 für Angaben zu Messing). Zeigen Sie, daß unter diesen Umständen die Stahlsaite einen kleineren Wert $J$ hat als die Messingsaite. – Nehmen Sie dann an, daß die Spannungen so gewählt sind, daß beide Saiten die gleiche Tonhöhe erzeugen, und zeigen Sie, daß nun die Stahlsaite einen größeren Wert $J$ als die Messingsaite hat. Diskutieren Sie unter Berücksichtigung dieser Ergebnisse den Trend zu höheren absoluten Tonhöhen oder verschiedenen Klangfarben, wenn heutige Cembalobauer sorgfältig alte Modelle nachbauen, aber die Besaitung mit modernem hochfesten Stahldraht vornehmen.

16. Warum sind die Dämpfungsfilze in einem Flügel genau über den Hämmern angebracht

und nicht irgendwo auf den Saiten?

17. Bewirkt das linke („Leise-")Pedal in einem Klavier den gleichen Effekt wie in einem Flügel? Warum oder warum nicht?
18. Skizzieren Sie die anfängliche Schwingungszusammensetzung für eine Saite, die an den Punkten a) $s/3$ und b) $s/8$ vom Steg entfernt *gezupft* wird ($s$ = Saitenlänge). Erklären Sie die Klangfarbenunterschiede anhand dieser Zusammensetzungen.
19. a) Stellen Sie fest, welche Eigenschwingungen fehlen würden, wenn Sie eine Saite bei $s/4$ oder $s/5$ von einem Ende entfernt zupfen würden. Nun stellen Sie sich die Punkte als $^2/8$ und $^2/10$ der Saitenlänge vor, und nichts kann Sie nun daran hindern, dazwischen zu zupfen, sagen wir bei $^2/9$. Fertigen Sie ein Skizze in der Art von Bild 10.4 an, um das in diesem Fall vorhandene Klangspektrum zu zeigen. b) Gibt es eine Abschwächung der Eigenschwingungen Nr. 4 und 5?
20. William R. Savage beschreibt die Schwingungszusammensetzung einer Cembalosaite in Bild 10.10. Wo wurde diese Saite gezupft?

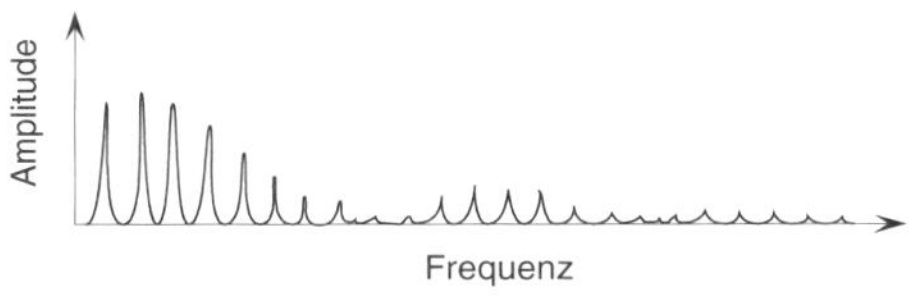


Bild 10.10
(Aus: Problems for Musical Acoustics, W.R.Savage, 1977 Oxford Univ. Press. Mit frdl. Genehmigung des Autors.)

21. Wo müßten Sie eine Gitarrensaite anzupfen, um die Eigenschwingung Nr. 3 möglichst effektiv anzuregen? Und wo würden Sie mit dem Finger die Saite abdämpfen, um Nr. 1 und 2 zu verhindern, aber Nr. 3 weiter schwingen zu lassen? Wenn Sie dies tun, um wieviel ist dann die Frequenz dieser Eigenschwingung höher als die Tonhöhe, die Sie normalerweise von dieser Saite hören? (Benutzen Sie das Teiltonlineal dazu).
22. Sie zupfen eine Gitarrensaite, die den Klang G erzeugt. Nun legen Sie Ihren Finger leicht bei $s/4$ vom Sattel weg gerechnet auf die Saite (beim 5. Bund). Welche Eigenschwingungen bleiben übrig und warum, und welche Tonhöhe hören Sie nun?
23. Nehmen wir an, eine Saite werde bei $s/5$ gezupft wie in Bild 10.4, und ein elektrischer Pickup ist bei $s/7$ angebracht. Skizzieren Sie die Schwingungszusammensetzung, die vom Verstärker empfangen wird.
24. Betrachten Sie das Beispiel in Bild 10.5. Nehmen wir an, die Rollen seien vertauscht, so daß die Saite bei $s/4$ gezupft wird und der Pickup bei $s/10$ sitzt. Erklären Sie, wie sich das resultierende Klangspektrum zusammensetzen wird.
25. Hat ein Gitarrensteg eine unterschiedliche Impedanz, je nachdem, ob die Saite parallel oder senkrecht zur Oberseite schwingt? Warum? Erklären Sie, wie eine Gitarre einen zunächst rasch und dann langsamer abklingenden Ausklingvorgang haben könnte. Wie könnten Sie dann durch Variation der Zupftechnik die relativen Anteile des rasch und des langsam abnehmenden Klangs beeinflussen?
26. Betrachten Sie die Schallübertragung von der Luft außerhalb Ihres Fensters durch dieses hindurch in Ihr Zimmer. Wie groß wäre jeweils die relative Effizienz der Übertragung, wenn das Fenstermaterial aus dünner Plastikfolie, gewöhnlichem Fensterglas oder zolldickem Panzerglas wäre? Begründen Sie Ihre Antwort mit dem Konzept der Impedanz.

# Projektvorschläge

1. Messen Sie nach, wie weit die Pickups einer elektrischen Gitarre vom Steg entfernt sind (in Bruchteilen der Saitenlänge). Diskutieren Sie, wie dies die Schwingungszusammensetzung beeinflußt, und verifizieren Sie das an der Gitarre. Versuchen Sie verschiedene Gitarren auf die jeweiligen Positionen der Pickups zu untersuchen.
2. Erklären Sie, wie ein Cembalo-Register funktioniert, hören Sie den Klang, und erklären

Sie, wie der Mechanismus die Schwingungszusammensetzung verändert.

*3. Mein Cembalo ist teilweise mit Stahldraht besaitet, dessen Durchmesser schrittweise von 0,36 mm beim Gis zu 0,22 mm beim g'''' abnimmt. Die Baßsaiten sind dagegen aus einfachem Messingdraht (ohne Umwicklung) mit 0,36 mm beim G bis zu 0,56 mm beim Kontra-F. Die ungefähren Saitenlängen sind 14 cm für g'''', 24 cm für g''', 47 cm für g'', 88 cm für g', 136 cm für g, 171 cm für G und 174 cm für das Kontra-F (wo der Steg sich zurückkrümmt). Die Dichte von Messing ist etwas größer als die von Stahl, ungefähr $8{,}4 \cdot 10^3$ kg/m$^2$, und die zugehörige Youngsche Zahl beträgt $9 \cdot 10^{10}$ N/m$^2$. Erörtern Sie möglichst vollständig die akustischen Gründe für diese Mensur.

# 11. Die gestrichene Saite

Der Familie der Streichinstrumente gehört in unserer Musikkultur ein Ehrenplatz. Seit mehr als 300 Jahren bildete sie die Grundlage der Kammer- und Sinfonieorchester; fast alle Komponisten schrieben Stücke für Streichquartett und zahllose andere Kammermusikbesetzungen mit Streichinstrumenten. Dies hat sicher etwas mit der Schönheit und Klangfülle der Streichinstrumente und mit der großen Bandbreite und Flexibilität ihres Klangs zu tun.

Wir wollen uns einen Einblick in die physikalischen Prinzipien dieser Instrumentenfamilie verschaffen und auch ein wenig nach den Gründen dafür suchen, daß der Geigenbau einen so dauerhaften Erfolg hatte. Unsere Ziele sind zunächst, den Mechanismus der gestrichenen Saite zu verstehen (und nebenbei verschiedene Bogenstrichtechniken kennenzulernen), dann die Art der entstehenden Schwingungen zu analysieren sowie drittens zu verstehen, wie der Geigenkörper diese an die Luft überträgt und schließlich die charakteristische Klangfarbe der Geigenfamilie zu betrachten. Wir werden dabei zwei neue physikalische Konzepte entwickeln müssen – das der dynamischen Instabilität und das der Resonanz. Zunächst beginnen wir jedoch mit einer kurzen Betrachtung des Geigenbaus und der korrekten Benennung der verschiedenen Einzelteile.

## 11.1 Der Bau der Violine

Der Bauplan der Violine hat sich praktisch seit den Zeiten so berühmter Geigenbaumeister wie der Italiener Niccolo Amati (1596–1684), Antonio Stradivari (1644–1737) und Giuseppe Guarneri (1698–1744), die alle bereits bekannten Geigenbauerfamilien entstammten, nicht mehr geändert. Die Hauptbestandteile sind in Bild 11.1 gezeigt und benannt.

Zunächst ist der Hals zu beachten, der der Saitenspannung Widerstand leisten muß und das Griffbrett trägt. Jüngste Forschungen haben gezeigt, daß die Schwingungen des Halses und des Griffbretts sowohl den Klang beeinflussen als auch für das Gefühl des Spielers für die Klangkontrolle wichtig sind.

Die Bauweise des Körpers ist von großer Bedeutung. Die Decke und der Boden müssen mit größter Sorgfalt bearbeitet werden, um die richtige Krümmung und Dicke (nur 2 mm an den Ecken) zu erhalten. Die Decke besteht in der Regel aus Fichte oder Tanne, der Boden aus Ahornholz; das Holz muß sorgfältig und zur rechten Zeit geschnitten und langsam getrocknet werden (nicht im Trockenofen). Die Fasern laufen parallel zu den Saiten, um Boden und Deckel steifer in dieser Richtung zu machen; quer dazu sind sie relativ flexibel.

Das Holz wird mit einem dünnen mehrschichtigen schützenden Klarlack schlußbehandelt. Eine ansonsten gut gebaute Violine kann durch eine dicke Schicht schlecht gewählten Lacks klanglich ruiniert werden. Viele Musiker glauben immer noch, daß eine geheime Formel für den Lack die Ursache für den Klang berühmter Instrumente

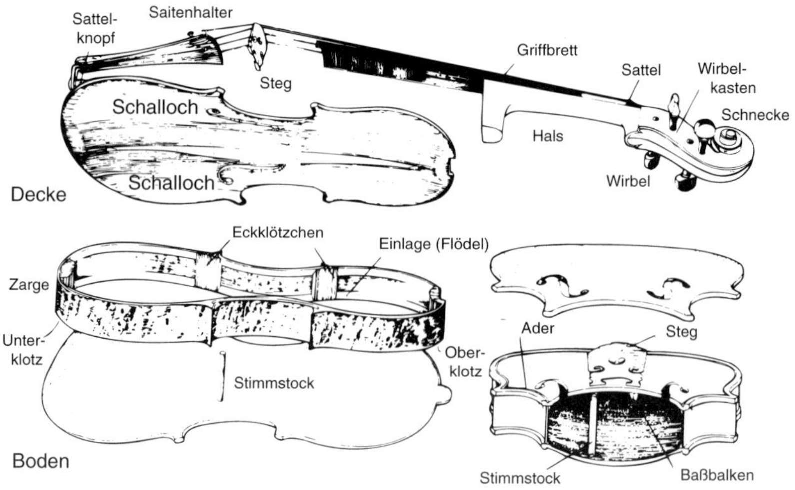


Bild 11.1
Bauteile
der Violine

sei oder wesentlich dazu beiträgt, trotz eher gegenteiliger Ansicht der Wissenschaftler. Obwohl es durchaus zutreffend ist, daß auch der Lack einen kleinen Teil beiträgt, so entscheidet sich doch die Qualität eines Instruments zum größten Teil schon, bevor der Lack aufgebracht wird. Nach John Schelleng, einer der wenigen Forscher, die wirklich wissenschaftliche Tests über diese Frage durchführten, ist die wichtigste Eigenschaft eines guten Lacks, daß er extrem dünn aufgetragen werden kann.

Um eine möglichst große Schwingungsfähigkeit zu erhalten, werden Boden und Deckel zu den Rändern hin, wo sie mit der Zarge (den Seitenwänden) verleimt sind, immer dünner. Eine kleine Rinne ist dort ausgefräst und mit separaten dünnen Holzstreifen ausgelegt, dem *Flödel* oder Einlage. Diese ermöglichen es Decke und Boden, besser zu vibriieren, als wenn sie an den Rändern eingehängt anstatt eingespannt wären. Durch Aufbrechen des Leims, der den Flödel in der Rille hält, kann sich die Verbindung Zarge-Decke (oder -Boden) sogar noch besser biegen; dies ist eine Möglichkeit, die Schwingungsfähigkeit eines Instruments zu erhöhen.

Die Violinsaiten werden auf dem Körper von einem Steg getragen. Wenn dieser nur ein niedriger, gerader Steg wäre, fest auf der Decke montiert, könnten die Saiten ihre Energie nur schlecht auf den Körper übertragen, denn ein solcher Steg würde eine extrem hohe Impedanz (Schwingungswiderstand) gegen die horizontale Bewegung des Bogens bilden und nahezu die gesamte ankommende Schwingungsenergie zum Sattel reflektieren. (Vergleiche das ähnliche Verhalten des Klavier-Resonanzbodens bzw. -stegs bei waagrechter Saitenschwingung in Kapitel 10).

Deswegen hat der Violinsteg die zierliche, biegsame und hohe Form, die in Bild 11.2b gezeigt ist. Die leicht unsymmetrische und gekrümmte Form hat keinen dekorativen Zweck, sondern unterstützt eine rollende Bewegung des Stegs, die wiederum die Decke eindrücken bzw. anheben kann. Die Decke und der Boden sind gegenüber dieser vertikalen Schwingungsrichtung sehr biegsam (d.h., sie haben kleine

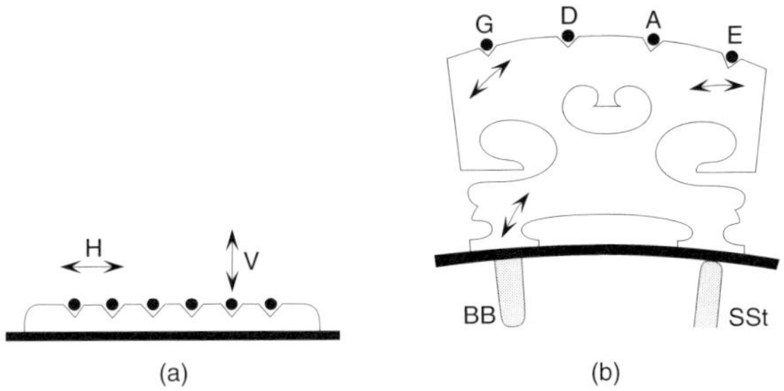


Bild 11.2
a) Für einen niedrigen und geraden Steg ist horizontale Saitenschwingung H weit weniger effizient auf die Geigendecke übertragbar als vertikale (V). Bei einer Gitarre ist dies in Ordnung, da dort der Spieler immer auch vertikale Schwingungskomponenten beim Zupfen erzeugt. b) Die Bewegungsrichtung der gestrichenen Saite ist jedoch auf die Ebene des Strichs begrenzt, so daß der Violinsteg (hier vom Saitenhalter aus gesehen) als ein Hebelsystem funktionieren muß, welches die Energie vertikal umlenkt und auf die Decke und den Stimmstock SSt (und damit auf den Boden) überträgt sowie auf den Baßbalken BB. Dieses Bild gilt nur für Frequenzen bis zu ungefähr 2 kHz; darüber fängt der Steg selbst an zu vibriieren, überträgt aber weiterhin Schwingungsenergie auf Decke und Boden.

Impedanzen) und können daher größere Energieanteile der Saite bei jedem Schwingungszyklus übernehmen. Es ist genau diese Ein-Aus-Bewegung der Decke und des Bodens, die die umgebende Luft effizient in Bewegung versetzt und kräftige Schallwellen erzeugt.

Die gesamte Spannungskraft in den vier Saiten der Violine beträgt typischerweise etwa 220 N. Diese resultiert in einer niederdrückenden Kraft auf den Steg von ungefähr 90 N, den sog. Saitendruck *Sd* (Bild 11.3). Der *Stimmstock*, ein kleines Hölzchen mit ca. 6 mm Durchmesser zwischen Decke und Boden, unterstützt den unter der E-Saite befindlichen Fuß des Stegs, verteilt den Saitendruck auf Decke und Boden und überträgt zugleich die Schwingungen auch auf den Boden. Wenn der Stimmstock – manchmal auch als „Seele“ bezeichnet – fehlt oder falsch plaziert ist, verschlechtert sich die Klangqualität des Instruments drastisch.

Auch der *Baßbalken* verstärkt die Decke und hilft zugleich, die Schwingungsenergie auf alle Teile der Decke zu verteilen. Das Vorhandensein eines solchen Baßbalkens ist nicht weiter verwunderlich, wenn man sich erinnert, daß sowohl die Decke der Gitarre als auch die Resonanzböden von Klavier und Cembalo durch zahlreiche Rippen oder Stäbe versteift sind, um einen besseren Klang zu erzielen.

Der Geigenkörper besitzt zahlreiche Eigenschwingungszustände; in den letzten Jahren wurde es mit Hilfe neuer optischer Techniken möglich, Schwingungsbewegungen von weniger als einem Tausendstel Millimeter auf Photographien sichtbar zu

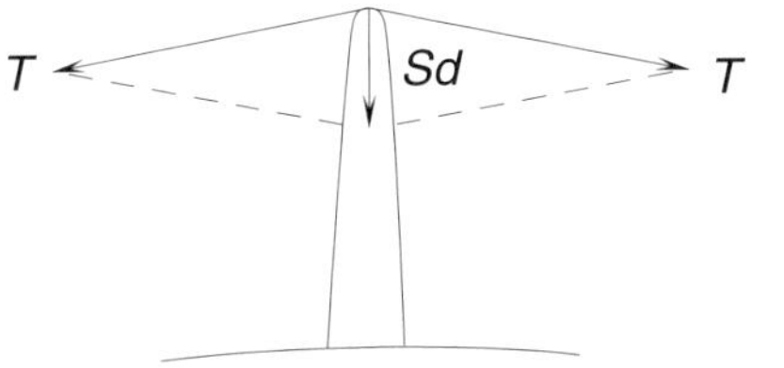


Bild 11.3
Seitenansicht einer Saite über dem Steg. Die Pfeile zeigen, wie die kombinierten Spannungskräfte *T* in beiden Richtungen der Saite eine nach unten drückende Kraft auf den Steg ergeben, den Saitendruck *Sd*.

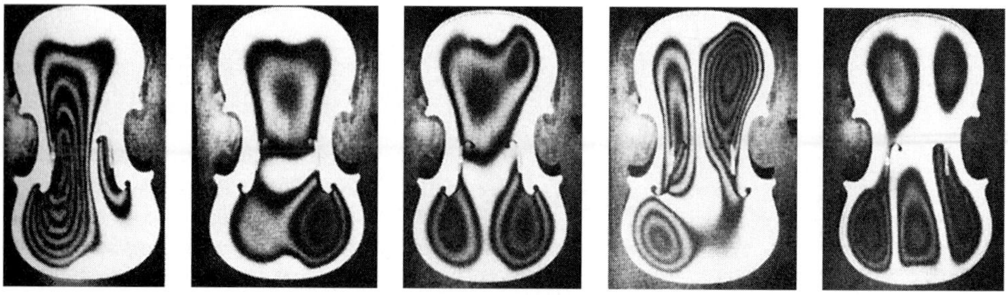

Bild 11.4 Die Schwingungen einer Violin-Decke (einschließlich Baßbalken und Stimmstock), sichtbar gemacht mit Hilfe der Interferenz-Holographie. Die hellen und dunklen Streifen formen Konturkarten der Schwingungsamplituden. Die Schwingungszustände sind für 540, 775, 800, 980 und 1.100 Hz gezeigt. Bei einem vollständigen Instrument ändern sich Schwingungszustände und zugehörige Frequenzen jedoch beträchtlich. (Photos mit frdl. Genehmigung von E. Jansson, N. Molin, H. Sundlin).

machen. Ein Beispiel dafür sind die im Bild 11.4 gezeigten Konturen verschiedener Schwingungszustände.

* Es gibt mehrere sich gegenseitig beeinflussende Aspekte der Praxis des Bogenstrichs, die auch alte Geigen unter einem heutigen Bogenstrich anders erklingen lassen, als sie es vor 300 Jahren taten. Einmal ist da der Übergang von Darmsaiten zu den heutigen metallumwundenen oder Stahlsaiten, dann der allmähliche Anstieg der Stimmungshöhe von ca. 420 Hz oder weniger auf 440 Hz für den Kammerton a, die Verlängerung des Halses und Vergrößerung der Saitenspannung sowie der Steghöhe (was den Saitendruck erhöht). Das Ergebnis ist ein lauterer und klangvollerer Ton, der aber nicht immer eine Verbesserung darstellt, denn er kann heutige Aufführungen barocker Musik schriller machen, als der Komponist beabsichtigte. Ein anderes Ergebnis ist, daß in viele Geigen der alten italienischen Meister ein dickerer Baßbalken eingebaut werden mußte, um den Druck der größeren Saitenspannung auszuhalten, so daß sie gar nicht mehr im authentischen Zustand sind. Es zeugt gleichwohl von der Kunst dieser Handwerksmeister, daß die Instrumente diese Modernisierung trotzdem überlebt haben!

Die allgemeinen Eigenschaften der Bratsche (Viola) und des Violoncellos sind ähnlich, aber sie haben natürlich einige Besonderheiten. Sie klingen keineswegs wie die Bandaufnahmen von Violinen, die mit geringerer Wiedergabegeschwindigkeit abgespielt werden, denn ihre Größe ist nicht direkt proportional zu den Wellenlängen der Tonlagen, die sie erzeugen. Der Spielbereich des Cellos beginnt beim C, der der Bratsche beim c und derjenige der Geige beim g. Bratschen sind aber allgemein nur etwa 15–20% größer als Geigen, und Cellos sind etwas mehr als zweimal so groß. Die Bratsche ist also kein halbgroßes Cello, obwohl ihre Tonlage eine Oktave höher liegt. Sie ist noch weniger eine um 50% in jeder Dimension vergrößerte Geige, obwohl man das aufgrund ihres Tonhöhenbereichs erwarten könnte, der ja eine Quinte tiefer liegt. Wie wir noch sehen werden, führt dies dazu, daß die Bratsche in ihren tiefen Lagen nur relativ schwache Klänge erzeugen kann. Unglücklicherweise kann man sie auch nicht viel größer machen, ohne daß dies unpraktisch für die Spielweise würde, bei der das Instrument zwischen Kinn und Hand gehalten wird.

Die allgemeine Frage, inwieweit ein Instrument proportionale Größen aufweisen sollte, um eine zusammenhängende Familie mit ähnlichen Klangeigenschaften zu ergeben, wird als *Skalierung* bezeichnet. Dieses Thema soll hier nicht weiter vertieft werden; es reicht zu wissen, daß Carleen Hutchins und andere in den 60er Jahren wichtige Grundlagen für die theoretische und experimentelle Skalierung der Violin-Familie legten. Sie entwarfen und bauten eine komplette Familie von acht Instrumenten, vom großen Baß bis zur hochfrequenten Mini-Geige, die eine Oktave über der normalen Geige gestimmt ist; die übergroße Viola wird zwischen den Knien gespielt ganz wie ein Cello. Für weitere Details sei auf die Literatur verwiesen.

## 11.2 Bogenstrich und Saitenschwingung

Wie kann die gleichmäßige Bewegung des Bogens die Schwingung der Saite aufrechterhalten? Wieso bleibt nicht die Saite in einer seitlich ausgelenkten Position, während der Bogen über sie hinweg gleitet (wie in Bild 11.5)? Tatsächlich kann man ausprobieren, daß die Saite kaum oder gar nicht zu schwingen anfängt, wenn der Bogendruck zu gering ist oder zu wenig Kolophonium aufgetragen wurde.

Wird der Bogen aber richtig benutzt, dann packt er die Saite und lenkt sie mehr und mehr zur Seite hin aus. Das heißt, wenn die Bewegung einsetzt, haftet die Saite an den klebrigen Haaren des Bogens, bis die (aus der Saitenspannung stammende) Widerstandskraft groß genug wird, um sie loszureißen. Sie federt dann so schnell zurück, daß der Bogen sie erst wieder packen kann, wenn sie am anderen Ende der Auslenkung angekommen ist; dann haftet sie wiederum am Bogenhaar und wird wieder in die Richtung des Bogens mitgezogen, bis sich der Vorgang wiederholt. Wenn sich der Vorgang regelmäßig genug wiederholt, erhalten wir die gewünschte Saitenschwingung.

Dieser *Haft-Gleit-Mechanismus* ist ein Beispiel dafür, was wir **dynamische Instabilität** nennen. Dies bezeichnet eine Situation, in der wir ein perfektes Gleichgewicht haben können, in der aber jede kleinste Störung das System aus dem Gleichgewicht bringt und in einen oszillierenden (=schwingenden) Zustand versetzt. Betrachten wir in diesem Fall, wie sich die zwischen Bogen und Saite bestehende Reibungskraft mit der relativen Geschwindigkeit ändert (Bild 11.6). Während die Saite zurückschnellt oder gleitet, ist die Reibungskraft sehr klein oder nahezu Null, und während Saite und Bogen sich in gleicher Richtung bewegen, ist sie sehr groß.

Betrachten wir nun den hypothetischen Gleichgewichtszustand, bei dem die Saite seitwärts ausgelenkt ist, sich aber nicht bewegt (Bild 11.5 und Punkt E in Bild 11.6). Nehmen wir an, die Saite rutscht ein winziges bißchen zurück zu ihrer normalen Position, sie erwirbt also eine geringe negative Geschwindigkeit. Dann reduziert sich sofort die Reibungskraft (Punkt N), und die Saite rutscht noch weiter zurück. Wenn jetzt wiederum die Saite ein kleines Stückchen weit am Bogen hängen bleibt und positive Geschwindigkeit erhält (Punkt P), bedeutet das eine Erhöhung der Reibungskraft, und die Saite wandert noch ein weiteres Stückchen mit. Deswegen stellt E ein instabiles Gleichgewicht dar, genauso wie eine Kugel auf der Spitze eines Hügels, die

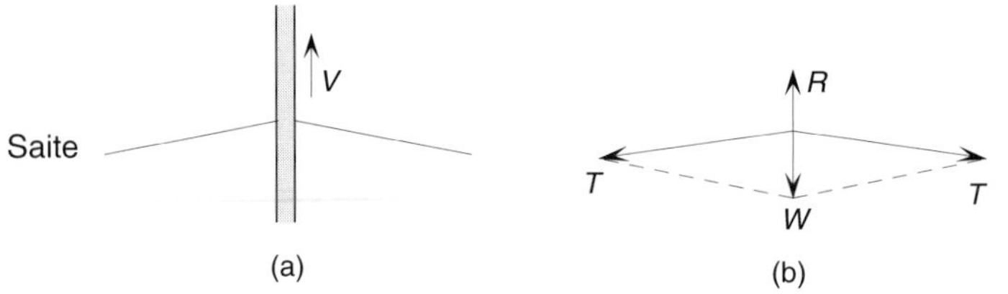


Bild 11.5
a) Eine Saite, die durch einen quer zu ihr bewegten Bogen seitwärts ausgelenkt wird (im Unterschied zu Bild 11.3 ist dies hier eine Draufsicht). b) Die Kräfte, die auf das Saitenstück wirken, welches in Kontakt mit dem Bogen ist. Die Spannung *T* von beiden Enden der Saite ergibt eine resultierende Widerstandskraft *W*, die der vom Bogen ausgeübten Reibungskraft *R* genau entgegengesetzt ist. Das hypothetische Gleichgewicht zwischen *R* und *W* ist unstabil, daher kann das Bogenhaar die Saite nicht bewegungslos in dieser Form halten.

bei der leisesten Störung – einem Windhauch – nach der einen oder anderen Seite herunterrollt.

Unsere Darstellung betraf bisher den Bogen, der die Saite erfaßt und in seine Bewegungsrichtung mitzieht (der Haftungspunkt in Bild 11.6), bis etwas passiert, das die Haftung reduziert. Sobald die Saite einmal ein bißchen ins Rutschen gekommen ist, wird es noch leichter für sie weiterzurutschen, und sie federt daher fast vollständig unter dem Einfluß der Saitenspannung zurück, ganz wie eine gezupfte Saite. In dem Augenblick, in dem ihre natürliche Eigenschwingung sie wieder in die gleiche Richtung wie die des Bogens bringt, setzt die Haftung aufgrund der E → P – Instabilität wieder ein, und sie wird wieder vom Bogen mitgezogen.

Wenn man sich die Saite als gleichmäßig und sinusförmig in ihren Eigenschwingungen befindlich vorstellt, ist es schwierig zu verstehen, wie die Haft- und Gleitphase immer zum gleichen Zeitpunkt abwechseln, um eine periodische Schwingung, also eine gleichmäßige Tonhöhe, zu erhalten. Hier jedoch erweist sich das Konzept der wandernden Wellen dienlicher als das der stehenden Wellen. Das plötzliche Loslassen der Saite beim Einsetzen der Gleitphase schickt eine kleine wandernde spitze Auslenkung über die Saite; wir wollen sie als Zinke bezeichnen. Diese wird beim Steg reflektiert, und wenn sie wieder beim Streichpunkt der Saite ankommt, gibt sie diesem Teil der Saite einen plötzlichen Ruck, der gewährleistet, daß sie wieder am Bogen haftet. Und, nachdem die Reflexion vom weiter entfernten Sattel

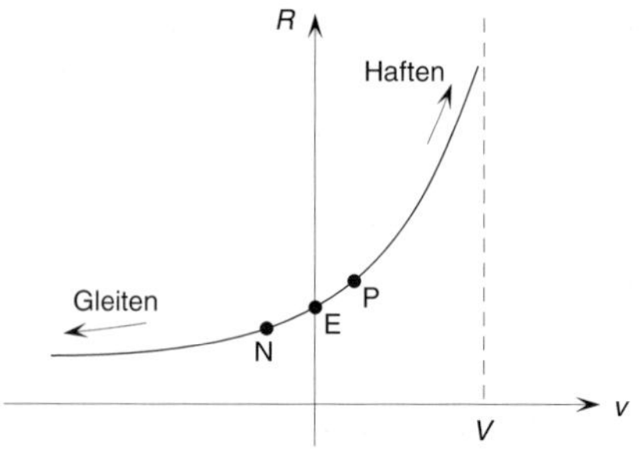


Bild 11.6
Schematische Abhängigkeit der Reibungskraft *R* von der Saitenbewegung. Die Saitengeschwindigkeit *v* nimmt verschiedene Werte an, während die Geschwindigkeit des Bogens *V* konstant bleibt. Wenn *v* mit *V* übereinstimmt, haften Bogen und Saite aneinander, und die Reibungskraft wird relativ groß. Je größer der Geschwindigkeitsunterschied wird, desto kleiner wird die Reibungskraft. E bezeichnet den hypothetischen Gleichgewichtspunkt, an dem die Saite sich nicht bewegt (aber ausgelenkt ist).

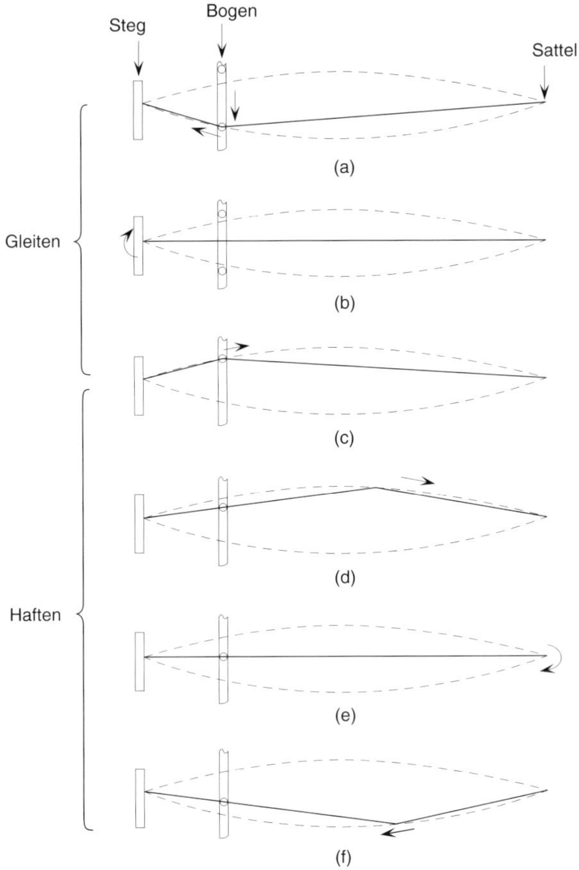


Bild 11.7
Die Form der (idealisierten) Bogen-Saiten-Schwingung zu sechs Zeitpunkten während eines Zyklus. Durch Stroboskop-Beleuchtung können diese Muster leicht sichtbar gemacht werden. Die Saite ist immer in zwei gerade Segmente unterteilt, und die „Zinke" wandert mit gleichmäßiger Geschwindigkeit auf einer linsenförmigen Umlaufbahn. Die Richtung ist hier für den Bogen-Abstrich gezeigt, beim Aufstrich wandert die Zinke gegen der Uhrzeigersinn. a) Der Augenblick, in dem sich die Saite vom Bogen löst und die Zinke sich in Richtung Steg zu bewegen beginnt. b) Die Zinke ist gerade am Steg angekommen. c) Wenn die Zinke wieder beim Bogen ankommt, ändert sie die Richtung dieses Saitenabschnitts von aufwärts zu abwärts, so daß die Saite wieder vom Bogen erfaßt wird.
d), e), f) Die Zinke wandert zum Sattel und wird dort reflektiert; wenn sie wieder beim Bogen ankommt, trägt sie zur Lösung der Saite bei und löst dadurch einen neuen Zyklus aus. Die Kreise ○ zeigen die Stellen an, wo die Saite am Bogen haftet.

eintrifft, gibt die Zinke einen weiteren Ruck in die entgegengesetzte Richtung, und dies löst die Unterbrechung der Haftung zwischen Saite und Bogen genau zum richtigen Zeitpunkt aus, um einen weiteren Schwingungszyklus auszulösen.

Wenn dieser selbstregulierende Verstärkungsmechanismus richtig funktioniert, ergibt sich eine Saitenschwingung wie in Bild 11.7 und 11.8 gezeigt. Die Zusammensetzung der zugehörigen Schwingungsenergien ist in Bild 11.9 dargestellt. Der allgemein abnehmende Trend von den niedrigen zu den höheren Eigenschwingungen ist der gleiche wie bei der gezupften Saite; beim Streichen sind jedoch alle Eigenschwingungen beteiligt, auch diejenigen mit Knotenpunkten am oder nahe beim Ansatzpunkt des Bogens.

Wie lange dauert es, bis die wandernde Zinke einen kompletten Durchlauf absolviert hat? Die Strecke ist zweimal so lang wie die Saitenlänge, und die Geschwindigkeit beträgt $v_t = \sqrt{T/\mu}$ (wie in Kapitel 2), und damit ergibt sich die Schwingungsperiode zu $P = 2 \cdot s/v_t$. Die Frequenz solcher ruckartig angeregten Schwingungen beträgt $f = 1/P = (1/2 \cdot s) \cdot \sqrt{T/\mu}$, was einfach die Eigenfrequenz der ersten Eigen-

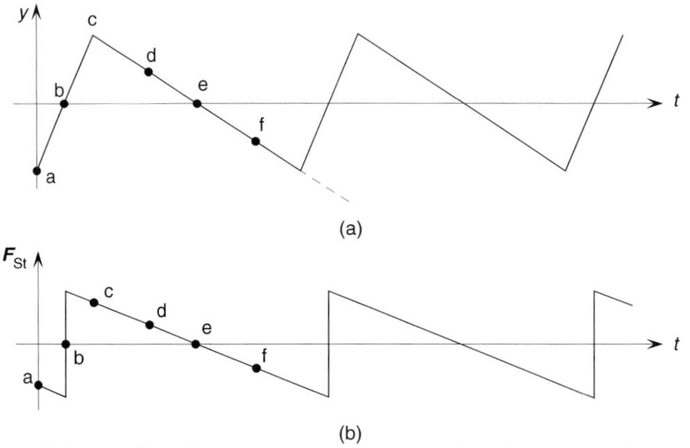


Bild 11.8
a) Seitliche Auslenkung $y$ der Saite am Ansatzpunkt des Bogens im Zeitverlauf für den Abstrich. Die gestrichelte Linie zeigt, wie die Bewegung des Bogens nach Abriß der Haftung weiterführt. Umso näher der Bogen am Steg angesetzt wird, desto kürzer ist der Teil jeden Zyklus' (a-b-c), während dessen der Gleitzustand eintritt.
b) Seitliche Kraft $\boldsymbol{F}_{St}$ der Saite gegen einen unnachgiebigen Steg; dies stellt nur eine grobe Annäherung an den tatsächlichen Verlauf bei einem realem Steg dar. Die Buchstaben beziehen sich auf die entsprechenden Zeitpunkte in Bild 11.7, wo die Auslenkungsform der Saite, in der sie den Steg trifft, die seitwärts wirkende Kraft als einen Bruchteil der (fast) konstanten Spannungskraft in der Saite bestimmt.

schwingung der Saite ist. Das heißt, der Haft-Gleit-Mechanismus regt die Saite mit genau der richtigen Frequenz an, um eine starke Schwingung zu erhalten.

Eine bemerkenswerte Eigenschaft dieses Mechanismus ist es, daß die Form der Saitenschwingung, das Spektrum der Eigenschwingungen und die auf den Steg durch die Saite ausgeübte Kraft immer vorhersagbar ähnlich sind. Die Amplitude mag größer oder kleiner sein, die Form der schwingenden Saite bleibt immer in etwa gleich, unabhängig von Bogendruck, -geschwindigkeit oder -ansatz. Es gibt allerdings signifikante Unterschiede der Klangfarbe bei Änderung des Bogenansatzpunktes, was bedeutet, daß in unserer idealisierten Darstellung doch einige Details fehlen. Aber auf jeden Fall hängt die Klangfarbe der gestrichenen Saite viel weniger von der Wahl des Bogenansatzpunktes ab als die der gezupften Saite vom Zupfpunkt. Daher verändern die Geiger den Ansatzpunkt des Bogens eher, um Lautstärke und Bogengeschwindigkeit zu beeinflussen als die Klangfarbe.

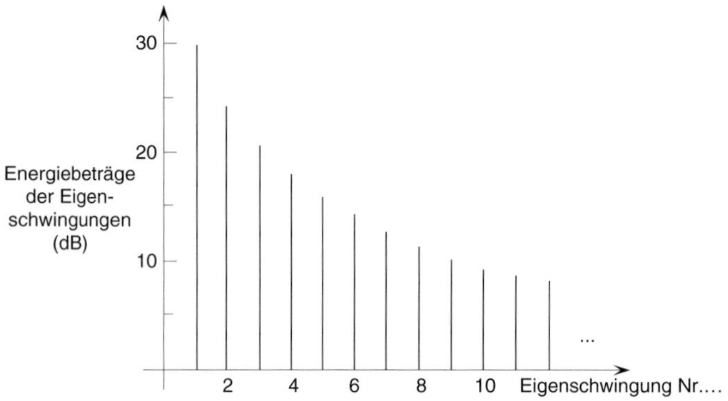


Bild 11.9
Relative Energiebeträge der Eigenschwingungen einer idealisierten gestrichenen Saite. Vergleichen Sie dazu Bild 10.4 für die gezupfte Saite, wo die gleiche 6 dB/Oktave-Hüllkurve auftritt.

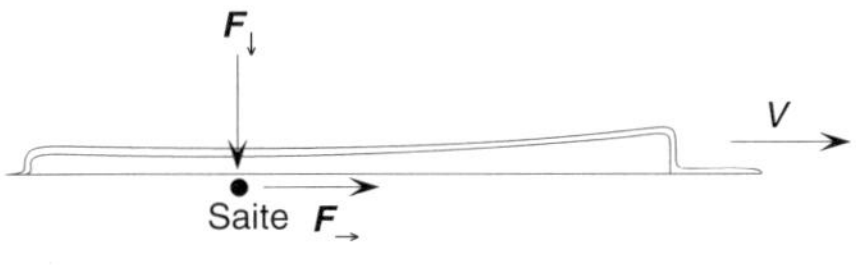


Bild 11.10 Der sich mit der Geschwindigkeit $V$ bewegende Bogen übt auf die Saite S sowohl eine seitwärts wirkende Reibungskraft $\boldsymbol{F}_{\rightarrow}$ (siehe Bild 11.5 und 11.6) aus, als auch eine abwärts drückende Bogenkraft $\boldsymbol{F}_{\downarrow}$ (Bild 11.11).

Streicher sprechen oft vom „Bogendruck", aber zutreffender sollte man von der „Bogenkraft" sprechen. Dies meint die abwärts wirkende Kraft, die den Bogen gegen die Saite drückt, *nicht* die Reibungskraft, die parallel zum Bogen wirkt (Bild 11.10). Wenn die Bogenkraft zu gering ist, wird die Gleitphase zu früh anfangen, bevor unsere Zinke zurückgekommen ist. Man kann so kaum einen gleichmäßigen Klang erzeugen, oder man erzeugt sogar zwei oder mehr wandernde Zinken und erhält dadurch eine Oszillation bei einer der höheren Eigenschwingungen der Saite. Wir können einen ähnlichen Effekt absichtlich, aber zuverlässiger herbeiführen, wenn wir einen Finger leicht auf einen Knotenpunkt der erwünschten Eigenschwingung auflegen und diese dadurch frei weiterschwingen lassen, während alle (oder die meisten) anderen abgedämpft werden. Diese Technik kommt zur Anwendung, wenn in den Noten das Spielen von Obertönen auf offenen Saiten verlangt wird (Flageoletts).

Es besteht auch eine Obergrenze für die Bogenkraft: Wenn man zu stark drückt, ist die wandernde Zinke nicht mehr in der Lage, die Saite im richtigen Moment vom Bogenhaar abzulösen. Dadurch ist die Regelmäßigkeit der Schwingung nicht mehr selbstregulierend, und der Klang wird zu einem kantigen Knetern. Bild 11.11 zeigt, innerhalb welcher Grenzen die Bogenkraft bleiben muß (beim normalen Spiel), und wie dieser Bereich schmaler wird, je näher der Ansatzpunkt am Steg liegt. Anfänger tun daher gut daran, weit weg vom Steg anzusetzen, da ihnen der dort größere Bereich größere Unregelmäßigkeiten erlaubt. Berufsgeiger mit ausreichender Kontrolle ihres Bogendrucks können dagegen den Ansatzpunkt näher am Steg wählen und dadurch ein größeres Klangvolumen und Brillanz erreichen, weil ihre viel größere Bogenkraft die Reibungskraft erhöht, was dann wiederum mehr Energie auf die Saite überträgt.

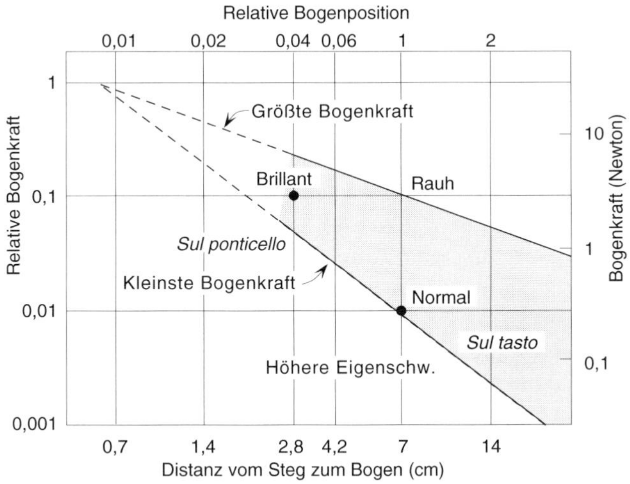


Bild 11.11
Diagramm nach Schelleng (1974), welches die Grenzbereiche für eine Cello-A-Saite bei einer Bogengeschwindigkeit von $V = 20$ cm/s zeigt. Nur in dem grauschraffierten Bereich zwischen den zwei schrägen Linien können normale Saitenschwingungen aufrechterhalten werden.
(*Sul ponticello* = am Steg; *sul tasto* = am Griffbrett.)

Nicht gezeigt in Bild 11.11 ist, wie die Bogengeschwindigkeit einsetzt. Man könnte für jede mögliche Bogengeschwindigkeit ein ähnliches Diagramm anfertigen oder ebenso für alle möglichen Abstände Bogen-Steg ein Diagramm, in dem die Kraft der Geschwindigkeit gegenübergestellt ist. Was alle diese Diagramme aussagen würden, läßt sich auch so zusammenfassen: *Größere Lautstärke erfordert größere Bogengeschwindigkeit oder größere Nähe des Ansatzes zum Steg; beides erfordert konsequenterweise größere Bogenkraft, um saubere Schwingungen zu erhalten.*

* Die gesamte Schwingungsenergie $E$ ist festgelegt durch die Bedingung, daß die Bogengeschwindigkeit $V$ mit der Saitengeschwindigkeit $v$ am Ansatzpunkt $x_b$ (gemessen vom Steg aus) während der Dauer der Haftphase eines jeden Zyklus übereinstimmt. Man kann zeigen, daß die Beziehung $E = (\mu \cdot s^3 / 6) \cdot (V/x_b)^3$ gilt, wobei $\mu$ die lineare Massedichte und $s$ die Länge der Saite ist. Die erforderliche Bogenkraft ist nicht eindeutig festgelegt, sondern variiert in einer qualitativ ähnlichen Weise mit $V$ und $x_b$. (Siehe auch die Übungen 11 und 12).

Wir haben bisher stillschweigend eine uneingeschränkt biegsame Saite vorausgesetzt. Genau wie beim Klavier beeinflußt jedoch die reale Steifigkeit einige Details wie z. B. eine Abnahme der Stärke der sehr hohen Teiltöne. Ebenso mildert sie die Schärfe des Zinkens, was wiederum die Präzision von dessen frequenzsteuernder Rückkopplung beeinflußt. Diese Effekte werden ausführlich z. B. bei Schelleng (1974) erörtert.

Wir wollen betonen, daß die Hauptinformation in diesem Abschnitt darauf gerichtet war, a) unsere Neugier bezüglich des Saitenverhaltens zu befriedigen und b) die Einschränkungen bezüglich des Bogengebrauchs zu verstehen. Wenn wir nun weitergehen zur Klangabstrahlung des Geigenkörpers, benötigen wir nur unser Wissen über die Schwingungskraft, die von der Saite auf den Steg ausgeübt wird (Bild 11.8b), oder, gleichbedeutend damit, über das Spektrum der Schwingungsenergien (Bild 11.9).

## 11.3 Resonanz

Um zu verstehen, wie ein Geigenkörper auf die Schwingungen der Saiten reagiert, müssen wir etwas näher auf das physikalische Phänomen der Resonanz eingehen. Obwohl klingende Körper uns dafür am vertrautesten sind, kann Resonanz in jedem schwingenden System beliebiger Art auftreten, wie auch dem einfachen Pendelsystem in Bild 11.12. Dieses Pendel stellt ein System mit einem Freiheitsgrad dar und besitzt daher eine Eigenfrequenz $f_1$, die von seiner Länge abhängt. Durch die exzentrisch montierte Feder wird eine sinusförmig ab- und zunehmende Kraft auf das Pendel ausgeübt. $f$ soll für die Frequenz stehen, mit der diese treibende Kraft $\boldsymbol{F}$ ihren Zyklus von Schieben und Ziehen durchführt.

Wie reagiert das Pendel? Stellen wir uns ein Experiment vor mit einem anfänglich sehr langsamen Auf und Ab von $\boldsymbol{F}$, dann allmählich ansteigenden Werten von $f$, wobei die Amplitude von $\boldsymbol{F}$ immer gleich bleibt. Bei jeder Frequenz messen wir die resultierende Bewegung des Pendels und zeichnen dessen Abhängigkeit von der treibenden

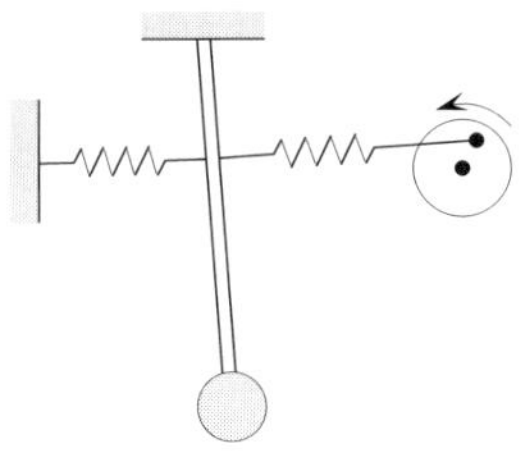

Bild 11.12 Ein angetriebener harmonischer Oszillator oder Schwingkreis. Das Pendel besitzt einen festen Schaft und kann nur in der Ebene der Seite schwingen. Die eher schwachen Federn sind relativ weit oben am Schaft befestigt; die eine ist links an einer massiven Wand befestigt, die andere exzentrisch auf einer rotierenden Drehscheibe. Die Federn üben eine Kraft auf das Pendel aus, die sinusoidal mit der Frequenz der gleichmäßigen rotierenden Scheibe ab- und zunimmt.

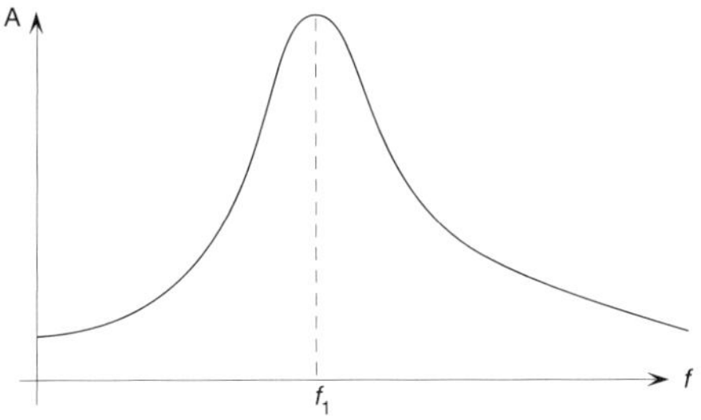


Bild 11.13 Die Amplitude A eines angetriebenen harmonischen Oszillators als Funktion der treibenden Frequenz *f*. Der Spitzenwert stellt sich ein, wenn die treibende Frequenz mit der Eigenschwingungsfrequenz $f_1$ übereinstimmt.

Frequenz $f$ auf. Das Ergebnis (Bild 11.13) zeigt, daß die Pendelbewegung besonders stark wird, wenn $f$ nahe bei $f_1$ liegt oder damit übereinstimmt. Solche Experimente führen zu der folgenden Definition:

**Resonanz bedeutet eine Schwingung mit vergleichsweiser großer Amplitude, die immer dann entsteht, wenn die Frequenz einer treibenden Kraft relativ gut mit einer Eigenschwingungsfrequenz des Systems übereinstimmt, auf das sie einwirkt.**

Dies hat eine gewisse Ähnlichkeit mit dem Anschieben eines Kindes auf einer Schaukel. Für eine gegebene Maximalkraft (zum Beispiel die Kraft, die Sie mit einem Finger ausüben können) ist es zu langsam, einmal pro Minute anzuschieben (=die Stärke oder Richtung der Kraft zu wechseln), und einmal pro Sekunde ist zu schnell; in beiden Fällen wird die Schaukel nur minimal in Bewegung versetzt. Aber wenn Sie die Frequenz Ihres Anschubsens so wählen, daß sie mit der Eigenfrequenz der Schaukel übereinstimmt (wahrscheinlich ungefähr einmal alle zwei bis drei Sekunden), dann können selbst kleine Schubser, wenn sie lang bzw. oft genug wiederholt werden, zu einer relativ großen Schwingung der Schaukel führen. (Siehe dazu auch Kasten 11.1).

Bild 11.14

Ein Beispiel für akustische Resonanz ist das berühmte Zerspringen von (Wein-) Gläsern oder Fensterscheiben durch die Stimmgewalt von Opernsängern und -Sängerinnen (Bild 11.14). Dabei sind die Schwankungen des Luftdrucks die treibende Kraft für die Schwingungen des Glases. Jedoch nützt es gar nichts, einfach so laut wie möglich zu singen, wenn man nicht die richtige Frequenz kennt. Der Trick dafür besteht darin, das Glas leicht anzuschlagen, so daß es mit seiner Eigenfrequenz leise klingt, und die erklingende Tonhöhe zu registrieren. Wenn man dann einen reinen und gleichmäßigen Ton mit genau dieser Frequenz singt, läßt sich eine starke Resonanz-Reaktion erzeugen, deren Schwingungsamplituden unter Umständen groß genug werden können, um die Bruchfestigkeit des Glases zu überschreiten.

Ein Detail, das wir bisher vernachlässigt haben, ist der Energieverlust. Damit ist alles gemeint, was Schwingungsenergie aus dem schwingenden System entweichen läßt, es ist also sowohl Reibungsverlust (=Umwandlung in Wärmeenergie) als auch Abstrahlungsverlust (=Umwandlung in Schallenergie) gemeint. Reibung im Holz, im Lack, in der Saite und Abstrahlung von Schallwellen tragen alle zum gesamten Energieverlust eines Geigenkörpers bei.

Energieverlust ist im Resonanzfall besonders wichtig, weil große Amplitudenbewegungen mehr Möglichkeit bieten, Schwingungsenergie in andere Formen von Energie umzuwandeln. Wenn die verlusterzeugenden Kräfte relativ stark sind, verhindern sie das Entstehen von sehr großen Schwingungen von Anfang an (Bild 11.16c); sind sie relativ schwach, dann muß die Resonanzschwingung sehr groß werden, bevor

Kasten 11.1 Energiefluß und Resonanz

Eine Möglichkeit der Erklärung von Resonanz ist die folgende: Wenn die Frequenz der treibenden Kraft viel kleiner ist als die Eigenfrequenz $f_1$, hat das Pendel in Bild 11.12 jede Menge Zeit, um auf die langsamen Änderungen der Kraft $\boldsymbol{F}$ (Bild 11.15a) zu reagieren; seine Position zu jedem Zeitpunkt ist praktisch die gleiche, als wenn die Kraft zu diesem Zeitpunkt konstant wäre und niemals einen anderen Wert angenommen hätte. Die Amplitude der Schwingungsbewegung für diesen niedrigen Frequenzen ist *Steifigkeits-begrenzt*. Während des ersten Viertels eines Schwingungszyklus' wirkt dabei die Kraft in die gleiche Richtung wie die Bewegung, wodurch positive Arbeit verrichtet und Energie an das System geliefert wird. Während des zweiten Schwingungsviertels bleibt jedoch die Kraftrichtung gleich, während die Bewegung sich zum Ruhepunkt hin umkehrt, d. h. es wird negative Arbeit verrichtet, und das System gibt den gleichgroßen Energiebetrag an seine Umgebung zurück, den es vorher erhielt.
Wenn $f$ dagegen viel größer als $f_1$ ist, schafft es das Pendel nicht, schnell genug auf die Änderungen der Kraft zu reagieren (Bild 11.15b); jedesmal wenn es einen Schwingungszyklus gerade vollendet hat, befindet sich die Kraft schon weit im nächsten. Die Amplitude für diese hohen Frequenzen ist *Trägheits-begrenzt*. Auch hier empfängt das Pendelsystem während einer Viertelschwingung Energie, gibt sie aber während der nächsten wieder zurück.
Im Resonanzfall, d. h. bei $f = f_1$, gleichen sich Steifigkeit und Massenträgheit gegeneinander aus, und die Amplitude ist durch die *Energieabgabe begrenzt*. Die Position des Pendels hinkt der Kraftänderung um einen Viertelzyklus hinterher (Bild 11.15c). Dies hat zur Folge, daß die positive Kraftrichtung immer während der Bewegung nach rechts, die negative immer während der nach links einwirkt; damit verrichtet die treibende Kraft immer positive Arbeit auf das System und erhöht dessen Energie, so daß sich die Schwingung über eine längere Zeit hin zu einer großen Amplitude „aufschaukelt". Erst bei sehr großen Amplituden wird dann der Energieverlust an die Umgebung so groß, daß er den ständigen Energienachschub ausgleicht und ein weiteres Anwachsen der Amplitude verhindert.

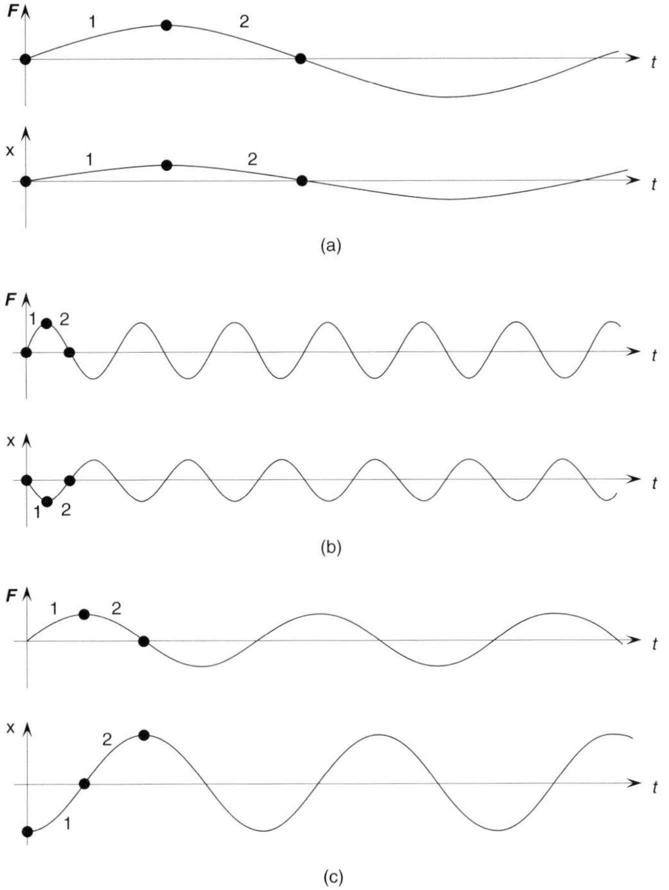


Bild 11.15
Die treibende Kraft $F$ und die resultierende Position x eines Schwingungssystems (Oszillators). a) Bei Treiberfrequenzen weit unterhalb der Resonanz sind $F$ und x in Phase. Die Kraft bleibt positiv, während die Schwingmasse ausschwingt im 1. Viertelzyklus und im 2. zurückschwingt, so daß die verrichtete Arbeit insgesamt Null wird. b) Bei Treiberfrequenzen weit oberhalb der Resonanzfrequenz hinkt die Auslenkung der Frequenz der treibenden Kraft um einen halben Zyklus hinterher; auch hier wieder gleicht sich die verrichtete Arbeit während des 1. Viertelzyklus mit der des 2. aus zum Ergebnis Null. c) Im Resonanzfall stimmen Kraft- und Schwingungsrichtung immer überein und verrichten so insgesamt positive Arbeit auf das Schwingungssystem.

der Energieverlust während jeder Schwingung genausogroß wird wie die regelmäßige Energiezufuhr durch die treibende Kraft (Bild 11.16a).

Beide Extremfälle sind für die akustische Praxis von großer Bedeutung. Die scharfe schmale Spitze bei geringem Energieverlust (Bild 11.16a) bedeutet eine spektakulär große und fein abgestimmte Resonanz; genau das brauchen wir im nächsten Kapitel, um zu erklären, wie Flöten und Orgelpfeifen so starke Schwingungen in ihren Röhren entwickeln und dies nur bei ganz bestimmten bevorzugten Frequenzen. Die breite und niedrige Kurve bei großen Energieverlusten (Bild 11.16c) bedeutet eine viel schwächere Resonanz, die jedoch viel weniger auf einen engen Frequenzbereich begrenzt ist; und diese Art von Resonanz befähigt zum Beispiel die menschliche Stimme, erkennbare Vokale über einen großen Tonhöhenbereich zu singen, wie wir in Kapitel 14 sehen werden.

Dieses Konzept kann leicht auf Systeme mit mehreren Freiheitsgraden erweitert werden. Jede Eigenschwingung besitzt ihr eigenes Resonanzverhalten mit dem Spit-

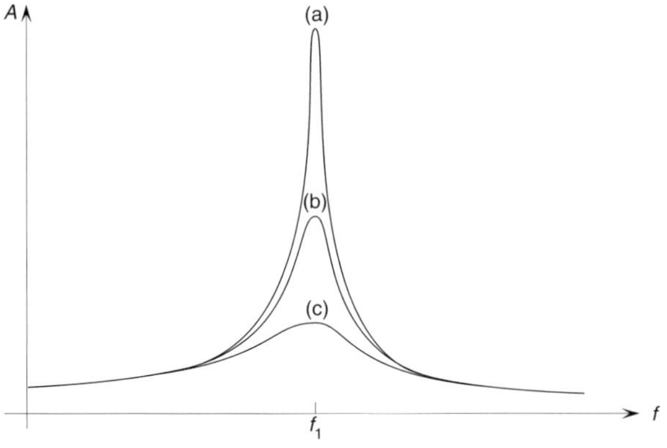


Bild 11.16
Der Einfluß von Energieverlusten auf das Resonanzverhalten.
a) Schwache Verluste lassen die Amplituden der Resonanzfrequenz sehr groß werden. b) Mittlere Energieverluste. c) Große Energieverluste durch Reibung und Abstrahlung verhindern große Amplituden.

zenwert bei der jeweiligen Eigenfrequenz. Damit reagiert das Gesamtsystem auf eine treibende sinusoidale Kraft, die aus einer Kombination aller seiner Eigenschwingungen besteht, in der Art, wie sie in Bild 11.17 gezeigt ist. Fall a) trifft für das Verhalten von Luftsäulen in Blasinstrumenten zu – starke Resonanz bei einigen wenigen, aber präzise bestimmbaren Frequenzen und Verhinderung von Resonanz bei „falschen" Noten dazwischen; Fall b) zeigt, wie ein Klavier-Resonanzboden sich verhalten soll, nämlich breit überlappende Resonanzen, so daß insgesamt alle Frequenzen, die von den Saiten geliefert werden, verstärkt werden.

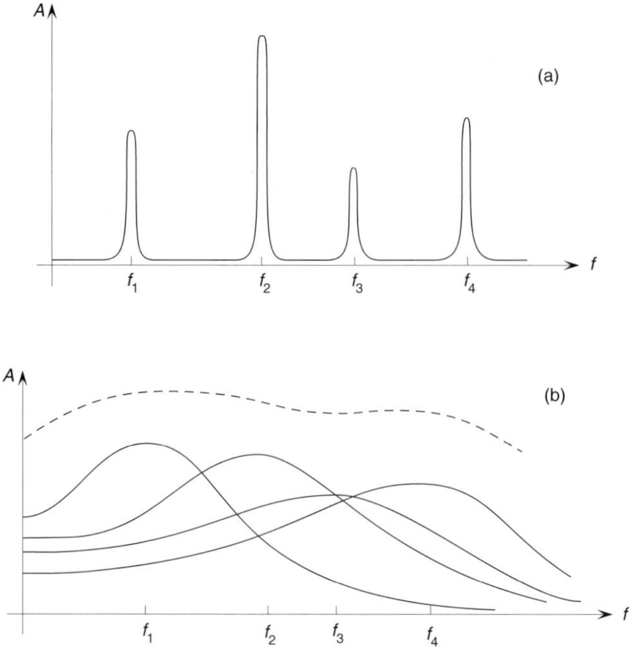


Bild 11.17
Resonanzen bei verschiedener Anzahl von Freiheitsgraden. a) Geringe Energieverluste und gut getrennte Resonanzfrequenzen für jede Eigenfrequenz.
b) Große Energieverluste und gleichzeitiges Ansprechen verschiedener Resonanzen auf eine Eigenschwingung; die Resonanz auf alle Eigenschwingungen (gestrichelte Kurve) kann auch bei unterschiedlichen treibenden Frequenzen relativ gleichmäßig werden.

Die Geige liegt zwischen diesen beiden Fällen. Wie wir im nächsten Abschnitt sehen werden, kann ein guter Geigenkörper tatsächlich bestimmte ungleichmäßige Resonanzen bei reinen Sinuswellen aufweisen, und diese verleihen ihm seine besondere klangliche Eigenart. Aber daneben muß auch ein breiteres Resonanzverhalten auf eine vollständige Teiltonreihe vorhanden sein, damit die Noten im gesamten Spielbereich annähernd gleich klingen.

## 11.4 Klangabstrahlung der Saiteninstrumente

Wie können wir nun unsere Theorie der Resonanz auf den Geigenkörper anwenden? Wir wollen zunächst die reale Art der Schwingungen gestrichener Saiten ignorieren und uns vorstellen, daß reine Sinuswellen auf den Steg wirken. Im Labor läßt sich leicht eine Versuchsanordnung bauen, bei der ein kleiner Elektromotor den Steg antreibt; wir können dann testen, wie die Reaktion, d.h. die Resonanz der Violine darauf, sich mit der Frequenz ändert.

Wir müssen aber erst noch ein Maß für diese Reaktion oder Resonanz finden. Eine Definition wie „Amplitude der Schwingung des Geigenkörpers" ist schwierig zu messen; außerdem müssen wir die Effizienz der Abstrahlung getrennt ermitteln, d. h., wie stark die umgebende Luft durch eine gegebene Schwingung des Geigenkörpers angeregt wird. Es läßt sich abschätzen, daß diese Effizienz in komplexer Weise von der Frequenz abhängt, und daher ebenfalls relativ schwierig zu messen sein wird. Wir können alle diese Schwierigkeiten aber umgehen (obwohl wir dabei einige interessante physikalische Aspekte unbeachtet lassen), wenn wir uns auf die Definition einigen, daß die „Reaktion oder Resonanz" des Körpers auf eine gegebene treibende Kraft am Steg den Schallpegel in der Luft einige Meter entfernt bedeuten soll. Für unsere praktischen Zwecke reicht dieses Endergebnis eines eigentlich zweistufigen Prozesses völlig aus.

Eine typische Resonanz- oder Reaktionskurve für die Geige ist in Bild 11.18 gezeigt. Die wichtigsten Eigenschaften sind, daß a) praktisch keine Resonanz unterhalb der ersten Resonanzfrequenz bei circa 273 Hz auftritt; b) eine zweite starke Resonanz bei ca. 460 Hz; c) eine eher ungleichmäßige Resonanz bis zu 900 Hz mit

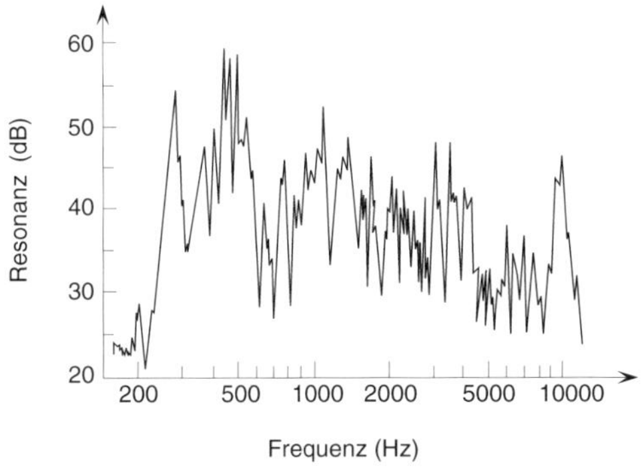


Bild 11.18
Resonanz- oder Reaktionskurve eines Geigenkörpers, die zeigt, wie der Schallpegel an einem Punkt in der Nähe der Geige von einer sinusoidalen Kraft abhängt, die auf den Steg aufgebracht wird. (Aus: Hutchins, 1973. Mit frdl. Genehmigung der Audio Engineering Society).

einem signifikanten Einbruch bei 600 bis 700 Hz; d) eine bessere Überlappung und daher gleichmäßigere Resonanz (mit ein paar Ausnahmen) oberhalb 900 Hz; und d) allmähliche Abnahme der Resonanzkurve bei weiter steigenden Frequenzen. Diese Abnahme ist nicht so rasch, wie man sie für den Korpus alleine erwarten würde, weil das Resonanzverhalten des Steges die Frequenzen zwischen 2 und 3 kHz verstärkt. Man kann aus dieser Kurve den Eindruck gewinnen, daß verschiedene Noten relativ stark in ihrer Lautheit schwanken und daß im Bereich zwischen 200 und 1.000 Hz das Resonanzverhalten außerordentlich schwach und ungleichmäßig ist, entsprechend dem Notenbereich von g bis c''', der am häufigsten gespielt wird. Dieser Eindruck ist jedoch irreführend, weil ja die gestrichene Saite *nicht* eine solche sinusoidale Kraft auf den Steg ausübt, wie wir eben angenommen haben; wir müßten alle Teilfrequenzen der Saite berücksichtigen, nicht nur die Grundfrequenz.

Hier kommt die Stärke und Eleganz der Fourier-Theorie ins Spiel. Anstatt zu versuchen, auf direktem Weg auszurechnen, wie die Reaktion des Geigenkörpers auf eine sägezahnförmige Schwingung aussieht, die auf den Steg aufgebracht wird, können wir nach dem Einfluß jeder einzelnen Komponente der Sägezahnschwingung getrennt fragen. Bild 11.19 zeigt, wie das Spektrum der Saitenenergie durch das charakteristische Resonanzverhalten des Geigenkörpers verändert wird und so das Spektrum der Schallwelle erzeugt, die vom Hörer als Klangfarbe und -stärke des Geigentones wahrgenommen wird. Der senkrechte Balken für jede Teilfrequenz der anregenden Saitenschwingung in a) wird um den entsprechenden Wert aus b), der die Resonanzkurve des Geigenkörpers darstellt, erhöht bzw. erniedrigt, um die Stärke der Teilfrequenz in den resultierenden Klangspektren c), d) und e) zu erhalten.

Die resultierende Schallwelle hat nicht einmal annähernd eine Sägezahnform (vergleiche z. B. Bild 2.5d), und ihre Klangqualität wird hauptsächlich durch die Teiltöne zwischen 800 und 4.000 kHz bestimmt. Die Anwesenheit von vielen hohen Teiltönen mit beachtlicher Stärke ist hauptsächlich verantwortlich dafür, daß wir einen „streicherartigen" Klang von anderen unterscheiden können. Die Ungleichheit der Resonanzkurve unterhalb von 900 Hz wirkt sich letzten Endes viel weniger aus als vermutet, weil diese tieferen Komponenten nur einen Teil des hörbaren Gesamtklanges bilden. Auf eine sehr subtile Art trägt sie jedoch zu unserer mentalen Vorstellung eines gefälligen Streicherklangs bei – die ständig von Note zu Note sich etwas ändernde Klangfarbe verleiht der Violinmusik ihren interessanten und individuellen Charakter.

* Da unterschiedliche Frequenzen mit verschiedener Effizienz in unterschiedliche Richtungen abstrahlen, ändern sich gewisse Feinheiten der Resonanzkurve in Abhängigkeit von der Mikrofonposition. Die in Bild 11.19c–e dargestellten Spektren können daher lediglich als beispielhaft aufgefaßt werden, nicht als absolute Angabe.

Die Bestimmung von Resonanzkurven erfordert großen Zeit- und Geräteaufwand, und die Ergebnisse weichen beträchtlich von einem Instrument zum anderen ab. Deswegen wird oft eine andere und viel einfachere Messung durchgeführt, um das zu bestimmen, was man als „Lautstärkenkurve" bezeichnet. (Genau gesehen ist das

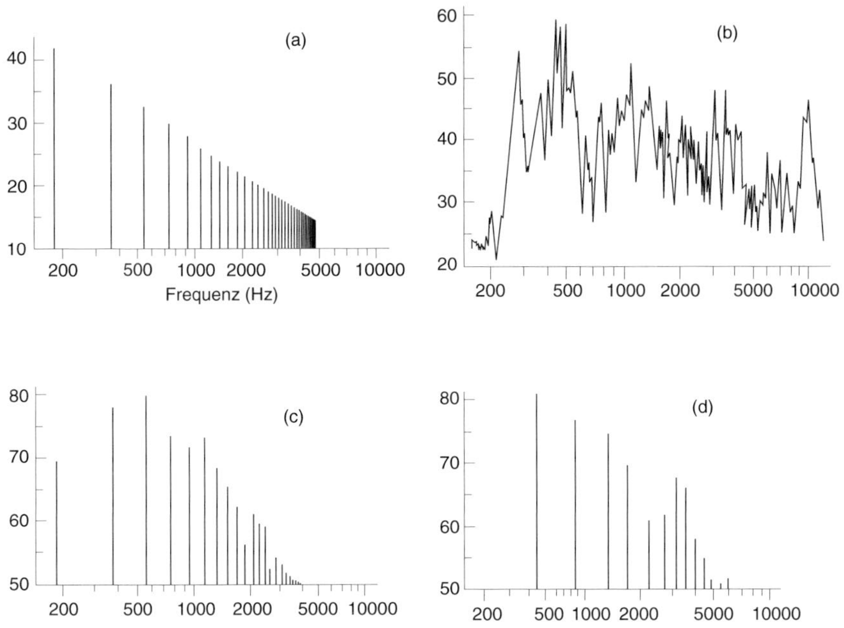


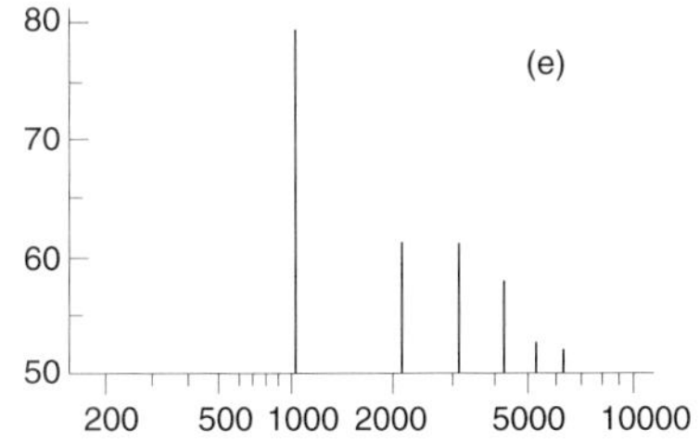


Bild 11.19
a) Spektrum einer Sägezahnwelle mit Grundfrequenz 196 Hz (=g), auf den Steg einwirkend. Der leichte Unterschied zu Bild 11.9 rührt daher, daß die horizontale Achse hier logarithmisch ist, um Oktaven in gleichen Abständen anzugeben. b) Resonanzkurve, die angibt, um wieviel jede Frequenzkomponente durch die Resonanz des Geigenkörpers verstärkt wird. c) Resultierendes Klangspektrum. Beachten Sie, daß die Anwendung der dB-Skala eine Multiplikation (der Saiten-Teiltonenergie mit einem Resonanzfaktor) in eine Addition überführt, so daß jeder Balken in a) mehr oder weniger verlängert oder verkürzt wird entsprechend den unterschiedlichen Höhen in b). – d) und e) Die entsprechenden resultierenden Klangspektren für 440 Hz (=a) und 1.047 Hz (=c'''). Sie dürfen jedoch nur als beispielhaft gelten; Spektren eines anderen Instruments können im Detail abweichen.

eine Fehlbenennung, denn es wird der Schallpegel gemessen, nicht die Lautstärke). Dabei wird mit einem einfachen Schallpegelmeßgerät die Lautstärke einer Geige gemessen, die so laut wie möglich durch alle Noten ihres Spielbereichs hindurch gestrichen wird. Diese Messung ergibt keine Angaben über die einzelnen Teilton-Komponenten, aber sie kann ein sehr gutes Diagnosemittel sein.

Bild 11.20 zeigt Lautstärkekurven für verschiedene Instrumente. Die erste ist die einer Violine mit einer schwachen Resonanz zwischen d' und a', jedoch fallen die b's

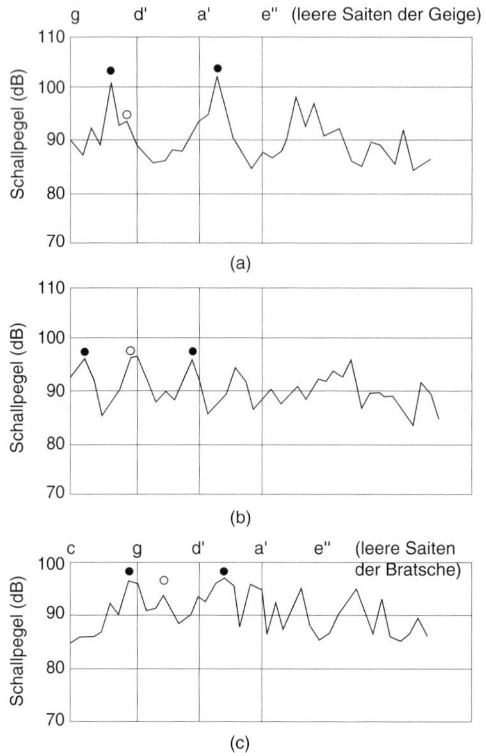


Bild 11.20
Lautstärkekurven nach Hutchins 1962, die die Lautstärken zeigen, wenn jeder Ton so laut wie möglich angespielt wird. Die vertikalen Linien markieren die leeren Saiten. a) Eine schwachklingende Geige aus dem frühen 18. Jahrhundert. b) Eine gute Stradivarius mit dem gleichen Alter. c) Eine gute Bratsche. Die leeren Kreise zeigen Luftresonanzen an, schwarze Kreise Holzresonanzen. (Mit frdl. Genehmigung von Scientific American.)

heraus mit deutlichen Spitzen. Die zweite ist die einer guten Stradivarius-Geige und die dritte die einer Viola. Man kann oft drei Resonanzspitzen besonders gut identifizieren, die einen entscheidenden Einfluß auf die Qualität des Instruments zu haben scheinen.

Der leere Kreis über jeder der Kurven zeigt die hauptsächliche *Luftresonanz* (auch als *Hohlraumresonanz* bezeichnet) an, die in erster Linie durch die Größe der Schalllöcher und das Volumen des Geigenkörpers bestimmt wird, und nicht so sehr durch irgendwelche Eigenschaften des Holzes. Bei diesen Frequenzen schwingen die Luftteilchen bei jeder Schwingung sehr stark durch das Schalloch ein und aus, genau wie bei einem Helmholtz-Resonator-Vorgang mit einem leeren Krug (siehe Abschnitt 2.5 und Übung 17 in Kapitel 2). Wenn die Luftresonanz in der Nähe der Frequenz der zweiten leeren Saite liegt (d' bei der Geige), trägt sie zu einem starken und gleichmäßigen Klang dieser Töne und der benachbarten bei. Die höheren Eigenschwingungen des Luftkörpers bewegen sich hauptsächlich innerhalb des Korpus' und lassen weniger Bewegung durch die Schallöcher hindurch zu. Dies würde bedeuten, daß alle Luftresonanzen außer den tiefsten relativ unwichtig für die Klangabstrahlung sind. Messungen durch Jansson weisen jedoch darauf hin, daß ihr Einfluß nicht vollständig vernachlässigt werden darf.

Der schwarze Punkt rechts über jeder Kurve gibt die Stelle der *Holzresonanz* an, die der tiefsten Eigenschwingung des Korpus' entspricht und durch die Masse und Steifigkeit des Holzes bestimmt wird (siehe Übung 2). Dieser Einfluß, wenn er bei der richtigen Frequenz liegt, unterstützt vor allem die dritte Saite (a' bei der Violine). Die schlechte Qualität der Violine in Beispiel a) liegt vor allem an der Schwäche der Luftresonanz und dem zu großen Abstand zwischen Luft- und Holzresonanz.

Der schwarze Punkt links gibt eine Resonanzfrequenz an, die als *Holzton* bezeichnet wird. Es überrascht etwas, ein Resonanzmaximum bei einer solch niedrigen Frequenz zu sehen, da Bild 11.18 eigentlich keine so tiefe Resonanz zeigt; aber das gibt uns einen Hinweis auf die Bedeutung. Ein anderer Hinweis ist die Tatsache, daß dieser *Holzton* immer eine Oktave unterhalb der oben genannten Holzresonanz auftritt: Er stellt Noten dar, deren Grundfrequenz sehr schwach ist, deren erster Teilton (der Oktavton) jedoch stark durch die Holzresonanz verstärkt wird. Dies erzeugt einen höheren Schallpegel und gleichmäßigeren Ton, so daß die Violine b) auch ihre tiefsten Töne mit guter Lautstärke erzeugt. Dagegen ist Violine a) bei ihren drei tiefsten Tönen sehr klangschwach, weil die Frequenz ihrer Holzresonanz zu hoch liegt; ein Fachmann könnte diese Information dazu benutzen, mit einer sorgfältig vorgenommenen Verdünnung des Holzes diese Frequenz zu erniedrigen.

Die Bratsche c) besitzt eine relativ gleichmäßige Resonanzkurve, und die Resonanzspitzen weisen den richtigen Abstand auf, aber in ihrer tiefen Lage ist sie ebenfalls etwas klangschwach. Dies ist ein ernsthaftes Problem für die meisten Bratschen und Celli, denn sie sind im Verhältnis zur Violine zu klein für die tieferen Tonhöhen, die auf ihnen gespielt werden; die kleinere Körpergröße macht es schwierig, die Holzresonanz tief genug zu legen. Manche Neuentwicklungen wie z. B. die Hutchins-Instrumente wurden vor allem entworfen, um dieses Problem in den Griff zu bekommen.

Streichinstrumente (bzw. deren Spieler) werden manchmal von einem ganz anderen Problem gepeinigt, das als *Wolfston* bezeichnet wird. Dies meint einen sehr rauhen und ungleichmäßigen Ton, der tendenziell zwischen zwei Tonhöhen (manchmal eine Oktave) hin- und herzuspringen scheint. Er tritt auf, wenn eine Saite für einen bestimmten Ton gegriffen wird, der zu nahe an einer zu starken Holzresonanz liegt. Wenn dabei der Körper zu leicht in große Resonanzschwingungen gerät, wird der Steg stark gebogen und bietet der Saite keine ausreichend verwindungssteife Auflage mehr. Die Impedanz (der Widerstand) des Steges ist nicht mehr ausreichend größer als die der Saite, und deren Energie wird zu schnell abgeführt. Noch genauer, die Reflexionen der Saitenschwingung am Steg sind nicht mehr stark genug, um bei dieser Resonanzerscheinung den Haft-Gleit-Mechanismus aufrecht zu halten. Die Saite und der Körper gehen dann zu dem merkwürdigen Verhalten über, daß sie gleichzeitig mit

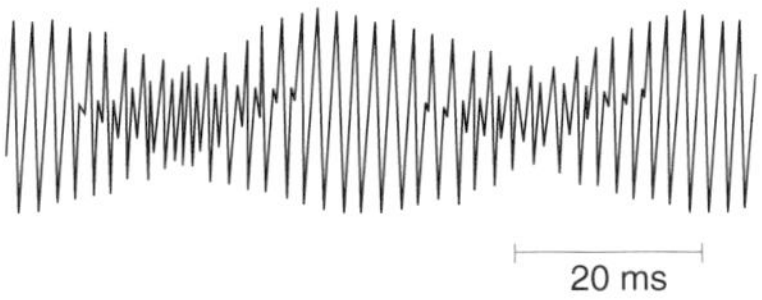


Bild 11.21
Wellenform der auf den Steg ausgeübten Saitenkraft während des Auftretens eines Wolfstones (Gemessen von McIntyre und Woodhouse).

zwei leicht unterschiedlichen Frequenzen schwingen, eine oberhalb, die andere unterhalb der Holzresonanz. Die Überlagerung dieser zwei Schwingungen erzeugt den seltsamen Schwebungseffekt des Wolfstons (Bild 11.21).

Die Violoncelli sind besonders mit dem Wolfston behaftet, und er tritt in der Regel in ansonsten guten Instrumenten auf. Da das Problem auf der zu geringen Impedanz des Steges gegenüber der Saite beruht, besteht die einfachste Lösung darin, eine leichtere Saite mit geringerer Impedanz aufzuziehen. Man kann den Wolfston auch dadurch unterdrücken, daß eine kleine Masse ungefähr in der Mitte des Saitenabschnitts zwischen Steg und Saitenhalter angebracht wird; dadurch wird erreicht, daß nur dieses kurze Saitenstück mit der Wolfston-Frequenz schwingt, was wiederum einen Gegenresonanzeffekt auf die Brücke ausübt, so daß deren Impedanz heraufgesetzt wird. Dadurch kann dann die Saite unter dem Bogenstrich wieder normal schwingen und die Kontrolle über die Körperschwingungen zurückgewinnen.

Der Impedanzunterschied zwischen Saite und Steg ist auch der Schlüssel zum Verständnis der sogenannten *Dämpfer*. Dies sind kleine Holz- oder Plastikklötzchen, die am oder gegen die Stegoberteile aufgesetzt werden, ohne den aktiven Teil der Saite zu berühren. Die zusätzliche Masse erhöht die Steg-Impedanz und damit auch den Impedanzunterschied zwischen Saite und Steg (siehe Kasten 10.3), verringert daher die Energieübertragung von den Saiten auf den Geigenkörper, vor allem bei hohen Frequenzen. Ein Übungsdämpfer mit noch größerer Masse kann den hörbaren Schallpegel beträchtlich reduzieren, so daß ein Streicher lang und strichstark üben kann, ohne die Nachbarn zu stören.

Zum Abschluß noch eine kurze Beschreibung einer anderen interessanten Eigenschaft der Klangabstrahlung von Streichinstrumenten. Die Form ihres Körpers macht es ziemlich unwahrscheinlich, daß sie die umgebende Luft in allen Richtungen gleichmäßig anregen können. Die Ausprägung der Abstrahlungsrichtungen wurden ziemlich detailliert von Meyer untersucht, dessen Ergebnisse in Bild 11.22 dargestellt sind; sie ist relativ kompliziert und ändert sich von Frequenz zu Frequenz. Es besteht jedoch eine relativ gleichmäßige Abstrahlung nach allen Richtungen bei den tiefsten Frequenzen und eine bevorzugte Abstrahlungsrichtung für die hohen Frequenzen, die von der Decke ausgeht. Meyer argumentiert daher, daß die europäische Orchester-Sitzordnung (Bild 11.23a) der amerikanischen (Bild 11.23b) vorzuziehen sei, sowohl hinsichtlich einer guten Klangabstrahlung von den Cellis zum Publikum hin als auch des Kontrasts zwischen ersten und zweiten Geigen. Dies ist natürlich keine allgemeingültige Regel; die beste Anordnung hängt sowohl von der Form des Raumes als auch der Art der gespielten Musik ab.

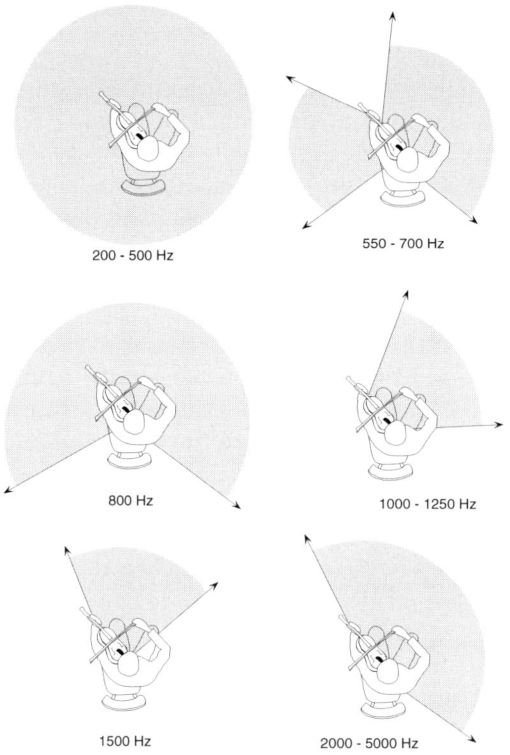


Bild 11.22
Richtung der Klangabstrahlung einer Geige, gemessen von Meyer. Die grauen Gebiete haben einen Schallpegel mit 3 dB Maximum. Außerhalb davon ist der Schallpegel wesentlich kleiner, aber nicht gleich Null. (Mit frdl. Genehmigung von JASA).

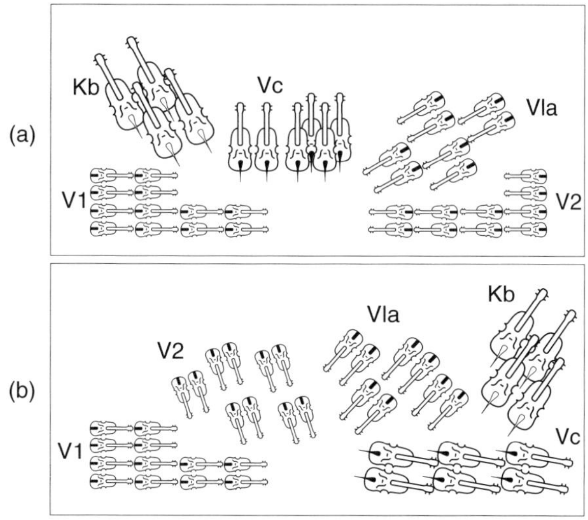


Bild 11.23
Zwei verschiedene Sitzordnungen für die Streichergruppen, meistens als:
a) europäische und b) amerikanische Form bezeichnet. Das Publikum befindet sich unten. (Mit frdl. Genehmigung von JASA).

# Zusammenfassung

Die Schallerzeugung gestrichener Saiten erfordert zunächst eine periodische Schwingungsanregung der Saite durch den Bogen, dann die Übertragung dieser Schwingung nacheinander auf Steg, Korpus und die umgebende Luft. Die Reflexion der die Saiten entlang wandernden Wellen ergibt einen stabilisierenden Kontrollmechanismus auf den Wechsel von Haft- und Gleitphase zwischen Bogen und Saite. Die resultierende Schwingung der Saite enthält alle Teiltonfrequenzen der harmonischen Teiltonreihe, von denen jede fast unabhängig voneinander über den Steg auf den Körper einwirkt.

Der Instrumentenkörper und die darin enthaltene Luft zeigen Resonanzen bei den jeweiligen Eigenfrequenzen, wodurch einige Komponenten der Saitenschwingungen mehr als andere verstärkt werden und die charakteristische Klangfarbe des Instruments entsteht. Der gemeinsame Effekt von Körperresonanz und Abstrahlungs-Effizienz wird in der sog. Resonanzkurve zusammengefaßt (Reaktion bzw. Resonanzverhalten auf eine auf den Steg wirkende sinusoidale Kraft). Einige der musikalischen Konsequenzen dieser Information können leichter mittels einer sog. Lautstärkekurve gewonnen werden (Messung des Schallpegels beim realen Streichen der Saiten). Vorzügliche Instrumente weisen eine große und gleichmäßig verteilte Lautstärke auf, wobei die Luft- und Holzresonanzen in der Nähe der Frequenzen der zweiten und dritten leeren Saite liegen.

Resonanz im allgemeinen bedeutet das Zustandekommen groß-amplitudiger Schwingungen als Reaktion auf eine veränderliche treibende Kraft; sie kann festgelegt werden durch 1. die Frequenz, bei der sie auftritt, 2. die maximale Verstärkung und 3. die Bandbreite der Frequenzen, für welche die Verstärkung groß genug ist. Die Resonanzfrequenz kann eine der Eigenfrequenzen des angetriebenen Körpers bzw. Systems sein, und die Größe und Bandbreite jedes Resonanzbereichs werden bestimmt durch die auftretenden Energieverluste. Stärkere Verluste durch Reibung oder Abstrahlung führen zu niedrigeren und breiteren Resonanzspitzen.

# Symbole, Begriffe, Beziehungen

$P$ Periode
$f$ Frequenz (variabel)
$f_n$ Frequenz der n.ten Eigenschwingung
$\mathbf{F}$ Kraft
A Amplitude
$v_t$ Geschwindigkeit der Transversalwelle entlang der Saite
$V$ Geschwindigkeit des Bogens

$T$ Spannung
$\mu$ Masse pro Längeneinheit
$s$ Länge der Saite

Steg
Baßbalken
Haft-Gleit-Mechanismus
Dynamische Instabilität
Ansatzpunkt des Bogens
Resonanz

Resonanzkurve
Lautstärkekurve
Wolfston
Stimmstock
Mensur
Bogenkraft, Bogendruck
Abstrahlung
Energieverlust
Dämpfer

$f_1 = (1/2 \cdot s) \cdot \sqrt{T/\mu}$

# Übungsaufgaben

1. a) Eine Lackschicht erhöht die Masse des Geigenkörpers. Welche Auswirkung hat das auf dessen Resonanzfrequenzen? – b) Eine völlig getrocknete Lackschicht erhöht außerdem die Steifigkeit. Wie beinfluß das die Resonanzfrequenzen? – c) Die Elastizität des Lackes, solange er nur teilweise getrocknet ist, stellt einen Reibungsverlust-Mechanismus dar. Wie beeinflußt das die Resonanzspitzen? d) Wenn man während des Trocknungsprozesses der Lackschicht mehrfach die Resonanzkurve messen würde, wie würde sie sich entwickeln?
2. Erklären und begründen Sie, wie Kratzer im Holz der Decke oder des Bodens einer Geige deren Eigenfrequenzen entweder erhöhen oder erniedrigen, indem Sie überlegen, wie sich die Entfernung von Holzmasse a) in der Mitte der Decke/des Bodens und b) sehr nahe am Rand auswirkt.

*3. Zeichnen Sie ein Diagramm entsprechend Bild 11.3 für einen nur halbhohen Steg. Erklären Sie a), warum dies die abwärts wirkende Bogenkraft reduziert und b) welche Auswirkungen das auf den abgestrahlten Klang hat.

4. Unsere Untersuchung der Membran einer Trommel könnte die Vermutung nahelegen, daß die erste Eigenschwingung einer Geigendecke symmetrisch sein würde, da diese selbst ja auch symmetrisch ist. Die erste Eigenschwingung, gezeigt in Bild 11.4a, ist jedoch ganz eindeutig asymmetrisch und bewegt hauptsächlich die linke Seite. Woran liegt das Ihrer Meinung nach?
5. Der Kontrabaß hat einen Spielbereich, der beim Kontra-E anfängt, zwei Oktaven plus eine kleine Terz unterhalb der tiefsten Geigennote. Wie ist das Frequenzverhältnis dieser beiden Töne? Die übliche Gesamtlänge einer Geige beträgt ungefähr 60 cm, wovon 36 cm auf den Korpus entfallen; die aktive Saitenlänge ist ca. 33 cm. Die maximale Breite des Korpus beträgt etwa 21 cm. Wenn der Kontrabaß einfach eine vergrößerte Geige wäre, welche Maße müßte er dann haben und welche Spielschwierigkeiten würden daraus entstehen?
6. Wenn man ein Stück Kreide beim Schreiben auf einer Tafel falsch hält (d. h. schiebend anstatt ziehend), kann man ein schreckliches Geräusch hören, und man sieht eine Reihe von Punkten anstatt eine durchgezogene Linie auf der Tafel. Erklären Sie dies anhand des Konzepts der dynamischen Instabilität und der Analogie zum Geigenstrich.

*7. Wenn die a'-Saite einer Geige mit der Länge 35 cm unter der Spannung 60 N steht, welche lineare Massedichte (Masse pro Längeneinheit) sollte sie dann haben?

*8. Um zu klären, wie wichtig die Gleichmäßigkeit von Geigensaiten ist, untersuchen Sie die Auswirkung einer Massekugel, die in der Mitte einer Saite angebracht wird. Erklären Sie unter Benutzung des Modells der wandernden Welle, was geschieht, wenn die Zinke die Saite entlang wandert und warum dies den Haft-Gleit-Mechanismus stören kann. Ziehen Sie dann das Modell der stehenden Welle heran und erklären Sie, wie die zusätzlich angebrachte Masse die Eigenfrequenzen der geraden und ungeraden Schwingungszustände beeinflußt. Ergeben diese noch eine Teiltonreihe? Wird die Eigenschaft der gegenseitigen Stützung bei der Erzeugung einer gleichmäßigen komplexen Wellenform beeinflußt?

9. Eine reale Geigensaite besitzt eine gewisse Steifigkeit, und deshalb weichen ihre Eigenfrequenzen – ganz wie die des Klaviers in Kapitel 10 – etwas von der exakten Teiltonreihe ab. Wenn z. B. die 15. Eigenschwingung einer Saite die Frequenz $f_{15} = 15{,}5 \cdot f_1$ hat, warum kann dann diese Eigenschwingung nicht in einer komplexen Welle mit der Grundfrequenz $f_1$ vorhanden sein? Welche Auswirkung läßt dies auf das Klangspektrum in Bild 11.9 und 11.19 vermuten?
10. Warum wird die Erzeugung von (harmonischen) Teiltönen (z. B. ein h''' auf einer leeren e''-Saite) durch das leichte Auflegen eines Fingers an einer bestimmten Stelle der Saite verstärkt? Wo würde diese Stelle für das genannte Beispiel liegen?

*11. Erklären Sie, wie Änderungen des Bogen-

Ansatzpunktes und der Bogengeschwindigkeit im Prinzip mit der Gesamtamplitude zusammenhängen. Überlegen Sie, wie Saiten- und Bogengeschwindigkeit während der Haftphase übereinstimmen müssen. Als gedankliche Hilfe könnten Sie skizzieren, wie solche Änderungen die Bilder 11.7 und 11.8 ändern würden.

12. Nehmen wir an, Sie verdoppeln bei einem gegebenen Ansatzpunkt die Bogengeschwindigkeit und damit auch die Amplitude der Saitenbewegung. Nehmen wir weiter an, Sie übten durchschnittlich eine zweimal so große Reibungskraft aus, um die Schwingung aufrecht zu erhalten (was durchaus vernünftig wäre, wenn auch nicht so offensichtlich). Um wieviel größer ist die Arbeit, die Sie auf die Saite verrichten? Zeigen Sie, daß dadurch der Schallpegel um 6 dB höher werden sollte.
13. Finden Sie ein akustisches und ein nicht-akustisches Beispiel für Resonanz aus dem täglichen Leben (natürlich nicht die bereits im Text erwähnten).
14. Wenden Sie die in Kasten 11.1 geschilderten Zusammenhänge auf den Fall an, daß ein Kind auf der Schaukel angeschoben wird.
15. Wie wird die Möglichkeit, ein Weinglas durch Resonanz zum Zerspringen zu bringen, dadurch beeinflußt, ob es voll oder leer ist? Begründen Sie Ihre Antwort.
16. Wenn die Grundfrequenz in Bild 11.19a infolge von Vibrato um ca. 1–2% schwankt, ändern sich dann die relativen Stärken aller abgestrahlten Teiltonfrequenzen (Bild 11.19c) in der gleichen Weise? (Dies ist eine weitere charakteristische Eigenschaft des Streichertones, die diesen vom Bläserklang unterscheidet; dessen Spektrum bleibt während eines Vibrato tendenziell gleich.)
17. Skizzieren Sie das ungefähre Klangspektrum für den Ton A (220 Hz) auf dem gleichen Instrument, um dieses mit dem Bild 11.19c zu vergleichen. Beginnen Sie dazu mit einem Spektrum ähnlich wie Bild 11.19a, das wegen der höheren Frequenz etwas nach rechts verschoben ist, und berichtigen Sie die Höhe aller Balken entsprechend der jeweiligen Frequenz gemäß der Resonanzkurve in Bild 11.19b.
18. Erklären Sie, was für einen Unterschied es machen würde, wenn der Geigenkörper keine Schallöcher hätte.
19. Nehmen wir an, Sie würden eine neue Geige bauen und dabei jedes kleinste Detail (einschließlich der Holzdicken überall) genauestens von einer berühmten Stradivari kopieren. Finden Sie möglichst viele physikalische Gründe dafür, daß Ihr Instrument trotzdem ganz anders klingen könnte.
20. Die Saiten des Kontrabaß' sind normalerweise auf Kontra-E und -A, das große D und G gestimmt. Welche Intervalle werden zwischen den Saiten paarweise gebildet und warum sind sie Ihrer Meinung nach nicht in reinen Quinten gestimmt wie die Cello- und Violinsaiten? Begründen Sie Ihre Antwort, indem Sie darlegen, wie weit in allen drei Fällen die Fingerpositionen für benachbarte Töne auseinanderliegen. (Hinweis: Lesen Sie Kasten 7.1 nach. Die durchschnittliche aktive Länge einer Saite ist ungefähr 33 cm für die Geige und 104 cm für den Kontrabaß.)
21. Gelegentlich kann man einen Kontrabaß mit einer Verlängerung auf dem Griffbrett sehen, mittels derer die tiefste Saite bis hinter die Schnecke am Hals verlängert wird. Damit ist die tiefste spielbare Note ein Kontra-C anstelle eines Kontra-E's. Wenn die normale Saitenlänge circa 104 cm beträgt, wieviel beträgt dann die durch die Erweiterung erreichte Saitenverlängerung?
22. Das „Spielen von Obertönen" (Flageoletts) kann auf leeren Saiten leicht erreicht werden, wie in der Situation in Übung 10 oben oder in den Übungen 21 und 22 in Kapitel 10. Eine wichtige Erweiterung dieser Technik als sog. künstliche Flageoletts besteht darin, daß der Spielfinger stark auf das Griffbrett (oder auf den Bund) gedrückt wird, während der kleine Finger leicht auf der Saite weiter unten aufliegt. Wenn die gewünschte Note (sagen wir, ein b'') zwei Oktaven oberhalb der Note liegt, die normalerweise bei dieser Spielfingerposition zu hören wäre, wo muß dann der kleine Finger aufliegen? Geben Sie bei Ihrer Antwort an, welche Note man hören würde, wenn der kleine Finger die Saite an diesem Punkt kräftig niederdrücken würde, anstatt

nur leicht aufzuliegen.

23. Betrachten Sie die im 19. Jahrhundert vorgenommenen Umbauten alter Geigen. Wenn alles andere gleich bliebe, welche prozentuale Erhöhung der Spannung wäre erforderlich, um die Stimmung des Kammertons a von 415 auf 440 Hz zu erzielen? Welche Veränderung der Spannung wäre nötig, um die gleiche Tonhöhe zu erhalten, wenn eine Vergrößerung des Halses die aktive Saitenlänge von 32 auf 33 cm erhöht? Welche Veränderung der Spannung muß ein Ersatz der Darmsaiten durch 10% schwerere umsponnene Saiten ausgleichen; und welche Spannungsänderung ergibt sich aus all diesen Änderungen zusammen?

# Projektvorschläge

1. Falls Sie ein Streicher sind, führen Sie Ihren Kollegen in einer Demonstrationsstunde verschiedene Bogentechniken vor und erklären sie deren physikalische Hintergründe.
2. Messen Sie alle größeren Maße einer Geige und ihrer Saiten. Wie müßten diese für eine 50% größere Bratsche umgerechnet werden? Erörtern Sie eventuell daraus entstehende Probleme der Spieltechnik, und vergleichen Sie tatsächliche Bratschenmaße mit den errechneten.
3. Messen und interpretieren Sie die Lautstärkekurve verschiedener Instrumente, zu denen Sie Zugang haben.
4. Decken Sie ein Schalloch mit starkem Klebeband ab und beobachten Sie die Veränderung der Klangfarbe bei verschiedenen Noten; vielleicht können Sie auch Lautstärkekurven mit und ohne Abdeckung messen. Werden manche Noten mehr verändert als andere, und warum? Zweitens: Bringen Sie Klumpen aus Knetmasse an verschiedenen Stellen der Geige an, so wie der Gegenknoten zu Eigenschwingung 1 in Bild 11.4a, und beobachten Sie die Auswirkung auf den Klang.

# 12. Orgelpfeifen und Flöten

Die uns vertraute Querflöte, ein Standardinstrument in Orchestern und Kapellen, wurde durch Theobald Boehm um 1847 zu ihrer heutigen Form entwickelt. Sie stellt das hochentwickelte Endprodukt einer Instrumentenfamilie dar, die mehrere tausend Jahre alt ist. Da ihr Bau einige recht subtile Eigenschaften aufweist, werden wir sie am Ende des Kapitels besprechen und zunächst unser Augenmerk auf andere Beispiele mit einfacherem Beispielcharakter richten, um dann umso klarer das akustische Verhalten der Flöte verstehen zu können.

Orgelpfeifen sind ein besonders gutes, weil einfaches Beispiel für die Schallerzeugung und Klangfarbengebung durch einen Luftstrom und eine resonierende Röhre. Nachdem wir im ersten Abschnitt idealisierte einfache Pfeifen und im zweiten die Schwingungen des Luftstroms untersucht haben, werden wir im Abschnitt 12.3 unsere Erkenntnisse dazu benutzen, die Erzielung der unterschiedlichen Klangfarben durch die Gestaltung der Pfeifen zu erklären. Bevor wir die Pfeifen dann hinter uns lassen, werden wir uns im Abschnitt 12.4 damit beschäftigen, wie der gemeinsame Klang von hunderten oder gar tausenden von Pfeifen mit seinem majestätischen Eindruck dazu beiträgt, die Pfeifenorgel zur „Königin der Instrumente" zu machen.

Die Blockflöte wird in Abschnitt 12.5 untersucht; ihr grundlegender Mechanismus ist der gleiche wie bei der Orgelpfeife, aber die zusätzliche Anbringung der Fingerlöcher ermöglicht das Hervorbringen mehrerer Töne auf einer Pfeife. Die Blockflöte stellt einen guten Zwischenschritt zur Betrachtung der Querflöte dar. Deren Griffklappensystem stellt eine folgerichtige Weiterentwicklung der Fingerlöcher dar; es bestehen aber wichtige Unterschiede bei der Formgebung des Mund- oder Anblasstücks.

## 12.1 Schwingende Luftsäulen

Bevor wir den Streichmechanismus der Geige studierten, haben wir uns zuerst das Schwingungsverhalten von gespannten Saiten angesehen; ebenso wollen wir nun zuerst die Eigenschwingungen einer Luftsäule in einem langen, dünnen Rohr betrachten, bevor wir die Wirkungsweise des treibenden Luftstroms untersuchen. (Wir wollen den Begriff *Rohr* benutzen, um damit die einfachstmögliche Idealisierung zu bezeichnen, und *Pfeife* für reale Blasinstrumente mit Anblaslöchern etc., die komplizierter sind als das einfache Ende einer offenen Röhre.)

Zuerst betrachten wir nur Röhren mit gleichmäßigem Querschnitt und wollen die Möglichkeit von Verjüngungen oder Ausbauchungen für später aufheben. In Kirchenorgeln finden sich runde Metallpfeifen und rechteckige Holzpfeifen, aber das hat seinen Grund hauptsächlich in der leichteren Verarbeitung des Materials. Es hat keine praktische akustische Auswirkung, ob der Querschnitt rund oder quadratisch ist, und wir werden daher mit dem Ausdruck *zylindrische Pfeife* oder *Röhre* beide Fälle einschließen.

Die Gleichförmigkeit einer zylindrischen Röhre erleichtert die Schätzung der Eigenschwingungen, bei denen es sich um eine Art von stehenden Wellen handeln muß. Nehmen wir an, wir erzeugen eine sinusoidale Störung an einem bestimmten Punkt in der Röhre über eine gewisse Zeit. Dies läßt eine sinusoidale wandernde Welle entstehen, die sich ungestört entlang der Röhre mit konstanter Geschwindigkeit ausbreitet. Die Reflexion an beiden Enden der Röhre verursacht einen ähnliche Welle, die in der entgegengesetzten Richtung wandert, und dies zusammen ergibt – überlagert – eine stehende sinusoidale Welle (Kasten 12.1; vergleiche auch Kasten 10.1). Im Innern der Röhre sind also solche Wellen möglich; die Frage ist, ob und wie sie aus der Röhre austreten können.

Welche Einschränkungen wirken auf eine Schallwelle an einem Ende einer Röhre? Betrachten wir zuerst ein geschlossenes Ende. Die Luftmoleküle dort können sich nirgendwohin bewegen, da der Röhrendeckel ihnen den Weg versperrt; daher muß die Auslenkung und Geschwindigkeit der Luftteilchen an einem geschlossenen Ende immer gleich Null sein. Einem Auslenkungsknoten entspricht jedoch ein Gegenknoten (auch Maximum oder Bauch) des Schalldrucks (Bild 12.1b), und das trifft sich sehr gut, denn der Röhrendeckel eignet sich hervorragend als Widerstand gegen den Schalldruck.

Bei einem offenen Ende muß der Schalldruck nahezu gleich dem atmosphärischen bleiben; nur wo die Luft durch Röhrenwand begrenzt wird, kann sich zusätzlicher Druck aufbauen. Der Druckknoten an einem offenen Ende muß einem Auslenkungs-Gegenknoten entsprechen (siehe wieder Bild 12.1b), was sich gut trifft, denn das offene Ende macht den Luftteilchen die Bewegung leichter als anderswo innerhalb der Röhre. Das Mundstück bzw. Anblasloch einer Pfeife oder Flöte hat immer die Funktion eines offenen Endes.

Wenn wir unter Beachtung dieser Grenzbedingungen verschiedene Wellenlängen in einer Röhre durchrechnen oder zeichnen, sehen wir, daß meistens an dem einem oder anderen Ende die jeweilige stehende Welle falsch endet. Eine stehende Welle erfüllt die Grenzbedingungen einer Röhre mit fester Länge nur bei einigen speziellen Wellenlängen, bei denen die Knoten- und Gegenknoten genau an den richtigen Stellen zu liegen kommen. Diese wenigen Wellen und deren Frequenzen sind die Eigenschwingungen der Luftsäule und eng verwandt mit den Eigenschwingungen einer langen Kette von gekoppelten Pendeln (Bild 9.9).

Was sind die zugehörigen Frequenzen dieser Eigenschwingungen? Betrachten wir zuerst eine an beiden Enden offene Röhre. Bild 12.2 zeigt, wieso die Eigenschwingungen ganzzahlige Vielfache der halben Wellenlänge sein müssen, die mit der Röhrenlänge $s$ übereinstimmt. Für die n-te Eigenschwingung mit der Wellenlänge $\lambda_n$ bedeutet das $n \cdot (\lambda_n / 2) = s_o$, woraus folgt $\lambda_n = 2 \cdot s_o/n$. Dann ist aber die n-te Eigenfrequenz gegeben durch $f_n = v/\lambda_n = n \cdot v/2 \cdot s_o$, wobei $v$ die Schallgeschwindigkeit in Luft ist. Beachten Sie, daß diese Frequenzen eine harmonische Teiltonreihe ergeben mit $f_1 = v/2 \cdot s_o$ und daher vermuten lassen, daß solche Pfeifen musikalisch sehr gut verwendbare Klänge produzieren. Dies verhält sich also ganz ähnlich wie bei den Eigenschwingungen gespannter Saiten in Abschnitt 10.1

Im Fall einer beidseitig geschlossenen Röhre gelten ähnliche Formeln; aber da die

Kasten 12.1 Akustische stehende Wellen

Stehende Wellen in einer eingeschlossenen Luftsäule sind die Entsprechung zu den stehenden Wellen der Saite in Kapitel 10. Es kommen aber zwei Komplikationen hinzu: Diese Luftwellen sind nun longitudinal, nicht mehr transvers, und daher etwas schwieriger zu veranschaulichen, und sie haben mit Druck und Bewegung nun zwei Komponenten, die verstanden sein müssen.

Betrachten wir Bild 12.1a: Zuunterst sehen wir gleichmäßige Schraffur als Darstellung der gleichmäßigen Luftdichte in einer zylindrischen Röhre. Die Pfeile zeigen die Bewegungsrichtung der Luftteilchen in dem Augenblick an, in dem diese „Momentaufnahme" gemacht wird. Darüber sind drei Graphen zu sehen: Einer für die Geschwindigkeit $v$, einer für die Auslenkung $y$, und einer für den Druck $p$; alle hier über der

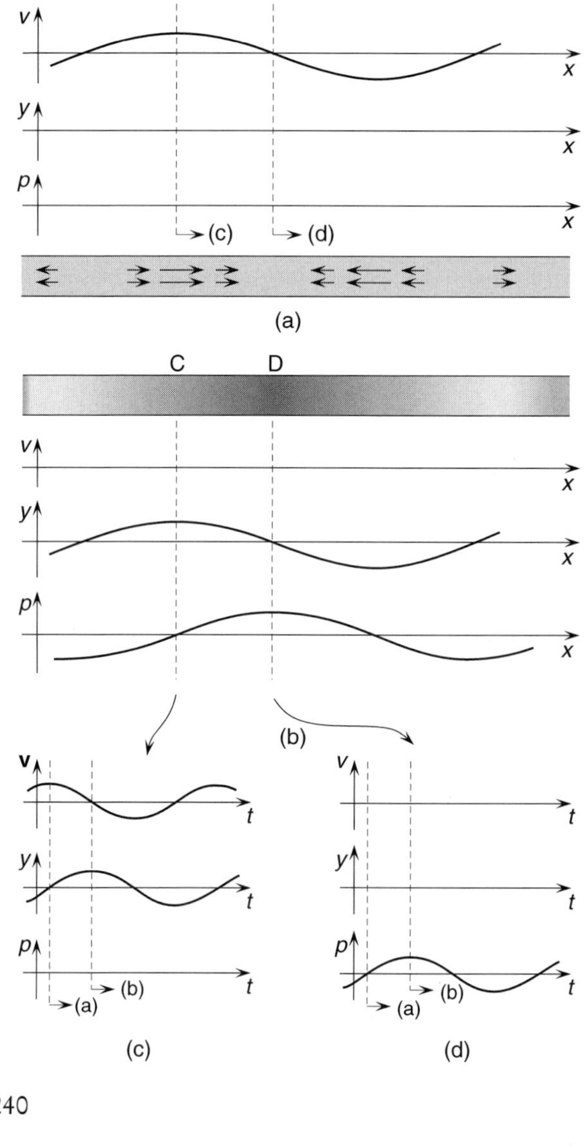


Bild 12.1
Stehende Wellen in einer von einer zylindrischen Röhre eingeschlossenen Luftsäule.

$v$ = Geschwindigkeit
$y$ = Auslenkung
$p$ = Druck
$x$ = Rohrlängsachse
$t$ = Zeit

Längsachse $x$ der Röhre aufgetragen. Beachten Sie, daß $y$ in Wirklichkeit die Auslenkung eines Luftteilchens von seiner Ruhelage *parallel* zur $x$-Achse bedeutet, nicht quer dazu. Da diese Momentaufnahme alle Teilchen gerade beim Durchgang durch ihre Ruheposition darstellt, sind alle $y$-Werte gleich Null. Da die Teilchen daher alle gleichen Abstand voneinander haben, gibt es keine Verdichtungs- oder Verdünnungszonen, und der akustische oder Schall-Druck ist ebenfalls überall gleich Null. Zu diesem Zeitpunkt befindet sich die Schwingungsenergie vollständig in ihrer kinetischen Form, d. h. in Bewegung mit Geschwindigkeit $v$.

Eine zweite Momentaufnahme (Bild 12.1b) eine Viertelschwingung später zeigt alle Teilchen des Systems an ihrer maximalen Auslenkung von der Ruhelage. Jedes Luftteilchen hält einen winzigen Moment inne, bevor es in die entgegengesetzte Richtung zurückzuschwingen beginnt, daher gibt es hier keine Bewegungspfeile und der Graph für $v$ zeigt überall Null an. Um den Punkt C herum haben sich alle Luftteilchen gleichzeitig bewegt, so daß deren Dichte unverändert bleibt und kein Schalldruck vorhanden ist ($p$=0). Um den Punkt D herum wurden dagegen die Luftteilchen von beiden Seiten zusammengequetscht, so daß der stärkste Druck genau an dem Punkt entsteht, an dem keine Bewegung vorhanden ist. In diesem Augenblick befindet sich die gesamte Schwingungsenergie vollständig in ihrer potentiellen Form (d. h. sie ist im Druck $p$ gespeichert).

Eine weitere Viertelschwingung später finden wir wieder die gleiche Situation wie in Bild 12.1a vor, außer daß die Bewegungspfeile andersherum weisen und der Geschwindigkeits-Graph daher gespiegelt erscheint. Nochmals eine Viertelschwingung später ergiebt sich wieder Bild 12.1b, nur daß jetzt Verdichtungen und Verdünnungen vertauscht sind und daher die $y$- und $p$-Graphen gespiegelt erscheinen. Danach beginnt der Schwingungszyklus von neuem mit Bild 12.1a.

Wir können die Ereignisse aber auch über einer Zeitachse anstatt über der $x$-Achse unserer Röhre auftragen. Wenn wir dies für den Punkt C tun, erhalten wir (Bild 12.1c) die zeitliche Folge der oben beschriebenen Zustände an diesem Punkt. Da sich der Schalldruck bei C niemals ändert, nennen wir diesen Punkt einen **Druckknoten**; jedoch sind an diesem Punkt die Auslenkung und die Geschwindigkeit größer als irgendwo sonst, und daher ist er gleichzeitig ein **Auslenkungs-Gegenknoten** (oder -Bauch). Eine Viertel-Wellenlänge davon entfernt bei Punkt D erhalten wir die Darstellung von Bild 12.1d. Dort bestehen die maximalen Schwankungen des Schalldrucks, so daß wir von einem (Schall-)**Druck-Gegenknoten** sprechen; da bei D sich die Luftteilchen niemals bewegen, ist D zugleich ein **Auslenkungs-Knoten**.

Diese Beziehungen sind äußerst wichtig, und Sie sollten daher Bild 12.1 lange genug studieren, bis Ihnen einsichtig ist, daß die Teile c) und d) nur eine andere Darstellungsform für die gleiche Information wie in Teil a) und b) sind. Beachten Sie vor allem, daß die horizontale Achse einmal die räumliche Längsachse $x$ darstellt und einmal die Zeitachse $t$.

Schallwellen nicht aus der Röhre austreten können, ist dieser Fall musikalisch uninteressant. Der Ausdruck *geschlossene Pfeife* (oder, unter Organisten, *gedackte Pfeife*) wird normalerweise benutzt, um damit eine an einer Seite offene, an der anderen geschlossene Pfeife zu bezeichnen. Wie aus Bild 12.3 zu sehen ist, müssen die Eigenschwingungen solcher Pfeifen die ungeradzahligen Vielfachen einer Viertel-Wellenlänge der Pfeifenlänge aufweisen, also 1/4, 3/4, 5/4 usw. Mathematisch kann man dies ausdrücken als $(2\cdot n - 1)\cdot(\lambda_n/4) = s_g$ oder $\lambda_n = 4\cdot s_g(2\cdot n - 1)$. Daraus ergeben sich die Eigenfrequenzen zu $f_n = v/\lambda_n = (2\cdot n - 1)\cdot v/4\cdot s_g$. Beachten Sie, daß $f_2, f_3, f_4$ ... usw. hier 3-, 5-, 7-mal Vielfache von $f_1$ sind mit $f_1 = v/4\cdot s_g$; sie bilden also auch eine Teiltonreihe, aber eine unvollständige, denn alle geradzahligen Vielfachen von $f_1$ fehlen. Dies trägt dazu bei, gedackten Pfeifen eine andere Klangfarbe als offenen zu verleihen. Zu

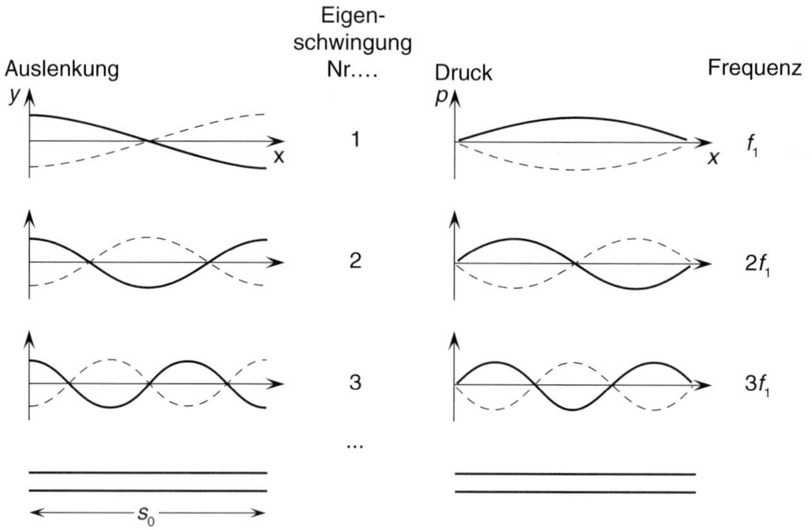


Bild 12.2 Die ersten Eigenschwingungen einer Luftsäule in einer offenen Röhre. Die Kurven links sind die Graphen der Auslenkung $y$ über der $x$-Achse, gestrichelt = eine halbe Schwingung später; sie müssen an den offenen Enden der Röhre Gegenknoten aufweisen. Rechts sind die entsprechenden Graphen des Schalldrucks $p$ dargestellt, welche an den Enden Knoten haben müssen. Die Grundfrequenz beträgt $f_1 = v/2 \cdot s_o$.

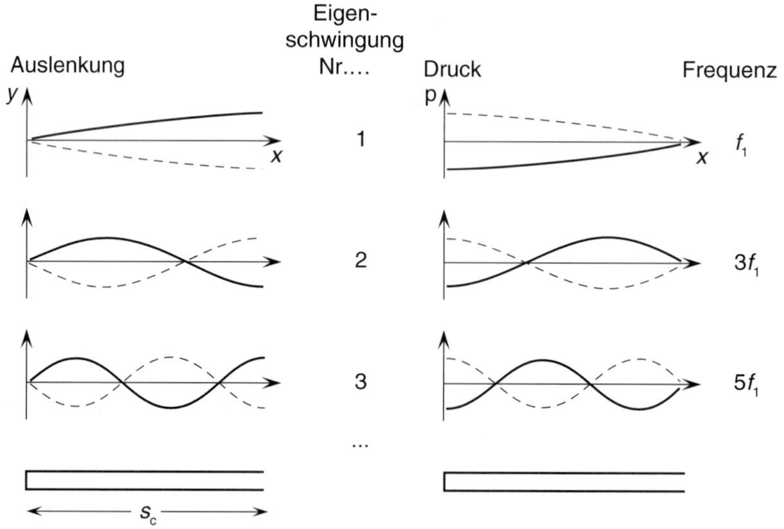


Bild 12.3 Die ersten Eigenschwingungen einer Luftsäule in einer einseitig geschlossenen Röhre. Links wieder die Graphen der Auslenkung und rechts die des Schalldrucks; gestrichelte Linie = eine halbe Schwingung später. Die Grundfrequenz ist hier $f_1 = v/4 \cdot s_g$.

beachten ist, daß bei zwei Pfeifen gleicher Länge, die eine offen, die andere geschlossen, die Grundfrequenz der geschlossenen eine Oktave tiefer liegt.

Diese Formeln können auch andersherum gelesen werden, um die für eine gewünschte Tonhöhe erforderliche Länge zu berechnen; dann gilt $s_o = v/2 \cdot f_1$ für eine offene und $s_g = v/4 \cdot f_1$ für eine geschlossene Pfeife. Ein c' ($f$= 262 Hz) erfordert also eine offene Pfeife der Länge $s_o$ = (344m/s) / (524 Hz) ≅ 0,66 m und eine geschlossene Pfeife mit $s_g$ ≅ 0,33 m. Wenn der Orgelbau unter Kostendruck und/oder Platzmangel steht, wird man daher für die tiefen Pedalnoten geschlossene Pfeifen wählen, da diese bei gleicher Frequenz (allerdings nicht gleicher Klangqualität) nur halb so groß sind wie offene.

---

* Die Forderung, daß am offenen Ende einer Röhre ein Schalldruck-Knoten liegen müsse, ist eine nicht ganz wahre Idealisierung. Die tatsächliche Position des Knotens liegt in Wirklichkeit ein klein bißchen außerhalb der Röhre. Bezogen auf die Geschwindigkeit $v$ heißt das, daß die Luftteilchen etwas über den Rand der Röhre hinausschießen anstatt genau vor diesem innezuhalten; die Röhre verhält sich gewissermaßen so, als ob sie länger wäre, als sie tatsächlich ist. Man kann diesen Effekt in den obigen Formeln dadurch berücksichtigen, daß man alle $s$ durch den Ausdruck $s + I$ ersetzt, wobei $I$ als *Endkorrektur* bezeichnet wird. Bei tiefen Frequenzen beträgt $I \cong 0{,}3d$ ($d$ = Pfeifendurchmesser). Im obigen Beispiel würde das bei einem Durchmesser von 3 cm einen zusätzlichen Wert von ungefähr $I$ = 1 cm bedeuten, so daß die offenen Pfeifen eine korrigierte Länge von $s_o \approx 0{,}64$ m und $s_g \approx 0{,}32$ m haben müßten.

---

Bevor wir bei der Betrachtung der Orgelpfeifen fortfahren, wollen wir kurz zur Wahrnehmungsfähigkeit des Ohres zurückblenden. Wir können nämlich jetzt erklären, warum die Kurven des Fletcher-Munson-Diagramms (Bild 6.12) im Bereich von 3 bis 4 kHz eine um circa 5 oder 10 dB niedrigere Hörschwelle angeben: Dies beruht hauptsächlich auf einem Resonanzeffekt im Außenohr. Der zum Trommelfell führende Kanal ist etwa 2,5 bis 3 cm lang, außen offen und am Trommelfell geschlossen. Die erste Eigenschwingung dieser „geschlossenen Pfeife" hat eine Wellenlänge von $4 \cdot s_g$ mit ca. 10 cm und damit eine Frequenz in der Gegend von 344/0,10 = 3,4 kHz. Die Resonanz der zweiten Eigenschwingung erzeugt eine weitere Absenkung der Hörschwelle bei ungefähr 10 kHz.

## 12.2 Strömungen und Schneidentöne

Jedes Blasinstrument muß auf einem Mechanismus beruhen, der die Energie einer gleichmäßigen Luftströmung in die Schwingungsenergie von Luftteilchen umwandelt. Erinnern wir uns, daß dies bei den Streichinstrumenten durch den Haft-Gleit-Mechanismus erfolgte, eine Form von dynamischer Instabilität. Was wir jetzt betrachten, nennt man *Strömungs-Instabilitäten*. Diese sind ebenfalls sogenannte dynamische Instabilitäten, bei denen kleinste Abweichungen von einer gleichförmigen Bewegung die Tendenz haben, größer und größer zu werden.

Instabilitäten sind eine normale Eigenschaften bei der Strömung von Fluiden (als Fluide bezeichnen wir alle strömungsfähigen Materialien, also sowohl Gase als auch

Kasten 12.2 Beispiele für Strömungsinstabilität

1. Starke Winde „singen“, wenn sie über Hochspannungsleitungen oder eine Hausecke streichen.

2. Luft entweicht mit einem pfeifenden Geräusch aus einem Kochtopf, wenn der Deckel fast ganz geschlossen ist.

3. Wenn man einen Stock durch ein ruhiges Schwimmbecken oder einen Löffel durch eine Tasse Kaffe zieht, hinterläßt dies eine turbulente Welle.

4. Der Wind hält eine Flagge nicht einfach gerade; kleine Rippen auf ihr werden verstärkt und lassen sie hin- und herflattern bis hin zum lautstarken Knattern. An Segeln kann man zuweilen das gleiche beobachten.

5. Wenn ich während einer Erkältung meine Nase schneuze und zu stark drücke, entstehen ab einer kritischen Größe starke Vibrationen.

6. Wind, der über eine Seeoberfläche bläst, verursacht kleine Unregelmäßigkeiten der Wasseroberfläche, die sich verstärken (wie in Bild 12.4) und so die Wellen erzeugen, die dann gegen Ihr Boot schlagen.

7. Der Rauch einer Kerze steigt eine kurze Strecke gleichmäßig und gerade – also fast laminar – auf und beginnt dann auszuwabern und irregulär zu strömen.

8. Der Luftstrom aus meinem Haartrockner wird nach einer Strecke von ungefähr 20 bis 30 cm turbulent.

Die letzten Beispiele werden etwas durch den sog. Bernoulli-Effekt beeinflußt, den wir in Kapitel 14 behandeln werden.

Flüssigkeiten), und wir kennen zahlreiche vertraute Beispiele dafür (siehe Kasten 12.2). Folgende allgemeine Eigenschaften sind für uns wichtig:

1. In jedem Fall können wir von einer perfekt gleichmäßigen und ruhigen Strömung ausgehen, genauso wie wir ein gleichmäßiges Gleiten des Bogens gegen die Saite vorausgesetzt haben. Man bezeichnet dies meist als *laminare* Strömung, was soviel heißt wie „gleichmäßig geschichtet“. Solche laminaren Strömungen können aber nur bei sehr langsamen Geschwindigkeiten beobachtet werden.

2. Sobald eine kritische Geschwindigkeit überschritten wird, entstehen kleine Turbulenzen mit der Tendenz, größer zu werden, die der gleichmäßigen Strömung Energie entziehen (Bild 12.4b).

3. Wenn die Strömungsgeschwindigkeit weit oberhalb der kritischen Größe ist, nehmen die schwingungsartigen Turbulenzen mit vielen verschiedenen Wellenlängen und Frequenzen stark zu, und der resultierende chaotische Zustand wird als *turbulente Strömung* bezeichnet. Solche Strömungen sind uns ebenfalls wohlvertraut; denken Sie an eine aufgetürmte Gewitterwolke, deren zerrissener Rand die wirbelnden Bewegungen der Luftmassen zeigt, oder die Strömung aus einem stark aufgedrehten Wasserhahn.

Ein weiteres Beispiel stellt ein Fluß mit einer Tiefe von z. B. 1 m dar, der ab einer Geschwindigkeit von ca. 1 m/s turbulent wird. (Selbst wenn die Strömung täuschend ruhig und glatt zu sein scheint, kann man beobachten, daß die von kleinen Wellen erzeugten Muster sich ständig in einer irregulären Weise verändern.)

Wir wollen drei Klassen von instabilen Strömungen betrachten, die uns dann zu unseren Schallwellen führen werden: zuerst eine einfache Strömung, dann eine Strömung oder einen Strahl beim Auftreffen auf ein Hindernis und schließlich eine

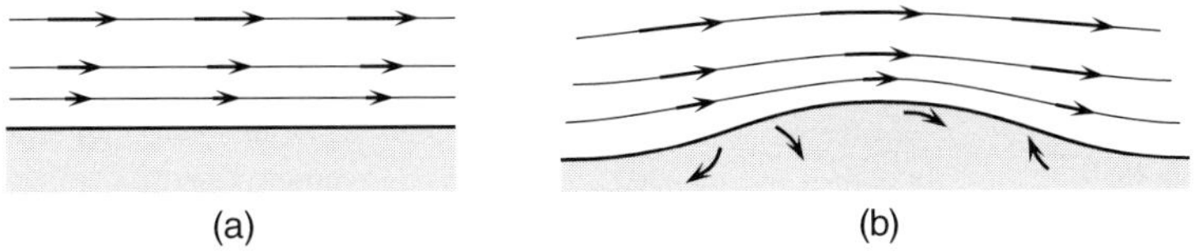


Bild 12.4 Luftströmung über der Oberfläche eines Sees. a) Die einfache Strömung, die die Oberfläche nicht beeinflußt, trifft nur bei sehr langsamen Geschwindigkeiten zu. b) Die Instabilität setzt ab einer gewissen Windgeschwindigkeit ein; jede noch so winzige Erhöhung der Wasseroberfläche wirkt auf die Luftströmung derart zurück, daß die Luft die Erhöhung vor sich herschiebt und also Arbeit auf sie verrichtet, ihr damit Energie liefert, um weiter anzuwachsen.

durch einen Resonator kontrollierte Strömung. Ein schneller Strom (ein „Strahl“) eines Fluids wird sich beim Eintritt in ein Gefäß, das mit gleichem Fluid in ruhigem Zustand gefüllt ist, nicht gleichverteilt und glatt vermischen und ausbreiten (Bild 12.5a), sondern turbulent werden (Bild 12.5b); wenn Sie in einem Schwimmbecken an der Stelle stehen, wo das Wasser einströmt, können Sie diese wirbelnde und pulsierende Aktion des Wassers auf Ihrem Körper spüren. Sie können einen entsprechenden Luftstrom durch Blasen mit dem Mund (nicht pfeifend) erzeugen; wenn Sie stark genug blasen, hören Sie ein Rauschen, welches direkt beweist, daß der Luftstrom nicht glatt und gleichmäßig ist. Dieses breitbandige Rauschen ist keine periodische Schwingung und hat daher keine Tonhöhe. Ein weiter Bereich von Frequenzen und Wirbeln haben daran teil. Teilweise ist dieses Rauschen auch gleichzeitig mit dem klingenden Ton in Flöten und Orgelpfeifen präsent (dies muß z. B. bei der elektronischen Synthese von derartigen Klängen berücksichtigt werden).

Der zweite Fall ist weit interessanter. Wir lassen einen dünnen und breiten Luftstrahl aus einem engen Schlitz, der als *Kernspalt* bezeichnet wird, austreten und

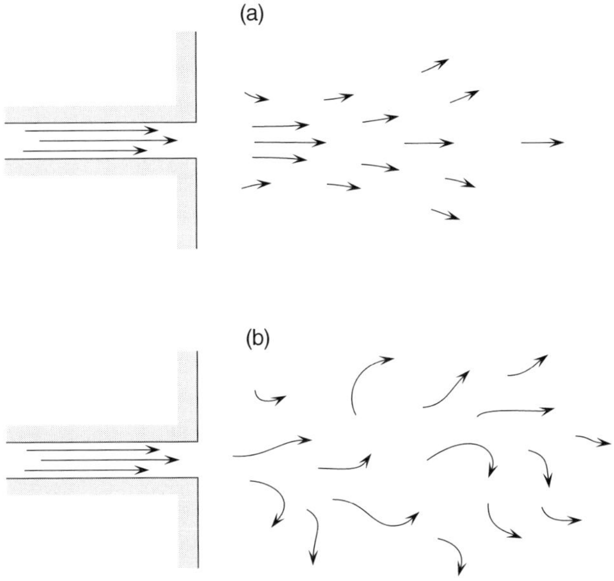


Bild 12.5
Der Strahl einer Strömung beim Austritt aus einer Öffnung.
a) Laminare Strömung bei kleiner Geschwindigkeit.
b) Turbulente Strömung bei höherer Geschwindigkeit.

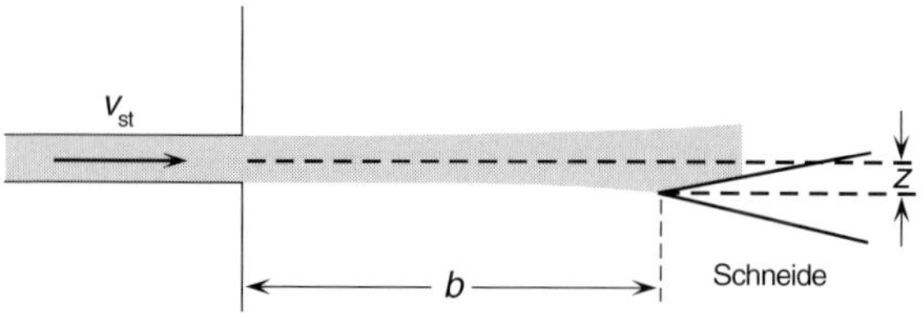


Bild 12.6
Der Strahl eines Fluids strömt aus einem Kernspalt mit durchschnittlicher Geschwindigkeit $v_{St}$, passiert eine Lücke der Länge $b$, und trifft auf eine Schneide (einen spitz zulaufenden Keil), um dadurch einen sog. Schneidenton zu erzeugen. Im allgemeinen muß der Keil nicht genau auf der Mittenlinie des Strahls liegen, sondern kann auch einen Abstand $z$ dazu haben, der die Klangqualität beeinflußt.

positionieren ein scharfkantiges Hindernis genau in den Weg dieses flachen Luftstroms (Bild 12.6). An diesem Hindernis können jetzt viel stärkere Schwingungen auftreten, und sie können vor allem auf eine bevorzugte Frequenz konzentriert auftreten. Das heißt, man hört einen lauteren Klang mit einer deutlicher bestimmten hohen oder tiefen Tonhöhe. Wie wir schon in Kapitel 3 erwähnten, kann man einen solchen Klang oder Ton, der als *Schneidenton* bezeichnet wird, leicht erzeugen, wenn man wie zuvor beschrieben bläst und dabei ein Blatt Papier oder Pappe an den Mund hält.

Man bemerkt rasch, daß der Ton darauf reagiert, wo der Keil in den (Luft-) Strom gehalten wird, und daß die Tonhöhe davon abhängt, a) wie stark man bläst und b), wie groß der Abstand des Keils zur Austrittsöffnung des Strahls ist. Sorgfältige Messungen im Labor enthüllen die in Bild 12.7 gezeigten Zusammenhänge. Jede Erklärung des Schneidentons muß berücksichtigen, wie die Tonhöhe mit der Strahlgeschwindigkeit ansteigt und mit zunehmendem Schneidenabstand abnimmt sowie der Tatsache Rechnung tragen, daß das ganze System auf verschiedenen Ebenen funktionieren kann.

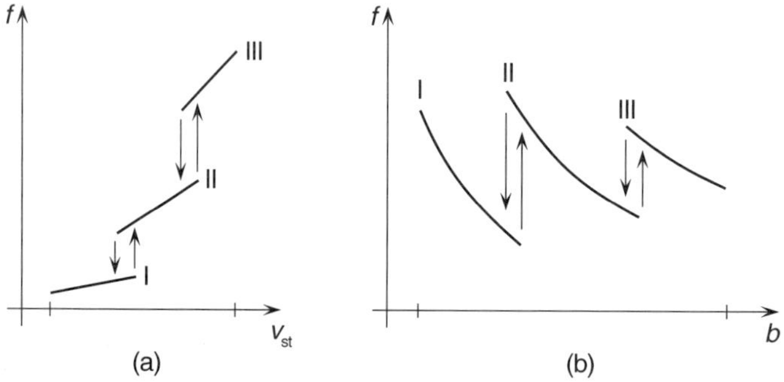


Bild 12.7
a) Für einen gegebenen Schneidenabstand erhöht eine Zunahme der Strahlgeschwindigkeit auch die Frequenz des Schneidentons. Es gibt mehrere Geschwindigkeitsbereiche, bei denen sich der Schneidenton mit verschiedenen Schwingungszuständen und Frequenzen einstellt. Die Pfeile zeigen die plötzlichen Sprünge von einem Bereich zum anderen an. Außerhalb dieser Bereiche spricht der Schneidenton nicht an. b) Für eine gegebene Strahlgeschwindigkeit führt die Vergrößerung des Schneidenabstands $b$ zu einer Erniedrigung der Frequenz. Bei gewissen Abständen kann jedoch die Frequenz plötzlich auf einen anderen Wert springen, wenn der Schneidenton sich auf einen anderen Schwingungszustand einstellt. Nur der erste dieser Zustände entspricht der normalen musikalischen Anwendung.

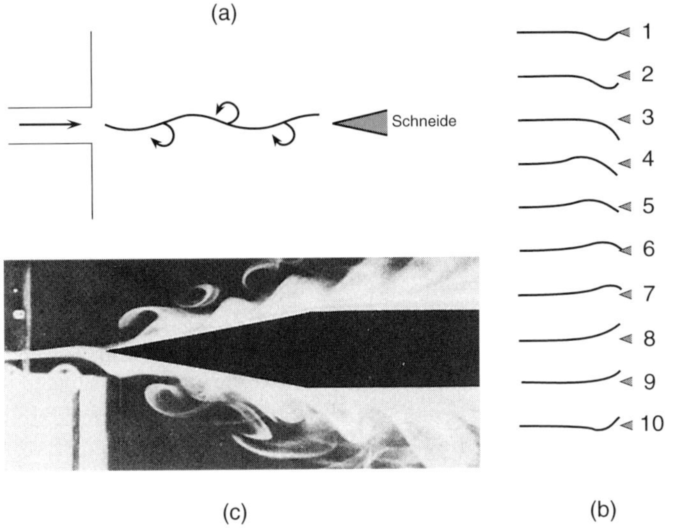


Bild 12.8
a) Manche Autoren nehmen an, daß die Wechselwirkung einer Reihe von Wirbeln mit der Schneide eine Störung verursacht, die durch ständige Neuentwicklung von Wirbeln den Schneidenton aufrecht erhält. b) Experimente zeigen jedoch, daß der Strahl lediglich leicht auf- und abwärts schwingen muß. c) Eine Laborfotografie, die nahelegt, daß die Wirbelbildung erst nach dem Auftreffen auf die Schneide erfolgt. [Teil b) nach Bouyoucos u. Nyborg, JASA, 26, 511, 1954; mit frdl. Gen. v. J.V.Bouyoucos].

Das Verhalten von Schneidenton-Strömungen ist ein besonders schwieriges Problem der Mechanik von Fluiden, über das auch die Experten noch nicht in allen Punkten übereinstimmen. Zuweilen wurde der Strahl so dargestellt, als ob er abwechselnd nach der einen und anderen Seite Wirbel bildet, noch bevor er die Schneide bzw. den Keil trifft (Bild 12.8a). In der musikalischen Akustik wird meist die Ansicht bevorzugt, daß die Instabilität nicht so stark ausgeprägt ist, sondern daß eine eher sinusoidale Bewegung auftritt, die den Luftstrom abwechselnd mehr unterhalb und oberhalb der Schneide führt (Bild 12.8b).

Die Schneide dient dazu, den Raum in zwei Bereiche zu unterteilen, so daß der Strahl, wenn er unter die Schneide zu strömen beginnt, dort einen höheren Druck erzeugt als über der Schneide. (Wenn die trennende Schneide entfernt wird, würde sich der Druckunterschied sofort mit einer kleinen Aufwärtsströmung ausgleichen). Der höhere Druck drängt andere Fluidteilchen zur Seite, die teilweise zurückströmen und auf den Strahl im Bereich zwischen Kernspalt und Schneide auftreffen (Bild 12.9). Sie drücken diesen dadurch etwas nach oben und gewährleisten damit, daß der Strahl kurze Zeit später mehr oberhalb der Schneide strömt als unterhalb.

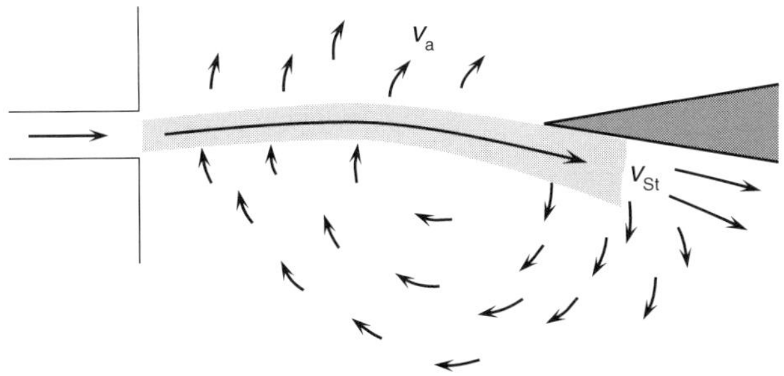


Bild 12.9
Wenn der Strahl mehr auf einer Seite der Schneide strömt ($v_{St}$), drängt er andere Fluidteilchen zur Seite, von denen einige zurückströmen und auf den Strahl zwischen Kernspalt und Schneide treffen ($v_a$); dadurch wird der Strahl zur entgegengesetzten Seite des Keils oder der Schneide abgelenkt.

Wir haben hier ein Beispiel für einen sog. *positiven Rückkopplungs-* Mechanismus (neudeutsch: *feedback*), der insofern wichtig ist, als er a) eine einmal in Gang gesetzte Schwingung aufrechterhält und b) eine bevorzugte Frequenz der Schwingung stabilisiert. Betrachten wir die Graphen in Bild 12.10: Jede Periode, in der der Strahl (hautpsächlich) unterhalb der Schneide auftrifft, erzeugt eine aufwärts gerichtete Ablenkung näher beim Kernspalt, die etwas später den Strahl nach oben hin umlenkt. Dies wiederum verursacht eine abwärts gerichtete Ablenkung am Kernspalt, was den Strahl etwas später wieder nach unten umlenkt, und der ganze Zyklus beginnt von vorne. Die Frequenz dieser Schwingung wird durch die Geschwindigkeit bestimmt ($v_a$ in Bild 12.9), mit der die ablenkende Strömung auf den Strahl trifft; überraschenderweise ist diese nur etwa 0,4-mal so groß wie die des Strahls selbst. Die instabile Welle reitet beim Anpassen ihrer Bewegung an die relativ ruhige Luft (oder Fluid) der gegenüberliegenden Seite tatsächlich gewissermaßen auf dem Strahl, der sie in Richtung der Schneide befördert. Daher muß die halbe Schwingungszeit $P'$ (beim ersten Schwingungszustand) gleich der Zeit sein, die für das Zurücklegen der Strecke $b$ mit der Geschwindigkeit $0{,}4 \cdot v_{St}$ benötigt wird: $P'/2 \cong b/0{,}4 \cdot v_{St}$ oder $P' = b/0{,}2 \cdot v_{St}$. Daraus ergibt sich die bevorzugte Frequenz dieser Schwingung zu $f_1 = 1/P' = 0{,}2 \cdot v_{St}/b$. Eine Strahlgeschwindigkeit $v_{St} = 10$ m/s und ein Schneidenabstand $b = 1$ cm ergeben z. B. einen Schneidenton mit ungefähr 200 Hz.

Diese Formel stellt die Abhängigkeit von $f_1$ von $v_{St}$ und $b$ dar wie in Bild 12.7 gezeigt. Das Umspringen zu höheren Schwingungszuständen kann dadurch erklärt werden, daß man die Möglichkeit betrachtet, die Ablenkung des Strahls könnte $1\,^1/_2$ oder $2\,^1/_2$ Perioden benötigen, um vom Kernspalt zur Schneide zu reisen, anstatt nur

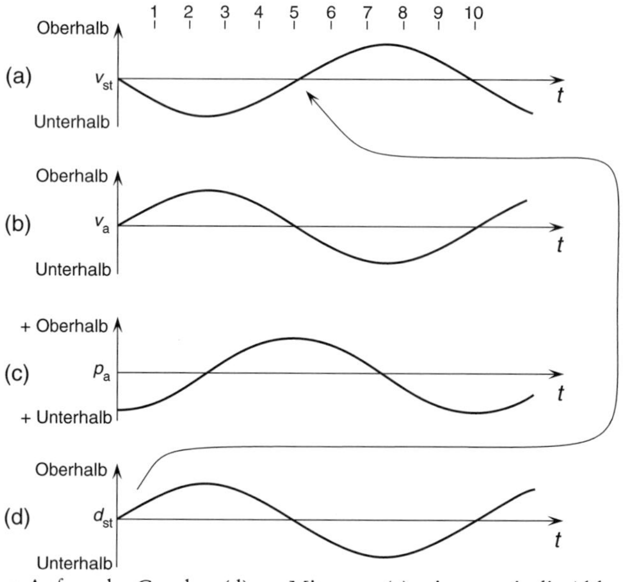


Bild 12.10
Die Verhältnisse bei einem stabilisierten Schneidenton. Die sinusoidalen Wellenformen sind allerdings eine Übervereinfachung. Die numerierten Zeiten entsprechen den Strahlformen von Bild 12.8b. a) Das Auftreffen des Fluids unter-/oberhalb der Schneidenspitze; b) resultierende vertikale Strömung durch die Lücke zwischen Kernspalt und Schneide (wie in Bild 12.9 gezeigt); c) resultierende Druckunterschiede; d) Ablenkung des Strahls durch die vertikale Strömung. Der Pfeil vom Anfang des Graphen (d) zur Mitte von (a) zeigt an, wie die Ablenkung für die Richtungsänderung des Strahls an der Schneide einen halben Zyklus später verantwortlich ist.

$^1/_2$. Dies würde ebenfalls eine positive Rückkoppelung erzeugen und Schwingungen mit den Frequenzen $f_{II} \approx 3 \cdot f_1$ und $f_{III} \approx 5 \cdot f_1$ ergeben. Der Mechanismus funktioniert nicht für andere dazwischen liegende Frequenzen; bei $2 \cdot f_1$ besteht z. B. ein negativer feedback. Das heißt, wenn der Strahl unterhalb der Schneide auftrifft, wirkt sich der dadurch erzeugte Ablenkungsmechanismus erst eine volle Schwingungsperiode später aus, und das bewegt den Strahl über die Schneide (anstatt, wie es zu diesem Zeitpunkt erforderlich wäre, unter dieselbe). So wird jede Schwingung unterdrückt, deren Frequenz zu einer negativen Rückkoppelung führt.

Die dritte Klasse von instabilen Strömungen, also ein Strömungsstrahl in Anwesenheit eines Resonators, bringt uns zu den Orgelpfeifen.

## 12.3 Labialpfeifen bei der Orgel

Die Form des Anblaslochs einer Orgelpfeife (Bild 3.6) richtet ein strömendes Luftband gegen eine Schneide. Wir können aber daraus nicht einfach schließen, daß sie hauptsächlich einen Schneidenton produziert, der dann von der Resonanz der anschließenden Pfeife verstärkt wird. Diese Resonanz erzeugt viel höhere Drücke und akustische Strömungen, als es der isolierte Schneidenton könnte, und daher kontrolliert die Pfeife den Schneidenton. Insbesondere erniedrigt das Vorhandensein der Pfeife die Frequenz des ganzen Systems zu einer niedrigeren Lage, als es der Schneidenton allein tun würde (Bild 12.11). Die Pfeife hat diesen dominierenden Effekt aufgrund ihres eigenen Feedback-Mechanismus in Form der Welle, die sich zum Ende der Pfeife hin fortpflanzt, dort reflektiert wird, zurückkommt und dabei auf den einströmenden Luftstrahl einwirkt.

Betrachten wir zuerst eine geschlossene Pfeife. Nehmen wir an, wir folgen einem positiven Druckimpuls, hervorgerufen durch das Umschlagen des Luftstrahls von

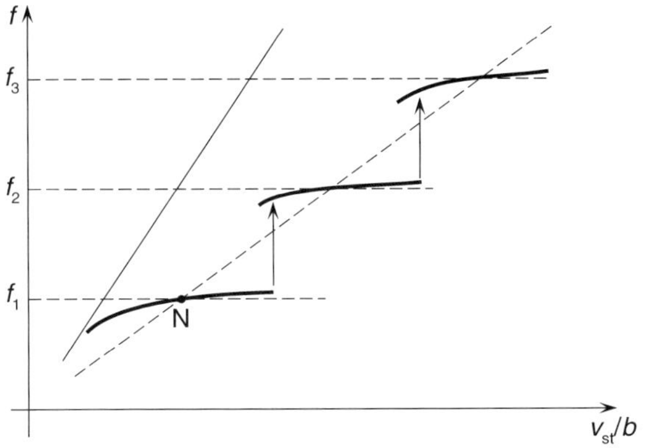


Bild 12.11
Die Modifikation eines Schneidentons durch einen Resonator. Die stark ansteigende Linie zeigt, wie der Schwingungszustand I des isolierten Schneidentons sich verhalten würde (unterer Teil von Bild 12.7a). Die gestrichelte ansteigende Linie zeigt den Effekt, den die Forderung einer viertel-periodigen anstelle einer halbperiodigen Zeit für die Ablenkungs-Strömung hat (siehe Bild 12.13). Die horizontalen gestrichelten Linien zeigen die Eigenfrequenzen der Pfeife alleine. Die drei dickeren Kurven schließlich zeigen, wie sich eine geblasene Pfeife tatsächlich verhält: Langsam stärker werdendes Blasen erhöht die Frequenz, bis sie auf den nächsthöheren Schwingungszustand umspringt, was durch die Pfeile angedeutet ist. Die Resonanz ist am stärksten und gleichmäßigsten dort, wo sich die gestrichelten Linien schneiden, und der Punkt N bezeichnet daher den normalen Schwingungszustand einer gut entworfenen Pfeife. (Nach Coltman 1976)

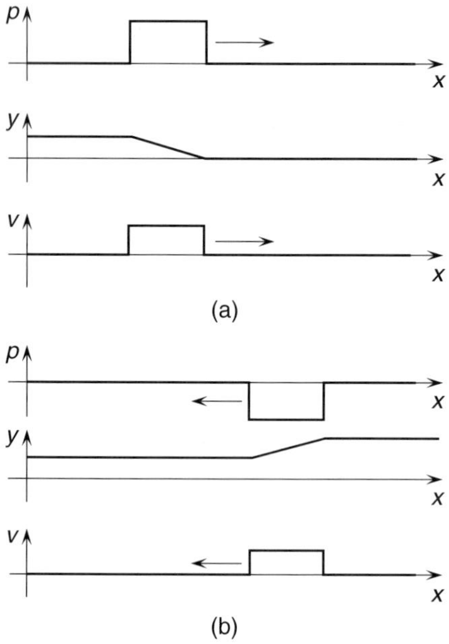


Bild 12.12
Druck, Auslenkung und Geschwindigkeit, wie sie durch eine Impulswelle erzeugt werden, die a) eine Röhre entlangwandert und b) nach der Reflexion am offenen Ende zurückkommt. Beachten Sie, daß die positiven Werte von $v$ in b) besagen, daß sich jedes Luftteilchen wieder nach rechts bewegt, damit sich die Verdünnung nach links bewegen kann.

außerhalb nach innerhalb. Diese Verdichtung wandert zum geschlossenen Ende, wird dort reflektiert und versucht den Luftstrahl nach außen zu drücken, wenn sie zur Schneide zurückkommt. Wir haben daher genau dann eine selbsterhaltende Schwingung, wenn die Zeit für die Hin- und Her-Reise des Druckimpulses halb so lang wie die Periode der Luftstrahl-Schwingung ist: $2 \cdot s_g/v = 1/2 \cdot P$ oder $P = 4 \cdot s_g/v$. Das ist genau die Periode der ersten Eigenschwingung der Pfeife!

Ein ähnlicher Druckimpuls in einer offenen Pfeife wird bei der Reflexion in einen negativen Impuls gewandelt (Bild 12.12). Wenn diese Verdünnung zurück- und an der Schneide ankommt, trägt sie dazu bei, den Luftstrahl wieder nach innen zu saugen, und wir haben eine selbsterhaltende Schwingung dann, wenn die „Reisezeit" mit einer *vollen* Periode des Schneidentons übereinstimmt: $2 \cdot s_o/v = P$. Auch dies ist wiederum die Periode der ersten Eigenschwingung der (offenen) Pfeife. In beiden Fällen können wir (aus dem Bild der stehenden Welle) nicht nur sehen, daß bei der ersten Eigenfrequenz $f_1$ die Pfeife stark auf eine wechselnde treibende Kraft resonieren *könnte*, sondern daß (dies sehen wir aus dem Bild der wandernden Welle) die Pfeife ihr eigenes Rückkopplungs-System dazu benützt, den anblasenden Luftstrahl genau mit ihrer eigenen Frequenz alternieren zu lassen. Wenn die Strahlgeschwindigkeit zu groß oder der Schneidenabstand zu klein ist, so daß der Schneidenton auf einen höheren Schwingungszustand umspringen möchte, kann die zweite oder dritte Eigenschwingung der Pfeife immer noch den Strahl mit ihrem Feedback beeinflussen. Der Strahl wechselt dann schneller zwischen oberer und unterer Auftreffstelle der Schneide hin und her, und ein höher-frequenter Klang entsteht. Dies wird als *Überblasen* der Pfeife bezeichnet.

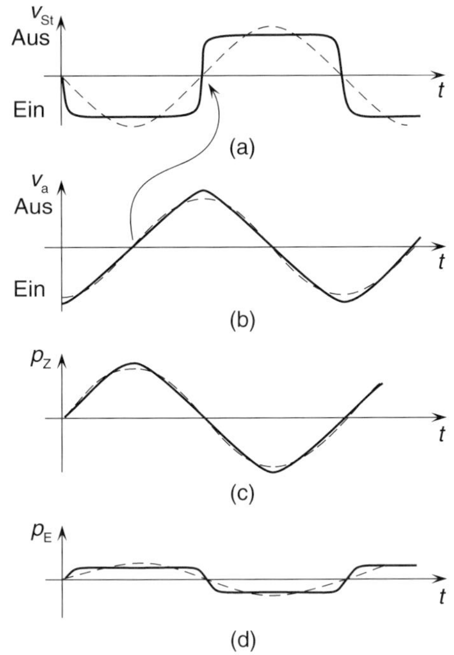


Bild 12.13
Das Verhalten des Schneidentons unter dem Einfluß der Rückkopplung in einer offenen Orgelpfeife: a) Strömungslage des Strahls („Aus" heißt: der Strahl tritt aus der Orgelpfeife aus, „Ein": er tritt in die Pfeife ein); b) resultierende ablenkende Strömung und Einwirkung auf den einströmenden Strahl; c) Druck im Zentrum der Pfeife; d) Druck genau am Ende der Pfeife. Die gestrichelten Linien zeigen die grundsätzlichen Komponenten zum Vergleich mit Bild 12.10. Wenn Sie d) mit Bild 12.10c vergleichen, beachten Sie, daß positiver Druck „innen" in Bild 12.13d dem positiven Druck „unten" in Bild 12.10c entspricht.

Auch wenn der Luftstrahl mit der Grundfrequenz der Pfeife oszilliert (schwingt), kann er einer positiven Rückkopplung der zweiten, dritten und höheren Eigenschwingung ausgesetzt sein. Deshalb ist die Bewegung des Luftstrahls und die resultierende komplexe Schallwelle nicht genau sinusoidal, sondern tendenziell in Richtung solcher Wellenformen wie in Bild 12.13. Wenn die Pfeifenresonanz am stärksten ist und die Strahlbewegung völlig kontrolliert, verhalten sich die Phasen von Druck und Geschwindigkeit annähernd so wie in Bild 12.13. Zu beachten ist, daß der jeweilige Strahlzustand nun nur einen Viertelzyklus hinter dem Schallwellenzustand zurückliegt und nicht mehr einen halben Zyklus; deshalb müssen die Ablenkungen des Strahls die Strecke vom Kernspalt zur Schneide innerhalb eines Viertel-Zyklus' zurücklegen, um positive Rückkopplung zu ermöglichen: $P/4 \cong b/0{,}4 \cdot v_{St}$ oder $f \cong 0{,}1 \cdot v_{St}/b$. Die Gestaltung des Mundstücks und des Luftkanals müssen daher so entworfen werden, daß der reine Schneidenton eine Oktave oder mehr höher liegt als der Ton, der erzeugt werden soll, wenn die Pfeife als Resonator dazugefügt wird.

* Bei einer gegebenen Pfeifenlänge und -tonhöhe hängt die Klangqualität in erster Linie vom Abstand zwischen dem Austritt der Kernspalte und der Schneiden-Oberlippe ab, vom sog. Schneidenabstand. Kleiner Abstand und geringer Anblasdruck erzeugen einen weichen und streicherartigen Klang, großer Abstand und entsprechend größerer Anblasdruck einen lauteren, aber obertonärmeren Klang.

Orgelpfeifen reagieren extrem empfindlich auf kleine Änderungen an der Kernspalte. Einer der wichtigsten Faktoren ist die exzentrische Verschiebung des Luftstroms (z in Bild 12.6). Ohne Verschiebung wird eine symmetrische Bewegung begünstigt, bei der der Luftstrahl gleiche Luftmassen zu beiden Seiten der Schneide erzeugt; dadurch ergibt sich eine symmetrische Wellenform, die hauptsächlich ungeradzahlige Partialtöne enthält (für offene wie gedackte Pfeifen). Größere z-Werte begünstigen ein nichtsymmetrisches Strahlpendeln und asymmetrische Wellenformen mit starken gerad- und ungeradzahligen Partialtönen.

Eine andere wichtige Feinjustierung ist das Einkerben der Kernspalte, meist als *Kernstiche* bezeichnet. Diese absichtliche Rauhigkeit des Randes macht den austretenden Luftstrahl etwas dicker und stabiler, was sowohl eine weichere Klangansprache als auch einen runderen Ton zur Folge hat. Besonders in der romantischen Musik wurde dies für eine bessere Vermischung der verschiedenen Stimmen gewünscht, so daß Pfeifen aus dieser Zeit oft viele und große Kernstiche aufweisen. Heutzutage neigt man wieder mehr zur „barocken Stimmgebung“ mit kleinen Kernstichen, so daß die Pfeifen mit deutlicher hörbaren Einschwingphasen klingen. Dieses Anblasgeräusch dient gleichsam als „Konsonant“ vor dem Vokal, welcher – vor allem in kontrapunktischer Musik – es erleichtert, den einzelnen Stimmen zu folgen.

Bei normaler Funktion wird die Schwingungszusammensetzung einer Zungenpfeife von der ersten Eigenschwingung geprägt; jedoch können wir nicht so ohne weiteres annehmen, daß dies auch für den Klang außerhalb der Pfeife gilt, denn die Pfeife strahlt die höheren Frequenzen viel effizienter ab. Daher konkurrieren die höheren Teiltöne hinsichtlich der Amplitude oft mit der Grundfrequenz, wie Bild 12.14 zeigt.

Die Unterschiede in diesen Klangspektren sind teilweise auf unterschiedliche Pfeifenproportionen zurückzuführen. Zungenpfeifen werden oft in *Flöten, Prinzipal, Streicher* eingeteilt; Flötenpfeifen sind meist dicker, Streicherpfeifen dünn, und

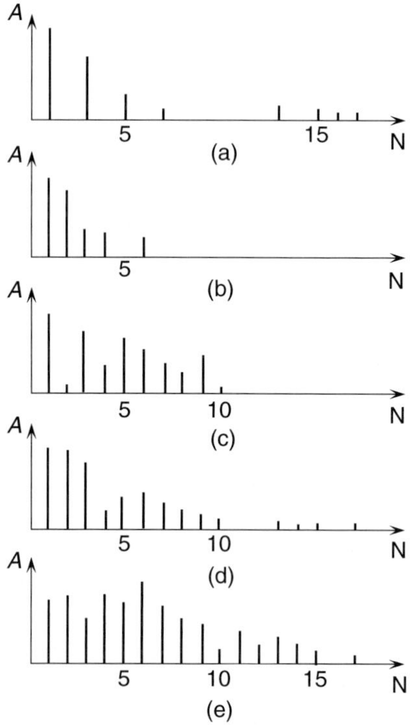


Bild 12.14
Typische Klangspektren verschiedener Orgel-Zungenpfeifen, alle für den Ton c'.
a) Gedeckte Flöte; b) Spitze Flöte, eine offene konische Pfeife; c) offene Prinzipalpfeife; d) Orchester-Viola, eine offene streicher-ähnlich klingende Pfeife. (Nach Strong und Plitnik). N = Nummer der Eigenschwingungsfrequenz.

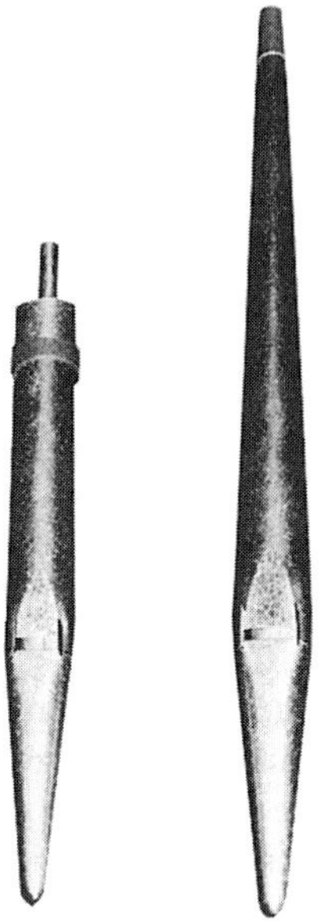

Bild 12.15
Zwei nicht-zylindrische Orgelpfeifen. Beachten Sie das kleine Rohr auf der linken, deswegen als Rohrflöte bezeichneten Pfeife, und die konische Verjüngung der deswegen als Spitzflöte bezeichneten Pfeife rechts. (Photo: Stephen Hamilton)

Prinzipalpfeifen liegen dazwischen. Jedoch sind es immer auch die Proportionen der Kernspalt-Austrittsöffnung, der sog. *Aufschnitt*, die mitbestimmen, ob der Klang eher flöten- oder streicherähnlich wird.

Aus zwei Gründen werden dickere bzw. breitere Pfeifen teiltonärmer: Die Eigenschwingungen höherer Ordnung haben nicht die richtigen Frequenzen, um einen Teil der Teiltonreihe zu bilden (die Gleichungen in Abschnitt 12.1 sind nur für relativ dünne Pfeifen so richtig), und sie können keine ausreichende Resonanz erzeugen. Beide Effekte wurzeln im Verhalten wandernder Wellen beim Erreichen des Röhrenendes. Die niedrigeren Eigenschwingungen haben Wellenlängen, die groß sind im Verhältnis zum Pfeifendurchmesser, und solche Wellen brechen stark am Pfeifenende; sie „fühlen" das Ende und werden sehr effektiv zurückgeworfen. Große Energiebeträge bleiben daher in der Pfeife und ermöglichen eine starke Resonanz. Schwingungen mit Wellenlängen unterhalb etwa des doppelten Pfeifendurchmessers reagieren weniger stark auf das Pfeifenende, und ein großer Teil ihrer Energie wandert aus der Pfeife heraus; die innen verbleibende Energie läßt nur eine schwache Resonanz entstehen. Oberhalb einer gewissen kritischen Frequenz fehlen daher die Teiltöne weitgehend. Die Grenze liegt für eine offene Pfeife in der Größenordnung von $N = s/d$ ($N$ = Zahl der Eigenfrequenzen, $s$ = Länge der Pfeife); bei einer gegebenen Pfeifenlänge liegt die Grenze bei kleineren $N$, wenn der Durchmesser $d$ erhöht wird.

Offene und geschlossene zylindrische Pfeifen mit verschiedenen Durchmessern sind noch nicht alles an Gestaltungsmöglichkeiten; sich verjüngende Durchmesser (sog. konische Form) und zusätzliche Aufsätze sind weitere Gestaltungsmöglichkeiten (Bild 12.15). Die konische Pfeife unterscheidet sich in ihrer Funktionsweise nicht grundsätzlich von einer zylindrischen, weil die Eigenfrequenzen für eine beidseitig konische Röhre ebenfalls eine harmonische Teiltonreihe bilden, auch wenn die Schwingungsformen nicht sinusoidal sind. Die konische Pfeife hat jedoch die Tendenz, den zweiten Partialton gegenüber dem ersten zu verstärken. Die Rohrpfeife verhält sich in erster Annäherung wie eine geschlossene Pfeife; die Resonanz der engen Rohröffnung verstärkt aber eine oder mehrere der höheren Eigenschwingungen, und sie verringert den Dämpfungswiderstand gegen die geradzahligen Teiltöne.

Ein vollständiger Satz von Pfeifen mit gleicher bzw. ähnlicher Klangfarbe wird als *Satz* oder *Register* bezeichnet. Die heute übliche Größe der Tastatur umfaßt fünf Oktaven (C bis c''''), so daß die meisten Register 61 Pfeifen haben, wobei die längste jeweils $2^5 = 32$-mal größer ist als die kleinste. Um einen brauchbaren Pfeifensatz zu bauen, muß der Orgelbauer die schwierige *Mensur* berechnen, d. h. die Variationen von Durchmessern und Maßen des Pfeifenmundes je nach Pfeifenlänge. Man könnte zwar einfach immer den gleichen Durchmesser in einem Pfeifensatz verwenden, aber das würde zu einer sehr uneinheitlichen Klangfarbe führen: Ein Durchmesser von 4 cm hat z. B. eine kritische Zahl N (Zahl der Eigenfrequenzen) von ungefähr 2 bei den kurzen hochtönigen Pfeifen (also praktisch keine Teiltöne, damit sehr flötenartig), jedoch ein N von 65 bei den Baßpfeifen (viele Teiltöne, streicherähnlicher Klang).

Eine logischere Vorgehensweise würde einfach alle Proportionen unverändert lassen, so daß jede Pfeife eine exakte verkleinerte Kopie der nächstgrößeren wäre. Dadurch würde das kritische N für alle Pfeifen eines Registers oder Satzes gleich bleiben und so vermutlich eine gleichbleibende Klangfarbe garantieren. Leider funktioniert auch das nicht: Die kleineren Pfeifen können nämlich dann nicht ausreichend klangstark sein, so daß das (Lautstärke-)Gleichgewicht zwischen Höhen und Bässen gestört ist. Tatsächlich wäre aber sowieso die Beibehaltung ähnlicher Klangspektren nicht der beste Weg zur Beibehaltung einer ähnlichen Klangfarbe, weil z. B. die ersten 10 Partialtöne des C den Bereich von 65 bis 650 Hz abdecken (also vorherrschend tiefe Frequenzen), während die ersten 10 Partialtöne des c'''' von 2100 Hz bis zu 21 kHz reichen (teilweise außerhalb des hörbaren Bereichs). Könnte man proportional gleiche Spektren dieser Töne erzielen, wäre also trotzdem die wahrgenommene Klangfarbe unterschiedlich.

Gute Lautstärke und tonliche Balance werden erreicht, wenn die Baßspektren etwas teiltonreicher sind als die der Höhen. Der Kompromiß, der sich in langen Zeiträumen durch Versuch und Irrtum herausgebildet hat, besteht darin, die Durchmesser etwas langsamer zu verändern als die Pfeifenlängen – gerade soviel, daß der Durchmesser erst nach 16 oder 17 Halbtönen halbiert ist, während die Länge nach 12 Halbtönen um die Hälfte kürzer geworden ist. Das Verhältnis der Durchmesser von den größten zu den kleinsten Pfeifen beträgt dann 12 oder 13 zu 1 anstatt 32 zu 1.

## *12.4 Orgelregistrierung und -entwurf

Eine vollständige Pfeifenorgel kann mehrere Dutzend von Registern haben, von denen jedes eine Klangfarbe hat; die größten Orgeln haben über 100 Register. Der Organist braucht daher eine effektive Methode, um zu jeder beliebigen Zeit bestimmen und kontrollieren zu können, welche dieser Klangfarben oder Register erklingen sollen. Wir wollen zunächst kurz die künstlerischen Gesichtspunkte kommentieren und danach die Funktion einiger solcher Kontrollmechanismen beschreiben.

Die Auswahl von Registern durch den Organisten entspricht ganz der eines Arrangeurs oder Komponisten, der entscheidet, welcher Stimme in der Partitur er welchem Instrument zuordnet. Manche Register eignen sich besonders für Solostimmen, während andere sich gut für den gleichzeitigen Klang mehrerer Register und damit größere Lautstärke eignen. Zungenpfeifen fallen meist in die erste Gruppe und Prinzipale in die zweite.

Eine Möglichkeit der Klangverstärkung ist die einfache Verdoppelung, wobei zwei oder drei Pfeifen der gleichen Tonhöhe zusammen erklingen. Eine wichtige Alternative besteht darin, daß jede Taste nicht nur eine Pfeife mit der gewünschten Tonhöhe aktiviert, sondern noch eine andere eine Oktave höher. Die Oktavverdopplung ist aber nur sinnvoll (für Organisten wie für Arrangeure), wenn der Hörer sie als neue Klangfarbe dieses Tons wahrnimmt, und nicht als zwei getrennte Töne, die sich immer parallel im Oktavabstand bewegen. Daher bevorzugt man für die Oktavverdopplung meist zwei Register ähnlicher Klangfarbe (z. B. zwei Prinzipale) anstatt zweier unterschiedlicher Register (wie Flöte und Zungenpfeife).

In der Sprache der Organisten ist die Grundtonhöhe die der 8' (Acht-Fuß) - Register. Der Name kommt daher, daß die größte Pfeife (C) in einem offenen Register ungefähr 8 Fuß lang ist; und wahrscheinlich wird sich der Name auch noch weiter erhalten, obwohl die alten englischen Längenmaße längst verschwunden sind. Gute Orgeln haben Vier- und Zwei-Fuß Register (4' und 2'), die ein bzw. zwei Oktaven höher klingen, und manchmal auch 1'. Für die Pedale stehen 16-Fuß Register zur Verfügung, um die untere Oktave zu verdoppeln, und gelegentlich auch 32-Fuß-Register. Manchmal findet man auch die Möglichkeit, Tonhöhen zu doppeln, die dem dritten und fünften Partialton der 8-Fuß Pfeifen entsprechen, und daher die als *Aliquot*-Register bezeichneten 2 $^2/_3$-Fuß und 1 $^3/_5$-Fuß- Pfeifen. Diese erklingen dann z. B. mit der Tonhöhe g' und e'', wenn gleichzeitig die Taste für c gedrückt wird.

Wir müssen betonen, daß die Orgel-Register nichts mit Fourier-Synthese zu tun haben. Die 8-Fuß-Pfeifen produzieren bereits komplexe periodische Wellenformen mit vielen Partialtönen einer Teiltonreihe. Die Hinzufügung eines 4-Fuß-Registers verstärkt zusätzlich die Partialtöne 2, 4, 6, ...; ein $^2/_3$-Register verstärkt Nummer 3, 5, 7... usw. Nur auf einer Hammondorgel kann der Spieler die Partialtöne einzeln und unabhängig mit den Zügen verstellen.

Es wird zunehmend unpraktisch, weitere Register für jeden Partialton über den sechsten oder achten hinaus vorzusehen, und deswegen haben gute Orgeln sogenannte *Mixtur*-Register, die dem Klang einen festlichen und strahlenden Charakter hinzufügen. Ein solches Mixtur-Register aktiviert mehrere Pfeifensätze auf einmal und verstärkt dadurch verschiedene Partialtöne höherer Ordnung. Wenn z. B. die c-Taste gedrückt wird, könnte eine dreisätzige Mixtur beispielsweise zusätzlich die Töne g'', c''' und g''' erklingen lassen; eine scharfe Mixtur würde noch höhere Töne wie c'''', g'''' und c''''' dazumischen. Das Profil einer Mixtur-Registrierung (Bild 12.16) veranschaulicht einen wichtigen Aspekt der Tonqualität. Die gewünschte Brillanz des

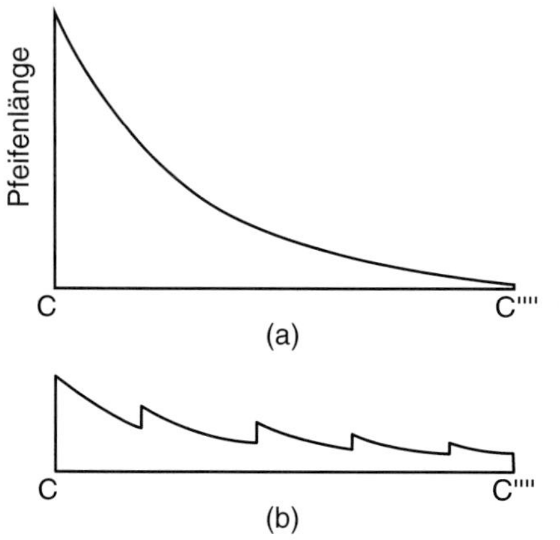


Bild 12.16
Die Mensuren der meisten Orgelpfeifensätze a) weisen eine allmähliche Längenabnahme vom Baß (links) zum Diskant auf (rechts). b) Mixtur-Sätze bzw. -Register weisen jedoch Abstufungen auf, um die Tonhöhen in dem Bereich zu halten, der am besten die gewünschte Klarheit in der Gesamt-Klangfarbe ergibt.

Klangs hängt nicht so sehr davon ab, welche Partialtöne enthalten sind, sondern mehr davon, ob diese Partialtöne in den Bereich zwischen 1 und 10 kHz fallen. Dies erfordert für die tiefen Noten eine große Zahl von Teiltönen (manchmal bis 48 oder mehr) und für die hohen Noten nur eine kleinere Zahl (2 bis 4) mit entsprechenden Abstufungen dazwischen.

Die Physik und Technik der Ansteuerung von Pfeifen ist äußerst interessant. Die Pfeifen müssen auf einer Windkammer stehen, in dem ein leicht erhöhter Druck herrscht, der für eine gleichmäßige Luftzufuhr zu den Pfeifen sorgt. Der Druck wird traditionell in „mm WS" (Wassersäule) gemessen, was ausdrückt, wie weit der Druck das Wasser durch ein U-förmiges Rohr, das an der anderen Seite offen ist, nach oben drücken würde (Bild 12.7); 10 mm Wassersäule entspricht ungefähr 0,001 Atmosphären. Der geeignete Druck in der Windlade einer Orgel liegt zwischen 50 und 100 mm Wasserdruck; höhere Drücke wurden in der Vergangenheit zuweilen benutzt, führen aber nur zu einem lauteren und bombastischen Klang.

Es muß ein System von Ventilen und Kanälen vorhanden sein, damit jede Pfeife nur dann erklingt, wenn die entsprechende Taste gedrückt ist und der Registrierzug auf „An" steht. Dafür gibt es verschiedene Möglichkeiten (siehe Bild 12.18). Die *Kastenlade* ist immer im Bereitschaftszustand, um jeder Pfeife Luft zuzuführen, wobei aber

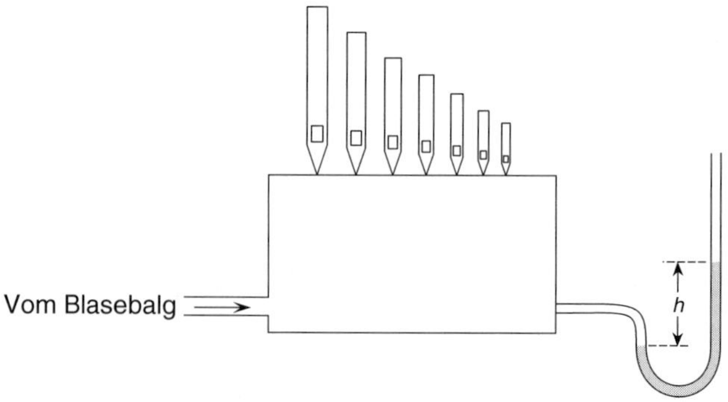


Bild 12.17
Die Höhe *h* des Wasserstandes im rechten Rohr ist ein Maß für den über dem Atmosphärendruck liegenden Druck im Windkasten.

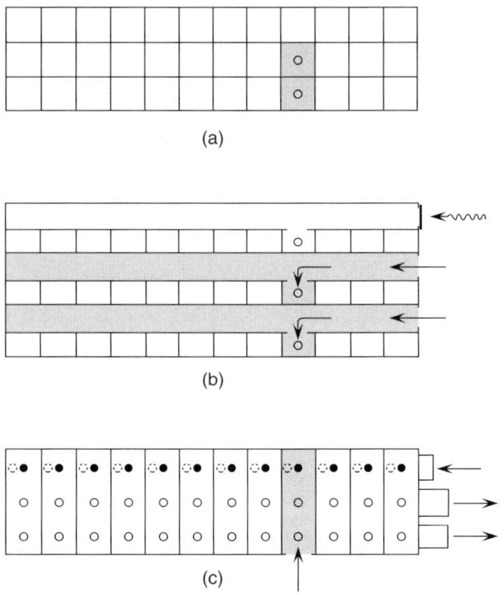


Bild 12.18
Verschiedene Bauweisen von Windkästen (Draufsicht) für eine Miniaturorgel mit nur drei Registern und 12 Tasten. Die schraffierten Bereiche stehen jeweils unter Druck, in diesem Beispiel mit zwei gezogenen Registern und einer gedrückten Taste. Die Pfeifenfüße stehen in Löchern auf dem Windkasten, durch die sie die Luftzufuhr erhalten.
a) Die Kastenlade hat einzelne Zellen für jede Pfeife. b) Die Registertonkanzellenlade hat drei offene Pfeifenventile, aber die Luft kann nur die zwei Pfeifen, deren Register offen sind, erklingen lassen; c) die Tonkanzellenlade läßt ebenfalls nur in zwei Pfeifen Luft einströmen, da die Löcher der obersten Schleiflade in der „Aus-"Stellung nicht über denen der Windlade stehen und die Luftzufuhr absperren.

jede Pfeife ihr eigenes Ventil hat; die logischen Steuerungen, welche Ventile zu öffnen sind, müssen durch einen eigenen Mechanismus (heute auch durch elektromagnetische Schaltungen) erfolgen. Die *Registerkanzellenlade* läßt Luft nur durch die Kanäle strömen, deren Register auf „An" stehen; auch hier hat wieder jede Pfeife ihr eigenes Ventil, aber nun öffnet ein Tastendruck die Ventile für alle dieser Note entsprechenden Pfeifen; jedoch erklingen nur die, deren Kanal unter Druck steht. Bei der *Tonkanzellenlade* ist die Teilung quer anstatt längs vorgenommen; es gibt nur ein Ventil für jede Taste, welches Luft zu diesem Tonkanal führt, wenn die Taste gedrückt ist. Die Registrierung erfolgt durch Schleifladen im Oberteil des Windkastens, die die Luftzufuhr zu allen Registern sperren, die auf „Aus" stehen. Tonkanzellenladen mit Schleifladen weisen mehrere mechanische und akustische Vorteile gegenüber den anderen beiden Arten auf.

Die *Traktur* einer Orgel ist ein kompliziertes System, das die Bewegung einer Taste oder eines Registerzuges am Spieltisch in die Bewegung des entsprechenden Ventils im Wind- und Pfeifenwerk überträgt, das einige Entfernung zum Spieltisch haben kann. Jahrhundertelang gab es nur die *mechanische Traktur*, die aus einer Reihe von hölzernen Stäben und Hebeln besteht, in der A auf B wirkt, B auf C usw., bis schließlich das letzte Glied in der Kette das Ventil öffnet. *Pneumatische Trakturen* wurden im 19. Jahrhundert populär; bei ihnen wird unter Druck stehende Luft dem Spieltisch zugeführt, und das Drücken einer Taste läßt diese in eine von vielen flexiblen Röhren strömen. Die Röhren führen zum Windkasten, wo die ankommende Druckluft das jeweilige Pfeifenventil öffnet. Die *elektropneumatische Traktur* erlaubt noch größere Flexibiltät, indem der Spieltisch relativ weit vom Pfeifenwerk entfernt sein kann; hier sind es elektrische Kontakte, die durch den Tastendruck geschlossen werden und im entfernten Windwerk Elektromagneten betätigen, die kleine Sekundärventile öffnen, durch die wiederum die Hauptventile geöffnet werden. Die *direkte elektrische Traktur* benutzt Elektromagnete zum direkten Öffnen der Hauptventile.

Man sollte annehmen, daß die elektrische Traktur als modernste Technologie die anderen verdrängt hat, aber dem ist nicht so. Es hat sich als zu schwierig erwiesen, elektrische Trakturen zu bauen, die genauso lautlos und zuverlässig funktionieren wie die mechanischen oder pneumatischen Trakturen. Die mechanischen Trakturen haben daher seit den 60er Jahren ein wiedererwachendes Interesse gefunden, und derzeit werden mechanische Trakturen bei Neuplanungen von Orgeln wieder bevorzugt verwendet. Hauptsächlich beruht dies darauf, daß die Mechanik dem Spieler das Gefühl einer direkteren und präziseren Kontrolle über das Öffnen des Ventils gibt. Wenn man eine Weile auf solchen Orgeln gespielt hat, hat man auf solchen mit elektrischer Traktur ein „schwammiges“ und ungenaues Spielgefühl. Es ist so ähnlich wie das Gefühl für die Straße, wenn man ein Auto mit Kegelradlenkung fährt, aber durch eine Servolenkung nicht mehr das direkte Gefühl für die Lenkung haben kann. Manchmal finden wir auch an alten Dingen noch etwas gutes!

## 12.5 Grifflöcher und Blockflöten

Orgelpfeifen sind weder billig noch leicht zu transportieren, und deswegen hat es schon einen Wert, Methoden zu entwickeln, mittels derer man einer einzigen Pfeife mehrere Tonhöhen entlocken kann. Dies kann zwar auch bei einer normalen Orgelpfeife durch Überblasen geschehen, aber man erhält dabei nur einige wenige Noten mit sehr ungleicher Klangqualität, und deren Abstände sind zu weit, um eine Melodie damit spielen zu können. Eine gleichmäßige Folge von Notenabständen kann durch einen beweglichen Pfropfen im Rohr (Stopper) erreicht werden, durch den die Länge der Luftsäule in der Pfeife verändert wird; viele von uns haben als Kinder mit solchen Pfeifen gespielt. Grifflöcher machen es jedoch viel leichter, rasch und genau von einer Note zur nächsten zu springen, und wir können deswegen in fast allen Kulturen eine große Anzahl von Blasinstrumenten mit Grifflöchern vorfinden, sowohl antike als auch moderne.

Welchen Effekt könnte ein einzelnes großes Loch in der Seite einer Pfeife haben? Betrachten wir Bild 12.19a. Ist das Loch geschlossen, so erzeugt die erste Eigenschwingung der Pfeife einen großen Wechseldruck an diesem Punkt; ist es offen – der Finger abgehoben – , dann grenzt keine massive Röhrenwand mehr die Luft ein, und der Druck kann sich nicht mehr zu der vorherigen Stärke entwickeln. Anders ausgedrückt, wenn die Luftteilchen unter Druck so leicht durch das Loch hin- und herschwingen können, wird am Ende der Pfeife nur noch eine geringe Luftteilchenbewegung vorhanden sein. Dadurch wird das offene Griffloch anstelle des Pfeifenendes zum Druckknoten (gleichzeitig Auslenkungs-Bauch oder -Gegenknoten) und bestimmt daher die zulässige Wellenlänge und damit auch die Eigenschwingungen und deren Frequenzen. Je weiter das Griffloch sich vom Ende der Pfeife entfernt, umso kürzer wird die zulässige Wellenlänge, umso höher also die Eigenfrequenzen und die Tonhöhe des hörbaren Klanges.

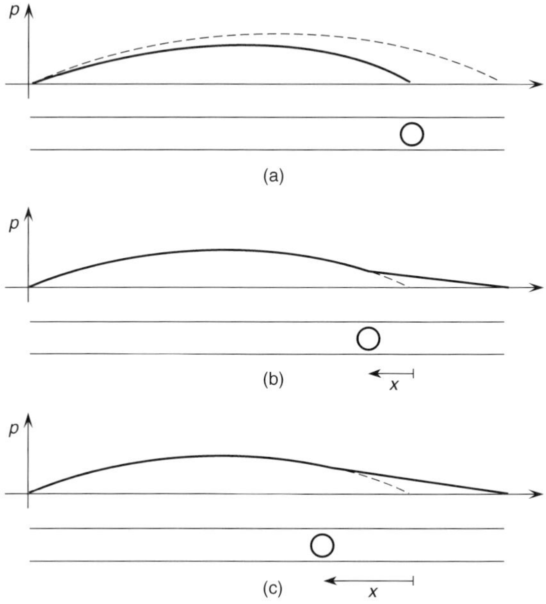


Bild 12.19
a) Die Ausbildung der stehenden Druckwelle der ersten Eigenschwingung in einer Pfeife mit einem großen offenen Griffloch; die gestrichelte Linie zeigt die Kurve bei geschlossenem Loch.
b) und c): Druckverteilungen für kleinere Löcher mit höherem Abstand $x$, wobei die gestrichelten Linien anzeigen, wie die Wellenlänge und damit die Frequenz auf die gleiche Größe wie in a) gebracht werden kann.

Dies alles ist jedoch eine Übervereinfachung, die nicht wirklich stimmt, falls nicht das Griffloch so groß ist, daß die Luftteilchen sich völlig frei hindurchbewegen können, so als ob die Wand der Röhre dort völlig entfernt wäre. Je kleiner das Griffloch, desto mehr Schalldruck kann trotz des Loches innerhalb der Röhre entstehen, und umso weniger wird der Luftstrom beeinflußt. Das heißt, ein kleines Griffloch höher am Instrument (näher am Mundstück) kann eine Druckverteilung im oberen Teil der Röhre erzeugen, die die gleiche Wellenlänge hat, wie sie ein großes Griffloch weiter unten erzeugen würde (Bild 12.19b, c). Es ist ein glücklicher Umstand, daß die gleiche Note auf zwei Weisen erzeugt werden kann, denn dies läßt einen gewissen Spielraum in der Anordnung der Grifflöcher dergestalt, daß die Finger einer normalen Hand sie erreichen können.

* Eine ungefähre Vorstellung für die Anbringung eines einzelnen Grifflochs mit dem Durchmesser $D_G$ an einer langen Pfeife mit dem Durchmesser $d_P$ kann man aus der Formel $x \approx t_{eff} \cdot (d_P/D_G)^2 - 0{,}3 \cdot d_P$ gewinnen. Hierbei ist $x$ der Abstand des Lochs von dem Punkt, wo die Röhre vollständig abgeschnitten werden müßte, um die gleiche Note zu produzieren. Die effektive Länge des Lochs $t_{eff} \approx t + 0{,}8 \cdot D_G - 0{,}5 \cdot D_G^2/d_P$, berücksichtigt sowohl die tatsächliche Wanddicke $t$ als auch einen Mündungskorrekturfaktor. Die Formel trifft nur selten exakt zu, aber sie vermittelt eine grobe Vorstellung vom Einfluß der Lochgröße und der Wanddicke. Wenn zwei oder mehr Grifflöcher offen sind, gibt es keine so einfache Formel mehr; weitere Details zu diesem Thema können Sie z.B. bei Benade nachlesen.

Um eine aufsteigende Tonfolge zu spielen, können wir mit allen Löchern geschlossen beginnen und einen Finger nach dem anderen abheben, beginnend beim Ende der Pfeife. Jedesmal wenn ein weiteres Loch geöffnet wird, verschieben sich alle Eigen-

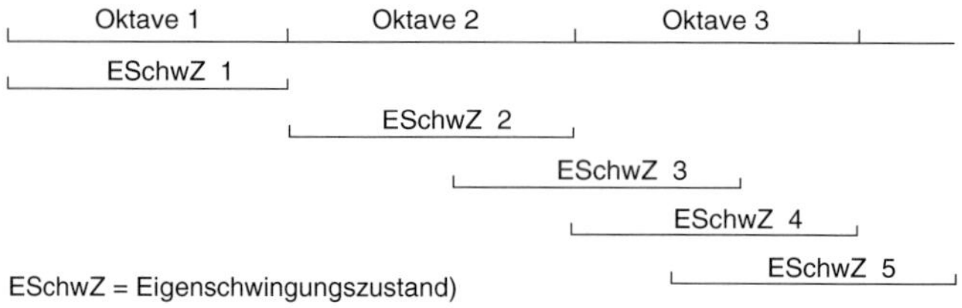


Bild 12.20
Die Bereiche der Grundfrequenzen für verschiedene Schwingungszustände beim Überblasen einer offenen Pfeife und ihre Ausnutzung durch Wiederholung des Fingersatzes für die erste Oktave.

frequenzen aufwärts, um der neuen effektiven Länge der Pfeife zu entsprechen. Bei einem normalen Fingersatz sind daher alle Löcher oberhalb der momentanen Tonhöhe geschlossen, unterhalb davon offen. Um alle Noten der chromatischen Skala über zwei Oktaven (Blockflöte) oder drei (Querflöte) hin zu produzieren, müßten also eigentlich Dutzende von Grifflöchern vorgesehen sein; aber wir haben nur zehn Finger! Es gibt mehrere Lösungsmöglichkeiten für dieses Problem; eine davon ist das Überblasen. Sobald man dadurch auf die nächste Oktave gesprungen ist, läßt sich der (fast) gleiche Fingersatz wiederholen, während man stärker bläst; wir brauchen tatsächlich keine zusätzlichen Grifflöcher oberhalb der Mitte der Pfeife. Ist man einmal in der oberen Hälfte der zweiten Oktave, lassen sich einige Noten unter

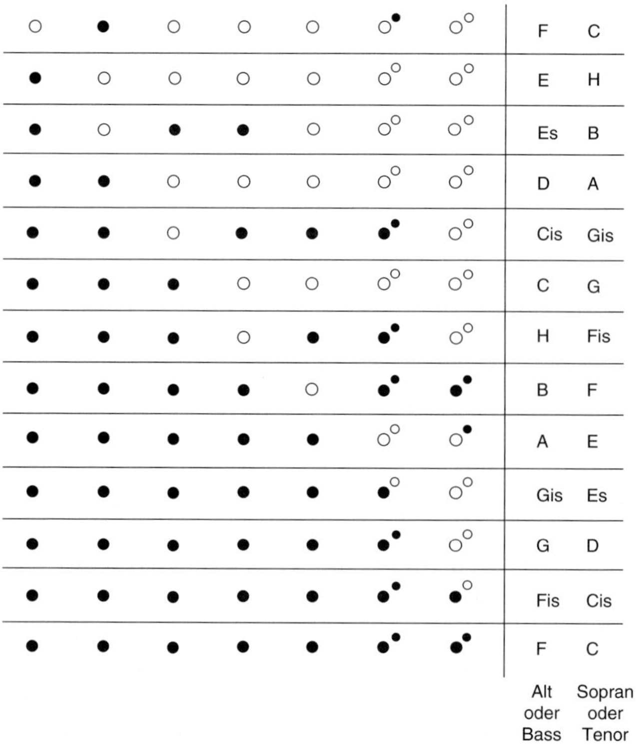


Bild 12.21
Fingersätze in der barocken Griffweise für die erste Oktave einer Blockflöte. Die niedrigste Note ist unten dargestellt, die Tonleiter steigt nach oben; das Mundstück befindet sich links (wie in Bild 3.7). Geschlossene Löcher sind durch den schwarzen Kreis angegeben, offene durch den weißen. Beachten Sie, daß es hauptsächlich das erste linksliegende offene Loch ist, welches die Tonhöhe bestimmt.

Ausnutzung des dritten Schwingungszustandes erzielen; in der dritten Oktave wird der vierte Schwingungszustand verfügbar und so weiter (Bild 12.20).

Um den Zustand des Überblasens zuverlässiger und weniger quetschtönig zu machen, hilft es, eine kleine Öffnung in der Mitte der Pfeife offen zu lassen. Bei der Blockflöte wird dies durch nicht ganz vollständiges Abdecken des Daumenlochs, also durch Erzeugung eines viel kleineren *Registerlochs* anstelle eines Tonlochs erreicht. Das kleine Loch löscht die erste Eigenschwingung praktisch aus, da es die Luft entweichen läßt, sobald der Druck steigt. Die zweite Eigenschwingung hat ihren Druckknoten in der Nähe des Lochs, ist praktisch davon unbeeinflußt und kann kraftvoll weiterschwingen. Entsprechende Überlegungen zeigen, daß alle geradzahligen Schwingungen mit dazu beitragen, den Ton eine Oktave höher zu erzeugen.

Aber auch die erste Oktave alleine müßte ja eigentlich 12 Grifflöcher haben, wogegen die Blockflöte nur sieben (ohne Daumenloch) hat; sie kann eine chromatische Skala trotzdem erzeugen, teils durch Doppellöcher (zwei kleine Löcher nahe beieinander, die durch einen Finger abgedeckt werden können), teils durch kompliziertere Fingersätze. Diese sog. Kreuz-oder Gabel-Fingersätze lassen ein Loch offen, während andere unter diesem geschlossen werden (Bild 12.21)

## 12.6 Die Querflöte

Die Querflöte hat eine direktere Methode, um die 12 Noten der ersten Oktave zu erzeugen; sie hat einfach 12 Tonlöcher (plus ein zusätzliches, das als Doppel zur Erleichterung des Griffs dient). Ihr Klappenmechanismus erlaubt einem Finger, zwei oder mehr Löcher zu kontrollieren, die zum Teil sogar außerhalb der Fingerreichweite liegen. Obwohl die meisten Löcher im Ruhezustand offen sind, können aufgrund der Klappenmechanik einige im Ruhezustand geschlossen sein, so daß der Fingerdruck diese Löcher öffnet und nicht schließt.

Es besteht eine enge Beziehung zwischen Lochgröße und Lochposition, die auf den ersten Blick nicht sonderlich auffällt. Die Anordnung der Tonlöcher auf der Querflöte mit relativ gleichmäßigen Abständen über ca. 30 cm verteilt hängt eng mit dem großen Lochdruchmesser zusammen (er beträgt etwa 70–80% des Pfeifendurchmessers, bei der Blockflöte dagegen nur 30–50%). Dies hat zur Folge, daß die aktive Röhre effektiv beim ersten offenen Loch endet und es kaum eine Rolle spielt, ob andere tiefere Löcher zu sind oder nicht. Gabelfingersätze würden daher auf der niedrigsten Oktave der Querflöte nicht funktionieren, und sie braucht stattdessen ein extra Tonloch für jede chromatische Note. Die Anordnung der Blockflötenlöcher in der Griffweite der Finger ist gekoppelt mit den relativ kleinen Lochdruchmessern; diese haben zur folge, daß das erste offene Loch der Blockflöte keinen wirklichen Druckknoten erzwingt, sondern noch genügend Druck zuläßt, damit im unteren Teil der Flöte noch Schwingungen entstehen können, was wiederum davon abhängt, ob dort die Löcher zu oder offen sind. Hier sind dann Gabelfingersätze wirksam, sowohl für die exakte Stimmung von Noten, die sonst nicht richtig gestimmt klingen würden, als

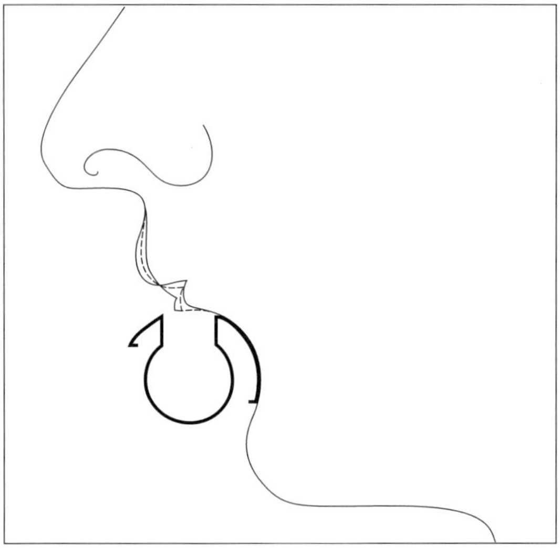

Bild 12.22
Die Lippenstellung beim Blasen der Querflöte; zurückgezogen für die tieferen Töne (oder stärkeres Blasen), vorgeschoben für höhere Töne (oder weicheres Blasen oder klanglich helleren Ton). (Aus Coltman, 1968).

auch für die Beeinflussung der Resonanzfrequenzen dergestalt, daß alle chromatischen Töne erzeugbar werden.

Der Abstand zwischen Kern und Schneide ist bei der Blockflöte feststehend, und der Spieler kann nur die Geschwindigkeit des Luftstrahls kontrollieren. Die Bedingung $f \cong v_{St}/b$ für die beste Kontrolle des Schneidentons muß durch stärkeres Blasen bei höheren Tönen erfüllt werden. Bei der Querflöte befinden sich die Lippen des Spielers direkt über dem Anblasloch, wenn sie den Luftstrahl hineinblasen (Bild 12.22), und die Form der Lippen ist flexibel. Dies gibt dem Flötisten einen Vorteil gegenüber dem Blockflötenspieler (dem allerdings die schwieriger zu erlernde Spieltechnik gegenübersteht), da er durch die Formung der Lippen (die „*Embouchure*")oder durch leichtes Drehen der Flöte den Schneidenabstand verändern kann. Da er somit sowohl diesen als auch die Geschwindigkeit des Luftstrahls kontrolliert, kann er die Beziehungen zwischen Tonhöhe, Lautstärke und Klangfarbe variabel beeinflussen, während sie bei der Blockflöte immer aneinander gekoppelt sind.

Der veränderbare Schneidenabstand erleichtert auch das Überblasen. Nur gut geschulte Spieler können auf der Blockflöte die zweite Oktave spielen, und ein in den tiefen Lagen gutes Instrument ist in der hohen Lage schwierig zu spielen und umgekehrt. Die dritte Oktave ist auf der Querflöte wesentlich leichter zu erhalten, indem der Schneidenabstand verkürzt wird, um die höheren Schwingungszustände zu verstärken. Tatsächlich können daher auf der Querflöte nur durch die Lippenstellung (*Embouchure*) die meisten Noten der zweiten und dritten Oktave kontrolliert werden, im Gegensatz zu den meisten Holzblasinstrumenten, die dafür ein extra Windloch benötigen.

* Für die meisten Zwecke reicht unsere stillschweigende Annahme, die Flöte sei eine zylindrische Röhre, völlig aus. Tatsächlich aber bewirkt die Änderung der Embouchure eine Abflachung des zweiten Schwingungszustandes, die diesen etwas weniger als eine Oktave über den ersten absinken läßt.

Um sie wieder in Übereinstimmung zu bringen, wird die Frequenz des zweiten Zustandes etwas angehoben, indem das Verbindungsstück der Flöte konisch verjüngt wird. Ein ähnlicher Effekt wird bei Piccolos und älteren konischen Flöten durch Anbringung eines zylindrischen Kopfstücks auf einem ansonsten konischen Rohr erreicht. Flöten aus der Zeit vor Boehm mit kleineren Tonlöchern brauchen zusätzlich eine Verjüngung, weil kleinere Tonlöcher tendenziell ebenfalls den zweiten Schwingungszustand auf etwas weniger als eine Oktave über dem ersten absinken lassen. Blockflöten sind ebenfalls konisch und nicht zylindrisch. Unser Kommentar in Abschnitt 12.3 über die Verstärkung des zweiten Schwingungszustandes in der Spitzflöte veranschaulicht die Tatsache, daß barocke Blockflöten mit einer relativ starken Verjüngung besser in der hohen Lage spielen, Renaissance-Flöten mit ihren mehr zylindrischen Formen dagegen besser in den tiefen Lagen.

Wenn man die Flöte unter dem Gesichtspunkt der Energieumwandlung betrachtet, stellt sie sich als extrem ineffizient heraus. Coltman schätzte in einem Fall, daß nur 2,4% der Luftstrahlenergie in die Schwingungsenergie der stehenden Wellen in der Pfeife umgewandelt werden. Und wiederum nur 3,5% davon werden durch Schallwellen nach außen abgestrahlt; das meiste geht in der Form von Wärme verloren, verursacht durch die viskose Reibung in einer ca. 0,1 mm dicken Luftschicht an der Innenseite der Wände. Wenn ein Spieler also etwa 0,1 W Energie mit seinen Lungen aufbringt, werden nur $10^{-4}$ W in die Form von Schallenergie überführt; da unsere Ohren so außergewöhnlich empfindlich sind, reicht dies jedoch aus.

# Zusammenfassung

Die Eigenschwingungen einer Luftsäule, die durch eine zylindrische Pfeife begrenzt wird, sind sinusoidale stehende Wellen. An einem geschlossenen Pfeifenende müssen diese Wellen Druckbäuche (oder -gegenknoten) und Auslenkungsknoten haben, an einem offenen dagegen Druckknoten und Auslenkungsbäuche. Mit ausreichender Annäherung ergeben die Eigenschwingungen eine vollständige harmonische Teiltonreihe (mit $f_1 = v/2 \cdot s$) bei einer offenen Pfeife und eine unvollständige, deren geradzahlige Teiltöne fehlen, bei einer geschlossenen Pfeife (mit $f_1 = v/4 \cdot s$).

Die Energie zur Aufrechterhaltung solch stehender Wellen mit ausreichend großer Amplitude kann durch einen Luftstrahl geliefert werden, der gegen eine scharfe Kante an einem Ende der Pfeife strömt. Die grundsätzliche Tendenz zur Instabilität eines solchen Luftstrahls wird durch positive Rückkopplungen ausgenutzt und bewirkt, daß der Strahl die Pfeife bei deren Eigenfrequenz antreibt. Während die Tonhöhe einer Orgelpfeife hauptsächlich durch ihre Länge bestimmt wird, hängt die Klangfarbe vom Durchmesser ab und reagiert außerdem sehr empfindlich auf die genauen Maße des Mundstücks. Eine dünnere Pfeife hat, wenn die anderen Maße unverändert bleiben, stärkere Teiltöne und daher mehr Klangkraft. Um die volle Verwendbarkeit der Orgel zu ermöglichen, sind Tausende von Pfeifen erforderlich.

Durch Griff- oder Tonlöcher wird die Möglichkeit des Überblasens erweitert, um durch die damit mögliche Veränderung der Wellenlängen mehrere Töne auf einer Pfeife zu erzeugen. Die Kombination aus Lochgröße und -position bestimmt, wie stark die Tonhöhe durch ein Griffloch verändert wird. Diese (die Tonhöhe) hängt in erster Linie vom ersten offenen Loch ab (vom Mundstück aus gesehen), vor allem wenn der Lochdurchmesser groß ist. Die Blockflöte weist einige Unterschiede zur (modernen) Querflöte auf: feststehende Proportionen des Kern-Mundstücks gegenüber variabler Embouchure; konische gegenüber zylindrischer Röhre; Grifflochanordnung in Griffweite gegenüber gleichdistanten Löchern; wenige, durch Gabelfingersätze ergänzte Tonlöcher gegenüber vielen mit mechanischer Spielhilfe.

# Symbole, Begriffe, Beziehungen

$s_o$ Länge der offenen Röhre
$s_g$ Länge der geschlossenen Röhre
$f_n$ Frequenz der n-ten Eigenschwingung
$f_I$ Frequenz des Schneidentons des I. Schwingungszustandes
$P$ Periode
$p$ Druck
$v$ Schallgeschwindigkeit in Luft
$v_{St}$ Geschwindigkeit des Luftstrahls beim Austritt aus der Kernspalte
$b$ Weite des Schneidenabstands
$d$ Pfeifendurchmesser

$f_n = n \cdot (v/2 \cdot s_o)$
$f_n = n \cdot (v/4 \cdot s_g)$
$f_1 \cong 0{,}2\, v_{St}/b$ (reiner Schneidenton)
$f_1 \cong 0{,}1\, v_{St}/b$ (normaler Pfeifenton)
$N \cong s/d$ Nummer des kritischen Zustandes (höchstmöglicher Eigenschwingungszustand)

Geschlossene (gedackte) und offene Enden
Knoten und Gegenknoten (Bäuche) von Druck und Auslenkung
Laminare und turbulente Strömung
Dynamische Instabilität
Kernspalte und (daraus austretender) Luftstrahl
Orgel-Pfeifensätze oder Orgel-Register
Orgel-Mensur
Tonlöcher
Windlöcher und Überblasen
Embouchure (Form der Lippen beim Blasansatz)
Blockflöte, Querflöte

# Übungsaufgaben

1. Erklären Sie, warum bei stehenden Wellen einer Luftsäule in einer langen Pfeife Druckknoten nicht an der gleichen Stelle auftreten wie Druckbäuche (-gegenknoten).
2. Finden Sie in den Graphen von Bild 12.1 die Punkte, die die jeweils größte Auslenkung, Geschwindigkeit und den größten Druck in dieser stehenden Welle haben. Welche beiden von diesen drei Größen treten zur gleichen Zeit, aber an verschiedenen Orten auf, und welche am gleichen Ort, aber zu verschiedenen Zeiten?
3. Wie groß sind die Wellenlänge und Frequenz der ersten Eigenschwingung einer geschlossenen Röhre mit der Länge $s = 57$ cm?
4. Wie groß sind die Wellenlänge und Frequenz der ersten Eigenschwingung einer geschlossenen Röhre mit der Länge $s = 1{,}72$ cm?
5. Wie groß sind die Wellenlänge und Frequenz der a) ersten, b) der fünften Eigenschwingung einer offenen Röhre mit der Länge $s = 57$ cm? Skizzieren Sie die Form der stehenden Welle für Druck und Auslenkung für die 5. Eigenschwingung (wie in Bild 12.2).

6. Wie groß sind die Wellenlänge und Frequenz a) der ersten, b) der fünften Eigenschwingung einer geschlossenen Röhre mit der Länge $s$ = 43 cm? Skizzieren Sie die Form der stehenden Welle für Druck und Auslenkung für die 5. Eigenschwingung (wie in Bild 12.2).
7. Welche Länge einer a) offenen, b) geschlossenen Röhre ist erforderlich, damit die Frequenz der ersten Eigenschwingung 860 Hz beträgt?
*8. Zwei offene Röhren haben die gleiche gemessene Länge 1 m, aber unterschiedliche Durchmesser $d_1$ = 1 cm und $d_2$ = 10 cm. Wie groß sind die Frequenzen der Grundschwingung unter Berücksichtigung der Endkorrektur?
9. Wenn eine einfacher Mechanismus zur Erzeugung eines Schneidentons einen Schneidenabstand von $b$ = 0,5 cm und eine Strahlgeschwindigkeit von $v_{St}$ = 40 m/s hat, welche ungefähre Frequenz ergibt sich dann für den Schneidenton?
*10. Sie haben eine Orgelpfeife, deren Länge für die Frequenz $f$ = 250 Hz bemessen ist. Wie groß ist a) die Schwingungsperiode $P$; b) die Zeit, die Strahlturbulenzen brauchen, um den Schneidenabstand zu durchqueren? Wie groß ist der optimale Schneidenabstand $b$ für eine Strahlgeschwindigkeit $v_{St}$ = 50 m/s?
11. Welcher der Graphen aus Bild 12.13 würde Ihrer Meinung nach am ehesten der Wellenform gleichen, die durch ein druckempfindliches Mikrofon (mit Oszillograph) in einigem Abstand zur Pfeife aufgezeichnet würde (Gehen Sie davon aus, daß das Experiment im Freien durchgeführt wird, um störende Einflüsse durch die Wände eines Zimmers zu vermeiden).
12. Zwei offene Pfeifen haben die gleiche Länge $s$ = 40 cm, aber eine hat als Durchmesser $d_1$ = 10 cm und die andere $d_2$ = 2 cm. Was ist die maximal mögliche Zahl von Partialtönen, die in beiden Pfeifen stark ausgeprägt sein kann?
*13. Das 8-Fuß-Register einer Orgel hat Durchmesser von 10 cm beim C bis zu 8 mm beim c''''. Schätzen Sie unter Benutzung der kritischen Zahl N die Grenzfrequenz, oberhalb derer Sie keine ausgeprägten Partialtöne mehr finden können, für die C- und c''''-Pfeife.
*14. Welcher Partialton wird durch ein 1 $^1/_3$-Fuß-Register verstärkt? Berechnen Sie, welche Rolle ein 5 $^1/_3$-Fuß-Register spielen würde. (Hinweis: Ein solches Register ist wahrscheinlich eher dem Pedal zugeordnet).
15. Sie bohren ein großes Loch in die Seite einer offenen, 66 cm langen c'-Pfeife, und zwar genau 44 cm vom Mundstück weg. Welche Note erklingt, wenn das Loch offen ist?
16. Sie haben wieder eine offene, 66 cm lange c'-Pfeife. Wo müßte ein großes Loch gebohrt werden, um a) ein cis' , b) ein a' zu erhalten? Vergleichen Sie Ihr Ergebnis mit einer Querflöte.
*17. Nehmen wir an, Sie möchten genau wie in Übung 15 die gleiche höhere Note bei der gleichen Pfeife erhalten, jedoch mit einem kleineren Loch. Wenn der Pfeifendurchmesser 2 cm und der Lochdurchmesser 1 cm, die Wanddicke 4 mm beträgt, wo würden Sie dann das Loch bohren?
18. Nehmen wir an, Ihre Querflöte hat eine undichte Klappe ungefähr in der Mitte des Abstandes bis zum ersten offenen Loch. Welches Problem wird daraus beim Spielen resultieren?
19. Wo würden Sie ein kleines Windloch anbringen, um a) die dritte, b) die vierte Eigenschwingung einer offenen Pfeife zu verstärken?
20. Wieviele Wellenlängen liegen zwischen einem beliebigen Knoten einer stehenden Welle bis zum nächsten angrenzenden Gegenknoten (Bauch)?
21. Erklären Sie die Analogie zwischen dem Graph der Luftteilchen-Bewegung (Auslenkung) in Bild 12.2 links und den Pendelbewegungen in Bild 9.9 rechts. Begründen Sie, warum die Auslenkung, die der ersten Pendel-Eigenschwingung entspricht, nicht als eine Eigenschwingung der Pfeifen gezählt wird.
22. Welche Unterschiede in der Klangfarbe sind zwischen einer dünnen und einer dicken Orgelpfeife zu erwarten, wenn alle anderen Parameter gleich bleiben? Warum? Welche Parameter können notwendigerweise nicht gleich bleiben?
23. Ein Spinnennetz in der Mitte einer offenen Orgelpfeife hat soviel Staub und tote Insekten angesetzt, daß es jeder Luftströmung an die-

sem Punkt einen leichten Widerstand entgegensetzt. Wie beinflußt das die ersten paar Eigenschwingungen? Erklären Sie, warum der entgegengesetzte Effekt eintreten würde, wenn durch ein kleines Loch in der Mitte der Pfeife Luft entweichen könnte. Welche dieser beiden Situationen entspricht in gewisser Weise dem leichten Auflegen eines Fingers in der Mitte einer Gitarrensaite?

# Projektvorschläge

1. Studieren Sie die Fingersätze und deren Anordnung von offenen und geschlossenen Grifflöchern für den ganzen Spielbereich der Querflöte. Überprüfen Sie soweit wie möglich, ob diese Fingersätze mit den in diesem Kapitel aufgestellten Prinzipien übereinstimmen. (Sie werden dabei Gabelfingersätze für die dritte Oktave finden, deren Zweck Ihnen nach dem Studium des nächsten Kapitels verständlicher sein wird.)

*2. Verschaffen Sie sich Zugang zu einer Pfeifenorgel und stellen Sie sicher, daß Sie nicht versehentlich etwas beschädigen. Identifizieren Sie dann, welche Pfeifensätze jedem Register entsprechen. Notieren Sie sich deren Form (offen, gedackt, spitz, Röhre usw.), Länge, Dicke und Größe des Mundstücks. Überprüfen Sie die Zusammenhänge dieser Maße mit Tonhöhe und Klangfarbe jeder Pfeife.

3. Verschaffen Sie sich Papp- oder PVC-Röhren mit verschiedenen Durchmessern und schneiden Sie zwei oder mehr auf gleiche Länge zu (50 oder 60 cm sind ausreichend). Schließen Sie dann einen Sinuswellen-Oszillator an einen kleinen Lautsprecher an, den Sie am Ende einer Röhre anbringen, so daß diese abgeschlossen wird, und verbinden Sie zuletzt ein Mikrofon am anderen Ende der Röhre mit einem Oszilloskop. Beobachten Sie dann die Wellenform auf dem Oszilloskop, während Sie die Oszillatorfrequenz verändern, um die Resonanzfrequenzen der ersten Eigenschwingungen aller Pfeifen herauszufinden.
   Messen Sie diese sorgfältig mit einem Frequenzzähler und prüfen Sie, ob sich (harmonische) Teiltonreihen ergeben. Wenn Sie exakt genug messen, sollten Sie zeigen können, daß die Grundfrequenz durch den Pfeifendurchmesser beeinflußt wird. Stimmen Ihre Ergebnisse mit der Behauptung überein, daß die Größe der Endkorrektur das 0,6-fache des Pfeifendurchmessers ist? – Sie sollten auch die Raumtemperatur messen und daraus die genaue Schallgeschwindigkeit berechnen, anstatt einfach 344 m/s anzunehmen. – Optionale Zusatzaufgabe: Führen Sie entsprechende Messungen an zwei Röhren mit dem gleichen Durchmesser durch, wobei Sie bei der einen ein großes „Tonloch“ und bei der anderen ein kleines seitlich in gleichem Abstand gebohrt haben. Wie groß ist nun die effektive Länge jeder Pfeife? Überlegen Sie, ob das Mikrofon am Pfeifenende bleiben oder vielleicht in der Nähe des Tonlochs stehen sollte.

# 13. Rohrblattinstrumente

Was hat das Schmettern einer Trompete mit dem dünnen Quäken eines clownesken Fagotts oder dem hohlen Klang der tiefen Klarinettentöne gemeinsam? – Unsere erste Aufgabe wird in der Darstellung und Erklärung des gemeinsamen Klangerzeugungsprinzips dieser Instrumente bestehen; danach werden wir untersuchen, wie die Details der Instrumente, vor allem die Form der Röhren, die Schwingungen modifizieren, so daß eine Vielfalt von charakteristischen Klängen ermöglicht wird.

Zunächst wollen wir ein *Rohrblatt* als einen langen, dünnen Streifen aus flexiblem Material definieren, der an einem Ende eingespannt ist (später werden wir diese Definition noch erweitern). Wenn man am freien Ende zupft, schwingt das Rohrblatt mit seiner Eigenfrequenz, die durch seine Masse und Steifigkeit bestimmt wird; Entfernung von Masse an der Spitze erhöht die Frequenz, Ausdünnung bei der Basis verringert dagegen vor allem die Steifigkeit und erniedrigt daher die Frequenz. Diese Schwingung wird durch den allmählichen Energieverlust infolge von Reibung und Schallabstrahlung abgedämpft; um eine gleichmäßige Schwingung aufrechtzuerhalten, muß irgendwie Energie zugeführt werden, und dies kann z. B. durch einen Luftstrom oder -strahl geschehen.

Wir wollen die luftgetriebene Schwingung des Rohrblatts zunächst in ihrer einfachsten Form studieren, wie wir sie in den Zungenpfeifen der Orgel finden (das einfache Rohrblatt wird gleichbedeutend auch als *Zunge* bezeichnet, vor allem bei der Orgel). Danach folgt die Untersuchung der Holz-Rohrblattinstrumente und dann die der Blechblasinstrumente, bei denen die Lippen des Bläsers die Funktion eines doppelten Rohrblatts übernehmen. Wir werden dabei mit Themen wie Eigenschwingungen und -frequenzen, harten und weichen Rohrblättern, Grifflöchern, Tasten und Ventilen zu tun bekommen und auch mit der akustischen Funktion von Mundstücken und Schallbechern.

In Abschnitt 13.4 werden wir das Konzept der *gekoppelten Schwingungen* und -frequenzen entwickeln, d. h. den Schwingungen, die durch die Kopplung verschiedener Teile eines Instruments mit verschiedenen Eigenschwingungen entstehen (man spricht auch von *erzwungenen Schwingungen*) und die zur Entstehung charakteristischer Klänge beitragen. Und schließlich werden wir uns kurz mit Dämpfern beschäftigen, mit der Klangabstrahlung sowie mit dem Unterschied zwischen dem Klang inner- und außerhalb des Instruments.

## 13.1 Orgelpfeifen

In einer großen Orgel funktionieren viele Pfeifen – ungefähr ein Viertel oder ein Drittel – in einer ganz anderen Weise als die Labialpfeifen, die wir im letzten Kapitel behandelten. In diesen Pfeifen steckt verborgen eine metallene Zunge (meist aus Messing; siehe Bild 13.1). Ein als Stimmkrücke bezeichneter elastischer Draht drückt einen Teil des Rohrblatts fest gegen die offene Seite des als *Kehle* bezeichneten

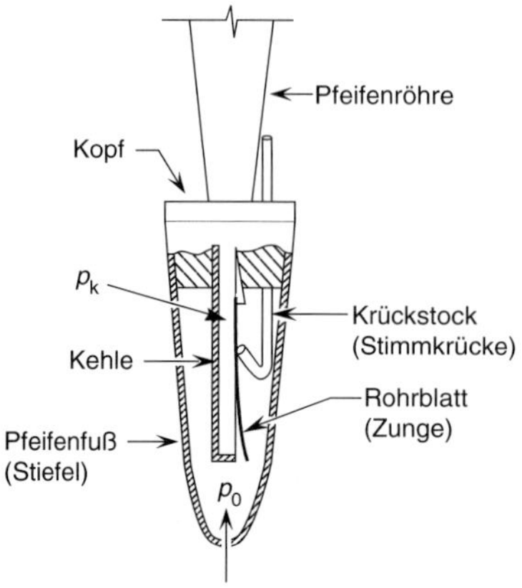


Bild 13.1
Der Aufbau einer Zungenpfeife (Lingualpfeife) in einer Orgel. Das Rohrblatt (= die Zunge) wird meist so hergestellt, daß es in entspanntem Zustand eine leichte Krümmung hat; dadurch schließt es mit einer abrollenden Bewegung die Kehle besser ab. Die Kehle ist eine Röhre, die zur Zunge hin und zum Resonator (der eigentlichen Orgelpfeife) hin offen ist. Wenn die Stimmkrücke nach unten verschoben wird, verkürzt sich der freie Teil der Zunge, was eine Frequenzerhöhung zur Folge hat.

Luftkanals, so daß der freibleibende Teil gerade mit der gewünschten Frequenz schwingen kann. Wenn vom Windkasten Luft mit dem Austrittsdruck $p_0$ in den *Pfeifenfuß* (auch *Stiefel* genannt) eintritt, kann sie ausschließlich durch die Kehle wieder nach außen entweichen. Um einen gleichmäßigen Luftstrom durch den schmalen Spalt zwischen Zunge (Rohrblatt) und Kehle zu erzeugen, muß der Druck $p_0$ im Stiefel größer sein als der Druck $p_k$ in der Kehle. Ändert sich die Größe der Öffnung, dann ändert sich damit auch die Flußrate und der Druckunterschied, wie in Bild 13.2 gezeigt ist.

Diese Druckunterschiede besagen, daß eine von Null verschiedene Kraft das Rohrblatt zur Kehle hin drückt und mit kleiner werdender Öffnung ansteigt. Die federähnliche Steifigkeit des Rohrblatts wirkt dieser Kraft entgegen und drückt es zurück nach außen. Der Zusammenhang zwischen diesen beiden Kräften und der jeweiligen Zungenposition ist in Bild 13.3a gezeigt.

Hier fällt uns das letzte Kapitel wieder ein, wo wir ebenfalls eine instabile Strömung kennengelernt haben! Allerdings gibt es nun einen Unterschied: Es handelt sich jetzt nicht um eine dem Fluid (also dem Luftstrahl selbst) eigene Instabilität, sondern um eine solche, die von der Wechselwirkung zwischen dem Fluid und einer

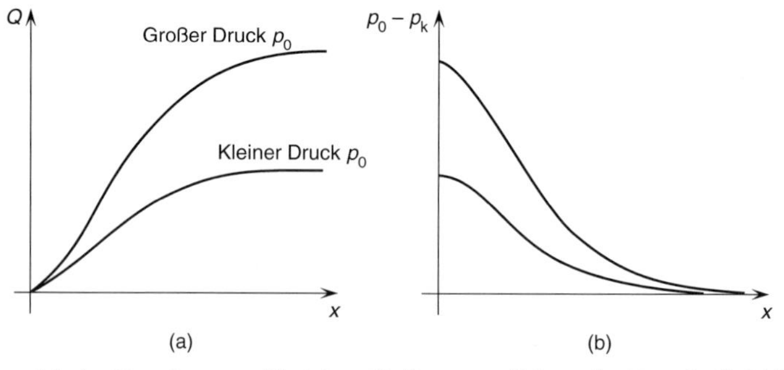


Bild 13.2
a) Abhängigkeit der Gesamt-Durchflußrate $Q$ (in $cm^3/s$) vom Abstand $x$ der Zunge von der Kehle für zwei verschiedene Druckwerte $p_0$.
b) Druckunterschiede an der Zunge; bei großen Werten von $x$ nähert sich der Druckunterschied dem Nullwert, weil dann der Druck alle Teile des Systems bis zu jenen begrenzenden Teilen ausfüllt, die ihm größeren Widerstand entgegensetzen als die nachgiebige Zunge.

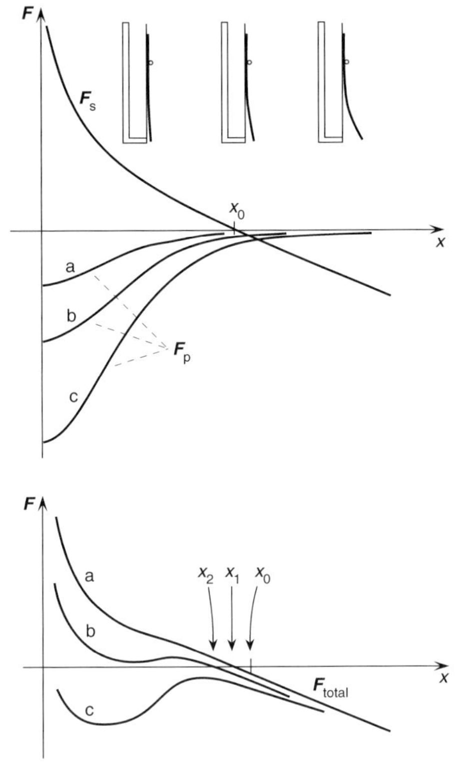


Bild 13.3
Die auf das Rohrblatt (die Zunge) wirkenden Kräfte in Abhängigkeit von dessen Abstand von der Kehle; die Ruheposition – wenn kein Luftstrom vorhanden ist – ist $x_0$. $\boldsymbol{F}_s$ ist die Steifigkeit oder Elastizität, $\boldsymbol{F}_p$ der Luftdruckunterschied und $\boldsymbol{F}_{total}$ die Summe aus beiden; als positive Kraft ist die Richtung definiert, die die Zunge von der Kehle wegdrückt.
Kurven a) und b): Geringer Druck im Pfeifenfuß und niedrige Flußrate; die Zunge kann sich auf eine stabile Gleichgewichtsposition (nicht Ruheposition!) bei $x_1$ oder $x_2$ einpendeln.
Kurve c): Bei höherem Luftdruck im Pfeifenfuß reicht die Steifigkeit der Zunge nicht mehr aus, und sie wird gegen die Kehle gedrückt.

flexiblen Begrenzung abhängt (die Beispiele 4 und 5 in Kasten 12.2 sind hierfür relevant). Genau wie bei anderen Strömungs-Instabilitäten gibt es eine kritische Flußrate (bei entsprechendem Druckwert im Pfeifenfuß), oberhalb derer das Rohrblatt keine stabile Gleichgewichtsposition mehr erreichen kann (Bild 13.3b). Stattdessen verschließt es mehr oder weniger vollständig die Kehle und unterbricht dadurch den Luftstrom. Die Steifigkeit der Zunge kann die Hilfe eines positiven Druckimpulses in der Kehle benötigen, bevor sie wieder zurückfedern kann. Wenn die Zunge aufmacht und die Strömung wieder einsetzt, wirken auch die Kräfte wieder ein, bis die Zunge von neuem gegen die Kehle gedrückt wird.

Die sogenannte *aufschlagende Zunge* ist etwas größer als die seitliche Öffnung der Kehle, so daß sie gegen deren Ränder aufschlägt; sie wird normalerweise in Pfeifenorgeln verwendet und in den Rohrblattinstrumenten. Die Zunge kann auch als *durchschlagende Zunge* etwas kleiner bemessen sein, so daß sie die Kehle gerade abschließt, ohne jedoch gegen deren Ränder zu schlagen. Gelegentlich findet man diesen Typ auch in Orgelpfeifen, im Harmonium (eine pfeifenlose Orgel mit fußgetriebenen Blasebälgen), der Harmonika und dem Akkordeon. Da die aufschlagenden Zungen die Kehlöffnung rascher und vollständiger verschließen, erzeugen sie schärfere Wellenformen mit mehr hohen Partialtönen, so daß ihr Klang schärfer und durchdringender ist.

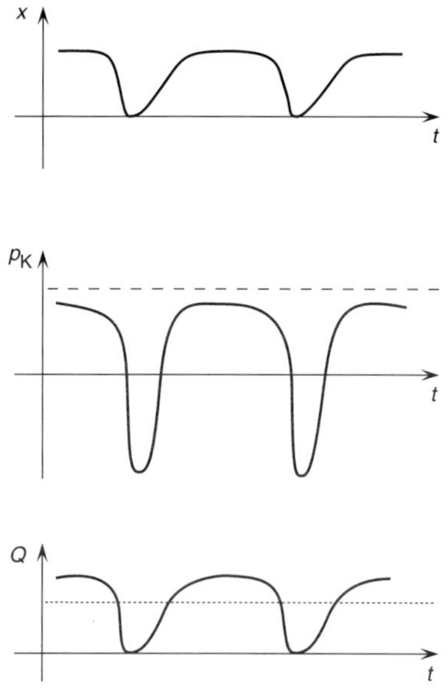


Bild 13.4
Die Phasenverhältnisse der dynamischen Variablen in typischen Rohrblattinstrumenten. Die Kurven sind in der Regel nicht sinusoidal; ihre exakte Ausprägung hängt jedoch stark von den Maßen und Proportionen des Instruments ab und davon, wie laut es gespielt wird. $x$ = Rohrblattöffnung; $t$ = Zeit; $p_k$ = Druck innerhalb der Kehle, welcher immer kleiner ist als der Druck $p_0$ im Pfeifenfuß (gestrichelte Linie); $Q$ = Durchflußrate ($cm^3/s$) durch die Öffnung, welche auf einer kurzen Strecke proportional zur Strömungsgeschwindigkeit in der Röhre ist. Der Durchfluß ist zu verstehen als zusammengesetzt aus einem gleichmäßigen Durchschnitts-Anteil (gepunktete Linie) und einem akustischen Anteil, der zwischen positiven und negativen Werten schwankt.

Der summende Klang des Rohrblatts im Luftstrom kann sehr stark verstärkt werden, wenn die Kehle in ein Resonanzrohr mündet. Meistens ist dieses Rohr konisch geformt, weil dadurch alle Teiltöne der Rohrblattschwingungen verstärkt werden. Die Resonanzröhre hat dabei keine ausschließlich passive Rolle, denn die vom Röhrenende reflektierte Welle trägt beim Eintreffen an der Kehle zur Öffnung der Zunge und damit zum Auslösen des nächsten Zyklus bei. Diese positive Rückkopplung ist natürlich dann am effektivsten, wenn die jeweiligen Eigenschwingungen von Röhre und Rohrblatt übereinstimmen. In diesem Fall gelten die Verhältnisse, wie sie in Bild 13.4 gezeigt sind.

Was geschieht jedoch, wenn die Eigenfrequenzen der Röhre und des Rohrblatts nicht übereinstimmen? Wird sich das Rohrblatt an die Schwingungen der Röhre anpassen oder seine eigenen Schwingungen fortsetzen? – Die Antwort hängt davon ab, ob wir ein hartes oder weiches Rohrblatt vor uns haben. Das Wort *hart* benutzen wir nicht nur, weil solche Rohrblätter aus Metall angefertigt werden, sondern um zu sagen, daß die Trägheits- und Elastizitätseigenschaften dieses Materials sein Verhalten überwiegend bestimmen. Zupft man ein metallenes Rohrblatt, so schwingt es mehrere Sekunden lang, denn es verliert nur minimal Energie bei jedem Zyklus. Ein hartes Rohrblatt hat eine sehr hohe und schmale Spitze in seiner Resonanzkurve (Bild 11.16) und daher eine starke Tendenz, mit einer bestimmten Frequenz zu schwingen.

Ein *weiches* Rohrblatt hat dagegen sehr schnelle Energieverluste – es schwingt nur Bruchteile von Sekunden lang nach dem Zupfen. Die aus Schilf- oder Zuckerrohr gefertigten Rohrblätter der Holzblasinstrumente fallen in diese Kategorie, da Holz weniger elastisch als Metall ist; außerdem absorbieren die Lippen des Bläsers, die den unteren Teil des Rohrblatts umfassen, zusätzlich einen beträchtlichen Energiebetrag. Die Resonanzkurve für ein weiches Rohrblatt ist flach und breit, und daher kann es fast gleichgut über einen großen Frequenzbereich hin reagieren.

Wenn ein einzelnes Rohrblatt viele verschiedene Frequenzen hervorbringen soll, wie es der Fall ist,wenn es mit einer Röhre mit Fingerlöchern verbunden ist, so muß es notwendigerweise ein weiches Rohrblatt sein. Dann kann die Röhre durch ihre Rückkopplung zum bestimmenden Faktor der Schwingungsfrequenz werden, und das Rohrblatt paßt sich mehr oder weniger an. Muß das Rohrblatt jedoch nur eine einzige Frequenz hervorbringen wie in einer Orgelpfeife, dann kann es ein hartes Rohrblatt sein. In diesem Fall beharrt das Rohrblatt stur auf seiner Eigenfrequenz, gleichgültig ob diese von der Pfeifenröhre unterstützt wird oder nicht. Das Stimmen einer Rohrblatt- oder Zungenpfeife bedeutet daher, daß zuerst durch Justieren der Rohrblattlänge die gewünschte Tonhöhe eingestellt wird und danach die bestmögliche Klangqualität durch Justieren der Pfeifenlänge auf die optimale Kopplung einreguliert wird. Wenn die Resonanzröhre nicht mit dem Rohrblatt gleichschwingt, wird der Klang schwach oder kann sogar völlig erlöschen.

Eine Vielfalt von Klangfarben – einschließlich solcher, die Blech- und Holzblasinstrumente imitieren – kann durch Variieren der Detailgestaltung von Zunge und Kehle (z. B. des Grades oder des Zeitverlaufs des Schließvorganges) ebenso wie durch unterschiedliche Resonatoren erhalten werden. Am Ende dieses Kapitels werden wir sehen, warum breite konische Röhren einen großen, aber teiltonarmen Klang und umgekehrt engere einen weicheren teiltonreicheren Klang und warum zylindrische einen klarinettenhaften Klang begünstigen.

Ein weiterer interessanter Kunstgriff ist die Verwendung von verkürzten Rohrlängen für Pfeifenregister wie *Regal* oder *Vox humana*. Man nimmt einen Satz von Rohrblättern bzw. Zungen in normaler Stimmung, die normalerweise eine Pfeifenlänge bis zu 8 Fuß erfordern würden, verwendet aber stattdessen Pfeifen mit nur einem Viertel- oder Achtel der normalen Länge (also bis zu 2 Fuß lang). Dann erhalten die ersten (tiefsten) Eigenschwingungen des Rohrblatts keinerlei Verstärkung von der Resonator-Röhre, und man hört einen nasalen oder quäkenden Klang mit sehr schwachem Grundton; praktisch befindet sich die gesamte Schallenergie in den höheren Teiltönen, die in den kurzen Pfeifen Resonanz finden.

Wir können einen anschaulichen Kontrast zwischen Kernspalt- und Rohrblattpfeifen konstruieren, wenn wir uns einen gleichmäßig einströmenden Luftstrom vorstellen, der in beiden Fällen durch ein Ventil passiert, welches durch regelmäßiges Öffnen und Schließen Luftstöße in die Resonanzröhre entläßt. Die Flöte (und alle Instrumente, die auf dem Schneidenton-Prinzip beruhen) hat ein *fluß-kontrolliertes Ventil:* Es ist der Luftstrom selbst, der durch sein periodisches Pendeln bestimmt, wann der Luftstrom in den Resonator eintritt oder nach außen entweicht. Das Verhalten des Rohrblatts dagegen ist das eines *druck-kontrollierten Ventils:* Hier ist es der Schalldruck an der Eintrittsöffnung der Pfeife, der direkt bestimmt, wann das Rohrblatt sich öffnet, um den nächsten Luftstoß einzulassen.

Die Tatsache, daß Kernspalt- und Rohrblatt-Pfeifen in dieser Hinsicht gegensätzlich sind, läßt vermuten, daß auch die Bedingungen für die stehende Welle in der Pfeife am Mundstück gegensätzlich sind; wo die Flöte am Mundloch einen Druckknoten bzw. Auslenkungsbauch hat, *muß ein Rohrblattinstrument einen Druckbauch bzw. Auslenkungsknoten am Rohrblatt haben*. Um also vorauszusagen, welche stehenden

Wellen in einer Pfeife möglich sind, behandeln wir das Rohrblattende als geschlossenes Ende einer Röhre.

Man könnte argumentieren, daß dies vernünftig erscheint, weil ja das Schließen des Rohrblatts während eines jeden Schwingungszyklus' einen festen Abschluß bildet, gegen den sich ein großer Druck aufbauen kann. Es ist zwar nicht präzise zutreffend, daß der Abschluß vollständig ist, aber selbst wenn immer noch etwas Luft zwischen Rohrblatt und Kehle hindurchströmen kann, ist diese Öffnung vernachlässigbar klein gegenüber den Maßen der anschließenden Pfeifenröhre. Vergleichbare Drücke können nicht annähernd so viel Strömung durch die Rohrblattöffnung bewirken als an jedem anderen Ort in der Pfeife, und wir können daher in guter Annäherung von einem Auslenkungs-Knoten sprechen.

Die gleiche Idee kommt in der Bezeichnung *Eingangs-Impedanz* (Eingangswiderstand) zum Ausdruck, welche als das Verhältnis von Schalldruck zu akustischem Fließvolumen am Eintritt der Pfeife definiert ist. Der Eingangswiderstand ist eine Funktion der Frequenz, bestimmt durch Länge und Form der Röhre (was wir später in Bild 13.15 und anderswo darstellen werden). Um maximale Energie in den Resonator zu liefern, erfordert ein Rohrblattinstrument einen hohen Eingangswiderstand (hoher Druck am Eingang), während ein Flöteninstrument einen geringen Eingangswiderstand (d. h. großes Fließvolumen) erfordert. In beiden Fällen wird die Forderung nur bei einigen wenigen Frequenzen erfüllt – nämlich bei den Eigenfrequenzen des Instruments.

## 13.2 Die Rohrblatt-Holzblasinstrumente

Wir wollen zunächst die wichtigsten Eigenschaften der verschiedenen Instrumente beschreiben, um dann durch eine vergleichende Gegenüberstellung herauszufinden, worauf die Klangunterschiede der einzelnen Holzblasinstrumente zurückzuführen sind.

1. Die *Klarinette* hat ein einfaches Rohrblatt sowie eine zylindrische Schallröhre mit einer leichten Ausweitung am Ende, dem Schallbecher oder Stürze (Bild 13.5a). Außer beim leichten Anblasen schlägt das Rohrblatt gegen die Kanten des Mundstücks (siehe Bild 3.8a) genau wie die Zunge der Orgelpfeife gegen deren Kehle. Der Name *Klarinette* wird für eine ganze Familie von Instrumenten verwendet, von denen die verbreitetste die B-Klarinette ist. Alle weiteren Ausführungen beziehen sich auf die B-Klarinette, da zu dieser die gründlichsten Forschungen vorliegen.

2. Das *Saxophon* hat wie die Klarinette ein einfaches Rohrblatt auf einem schnabelförmigen Mundstück, jedoch eine konisch auslaufende Schallröhre mit einem nur kurzen Randbördel am Ende (Bild 13.5b). Auch hier steht der Name für eine ganze Instrumentenfamilie; mehrere Größen sind üblich, vor allem in Unterhaltungsorchestern.

3. *Oboe, Englischhorn* und *Fagott* haben alle ein doppeltes Rohrblatt (siehe Bild 3.8b) und konische Schallröhren (Bild 13.5c), beruhen also auf gleichen physikalischen Voraussetzungen. Innerhalb dieser als Oboen-Familie bezeichneten Instrumenten-

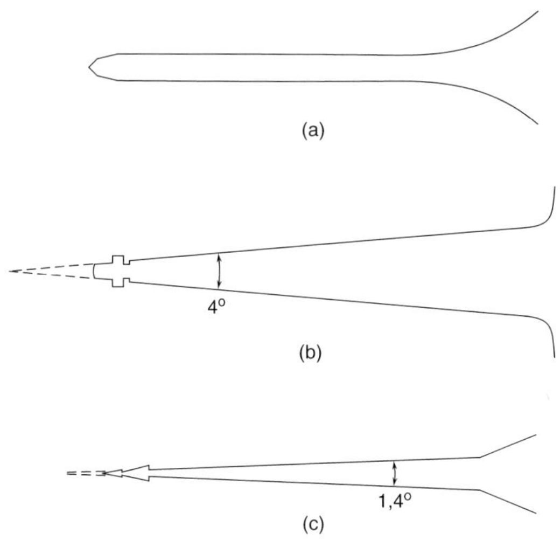


Bild 13.5
Längsschnitte durch drei Holzblasinstrumente, die Quermaße sind gegenüber den Längsmaßen dreifach überhöht. a) Klarinette: Gesamtlänge 66,5 cm, Innendurchmesser des zylindrischen Abschnitts 1,5 cm, Durchmesser am Ende des Schallbechers 6,0 cm; tiefster Ton ist das d.
b) Sopransaxophon: Länge 69 cm, größter Randdurchmesser der Stürze 9 oder 10 cm; tiefster Ton ist a.
c) Oboe: Länge 64 cm, größter Durchmesser 3,8 cm, tiefster Ton ist b. – Die fehlenden Enden der Konus-Spitze (gestrichelte Linien) werden durch zusätzliches Volumen in der Rohrblatt-Höhlung ausgeglichen.

gruppe gibt es Sopran-, Alt- und Baßinstrumente. Die Schalmei, in Konzerten Alter Musik gelegentlich zu hören, gehört ebenfalls zu dieser Familie. Ihr Ton ist weniger gestaltungsfähig, wobei das Rohrblatt meist völlig vom Mund umschlossen wird, während der Oboenspieler mit den Lippen den unteren Teil des Doppelrohrblatts umschließt, um den Klang besser zu kontrollieren. Auch die *Sackpfeifen* und zahlreiche Instrumente in Asien und dem Nahen Osten gehören zur gleichen Familie.

4. Für die vierte Kombinationsmöglichkeit, nämlich doppeltes Rohrblatt und zylindrische Schallröhre, existiert kein zeitgenössisches Instrument, lediglich das *Krummhorn* ist in Renaissance-Ensembles zu finden. Aufgrund des in der Windkapsel eingeschlossenen Doppelrohrblatts (siehe Bild 3.8c) hat der Spieler noch weniger Kontrolle als bei einer Schalmei; insbesondere kann das Krummhorn nicht zuverlässig überblasen werden, und der Spielbereich ist daher auf etwas mehr als eine Oktave eingeschränkt.

Daß die zwei Hälften eines Doppelrohrblatts gegeneinander schlagen anstatt gegen ein Mundstück, ist von geringer akustischer Bedeutung. Die Entwicklung wurde mehr von der relativen Bequemlichkeit der Montage auf kleinen oder größeren Mundstücken bestimmt; die Oboen können ebenso perfekt mit kleinen Mundstücken und Einfach-Rohrblatt gespielt werden; dies hat sich jedoch nicht durchgesetzt.

Offensichtlich haben die akustischen Unterschiede mehr mit der Form der Schallröhre zu tun. Die Röhren der Klarinetten sind zylindrisch, an einem Ende offen, am anderen effektiv geschlossen. Ein Blick auf Bild 12.2 und 12.3 im letzten Kapitel erinnert uns daran, daß die Grundschwingung einer geschlossenen Röhre eine Wellenlänge hat, die viermal der Röhrenlänge entspricht, die einer offenen Röhre hingegen eine nur zweimal so große Wellenlänge. Dies erklärt, warum die Klarinette etwa eine Oktave niedriger klingt als eine Flöte mit vergleichbarer Länge. Wir können aus Bild 12.3 auch annähernd ersehen, daß die Eigenschwingungen der Klarinette nur die ungeraden Teilschwingungen einer harmonischen Reihe unterstützen. Konische

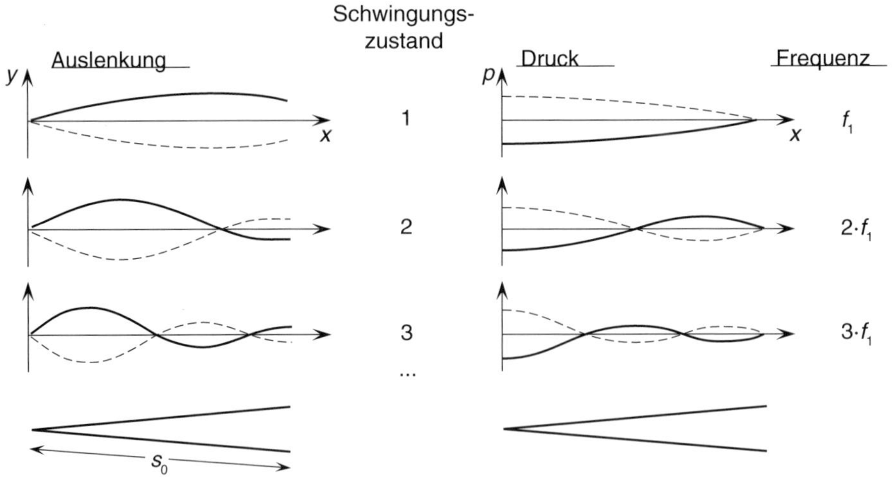


Bild 13.6 Die Formen der ersten drei stehenden Wellen in einer vollständigen, an einem Ende offenen konischen Röhre. Durchgezogene und gestrichelte Linien stehen jeweils für die Zeit nach einem halben Schwingungsdurchlauf. Die Frequenzen betragen $f_n = n \cdot (v/2 \cdot s)$ genau wie für eine offene zylindrische Röhre der gleichen Länge, trotz der unterschiedlichen Form. Vergleiche auch Bild 12.2 und 12.3.

Röhren hingegen mit einem offenen und einem geschlossenen Ende haben Eigenschwingungen (Bild 13.6), deren Frequenzen eine vollständige harmonische Reihe mit dem Grundton $f_1 = v/2 \cdot s$ bilden.

* Die Frage ist naheliegend, ob es andere Schallrohrformen gibt, deren Eigenschwingungen bestimmte Teilbereiche der harmonischen Reihe unterstützen und dadurch von musikalischem Interesse sein könnten. Es existiert ein solches Instrument, das Bessel-Horn erster Ordnung (es ist in Benade, Kapitel 20, beschrieben), mit einer allmählich stärker zunehmenden konischen Bohrung. Es dient nicht als Grundlage für irgendein Instrument, weist jedoch Parallelen zu den Formen der Schallbecher bei den Blechblasinstrumenten auf.

Die erste wichtige Auswirkung dieses Unterschiedes betrifft die Klangfarbe. Genau das Fehlen bzw. nur schwache Vorhandensein der allerersten geradzahligen Teiltöne verursacht den hohlen Klang der Klarinette in der tiefen Lage, welches sie von den meisten anderen Instrumenten unterscheidet. Die Oboen und Saxophone weisen dagegen alle Teiltöne mehr oder weniger auf, und es müssen daher noch andere Gründe für den Unterschied ihrer Klangfarbe etwa zu der der Violinen existieren.

Eine zweite wichtige Auswirkung besteht beim sogenannten Überblasen. Bei einer Oboe oder Saxophon könnten wir erwarten, daß überblasene Noten eine Oktave höher (und dann 1 Oktave + 1 Quinte, 2 Oktaven usw.) erklingen. Das heißt, wenn durch Fingerlöcher bzw. -Klappen die unterste Oktave spielbar gemacht werden kann, ließen sich alle höheren Noten durch Überblasen erreichen, und wir könnten Fingersätze erwarten, die nach dem gleichen Schema wie für Flöten oder Blockflöten aufgebaut sind. Wird jedoch eine Klarinette überblasen, so liegt der erste verfügbare höhere Ton bei der Quinte über der Oktave, 19 Halbtöne anstatt 12 über dem geblasenen Grundton. Das bedeutet, daß die Klarinette ausreichend Fingerlöcher, Klappen und Fingersätze haben muß, um die untersten 19 Noten zu produzieren, bevor das Überblasen benutzt werden kann. (Tatsächlich hat sie 24 Tonlöcher, von denen einige den gleichen Ton mit verschiedenen Fingersätzen ergeben, und eins, das als Windloch bzw. Register funktioniert). Es wäre theoretisch zwar möglich, daß Flöten-, Oboen- und Saxophoninstrumente die gleichen Fingersatzschemata benutzten (dies ist in der Praxis jedoch nicht der Fall); auf die Klarinetten würden jedoch diese Schemata niemals passen.

Wir wollen nun den Hauptunterschied zwischen Oboen und Saxophonen untersuchen. Beide sind von konischer Form, jedoch sind die Konus-Winkel der Saxophone um ein mehrfaches größer (Sopran-Saxophon 4°, Oboe 1,4°; Tenorsaxophon 3°, Fagott 0,8° {nach Nederven}). Was wir schon oben über die Orgel-Kernspaltpfeifen anmerkten, trifft auch hier zu: Enge Schallröhren weisen starke Resonanzen bei vielen Eigenschwingungen auf, wogegen die höheren Frequenzen aus breiten Schallöffnungen austreten, ohne stärkere stehende Wellen auszubilden. Der schalmeienartige Klang der Oboen ergibt sich aus der Enge ihrer Schallröhren, die ein auch in den Höhen reiches Klangspektrum bewirkt, während bei den Saxophonen nur die untersten wenigen Teiltöne ausreichend Resonanz finden. Genau wie bei den Orgelpfeifen müssen daher auch hier die tieftönigeren Mitglieder jeder Instrumentenfamilie etwas enger gebaut werden, um dem Klangspektrum noch ausreichend Teiltöne zu verleihen, damit es noch als instrumententypisch wahrgenommen wird.

Die breitere Bohrung der Saxophon-Schallröhre läßt entsprechend größere Tonlöcher zu, was zu einer effizienteren Schallabstrahlung führt; das Saxophon kann daher ziemlich laut klingen. Die kleineren Tonlöcher der Oboe begrenzen dagegen deren Lautstärke, auch wenn der Spieler stark bläst.

Wir können auch eine Verbindung herstellen zwischen der Größe der Tonlöcher und dem Fehlen oder Vorhandensein einer Schallstürze. Die großen Tonlöcher einer Flöte oder eines Saxophons bewirken ein so effektives Ende der Resonanzröhre, daß der größte Teil der Schallenergie vom ersten offenen Loch abstrahlt. Die Amplitude der stehenden Welle ist beim zweiten offenen Loch schon weniger als halb so groß und kleiner als ein Drittel beim dritten Loch. Alle Teiltöne werden überwiegend genau so wie der tiefste Ton abgestrahlt, der aus dem Ende der Schallröhre austritt, und dies ändert sich auch nicht, wenn anstelle des Röhrenendes ein offenes Tonloch tritt: Es besteht also kein Bedarf für eine Schallstürze.

Bei Klarinetten und Oboen mit ihren relativ kleinen Tonlöchern setzen sich jedoch die Luftschwingungen zu einem beträchtlichen Teil auch noch in dem Teil fort, der hinter dem ersten offenen Tonloch liegt. Die Amplitude am zweiten offen Tonloch kann noch 70% und am dritten noch 50% derjenigen am ersten Tonloch betragen, und es sind daher jeweils *mehrere* Tonlöcher zusammen, die einen wesentlichen Beitrag zur Schallabstrahlung des Grundtons leisten. Dieses Zusammenwirken läßt nun zwar die tiefen und mittleren Töne mit etwa gleicher Effizienz abstrahlen, wogegen der Schallaustritt durch ein einziges Tonloch nur die Abstrahlung der sehr hohen Teiltöne begünstigt. Daher würden die tiefsten zwei oder drei Noten tendenziell eine andere Klangfarbe haben, so als wenn sie zu einem anderen Instrument gehören würden, wenn man nicht mit einem Trick den Effekt einer langen Reihe von Tonlöchern herstellen würde – und das ist genau das, was die Schallstürze bewirkt: Sie wirkt sich bei den hohen Noten überhaupt nicht aus. Unter diesem Gesichtspunkt müßte man nun meinen, die Blockflöte sollte auch eine Schallstürze haben, obwohl sie doch keine hat; und tatsächlich sind die tiefsten Töne der Blockflöte von ziemlich unspezifischer Klangfarbe und schwer in überzeugender Weise zu spielen.

## 13.3 Die Familie der Blechblasinstrumente

Natürlich wollen wir unser bisher erworbenes Wissen so weit als möglich für das Studium der Blechblasinstrumente nutzen; ein Schlüssel dazu ist, wenn wir sie als Rohrblattinstrumente einordnen. Die Tatsache, daß die Form des „Rohrblatts" in diesem Fall ganz anders ist als ein dünner Metall- oder Holzstreifen, soll uns nicht irritieren; entscheidend ist, daß die menschlichen *Lippen* als Rohrblatt ebenfalls nichts anderes darstellen als eine schmale Öffnung mit flexiblen Rändern, durch die dem Instrument Luft zugeführt wird, so daß der Mechanismus einer instabilen Gas-Strömung einsetzen kann.

Erhöhter Druck im Mundinnern drückt nach außen auf die Lippen mit der Tendenz, diese mit einer rollenden Bewegung aufzudrücken. Sobald aber die Lippen sich öffnen, sinkt der Luftdruck schlagartig ab, und die Muskelspannung schließt die Lippen wieder (Bild 13.7). Das Andauern dieser Lippenvibrationen wird außerdem durch den aerodynamischen Bernoulli- Effekt unterstützt (dieser wird in Kasten 14.1 erörtert).

Ähnlich anderen Rohrblättern können auch die Lippen alleine dergestalt vibrieren und einen entsprechenden Klang erzeugen; jedoch kann erst die positive Rückkopplung durch eine resonierende Schallröhre ausreichend Klangstärke sowie ausreichende Klangstabilität und Klangfarbe verleihen. Betrachten Sie unter dieser Vorstellung von Lippentrennnung, Mundstückdruck und Luftfluß nochmals das Bild 13.4.

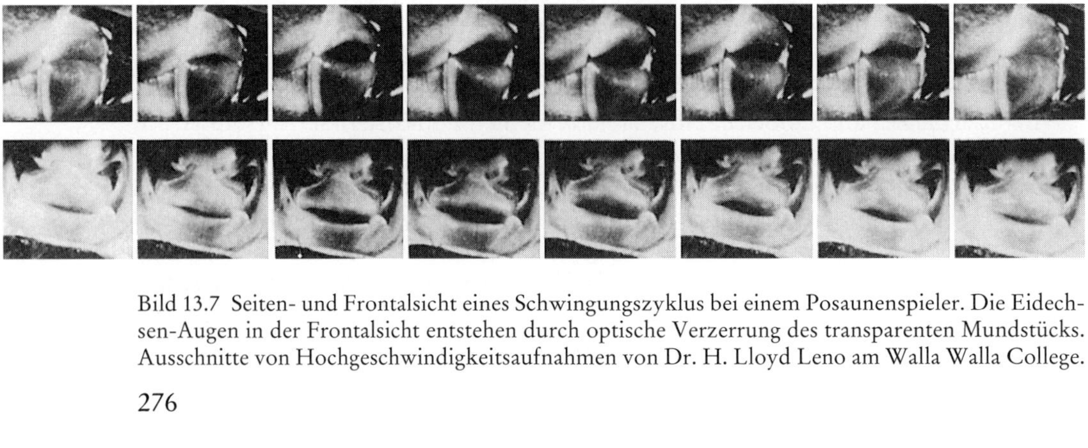

Bild 13.7 Seiten- und Frontalsicht eines Schwingungszyklus bei einem Posaunenspieler. Die Eidechsen-Augen in der Frontalsicht entstehen durch optische Verzerrung des transparenten Mundstücks. Ausschnitte von Hochgeschwindigkeitsaufnahmen von Dr. H. Lloyd Leno am Walla Walla College.

Wie bei anderen Rohrblattinstrumenten ist das angeblasene Ende der Röhre effektiv geschlossen. Wir können wiederum zwei Familien erwarten, eine mit zylindrischen und eine mit konischen Schallbohrungen. Tatsächlich können wir das Kornett, das Alt- und Tenorhorn sowie die Tuba als Abkömmlinge der Konus-Form identifizieren, und die Trompete, die Posaune und das Horn als (zumindest teilweise) zur zylindrischen Form gehörig. Allerdings ist keine von beiden Gruppen wirklich streng nach solchen theoretischen Gesichtspunkten gebaut.

Da bei einer konischen Röhre das ganze Instrument sich allmählich ausweitet, ist das offene Ende bereits relativ groß und benötigt nichts mehr in der Art einer Schallstürze, um effizient abzustrahlen. Deswegen haben die Kornette – obwohl sie nicht vollständig konisch sind – vergleichsweise unauffällige Schallstürzen. Eine vollständig zylindrische Trompete hätte dagegen eine sehr kleine Öffnung und würde nur einen dünnen, streicherähnlichen Ton abgeben, der allenfalls mit einer Flöte bezüglich der Lautstärke mithalten könnte. Die Schallstürze (oder Schallbecher) ist also ein wesentliches Merkmal von Trompete und Posaune, das den Klangcharakter wesentlich verändert, den diese Instrumente ohne Stürze haben würden – nicht nur hinsichtlich der Lautstärke, sondern auch in Bezug auf andere Eigenschaften, wie wir noch sehen werden.

Die Kornett-Instrumente sollten ähnlich wie Oboen und Saxophone Eigenschwingungen haben, deren Frequenzen weitgehend einer harmonischen Reihe entsprechen. Es ist daher nicht überraschend (bei einer gegebenen Ventilanordnung), daß das Überblasen hornsignal-artige Muster erzeugt (die Teiltöne 3, 4, 5, 6 eines Grundtons), ebenso wie natürlich den zweiten Teilton und einige oberhalb des sechsten Teiltones. Es bleibt rätselhaft, warum das Erzeugen eines Grundtons demgegenüber so schwierig ist.

Das Rätsel wird bei den Trompeteninstrumenten noch größer, denn wir sollten ja erwarten können, analog zu den Klarinetten beim Überblasen nur die ungeradzahligen Teiltöne zu erhalten. Aber auch hier erhalten wir eine vollständige harmonische Reihe, bei der lediglich der Grundton fehlt. Es ist ein wirkliches Rätsel, von dem Sie sich selbst überzeugen können, wenn Sie ein rein zylindrisches Rohr etwa in der Länge eines Meters blasen und feststellen, daß tatsächlich nur Tonhöhen erklingen können, die etwa einem 3, 5, 7, 9, ... Teilton entsprechen. Es bestehen allerdings zwei entscheidende Unterschiede zu einer richtigen Trompete: Die Ausweitung der Schallstürze und die Einschnürung oder Enge im Mundstück. Durch mühseliges und langwährendes Probieren haben die Instrumentenbauer allmählich diejenige Kombination von Mundstück und Schallstürze herausgefunden, die das Muster der stehenden Wellen (siehe Bild 13.8,) genau so beeinflussen, daß sich eine vollständige harmonische Reihe mit geraden wie ungeraden Teiltönen beim Überblasen ergibt.

Man muß hervorheben, daß diese Einflüsse nicht etwa die ursprünglichen schon vorhandenen ungeraden Teiltöne belassen und einfach dazwischen die geraden einfügen. Vielmehr bewirkt eine kleine Verschiebung aller Teiltöne gleichzeitig, daß ihre Frequenzverhältnisse zu den Vielfachen 2, 3, 4, 5... eines *anderen* Grundtons werden, wie in Bild 13.9 gezeigt ist. Bei den untersten Teiltönen macht sich der Einfluß der Stürze eher bemerkbar und sie werden daher zu den höheren Frequenzen hin

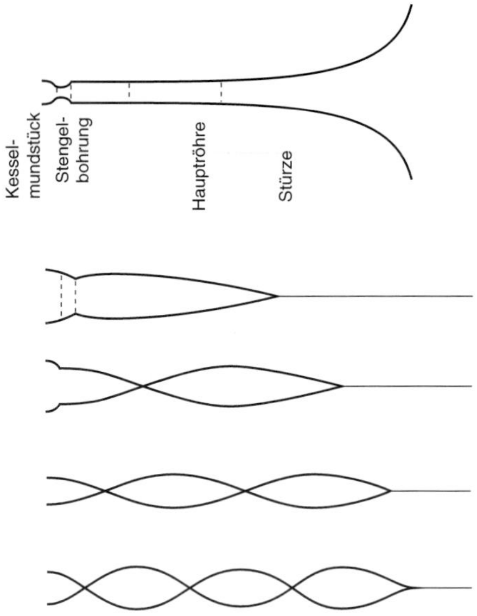


Bild 13.8
Die stehenden Schalldruckwellen in einem trompetenähnlichen Instrument. Beachten Sie, wie der erste Teilton weitgehend durch den zylindrischen Abschnitt des Instruments begrenzt wird, während die folgenden Teiltöne immer weiter hinaus in die Schallstürze reichen. (Aus Arthur H. Benade, „The Physics of Brasses". Copyright © 1973 Scientific American, Inc. All rights reserved.)

verschoben, wie es einer kürzeren effektiven Länge der Schallröhre entspricht. Die Resonanz in der Höhlung des Mundstücks, dem „Kessel" (typischerweise um die 800 Hz), hat für die höheren Teiltöne den Effekt, daß das Schallrohr an diesem Ende einige

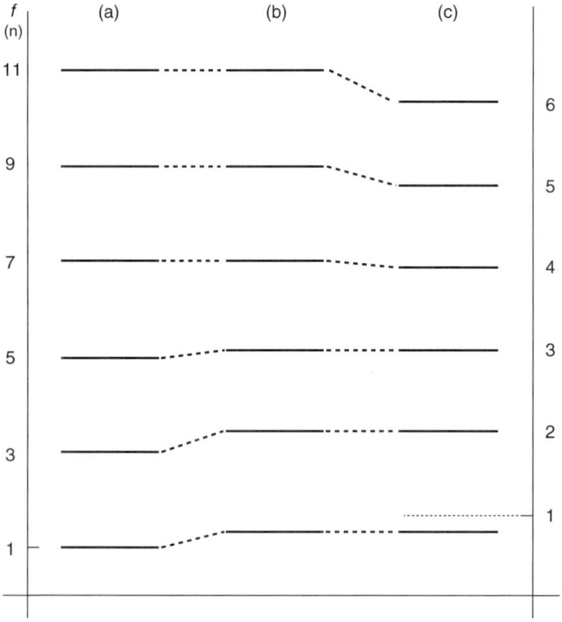


Bild 13.9
a) Natürliche Eigenschwingungsfrequenzen einer zylindrischen Röhre, die an einem Ende geschlossen ist.
b) Erhöhung der Frequenzen bei den niedrigeren Eigenschwingungszuständen, die durch das Ersetzen eines Teils der Röhre durch eine Stürze bewirkt wird.
c) Erniedrigung bei den höheren Eigenschwingungsfrequenzen, die durch das Ersetzen eines Teils der Röhre am entgegengesetzten Ende durch ein Mundstück bewirkt wird. Die gestrichelte Linie (bei 1) zeigt die fehlende Grundtonfrequenz für die neu entstandene harmonische Reihe.

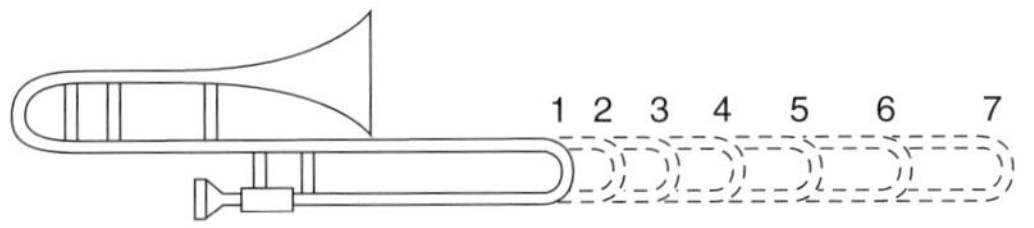


Bild 13.10 Die „Züge", Zugpositionen der Posaune. Beachte, daß die Abstände nicht gleich sind, da jeder Zug einen Zuwachs um 6% (bezogen auf die vorhergehende effektive Gesamtlänge) bringen muß, um den nächsttieferen Halbton zu erhalten (nach Backus).

Zentimeter länger zu sein scheint und ihre Frequenzen daher abgesenkt werden. Zu beachten ist jedoch der Preis für diese nützliche Verschiebung: Die tatsächliche Frequenz der Grundschwingung ist eine ganz andere, als diejenige der sich ergebenden harmonischen Reihe rechnerisch sein müßte, und die Grundschwingung ist daher musikalisch nicht nutzbar.

Muß man nun die Lippen in ihrer Funktion als Rohrblatt zu den harten oder den weichen Rohrblättern zählen? Tatsächlich liegt sie dazwischen. Die Spannung der Lippenmuskeln kann genug Kraft ausüben, um im Instrument eine Frequenz bevorzugt hervorzurufen, die z. B. dem sechsten Teilton entspricht und nicht dem fünften oder siebten, obwohl diese nur ca. 17% daneben liegen. Andererseits sind die Lippen bei allen Teiltönen weich genug, um durch die Resonanz der Schallröhre rückgekoppelt zu werden. Wenn man versucht, die Tonhöhe durch Lippenbewegungen zu beeinflussen, vor allem im mittleren Bereich wie dem 3. oder 4. Teilton, kann man im allgemeinen weniger als einen Halbton von der für diesen Teilton 'richtigen' Frequenz abweichen, bevor der Ton zum nächstliegenden Teilton umspringt. Die höheren Teiltöne (8, 9, 10 usw.) sind nicht so gut getrennt und bringen daher die Gefahr mit sich, daß der Ton hin und her springt oder sogar von einem zum nächsten Teilton 'jault'. Sie erfordern daher sehr viel mehr Lippenkontrolle und Sensibilität des Spielers. Dies ist ein Grund, warum Waldhörner besonders schwierig zu blasen sind, da sie meist überwiegend in diesen hohen Teiltönen gespielt werden, bis hinauf zum zwölften oder noch höheren Teilton.

Das Fehlen einer vergleichbaren Kontrollmöglichkeit des Rohrblatts verhindert, daß Oboen und Klarinetten in solch hohen Teiltönen gespielt werden können; aufgrund ihrer Verwendung lediglich des ersten Teiltones werden mehr Tonhöhen-

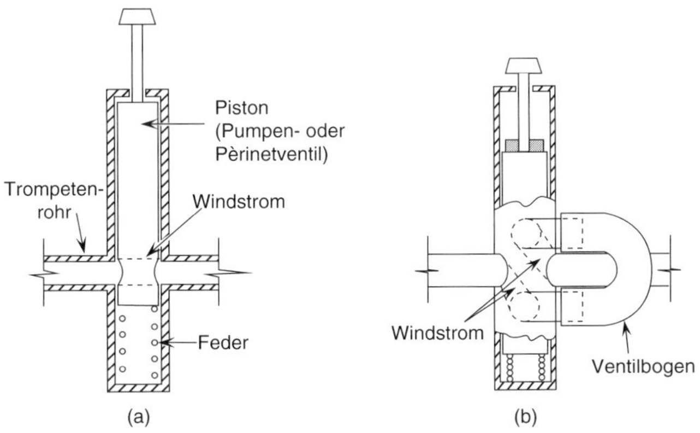


Bild 13.11
Das Pumpenventil (sog. Pèrinetventil, Pèrinetmaschine) einer Trompete.
a) In offener Stellung (Ventilknopf oben) strömt die Luftsäule gerade hindurch; b) in geschlossener Stellung (Ventilknopf gedrückt) wird die Luftsäule um die Länge des Halbkreises verlängert (nach Backus).

modifikationen zur Erzeugung einer Tonleiter nötig, als ein Drei-Ventil-System bereitstellen könnte. Die Trompete beginnt ihren Spielbereich jedoch erst mit dem 2. Teilton und benötigt daher nur sieben Halbtonschritte aus dem 2. Teilton, bevor der Spielbereich des dritten Teiltons einsetzt. Die einfachste Möglichkeit dafür besteht in einer verschiebbaren Anordnung des Rohrs wie bei der Posaune, so daß sich jede benötigte Länge einstellen läßt (Bild 13.10). Dies läßt aber weniger schnelle und relativ ungenaue Notenwechsel zu als die fixierten Längen von zusätzlichen Rohrstücken, die in den Schalldruckverlauf durch Pressen der drei Pumpenventile eingefügt werden (Bild 13.11 und Kasten 13.1). Moderne Waldhörner weisen meist Zylinderventile (auch als Drehventile bezeichnet) auf, die akustische Funktion ist aber die gleiche.

Unglücklicherweise führt die Verlängerung des zylindrischen Abschnitts durch die Ventile dazu, daß auch kleine Veränderungen an der Schallstürze vorgenommen werden müßten, um alle Teiltöne im richtigen Verhältnis zu halten. Da dies kaum durchführbar ist, stellt die Form der Schallstürze einen Kompromiß dar, der bei verschiedenen Gesamtlängen ausreichend gut funktioniert. Einige Folgen aus dieser unvermeidbaren Imperfektion werden wir im nächsten Abschnitt besprechen.

* Kasten 13.1 Eine chromatische Skala für die Trompete

Wir hatten bei den Holzblasinstrumenten ganz zwanglos eine aufsteigende chromatische Skala bilden können, indem wir mit der maximalen Länge des Schallrohrs begannen und durch Öffnen von Tonlöchern sukzessive deren Länge verkürzten. Der normale Ausgangspunkt für die Trompete ist hingegen deren kürzeste Länge, wobei alle Ventile offen sind. Dies ergibt die jeweils *höchste* Note für jeden Eigenschwingungszustand, und wir erhalten folgerichtig eine *absteigende* chromatische Skala, wenn wir nacheinander Rohrstücke durch Drücken der Ventile einfügen.

Wie lang müssen nun die Bogenzüge sein? Beginnen wir beim mittleren Ventil: es fügt das kürzeste Rohrstück zur Grundlänge hinzu, welches die Tonhöhe um einen Halbton erniedrigen soll. Das bedeutet eine Abnahme der Frequenz um 5,95 % (unter der Annahme einer gleichschwebenden Temperatur, siehe Kasten 7.1); die Länge des Bogenstücks sollte also exakt 5,95 % der effektiven Grundlänge $s_0$ der Trompete betragen. Ventil 1 (das erste vom Spieler aus) soll den Ton um zwei Halbtöne erniedrigen. Weil $(1{,}0595)^2 = 1{,}1225$ ist, muß die Frequenzabnahme 12,25 % betragen, und entsprechend muß die Länge des zweiten Zusatzbogens 12,25 % von $s_0$ sein. So weit, so gut: kein Ventil gedrückt ergibt B, Ventil 2 ergibt A, Ventil 1 ergibt As.

Nun hoffen wir, daß wir mit drei Ventilen auskommen können, weil wir erwarten, daß wir den Ton G erhalten können, indem wir Ventil 1 und 2 gleichzeitig drücken. 5,95 und 12,25 % ergeben zusammen eine zusätzliche Länge von 18,20 % von $s_0$ – und das ist leider nicht die korrekte erwünschte Länge, welche 18,92 % betragen sollte, sondern etwa einen Zehntel-Halbton zu hoch. Um zu verstehen warum, stellen wir uns vor, daß Ventil 1 bereits gedrückt ist und eine Gesamtlänge von $1{,}1225 \cdot s_0$ ergibt. Es sind 5,95% von diesem Wert, nicht 5,95 von $s_0$, die nochmals hinzugefügt werden müßten, um einen weiteren Halbton tiefer zu kommen. Es ist also theoretisch unmöglich, alle drei Notenschritte in exakter Stimmung zu erhalten. Die tatsächlichen Längen sind Kompromisse, die erfordern, daß ein guter Spieler durch seine Lippenkontrolle den Ton jeweils leicht nach unten oder oben verschiebt.

Das Problem wird noch vertrackter, wenn man Kombinationen mit dem 3. Ventil einbezieht. Ventil 2 und 3 sollten zusammen die nächst niedrigere Note ergeben. Dieses Fis ist vier Halbtöne oder 25,99 % tiefer als B, sollte also 20,04% (25,99–5,95) von $s_0$ als zusätzliche Rohrlänge durch das 3. Ventil aufweisen. (Beachten Sie, daß das 3. Ventil alleine eine alternative Spielmöglichkeit für ein – allerdings schlecht gestimmtes – G darstellt.) Wir müssen dem

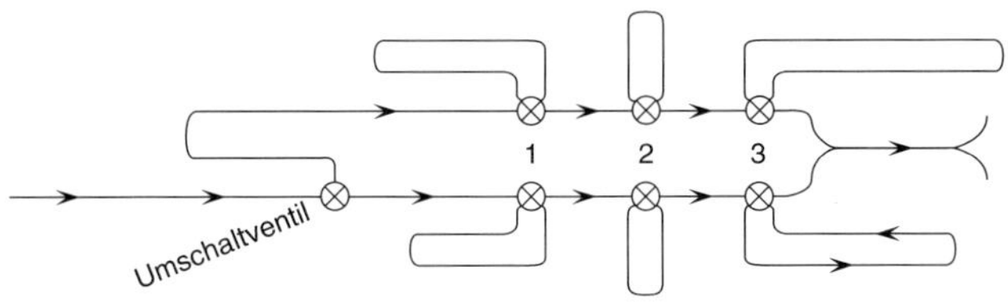


Bild 13.12
Schematischer Windstrom durch ein Horn; F-Horn oben, B-Horn unten. Jedes numerierte Ventilpaar wird durch einen einzigen Ventilhebel betätigt.

3. Bogenstück jedoch eine Länge von fast 21% von $s_0$ zuweisen, damit wir eine brauchbare Annäherung auch für die Töne F (Ventil 1 +3, theoretische Zusatzlänge damit 33,48% · $s_0$) und E (Ventile 1+2+3 gedrückt, theoretische Soll-Länge 41,42% · $s_0$) erhalten.

Der Kompromiß kann etwas verbessert werden, wenn ein kleiner Abschnitt des 3. Bogens ähnlich wie bei einer Posaune verschiebbar ist. Er kann je nach Bedarf mit dem kleinen Finger der linken Hand verschoben werden, um die Länge dieses Bogenzugs zu verkürzen oder zu verlängern, je nachdem, welche anderen Ventile gedrückt sind. Eine andere Lösung, die manchmal auf erstklassigen Instrumenten zu sehen ist, besteht im Anbringen eines vierten Ventils; dieses bewirkt das Einfügen eines weiteren Bogenzugs und damit die Frequenzerniedrigung um eine reine Quarte, als Ersatz für die Kombination der Ventile 1+3.

Man könnte denken, daß das zusätzliche Ventil den Spielbereich des Instruments nach unten erweitert. Versucht man jedoch, durch Drücken aller vier Ventile gleichzeitig um 11 Halbtöne (=2+1+3+5) zu erniedrigen, landet man aus den vorher genannten Gründen näher am 10. Halbtonschritt. Diese Situation kann vermieden werden, indem jedes der ersten drei Ventile und Ventilbögen doppelt angebracht wird, so daß ein längeres oder kürzeres Bogenstück eingefügt wird in Abhängigkeit davon, ob Ventil 4 gedrückt ist oder nicht. Dann hat man praktisch zwei Instrumente in einem, die sich lediglich das Mundstück und die Schallstürze teilen und dessen Ventile tandemartig von den gleichen Fingern bedient werden. Dies ist die Funktionsweise des Doppel-Waldhorns, welches sowohl als F-Horn als auch, durch Drükken des vierten Ventils, als B-Horn gespielt werden kann.

## 13.4 Spielbare Noten und Klangspektrum

Wir kommen nun zu einem Problem, dem wir bisher aus dem Weg gegangen sind: Wie verhält sich ein Rohrblatt, wenn es widersprüchliche Rückmeldungen von den stehenden Wellen der Schallröhre bekommt? Und was entscheidet darüber, welche Anteile der Teiltöne in der Zusammensetzung der entstehenden Schwingung vorhanden sind?

Erinnern wir uns an unsere Gründe für die Einführung des Konzepts der Eigenschwingungen: 1. Was auch in einem komplexen System geschieht, es kann als eine aus all diesen Eigenschwingungen zusammengesetzte Bewegung beschrieben werden, und 2. jede dieser Eigenschwingungen besteht in einer einfachen harmonischen Schwingung (EHS). Es gab noch eine dritte Vorstellung, die wir nun in Frage stellen müssen, nämlich 3. die Annahme, daß jede Eigenschwingung als Reaktion auf die treibende Kraft unabhängig schwingt, gleichgültig, ob und wie stark andere Eigenschwingungen gleichzeitig stattfinden. Dies ist gültig, solange wir nur mit *linearen* Systemen zu tun haben – und tatsächlich haben wir damit eine gute Definition von

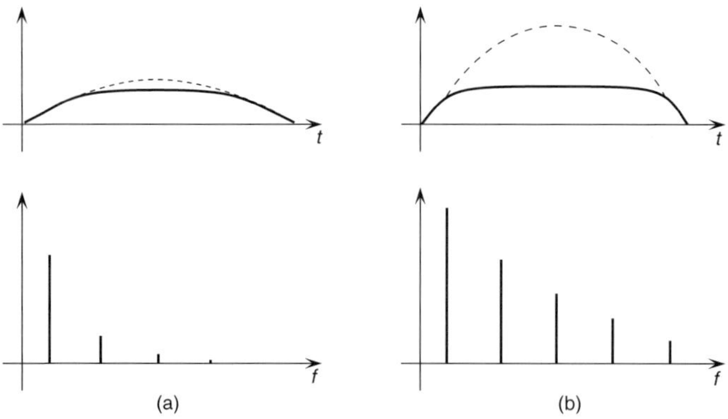


Bild 13.13
Ein halber Schwingungszyklus eines Schneidenton-Luftstrahls für a) kleine und b) große akustische Amplitude. Die gestrichelten Linien zeigen die Position des Luftstrahls über der Zeitachse, durchgezogene Linien den resultierenden Luftstrom nach Passieren der Schneidenkante. Die vertikalen Linien zeigen die Spektral- oder Fourierkomponenten der Wellenform des Luftstrahls. Auch wenn die Strahl*bewegung* sinusoidal ist, gilt dies nicht für das Luftstrahlvolumen, denn sobald der Luftstrahl völlig auf eine Seite der Schneide ausgependelt ist, ändert ein weiteres Auspendeln nicht mehr das Volumen.

„linear“ erhalten. Nun aber müssen wir uns dem Problem der Nicht-Linearität stellen: jede Eigenschwingung kann zu guter Letzt auch alle anderen beeinflussen.

Wenn wir eine Luftsäule alleine betrachten, verhält sie sich durchaus linear und alle stehenden Wellen sind tatsächlich unabhängig voneinander. Wenn man eine plötzliche Störung in einem Resonanzrohr verursacht, z. B. durch Einrasten einer Klappe über einem Tonloch, passen alle Annahmen über Eigenschwingungen ebensogut zu dem entstehenden „plop“-Geräusch, wie sie es bei den Schlaginstrumenten taten.

Es ist der gleichmäßige Erregungsmechanismus, der zur Nichtlinearität führt, so daß eine Eigenschwingung sozusagen ‘merkt’, was eine andere tut. Stellen wir uns eine einzelne Eigenschwingung vor, die alleine in einer geblasenen Flöte oder Oboe schwingt, während alle anderen schweigen. Bei der Flöte würde dies bedeuten, daß der Druckwellenverlauf in und aus dem Mundstück sinusoidal ist; der Luftstrom jedoch, der von dieser Druckwelle vor- und zurückgetrieben wird, würde einen nicht-sinusoidalen Verlauf zeigen (Bild 13.13), der sofort auch die anderen Eigenschwingungen anregen würde. Bei der Oboe bedeutet es entsprechend, daß der Druck am Rohrblatt sinusoidal schwingen würde; jedoch wird auch hier die daraus entstehende Öffnungsbewegung des Rohrblatts (Bild 13.2) einen eindeutig nicht-sinusoidalen Luftstrom ergeben, der wiederum zusätzliche Eigenschwingungen anregt.

Da jede Eigenschwingung einen gewissen Effekt auf alle anderen ausübt (entweder über den Luftstrahl oder das Rohrblatt) und andererseits selbst von allen anderen beeinflußt wird, erfordert das Entstehen eines gleichmäßigen Tones einen Kompromiß darüber, wieviel Energie auf jede Eigenschwingung entfällt. Man nennt diese schwierige Balance eine (selbststabilisierende) **Schwingungsgruppe**[12]; es war vor allem Benade, der dieses wichtige Phänomen ausführlich untersucht hat. Eine gekoppelte Schwingung hat relative Schwingungsstärken in der Form, daß jede Schwingung

[12] Benade verwendete den Ausdruck „regime of oscillations“, der in der deutschen Erstübersetzung mit „Schwingungsgruppe“ übersetzt wurde und deshalb hier so beibehalten wird. Bei anderen Autoren wird auch von „rückgekoppelten Systemen“ gesprochen (A.d.Ü.).

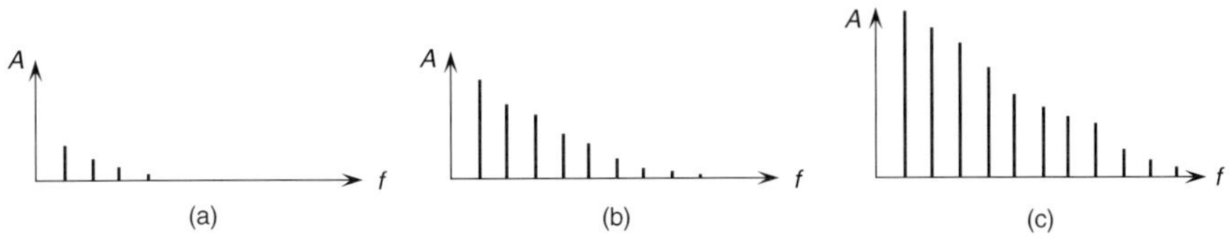


Bild 13.14 Das Spektrum der Druckamplituden innerhalb des Mundstücks einer Trompete beim Blasen des Tones b, jeweils im a) pp, b) mp, c) ff. (Nach Benade, S. 419).

mit allen anderen kooperiert, um das Gesamtschwingungsmuster zu erhalten. Insbesondere muß die Gesamtwirkung aller Druckschwingungen auf das Rohrblatt (oder die Pendelbewegungen des Blasstrahls) eine Rohrblatt- oder Luftstrahlbewegung erzeugen, welche alle Eigenschwingungen auf dem gleichen Energieniveau hält, so daß sich das ganze System selbst stabilisiert.

Die mathematische Formulierung dieser nichtlinearen Effekte ist ziemlich komplex, aber wir können einige brauchbare qualitative Vereinfachungen beschreiben. Als erste:

**Nichtlineare Rückkopplungen nehmen im allgemeinen mit der Amplitude zu.** Am Beispiel der Flöte läßt sich dies recht gut veranschaulichen (Bild 13.13.). Konsequenterweise ist es im piano- bzw. pianissimo-Spiel am leichtesten, nur eine Eigenschwingung auszunutzen unter möglichster Ausschaltung der anderen; fortissimo-Spiel bringt starke Kopplungen mit sich, die die Schwingungsenergie breit verteilen, so daß mehrere Eigenschwingungen relativ gleichgroße Amplituden aufweisen. Dies ist der Grund für die allgemeine Tendenz bei den meisten Blasinstrumenten, bei lauterem Spiel eine reichere Klangfarbe und brillanteren Ton zu entwickeln, wie in Bild 13.14 zu sehen ist. Die Oboe zeigt dabei am wenigsten Klangfarben-Unterschiede zwischen lautem und leisem Spiel, denn ihre enge Rohrblattöffnung schließt sich tendenziell auch schon bei leisem Spiel vollständig und verursacht dadurch starke Nichtlinearitäten, während bei der Klarinette eine vollständige Schließung des Rohrblatts erst bei größerer Lautstärke erreicht werden kann.

Unsere zweite und dritte vereinfachte Aussage haben mit der Fähigkeit von Eigenschwingungen zu tun, in gekoppelten Schwingungssystemen in Bezug sowohl auf die Stärke der jeweiligen Resonanz als auch der gegenseitigen Übereinstimmung zusammenzuwirken. Um dies zu erläutern, benutzen wir *Eingangswiderstands-Kurven* (Impedanzkurven) wie z. B. Bild 13.15. Diese zeigen, wie stark eine Druckschwankung eine gegebene Größe von wechselndem Luftdurchfluß durch das Mundstück eines Instruments bei den verschiedenen Frequenzen begleiten würde. Erinnern wir uns aus Abschnitt 13.1, daß Rohrblattinstrumente nur bei hohem Eingangswiderstand die richtige Rückkopplung zeigen. Die Eingangswiderstands-Kurven haben eine gewisse Ähnlichkeit zu den multiplen Resonanzkurven, die wir in Bild 11.17 eingeführt haben. Man sieht sofort die Stärke und Begrenztheit der Resonanz jeder Eigenschwingung, da diese der Höhe und Schärfe einer Spitze in der Eingangswiderstands-Kurve entsprechen; und die Anordnung dieser Spitzen entlang der horizontalen Achse gibt die Frequenzen der Eigenschwingungen an.

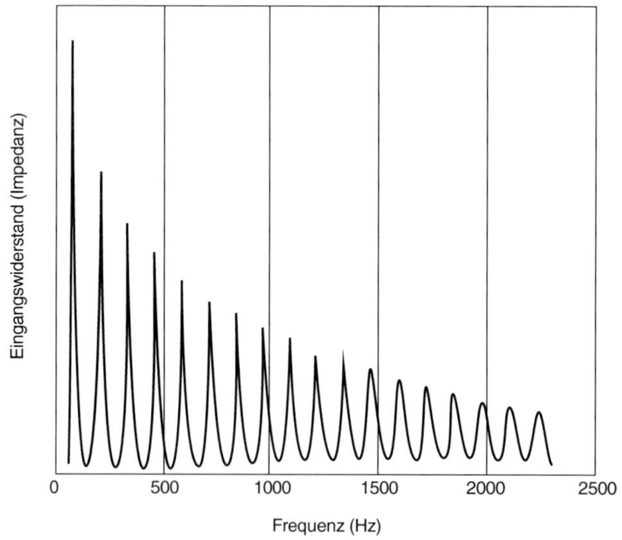


Bild 13.15
Eingangswiderstand einer zylindrischen Röhre mit der Länge 140 cm. Die Spitzen treten bei Vielfachen der Frequenz 63 Hz auf. (Aus Arthur H. Benade, „The Physics of Brasses“. Copyright © 1973 by Scientific American, Inc. All rights reserved).

Betrachten wir nun die vorhandenen Resonanzen in trompetenähnlichen Instrumenten. Es bestehen zwei deutliche Unterschiede in den Eingangswiderstands-Kurven für einfache zylindrische Röhren (Bild 13.15) und für ein Kornett (Bild 13.16). Zunächst wird durch die Schallstürze am Kornett das Abstrahlen aller Frequenzen oberhalb 1500 Hz so erleichtert, daß im oberen Frequenzbereich dieses Instruments keinerlei bevorzugte Resonanzfrequenz mehr erkennbar ist. Das heißt, daß jeder Versuch, eine Note oberhalb der 10-ten Eigenschwingung auf diesem Instrument zu spielen, ausschließlich von der durch die Lippen des Bläsers bewerkstelligten Frequenzkontrolle abhängt; im Fall des Kornetts kann die Tonhöhe frei gleiten. Zweitens wird durch die Resonanzen des Mundstücks jede Frequenz zwischen ungefähr 500 und

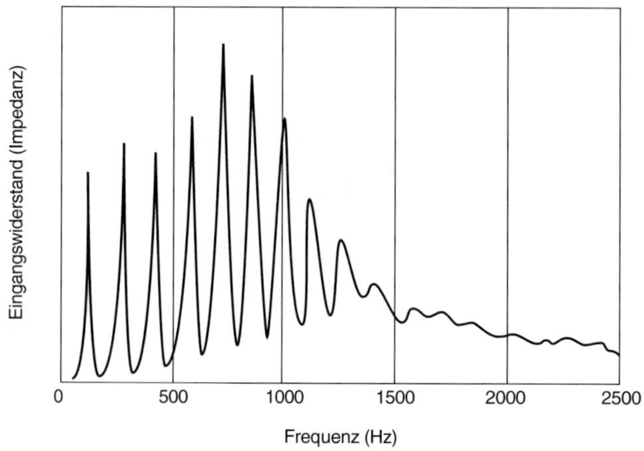


Bild 13.16
Eingangswiderstand eines Kornetts (Henry Distin 1865), gemessen von Benade bei geöffneten Ventilen. (Aus Arthur H. Benade, „The Physics of Brasses“. Copyright © 1973 by Scientific American, Inc.. All rights reserved).

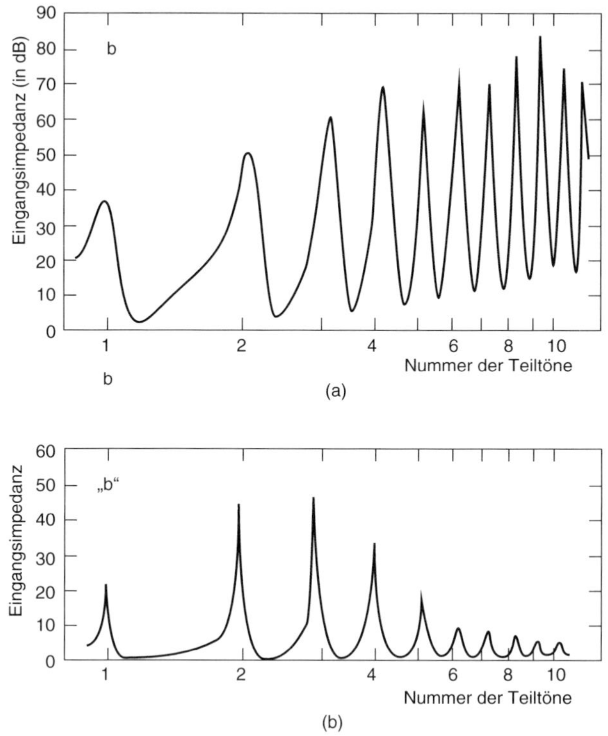


Bild 13.17
Eingangswiderstands-Kurven für a) eine Oboe und b) ein Altsaxophon, beide jeweils mit vollständig geschlossenen Tonlöchern, um die tiefste Note zu spielen. Die tatsächlich erklingende Tonhöhe auf dem Saxophon ist des. Die Spitzen scheinen nur deshalb ungleichmäßig voneinander entfernt zu sein, weil die horizontale Achse verzerrt ist, um die Tonhöhe in Oktaven anstatt wie sonst in Hz anzugeben. (Aus Backus 1974, mit freundlicher Erlaubnis von JASA).

1000 Hz verstärkt im Vergleich zu den tieferen Eigenschwingungen; dies bedeutet, daß die Form des Mundstücks für die Verstärkung der Eigenschwingungen 4–7 in der zusammengesetzten Schwingung verantwortlich ist und dadurch die Blechbläser-Klangfarbe reicher und kräftiger macht, als diese sonst wäre.

Die letzte Aussage war eine Anwendung der zweiten Verallgemeinerung:
**Die Stärke der Mitwirkung einer Eigenschwingung an der Selbststabilisierung der Schwingungsgruppe ist tendenziell proportional zur Höhe ihrer Resonanzkurvenspitze.**

Ein anderes Beispiel ist in Bild 13.17 zu sehen: In Übereinstimmung mit unserem früheren, weniger anspruchsvollen Argument zeigen diese Eingangswiderstands-Kurven, daß die tiefen Noten einer Oboe viele Teiltöne mit vergleichbar ausgeprägter Stärke aufweisen, während die eines Saxophons durch die Dominanz der ersten wenigen Teiltöne gekennzeichnet sind.

Unsere dritte Verallgemeinerung formulieren wir in zwei Teilen:
**1. Die Stärke und Stabilität einer gekoppelten Schwingung wächst, je mehr und stärkere Eigenschwingungen in ihr mitwirken können, und 2. die Stärke der Mitwirkung einer Eigenschwingung an der Selbststabilisierung der Schwingungsgruppe hängt davon ab, wie gut ihre ganzzahligen Vielfachen mit anderen Eigenschwingungen und deren Vielfachen übereinstimmen.**

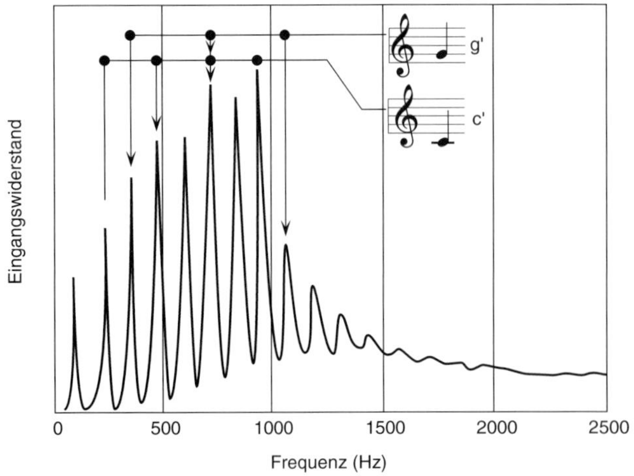


Bild 13.18
Gekoppelte Schwingungen der Schwingungsgruppe, wie sie von einem Trompeter beim Blasen von Noten der 2. und 3. Eigenschwingung (alle Ventile offen) erzeugt werden; sie sind kräftig und stabil und beinhalten das Zusammenwirken mehrerer hoher Spitzen. Die Noten entsprechen der Schreibweise; da die Trompete transponiert, ist der tatsächliche Klang der gezeigten Noten ein b und ein f'. (Aus Arthur H. Benade, The Physics of Brasses. Copyright © 1973 by Scientific American, Inc. All rights reserved).

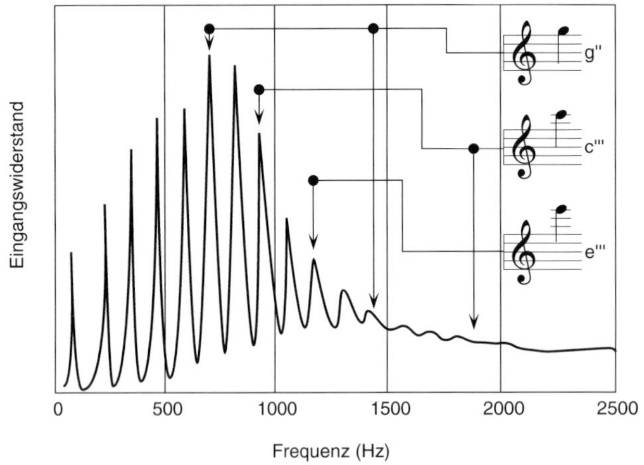


Bild 13.19
Gekoppelte Schwingungen der Schwingungsgruppe für die Töne der 6., 8.und 10.Eigenschwingung einer Trompete. Die Töne sind nur mit steigender Schwierigkeit zuverlässig spielbar, wobei die beiden letzten von einer einzelnen Widerstandsspitze abhängen. Die tatsächlich erklingenden Tonhöhen sind f'', b'' und d'''. (Aus Arthur H. Benade, The Physics of Brasses. Copyright © 1973 by Scientific American, Inc.. All rights reserved).

Der erste Teil ist in den Bildern 13.18 und 13.19 dargestellt. Das b der Trompete, welches auf der 2. Eigenschwingung beruht, weist eine starke Mitwirkung der Eigenschwingungen 4, 6 und auch 8 auf (welche die Teiltöne 1, 2, 3, 4 der harmonischen Reihe dieses Tons ergeben) und ist sehr leicht zu spielen. Ein f“ ist schwieriger zu spielen, weil die 6. Eigenschwingung nur eine minimale Unterstützung durch die 12. Eigenschwingung findet, und alle höheren Töne müssen ohne Unterstützung durch weitere Eigenschwingungen erzielt werden. Auch das b ist im pianissimo ziemlich wacklig, weil dann die Mitwirkung der höheren Eigenschwingungen stark nachläßt (Bild 13.14), wird aber stabiler, sobald es lauter gespielt wird.

Der Effekt gegenseitig ‘verstimmter’ Eigenschwingungen ist in Bild 13.20 veranschaulicht, in der wir uns einen Trompeter vorstellen, der sagt: „Ich kann eine Spitze sehen, die mir das Vorhandensein von Eigenschwingung Nr. 1 anzeigt, also versuche ich jetzt, die entsprechende Note zu blasen.“ Zuerst müssen wir klären, warum nicht

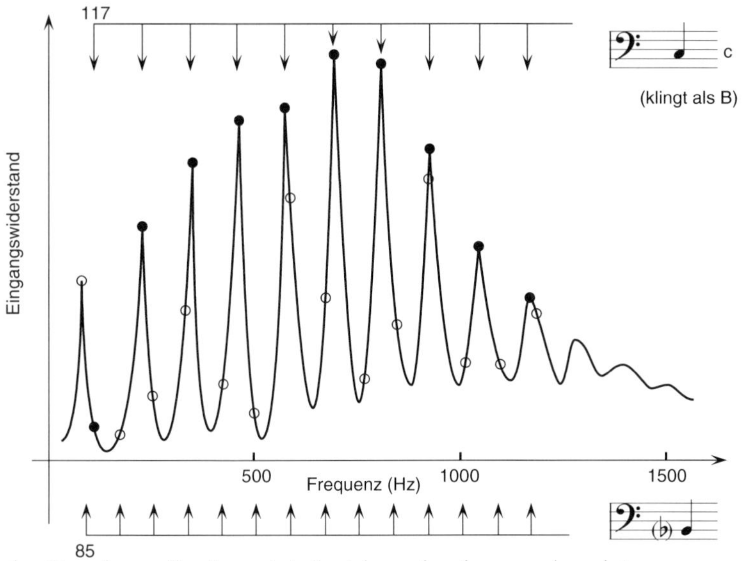


Bild 13.20
Schwarze Kreise: Das Blasen des sog. Pedaltons (= Grundton, erste Eigenschwingung) der Trompete mit der erklingenden Tonhöhe B bewirkt das kooperative Auftreten der zweiten und folgenden Eigenschwingungen, aber der Grundton selbst ist praktisch nicht vorhanden, so schwach ist er ausgeprägt. Leere Kreise: Ein Versuch, die der ersten Eigenschwingung entsprechende Note zu erhalten, scheitert an der fehlenden Unterstützung durch höhere Eigenschwingungen.

alle Eigenschwingungen 1, 2, 3, 4, usw. in einem ihrer Spitzenhöhe entsprechenden Anteil mitwirken können. Würden sie es tun, erhielten wir eine zusammengesetzte Schwingung mit den Teilfrequenzen 85, 233, 349, 466 ... Hz; das ist aber *keine* harmonische Reihe. Es gibt also keine kleinste gemeinsame Zeitspanne, nach der alle Teilfrequenzen wieder ein gleiches Schwingungsmuster beginnen, das heißt, es handelt sich *nicht* um eine periodische Schwingung. Der geräuschhafte Klang würde nur den fehlgeschlagenen Versuch darstellen, zu einer gekoppelten Schwingung zu kommen.

Ein gleichmäßiger Klang *muß* Teiltöne aufweisen, die eine harmonische Reihe ergeben. Wie sieht es also mit der Reihe 85, 170, 255, 340 Hz ... usw. aus? Der einzige Trumpf dieser Reihe ist die volle Präsenz der ersten Eigenschwingung bei 85 Hz; alle anderen fallen in die Täler zwischen den Spitzen, wo die schwache Resonanz der Röhre sie eher erstickt denn verstärkt. Eigenschwingung 1 kann die Schwingung gegen diesen gesammelten Widerstand daher nicht aufrechterhalten; das heißt, eine solche Note ist praktisch nicht spielbar.

Eine andere Möglichkeit wäre die harmonische Reihe 117, 233, 349, 466 Hz usw. Zwar fällt die Grundschwingung in ein Tal und stellt sozusagen ein Energieloch dar, aber die nächsten Teilschwingungen fallen mit Spitzenwerten zusammen. Die Note kann deswegen auch tatsächlich gespielt werden, wenn auch mit einiger Schwierigkeit und geringer Klangqualität; man nennt sie den *Pedalton* der Trompete. Obwohl der tatsächlich abgestrahlte Klang praktisch keine Anteile für den Grundton enthält, leitet ihn unser Ohr aus der Anwesenheit der höheren Mitglieder der harmonischen Reihe

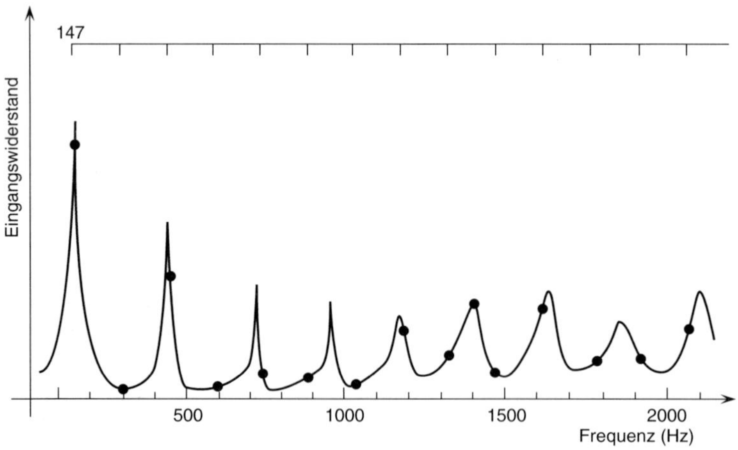


Bild 13.21 Eingangswiderstands-Kurve für den Ton d, der tiefsten Note auf der Klarinette. Die Eigenschwingungen 1 und 7 würden eine geringfügig höhere Frequenz vorziehen, Nummer 2 und 5 eine tiefere. (Nach Backus 1974).

ab, und wir haben subjektiv den Eindruck, eine Grundtonhöhe von B entsprechend 117 Hz zu hören.

Wir können nun auch kurz darauf eingehen, wie diese Prinzipien auf Holzblasinstrumente angewendet werden, deren Eingangswiderstands-Kurven komplizierter als die der Trompete sind, vor allem, wenn viele Tonlöcher offen sind. Bild 13.21 zeigt den Fall des tiefsten Klarinetten-Tons d. Eine Schwingung, deren Grundfrequenz exakt mit der ersten Eigenfrequenz (150 Hz) übereinstimmt, erhält keine gute Unterstützung von den höheren Eigenfrequenzen. Es ist deswegen besser, etwas von der Exaktheit zu opfern und mit einer annähernd richtigen Frequenz von 147 Hz zu arbeiten. Nota bene: Die Verstimmung der Eigenschwingungen bedeutet, daß unsere frühere Aussage über das ausschließliche Vorhandensein ungerader Teiltöne in der Klarinette nur eine grobe Annäherung sein kann. In Wirklichkeit ist die 5. Eigenschwingung bereits so flach, daß sie einen starken 8. Teilton ergibt anstatt des 9ten. Nur in der tiefen schalmeienartigen Lage hat die Klarinette wirklich ein nur aus ungeradzahligen Teiltönen bestehendes Klangspektrum. Im hohen, 'clarino-'Register

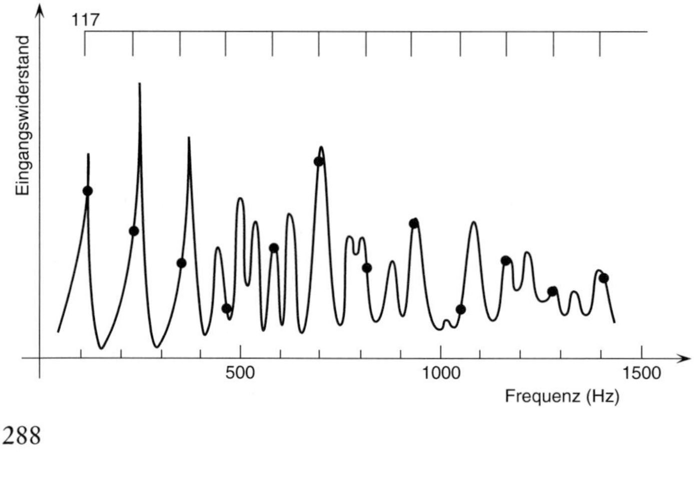


Bild 13.22 Widerstandskurve und gekoppelte Schwingung beim Ton B des Fagotts. Die Dämpfung des Rohrblatts verschiebt die Spielfrequenz etwas nach unten gegenüber der Frequenz, die ansonsten die beste gekoppelte Schwingung ergeben würde. (Nach Backus 1974).

sind die Verstimmungen der Eigenschwingungen so stark, daß gerade und ungerade Teiltöne gleicherweise vorhanden sind, und tatsächlich verschwindet hier auch der charakteristische Hohlklang, die Klarinette läßt sich nicht mehr unter anderen Instrumenten heraushören.

Ein komplexeres Beispiel liefert uns das Fagott, wie in Bild 13.22 zu sehen ist. Trotz der zahlreichen sekundären Resonanzen, die auf die Unregelmäßigkeiten des regulären konischen Querschnitts zurückgehen, kann man sofort sehen, daß das Instrument etwas unterhalb der ersten Eigenschwingungs-Resonanz gespielt sein muß, um für die Teiltöne 5, 6 und 8 Unterstützung durch die Eigenschwingungen 7, 9 und 13 zu finden. Alle diese Teiltöne sind relativ stark im tatsächlichen Klang vertreten (zusammen mit dem 1., 2. und 3.), nur der 9. Teilton bei 1049 Hz ist schwach ausgeprägt; er wird geopfert, um dafür einige andere besser zu nutzen.

Für ein kurzes Zwischenresümee können wir festhalten: 1. Wenn mehrere Eigenschwingungsfrequenzen alleine bereits zu einer harmonischen Reihe passen, kann sich im Zusammenwirken eine selbststabilisierende Schwingungsgruppe aus gekoppelten Schwingungen ergeben; 2. Wenn sie leicht verstimmt sind (d. h. nicht mehr den Proportionen einer exakten harmonischen Reihe entsprechen), kann sich trotzdem eine selbststabilisierende Schwingungsgruppe ergeben, indem der jeweilige Ton etwas verstimmt, d. h. etwas über oder unterhalb der Resonanzspitze sitzt. – Interessant ist auch die Frage, was ohne diese gekoppelten Schwingungen geschehen würde: Entweder könnte einfach gar nichts passieren (siehe Kasten 13.2), oder es könnte der Fall eintreten, daß zwei Resonanzspitzen stark genug wären, um einen dauerhaften Klang zu ergeben, ohne eine selbststabilisierende Schwingungsgruppe aufzubauen. Dies wäre jedoch kein tatsächlicher Klang, da es sich nicht um eine periodische Schwingung handeln würde.

Diese zweite Möglichkeit ist die Grundlage für die sogenannten *Mehrfachklänge*, die von manchen Leuten durchaus als musikalisch interessant bewertet werden. Man kann sie auf allen Holzblasinstrumenten durch abnormale Fingersätze erzeugen; einige der dabei entstehenden Klänge scheinen wie eine Kombination zweier oder mehrerer Töne verschiedener Tonhöhe, andere wie ein einzelner, aber rauher oder schwebungsreicher Ton. Interessierte Leser können in dem Artikel von Backus Detailinformationen über das Klangspektrum solcher Vielstimmigkeiten finden.

Kasten 13.2 Das stumme Horn

Ein von Arthur Benade 1964 durchgeführtes Experiment liefert ein amüsantes Beispiel für die gedankliche Arbeit eines guten Wissenschaftlers. Er überlegte, daß das Konzept der gekoppelten Schwingungen, falls es für den Erfolg von Musikinstrumenten die richtige Erklärung war, auch für den Nichterfolg von Instrumenten die Erklärung liefern könnte. Er entwarf daher absichtlich eine Schallröhre mit einer ungewöhnlich und unregelmäßig zulaufenden konischen Form so, daß möglichst jede Übereinstimmung in der Art einer harmonischen Reihe in deren Eigenschwingungen vermieden wurde. Die Eingangswiderstands-Kurve dieses Instruments ist in Bild 13.23 gezeigt.

Man sollte aufgrund dieser Kurve erwarten, daß es unmöglich sein wird, diesem Instrument einen Ton bei oder in der Nähe der Frequenz der ersten Eigenschwingung zu entlocken, so wie es bei der Trompete auch zutrifft. Außerdem sollte es auch sehr schwierig sein, Noten mit Hilfe der zweiten oder dritten Eigenschwingung zu spielen, weil man beträchtlich weit von deren Resonanzspitzen abweichen müßte, um eine Unterstützung durch Eigenschwingung sechs zu erhalten. Und tatsächlich kann, in Benades Worten, „ein Klarinettist, der versucht, dieses Horn mithilfe eines normalen Rohrblatts zu spielen, es eventuell schaffen, einen rauhen Klang zu erzeugen, dessen Grundfrequenz bei 692 Hz liegt. Dies ist beträchtlich tiefer als die 724 Hz der dritten Eigenschwingung des Horns.... Es ist auch möglich, eine Schwingung anzuregen, deren Grundfrequenz bei 472 Hz, etwas unterhalb der zweiten Resonanzspitze liegt ...".

Manches schlecht entworfene Instrument ist diesem stummen Horn verwandt und verdankt seine schlechte Tonqualität oder Spielschwierigkeit der Tatsache, daß seine Resonanzspitzen nicht ausreichend genug mit einer harmonischen Reihe übereinstimmen.

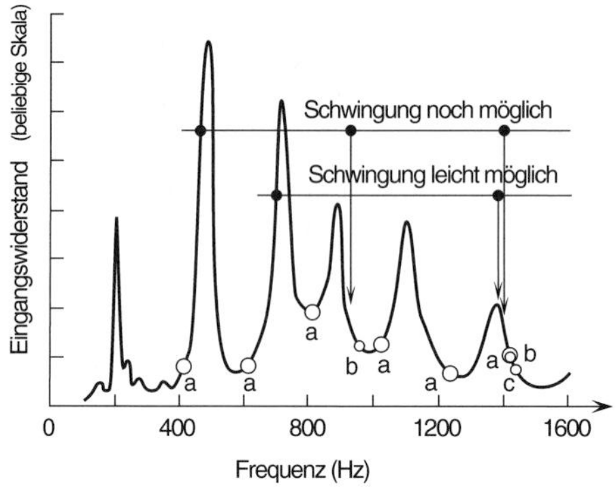


Bild 13.23
Eingangswiderstand eines 'stummen Horns'. a) Teiltöne der ersten Eigenschwingungsfrequenz; b) und c) entsprechende Teiltöne der zweiten und dritten Eigenschwingungsfrequenz. Die absichtliche Positionierung in Resonanztälern anstatt -spitzen macht es schwierig, gute gekoppelte Schwingungen zu finden. (Aus Benade und Gans).

## 13.5 Klangabstrahlung

Der größte Teil dieses Kapitels, vor allem der letzte Abschnitt, beschäftigte sich mit den Schwingungen innerhalb von Blechblasinstrumenten. Bevor wir nun Erklärungen für die Klangfarben aufstellen, die wir tatsächlich von diesen Instrumenten hören, müssen wir untersuchen, wie weit diese Schwingungen überhaupt von den Instrumenten nach außen abgestrahlt werden.

Zunächst wollen wir die Abstrahlungseffizienz definieren als das Verhältnis zwischen dem Schalldruck knapp außerhalb des Instruments zu dem innerhalb. Wenn eine Wanderwelle beim Verlassen des Instruments geradewegs weiterläuft, hat sie demnach eine 100%-ge Abstrahlungseffizienz; wenn der größte Teil ihrer Energie am Ende des Instruments reflektiert wird und zur Entstehung einer stehenden Welle innerhalb beiträgt, bedeutet dies eine geringe Abstrahlungseffizienz.

Die Abstrahlungseffizienz einer schmalen Öffnung (entweder das Ende eines dünnen Rohres oder ein Tonloch) ist für tiefe Frequenzen sehr klein. Sie nimmt allmählich mit steigenden Frequenzen zu, bis sie schließlich 100% erreicht bei Wellenlängen, die kürzer als der doppelte Lochdurchmesser sind (Bild 13.24, Linie a). Ein größeres Loch läßt mehr Schall entweichen und erreicht 100% Effizienz bereits bei niedrigeren Frequenzen (Bild 13.24, Linie b).

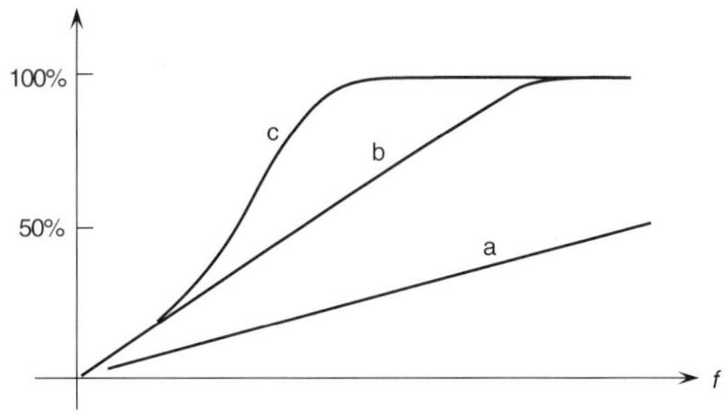


Bild 13.24
Die Abhängigkeit der Abstrahlungseffizienz von der Frequenz für a) ein schmales Loch, b) ein großes Loch, c) eine ausgeweitete Schallstürze. Die Effizienz erreicht ihr Maximum bei ungefähr 1600 Hz bei einer typischen Trompete. Bei den Holzbläsern wird das Maximum bei etwa 1700 Hz (Klarinette), 1400 Hz (Oboe) und 400 Hz (Fagott) erreicht.

Die Schallstürze der Trompete hält die niedrigsten Eigenschwingungen hauptsächlich im zylindrischen Teil zurück, so daß sie effektiv nur von einer kleinen Öffnung mit entsprechend geringer Effizienz abstrahlen. Dagegen unterstützt die Stürze die Abstrahlung der höheren Frequenzen; Bild 13.8 legt nahe, daß sie von einer weit größeren Öffnung im Endeffekt abstrahlen, mit entsprechend hoher Effizienz. Das Gesamtverhalten der Trompete entspricht dem in Bild 13.24, Linie c).

In direkter Entsprechung zu den Resonanzkurven der Violine (Bilder 11.18 und 11.19) können wir nun die Kurven der Abstrahlungseffizienz dazu nutzen, das Klangspektrum der Trompete innerhalb des Instruments in das Klangspektrum zu überführen, welches wir außerhalb nahe an der Trompete hören. Bild 13.25 veranschaulicht, wie die Form der Schallstürze zur Entstehung des strahlenden, eindrucksvollen Trompetentons beiträgt, indem sie die zwischen 1000 und 1500 Hz liegenden Teiltöne gegenüber den tieferen verstärkt.

Die Abstrahlungseffizienz ganzer Reihen von offenen Tonlöchern, wie wir sie bei den Holzblasinstrumenten haben, entspricht qualitativ derjenigen der Trompete, da

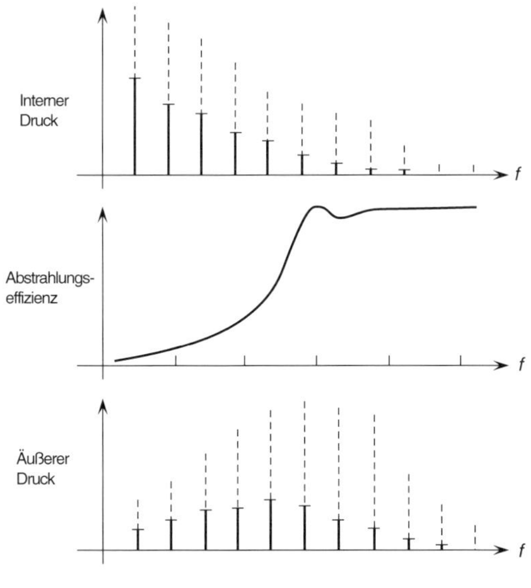


Bild 13.25
Die Umformung des Klangspektrums von innerhalb nach außerhalb einer Trompete bei der Abstrahlung des Tons b; gleiche Daten wie in Bild 13.14. Die durchgezogenen Striche stehen für Spielweise in *mp*, gestrichelte für *fff*. Vergleiche auch Bild 11.19.

die tiefsten Teiltöne hauptsächlich aus dem ersten offenen Tonloch austreten müssen, während die höheren sich weiter im Rohr ausbreiten und durch mehrere Tonlöcher abgestrahlt werden. Deswegen weisen auch die Holzblasinstrumente eine Anhebung der höheren Teiltöne in ihrem nach außen abgestrahlten Spektrum auf. Dies wird in einer geradezu perversen Weise durch ein weiteres Experiment von Benade belegt: Er machte zusammen mit Patterson Musikaufnahmen, bei denen ein winziges Versuchsmikrofon in der Rohrblatt-Höhlung eines Fagotts angebracht war, um den *internen* Klang des Instruments aufzuzeichnen. Bei der Wiedergabe hörten sie „...merkwürdig verschluckte Laute, die entfernt an einen Holzbläserklang erinnerten, aber (für die Ohren der meisten Hörer) nicht als Klänge eines Fagotts zu erkennen waren."

Was wir hören, hängt aber auch noch stark von der jeweiligen Position ab. Wird Schall durch ein einzelnes schmales Loch abgestrahlt, so breitet er sich fast gleichmäßig nach allen Richtungen aus; dies trifft auf die tiefsten Schwingungen sowohl der Holz- wie der Blechblasinstrumente zu. Wird er hingegen durch eine Reihe von Löchern abgestrahlt, so ergibt sich ein komplexes Ausbreitungsmuster; und Schallabstrahlung, die durch eine Schallstürze unterstützt wird, geschieht hauptsächlich in der Richtung, in die die Stürze zeigt. Daher hängt die Stärke der höheren Teiltöne und damit der Eindruck des Gesamtspektrums davon ab, ob man einem Bläser gegenüber, zur Seite oder in seinem Rücken sitzt. Insbesondere ist dies der Grund dafür, daß der Trompetenklang strahlender wird, wenn das Instrument auf den Hörer zeigt.

Zuweilen führen Blechbläser in die Schallstürze ihrer Instrumente sogenannte *Dämpfer* ein, mit denen sowohl die Klangabstrahlung reduziert als auch die Klangfarbe verändert wird. Der Klang wird nicht vollständig abgewürgt, weil immer eine Öffnung verbleibt, entweder zwischen Dämpfer und Stürze oder in der Mitte des Dämpfers. Man könnte auch befürchten, daß ein Dämpfer das komplexe Entstehen von brauchbaren Klängen, wie wir es geschildert haben, total durcheinanderbringen und verhindern müßte; jedoch befindet sich der Dämpfer so weit im äußeren Teil der

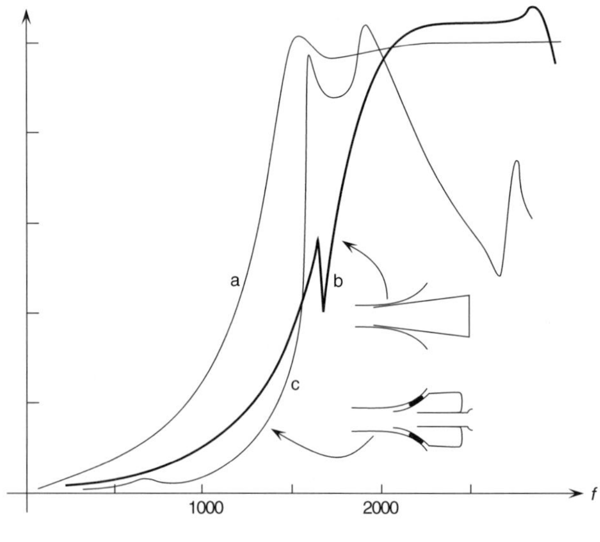


Bild 13.26
Die Kurven der Abstrahlungseffizienz für eine Trompete a) ohne Dämpfer, b) mit einem einfachen konischen Dämpfer, c) mit einem Wah-Wah-Dämpfer. Der konische Dämpfer wird durch drei kleine Korkstückchen an seinem Platz gehalten und läßt einen schmalen Zwischenraum zwischen sich und der Schallstürze. Der Wah-Wah-Dämpfer schließt direkt und rundum an der Schallstürze an, hat jedoch eine Durchlaßöffnung in der Mitte. (Nach Backus 1976)

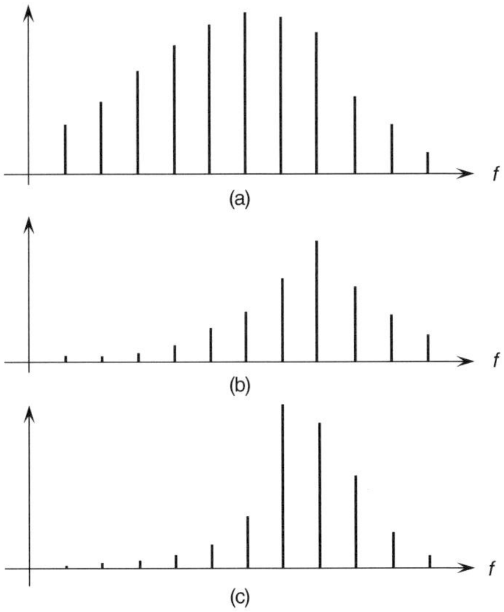


Bild 13.27
Das Klangspektrum der Trompete außerhalb des Instruments beim Ton b im *fff*, unter Benutzung der Abstrahlungskurven von Bild 13.26 in gleicher Weise wie in Bild 13.25 gezeigt: a) ohne Dämpfer, b) mit konischem Dämpfer, c) mit einem Wah-Wah-Dämpfer.

Schallstürze, daß er keine größere Änderungen in der Stärke oder Position der stehenden Wellen hervorruft. Hauptsächlich beeinflußt er die Schallstürze bei deren Auswirkung auf die höheren Teiltöne, aber er stört nicht das grundsätzliche Verhalten der Stürze beim Zustandekommen der Gesamtstimmung. Es trifft zwar zu, daß jeder Dämpfer einige bevorzugte eigene Resonanzfrequenzen aufweist, aber gute Dämpfer beeinflussen den Gesamt-Eingangswiderstand des Instruments lediglich mit einer zusätzlichen Spitze ungefähr 100 Hz oder darunter und einer zweiten Resonanz, die nicht unter circa 1000 Hz liegt. Die 2. bis 10. Eigenschwingung der Trompete bleiben daher praktisch ungestört, und die normalen gekoppelten Schwingungen bleiben erhalten.

Der Dämpfer wirkt sich hauptsächlich auf die Abstrahlungseffizienz aus. Man kann die Kurven in Bild 13.26 leicht erklären als eine Kombination aus a) einer generellen Reduzierung der Abstrahlungseffizienz aufgrund der durch den Dämpfer reduzierten Abstrahlungsfläche, und b) einer Verstärkung einiger hoher Frequenzbänder durch Resonanz des Dämpfers. Der Wah-Wah-Dämpfer in Bild 13.26c hat z. B. eine Resonanz bei 2000 Hz, weil dieser Frequenz genau die halbe Wellenlänge entspricht, die durch seine kurze zylindrische Öffnung gegeben ist. Der Einfluß dieser Kurven der Abstrahlungseffizienz auf das äußerlich hörbare Spektrum ist in Bild 13.27 dargestellt.

An dieser Stelle muß auch das Einführen der Faust in die Schallstürze des Waldhorns genannt werden. Dadurch wird nicht nur die Klangqualität etwas abgedämpft, sondern auch die Abstrahlung der höheren Eigenschwingungen soweit heruntergedrückt, daß mehr ausnutzbare Resonanzspitzen in der Eingangswiderstandskurve des Horns entstehen; dadurch wird die Spielbarkeit der höheren Noten erleichtert. Weitere Details hierzu kann der interessierte Leser in der Literatur, vor allem bei Backus oder Benade finden.

## Zusammenfassung

Orgel-Zungenpfeifen, Rohrblatt-Holzblas- und Blechblasinstrumente funktionieren auf der Grundlage eines druck-kontrollierten Ventils, durch welches Luft in rhythmischen Schüben in eine Resonanz-Röhre eingelassen wird. Die Schwingungsfrequenz wird dabei in einigen Fällen durch das Rohrblatt, in anderen durch die Röhre bestimmt. Die Muster der stehenden Wellen entsprechen dem einer Röhre, die an der Seite des Rohrblatts geschlossen ist.

Die Klarinetten sind grundsätzlich zylindrisch, die anderen üblichen Holzblasinstrumente konisch. Die zugehörigen Frequenzen der Eigenschwingungen entsprechen annähernd einer harmonischen Reihe, wobei nur bei der Klarinette alle geradzahligen Teiltöne fehlen. Dies ist die Ursache sowohl für den charakteristischen Klarinettenklang als auch für das Überblasen derselben in die Duodezime anstatt in die Oktave. Der hauptsächliche Unterschied zwischen Oboen und Saxophonen liegt in der Größe ihrer Bohrungen; kleinere Bohrungen ergeben mehr resonierende Eigenschwingungen und führen zu einem stärkeren Anteil der höheren Teiltöne.

Die weite Schallstürze und die enge Bohrung des Mundstücks sind wesentlich für die Klangentstehung der Trompetenfamilie, da sie es ermöglichen, die Eigenschwingungen teilweise mit einer harmonischen Reihe zur Deckung zu bringen und gleichzeitig eine hohe Abstrahlungseffizienz bewirken. Dadurch wird nicht nur eine chromatische Skala spielbar, sondern gleichzeitig auch der charakteristisch starke und strahlende Klang bewirkt.

Klangfarbe und Spielbarkeit jedes Tons hängen davon ab, wieviele Eigenschwingungen bei der Entstehung einer sogenannten gekoppelten Schwingung jeweils zusammenwirken können. Am besten funktioniert dies, wenn 1. das Instrument lauter gespielt wird (wodurch die nichtlinearen Abhängigkeiten verstärkt werden), 2. die betroffenen Eigenschwingungen eine starke Resonanz finden (d. h. hohen Eingangswiderstand) und 3. wenn die Frequenzen der Eigenschwingungen in der Nähe der harmonischen Reihe eines Grundtons liegen.

Generell strahlen Blasinstrumente ihre höheren Frequenzen besser ab als die tiefen, so daß der hörbare Klang heller und strahlender ist als der Klang im Innern des Instruments. Bei den Blechblasinstrumenten kann dieser Effekt zusätzlich durch Dämpfer verstärkt werden, die die Abstrahlung der tiefen Frequenzen noch stärker herabsetzen.

# Symbole, Begriffe, Beziehungen

$p$ Druck
**F** Kraft
$v$ Schallgeschwindigkeit
$s$ Länge der Luftsäule
$f_n$ Frequenz der n-ten Eigenschwingung
Klarinetten-, Oboen-, Saxophon-Familie
Register
Überblasen

Lippen-Rohrblatt
Trompete vs. Kornett
$v = 344$ m/s
$f_n = n \cdot (v/2 \cdot s)$ (konische Form)
$f_n = (2 \cdot n-1) \cdot (v/4 \cdot s)$ (zylindrisch mit Rohrblatt-Verschluß)
Kehle

Freies oder aufschlagendes Rohrblatt
Hartes oder weiches Rohrblatt
Fluß-kontrolliertes oder Druck-kontrolliertes Ventil
Eingangswiderstandskurven
Gekoppelte Schwingungen
Mehrfachklänge

# Übungsaufgaben

1. Beschreiben Sie jeweils unabhängig voneinander die Wirkung der drei Kräfte innerer Druck, äußerer Druck sowie Steifigkeit auf ein Rohrblatt und wie sich diese Kräfte ändern, während sich das Rohrblatt auf die Kehle oder das Mundstück zubewegt.
2. Benutzen die folgenden Instrumente jeweils harte oder weiche Rohrblätter: a) Oboe, b)Harmonika, c) Saxophon, d) Akkordeon ?
3. Die typische Eigenschwingung eines Klarinetten-Rohrblatts liegt bei ungefähr 2 kHz. Erklären Sie, warum die Klarinette wahrscheinlich nur ein Quäken statt eines richtigen Tons von sich geben wird, wenn der Spieler seine Zähne direkt gegen den unteren Teil des Rohrblatts preßt, anstatt diesen mit der Unterlippe weich zu umfangen.
4. Was für ein Unterschied in der Art des Schließvorgangs und der daraus resultierenden Klangfarbe ist zu erwarten, wenn das Rohrblatt und die Kehle a) beide praktisch flach oder b) stark voneinander weggekrümmt sind?
5. Nehmen wir an, das Fagott wäre nichts anderes als eine proportional exakt vergrößerte Oboe (was natürlich nur ganz grob zutrifft). Der tiefste Ton der Oboe ist das b, ihre Länge ca. 64 cm: Welche Länge sollte dann das Fagott (tiefster Ton: B') und welche das Kontrafagott (tiefster Ton B'') haben?
6. Der tiefste Ton der Klarinette ist das d mit 147 Hz. Wie groß ist ihre effektive Länge, d. h., die Länge einer idealisierten geschlossenen Pfeife, welche diese Frequenz bei der ersten Eigenschwingung aufweist? Erklären Sie, warum dies weniger ist als die tatsächliche Länge (Hinweis: Studieren Sie Bild 13.5).
7. Der tiefste Ton der Oboe ist das b mit 233 Hz. Wie groß ist ihre effektive Länge, d. h., die Länge eines vollständigen konischen Rohres, welche diese Frequenz bei der ersten Eigenschwingung aufweist? Erklären Sie, warum dies größer ist als die tatsächliche Länge (Hinweis: Studieren Sie Bild 13.5).
8. Nehmen Sie eine Klarinette und den Fingersatz für den Ton f im tiefen Register. Welche Tonhöhe ist beim Überblasen in die zweite und die dritte Lage beim gleichen Fingersatz zu erwarten?
9. An welcher Stelle würden Sie an einer Klarinette ein Register-Tonloch (schmales Tonloch, durch welches das Ansprechen des zweiten Registers erleichtert wird) erwarten und wo an einer Oboe? (Ziehen Sie Bild 12.3 und Bild 13.6 zu Hilfe).
10. Nehmen wir an, die Nummer der kritischen Eigenschwingung (eingeführt in Kap. 12 für zylindrische Pfeifen) wäre auch für konische Röhren $N \cong s/d$, wobei $s$ die Länge und $d$ der Durchmesser am offenen Ende ist. Was ist der Näherungswert von N für: a) eine Oboe, b) ein Sopransaxophon? Befinden sich die Antworten in Übereinstimmung mit Bild 13.17 ? (Tip: Benutzen Sie Bild 13.5 unter Berücksichtigung der dort vorgenommenen Übertreibung

der Breite).

11. Wie groß ist Ihrer Meinung nach die relative Bedeutung von Gabelfingersätzen auf der Oboe bzw. dem Saxophon angesichts der Größe der jeweiligen Tonlöcher? Belegen Sie, daß Ihre Ansicht mit der tatsächlichen Praxis übereinstimmt.

*12. Das tiefe B der Posaune wird mit dem Zug in der ersten Stellung gespielt (siehe Bild 13.10). Wie groß ist die effektive Länge, d. h. die Länge einer idealisierten geschlossenen Röhre mit der gleichen Frequenz der zweiten Eigenschwingung? Schätzen Sie, wie weit der Zug bewegt werden muß, um ein A zu spielen, wobei zu erinnern ist, daß jeder cm Zug die Röhre um 2 cm verlängert. Wenn die Posaune bereits in der 6. Position ist (Note F), um wieviel mehr muß man dann ausziehen, um die 7. Position (E) zu spielen?

*13. Nennen sie das Register (Nummer der Eigenschwingung) und die Ventilstellungen für zwei verschiedene Möglichkeiten, den Ton cis'' (notiert dis'') auf der Trompete zu spielen.

*14. Suchen Sie unter verschiedenen Möglichkeiten der Längen der Rohrventilstücke die Ihrer Meinung nach beste aus, um alle Noten einer gewöhnlichen Drei-Ventil-Trompete in einigermaßen akzeptabler Stimmung zu spielen, wobei Sie die Längen der Rohrventilstücke als Prozentwerte von $s_0$ ausdrücken. Wiederholen Sie dies für eine 4-Ventil-Trompete. (Tip: Das Ziel ist es, möglichst nahe an die sechs korrekten Prozentwerte aus Kasten 13.1 heranzukommen).

15. Skizzieren Sie unter Berücksichtigung von Bild 13.21 die Art des Klangspektrums der *inneren* Schwingungen einer Klarinette beim Ton d und zwar a) im pianissimo und b) im fortissimo.

16. Benutzen Sie die Information der Bildunterschrift zu Bild 13.24, und überführen Sie Ihre Antwort von Frage 15 für das Spektrum der *äußeren* Schwingungen.

*17. Nehmen Sie an, Sie hätten eine Trompete, deren zweite Eigenschwingung etwas zu tief und die vierte etwas zu hoch ist, so daß Sie anstelle einer exakten harmonischen Reihe Widerstandsspitzen bei 230, 350, 480... Hz haben. Beschreiben Sie unter Benutzung des Konzepts der gekoppelten Schwingungen und der Mitwirkung der Eigenschwingungen daran, was mit der Tonhöhe von b (notiert c') geschieht, wenn man vom pianissimo zum fortissimo übergeht.

18. Erörtern Sie, welche Erfolgsaussichten die Verwendung eines Dämpfers bei einer Klarinette hätte.

19. Sie haben das erste offene Tonloch für den Ton C (der nicht der tiefste Ton ist) auf einer Baßklarinette herausgefunden. Man sollte ein angrenzendes Tonloch für die Note Cis erwarten. Welches Tonloch ist näher zum Ende des Mundstücks? Angenommen, beide Löcher hätten die gleiche Größe, in welchem Abstand zueinander sollten sie angebracht sein?

20. Klarinette und Flöte haben beide fast zylindrische Bohrungen, ähnliche Längen und Durchmesser, aber sie unterscheiden sich sowohl in der Klangfarbe als auch dem Spielbereich. Erörtern Sie im Detail die Gründe hierfür.

# Projektvorschläge

1. Messen Sie möglichst genau die Maße eines Kornetts und einer Trompete, und analysieren Sie das (äußere) Klangspektrum beider Instrumente. Versuchen Sie, die Unterschiede zu erklären.
2. Messen Sie die Frequenzverhältnisse (durch Vergleich mit Klaviertönen) eines Stücks Gartenschlauchs a) alleine, b) mit einem aufgesetzten Trichter, c) mit einem Mundstück, d) mit beiden zusammen; erklären Sie die Ergebnisse.
3. Üben Sie, Mehrfachklänge auf Blasinstrumenten zu blasen, und erklären Sie diese (siehe z.B. Bartolozzi, New Sounds for Woodwinds, Oxford University Press 1967; Backus 1978).

# 14. Die menschliche Stimme

In einem Wettstreit um die vielfältigste musikalische Ausdrucksmöglichkeit würde die menschliche Stimme mit Leichtigkeit vor allen anderen Musikinstrumenten gewinnen. (Wenn das ein Organist – wie der Autor dieses Buches – zugibt, ist es kein geringes Kompliment!) Dies ist umso bemerkenswerter, weil ja der gleiche Apparat auch noch für ganz andere Zwecke wie Atmen und Essen hervorragend funktioniert.

Nach einer kurzen Einführung in die Anatomie wollen wir die Schallerzeugung beim Sprechen und Singen behandeln; beide Aktivitäten werden unter dem Begriff *Phonation* zusammengefaßt. Dabei müssen wir sowohl Übergangs- als auch gleichmäßige Laute behandeln, was nur grob unserer Einteilung in Konsonanten und Vokale entspricht. Bei der Behandlung der Stimmbänder und der Lippen-Funktion werden wir eine Erscheinung behandeln, die bei Strömungen flüssiger bzw. gasförmiger Körper auftritt und als *Bernoulli-Effekt* bezeichnet wird.

Besonders wird uns das Konzept der *Formanten* beschäftigen, d. h. die Frequenzbereiche, in denen Teiltöne besonders stark ausgeprägt sind; sie spielen eine zentrale Rolle beim Erkennen von Vokalen in Sprache und Gesang. Zum Schluß werden wir kurz auf einige Aspekte des Singens wie z. B. das Vibrato oder die Tragkraft einer Stimme eingehen.

## 14.1 Mechanik der Stimmerzeugung

Genau wie alle Blasinstrumente verfügt die menschliche Stimme über: 1. ein Luftreservoir mit der Möglichkeit, einen Überdruck darin aufrechtzuerhalten, 2. einen Auslaßkanal mit einer (bzw. in diesem Fall mehreren) Verengung(en), an der der Luftstrom unterbrochen oder verändert werden kann, und 3. einen Resonanzraum, durch den bestimmte Frequenzen der entstehenden Schallwellen verstärkt werden.

Das Luftreservoir besteht aus den Lungen mit einem Volumen von normalerweise ungefähr 3 bis 4 Liter, wobei etwa ein halber Liter Luft bei jedem Atemzug aus - und einströmt. Beim Einatmen wird die Lunge quer von den Zwischenrippenmuskeln und längs von den Zwerchfellmuskeln gedehnt; das Entspannen dieser Muskeln und/oder die Kontraktion der Bauchmuskulatur führt zum Ausatmen. Die Lungen eines Erwachsenen können bei einem sehr tiefen Atemzug bis zu ca. 6 Litern Luft (bei Sportlern bis zu 8 Liter) aufnehmen; selbst nach vollständigem Ausatmen enthalten sie noch 1 bis 2 Liter. Die Differenz von 3 bis 5 Litern stellt also die maximale Luftmenge dar, die für eine ununterbrochene gesungene Phrase zur Verfügung steht; ohne stimmliches Training werden zumeist aber nicht mehr als 1 bis 2 Liter ausgenutzt. Die Luftröhre (Trachea) führt von den Lungen hinauf zum sog. *Vokaltrakt*, welcher die Kehle, Mund und Nase begrifflich zusammenfaßt (Bild 14.1).

Am oberen Ende der Luftröhre befindet sich ein hohles kastenartiges Gebilde aus Knorpeln, der sog. *Kehlkopf* (Larynx), der als Schaltstelle zur Speiseröhre und zum Vokaltrakt dient (Bild 14.2). Der *Kehldeckel* (Epiglottis) ist ein klappenartiges Ventil

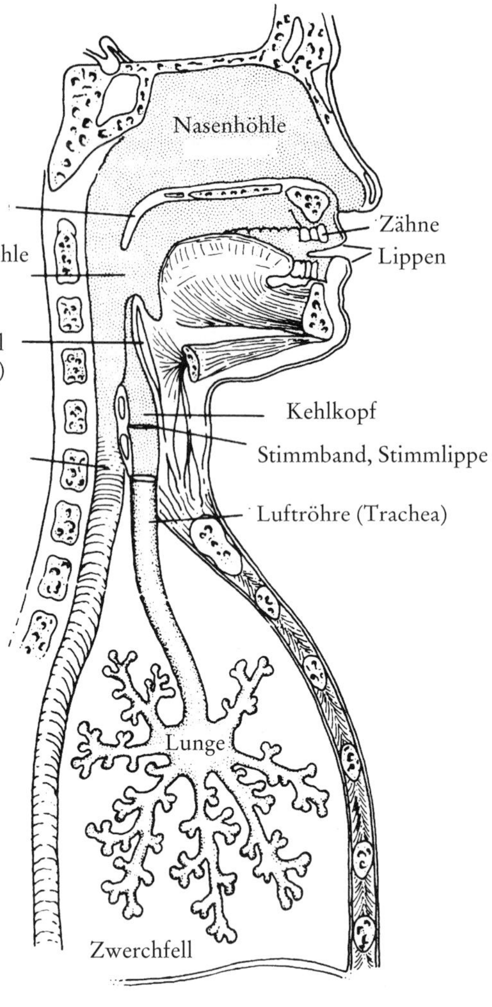


Bild 14.1
Der menschliche Vokalapparat einschließlich der Lungen. Siehe Bild 14.2 für eine detailliertere Darstellung des Kehlkopfes.

auf dem Kehlkopf, das beim Schlucken herunterfällt, um das versehentliche Eindringen von Speise in die Luftröhre zu verhindern. Die Luftströmung kann durch die *Stimmbänder* (auch: Stimmlippen) unterbrochen werden, ein Paar weichen Gewebewülsten an den Innenwänden des Kehlkopfes, deren Form und Steifigkeit durch verschiedene kleine Muskeln verändert werden kann. Die Öffnung zwischen ihnen wird als *Stimmritze*(Glottis) bezeichnet; sie ist V-förmig, da die Stimmbänder vorne miteinander verbunden und hinten getrennt an den Stellknorpeln aufgehängt sind. Die Stimmritze ist bei größter Öffnung etwa 2 cm lang und 1 cm breit.

Die Stimmlippen schließen sich beim Schlucken (als Sicherheitsventil für den Fall, daß irgendetwas durch den Kehldeckel gelangt); während des normalen Atmens sind sie offen. Für die Phonation schließen sie sich ganz oder fast, so daß die Lungen einen a)

b)

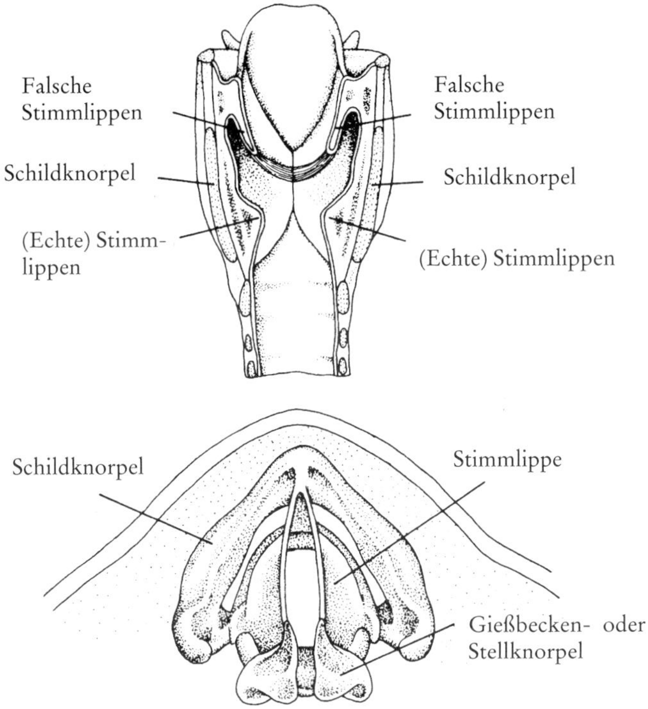


Bild 14.2 Der Kehlkopf, etwa 7 cm hoch und 5 cm breit. a) Schnittansicht mit Blick von hinten nach vorne; b) Blick von oben (Vorderseite des Kehlkopfs ist oben) mit Sicht auf die Gießbecken- oder Stellknorpel, deren Bewegungen die Stimmbänder öffnen und schließen.

Luftdruck von mindestens 50 und bis zu 400 mm Wassersäule oder mehr (0,005 bis 0,04 atm) auf sie ausüben. Dieser Druck bringt die Stimmbänder zum Öffnen und zum schubweisen Einlassen von Luft in den Vokaltrakt; die Stimmbänder schwingen dabei mit einer Frequenz, die von der Spannung ihrer Muskeln kontrolliert wird. Bei normaler Sprache reichen diese Frequenzen typischerweise von 70 bis 200 Hz für eine Männerstimme und von 140 bis zu 400 Hz für eine Frauenstimme; der Unterschied wird durch die längeren und schwereren Stimmbänder des erwachsenen Mannes verursacht. Diese Frequenzbereiche können beim Singen um eine Oktave oder mehr nach oben erweitert werden.

Unmittelbar über dem Kehlkopf schließt sich die *Rachenhöhle* (Pharynx, auch: Gaumenhöhle) an, die sich nach außen durch den Mund öffnet, wobei Zunge, Zähne und Lippen zusätzliche Möglichkeiten bieten, den Luftstrom zu behindern oder zu blockieren. Je nach Position des *weichen Gaumensegels* ist die Kehle zur Nasenhöhle hin offen oder geschlossen. Größe und Form des Vokaltrakts sind daher äußerst veränderlich, wobei die Zunge mit ihrer variablen Position und Form die größte Rolle spielt, so daß sehr unterschiedliche Klänge erzeugt werden können.

## 14.2 Spracherzeugung

Wir wollen nun etwas detaillierter auf diese Mechanismen der Schallerzeugung eingehen; es handelt sich tatsächlich um mehrere Mechanismen, denn Sprache beinhaltet verschiedene Arten von Schall. Man bezeichnet jedes unterscheidbare Element der Sprache als **Phonem**. Die übliche Unterscheidung in Konsonanten und Vokale könnte dazu verleiten, erstere als Übergangsgeräusche, zweite als gleichbleibende Klänge zu verstehen. Dies wäre jedoch sehr oberflächlich; für akustische Zwecke ist es zweckmäßiger, fünf Gruppen von Phonemen zu unterscheiden: Plosivlaute (=Muta, Verschlußlaute), Reibelaute (=Fricativa), andere Konsonanten, reine Vokale und Diphthonge (=Doppelvokale).

Die Verschlußlaute entstehen durch plötzliches Durchlassen eines einzigen Luftschubes nach vorherigem vollständigen Schließen des Vokaltrakts. Dies kann an verschiedenen Stellen geschehen; wenn das Schließen und kurze Öffnen durch die Lippen geschieht, erhalten wir den „p-“Laut, bei Schließung durch die Zungenspitze ein „t“ und am weichen Gaumen ein „k“. Dies sind eindeutig Übergangsgeräusche (Bild 14.3); es gibt keine Möglichkeit, einen Plosivlaut „auszuhalten“. Akustisch gesehen ist der Plosivlaut ein einfacher plötzlicher Impuls von hohem Druck, gefolgt von einer kurzen gedämpften Schwingung, wie sie durch den Impuls im Vokaltrakt angestoßen wird, überlagert vom Atmungsgeräusch der Luft, die durch die Öffnung streicht, bis der Überdruck ausgeglichen ist. Diese nichtgleichmäßigen und nichtperiodischen Schallwellen weisen ein kontinuierliches Frequenzspektrum auf, haben also keine bestimmbare Tonhöhe.

Jeder der oben beschriebenen *stimmlosen* Plosivlaute hat ein *stimmhaftes* Pendant: b, d und g. Bei diesen beginnen die Stimmbänder eine gleichmäßige Schwingung mit einer Art Vokalklang sofort (d. h. nach etwa 30 ms) nach dem anfänglichen Luftschub, statt eine größere Lücke zu lassen (sprechen Sie versuchsweise *Kerl* und *gerne* oder *Karl* und *Gans* aus). Der Übergangscharakter der Plosivlaute bedeutet, daß sie wenig Schallenergie transportieren, weswegen sie beim professionellen Singen übertrieben werden müssen, um wahrgenommen zu werden.

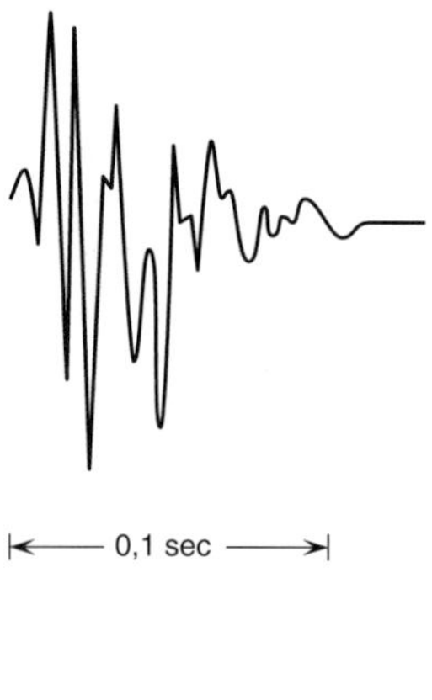


Bild 14.3
Oszilloskopdarstellung des Plosivlauts „k“.

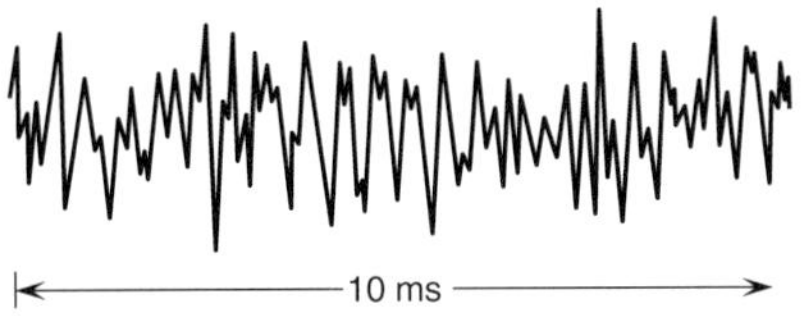


Bild 14.4
Oszilloskopdarstellung für den Reibe- oder Zischlaut “sch”.

Die Reibelaute (Fricativa) gibt es z. T. ebenfalls paarweise stimmlos/ stimmhaft: f/v, ch/ch (wie in Gicht/ach), sch, das englische th sowie s und z ; die letzten werden als Zischlaute bezeichnet. Das „h“ existiert dagegen nur als stimmloser Laut. Alle diese Laute unterscheiden sich dadurch von den Plosivlauten, daß sie beliebig lange ausgehalten werden können (obwohl das in der normalen Sprache nicht vorkommt). Trotzdem haben die stimmlosen Versionen keine erkennbare Tonhöhe; sie sind gleichmäßig nur in dem Sinne, wie auch ein weißes Rauschen gleichmäßig ist. Ihre Wellenformen sind also auch nichtperiodisch (Bild 14.4); die Spektren beinhalten ein kontinuierliches Frequenzband und also keine Teiltonreihe. Die gleichen Aussagen treffen auch auf den Teil der stimmhaften Reibelaute zu, die diese von einem Vokal abgrenzen. (Um selbst zu hören, daß ein stimmhafter Reibelaut eine Mischung zweier verschiedener Geräusche ist, von denen nur einer eine Tonhöhe aufweist, versuchen Sie allmählich Ihren Mund zu öffnen, während Sie andauernd „sssssss...“ prononcieren; wiederholen Sie das dann, während Sie langsam den Druck erhöhen. Im ersten Fall ergibt sich ein Vokal, im zweiten das stimmlose „z“.

Der rauschhafte oder zischende Klanganteil der Reibelaute entspricht der Turbulenz in einem Luftstrom, der durch eine kleine Öffnung mit zu großer Geschwindigkeit gepreßt wird. Genau wie bei den Plosivlauten kann diese Stelle an verschiedenen Punkten auf dem Weg des Vokaltrakts geformt werden. Diese *Artikulationspunkte* sind die Lippen und Zähne (f/v, w), Zunge und Gaumen (vorne bei s und z; weiter rückwärts bei sch, ch; ganz hinten bei h). Die unterschiedlichen Formen des Vokaltraktes bewirken, daß unterschiedliche Frequenzbereiche (aber keine Einzelfrequenzen) verstärkt werden, z. B. circa 4 bis 6 kHz beim „z“, 2 bis 3 kHz beim „sch“. Die positive Rückkopplung (Resonanz) ist nicht stark genug, um den Luftstrom zu periodischen anstelle zufallsverteilter Schwingungen zu zwingen.

Unter der Überschrift ‘Andere Konsonanten’ faßt man einige Phoneme zusammen, in denen Übergänge stattfinden, die sich nicht grundsätzlich von den bisher geschilderten unterscheiden. Dies sind z. B. die Halbvokale oder *Gleitlaute,* j, die *Gaumenlaute* l und r (den Doppelvokalen nah verwandt) und die *Nasallaute* m, n, ng, welche einen Übergang von Konsonant zu Vokal beinhalten. Beim Beginn eines Nasallauts schwingen die Stimmbänder bereits; nur die Nase ist offen, aber das läßt bereits einen gleichmäßigen stimmhaften Laut zu, das Summgeräusch. Dieses kann unbegrenzt lange ausgehalten werden, bevor der Konsonant artikuliert wird; es weist eine bestimmte Tonhöhe und eine Teiltonreihe auf. Man könnte es als den „nasalen Vokal“ bezeichnen und für akustische Zwecke mit den anderen Vokalen zusammenfassen; es ist praktisch bei allen nasalen Phonemen gleich. Das konsonante Ende der Nasallaute entsteht durch das Öffnen der Mundpassage als Vorbereitung für das folgende Phonem. Die Nasallaute unterscheiden sich voneinander nur durch die Stelle, wo der Endkonsonant artikuliert wird – die Lippen beim m, Zunge bei n, Gaumensegel bei ng.

Die *Vokale* sind gleichmäßige, stimmhafte Klänge mit bestimmter Tonhöhe und periodischer Wellenform (abgesehen von kleinen Ungleichmäßigkeiten infolge von schwankender Muskelspannung oder überlagernden Strömungsgeräuschen von Luftstromturbulenzen); ihre Spektren sind harmonische Reihen. Es ist daher zweckvoll, die Vokale anhand der relativen Stärke ihrer Teiltöne zu charakterisieren, was wir ausführlich im nächsten Abschnitt tun werden. Zunächst wollen wir nur grundsätzlich darstellen, wie stimmhafte Laute durch die Stimmbänder erzeugt werden.

Wenn ein Luftstrom zwischen zwei fast geschlossenen Stimmbändern hindurchströmt, gibt es eine kritische Geschwindigkeit (oder kritischen Antriebsdruck), bei deren Überschreiten die Strömung nicht mehr gleichmäßig sein kann. Strömungsdynamische Instabilitäten bringen die Stimmbänder zum Hin- und Herschwingen, so daß die Strömung nur noch stoßweise erfolgen kann. Die Ähnlichkeit mit den Lippen eines Trompetenbläsers ist offensichtlich. Wir können die Stimme als ein weiteres Rohrblattinstrument klassifizieren und einige der Konzepte auf sie anwenden, die wir im letzten Kapitel entwickelten. Es gibt jedoch einige Besonderheiten der Strömungs-Instabilität, die genauere Erklärungen erfordern; diese sind in Kasten 14.1 zusammengestellt.

*Kasten 14.1 Der Bernoulli-Effekt

Um die Schwingungen der Stimmbänder und der Lippen eines Trompeters zu verstehen, müssen wir den Bernoulli-Effekt kennen. Dieser beschäftigt sich mit den Druckänderungen an verschiedenen Stellen einer Strömung; er findet zahlreiche Anwendungen wie z. B. bei Flugzeugflügeln, Saugpumpen, Geschwindigkeitsmeßgeräten, Magnetspeicherscheiben für Computer-Festplatten usw.

Betrachten wir den Luftstrom in Bild 14.5. Damit ein gleichbleibendes Luftvolumen kontinuierlich durch den ganzen Kanal strömen kann, muß die Geschwindigkeit an der Verengung B größer sein als an der Stelle A oder C. Wenn der Luftstrom aber auf dem Weg von A nach B schneller wird, muß ihn irgendeine Kraft nach rechts beschleunigen, d. h.: Der Strömungsdruck bei A muß größer sein als bei B. Entsprechend muß auch auf der anderen Seite, wenn der Luftstrom wieder langsamer werden soll, der Druck bei C größer sein als bei B. Allgemein ausgedrückt: Der Druck entlang einer Strömungslinie wird umso kleiner, je größer die Strömungsgeschwindigkeit wird. Dies wird als Bernoulli-Effekt bezeichnet (benannt nach dem Schweizer Gelehrten und Begründer der Hydrodynamik Daniel Bernoulli, 1700–1782).

Betrachten wir nun die hypothetischen Schwingungen einer Lippe oder eines Stimmbandes (Bild 14.6a). Die federähnliche Spannungskraft und Elastizität des Gewebes bewirkt eine Kraft zum Ruhepunkt des Gewebes zurück (Bild 14.6b). Die Bernoullikraft als Ergebnis der Druckminderung unter dem atmosphärischen Druck bei B drückt die Gewebemasse abwärts; ihre Stärke verändert sich jedoch während der Bewegung. Wenn die Verengung sich dem völligen Schließen nähert, reduzieren sich die Geschwindigkeit und der Abwärtsdruck; erweitert sich dadurch die Verengung wieder, nehmen beide zu (Bild 14.6c). Die durchschnittliche Bernoulli-Kraft drückt den Gleichgewichtspunkt etwas nach unten; es sind die Änderungen über und unter diesen Durchschnittswert, die effektiv manchmal nach

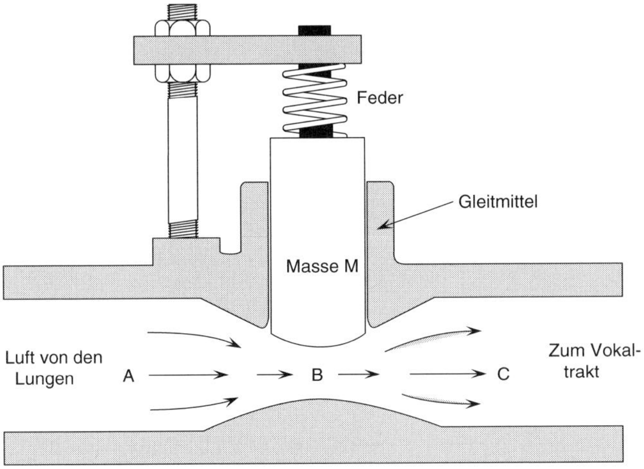


Bild 14.5 Die Masse M stellt die physikalische Entsprechung für ein Stimmband dar; physikalisch spielt es keine Rolle, ob es sich um ein Paar Stimmbänder oder nur ein Stimmband handelt. Bei ausreichend starkem Luftstrom wird M gleichmäßige Schwingungen vollführen und so den Luftstrom periodisch beeinflussen, also mit anderen Worten: Schallwellen erzeugen. (Aus Arthur H. Benade, Fundamentals of Musical Acoustics. Copyright © 1976 Oxford University Press. Mit frdl. Erlaubnis des Verlags.)

unten und manchmal nach oben drücken.

Der Bernoulli-Effekt hat also scheinbar die gleichen Auswirkung, als wenn die Feder steifer werden würde. Die Masse würde nur zu schwingen anfangen, wenn sie „angestoßen" würde, und diese Schwingung würde allmählich durch die Reibungsverluste abgedämpft werden. Wie kann die Schwingung dann zu großen Amplituden anwachsen und beliebig lange beibehalten werden? Sie muß irgendeine ständige Energiezufuhr erhalten, was dadurch geschieht, daß die Trägheit der Luftmasse eine Verzögerung bewirkt, bis eine Druckänderung sich auf die Geschwindigkeit ausgewirkt hat. Deswegen treten die geringsten und größten Geschwindigkeiten, und damit auch die kleinsten und größten Bernoulli-Kräfte, etwas später auf als genau zu den Zeiten der größten und kleinsten Öffnung (Bild 14.6d). Genau das wird benötigt, um den Schwingungsanteil der Bernoulli-Kraft während des größeren Teils der Abwärtsbewegung nach unten wirken zu lassen und bei der Aufwärtsbewegung nach oben; dadurch wird mehr Energie an die Bewegung geliefert als ihr entzogen. Diese zusätzliche Energie gleicht die Reibungsverluste aus, so daß die Schwingung auch bei großen Amplituden lange aufrechterhalten werden kann (siehe auch Kasten 11.1).

Die Lippen und Stimmbänder unterliegen außerdem auch Kräften, die parallel zur Strömung wirken und in den meisten Fällen stärker sind als die Bernoulli-Kräfte; zusammen ergeben sich daraus rollende Bewegungen, so daß eine vollständige Darstellung etwas komplizierter würde. Aber auch hier ist die Zeitdifferenz zwischen wirksamer Kraft und einsetzender Bewegung das wesentliche Element zur Erzeugung selbststabilisierender Schwingungen. Der Bernoulli-Effekt muß bei Einfach-Rohrblättern der Orgel und Holzbläser relativ klein bleiben, so daß der größte Teil der Rohrblattfläche nur einem fast statischen Druck ausgesetzt ist. Nur ein schmaler Streifen entlang der Rohrblattkante ist nahe genug an der Kehle bzw. dem Mundstück, um einer signifikanten Druckreduzierung ausgesetzt zu sein. Benade berichtet von einer Schätzung durch Worman, wonach der Bernoulli-Effekt nur einige wenige Prozent zu den wirksamen Kräften an einem Klarinetten-Rohrblatt beiträgt. Dies kann aber durchaus von Bedeutung sein,

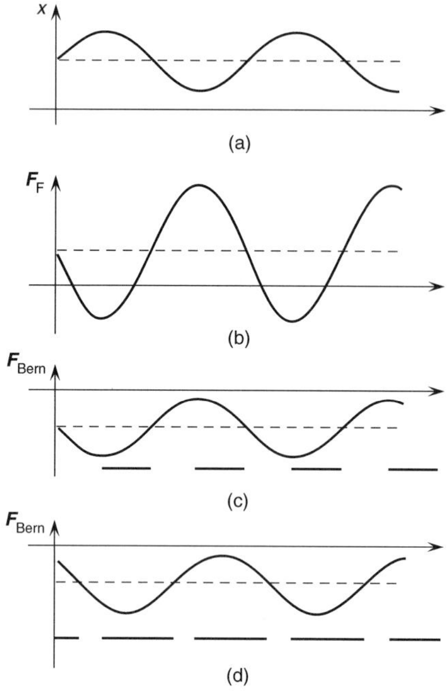


Bild 14.6
a) Die Öffnungsweite in einem Strömungskanal während periodischen Schwingungen. Alle gestrichelten dünnen Linien geben die Durchschnittswerte über der Zeitachse an.
b) Gegenkraft der Feder; beachten Sie, daß diese abwärts wirkt, wenn die Position der Masse oben ist und umgekehrt.
c) Bernoulli-Kraft: immer abwärts gerichtet, aber mehr als durchschnittlich, solange die Massenposition oben ist, und weniger, wenn letztere unten ist. Der *wechselnde* Teil dieser Kraft (=Abweichung zum Durchschnittswert) ist negativ für die obere Massenposition und positiv für die untere.
d) Bernoulli-Kraft mit einer hypothetischen 1/8-Zyklus-Verzögerung der Strömung gegenüber den Druckveränderungen. In diesem Fall wirkt die Bernoulli-Kraft drei Viertel der Zeit (dicke waagrechte Striche) anstatt nur zwei Viertel in die gleiche Richtung und liefert in dieser Zeit Energie an das System.

wenn es auf die Art und Weise Einfluß hat, wie das Rohrblatt gegen das Mundstück bzw. die Kehle schließt. Bei den Doppelrohrblättern der Oboenfamilie spielt der Bernoulli-Effekt eine etwas größere Rolle.

Es besteht außerdem ein wichtiger Unterschied in der Beziehung zwischen Rohrblatt und Resonator (Schallröhre). Bei allen Blech- und Holzblasinstrumenten ist die Rückwirkung der Röhre stark genug, um die Frequenz des Rohrblatts ausreichend zu beeinflussen, weswegen Bohrung und Form der Schallstürze großen Einfluß auf die erklingende Tonhöhe haben. Der Vokaltrakt unterscheidet sich hier, weil seine Wände weich und nachgiebig sind und so einen großen Teil der Schwingungsenergie absorbieren. Alle auftretenden Resonanzen im Vokaltrakt sind relativ schwach – mehr den breiten niedrigen Kurven in Bild 11.16 ähnlich als den extrem hohen, scharfen Spitzen in Bild 13.15 oder 13.17. Die Rückkopplung durch den Vokaltrakt ist daher viel zu schwach, um einen nennenswerten Einfluß auf die Stimmbänder auszuüben. Obwohl auch die Stimmbänder aus weichem Gewebe bestehen, müssen sie in akustischer Hinsicht wie harte Rohrblätter betrachtet werden, deren Schwingungsfrequenz und -wellenform fast vollständig durch ihre eigene Spannung, Masse und ihren Abstand bestimmt werden, bei einem geringfügigen Einfluß durch den Druck der Lungen.

Die Tonhöhe der Stimme wird also durch muskuläre Kontrolle in der Kehle bestimmt, gleichgültig, um welchen Vokal es sich handelt; sauber intonierte Tonleitern singen zu können, erfordert daher ein mentales und physisches Training dieser Muskeln. Die Klangfarbe der Vokale wird durch eine weitere unabhängige Gruppe von Muskeln bestimmt, die die jeweilige Form des Vokaltrakts kontrollieren, wie wir in Abschnitt 14.3 sehen werden.

Die Doppelvokale sind schnelle Übergänge, die mit einem Vokal beginnen und mit einem anderen enden, weil die Zunge ihre Form ändert. Es gibt z. B. keinen „ai"-Doppelvokal (wie in Mai, oder entsprechend das „Eu" in Europa), der lange ausgehalten werden kann, sondern immer nur einer von beiden, a oder i bzw. e oder u. Das wesentliche Merkmal liegt im schnellen Übergang. Doppelvokale sind ein gefährliches Minenfeld für Sänger, weil sie – wenn sie auf länger ausgehaltene Noten fallen – das Problem aufwerfen, wie lange der Übergangspunkt hinausgezögert werden kann. Ein zu langes Verweilen am falschen Punkt kann den Sinn des Wortes entstellen.

## 14.3 Formanten

Unter allen Phonemen sind die Vokale von besonderem Interesse für den Musiker, da sie es sind, auf denen der jeweilige Dauerwert einer Note ausgehalten wird. Wir wollen daher genauer untersuchen, wie die Vokale erzeugt werden und welche akustischen Eigenschaften sie voneinander unterscheidbar machen.

Wir haben bereits festgestellt, daß die Resonanz des Vokaltrakts zu schwach ist, um die Schwingungen der Stimmbänder beeinflussen zu können. Diese Tatsache gilt noch in einem weiteren Sinn: Nicht nur die Frequenz der Stimmbänder-Schwingungen wird fast ausschließlich durch den Kehlkopfapparat bestimmt, sondern auch deren Wellenform. Das heißt, daß bei gegebenem Lungendruck, Stimmritzenöffnung und Stimmbänderspannung praktisch immer die gleiche Schwingung stattfindet, unabhängig von der Form des Vokaltrakts (solange er nur offen ist). Die Erzeugung verschiedener Vokale durch Zungenbewegungen muß also auf verschiedenen Filterfunktionen beruhen, die auf ein und denselben von den Stimmbändern hervorgebrachten Grundklang einwirken.

Wie klingen die in den Vokaltrakt eintretenden Schallwellen? In unveränderter Form würde man einen 'pfurzenden' Klang wahrnehmen, ähnlich dem, der von den Lippen eines Trompeters (ohne Kontakt zum Mundstück) erzeugt wird. Es handelt sich um eine Folge von Luftstößen, deren genaue Eigenschaften davon abhängen, wie kraftvoll die Luft durch die Kehle gedrückt wird. Bei schwächeren Geräuschen sind die Stimmbänder nie ganz geschlossen, und die Wellenform ist relativ geglättet (Bild 14.7a). Meistens ist jedoch der Luftstrom für eine Teildauer jedes Zyklus' vollständig unterbrochen, die bis zu einem Drittel lang sein kann, bei hohem Atemdruck und enger Ausgangsposition der Stimmritze (Bild 14.7b, c). Um zu verstehen, wie diese Schallwellen durch den Vokaltrakt verändert werden, ist es sehr hilfreich, die jeweilige Analyse in eine Spektral- oder Fourier-Komponentendarstellung vorzunehmen (Bild 14.7, rechts). Für die folgende Darstellung wollen wir von Bild 14.7b als typischem Beispiel für eine mittlere Intensität ausgehen.

Wie beeinflußt der Vokaltrakt das Frequenzspektrum? Es handelt sich um die ungefähre Form einer Röhre mit etwa 17 cm Länge, innen geschlossen (wie bei allen Rohrblattinstrumenten) und am Mund offen. Behandeln wir dieses Gebilde zunächst

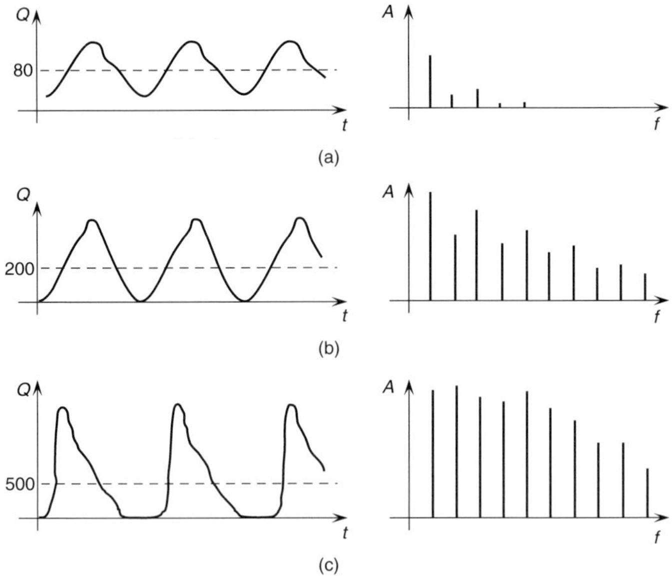


Bild 14.7 Ungefähre Wellenformen (links) der im Kehlkopf erzeugten Schallwellen und ihr jeweiliges Frequenzspektrum (rechts). Q bezeichnet hier die **Durchflußmenge** durch die Stimmbänder in $cm^3/s$; die gestrichelten Linien geben das durchfließende Durchschnittsvolumen an. Beachten Sie, daß die vertikale Skala für die drei Darstellungen unterschiedlich ist! – a) Ein sehr weicher Klang, bei dem die Stimmritze niemals ganz geschlossen ist; das Frequenzspektrum ist sehr dünn. b) Ein mittlerer Klang mit einem allmählich abnehmenden Frequenzspektrum. c) Ein sehr lauter Klang, bei dem die Stimmritze etwa ein Drittel jedes Zyklus' ganz geschlossen ist; die ersten sechs Frequenzen haben etwa gleichstarke Amplituden, erst danach nimmt das Spektrum ab.

in grober Vereinfachung als zylindrische Röhre, dann ergeben sich (siehe Bild 12.3) hierfür Eigenschwingungen als ungerade Vielfache von $v/4{\cdot}s$, also 500, 1500, 2500, 3500... Hz. Nehmen wir weiter der Einfachheit halber an, wir hätten einen Sänger vor uns, der eine Tonhöhe etwas über G singt, so daß die Grundfrequenz der Stimmbänder 100 Hz beträgt und das Spektrum alle Vielfachen von 100 Hz einschließt.

Eine naive Anwendung des Konzepts der Resonanz durch den Vokaltrakt würde zu der Vermutung führen, daß lediglich die Schwingungen bei 500, 1500, 2500... usw. Hz mit wahrnehmbarer Stärke aus dem Mund zu vernehmen wären, alle anderen dagegen weitgehend unterdrückt blieben. Erinnern wir uns jedoch, daß es sich nur um schwach ausgeprägte, breite Resonanzen aufgrund der Weichheit der Luftröhrenwand (Bild 14.8a) handelt: Es bleiben daher alle Komponenten des Spektrums im abgestrahlten Klang, und es gibt vielmehr eine gemäßigte Verstärkung *all der Frequenzen, die in den benachbarten Regionen um eine Resonanz* liegen (Bild 14.8b). Jeder solche Frequenzbereich, innerhalb dessen die Amplituden der Spektralfrequenzen verstärkt werden, wird als **Formant** (oder auch: Formantbereich) bezeichnet.

Nehmen wir nun an, unser Sänger singt jetzt eine Oktave höher, immer mit der gleichen (theoretischen) zylindrischen Form des Vokaltrakts. Dann enthält das Klangspektrum des Kehlkopfapparates alle Vielfachen von 200 Hz, aber die Formanten oder Formantbereiche bleiben unverändert (Bild 14.8c). Das Ohr erkennt irgendwie die Lage dieser Formantbereiche fast unabhängig davon, welche Einzelfrequenzen

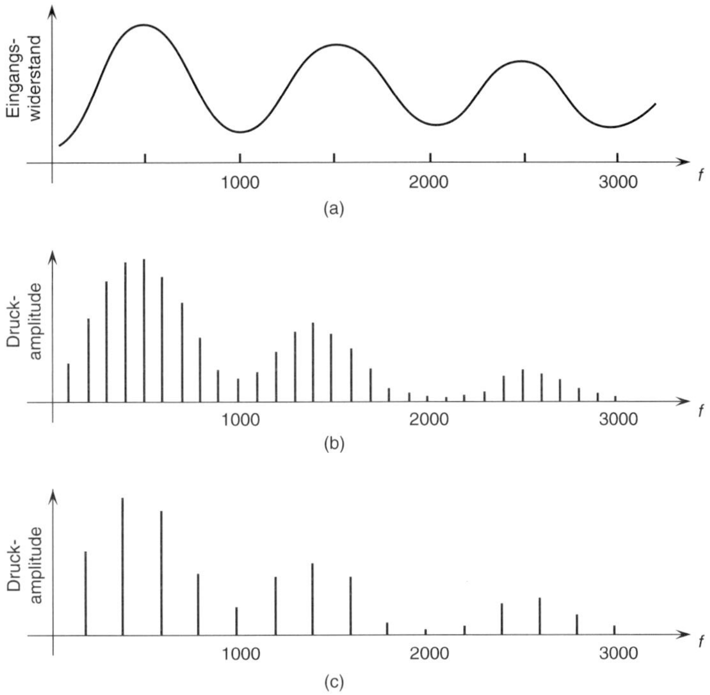


Bild 14.8
a) Resonanzverhalten eines hypothetischen, perfekt zylindrischen Vokaltrakts.
b) Stärke der Teiltonfrequenzen eines Spektrums wie dem aus Bild 14.7b (geglättet, unter Vernachlässigung individueller Unterschiede gerader/ungerader Teiltöne) nach dem Passieren des Vokaltrakts für eine Grundfrequenz von 100 Hz.
c) Das gleiche für eine Grundfrequenz von 200 Hz.

diese Bereiche bilden, so daß die Klänge in Bild 14.8b und 14.8c als weitgehend identische Vokalfarbe wahrgenommen werden (im dargestellten Fall würde man einen relativ neutralen Klang wie ein helles „öö“ oder „ää“ hören).

Wie sieht es bei anderen Vokalen aus? Es gibt einige wenige Formen des Vokaltrakts, für die sich die Resonanzfrequenzen noch ohne allzu großen Aufwand berechnen lassen; die einzige, für den wir die Antwort sofort geben können, ist die konische Form (Bild 14.9a). Bei der gleichen 17-cm-Länge ergeben sich Formantbereiche um 1000, 2000, 3000 usw. Hz herum. Obwohl diese Formanten einen Klang ergeben, der wahrscheinlich als ein ä-Laut wie in »tät« wahrgenommen würde, können wir nicht einfach schließen, daß der Vokaltrakt tatsächlich konisch wird für diesen Vokal; es können andere, kompliziertere Formen existieren, deren Formantbereiche bei ähnlichen Frequenzen liegen.

Strong & Plitnik geben Berechnungen für zwei Fälle von aneinander anschließenden zylindrischen Röhrenstücken mit unterschiedlichen Durchmessern an (Bild 14.9b, c). Diese können eine grobe Annäherung an die Form des Vokaltrakts für die Vokale „iiii“ (Zunge oben und vorne) und offenes „oo“ (Zunge unten und hinten) wie in Bild 14.10 dargestellt. Weitere Beispiele von Spektren, deren Formantbereichen und den zugehörigen Wellenformen sind in Bild 14.11 dargestellt. Die Frequenzlage des ersten Formanten wird besonders durch die Öffnungsweite des Unterkiefers beeinflußt, die des zweiten durch die Form des Zungenhauptkörpers und die des dritten durch die Zungenspitze.

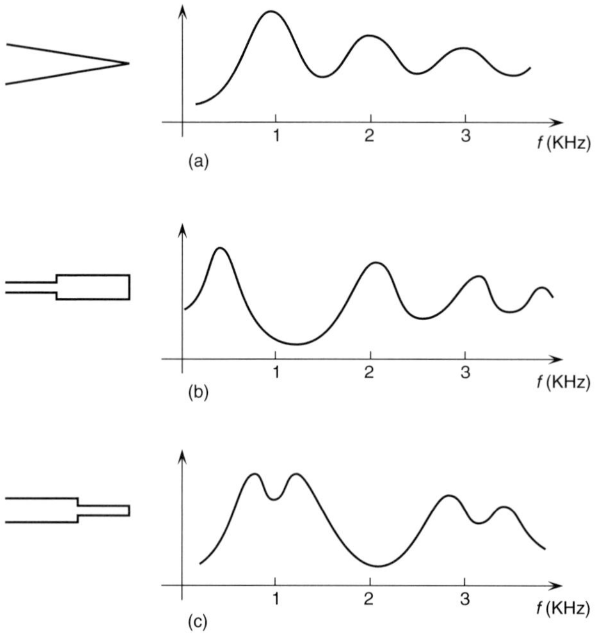


Bild 14.9
Die Formant-bestimmenden Resonanzkurven:
a) einer konisch zulaufenden Röhre mit 17 cm Länge;
b) einer zylindrischen Flasche mit 9 cm Länge bei 8 cm² Querschnittsfläche und einem Hals mit 6 cm Länge und Querschnittsfläche 1 cm²;
c) einer engen Röhre (Länge 8 cm, Querschnitt 1 cm²), die sich in eine größere öffnet (Länge 9 cm, Querschnitt 8 cm²). (Zusammengestellt nach Datenmaterial von Strong & Plitnik, Kapitel 5).

Wir könnten nun damit fortfahren, die Formantdarstellungen für eine lange Liste von verschiedenen Vokalen oder eine Tabelle der Frequenzbereiche für die jeweiligen Formanten aufzustellen. Es dürfte aber anschaulicher sein, einen Teil dieser Daten in einer einzigen Darstellung aufzubereiten (Bild 14.12). Obwohl uns auch der dritte und vierte Formantbereich beim Erkennen von Vokalen hilft, kann man sie größtenteils bereits anhand der ersten beiden Formantbereiche unterscheiden. Wenn wir eine Darstellung wählen, bei der die horizontale Achse die Frequenz des ersten Formantbereichs und die vertikale die des zweiten angibt, stellt jeder Punkt in dieser Darstellung ein einmaliges Formantpaar dar. Im Idealfall würde jeder Vokal einem

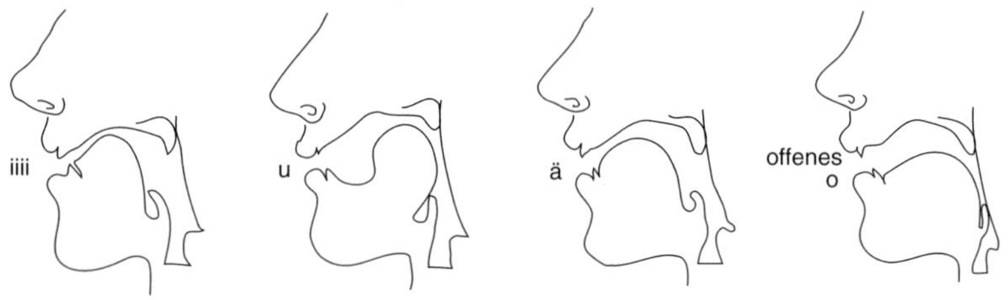


Bild 14.10 Querschnittsformen des Vokaltrakts für die Vokale ii, u, e, ah: Zunge vorne für ii und e, hinten für u und ah; oben bei ii und u, unten bei e und ah. Vergleiche ii und o mit Bild 14.9b und 14.9c. (Aus Peter B. Denes & Elliot N. Pinson, The Speech Chain. Copyright 1963 © Bell Telephone Laboratories. Mit frdl. Erlaubnis von Doubleday & Company.)

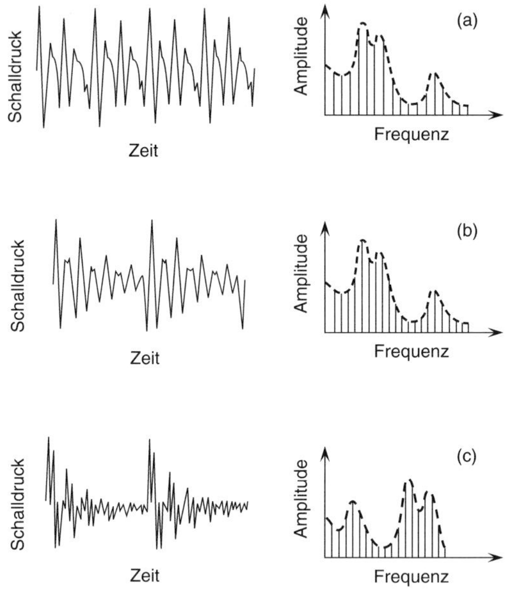


Bild 14.11
Wellenformen und Spektren für:
a) den Vokal a bei 150 Hz Grundtonhöhe;
b) a bei 90 Hz;
c) den Vokal u bei 90 Hz.
Vergleichen Sie a) und b) als Beispiel gleicher Formanten bei verschiedener Tonhöhe und dagegen b) und c) als Beispiel verschiedener Formanten bei gleicher Tonhöhe. (Aus Peter B. Denes and Elliot N. Pinson, The Speech Chain. Copyright 1963 © Bell Telephone Laboratories. Mit frdl. Erlaubnis von Doubleday & Company.)

solchen Punkt entsprechen, aber in der Praxis besteht natürlich eine große Bandbreite nicht nur von einer Person zur anderen, sondern auch für die gleiche Person zu verschiedenen Zeiten. Wir finden daher jeweils eine ganze Region von Formantpaaren, innerhalb derer die gleiche Vokalinformation erkannt wird. Ein erster Formant in der Gegend um 900 Hz und ein zweiter um 1200 Hz ergeben z. B. ein „a“ wie in *Hans*.

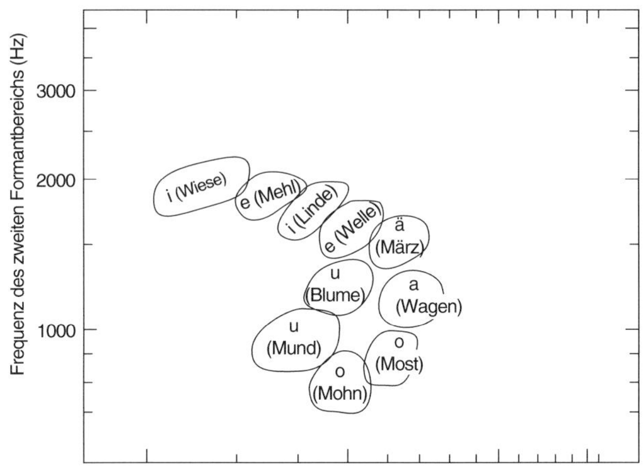


Bild 14.12
Erkennungsbereiche einiger Vokale, dargestellt durch die ersten zwei Formantfrequenzbereiche für normale deutsche Aussprache. Bei Männern liegen die Frequenzen mehr in der linken unteren Ecke jeder Region (beide Formantfrequenzbereiche liegen also etwas tiefer), für Kinder in der rechten oberen Ecke und für Frauen dazwischen.
(Zusammengestellt nach: Zeitschrift für techn. Physik 1934, H.12, S. 639 (auch in »Webers Tonstudiotechnik«, S. 112) sowie nach Rieländer, Reallexikon der Akustik. D.Ü.)

Diese Bereiche überlappen sich zum Teil, so daß zuweilen der gleiche Klang mehrdeutig wahrgenommen werden kann. Normalerweise ergibt nur einer der beiden möglichen Klanginterpretationen einen Sinn, und wir pflegen automatisch diesen anzunehmen, ohne uns der Mehrdeutigkeit bewußt zu werden. Diese Flexibilität ist in der Musik sehr nützlich: Da einige Vokale schrill klingen, wenn sie länger ausgehalten werden, lernen Sänger, diese Vokale zu modifizieren, indem sie z. B. ein kurzes „e" mehr wir ein „ä" singen, ohne dadurch an Verständlichkeit zu verlieren. In einer für Gesangszwecke modifizierten Version von Bild 14.12 würden mehrere der höchsten Regionen sich nach unten verschieben.

Einer der Gründe für die relativ großen Bereiche, in denen jeder Vokal noch als solcher erkannt wird, liegt darin, daß Männer, Frauen und Kinder einen unterschiedlich großen Vokaltrakt haben. Sie wären daher gar nicht in der Lage, alle genau die gleichen Vokalformanten zu produzieren. Auch der jeweilige Hörer stellt sich auf die Unterschiede ein: Ein Formantpaar bei 700 und 1000 Hz wird bei einem Kind anders als bei einem Mann wahrgenommen aufgrund der relativen Lage dieses Vokals zu den anderen Vokalen des gleichen Sprechers.

Ein wichtiges Hilfsmittel für die Analyse rasch aufeinander folgender Phoneme ist heutzutage das *Sprach-Spektrogramm* (Bild 14.13). Grauabstufungen geben die Stärke eines Signals an, so daß eine Reihe aufeinander folgender Spektra wiedergegeben

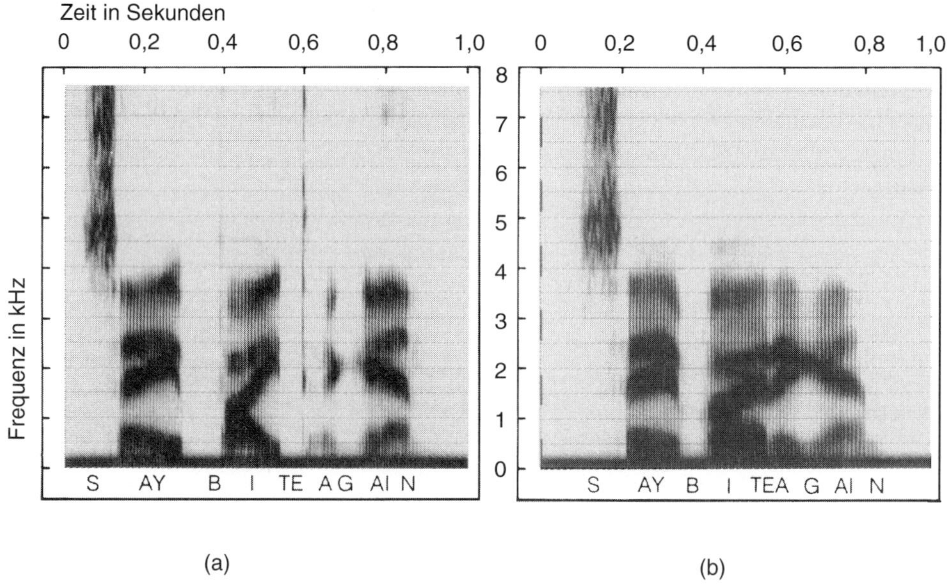


Bild 14.13 Sprachspektrogramm einer Frauenstimme mit den Worten: „say bite again" a) mit kurzen Pausen zwischen den Worten; b) in normaler flüssiger Sprache. Die breiten dunklen Streifen (horizontal oder leicht schräg) repräsentieren Formanten. Die schmalen vertikalen weißen Streifen sind lediglich Folge der Aufzeichnungsprozedur und haben keine akustische Bedeutung. (Mit frdl. Genehmigung von Kay Elemetrics Corporation).

werden kann; die Frequenz der Spektralkomponenten wird auf der senkrechten Achse, die verstrichene Zeit auf der waagrechten dargestellt. Damit kann man die akustischen Eigenschaften der Sprache analysieren, vor allem die Änderungen in den Formantlagen, die durch die Bewegungen des Vokaltrakts bewirkt werden. Formantfrequenzen für reine Vokale, die beim Singen lange Zeit konstant bleiben würden, bleiben in der Sprache nur selten länger als eine Zehntelsekunde unverändert. Selbst diese kurzen Vokalklänge werden noch durch schnelle Auf- oder Abwärtsverschiebungen der Formanten verändert, wie sie beim Übergang von und zu den angrenzenden Konsonanten erfolgen, welche in der Regel eine veränderte Form des Vokaltrakts erfordern. Es sind schließlich diese Formantverschiebungen selbst, die die Halb- und Doppelvokale kennzeichnen.

Zwei Faktoren vermindern manchmal die Unterscheidbarkeit von Vokalen beträchtlich: Lautstärke und Stimmlage. Betrachten wir nochmals Bild 14.7 und fragen wir, was mit jedem dieser Spektra passiert, wenn es durch den Filterprozeß der Formantgebung geschickt wird. Die Ergebnisse sind qualitativ so wie in Bild 14.14, d. h. daß vermutlich ein extrem weicher Ausgangsklang so geringen Anteil an hohen Frequenzen einbringt, daß die höheren Formanten kaum ausgeprägt sein werden.

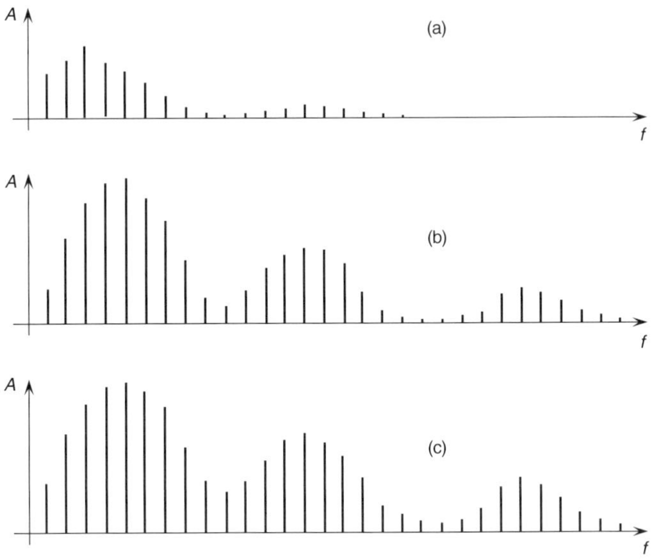


Bild 14.14
Anwendung des Filtereffekts eines zylindrischen Vokaltrakts (Bild 14.8a) auf die drei Spektren von Bild 14.7 bei einer Grundfrequenz von 100 Hz.
a) Wenn einige Teiltöne des Ausgangsspektrums sehr schwach sind, kann der Filter dies nicht ausgleichen, und die höheren Formanten haben zu geringe Frequenzen (bzw. Amplituden), um rund zu klingen.
b) Durchschnittliches Ausgangsspektrum, entsprechend Bild 14.8b.
c) Das reichere Ausgangsspektrum eines lauten Klangs läßt auch die höheren Formanten deutlicher im Ergebnis hervortreten.

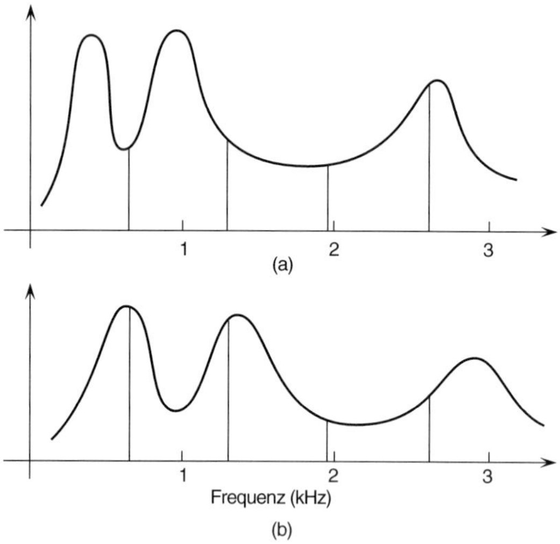


Bild 14.15
a) In der normalen Formantlage des gezogenen „uu“ (wie in Uhu oder englisch cool) ergibt sich wenig Unterstützung durch die ersten Teiltöne bei einer Grundfrequenz von 660 Hz (= e'').
b) Wenn die Sopranistin den Formantbereich verschiebt, so daß er sich eher dem Klang eines kurzen „ou“ annähert, ergibt sich durch die nunmehr mögliche Unterstützung der ersten beiden Teiltöne ein kräftigerer Klang.

Man kann leicht durch einfaches Singen nachprüfen, daß schwach gesungene Vokale über wenig spezifische Klangfarbe verfügen, während laut gesungene sehr deutlich unterschiedlich klingen.

Das zweite Problem entsteht beim Singen in hohen Lagen. Höhere Grundfrequenzen spreizen die harmonische Reihe so weit aus, daß unter Umständen ein gegebener Formantbereich keinerlei Resonanz-Unterstützung mehr im Vokalapparat findet (Bild 14.15a). Das bedeutet, daß gute Sopranistinnen vor allem in der hohen Lage die Formantbereiche verschieben können , um so ausreichend starke niedrigere Teiltöne für die Erzeugung eines musikalisch klangvollen Tons zu haben, auch wenn sie dabei bewußt eine unkorrekte Vokalfärbung in Kauf nehmen (Bild 14.15b). Verschiedene Vokale können dabei in der hohen Lage in fast ein- und denselben Klang verschmelzen.

Zum Schluß dieses Abschnitts wollen wir einen kurzen Vergleich zwischen der Stimme und anderen Instrumenten durchführen. Die Diskussion der Erkennung von Vokalen anhand der Formanten führt zur Frage der Erkennung von Instrumenten-Klangfarben zurück (Abschnitt 6.7) bzw. danach, ob hier ein ähnlicher Mechanismus vorliegt. In einigen Forschungsberichten wurden charakteristische Formantfrequenzen für verschiedene Blasinstrumente identifiziert. Neueste Forschungsergebnisse haben Benade zur Ansicht geführt, daß eine bessere Charakteristik durch die Annahme einer Grenzfrequenz („cutoff-Frequenz“) erreicht wird. Unterhalb dieser Frequenz sind die Spektren relativ gleichmäßig ausgeprägt, oberhalb davon fallen sie steil ab. Diese Grenzfrequenz liegt für Fagotte typischerweise bei 400 Hz, für Oboen und Klarinetten bei 1400–16000 Hz. Schließlich sei daran erinnert, daß die Einschwingvorgänge ebenfalls ein äußerst wichtiges Erkennungsmittel darstellen, die die Erkennungsmerkmale des dann regelmäßig schwingenden Klanges ergänzen.

# * 14.4 Spezielle Probleme der Sängerstimme

Die Art und Weise, in der unser Stimmapparat gesungene Töne produziert, kann je nach Tonhöhe sehr unterschiedlich sein. Ein großer Teil der sängerischen Ausbildung besteht darin, die Beherrschung und Ausnutzung der Übergänge zwischen „Brust-“ und „Kopfstimme“ zu lernen. Ganz offensichtlich wird dies beim Wechsel männlicher Sänger von der 'normalen' Stimme zur *Falsettstimme* bei hohen Noten. In der Falsettlage sind die Vokalfalten langgezogen und dünner, werden dadurch effektiv steifer und können deswegen mit höheren Frequenzen als sonst vibrieren. Die Stimmritze (Glottis) bleibt beim Falsettsingen immer etwas offen, weshalb die Wellenform relativ gleichmäßig und damit die Klangfarbe ziemlich rein und rund bleibt (vergleiche Bild 14.7a). Die andauernde Öffnung der Glottis trägt aber auch dazu bei, daß der Luftvorrat des Sängers im Falsett schneller als sonst erschöpft ist.

Gesangslehrer gebrauchen manchmal Wörter wie *Resonanz* und *Tragfähigkeit* (oder Stimmkraft) in einer vagen Art und Weise, die für einen Akustiker schwer nachzuvollziehen ist. Erinnern wir uns, daß *Resonanz* eine besonders starke Schwingungserregung bezeichnet, die auftritt, wenn ein System mit einer Frequenz angetrieben wird, die mit seiner Eigenschwingungsfrequenz weitgehend übereinstimmt. Es ist vollkommen richtig, von der sorgfältigen Kontrolle des Kiefers, der Zunge und des Gaumens als Mitteln zur Erzeugung besserer Stimmqualität infolge von Resonanzen zu sprechen; aber es ist irreführend, von Resonanz im Brustkorb zu reden. Es kann zwar durchaus in psychologischer Hinsicht für die Studenten hilfreich sein, in einer Art und Weise über den Brustkorb zu denken, die zum Erzeugen eines gleichmäßigen, starken und gut beherrschten Luftdrucks an der Kehle führt. Jede wörtlich genomme Resonanz des Brustkorbs bzw. der Lungen ist aber selbst dann unsinnig, wenn wir vernachlässigen, in welcher Weise die Glottis den Vokaltrakt von den Lungen isoliert, denn das schwammige Lungengewebe ist ein erstklassiges Beispiel für eine Körperregion, die alle auf- oder eintreffenden Vibrationen absorbiert und niemals irgendwelche nennenswerten Wellen reflektiert.

In ähnlicher Weise kann das Reden über die *Tragfähigkeit* der Stimme psychologisch, d. h. in der Vorstellung des Sängers mit der Muskelkontrolle assoziiert sein, die zu einem lauteren und gleichmäßigeren Klang im Vokaltrakt oder einer größeren Mundöffnung führt. Die Schallintensität wird jedoch immer mit der Entfernung nach dem gleichen Gesetz abnehmen, und die Gerichtetheit der Schallabstrahlung wird vollständig durch Beugung bestimmt. Unsere Ergebnisse in Kapitel 4 besagten, daß hörbare Wellenlängen zwischen 15 m bis zu etwa 0,5 m (d.h. Frequenzen bis zu ca. 700 Hz) sich fast gleichmäßig in alle Richtungen ausbreiten, der Kopf als Hindernis also keine Beeinträchtigung darstellt. Bei höheren Frequenzen schallt der Strahl weitgehend nach vorne ab und kaum nach hinten, aber der frontale Halbkreis wird ziemlich gleichmäßig beschallt. Nur bei sehr hohen Frequenzen (etwa 6 kHz oder mehr, entsprechend Wellenlängen unter 6 cm) könnte ein Sänger wirklich erwarten, einen Ton in eine bestimmte Richtung zu 'projektieren', indem er eine sehr große Mundöffnung benutzt. Solche Frequenzen könnten aber wiederum nur höhere Teiltöne sein; einen Grundton oberhalb des c'''' zu singen, ist völlig ausgeschlossen.

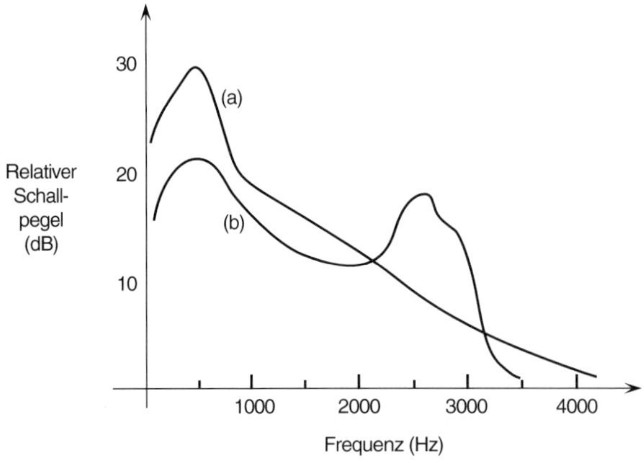


Bild 14.16
Durchschnittliche Schallabstrahlung, über längere Zeit gemittelt, für a) einen typischen Orchesterklang und b) einen Operntenor. Der Tenor wird durch das Orchester hindurchgehört, weil sein Klangspektrum im Formantbereich der Singstimme (2.500–3.000 Hz) stärker ausgeprägt ist als das des Orchesters. (Nach Sundberg).

Sundberg hat eine interessante Erklärung dafür gegeben, wieso ein Sänger – z. B. ein Operntenor – durchaus gut zu hören sein kann, auch wenn er von einem Orchester begleitet wird. Obwohl die gesamte Schallabstrahlung des Sängers natürlich weit hinter der des Orchesters zurückbleibt, kann der Sänger sich Gehör verschaffen, indem er seine akustische Energie vor allem auf einen Frequenzbereich konzentriert, in welchem der Orchesterklang nicht so stark ist (Bild 14.16); das Ergebnis könnte von den Hörern dann als eine gute „tragfähige“ oder stimmstarke Stimme interpretiert werden. Dies erreicht der Sänger offensichtlich dadurch, daß die Kehle nach unten gedrückt wird und damit einhergehend der Kehlraum unmittelbar oberhalb vergrößert wird. Dadurch wird eine Diskontinuität im Übergangsbereich des Vokaltrakts erzeugt, und dies wiederum führt zur Ausprägung von einigen stehenden Wellen in der Kehle – fast unabhängig vom restlichen Vokaltrakt – , von denen die erste eine Frequenz von ungefähr 2500 bis 3000 Hz aufweist. Diese Resonanz stellt den *Formant* der Sängerstimme dar, der die Hörbarkeit des Sängers deutlich verbessert zu Lasten einer gewissen Verzerrung bei der Vokalerzeugung.

Das *Vibrato* (Frequenzmodulation) ist eine Stimmeigenschaft, die zuweilen bewußt gepflegt wird, wobei solche Vorlieben sich oft ändern. Man kann auch ein *Tremolo* mit der Stimme erzeugen (Amplitudenmodulation, manchmal fälschlich als „Amplituden-Vibrato“ bezeichnet; vgl. Abschnitt 8.3 bezüglich der unterschiedlichen Bedeutungen dieser Ausdrücke). Das beste Training für einen Sänger besteht wahrscheinlich darin, das Singen mit und ohne Vibrato zu erlernen, so daß er das Vibrato bewußt für besondere Effekte einsetzen kann, anstatt es ständig und nervtötend zu kultivieren.

Wie groß sollte diese Modulationsfrequenz sein? In der Regel werden Frequenzen zwischen etwa 5 und 7 Hz als am überzeugendsten beurteilt; weniger als 3 und mehr als 10 Hz Modulationsfrequenz erfordert ein besonderes Training. Und wie stark sollte die Frequenz durch die Modulation verändert werden? Hier hat sich ein Wert von ca. 2% Frequenzabweichung als musikalisch sinnvoll erwiesen; weniger als 1% wird kaum noch wahrgenommen, mehr wirkt bereits ablenkend oder unschön.

Warum wird das Vibrato überhaupt so gefordert, nicht nur für die Stimme, sondern auch für viele andere Instrumente? Ein Evolutionsbiologe würde vielleicht zynisch antworten, daß viele menschliche Stimmen eben beim Singen den Ton nie genau halten können und wir deswegen die Überzeugung entwickelt haben, daß Vibrato etwas schönes sei; und dies übertragen wir dann auch auf andere Instrumente. Wir könnten aber auch antworten, daß das Vibrato dem Ton eine gewisse Wärme verleiht, darüberhinaus auch die Aufmerksamkeit auf eine Solostimme lenken kann, wo es oft und bevorzugt eingesetzt wird. Ein guter akustischer Grund könnte auch darin liegen, daß viele kleine Vibrato-Beiträge in einem Ensemble zu einer Verstärkung des Chorus-Effekts führen, den wir am Ende des Kapitels 5 diskutierten. Wenn zwei oder mehr Stimmen gemeinsam singen, kann ein geringes Vibrato die Unfähigkeit der Sänger kaschieren, absolut perfekt gestimmt zu singen, und ähnlich dürfte der Klang einer Streichergruppe in einem Orchester besser ineinander verschmelzen, wenn etwas Vibrato dabei ist. Das Problem, welches man im entgegengesetzten Fall von genau fixierten Frequenzen trifft, wird klar, wenn man einmal zwei Orgeln (oder, mit etwas geringerem Effekt, zwei Klaviere) gleichzeitig hört: bereits sehr kleine Stimmungsunterschiede treten sehr scharf und störend hervor.

Und warum soll eine Modulationsfrequenz von ca. 6 Hz wünschenswerter sein als andere? Mindestens zwei Theorien liegen vor, nach denen Modulation mit diesen Frequenzen am leichtesten auszuführen sei, aber keine von beiden konnte bewiesen werden. Einige Gehirnwellen weisen ähnliche Frequenzen auf, und vielleicht ist es für das Gehirn daher leichter, die entsprechenden Steuerbefehle an die am Vibrato oder Tremolo beteiligten Muskeln im Rhythmus dieser Frequenz zu senden. Eine weitere Theorie besagt, daß aufgrund grober Schätzung der Körperrumpfmasse und der Luftelastizität in den Lungen die Eigenfrequenz des Körpers näherungsweise 5 oder 6 Hz beträgt; diese erleichtere das Aufrechterhalten eines guten Tremolos bei dieser Frequenz, und deswegen würden wir sie auch bevorzugen. Schließlich könnte auch im Wahrnehmungsmechanismus ein Grund liegen: Klänge oder Ereignisse, die schneller als etwa eine Zehntelsekunde aufeinanderfolgen, werden bei der Verarbeitung im Ohr und Gehirn tendenziell miteinander verschmolzen; daher würden Modulationsfrequenzen deutlich oberhalb von 5 Hz zunehmend gar nicht mehr als Tremolo, sondern als zusätzlicher relativ rauher Klang wahrgenommen werden.

# Zusammenfassung

Die menschliche Stimme kann drei unterschiedliche Arten von Klängen bzw. Geräuschen erzeugen. Die konsonanten Plosivlaute sind prinzipiell Übergangsklänge, die durch Schließen und plötzliches Öffnen des Vokaltrakts entstehen. Die Zisch- und Reibelaute (Frikativlaute) entstehen durch Turbulenzen als Folge eines durch eine enge Öffnung tretenden Luftstroms und bestehen aus kontinuierlichem Rauschen. Nur die Vokale weisen eine periodische Wellenform und damit eine bestimmte Tonhöhe auf; sie werden durch die Schwingungen der Stimmbänder erzeugt. Diese Schwingungen entsprechen dem Typ des Lippen-Rohrblatts und werden durch die

Druckminderung unterstützt, die beim Passieren eines Luftstroms durch eine Verengung auftritt (Bernoulli-Effekt).

Die Tonhöhe eines lang ausgehaltenen Vokals wird vollständig durch die Stimmbänder kontrolliert. Die Klangfarbe des Vokals wird jedoch durch die jeweilige Form des gesamten Vokaltrakts gegeben, die die Lage der breiten Resonanzbänder (die sogenannten Formanten oder Formantbereiche) im Klangspektrum bestimmt. Ein Formant verstärkt diejenigen Teiltöne der Reihe der Stimmbänderschwingungen, die innerhalb des Formantbereichs liegen. Eine präzise Vokalisierung ist bei geringer Lautstärke und bei großer Tonhöhe schwieriger, da in beiden Fällen nicht mehr ausreichend viele Teiltöne innerhalb der Formantbereiche liegen, um diese und damit die Vokalklangfarbe unterscheidbar zu machen.

## Symbole, Begriffe, Beziehungen

| | | |
|---|---|---|
| Phonation | Plosivlaut | Formant, Formantbereich |
| Phonem | Frikativlaut (Zisch-,Reibelaut) | Teilton-Reihe |
| Vokaltrakt | Vokal | Vibrato |
| Kehle, Kehlkopf | Umlaut (Diphtong) | Tremolo |
| Stimmbänder | stimmlos/ stimmhaft | Modulationsfrequenz |

## Übungsaufgaben

1. Schätzen Sie die maximale Dauer ab, die ein Sänger ohne Luftholen singen kann, indem Sie die Information aus Bild 14.7 und aus dem Text heranziehen. (1 Liter = 1000 cm$^3$)
2. Welche grundlegenden Phonem-Paare ergeben die Konsonanten „tsch“ (wie in Klatsch), „x“ (wie in Tippex) sowie „sch“ (wie in schlagen)?
3. Welche Folge von Phonemen bildet das gesprochene Wort „musikalische Akustik”?
4. Was passiert bezüglich der Unterscheidung zwischen stimmhaften und stimmlosen Plosivlauten, wenn man flüstert?
5. Erklären Sie, wieso Vokale auch beim Flüstern noch unterscheidbar sind, obwohl dabei doch keine Vibration der Stimmbänder stattfindet. (Hinweis: Ist beim Flüstern eine Art von gleichmäßigem Geräusch vorhanden, und von welcher Art ist es? Würde dieses durch Resonanzen im Vokaltrakt beeinfluß werden?)
6. Warum ist Flüstern mehr richtungsbestimmt als normales Sprechen?
7. Nehmen Sie an, daß die durchschnittliche Länge des Vokaltrakts bei Männern 17, bei Frauen 14 und bei Kindern 11 cm beträgt. Welche ungefähren prozentualen Unterschiede sind demnach für die Formanten eines beliebigen Vokals im Vergleich von Männer-, Frauen- und Kinderstimme zu erwarten?
8. Nehmen Sie an, Sie würden 300-Hz-Vibrationen der Stimmbänder durch einen 17 cm langen Vokaltrakt schicken, der a) eine zylindrische und b) eine konische Form aufweist. Zeichnen und vergleichen Sie die zu erwartenden Klangspektren übereinander. (Hinweis: Sie sollten entsprechend Bild 14.8 vorgehen). Wichtig ist es, die Teiltöne exakt auf der Frequenzachse zu lokalisieren.
9. Wiederholen Sie die Übung 8, jedoch für eine 200-Hz-Schwingung, die durch einen zylindrischen Vokaltrakt geschickt wird, der a) 17 cm und b) 14 cm lang ist.
10. Finden Sie die Frequenz, den entsprechenden Klavierton und die Klangfarbe (Vokal) des

gesungenen Tones, dessen Klangspektrum nachstehend abgebildet ist.

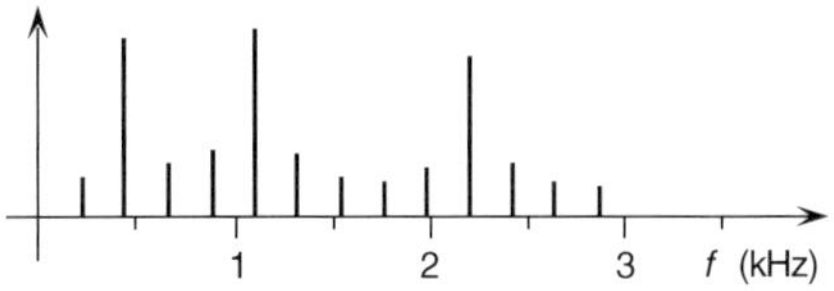


Bild 14.17

11. Welchen Vokal würde man wahrnehmen, wenn sein erster Formant bei 450 Hz, der zweite bei 2300 Hz liegt?
12. Welche zwei Vokalwahrnehmungen sind bei Formanten um 400 und 1000 Hz möglich, und welche zusätzlichen Wahrnehmungen beeinflussen die Entscheidung, um welchen Vokal es sich handelt?
13. Versuchen Sie die Frequenz der ersten beiden Formantbereiche herauszufinden, die Sie erzeugen, wenn Sie das „e" im Wort Bett aussprechen.
*14. Nehmen Sie an, Ihr Vokaltrakt sei mit Helium gefüllt, in dem die Schallgeschwindigkeit ungefähr 930 m/s beträgt. Ändert dies die Frequenz der Stimmbändervibrationen? Ändern sich die Frequenzen der Formanten, und wenn ja, um wieviel?
15. Skizzieren Sie zwei Spektren, um damit die Klangfarbenveränderung aufzuzeigen, wenn Sie direkt ineinander übergehend o und i sprechen oder singen, wie z.B. im Wort „Eule".
16. Um ein stabiles hohes C (das c''') zu singen, sollte eine Sopranistin ihre Zunge in eine bestimmte Position bringen; welchem Vokal entspricht diese Zungenstellung?
17. Wenn der Formant eines Sängers durch die Resonanz in dem oberhalb der Stimmbänder anschließenden Teil der Kehle bedingt wird, schätzen Sie die Länge dieses Resonanzrohrs; gehen Sie dabei näherungsweise von einer zylindrischen Form aus.
*18. Die Druckminderung in einer Durchflußverengung (Bernoulli-Effekt) beträgt ungefähr $1/2 \cdot \rho \cdot v^2$. Die Dichte $\rho$ für Luft beträgt 1,2 kg/m$^3$. Angenommen, die Öffnung der Stimmritze während der Phonation beträgt ca. 1 cm · 1 mm = $10^{-5}$ m$^2$ und die Durchflußrate 500 cm$^3$/s = $5 \cdot 10^{-4}$ m$^3$/s. Wie groß ist unter diesen Bedingungen die durchschnittliche Geschwindigkeit $v$ in der Stimmritze, und wie groß ist die Druckminderung in N/m$^2$ bzw. in at (Atmosphären)?
19. Erörtern Sie unter Benutzung von Bild 14.14, was geschieht, wenn Sie vor einem Auditorium eine Ansprache halten müssen: Werden Sie von den Hörern deutlicher verstanden, wenn Sie den Mikrofonverstärker aufdrehen oder wenn Sie, wörtlich genommen, energischer sprechen?
20. Sie nehmen einen Sänger mit dem Tonband auf und spielen dann die Aufnahme mit doppelter Geschwindigkeit ab. Was geschieht dabei mit der Tonhöhe jeder Note, und was geschieht mit den Formant-Frequenzen der Vokale? Klingt die Wiedergabe mehr oder weniger wie eine schnell singende Frauenstimme oder nicht?
21. Prüfen Sie die Behauptung, daß Vokale umso schriller oder greller klingen, je größer der Abstand des zweiten vom ersten Formant ist. Welche Vokale würden das dann sein? Sind es tatsächlich diejenigen, bei denen die Gesangsstudenten die größten Formantveränderungen im Sinne des Vokalausgleichs lernen müssen?
22. Welche Frequenzen in Bild 14.13 sind für den Laut „s" am stärksten vorhanden? Warum ist das „t" so kurz? Deuten Sie die Änderung der Formantfrequenz der beiden Vokale in Bild 14.13a in Bezug auf Bild 14.12, und begründen Sie, warum sie in Bild 14.13b unterschiedlich ausgeprägt sind. Erklären Sie die Formantänderung zwischen den beiden Vokalen im Wort „again".

# Projektvorschlag

1. Studieren Sie mit Hilfe eines Spektral-Analyzers die Klangfarben der Vokale verschiedener Sänger und Sängerinnen, und vergleichen Sie Ihre Ergebnisse mit Bild 14.12. Erörtern Sie, in welchem Umfang Unterschiede von einer Person zur anderen und von einer Aufnahme zur nächsten (der gleichen Person) auftreten.

# 15. Raumakustik

Ist Ihnen schon einmal aufgefallen, wie unterschiedlich ein Blechbläserensemble klingt, je nachdem, ob es in einem gedrängt vollen kleinen Übungsraum probt oder in einem großen Konzertsaal spielt oder gar bei einem Umzug auf freier Straße marschiert? Musiker sollten nicht nur unbedingt wissen, wie die Klänge in ihrem Instrument entstehen, sondern auch, wie die vom Instrument abgestrahlten Klänge durch die jeweilige Umgebung verändert werden und so auch ihre Wahrnehmung beeinflußt wird.

Wir müssen also zunächst verschiedene Kriterien zur Beurteilung von Klangqualität definieren und dabei auch berücksichtigen, inwieweit sich diese je nach der Art der Musik unterscheiden; danach wollen wir versuchen zu verstehen, welche Aspekte eines Raumes seine akustischen Eigenschaften bestimmen. Wir werden sehen, daß sowohl Größe und Form, die Position reflektierender Flächen und die Verwendung schallabsorbierender Materialien eine Rolle spielen.

Die am genauesten meß- und berechenbare Eigenschaft ist die Nachhallzeit eines Raumes, also die Zeit, die ein Klang braucht, um vollständig zu verklingen. Wir werden die praktische Frage besonders vertiefen, wie man Maßnahmen planen oder benennen kann, die die Halleigenschaften eines Raumes verbessern.

Die Betrachtung der Hallanteile führt uns weiter zur Frage nach der Notwendigkeit elektrischer Beschallungsanlagen (Public Address, abgekürzt PA, sprich: pi-eii). Die Installation einer guten PA-Anlage hängt aber auch davon ab, wie gut wir über die Fähigkeit unserer Ohren, Schallquellen zu orten, Bescheid wissen; im letzten Abschnitt werden wir die Frage wieder aufgreifen, mit welchen Mitteln unser Gehörsinn die Richtung und die Entfernung von Schallquellen schätzt.

## 15.1 Allgemeine Kriterien der Raumakustik

Wir können einige Standardkriterien auflisten, mittels derer wir die akustische Eignung eines Auditoriums für musikalische Zwecke beurteilen:
1. *Klarheit*. Jede einzelne Note muß klar, deutlich und unverdeckt vernehmbar sein. Besonders wichtig ist dies, wenn der Raum auch für Vorträge benutzt wird, denn die Sprachverständlichkeit hängt direkt von der Klarheit der Artikulation ab.
2. *Gleichmäßige Schallverteilung*. An allen Positionen des Raumes sollte der Hörer eine möglichst gleiche Hörwahrnehmung haben; es sollten keine toten Winkel vorhanden sein.
3. *Einbeziehung des Hörers*. Der Hörer soll sich nicht akustisch von der Schallquelle getrennt fühlen, sondern eher von allen Seiten vom Klang umgeben werden; trotzdem muß aber der Ursprungsort des Schalles (in der Regel die Bühne) identifizierbar bleiben.
4. *Echovermeidung*. Obwohl natürlich wiederholte Reflexionen des Schalls vorhanden sein müssen, dürfen diese jedoch nicht als einzelne Ereignisse wahrgenommen

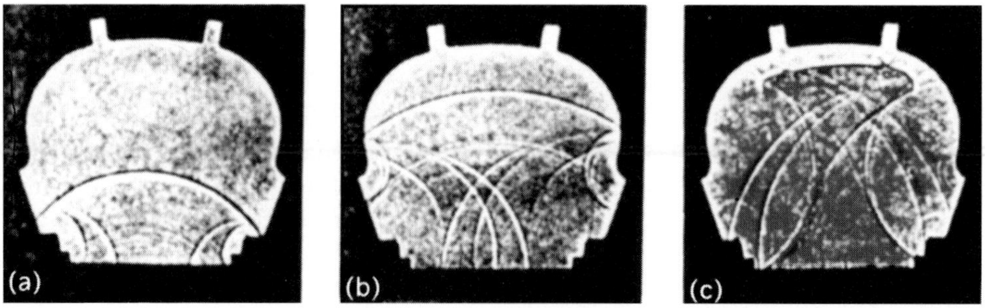


Bild 15.1 Ein Schallimpuls, hier mittels der Schlierenphotographie sichtbar gemacht, im maßstabsgetreuen Modell eines Theatersaales (Untersuchungen von Sabine, nach J. Franklin Inst. 179, 1, 1915). – a) Der Direktschall erreicht das Zentrum des Auditoriums. b) Die Erstreflexionen breiten sich von beiden Seiten her durch den Zuhörerraum aus. c) Das Muster der wiederholten Reflexionen wird schnell komplizierter. Dieser Theatersaal bräuchte eine Veränderung der Rückwand, weil diese ein starkes Echo zurück auf die Bühne wirft und weil an zwei Stellen nahe bei den Ausgängen zuviel Schallenergie konzentriert wird.

werden, sondern alle Reflexionen müssen miteinander verschmelzen.
5. *Halligkeit.* Der im Raum reflektierte Anteil des Gesamtschalles muß einen geeigneten Lautstärkewert relativ zum Ausgangsschall und eine geeignete Abklingzeit aufweisen.
6. *Bühnenakustik.* Die Bühne oder die Position der Aufführenden muß sowohl frei von störenden Echos bzw. Reflexionen sein, gleichzeitig aber auch gewährleisten, daß die Mitglieder eines Musikensembles sich gegenseitig gut hören können.
7. *Niedriger Geräuschpegel.* Leise Passagen einer Aufführung dürfen nicht durch Verkehrsgeräusche aus der Umgebung oder durch Geräusche der Belüftungsanlage etc. gestört werden.

Um zu verstehen, wie wir zu diesen Kriterien gelangt sind, wollen wir das gesamte Schallfeld untersuchen, wie es beim Spielen einer einzelnen Note entsteht. Betrachten wir zunächst einen extrem kurzen perkussiven Klang wie z. B. den Aufschlag eines Schlegels auf einer Kleinen Trommel. Der kürzeste mögliche Weg zum Hörer ist eine gerade Linie, der sog. **Direktschall** kommt auf diesem Weg zuerst beim Hörer an (Bild 15.1a). In kurzen Abständen nach ihm treffen die an den Wänden und Decken reflektierten Schallwellen ein (Bild 15.1b); die Wegstrecke, die jede Schallwelle

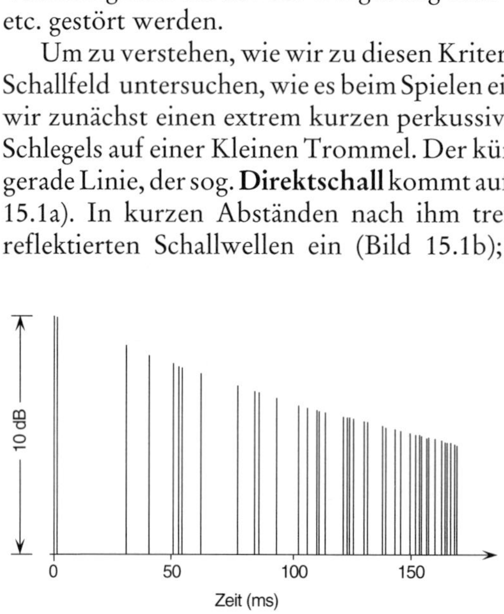


Bild 15.2
Schematische Aufeinanderfolge der Erstreflexionen für eine bestimmte Anordnung von Schallquelle und Schalldetektoren in einem quaderförmigen Raum von 40 · 25 · 8 m. (Aus Kuttruff, m. frdl. Erlaubnis v. Halsted Press).

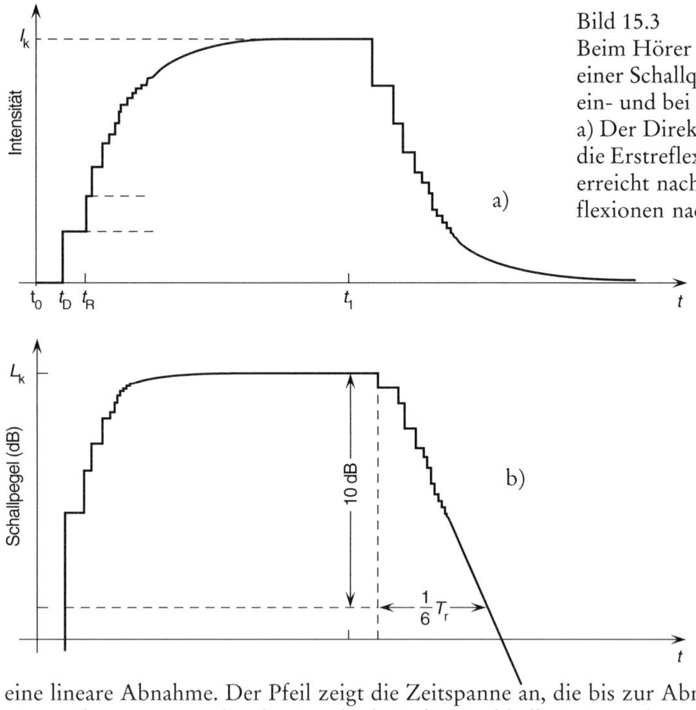


Bild 15.3
Beim Hörer eintreffender Gesamtschall einer Schallquelle, die zum Zeitpunkt $t_0$ ein- und bei $t_1$ ausgeschaltet wird.
a) Der Direktschall trifft zur Zeit $t_d$ ein, die Erstreflexion bei $t_R$ usw.; die Summe erreicht nach dem Eintreffen vieler Reflexionen nach der sog. Anhallzeit eine konstante Maximalintensität $I_k$. Nach dem Abschalten fallen die Reflexionsbeiträge schrittweise weg und die Intensität strebt dem Nullwert zu. Wenn man die einzelnen Beiträge vernachlässigt, ergibt sich näherungsweise eine Exponentialkurve.
b) Wenn die gleiche Information als Schallpegelkurve (anstatt als Intensität) dargestellt wird, erscheint der erste Anstieg zum Maximalwert sehr viel schneller, und der Abklingvorgang zeigt eine lineare Abnahme. Der Pfeil zeigt die Zeitspanne an, die bis zur Abnahme um 10 dB unter den Maximalwert verstreicht; die Standard-60-dB-Nachhallzeit ist sechs mal so lang, wenn ein gutes Nachhallverhalten des Raumes vorliegt.

zurückgelegt hat, bestimmt die Verzögerung des Eintreffens. Diese zumeist nach 50 bis 100 ms eintreffenden Schallwellen bezeichnet man als **Erste Reflexionen**. Wenn sie dicht genaug aufeinander folgen, werden sie als ein einheitliches akustisches Ereignis wahrgenommen. Anschließend erhält der Hörer weiterhin eine stark zunehmende Zahl von unterschiedlichen Vielfach-Reflexionen, deren Einzelamplituden jedoch immer mehr abnehmen (Bild 15.2), so daß sie alle als ein allmählich abklingendes, als **Nachhall** bezeichnetes Schallereignis wahrgenommen werden.

Für einen kontinuierlich erklingenden Ton addieren sich die fortlaufend beim Hörer eintreffenden Schallwellen, wie in Bild 15.3 dargestellt. Erst nach einer gewissen Zeitspanne, der sogenannten *Anhallzeit*, in der ausreichend reflektierte Schallwellen beim Hörer oder Meßpunkt eingetroffen sind, erreicht der Schall einen konstanten Pegel. Wenn die Note aufhört zu klingen, bemerkt der Hörer zuerst den Wegfall des Direktschalls; die zahlreichen Reflexionen halten darüberhinaus genausolang an, wie bei einem Einzelsignal.

* Die Einzelheiten der Darstellung in Bild 15.3 ändern sich drastisch, wenn die Position des Hörers oder der Schallquelle sich ändert, aber in einem akustisch guten Raum bleibt die geglättete Gesamtform exponential. Kleine Bewegungen der Spieler, der Hörer und ein Vibrato tragen dazu bei, unvermeidliche Unregelmäßigkeiten der Raumakustik auszugleichen, so daß die Klangcharakteristik erhalten bleibt.

Kasten 15.1 Wandernde und stehende Wellen

Genau wie bei Violinsaiten und Orgelpfeifen können wir mehrere Erkenntnisse über Raumakustik gewinnen, indem wir die Luftschwingungen auf zwei scheinbar verschiedene, tatsächlich jedoch äquivalente Weisen darstellen.

Die Darstellung der *Wanderwelle* ist wahrscheinlich intuitiv leichter zu begreifen. Wir stellen uns sozusagen eine kleine Einheit an Schallenergie vor, die von der Schallquelle in einer bestimmten Richtung startet, von den Wänden hin- und hergeworfen wird und dabei immer mehr an Energie verliert. In der gleichen Zeit starten viele andere kleine Schallenergieeinheiten und breiten sich auf verschiedenen Wegen aus. Diese Darstellung legt den Schluß nahe, daß unregelmäßige Raumgrundrisse vorteilhaft sind, weil sie sicherstellen, daß der Schall sich ebenfalls auf unregelmäßigen Wegen ausbreitet und die Gesamtheit aller Schallwellen somit an jedem Ort des Raumes einen einigermaßen gleichmäßigen Schallpegel ergeben.

Die Darstellung als *Stehende Welle* beschreibt alle möglichen Laute in einem Raum als Überlagerung natürlicher Eigenschwingungen. Genau wie eindimensionale Violinsaiten Knotenpunkte haben und zweidimensionale Trommelbespannungen Knotenlinien, so haben Räume dreidimensionale Knoten*flächen*, die den ganzen Raum in kleinere Einheiten unterteilen (etwa so wie die Kartonscheiben in einem Gläserkarton), wobei die Luftschwingung in angrenzenden Regionen jeweils gegengerichtet ist. Der Musiker auf der Bühne ist der Energielieferant für diese Eigenschwingungen, vor allem natürlich für die Frequenzen, die mit den von ihm erzeugten Frequenzen übereinstimmen.

Diese Darstellung läßt uns einen weiteren Vorteil unregelmäßiger Grundrisse besser verstehen: Ein kleiner symmetrischer Raum kann zwar viele natürliche Eigenschwingungen haben, die alle um eine einzige Frequenz gruppiert sind, aber nur wenige kombinierte Eigenschwingungen, die andere Frequenzen aufweisen. In einem solchen Raum mag ein einzelner tiefer Ton vielleicht sehr gut klingen, aber andere nur schwer zu einem tragfähigen Klang zu bringen sein (Bild 15.4a). Unregelmäßigkeiten im Grundriss erweitern die Bandbreite der Eigenschwingungsfrequenzen des Raumes (Bild 15.4b), so daß der Raum eine gleichmäßig gute Resonanz über den ganzen Frequenzbereich aufweist.

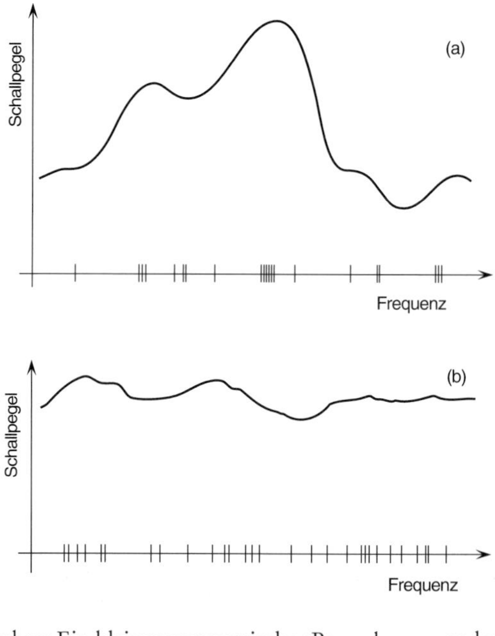


Bild 15.4
Gesamtresonanz auf eine Schallquelle mit verschiedenen Frequenzen, gemittelt aus vielen Hörerpositionen in einem Raum. Diese Resonanz beruht auf der Anregung von Eigenschwingungen, deren Frequenzen durch kleine Striche markiert sind. Die Gesamtresonanz beinhaltet auch die Beiträge vieler sich überlappender Eigenschwingungen, wie in Bild 11.17b.
a) Ungünstige Anhäufung von Resonanzen in einem symmetrischen Raum.
b) Gleichmäßigere Verteilung in einem Raum mit unregelmäßigem Grundriss.

Die Zahl der Eigenschwingungen mit Frequenzen innerhalb eines 1–Hz-Bereichs um die Frequenz $f$ in einem unregelmäßigen Raum des Volumens $V$ beträgt näherungsweise $3 \cdot 10^{-7} \cdot f^2 \cdot V$. Alle Eigenschwingungen innerhalb eines Bereichs $(4/T_r)$Hz um $f$ leisten einen deutlichen Beitrag zur Gesamtresonanz des Raumes. Das Produkt dieser zwei Zahlen sagt aus, wie viele Raumeigenschwingungen stark auf eine anregende Schallquelle reagieren. (Vergleichen Sie Übung 6 hierzu). Ausgenommen für tiefe Töne in kleinen Räumen sind dies normalerweise Dutzende oder Hunderte von Eigenschwingungen.
($T_r$ = Nachhallzeit, siehe 15.2).

Wir wollen nun mit diesen Begriffen zu beschreiben versuchen, welche Eigenschaften eines Raumes in erster Linie die verschiedenen akustischen Kriterien begünstigen:

1. *Klarheit.* Der Direktschall sollte so stark und ungestört wie möglich sein, weswegen man die Hörer möglichst nahe an die Bühne hin positioniert, die Bühne selbst erhöht, oft den Hörerraum leicht ansteigend ausführt und/oder mit gestaffelten Balkonen ergänzt. Wenn jeder Hörer eine direkte Sicht zur Bühne hat, ist auch die akustische Klarheit höchstwahrscheinlich gut. Die Klarheit wird auch begünstigt, wenn die Klänge nicht allzusehr durch den Nachhall der vorangegangenen Klänge oder Worte überlagert werden; ein Maximum an Klarheit kann nur durch einen Verzicht auf Halligkeit erreicht werden.

2. *Gleichmäßige Schallverteilung.* Auch hier benutzt man ansteigende Hörerebenen und Balkonerien, so daß die Luftlinie bis zur letzten Sitzreihe möglichst nicht allzu viel größer wird als bis zur ersten. Wichtiger ist hier aber noch, daß die Summe aller reflektierten Schallwellen möglichst überall gleich groß sein soll. Dies erfordert Vorsicht bei der Konstruktion konkav gekrümmter Wände, weil diese den Schall eher konzentrieren als ihn diffus zurückzuwerfen. Rechteckige Räume mit glatten ebenen Wänden sind ebenfalls nicht wünschenswert, weil sie die mehrmalige Hin-und Her-Reflexion einer Schallwelle auf dem gleichen Weg begünstigen. Der Schall wird besser 'durchgemixt' und über den ganzen Raum verteilt, wenn dieser einen unregelmäßigen Grundriß, nicht-parallele Wände, nach innen gewölbte Wandflächen und viele Vorsprünge und Kanten aufweist (siehe Kasten 15.1). Kassettendecken, Balkonfronten, unverkleidetes Gebälk, Kronleuchter und große plastische Stuckverzierungen tragen dazu bei, den Schall gleichmäßiger zu verteilen. Die vorgenannten Strukturen sollten in kleinen, mittleren und großen Größen vorhanden sein, so daß Schallwellen unterschiedlicher Frequenz und Wellenlängen entsprechend beeinflußt werden.

3. *Einbeziehung der Hörer.* Die Erstreflexionen sollten nicht nur von der Vorder- und Rückseite des Raumes kommen, sondern auch von der Decke und besonders von den Seitenwänden. Vorteilhaft ist es, wenn die Seiten- und Deckenoberflächen nicht eben sind, sondern genügend Unterstrukturen aufweisen, so daß die Erstreflexionen an diesen Strukturen den Hörer wirklich einbetten (Bild 15.1c).

4. *Echovermeidung (Hallglätte).* Eine schlecht plazierte konkave Oberfläche wie die Rückwand in Bild 15.1 oder auch eine große, ebene und harte Fläche kann eine

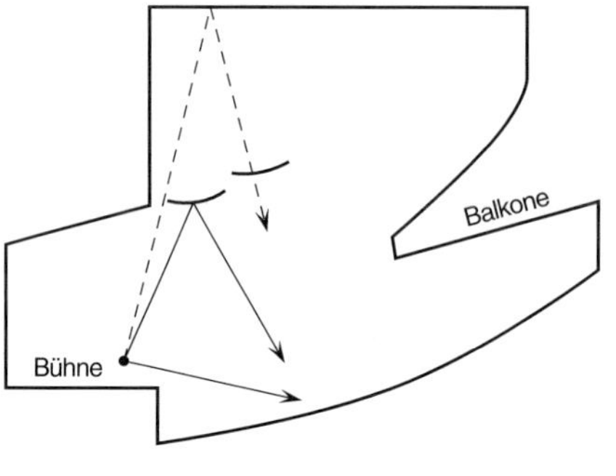


Bild 15.5
Die Anbringung von hängenden Reflektorflächen für die Erstreflexionen verbessert die Situation, wenn die Decke so hoch ist, daß die Erstreflexionen ansonsten mit zu großem Zeitabstand beim Hörer eintreffen würden.

hervortretende Einzelreflexion später als 100 ms nach dem Direktschall verursachen. Dies wird als ein Einzelecho wahrgenommen, was natürlich vermieden werden sollte. Aber auch schon ein Zeitabstand von mehr als 30 oder 40 ms kann zu einer unerwünschten Rauhigkeit der Klangwahrnehmung führen. Um sicherzustellen, daß die einzelnen Reflexionen gut miteinander verschmelzen und lediglich den Originalklang verstärken und verlängern, sollte ihr Zeitabstand weniger als 30 ms betragen. Da der Schall sich mit 0,34 m pro ms ausbreitet, sollte demzufolge die Wegstrecke für die erste Reflexion weniger als 10 m länger als die Wegstrecke des Direktschalls sein, und diese Bedingung sollte für jeden Sitz im Auditorium erfüllt sein. Dies kann die Anbringung und sorgfältige Positionierung von zusätzlichen Reflektorflächen erfordern (siehe Bild 15.5). Kürzere Zeitabstände von 10–20 ms verstärken akustisch das Gefühl von Intimität. Ebenso sollten natürlich auch zwischen zweiter und dritter, dritter und vierter Reflexion usw. keine größeren Abstände als 30 ms bestehen.

5. *Halligkeit.* Ein guter Kompromiß liegt irgendwo zwischen trockenem, reflexionsarmen und wabernd-halligem Raum. Die Halligkeit wird durch die Größe des Auditoriums sowie durch den Absorptions- bzw. Reflexionsgrad der Materialien an Decken, Boden und Wänden beeinflußt. Starke Hallanteile bei den tiefen Frequenzen tragen zur Wärme, solche bei hohen Frequenzen zur Brillanz des Klangs bei. In den folgenden Abschnitten werden wir noch untersuchen, wie Nachhallzeiten gemessen und berechnet werden können.

6. *Bühnenakustik.* Die Rückwand darf kein einzelnes starkes Echo auf die Bühne zurückwerfen, aber die miteinander verschmelzenden vielfachen Reflexionen sollten so ausreichend stark auf die Bühne geworfen werden, daß die Aufführenden auch ein

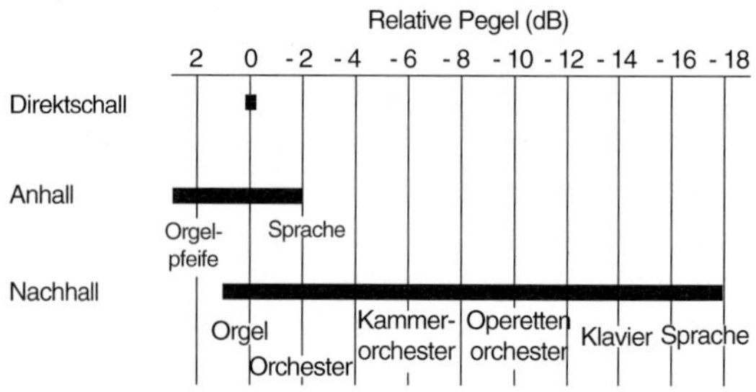


Bild 15.6
Wünschenswerte Stärke der Schallpegel von Erstreflexionen und Nachhall relativ zum Direktschall für verschiedene Musikarten. Links = stärkerer relativer Pegel, rechts = schwächerer Pegel. (Aus einem Artikel von Veneklasen in Auditorium Acoustics, ed. R. Mackenzie, Wiley-Halsted 1975).

Gefühl dafür erhalten können, was die Hörer wahrnehmen. Die meisten guten Bühnen haben einen mehr oder weniger deutlich ausgeprägten Muschelcharakter als Voraussetzung dafür, daß die Musiker sich gegenseitig gut hören können, gleichzeitig aber auch der Schall gut zum Zuhörerraum abgestrahlt wird. Die Bühne sollte keine harten parallelen Seitenwände haben, weil diese ein ziemlich störendes Phänomen verursachen können, nämlich das sogenannte *Flatterecho*, bei dem jeder scharfe perkussive Laut mehrfach von den Seitenwänden hin- und herreflektiert wird. Dies ist doppelt nachteilig, weil es ja auch bedeutet, daß dieser Teil der Schallenergie für die Abstrahlung in den Zuhörerraum verloren geht.

7. *Geräuschfreiheit*. Solide Bauweise, doppelte Türen und (mit z. B. Filz) abgedichtete luftdichte Türfugen sind Voraussetzung, um äußeren Lärm auch draußen zu halten. Geräuschvolle Belüftungsanlagen können durch Änderung der Ein- und Auslaßgitter, leisere Motoren und Lüfter oder durch akustische Dämpfer im Rohrsystem verbessert werden. Ein Grundgeräusch von mehr als 40 dBA (ohne Publikum) macht einen Raum für anspruchsvolle musikalische Aufführungen unbrauchbar; ein Pegel von 30 dBA ist akzeptabel. Ein Wert von weniger als ca. 20 dBA ist nur mit großem Aufwand zu erzielen und bringt keine wahrnehmbare Verbesserung mehr.

Während die meisten dieser Kriterien ganz generell zutreffen, gibt es doch in einer Hinsicht wichtige Unterschiede je nach Art der Musik, Sprache oder Aufführung zu beachten: nämlich für das relative Verhältnis von Direktschall, Erstreflexionen und Nachhall zueinander. Wie in Bild 15.6 zu sehen ist, liegt Sprache an einem Extrem, weil Klarheit allererstes Ziel und sehr wenig Nachhall erwünscht ist. Das andere Extrem bildet die Orgelmusik, bei der zumeist ein so voller Klang gewünscht wird, daß der Nachhall den Direktschall überwiegt und die Akkorde ineinander verfließen.

Alle diese Kriterien spielen eine wichtige Rolle, solange wir von der natürlichen Akustik eines Saales ausgehen. Viele Konzerte der populären Musik werden jedoch mit starker elektronischer Verstärkung aufgeführt, mit deren Hilfe der spezifische Sound in einer Vielzahl von Räumen verwirklicht werden kann, auch solchen, die für klassische Musik keine brauchbare Akustik bieten würden.

## 15.2 Nachhallzeit

Man möchte die Nachhallzeit eines Raumes gerne mit exakten Zahlen angeben können. Der naheliegendste Gedanke ist sicher, daß man als Nachhallzeit die Zeit definiert, die ein Schall vom Verstummen bzw. Abschalten der Schallquelle bis zum absoluten Verlöschen noch im Raum nachklingt. Unglücklicherweise läßt sich dies nicht realisieren, wie wir bereits bei der Diskussion der Schlaginstrumente (Abschnitt 9.7) gesehen haben; der Schall wird zwar schwächer und schwächer, erreicht aber niemals den Nullwert. Man definiert deswegen als Nachhallzeit $T_r$ (r steht für reverberation) die Zeit, in der der Schallpegel um 60 dB von seinem Ausgangspegel abnimmt.

Das ist zwar für einen Physiker und Akustiker eine präzise Definition, aber was besagt sie für die menschliche Wahrnehmung? – Zunächst wird der Nachhall eines

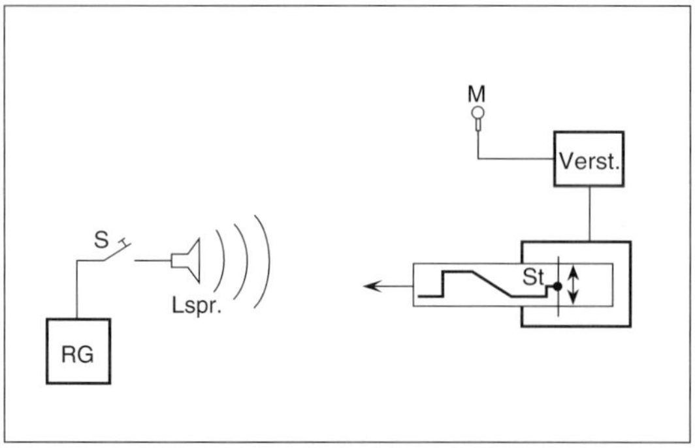


Bild 15.7
Messung der Nachhallzeit: Das schmalbandige Rauschen des Rauschgenerators RG wird vom Lautsprecher lang genug abgestrahlt, um einen gleichmäßigen Schallpegel im Raum zu erzeugen, und wird dann durch Öffnen des Schalters S unterbrochen. Vom Mikrofon M wird das auftreffende Signal an einen Verstärker (in dem möglichst ein schmalbandiger Filter eingebaut ist) und von dort an einen Schallpegelschreiber gesendet, in dem der Schreibstift St sich auf dem darunter durchlaufenden Papierstreifen auf- und abbewegt und so eine Kurve wie in Bild 15.8a erzeugt.

Einzeltones oder -wortes nicht mehr wahrgenommen, sobald der Pegel um mehr als 10 oder 15 dB unter den Pegel der unmittelbar darauf folgenden Töne oder Worte abgesunken ist; selbst wenn wir also eine 2-Sekunden-Nachhallzeit haben, ergibt sich eine mögliche effektive Überlappung von einzelnen Worten/Tönen um etwa eine halbe bis drittel Sekunde. Nur bei einer Endnote oder dem letzten Wort könnte man die vollständige Nachhalldauer hören, und selbst dann würde man diese höchstwahrscheinlich nach einer Abnahme um die ersten 30 bis 40 dB für beendet halten. Nur unter idealen Bedingungen – d. h. extrem niedriges Hintergrundrauschen und äußerste zielgerichtete Aufmerksamkeit – könnte man die Nachhalldauer in der ganzen Länge der offiziellen Definition wahrnehmen. Mit einigem Training kann man lernen, die 60 dB-Nachhallzeit so gut zu schätzen, daß man im Mittel mehrerer Versuche bis auf ein paar zehntel Sekunden an den korrekten Meßwert herankommt. Platzpatronenschüsse oder schon ein Klatschen mit den Händen können für solche Schätzungen als ein gutes Mittel zur Schallerzeugung dienen.

Die Standard-Meßmethode der Nachhallzeit ist in Bild 15.7 dargestellt. Da verschiedene Frequenzen unterschiedlich schnell von den Wänden absorbiert werden, haben sie auch verschiedene Nachhallzeiten, und die ausführliche Beschreibung der Akustik eines Raumes muß daher die Nachhallzeiten für mehrere unterschiedliche Frequenzen beinhalten. Ein reines Sinussignal sollte man ebenfalls vermeiden, denn dessen Frequenz könnte ja zufällig mit einer der Eigenschwingungen des Raumes übereinstimmen (oder mit keiner) und das Ergebnis daher verfälschen. Von musikalischer Bedeutung ist viel mehr das gemittelte Verhalten des Raumes über den ganzen musikalischen Frequenzbereich, und daher ist z. B. ein schmalbandiges Rauschen als Meßsignal gut geeignet. Um die Nachhallzeit z. B. „bei 1000 Hz“ zu messen, würde man ein Rauschen benützen, in dem alle Frequenzen zwischen 890 und 1120 Hz vorhanden sind. (Rauschgeneratoren und -Analyzer lassen sich gewöhnlich auf solche dritteloktavige Rauschbänder einstellen). Das Mikrofonsignal sollte durch einen Filter geschickt werden, der alle Frequenzen außerhalb des gewählten Bereichs zurückhält, um sowohl Hintergrundrauschen als auch Störfrequenzen des Verstärkers auszuschließen. Das gefilterte und verstärkte Mikrofonsignal wird dann in einen

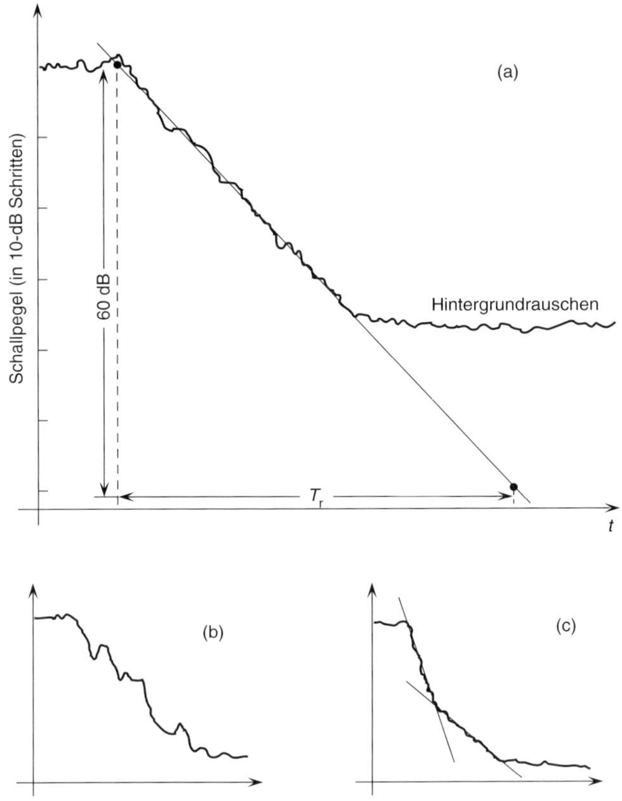


Bild 15.8
a) Pegelschrieb der Nachhallzeit-Messung (CSUS-Konzertsaal, 1000 Hz). Auch wenn durch das Hintergrundrauschen die Messung einer vollständigen Abnahme um 60 dB manchmal verhindert wird, kann die für die ersten 30 oder 40 dB gemessene Kurve extrapoliert werden, um zumindest einen guten Schätzwert für die 60 dB-Nachhallzeit zu erhalten.
b) Ungleichmäßiger rauher Nachhall, verursacht durch nicht gleichförmige Schallverteilung.
c) Zweiteilige Nachhallkurve, verursacht dadurch, daß bestimmte Raumeigenschwingungen schneller abgedämpft werden als andere.

Schallpegelschreiber eingespeist, der daraus ein Bild produziert, wie es in Bild 15.8 dargestellt ist.

Heute gibt es Geräte, bei denen dank moderner Elektronik dieser ganze Prozeß automatisiert ist. Eine Zeituhr wird gestartet und gestoppt, wenn der momentane abnehmende Pegel zwei vordefinierte Werte erreicht, z. B. Abnahme um 5 dB (Start) und 25 dB (Stopp); die gemessene Zeitspanne wird mit drei multipliziert und ergibt die 60 dB-Nachhallzeit. Um nicht durch zufällige Abweichungen getäuscht zu werden, empfiehlt es sich bei dieser Art von Geräten, immer mehrere Messungen vorzunehmen und daraus den Mittelwert zu berechnen.

Häufige Mängel in der Raumakustik lassen sich anhand von Nachhallkurven aufdecken, die nicht gleichmäßig verlaufen (Bild 15.8b) oder zwei verschiedene Abnahmeraten aufweisen wie z. B. Klaviersaiten (Bild 15.8c). Abgesehen vom möglicherweise unangenehmen (akustischen) Raumgefühl sind dies Zeichen dafür, daß die Schallenergie nicht gleichmäßig verteilt wird. Solche Probleme können entstehen, wenn ein Teil des Raumes zu sehr vom Rest abgetrennt ist (Bild 15.9a) oder wenn absorbierendes Wandflächenmaterial nicht gut im Raum verteilt ist (Bild 15.9b). Ausgedrückt im Modell der wandernden Wellen heißt das: Wellen, die in bestimmten

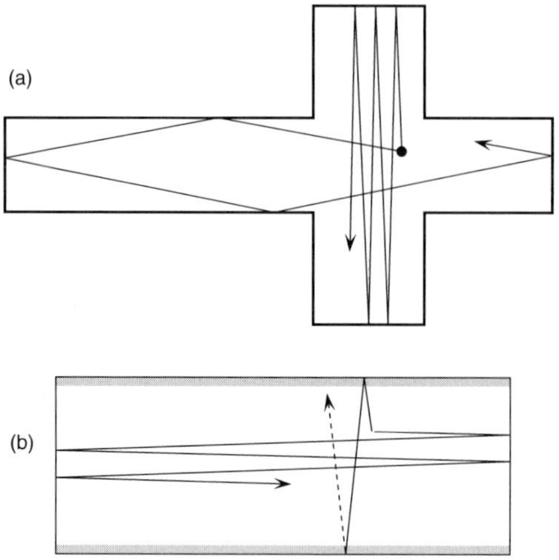


Bild 15.9
a) Ein oft in Kirchen anzutreffendes akustisches Problem: Einige der reflektierten Schallwellen erreichen nicht alle Teile des Kirchenraumes gleichmäßig.
b) Ein anderes häufiges Problem: Ungeschickte Anordnung von schallabsorbierendem Material (hier die grauschraffierten Längswände) dämpft bestimmte Eigenschwingungen schnell ab, während die anderen länger nachhallen.

Richtungen abgestrahlt werden, können in einem Teil des Raums viele Male hin- und hergeworfen werden, ohne die anderen Raumteile zu erreichen; wenn die beschallten Raumteile harte Oberflächen haben, können diese Wellen lange klingen und sich erst dann allmählich in die anderen Raumteile ausbreiten, wenn der größte Teil des Nachhalls bereits vorüber ist, und dadurch den nachziehenden Teil der zweiteiligen Kurve ergeben. Im Modell der stehenden Wellen wird die gleiche Situation so beschrieben: Einige Eigenschwingungen des Raumes werden an harten Oberflächen reflektiert und haben daher eine lange Nachhallzeit, andere treffen auf weiche Oberflächen und verlöschen schneller.

Um eine gleichmäßige Abnahme des Nachhalls (und gleichmäßige Schallverteilung) zu erhalten, sind nicht-parallele Wände, viele Hindernisse und Ecken vorteilhaft, um den Schall in möglichst alle Richtungen zu reflektieren, sowie absorbierende Materialien an vielen Stellen des Raums, um damit gleiche Nachhallzeiten für alle Frequenzen bzw. Eigenschwingungen zu erreichen. Um zu verhindern, daß eine Eigenschwingung besonders unterstützt oder abgedämpft wird, sollten die absobierenden Materialien wie z. B. Akustikplatten *nicht* in regelmäßigen Strukturen angebracht werden, sondern mehr oder weniger zufällig verteilt.

Genau wie die gewünschte relative Stärke des Nachhalls hängt auch die erwünschte Nachhalldauer von der Art der Musik ab. Wie in Bild 15.10 dargestellt, kann man sagen, daß die großformatigen Musikgattungen meist auch längere Nachhallzeiten erfordern. Zu beachten ist, daß Sprache und Orgel wiederum die entgegengesetzten Extremwerte bilden, wodurch es ziemlich schwierig wird, akzeptable Kompromisse für den Bau von Kirchen zu finden. Die Darstellung ist natürlich nur schematisch, und in der Praxis hängt die erwünschte Raumakustik vom jeweiligen Musikstück ab. Ein Organist wird, wenn er eine Barockfuge spielt, eine Nachhallzeit von 1,5 s bevorzugen, damit die kontrapunktischen Linien durchhörbar bleiben; für ein Orgelwerk der Romantik wird er aber möglicherweise 2,5 s Nachhallzeit bevorzugen.

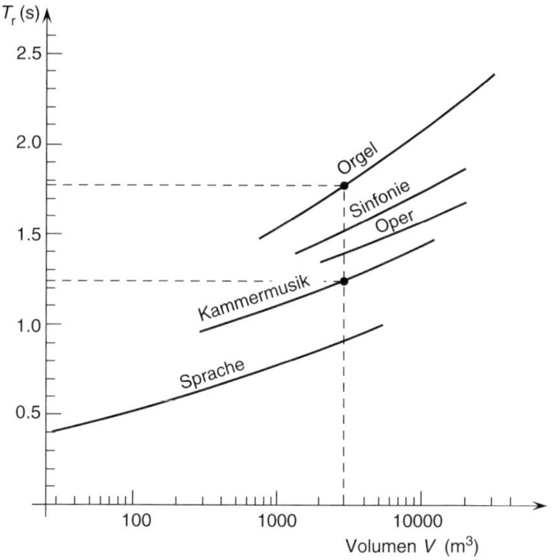


Bild 15.10
Beziehung zwischen optimaler Nachhallzeit, Raumgröße und verschiedenen Musikarten. Die angegebenen Zahlen sind nur beispielhaft, und individuell abweichende Präferenzen können um 10–20% größer oder kleiner sein. Auch innerhalb des gleichen Raums erfordert Musik des 17. und 18. Jahrhunderts kürzere Nachhallzeiten und größere Klarheit, während für die Musik des späten 19. Jahrhunderts mit ihrer Liebe zum 'Klang an sich' längere Nachhallzeiten erforderlich sind. Die gestrichelte Linie gibt das Beispiel eines Konzertsaales mit 3.000 $m^3$ Volumen an, in der eine Nachhallzeit von 1,2 s gut für ein Streichquartett wäre, ein Organist aber mindestens 1,5 s fordern würde.

Unsere Einstellung zur Nachhallzeit wird stark durch den jeweiligen kulturellen Hintergrund geformt. Katholische Kirchen weisen z. B. einen längeren Nachhall auf als protestantische, was teilweise durch die unterschiedlichen Formen und Ziele der religiösen Rituale beeinflußt wurde. Wer Kirchen in Europa und Amerika kennt, weiß, daß manche großen europäischen Kathedralen Nachhallzeiten von 6 bis 8 s haben, wogegen die typische amerikanische Kirche mit ihren 1 bis 2 s Nachhall eine ausgesprochen trockene Akustik hat. Aus der Sicht eines (Kirchen-)Musikers ist meist eine Zeit von 2-3 s vorzuziehen, die auch für kleinere Kirchen in Europa nicht ungewöhnlich ist. Bei einer richtig gewählten Verstärkungsanlage und sorgfältiger Berücksichtigung der Erstreflexionen muß eine solche Nachhallzeit nicht mit einer guten Sprachverständlichkeit unvereinbar sein.

Beachten Sie, daß für ein und dasselbe Musikstück die jeweilige optimale Nachhallzeit auch von der Größe des Raums abhängt. Auf jeden Fall gilt dies für die „Wahrnehmungs-Dissonanz", d. h. nicht zeitgleicher visueller und akustischer Wahrnehmung (bei großen Räumen); der Hörer fühlt sich aber auch unwohl, wenn die durch den Nachhall bzw. seinen Hörsinn aufgenommene Information über die Raumgröße nicht mit der visuell wahrgenommenen Raumgröße übereinstimmt. Dazu kommt, daß in einem großen Raum die einzige Möglichkeit, den erwünschten *Pegel* des Nachhalls ausreichend groß zu halten, darin besteht (Bild 15.6), eine längere Nachhallzeit zuzulassen bzw. zu planen.

Wenn die Nachhallzeit nur mit einer einzigen Zahl angegeben wird, bezieht sich diese meist auf den mittel-bis hochfrequenten Bereich (500 Hz und darüber). Obwohl die Meinungen hierüber nicht einheitlich sind, wird es doch oft als vorteilhaft bezeichnet, wenn die 60 dB-Nachhallzeit mit abnehmenden Frequenzen allmählich länger wird, so daß die tiefsten Frequenzen etwa 50% längeren Nachhall als die

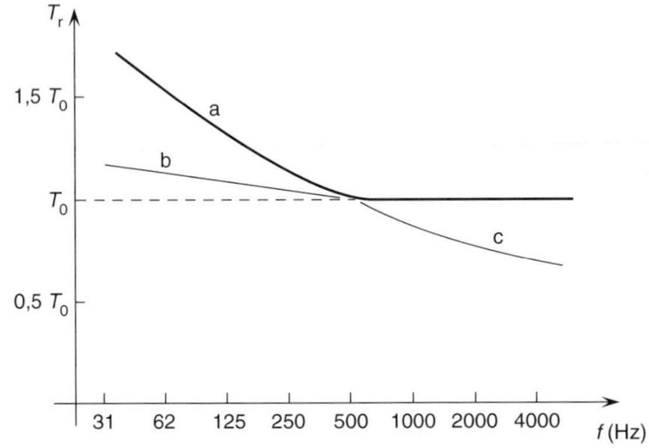


Bild 15.11
Abhängigkeit der Nachhallzeit von der Frequenz. Kurve a: Optimal wäre eine näherungsweise konstante Nachhallzeit $T_0$ (bestimmt aus Bild 15.10) für alle Frequenzen oberhalb 500 Hz und deutlich längere Nachhallzeit für die tieferen Frequenzen. Kurve b: Eine zu kurze Nachhallzeit bei tiefen Frequenzen läßt den Raum kalt wirken. Kurve c: Wenn die Nachhallzeit der hohen Frequenzen zu kurz ist, wirkt der Klang wenig brillant.

höchsten haben, wie in Bild 15.11 gezeigt. Der Grund hierfür ist sehr einfach – es genügt, sich das Fletcher-Munson-Diagramm ins Gedächtnis zu rufen (Bild 6.12). Eine 60 dB-Abnahme im Baß bedeutet einen größere Abnahme in der Lautheit (Phon) als in den Höhen, das heißt, bei einer gleichmäßigen Nachhallzeit für alle Frequenzen würden unsere Ohren uns den Eindruck vermitteln, als ob die Bässe zu schnell abgedämpft würden.

## 15.3 Berechnung des Nachhalls

Wir wollen nun versuchen, eine präzise Beziehung zwischen der Nachhallzeit und der Raumgröße sowie -beschaffenheit aufzustellen. Die Nachhallzeit bildet sich als Ergebnis zweier widerstreitender Faktoren: Je mehr sich der Schall praktisch verlustfrei in offener Luft ausbreiten kann, umso länger hält er an; je öfter er auf eine feste Oberfläche trifft und je weicher dieser Oberfläche ist, umso schneller wird er um die definitionsgemäßen 60 dB unter seinen Ausgangspegel abgeschwächt. Ein größeres Raumvolumen bedeutet daher größere Ausbreitungsstrecken durch die Luft und damit längeren Hall, größere Oberflächen und weicheres Material auf diesen Oberflächen verkürzen die Hallzeit.

Diese Beziehung wurde durch Wallace Sabine – er legte um 1900 mit einer Reihe von Untersuchungen in Harvard die Grundlagen wissenschaftlicher Raumakustik – in einer einfachen Formel zusammengefaßt:

$$T_r = (0{,}163\ \mathrm{s/m})\ V/S_e,$$

wobei $T_r$ die Nachhallzeit in Sekunden, $V$ das Raumvolumen in $m^3$ und $S_e$ die *effektive Schallabsorptionsfläche* in $m^2$ ist. Letztere wiederum berechnet sich aus der Formel

$$S_e = \alpha_1 S_1 + \alpha_2 S_2 + \alpha_3 S_3 + \dots ,$$

welche aussagt, daß verschiedene Oberflächen in einem Raum (z. B. $S_1$ für die Deckenfläche, $S_2$ für die Fläche des Teppichbodens usw.) zur gesamten Absorption proportional zum Absorptions-Koeffizient $\alpha$ (alpha) des jeweiligen Materials beitragen.

* Technisch gesehen stellen diese $\alpha$-Koeffizienten einen Kombinationswert aus der echten Absorption, d. h. der Konvertierung von Schall- in Wärmeenergie, und der Schallübertragung durch die Wände in die angrenzenden Räume dar. Wir können diese Unterscheidung jedoch vernachlässigen, denn hier interessiert uns nur die Tatsache, daß beide einen Schallenergieverlust für den Innenraum bedeuten. In sehr großen Räumen und bei Frequenzen oberhalb von 1 kHz kann $S_e$ auch einen beträchtlichen Anteil der Absorption durch die Luft enthalten, der proportional zum Raumvolumen ist. Die oben genannte Formel ist daher nur eine Annäherung und führt zu tendenziell zu großen Werten von $T_r$; mit großen Absorptionsflächen wird sie ungenauer. Eine bessere Näherung erreicht man mit der Formel

$$T_r = 0{,}163\ V/S_e\,(1+{}^1/_2 \cdot \bar{\alpha}\ ),$$

wobei der durchschnittliche Absorptionsfaktor

$$\bar{\alpha}\ = S_e/S_t$$

ist und $S_t$ die gesamte (innere) Oberfläche des Raumes (t steht für total).
Für diejenigen, die wissen wollen, woher der Wert 0,163 kommt: Er folgt aus $(4/v)\cdot\ln 10^6$, wobei $v$ die Schallgeschwindigkeit und ln der natürliche Logarithmus ist. Der Wert $10^6$ rührt offensichtlich aus unserer 60 dB-Definition her. Ein Quadratmeter absorbierender Fläche wird manchmal auch als *Sabine-Einheit* bezeichnet.

Für eine vollständig reflektierende Oberfläche gilt $\alpha = 0$, sie liefert also keinen Beitrag zu $S_e$, da dem auftreffenden Schall keine Energie entzogen wird. Im entgegengesetzten Fall einer Oberfläche, die jeden auftreffenden Schall vollständig absorbiert, ist $\alpha = 1$; tatsächlich liegen die realen Koeffizienten a jedoch immer zwischen 0 und 1, denn sie geben den *Bruchteil* der Schallenergie an, der bei jeder Reflexion absorbiert wird. Eine Fläche von 10 $m^2$, deren Material den Absorptionskoeffizient $\alpha = 0{,}4$ hat, weist also den gleichen akustischen Effekt auf, als wenn 4 $m^2$ dieser Oberfläche vollständig absorbieren würden ($\alpha = 0$) und 6 $m^2$ vollständig reflektieren würden ($\alpha = 1$). Eine vollständig absorbierende Fläche (bezogen auf den Innenraum) ist z. B. die eines geöffneten Fensters; jede dort eintreffende Schallwelle verläßt den Raum und kommt niemals zurück. Eine „äquivalente Fensteröffnungsfläche" meint die Fenstergröße, die dem Raum ebensoviel Schallenergie entzieht wie die in Frage stehende Fläche (im Beispiel oben also 4 $m^2$).

Machen wir eine einfache Beispielrechnung. Nehmen wir einen leeren rechteckigen Raum mit 6 m Höhe, 10 m Breite und 20 m Länge; seine Wände und Decken sollen aus dem gleichen Material sein ($\alpha = 0{,}1$), für die Bodenfläche soll gelten $\alpha = 0{,}3$. Daraus ergibt sich das Raumvolumen zu $V = 6 \cdot 10 \cdot 20 = 1200\ m^3$, die Bodenfläche beträgt $10 \cdot 20 = 200\ m^2$, die Deckenfläche ebenfalls; jede Seitenwand hat $6 \cdot 20 = 120\ m^2$, jede Stirnwand $6 \cdot 10 = 60\ m^2$. Decken- und Wandflächen zusammen ergeben 560 $m^2$, und damit können wir nun die effektive Absorptionsfläche berechnen:

$$S_e = 0{,}1 \cdot 560\ +\ 0{,}3 \cdot 200\ = 116\ m^2$$

und daraus die Nachhallzeit:

$$T_r = 0{,}16 \cdot 1200/116\ \approx 1{,}7\ \text{s (gerundet).}$$

Für reale Aufgaben dieser Art braucht man Tabellen der $\alpha$-Koeffizienten für die gebräuchlichen Baumaterialien; einige typische Werte sind in Tabelle 15.1 angegeben. Allgemein gilt, daß glatte und harte Materialien den größten Teil des auftreffenden

| | Absorptionsgrad α bei der Frequenz (Hz) | | | | | |
|---|---|---|---|---|---|---|
| Oberflächenart | 125 | 250 | 500 | 1000 | 2000 | 4000 |
| Akustikplatte, hart aufgehängt | 0,2 | 0,4 | 0,7 | 0,8 | 0,6 | 0,4 |
| Akustikplatte, in Rahmen aufgehängt | 0,5 | 0,7 | 0,6 | 0,7 | 0,7 | 0,5 |
| Akustik-Rauhputz | 0,1 | 0,2 | 0,5 | 0,6 | 0,7 | 0,7 |
| Normaler Putz auf Latten | 0,2 | 0,15 | 0,1 | 0,05 | 0,04 | 0,05 |
| Gipsplatten 16 mm auf Kanthölzern | 0,3 | 0,1 | 0,05 | 0,04 | 0,07 | 0,1 |
| Sperrholzplatte 8 mm auf Kanthölzern | 0,6 | 0,3 | 0,1 | 0,1 | 0,1 | 0,1 |
| Betonsteine, unbehandelte Oberfläche | 0,4 | 0,4 | 0,3 | 0,3 | 0,4 | 0,3 |
| Beton, gestrichen | 0,1 | 0,05 | 0,06 | 0,07 | 0,1 | 0,1 |
| Gießbeton | 0,01 | 0,01 | 0,02 | 0,02 | 0,02 | 0,03 |
| Ziegel | 0,03 | 0,03 | 0,03 | 0,04 | 0,05 | 0,07 |
| Vinylplatten auf Beton | 0,02 | 0,03 | 0,03 | 0,03 | 0,03 | 0,02 |
| Schwerer Teppich auf Beton | 0,02 | 0,06 | 0,15 | 0,4 | 0,6 | 0,6 |
| Schwerer Teppich auf Filzunterlage | 0,1 | 0,3 | 0,4 | 0,5 | 0,6 | 0,7 |
| Podiumsbelag, Holz | 0,4 | 0,3 | 0,2 | 0,2 | 0,15 | 0,1 |
| Gewöhnliches Fensterglas | 0,3 | 0,2 | 0,2 | 0,1 | 0,07 | 0,04 |
| Schweres Panzerglas | 0,2 | 0,06 | 0,04 | 0,03 | 0,02 | 0,02 |
| Wandbehang, mittleres Velour | 0,07 | 0,3 | 0,5 | 0,7 | 0,7 | 0,6 |
| Gepolsterte Sitze, unbesetzt | 0,2 | 0,4 | 0,6 | 0,7 | 0,6 | 0,6 |
| Gepolsterte Sitze, besetzt | 0,4 | 0,6 | 0,8 | 0,9 | 0,9 | 0,9 |
| Holz-oder Metallsitze, unbesetzt | 0,02 | 0,03 | 0,03 | 0,06 | 0,06 | 0,05 |
| Hölzerne Kirchenbänke, unbesetzt | 0,4 | 0,4 | 0,7 | 0,7 | 0,8 | 0,7 |

Tabelle 15.1 Ungefähre typische Absorptionskoeffizienten verschiedener Oberflächen-Materialien. Im Einzelfall können die Werte erheblich von den hier genannten abweichen. Quellen: Backus (S.172) und L. Doelle, Environmental Acoustics (McGraw-Hill, 1972, S.227).

Schalls reflektieren, während poröse und/oder nachgiebige Materialien mehr Energie absorbieren, da ihr Widerstand sich gegenüber dem der Luft nicht so sehr unterscheidet. Zu beachten ist, daß jede Berechnung mit diesen Werten nur relativ grobe Annäherungswerte ergeben kann, denn in der Praxis können erhebliche Abweichungen z. B. im Material des Teppichbodens, der Dicke und Biegesteifheit von Sperrhölzern oder Kunststoffen auftreten.

In der Tabelle 15.1 sind auch Koeffizienten für bestuhlte Flächen aufgeführt (d. h. als effektiv absorbierende Flächen pro tatsächlich bedeckter Fläche). In manchen Dokumentationen findet man statt dessen Angaben, die die effektive Absorptionsfläche pro Sitz oder pro Person angeben. Wenn man beide Angaben umrechnen will, kann man bei normaler Bestuhlung von etwa 1,5 bis 2,0 Personen bzw. Sitze pro $m^2$ ausgehen. Gut ist es, wenn die gepolsterten Sitze möglichst den gleichen Grundflächenkoeffizient haben wie (bekleidete) Menschen, so daß die Raumakustik möglichst unverändert bleibt, gleichgültig ob und wie voll besetzt der Raum ist; dann können keine allzu drastischen Änderungen akustischer Art zwischen Probe und Aufführung passieren.

Wir können uns nun einem komplexeren Beispiel zuwenden. Stellen Sie sich vor, Sie seien in einem Komitee verantwortlich für die Planung einer kleinen Kirche mit

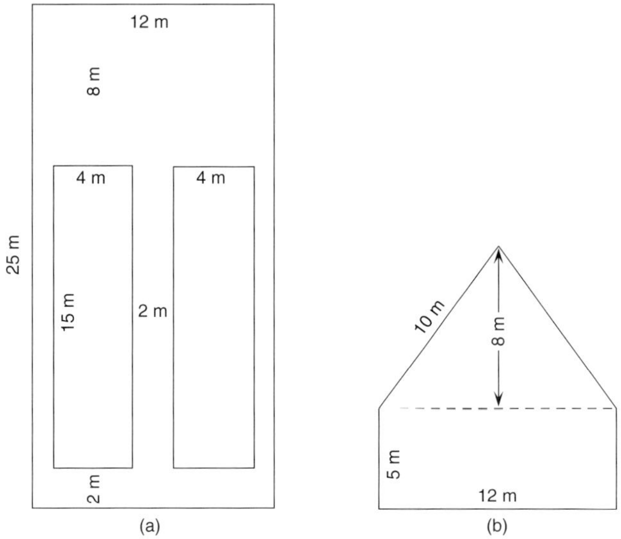


Bild 15.12
a) Grundriß einer kleinen Kirche mit Kirchenbänken für 200 Personen innerhalb der zwei kleineren Rechtecke. Der Einfachheit halber ist auf eine erhöhte Plattform und Kanzel verzichtet.
b) Ansicht der Schmalseiten.

den in Bild 15.12 gezeigten Dimensionen. Gemäß dem vorläufigen Plan sind hölzerne Kirchenbänke für etwa 200 Personen, Bodenfliesen, vergipste Stirnwände, sperrholzverkleidete Seitenwände und eine hölzerne Deckenkonstruktion mit offenliegenden Trägern vorgesehen. Bevor vielleicht zuviel Geld ausgegeben wird, wollen wir wissen, wie die Akustik in der Kirche sein wird.

Zuerst berechnen wir das Volumen, indem wir uns die Kirche in zwei geometrische Körper zerlegt vorstellen (gestrichelte Linie in Bild 15.12b). Der untere Körper ist rechteckig, so daß sich $V_1 = 5 \cdot 12 \cdot 25 = 1500\ \text{m}^3$ ergibt. Der obere ist ein Prismenkörper, dessen Volumen genau die Hälfte eines Quaders mit der gleichen Höhe und Breite beträgt: $V_2 = {}^1/_2 \cdot 8 \cdot 12 \cdot 25 = 1200\ \text{m}^3$. Das Gesamtvolumen ist also $V = 2700\ \text{m}^3$. Jede Stirnwand hat entsprechend eine Fläche von $5 \cdot 12 + {}^1/_2 \cdot 8 \cdot 12 = 108\ \text{m}^2$; jede untere Hälfte der Seitenwände hat $5 \cdot 25 = 125\ \text{m}^2$, von denen wir 10 $\text{m}^2$ für die Fenster ansetzen. Die gesamte Bodenfläche ist $12 \cdot 25 = 300\ \text{m}^2$, von denen $2 \cdot 4 \cdot 15$ durch die Sitzbankreihen belegt werden.

Wir machen uns eine Tabelle (Tab.15.2), mit der wir die totale absorbierende Effektivfläche berechnen, und tun dies zunächst für die $\alpha$-Koeffizienten für $f = 1.000$ Hz. Wie es meistens geht, finden wir natürlich keinen $\alpha$-Wert in der Tabelle 15.1, der exakt unseren Materialien entspricht; wir müssen annehmen, daß unsere Deckenkonstruktion ungefähr den gleichen Koeffizient haben könnte wie ein Holzfußboden. Aufgrund der Unsicherheiten bei den $\alpha$-Werten müssen wir davon ausgehen, daß unser Ergebnis um einige Zehntelsekunden vom tatsächlichen Wert abweichen kann. Während unsere rechnerisch sich ergebenden 1,9 Sekunden Nachhallzeit dem Organisten wahrscheinlich zusagen, könnten sie etwas zu lang für die gesprochenen Teile der Gottesdienste sein.

Bevor wir jedoch anfangen, munter drauflos Absorptions-Material einzubauen (z. B. Akustikplatten), müssen wir noch das Verhalten bei anderen Frequenzen

Tab. 15.2 Berechnungsmuster für die Nachhallzeit bei $f$ = 1000 Hz

| Oberfläche | $S$ | $\alpha$ | $\alpha \cdot S$ |
|---|---|---|---|
| Sitzbänke (besetzt) | 120 $m^2$ | 0,7 | 84 |
| Fliesenboden | 180 $m^2$ | 0,03 | 5 |
| Fenster | 20 $m^2$ | 0,1 | 2 |
| Seitenwände | 230 $m^2$ | 0,1 | 23 |
| Stirnwände | 216 $m^2$ | 0,05 | 11 |
| Decke | 500 $m^2$ | 0,2 | 100 |
| | | Gesamt $S_e$ = 225 $m^2$ | |

Daraus errechnet sich
$T_r = 0{,}16 \cdot 2700/225 = 1{,}92$ s

untersuchen. Eine entsprechende Berechnung für $f$ = 125 Hz ergibt (ungefähr) 1,0 s Nachhallzeit; der Raum ist also bei tiefen Frequenzen bereits sehr trocken. Als Gegenmittel könnten wir die Dachkonstruktion extrem steif ausführen, so daß deren Absorptionskoeffizient auf 0,3 oder sogar 0,2 anstatt 0,4 absinkt. Außerdem könnte man die Dicke der Sperrholzverkleidung an den Wänden verdoppeln oder die Latten der Unterkonstruktion doppelt so dicht anbringen, so daß die Platten bei tiefen Frequenzen weniger nachgiebig sind; noch besser, wir könnten statt Sperrholz eine Ziegelverkleidung anbringen. Wenn durch solche Änderungen die Akustik der tiefen Frequenzen ausreichend verbessert worden ist (sich also eine längere Nachhallzeit ergibt), kann man die zu lange Nachhallzeit der hohen Frequenzen verkürzen, indem man in geringem Umfang schallabsorbierende Platten oder anderes Material anbringt, wobei dieses so ausgewählt wird, daß es die tiefen Frequenzen möglichst wenig beeinflußt.

In den meisten Fällen hat man es nicht mit zu planenden, sondern mit bereits bestehenden Räumen zu tun; dann braucht man natürlich keine Berechnungen anzustellen, sondern kann die Nachhallzeiten direkt messen. Aus den Meßergebnissen läßt sich dann umgekehrt mit Hilfe der umgedrehten Sabine'schen Formel (also: $S_e = 0{,}163\ V/T_r$) die effektive Absorptionsfläche berechnen, auch wenn wir die Absorptionskoeffizienten für jedes Material nicht genau kennen. Nehmen wir z. B. an, unsere oben geschilderte Kirche sei endlich mit einigen Änderungen fertiggestellt, und die Messungen ergeben eine tatsächliche Nachhallzeit von 1,5 s für 1000 Hz und voller Kirche. Dann können wir die effektive Absorptionsfläche berechnen:
$S_e = 0{,}16 \cdot 2700/1{,}5 = 288\ m^2$, auch wenn wir nicht wissen, welcher Absorptionskoeffizient für welche Fläche gilt.

Das versetzt uns in die Lage, die Auswirkung vorherzusagen, wenn wir Haupt- und Seitenschiff mit einem Teppichboden auslegen. Die Änderung von $\alpha$ auf 0,4 (anstatt 0,3) für diese 180 $m^2$ würde deren Beitrag zu $S_e$ von 5 $m^2$ auf 72 $m^2$ erhöhen. Der neue Wert $S_e = 288 + 67 = 355\ m^2$ würde die Nachhallzeit auf $0{,}16 \cdot 2700/355 = 1{,}2$ s verkürzen – der Organist würde anfangen zu jammern. Tatsächlich ist deswegen der Streit über das Auslegen von Teppichen in vielen Kirchen in den USA ein Dauerbrenner.

Hier nun ein kleiner Tip aus der Praxis: Es ist relativ leicht, einen Raum und seine Verkleidungen so zu planen, daß sich ziemlich lange Nachhallzeiten ergeben und später durch Anbringen von Teppichen, Vorhängen, Akustikplatten etc. diese wieder etwas zu reduzieren; viel schwieriger ist es, einen akustisch trockenen und schalltoten Raum mit wenig Aufwand zu einem besseren Nachhall zu verhelfen! (Abgesehen einmal von elektronischem Hall und Verstärkung). Falls Sie jemals in die Lage kommen, den Bau oder die Innenausstattung einer Kirche oder eines Konzertraums mitzubestimmen, versuchen Sie die endgültige Anbringung von absobierenden Materialien solange aufzuschieben, bis die Akustik des Raumes bei musikalischen Aufführungen getestet werden konnte. Oft wird sich herausstellen, daß eine Verkürzung der Nachhallzeiten weniger nötig ist, als sich aufgrund der Pläne rechnerisch ergeben hätte.

Erinnern wir uns auch daran, daß eine gute Nachhallzeit alleine noch nicht eine gute Akustik ausmacht, sondern auch die anderen in Abschnitt 15.1 genannten Kriterien erfüllt sein müssen. Akustische Planung ist mindestens ebensosehr Kunst wie Wissenschaft, und selbst die besten Architekten haben dabei manchmal Probleme.

## * 15.4 Raumschallpegel

Wenn eine gleichmäßige Schallquelle lang genug anhält, um einen konstanten Nachhall zu erzeugen (wie in Bild 15.3), wie groß ist dann dessen Schallpegel? Dieser, als Raumschall bezeichnete Pegel hängt natürlich von der Stärke der Schallquelle ab, aber auch von den Eigenschaften des Raumes. Je länger die Nachhallzeit ist, desto größer sind die Zahl und die Gesamtstärke der Reflexionen, umso höher also auch der Gesamtpegel bei einem Dauerton.

Zu beachten ist, daß für eine reine Sinuswelle als Schallquelle kein gleichmäßiger Raumschallpegel zu erwarten ist, denn die wenigen Raum-Eigenschwingungen, die auf eine solche Quelle ansprechen, überlagern sich zu einem komplizierten Muster stehender Wellen, die zu einem ungleichmäßig verteiltem Schallpegel führen, wie in Bild 15.13a. Nur wenn eine ausreichende Zahl von Frequenzen vorhanden ist, kann die Schallenergie gleichförmig verteilt werden, wie in Bild 15.13b. Auch dann müssen alle Eigenschwingungen des Raumes an den Wänden jeweils Druckbäuche (Gegenknoten) haben, so daß der Raumschallpegel direkt an den Wänden um bis zu 3 dB höher ist als im Raum.

Nahe an der Schallquelle überwiegt natürlich deren Schallenergie; der Pegel ist dort ungefähr so groß, wie er es auch im Freien sein würde, und nimmt mit größer werdendem Abstand zur Schallquelle ab. Erst ab einer bestimmten Entfernung, die als **Hallradius** bezeichnet wird und für die gilt:

$$R_r \cong 0{,}06 \cdot \sqrt{V/T_r} \quad ,$$

überwiegt der Raumschall – die Summe aller reflektierten Schallwellen – den Direktschall (siehe Bild 15.13b).

* Hier liegt ein Fall vor, bei dem der Schallintensitätspegel $L_I$ schlecht definiert ist, da Wellen sich in alle Richtungen ausbreiten, und wir müssen erkennen, daß das, was unsere Geräte messen, eigentlich der Schalldruckpegel $L_p$ (vgl. Abschnitt 5.2) ist. Wir werden uns über diese Schwierigkeit hinwegbehelfen, indem wir $I_r$ benutzen und damit die Intensität einer sich in einer Richtung ausbreitenden Welle meinen, die den gleichen $L_p$ hat wie das tatsächliche diffuse Schallfeld.

Nun können wir unsere Frage neu und besser formulieren. Wenn wir uns weder nahe an einer Wand noch an der Schallquelle befinden, und wenn der Schall ein breites Frequenzspektrum aufweist, wie groß ist dann der Raumschallpegel? Betrachten wir den gesamten Energieausstoß $E$ der Schallquelle in einem Raum mit dem durchschnittlichen Schallabsorptionsgrad bzw. -koeffizient $\bar{\alpha}$. Ein Bruchteil $\bar{\alpha} \cdot E$ des Direktschalls geht verloren, wenn er das erstemal auf die Wand trifft, und nur der verbleibende Anteil $(1-\bar{\alpha})\cdot E$ wird zum Nachhall, liefert also einen Beitrag zum Raumschall. Wenn die äquivalente Durchschnittsintensität $I_r$ ist, können wir bei einem gleichmäßigen Gesamtschallpegel erwarten, daß der von der Schallquelle zugeführte Energieanteil $(1-\bar{\alpha})\cdot E$ gleich groß ist wie die Rate des Gesamtenergieverlustes $(^1/_6)\cdot I_r \cdot S_e$ an den Wänden. (Durch den Faktor $(^1/_6)$ berücksichtigen wir, daß der Schall sich nach vier Richtungen + oben + unten = 6 ausbreitet; für einen Punkt nahe an der Wand trägt jedoch nur eine dieser Richtungen zur Energieabsorption bei.) Daraus läßt sich schließen, daß gilt: $I_r = 6\cdot(1-\bar{\alpha})\cdot E/S_e$ oder, gleichwertig ausgedrückt: $I_r \cong 6\cdot E \cdot T_r/0{,}163\cdot V = 36\cdot E\cdot T_r/V$. Diese Näherungsformel trifft gut zu, solange $\bar{\alpha}$ klein ist, was immer der Fall ist, wenn ein gleichmäßiger ausgedehnter Nachhall vorhanden ist.

Bei einer gegebenen Raumgeometrie hängt der Pegel des Raumschalls von der Wandabsorption ab, wie in Bild 15.14 gezeigt. Eine Schallquelle mit der Energie 1 W (Watt) erzeugt z. B. in einem Raum mit $S_e = 200\ m^2$ (etwa für $V = 1200\ m^3$, $T_r = 1{,}0$ s)

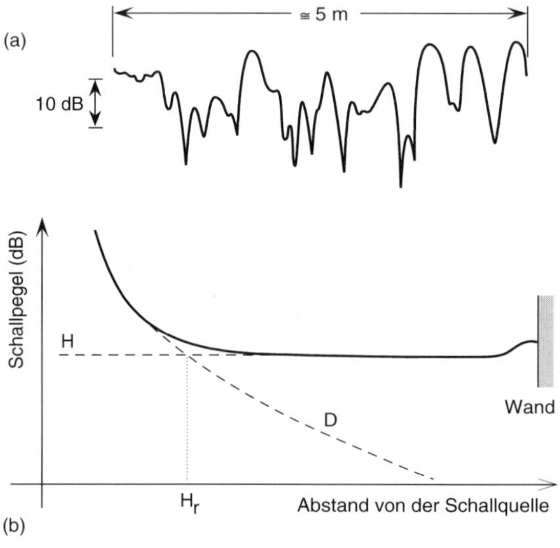


Bild 15.13
a) Gemessene Schalldruckpegel einer kontinuierlichen 1000-Hz-Sinuswelle in einem kleinen Vorlesungsraum, wobei das Meßmikrofon langsam entlang einer Linie bewegt wurde. Bei jeder anderen Frequenz würde sich eine ähnlich komplizierte Meßkurve ergeben, deren Details jedoch völlig verschieden wären (nach Kuttruf, S. 70).
b) Gleichmäßiger Schalldruckpegel, gemittelt über einen breiten Frequenzbereich. Die gestrichelten Linien zeigen den Anteil des Direktschalls D und des Raumhalls H. Der Anstieg nahe an der Wand kann sich zwischen Null bei einer vollständig absorbierenden und maximal 3 dB bei einer vollständig reflektierenden Wandoberfläche bewegen.

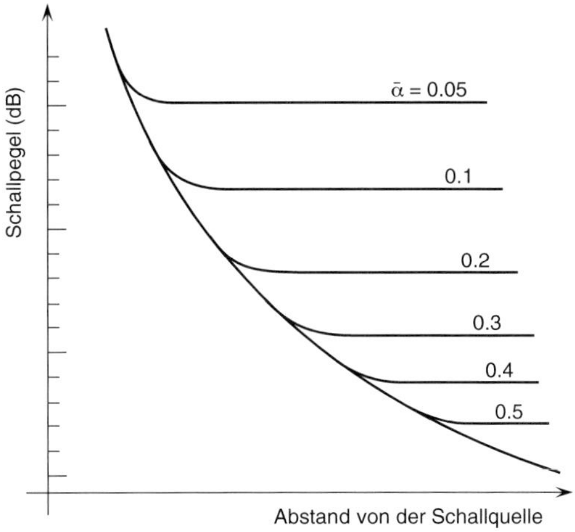


Bild 15.14
Die Erhöhung des durchschnittlichen Absorptionsgrads $\bar{\alpha}$ eines Raums bewirkt eine Abnahme des Raumschallpegels (des sich nur aus den reflektierten Wellen zusammensetzenden Pegels ohne den des Direktschalls) sowie auch eine Vergrößerung des Raumes, der durch den sog. Hallradius $H_r$ begrenzt wird (vergleichen Sie auch Bild 15.13b) und in dem der Direktschall lauter als der Raumschall ist.

einen Intensitätspegel $I_r \cong 3 \cdot 10^{-3}$ W/m²; das heißt einen Schallpegel von 95 dB. Wenn die Absorption um die Hälfte vermindert würde, so daß gilt $S_e = 100$ m², dann würde $I_r$ auf 98 dB ansteigen (und $T_r$ auf 2,0 s). Die gleiche Schallquelle erzeugt in einem größeren Raum mit $S_e = 2000$ m² (z. B. für $V = 18.000$ m³, $T_r = 1{,}5$ s) näherungsweise nur $3 \cdot 10^{-4}$ W/m² oder 85 dB Raumschallpegel.

Bei ruhiger Unterhaltung erzeugt die menschliche Stimme nur etwa $10^{-5}$ W, aber bei lauter Sprache kann dies bis auf $10^{-3}$ W ansteigen. Die gemessenen Werte der abgestrahlten Gesamtenergie von Musikinstrumenten reichen von ca. 0,05 W bei Holzbläsern über 0,4 W beim Klavier und 6 W bei Trompeten bis zu 60 W für ein volles Orchester.

## 15.5 Schallverstärkung

In großen Auditorien kann es bei kleineren Musikensembles oder bei Vorträgen notwendig werden, durch künstliche Schallverstärkung eine ausreichende Hörbarkeit zu erzeugen. Die nahe an der Schallquelle durch Mikrofone aufgenommenen Schallwellen werden elektronisch verstärkt und durch einen oder mehrere Lautsprecher wiedergegeben. Alle Bauteile sollten mindestens die high-fidelity-Norm (Hifi) erfüllen, damit der Originalklang möglichst wenig verändert wird. Ob dies gelingt, hängt zu einem großen Teil auch von der richtigen Plazierung der Lautsprecher und dem richtigen Einpegeln des Verstärkungsgrads ab.

Ein häufiges und leicht nachvollziehbares Problem dabei sind *Rückkopplungen.* Diese stellen sich fast zwangsläufig ein, wenn die Lautsprecher in die Richtung der Mikrofone abstrahlen, wie in Bild 15.15a dargestellt. Schon bei geringer Verstärkung wird der Direktschall vom Lautsprecher lauter beim Mikrofon eintreffen als der eigentliche Originalschall. Das Mikrofon nimmt dies auf und sendet es zum Verstärker, und dieser schickt nur Mikrosekunden später ein noch lauteres Signal an die

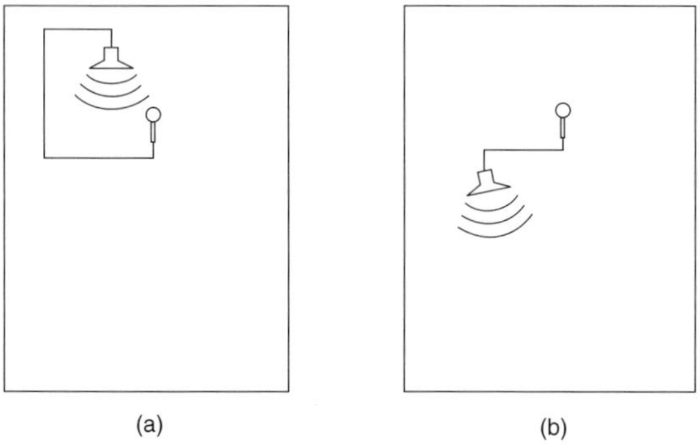


Bild 15.15
a) Die Position der Lautsprecher hinter dem Mikrofon (vom Publikum aus gesehen) führt mit großer Wahrscheinlichkeit zu unerwünschten Rückkopplungen.
b) Die Anordnung der Lautsprecher vor dem Mikrofon verringert die Gefahr von Rückkopplungen.

Lautsprecher. Wir haben den äußerst unerwünschten Fall einer *positiven Rückkopplung* vor uns mit dem Resultat einer Instabilität des Systems. Diese erzeugt eine sich selbst aufschaukelnde ohrenzerreißende Schallverstärkung, die nicht eher aufhört, als der Verstärker abgedreht wird (oder die Lautsprechersicherungen durchbrennen). Auch wenn die Rückkopplung nicht stark genug ist, um zur Aufschaukelung zu führen, kann positive Rückkopplung zu Verzerrungen im verstärkten Signal führen.

Die Anordnung der Lautsprecher vor dem Mikrofon (Bild 15.15b) ist schon besser, denn jetzt sind es nur noch die reflektierten und daher schwächeren Lautsprecher-Schallwellen, die das Mikrofon erreichen können. Aber auch diese können ohne weiteres zu Rückkopplung und Aufschaukelung führen, wenn der Verstärker zu weit aufgedreht wird. Andere Möglichkeiten zur Behebung des Problems bestehen darin, das Mikrofon so nahe wie möglich an die Schallquelle zu bringen (so daß weniger Verstärkung benötigt wird), und indem man stark richtungsgebundene Mikrofone und Lautsprecher benutzt. In letzterem Fall kann man sogar die Lautsprecher hinter den Mikrofonen positionieren, wenn sie nur weit genug seitlich am Mikrofon vorbeistrahlen.

Untersuchen wir nun die Frage, ob der Hörer den Schall mehr vom Lautsprecher oder von der Originalquelle kommend wahrnimmt; wünschenswert ist natürlich, daß sowohl die Augen als auch die Ohren die Schallquelle am gleichen Ort wahrnehmen. Zunächst könnte man dies für schwer realisierbar halten, denn das Lautsprechersignal ist in der Regel ja lauter als das Originalsignal. Eine einfache Lösung besteht naheliegenderweise darin, die Lautsprecher nahe bei der Originalquelle anzubringen (z. B. direkt vor einem Sprecherpult, wie man es manchmal beobachten kann), so daß beide Signale praktisch vom gleichen Ort kommen.

Eine andere gute Möglichkeit ist die Ausnutzung des sogenannten *Präzedenzeffekts* (in wissenschaftlicher Literatur als *Gesetz der 1. Wellenfront* bezeichnet), der das Ohr des Hörers gewissermaßen täuscht: Der Teil einer beliebigen Schallinformation, der das Ohr zuerst erreicht, entscheidet über die vom Hörer wahrgenommene Lokalisierung der Schallquelle. Dies bedeutet normalerweise einfach, daß wir eine Schallquelle in der Richtung wahrnehmen, aus der wir den Direktschall hören, und nicht in den Richtungen, aus der wir etwas später die schwächeren ersten Reflexionen hören.

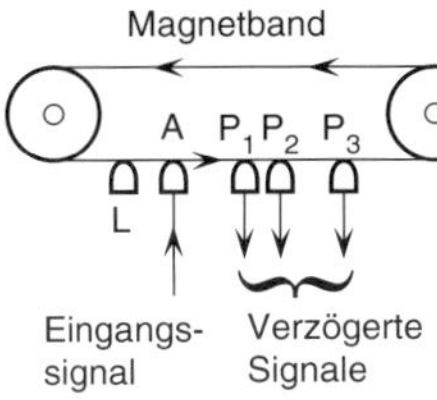


Bild 15.16
Eine von verschiedenen Möglichkeiten, um akustische Signale zu verzögern. Eine Magnetbandschleife läuft kontinuierlich an einem Löschkopf L, einem Aufnahmekopf A und mehreren Abnahmeköpfen $P_n$ vorbei, an welchen das – abhängig von der Geschwindigkeit des Bandes – verzögerte Signal abgenommen und den Lautsprechern zugeführt wird. (Nach Kuttruf).

Da elektrischer Strom viel schneller als Schall ist, kann ein Lautsprecher den Schall früher abstrahlen, als der Direktschall der Originalquelle die Lautsprecherposition erreicht. Wir müssen die folgenden Fälle unterscheiden: 1. Wenn der Abstandsunterschied zwischen Hörer-zu-Lautsprecher und Hörer-zu-Originalquelle größer als 10 m ist, liegen die Ankunftszeiten beider Signale beim Hörer um mehr als 30 ms auseinander, und es entsteht ein echo-artiger Höreindruck, der möglichst vermieden werden muß; 2. wenn der Lautsprecher näher beim Hörer ist (näher als 10 m), entsteht der Eindruck, daß der Schall ausschließlich vom Lautsprecher ausgeht; 3. wenn die Originalquelle näher als der Lautsprecher ist, wird der Hörer meinen, der Schall komme ausschließlich von der Originalquelle. Besonders zu beachten ist, daß letzteres auch dann zutrifft, wenn das vom Original zuerst eintreffende Signal bis zu 10 dB schwächer ist als das später eintreffende Lautsprechersignal! Solange das verstärkte Signal innerhalb von 30 ms *nach* dem Originalsignal eintrifft, verstärkt es dieses, ohne die Wahrnehmung des Ursprungsortes zu beeinflussen.

Es gibt verschiedene Möglichkeiten, um das Lautsprechersignal später als das Originalsignal beim Hörer eintreffen zu lassen: 1. Wenn Lautsprecher und Mikrofon sehr richtungsgebunden arbeiten, kann man den Lautspecher etwas hinter dem Sprecher+Mikrofon anbringen; 2. man bringt den Lautsprecher vor dem Sprecher und Mikrofon an, aber soweit seitlich versetzt, daß die Entfernung Lautsprecher-Hörer größer ist als die Entfernung Originalquelle-Hörer; 3. man benutzt ein Verzögerungsgerät (einen Delay-Prozessor auf neudeutsch, in Bild 15.16 ist ein solches Gerät in Tonband-Analogtechnik dargestellt), mit dessen Hilfe das verstärkte Signal

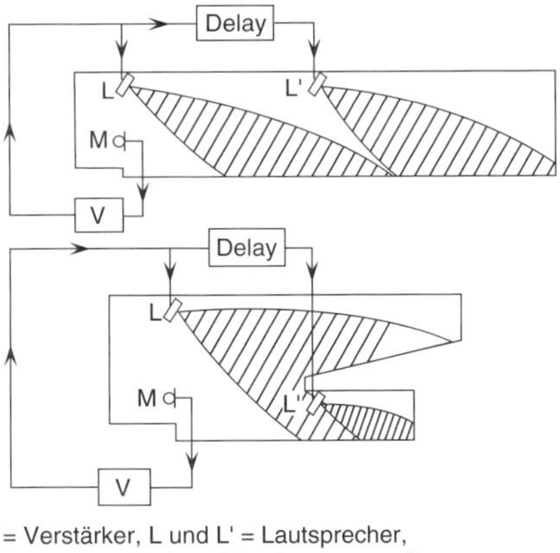


V = Verstärker, L und L' = Lautsprecher,
M = Mikrofon, Delay = Verzögerungsgerät

Bild 15.17
Zwei typische Situationen, in denen vor die Lautsprecher Verzögerungsgeräte geschaltet werden müssen (nach Kuttruf, S. 278).

erst dann vom Lautsprecher abgestrahlt wird, wenn genug Zeit vergangen ist, so daß das Originalsignal auch dann eher beim Hörer ankommt, wenn der Lautsprecher näher ist. In den letzten Jahren wurden die früheren Band-Verzögerungsgeräte durch digitale Schaltungen ersetzt, die heute billig und zuverlässig sind. Sie bieten die beste Lösung für viele große Säle, in denen die Lautsprecher unvermeidbar näher beim Hörer als die Bühne angebracht sein müssen (Bild 15.17).

Beachten Sie die Gelegenheit, hier zwei Fliegen mit einer Klappe zu schlagen: Man kann stark richtungsgebundene Lautsprecher vorzugsweise in einen stark schallabsorbierenden Raumteil abstrahlen lassen, wie es besonders das (besetzte) Auditorium ist. Dieser verstärkte Schall hat dann keine Möglichkeit, auf andere Raumteile mit härteren Oberflächen aufzutreffen. Verstärkte Sprache kann so einen schwächeren Raumschallanteil haben (und entsprechend höhere Verständlichkeit) als unverstärkte Musikaufführungen im gleichen Raum. Ähnliche Effekte können erzielt werden, wenn man die Baßfrequenzen weniger stark als die mittleren und hohen verstärkt, da erstere für die Sprachverständlichkeit weniger Bedeutung haben.

## 15.6 Räumliche Wahrnehmung (Ortung)

Um einige Aspekte der Raumakustik besser zu verstehen, muß man auch etwas über die Art und Weise wissen, wie unser Gehör Schallereignisse ortet – das heißt darüber, wie unser Eindruck über Entfernung und Richtung einer Schallquelle zustande kommt.

Man könnte annehmen, daß wir die Entfernung einer Schallquelle einfach danach beurteilen, wie laut oder leise der Schall auf unser Ohr trifft. Diese Information hat aber nur einen beschränkten Informationswert, denn sie setzt ja voraus, daß wir a priori die Ausgangslautstärke der Schallquelle ungefähr kennen. Der menschliche

Kasten 15.2 Reflexionsarme ('schalltote') Räume und Hallräume

In vielen wissenschaftlichen und technischen Experimenten würden Hallanteile des Schalles nur zur Beeinträchtigung der Meßergebnisse führen. Wenn man z. B. das exakte Frequenzverhalten eines high-fidelity-Lautsprechers messen will, sollte das Meßmikrofon auch nur den Schall aufnehmen, der tatsächlich direkt von der Lautsprechermembran abgestrahlt wird. Wenn sich diesem noch reflektierte Schallwellen überlagern, wie es in jedem gewöhnlichen Raum der Fall ist, würden die Meßergebnisse eine in diesem Fall unerwünschte Mischung der Raumeigenschaften mit denen des Lautsprechers darstellen.

Deshalb werden derartige akustische Messungen oft in einem Raum durchgeführt, der komplett mit schallabsorbierenden Materialien ausgekleidet ist – oft sind pyramidenförmige Gebilde verschiedener Größe an den Wänden angebracht – , so daß der Absorptionsgrad bis auf 0,95 gesteigert wird. Der in Bild 15.18 gezeigte reflexionsarme Raum an der Universität von Sacramento wird nicht nur von Studenten für wissenschaftliche Experimente genutzt, sondern auch von Hifi-Herstellern für Lautsprechertests und z. B. auch von der Autobahnpolizei, um die Lautstärke von Sirenen zu prüfen.

Das entgegengesetzte Extrem wäre ein Raum mit hochgradig reflektierenden Wänden. Solche Räume dienen zur Messung der Schallenergieabgabe von Schallquellen; früher wurden auch oft bereits aufgenommenen und zu 'trockenen' Musikaufnahmen in solchen Räumen ein künstlicher Hall hinzugefügt (heute macht man dies in der Regel mit digitalen Hallprozessoren).

Bild 15.18 Der Autor und ein Student im schalltoten Raum der Universität von Sacramento (Mit frdl. Erlaubnis v. Sam Parsons).

Gehörsinn benutzt statt dessen einen raffinierten Trick – ohne daß irgend jemand sich dessen bewußt ist – , er benutzt zur Entfernungsmessung die *relative* Stärke des Direktschalls im Vergleich zu den ersten Reflexionen. Wenn man gewisse Annahmen über die Raumgröße voraussetzt, bedeutet ein relativ starker Direktschall, daß die Schallquelle nahe ist, und relativ starke erste Reflexionen, daß sie weiter weg ist. Dies kann man sehr schön mit einem Experiment in einem reflexionsarmen (umgangssprachlich: schalltoten) Raum (Kasten 15.2) veranschaulichen, in dem es so gut wie keine Reflexionen gibt. Wenn man das Licht in diesem Raum ausmacht, so daß keine visuelle Orientierung mehr möglich ist, und dann einige Minuten lang zu Versuchspersonen auf der anderen Seite des Raumes spricht, glauben diese meistens, daß der Sprecher direkt bei ihnen stehe, obwohl er in Wirklichkeit fast fünf Meter weg ist. Der Gehörsinn interpretiert die eindeutige Dominanz des Direktschalls so, als ob die Schallquelle sehr nahe wäre.

Die Wahrnehmung der Schallrichtung wird dadurch komplizierter, daß dabei mindestens vier verschiedene Mechanismen benutzt werden und sich ergänzen. Der erste ist die Erkennung von *Laufzeit-Unterschieden*, die besonders für unsere Bemerkung weiter oben über die Wahrnehmung der Schallrichtung aufgrund des Gesetzes der 1. Wellenfront gültig ist. Dies bezieht sich nur auf Einschwingklänge bzw. -geräusche, vor allem solche mit unter 100 ms Dauer, oder auf den Einschwingteil länger andauernder Klänge. Da unsere zwei Ohren etwa 15 cm voneinander entfernt sind (durch den Kopf gemessen), muß eine von rechts kommende Schallwelle einen ungefähr 19 cm längeren Weg um den Kopf herum zurücklegen, um zum linken Ohr zu gelangen. Sie trifft dort also um etwa 0,6 ms später ein als rechts; das Gehirn kann aus dieser kleinen Information die *seitliche* oder *laterale* Position – d. h. wie weit rechts oder links – der Schallquelle bis auf einige Grad genau berechnen, aber keine Angabe darüber machen, wo die Schallquelle in der *medianen* Ebene, das heißt wie weit vorne oder hinten, unten oder oben, sich befindet. Man spricht allgemeiner hierbei vom Konus der Nichtlokalisierbarkeit (Bild 15.19).

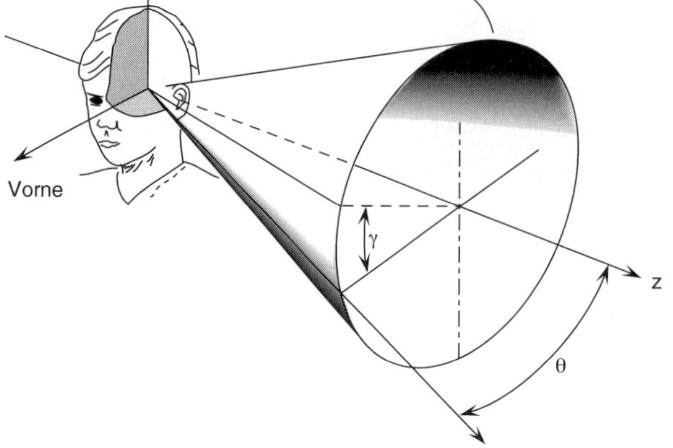


Bild 15.19
Eine nur laterale, d. h. seitliche Lokalisation der Schallquelle erfordert nur die Bestimmung des Winkels θ; für eine eindeutige Lokalisation ist auch die Bestimmung des Winkels γ erforderlich.

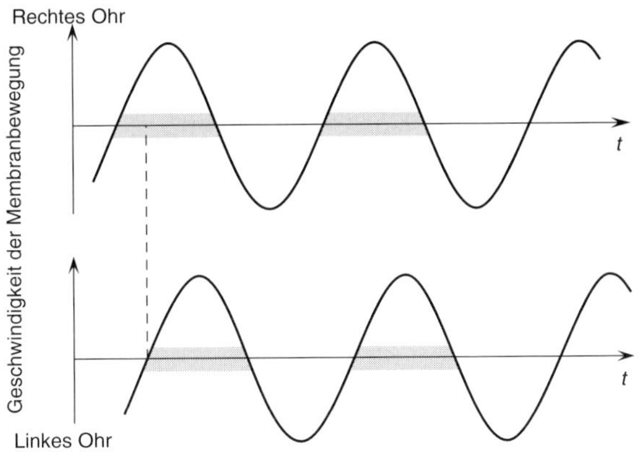


Bild 15.20
Sinusförmige Schallwellen der gleichen Schallquelle im Moment des Eintreffens beim rechten (oben) und linken Ohr (unten), wobei die Schallquelle rechts vom Ohr ist. Bei tiefen Frequenzen feuern die Nervenzellen des Innenohrs hauptsächlich während der Aufwärtsbewegung der Basilarmembran (grau schraffierte Bereiche auf der Zeitachse) und liefern dem Gehirn so eine Information über den Phasenunterschied zwischen rechtem und linkem Ohr.

Der zweite Mechanismus besteht in der Wahrnehmung von *Phasenunterschieden* des an den Ohren ankommenden Schallsignals bei kontinuierlichen Klängen (Bild 15.20). Dieser Unterschied ist ebenfalls darauf zurückzuführen, daß das eine Ohr weiter weg von der Schallquelle ist als das andere; er wird nur bei Frequenzen unter etwa 1500 Hz wahrgenommen, denn bei höheren Frequenzen können die Hörnervenzellen nicht mehr schnell genug feuern, um den Phasenunterschied noch anzuzeigen. Außerdem würde der Mechanismus bei hohen Frequenzen zu uneindeutigen Ergebnissen führen, weil dann diese Zeitunterschiede größer als die Dauer einer Schwingungsperiode werden können. Auch die Phasenunterschieds-Wahrnehmung läßt nur eine seitliche Lokalisation der Schallquelle zu, jedoch keine in der Medianebene.

Der dritte Mechanismus ist die Auswertung der interauralen *Intensitätsunterschiede*, die sowohl bei kontinuierlichen wie bei Anschlaggeräuschen möglich ist. Sie ist weitgehend auf hohe Frequenzen beschränkt – etwa oberhalb 2 bis 3 kHz –, weil Schallwellen mit tieferen Frequenzen aufgrund ihrer größeren Wellenlänge den Kopf so gut umwandern, daß ihre Intensität an beiden Ohren praktisch unverändert bleibt, gleichgültig woher der Schall kommt. In der einfachsten Form ist hier ebenfalls nur laterale Lokalisation möglich. Diese ersten drei sind *binaurale* Hörmechanismen, das heißt, sie beruhen darauf, daß wir mit *zwei* Ohren hören.

Der vierte Mechanismus schließlich dient zur Unterscheidung in der medianen Ebene, d. h. vorne-hinten. Wie wir schon in Übung 2 des Kapitels 6 angedeutet haben, wird durch die Form des Außenohres das ankommende Schallsignal, vor allem dessen Frequenzen oberhalb 5 kHz, in richtungsabhängiger Weise gebündelt und verstärkt. Daher scheint die relative Stärke von hochfrequenten Schallanteilen sich zu ändern, wenn diese von vorn nach hinten und zurück wandern. Dadurch kann das Ohr in beschränktem Umfang auch die mediane Position einer Schallquelle bestimmen.

Schließlich bestimmen wir gewöhnlich den Ort einer Schallquelle dadurch genauer, daß wir den Kopf leicht hin- und herdrehen, um zu hören, wie der Schall sich dabei ändert. Wenn man nur einen kurzen Laut hört oder wenn der Kopf in einem starren Rahmen festgehalten wird, ist man kaum in der Lage, die Richtung des Lauts zu bestimmen. Wenn man den Kopf jedoch frei bewegen kann und der Laut mehrfach wiederholt wird (oder es sich um einen kontinuierlichen Klang handelt), kann man die Richtung recht genau bestimmen.

Mit einer weiteren Anmerkung zur Anordnung von Lautsprechern wollen wir dieses Kapitel schließen. Die vorangehenden Abschnitte haben gezeigt, daß eine schlechte seitliche Plazierung weit eher zu Problemen führen wird als eine unkorrekte Anordnung in der Medianebene. Wenn also ein Hörer wie üblich frontal der Bühne gegenübersitzt, werden ihn zu weit links oder rechts angebrachte Lautsprecher deutlich irritieren; er wird aber kaum wahrnehmen, ob sie genau waagrecht vor ihm oder über ihm an der Decke montiert sind. Tatsächlich kann man mit frontal über Kopf angebrachten Lautsprechern sogar ohne Verzögerungsschaltung brauchbare Ergebnisse erzielen, nicht jedoch mit Lautsprechern, die in gleicher Entfernung, aber links oder rechts vom Hörer montiert sind.

## Zusammenfassung

In einem guten Auditorium wird jeder Hörer auf einem geradlinigen und hindernisfreien Weg von dem von der Bühne ausgehenden Direktschall erreicht; nach etwa 30–50 ms erreichen ihn zahlreiche erste Reflexionen (der Anhall) von den Seiten und von oben und schließlich der langsam abklingende Nachhall mit etwa 1,5 bis 2,0 s Dauer je nach Art der Aufführung bzw. der Musik. Im Raum sollten weder unterscheidbare Einzelechos noch Geräusche von außen wahrnehmbar sein.

Obwohl auch andere Raumeigenschaften mindestens genauso wichtig sind, ist das Kriterium der Nachhallzeit das am besten meß- und berechenbare. Die Nachhallzeit ist als die Dauer definiert, die der Hall braucht, um auf 60 dB unter seinen Ausgangswert abzunehmen; sie ist abhängig von Raumvolumen und effektiver Absorptionsfläche gemäß der Näherungsformel von Sabine $T_r = 0{,}163\ V/S_e$. Tiefe Frequenzen sollten möglichst eine deutlich längere Nachhallzeit haben als hohe. Mit der Sabine'schen Formel können brauchbare Werte berechnet werden, um die Auswirkungen von baulichen Änderungen – z. B. Auslegen oder Entfernen von Teppichboden – vorherzusagen.

Große Auditorien (und kleine mit schlechten akustischen Eigenschaften) erfordern die elektronische Verstärkung bei Sprache und, weniger häufig, bei Kammermusik. Durch sorgfältige Plazierung und vorsichtiges Auspegeln der Verstärkerleistung kann der gefürchtete Effekt der Rückkopplung (Lautsprecher strahlen zu stark ins Mikrofon ein) vermieden werden. Richtig plazierte Lautsprecher wirken unaufdringlich und nutzen den Präzendenzeffekt (Gesetz der 1. Wellenfront), um den Schall zu verstärken, ohne die Ortsbestimmung der Schallquelle durch den Hörer zu verunsichern. Interaurale Differenzen in Bezug auf Ankunftszeit, Phase und Lautstärke ermöglichen die laterale (seitliche) Ortsbestimmung; eine vollständige Ortsbestimmung erfordert zusätzliche Kopfbewegungen, obwohl auch die Richtwirkung der Ohrmuscheln eine gewisse Information über den Ort der Schallquelle ermöglicht.

# Symbole, Begriffe, Beziehungen

$T_r$ 60 dB-Nachhallzeit
$V$ (Raum-)volumen
$S$ Oberfläche (der Innenwände eines Raumes)
Direktschall
Erste Reflexionen = Anhall
Raumschall
Flatterecho
$\alpha$ Absorptionsgrad oder -koeffizient
$\bar{\alpha}$ durchschnittlicher Absorptionsgrad aller Raumflächen
$E$ Gesamte abgegebene Schallenergie
$I_r$ Äquivalente Intensität des Raumschalls
$T_r \cong 0{,}163 \cdot V/S_e$
$S_e = \alpha_1 \cdot S_1 + \alpha_2 \cdot S_2 + \ldots$
$I_r \cong 36\, E \cdot T_r / V$
Rückkopplung, positive
Präzendenzeffekt, = Gesetz der 1. Wellenfront
Lokalisation, Ortung
Lateralization = seitliche Ortung
Binaurale Laufzeitunterschiede
Binaurale Phasendifferenz
Binaurale Pegeldifferenz

# Übungsaufgaben

1. In einer Kirche gibt es oft sechsseitige hängende Lampen mit ca. 30 cm Durchmesser und 50 cm Höhe. Wie effektiv tragen diese zur Schallverteilung (Diffusion) bei für Frequenzen, die a) viel kleiner, b) viel größer als 1000 Hz sind und c) um 1000 Hz herum liegen?
2. Erklären Sie, warum in neueren Saalbauten die Decken oft aus mehreren Abschnitten bestehen, die verschiedene Neigungswinkel haben und ein unregelmäßiges Muster ergeben, anstatt einfach aus einer ebenen Deckenfläche?
3. Wie lange braucht in dem in Bild 15.21 gezeigten Raum a) der Direktschall, b) die Reflexion von der Decke, c) die Reflexion von der Rückwand, um von der Schallquelle Q zum Hörer H zu gelangen? Erörtern Sie, ob die Ergebnisse eine akzeptable Raumakustik darstellen oder nicht.

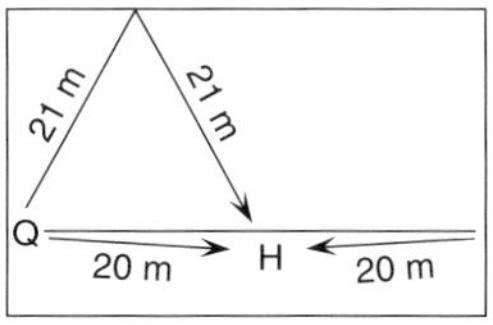


Bild 15.21

4. Wenn Sie auf einer Seite einer Bühne stehen, die harte parallele seitliche Wände mit 17 m Entfernung voneinander hat, wie oft werden Sie das Flatterecho eines Händeklatschens hören?
5. Nehmen Sie an, daß der durch den Stadtverkehr erzeugte Lärm außerhalb eines Konzertsaales bis zu 90 dB beträgt. Durch das Gebäude muß eine Dämpfung oder Reduzierung dieses Lärmpegels auf einen wesentlich niedrigeren Wert im Inneren erfolgen. Geben Sie eine Empfehlung, um wieviele dB der Lärmpegel durch die bauliche Konstruktion gedämpft werden soll. Welcher prozentualen Verminderung der Schallenergie des Lärms entspricht Ihre Empfehlung? (Hinweis: Weit mehr als 99%).

*6. Ein Raum habe das Volumen $V=10^4$ m³ und die Nachhallzeit $T_r = 2$ s; wieviele Eigenschwingungen (ungefähr) werden durch eine Schallquelle mit der Frequenz a) 100 Hz und b) 1000 Hz angeregt? Was würde sich für einen Raum mit $V=10^2$ m³ und $T_r = 0{,}5$ s ergeben? In welchem Raum und bei welcher Frequenz besteht die Gefahr einer unregelmäßigen Schallverteilung? (Vgl. Benade, S. 196).

7. Tragen Sie eine paar Sätze laut vor und schätzen Sie die typische Sprechrate, ausgedrückt in a) Silben pro Sekunde und b) Phonemen pro Sekunde. Nehmen wir an, jede Silbe (bzw. Phonem) müßte um 10 dB Schallpegel abgeklungen sein, bevor die nächste ertönt, um eine gute Verständlichkeit zu gewährleisten; das Zeitintervall der Silben sollte also mindestens $^1/_6 \cdot T_r$ betragen. Ziehen Sie diesen Wert

sowie Ihre geschätzten Sprechraten heran, um den maximal zulässigen Wert von $T_r$ für Sprache zu bestimmen. Erörtern Sie, ob es sinnvoller ist, dieses Kriterium auf Silben oder auf Phoneme zu beziehen.

8. Welchen Wert von $T_r$ würden Sie für die Aufführung einer Beethoven-Sinfonie in einem Konzertsaal mit $V = 5000$ m³ empfehlen und welchen bei $V = 30.000$ m³ ?
9. Welcher $T_r$-Wert wäre für die Predigt in einer Kirche mit $V = 10^4$ m³ wünschenswert und welcher Wert für die Orgelmusik? (Welche Art von Orgelmusik?) Welchen Wert würden Sie als Kompromiß empfehlen?

*10. Welchen $T_r$-Wert würde man für das im Text erörterte Kirchenbeispiel (anstelle von 1,9 s bei 1 kHz und 1,0 s bei 125 Hz) erhalten, wenn man die alternative Formel verwendet mit $(1 + {}^1/{}_2\bar{\alpha}\ )$ ?

11. Erklären Sie, warum der Absorptionskoeffizient für 1 cm- und 2 cm-dickes Sperrholz bei hohen Frequenzen praktisch der gleiche ist, aber sehr verschieden bei tiefen Frequenzen. Stellen Sie dies im allgemeinen Zusammenhang von Materialstärken dar, einschließlich der Extreme von papierdünnen und mauerdicken Materialien. Überdenken Sie die Fähigkeit von Sperrholz, dem Schalldruck nachzugeben.
12. Stellen wir uns ein Wohnzimmer mit 5 · 7 m und 3 m Höhe vor, der Boden sei mit dickem flauschigem Teppich, die Decke mit Akustikplatten bedeckt; der Rest besteht aus Gipsputz mit Ausnahme zweier je 1 m breiter Türöffnungen. Berechnen Sie die zu erwartende Nachhallzeit bei 1000 Hz. Wie gut wird sich dies akustisch für a) Unterhaltung, b) Kammermusik live, c) Lautsprecherwiedergabe von sinfonischer Musik eignen? Aufgabe c) enthält einen Fallstrick, denn Sie müssen bedenken, daß die (Platten-) Aufnahme bereits den Hallanteil des Saales enthält, in dem die Aufnahme ursprünglich gemacht wurde.
13. Ein kleiner Konzertraum ist rechteckig geschnitten (20 m lang, 10 m breit, 5 m hoch), und die 5 m tiefe Bühne ist 1 m über den restlichen Boden erhöht. Alle Seitenwände (einschließlich der Bühne) sollen aus Sperrholzplatten auf Latten, die Decke aus Putz auf Latten, der Hauptboden aus Linoleum auf Beton und der Bühnenboden aus Hartholz sein. Berechnen Sie die Nachhallzeit für 500 Hz für den leeren unbestuhlten Raum, und stellen Sie das Ergebnis einem wünschenswerten Wert gegenüber. Wie würde das rechnerische Ergebnis ausfallen, wenn die Decke mit Akustikplatten verkleidet wird? Schätzen Sie die höchstmögliche Zahl von Sitzplätzen in der 10 · 15 m großen Fläche, und nehmen Sie gepolsterte Sitze an. Welcher Wert von $T_r$ ergibt sich bei beiden Deckenvarianten, wenn alle Sitze besetzt sind, und welche Deckenausführung würden Sie empfehlen?
14. Wenn alle Innenflächen eines hohlen Würfels mit der Seitenlänge 10 m den gleichen Absorptionsgrad von a) 0,1 und b) 0,5 haben, wie lang ist dann jeweils die 60dB-Nachhallzeit? Wenn zwei gegenüberliegende Innenflächen den Wert $\alpha = 0{,}5$, die anderen vier dagegen 0,1 haben, welcher Wert $T_r$ läßt sich dann aus der Formel vorausberechnen und welche Art Hall wird sich tatsächlich einstellen?
15. Wenn ein Raum der Größe 30 · 20 · 8 m den Wert $T_r = 1{,}2$ s aufweist, was ist dann der Wert von $S_e$? Ist dieser Wert vernünftigerweise zu erwarten in Hinblick auf die Gesamtsumme aller Innenflächen?
16. In einer leeren Kirche mit $V = 5000$ m³ messen Sie eine Nachhallzeit von 2,0 s. Wie groß ist $S_e$? Um wieviel wird $S_e$ größer und welchen Wert nimmt $T_r$ an, wenn 250 m² Kirchenbankfläche voll besetzt ist? (Nehmen Sie als relevante Frequenz 500 Hz an).

*17. Ein Saal, in dem eine Blaskapelle probt, hat eine viel zu hallige Akustik; sein Volumen ist $V = 2000$m³ und $T_r = 2{,}0$ s bei 500 Hz. Schätzen Sie ab, wieviel der verputzten Wandfläche mit Wandteppichen verhängt werden müssen, um $T_r$ auf den Wert 1,0 s zu bringen. Um wieviele dB wird dies den Raumschallpegel erniedrigen?

*18. Wie weit müssen Sie in einem 5 · 5 · 3 m großen Raum mit $T_r = 0{,}5$ s von der Schallquelle entfernt sein, damit der Raumschall den Direktschall überwiegt? Und wie weit in einem zweiten Raum mit 50 · 40 · 25 m und

$T_r = 2{,}5$ s? Ist es im großen und ganzen richtig, wenn man die akustischen Eigenschaften hauptsächlich anhand des Raumschallpegels beurteilt?

*19. Mit welchem Schallpegel in dB kann ein Orchester einen Saal ($V = 10.000\text{m}^3$, $T_r = 2{,}0$ s) erfüllen, welches eine Schallenergie von 10 W erzeugt und abgibt? Und wie sieht es mit einem Klavier im gleichen Raum aus, das aber nur 0,1 W Schallenergie erzeugt? – Wie verhält es sich schließlich, wenn wir das gleiche Klavier in einen kleinen Übungsraum mit $S_e = 30\ \text{m}^2$ transportieren?

*20. Versuchen Sie die größtmögliche Raumgröße abzuschätzen, in der ein Sprecher mit einer Schallenergie von $10^{-4}$ W noch einen gleichmäßigen Schallpegel von mindestens 65 dB (ohne Hilfe einer Verstärkeranlage) erzeugen kann.

21. Welche Probleme werden auftreten, wenn Sie eine Verstärkeranlage mit durchgehender Kugelcharakteristik (d. h., die Lautsprecher strahlen Schallwellen gleichmäßig in alle Richtungen ab, und das Mikrofon reagiert gleich empfindlich auf Schallwellen aus allen Richtungen) aufbauen?

*22. Schätzen Sie aufgrund Ihrer Fähigkeit, eine seitliche Schallquelle bis auf ein paar Grad genau zu orten, ungefähr die kleinste interaurale Zeitdifferenz ab, die das Gehirn noch auswerten kann.

23. Ist die Fähigkeit lateraler Schallquellenortung aufgrund der Pegeldifferenz Ihrer Meinung nach für einen Vogel mehr oder weniger bedeutsam als für einen Menschen? Welchen Unterschied bezüglich der nutzbaren Frequenzbereiche müßte man hier vermuten?

24. Eine Konzerthalle mit $V = 18.000\ \text{m}^3$ Volumen hat drehbare Akustikkörper, die entweder eine reflektierende oder eine absorbierende Seite zur Rauminnenseite drehen können. a) Wenn die harte Seite nach innen weist, hat der Raum $T_r = 1{,}8$ s: Welche effektive Gesamt-Absorptionsfläche hat der Raum? – b) Wenn die Gesamtfläche der drehbaren Körper 200 $\text{m}^2$ beträgt, wie groß ist dann die kürzestmögliche Zeit $T_r$ bei Aktivierung der absorbierenden Körperfläche, wobei Sie ein extrem absorbierendes Material annehmen können.

25. Eine leere Halle mit $V = 10.000\ \text{m}^3$ weist einen Wert $T_r = 1{,}6$ s auf. Nehmen wir an, die Bestuhlungsfläche habe 500 $\text{m}^2$ mit einem $\bar{\alpha}$ -Wert von 0,5 (unbesetzt), 0,7 (besetzt mit leicht angezogenen Menschen) und 0,9 (besetzt mit in Mänteln gekleideten Menschen). Wie groß ist die effektive absorbierende Gesamtfläche der leeren Halle und wieviel wächst sie bei vollbesetzten Stuhlreihen? Welchen $T_r$-Wert können Sie vorausberechnen, wenn die Stühle mit leicht oder warm angezogenen Menschen besetzt sind; spielt es also akustisch gesehen eine Rolle, ob die Besucher ihre Mäntel an der Garderobe abgeben oder nicht?

# Projektvorschläge

1. Besuchen Sie mehrere Konzerte im gleichen Auditorium und versuchen Sie, die Akustik anhand der sieben genannten Kriterien zu beurteilen. Untersuchen Sie die Raumgestaltung und finden Sie die guten und schlechten Punkte heraus.
2. Vergleichen Sie die akustischen Eigenschaften verschiedener Konzertsäle, und erklären Sie, wodurch die Unterschiede zustande kommen.
3. Messen Sie die Maße mehrerer Konzertsäle aus und identifizieren Sie die Baumaterialien, und legen Sie dann eine Tabelle an, mit der Sie die Nachhallzeiten vorausberechnen können. Vergleichen Sie Ihre Rechenergebnisse mit Meßwerten, wenn möglich.
4. Überprüfen Sie im Detail die Planung und Effektivität einer Verstärkungsanlage in einer Kirche und prüfen Sie besonders, ob die Plazierung der Lautsprecher richtig ist.
5. Erzeugen Sie durch Händeklatschen Echos an einer großen Mauer wie in Projekt 2 in Kapitel 1 beschrieben. Probieren Sie aus, wie nahe Sie an die Wand herangehen können,

bevor Sie das Echo nicht mehr vom Originalgeräusch trennen können. Vergleichen Sie dies mit der höchstzulässigen Verzögerung der ersten Reflexionen, wie sie im Text beschrieben ist.

6. Versuchen Sie mit einem Freund, ein Experiment zur lateralen Schallortung durchzuführen. Gehen Sie geräuschlos herum und machen ab und zu ein kurzes Geräusch (Absatzklappern, klatschen, Schlüsselbundklappern), während Ihr Freund mit verbundenen Augen in die Richtung deuten soll, in der er das Geräusch ortet; wechseln Sie sich darin ab. (Mit kontinuierlichen Geräuschen oder Klängen zu arbeiten, ist schwieriger; man muß das Geräusch so allmählich entstehen lassen, daß am Anfang kein verräterisches Einschwinggeräusch entsteht.) Ist es leichter oder schwieriger, die Schallquelle mit gleicher Genauigkeit zu orten, wenn sie sich vor oder hinter Ihnen befindet, anstatt seitlich von Ihnen?

# *16. Schallwiedergabe

Im 20. Jahrhundert hat sich die kulturelle Rolle der Musik durch die neuen Technologien radikal verändert. Zu allen früheren Zeiten bestand die einzige Möglichkeit, Musik zu hören, in der direkten Teilnahme an einer Aufführung; nach der Entwicklung von Radio, Fernsehen, Schallaufzeichnung, Satellitenübertragung usw. können wir Live-Aufführungen von überall in der Welt hören oder bequem Aufzeichnungen aussuchen, die Jahre früher gemacht wurden. Früher waren die Qualität und Quantität der Musik, die ein Mensch in seinem Leben hören konnte, durch geographische und soziale Gegebenheiten beschränkt und festgelegt; heute hat fast jeder von uns einen beinahe unbegrenzten Zugang zu jeder denkbaren Art von Musik – kein Fürst der Welt hätte da mithalten können.

Wenn wir die physikalischen Prinzipien unserer Aufnahme- und Wiedergabegeräte ein wenig verstehen, sollte uns das bei deren sinnvoller Anwendung helfen. Wir wollen daher zuerst einige allgemeine Regeln der Umwandlung von Schall in andere Formen von Schwingungsenergie erläutern und dann Schritt für Schritt die vertrauten Aufzeichnungs- und Wiedergabegeräte besprechen – Mikrofone, die den Schall in elektrische Signale umwandeln, Verstärker zur Verstärkung dieser Signale, Aufzeichnungsgeräte für die dauerhafte Speicherung, Wiedergabegeräte und schließlich Lautsprecher, die die elektrischen Signale wieder in Schallwellen umwandeln. Im letzten Abschnitt werden wir auf die ästhetischen Vorteile eingehen, die durch stereophonische oder allgemein mehrkanalige Wiedergabe erreicht werden können.

Es muß deutlich gesagt werden, daß dieses Kapitel nur eine kurze Einführung in das Thema sein kann und nicht in Konkurrenz zu Büchern treten will, die sich ausschließlich damit beschäftigen. Wer weitergehende Details und praktische Hilfen bei der Auswahl von Hifi-Geräten sucht, sollte die entsprechenden Fachpublikationen zu Rate ziehen.

## 16.1 Elektrizität und Magnetismus

Wir müssen uns zunächst einige Grundbegriffe klarmachen, mit denen wir über elektrische und magnetische Geräte sprechen. *Elektronen* nennen wir die winzigen Elementarteilchen, die um die Atomkerne der zahlreichen chemischen Elemente kreisen. Die Elektronen werden als negativ geladen bezeichnet (lediglich aus Gründen der Tradition), während die Protonen im Atomkern positiv sind. In gewöhnlicher Materie entspricht die Gesamtzahl der Elektronen exakt derjenigen der Protonen und gewährleistet so die elektrische Neutralität jedes Atoms nach außen. In leitenden Materialien, vor allem Metallen, ist es jedoch zuweilen möglich, daß viele Elektronen sich weit von ihren Ausgangspositionen entfernen können. Wenn wir von einer *negativen Ladung* in einem elektrischen Schaltkreis sprechen, meinen wir damit eine zusätzliche Ansammlung von Elektronen; sprechen wir von *positiver Ladung*, so meint dies einen Elektronenmangel.

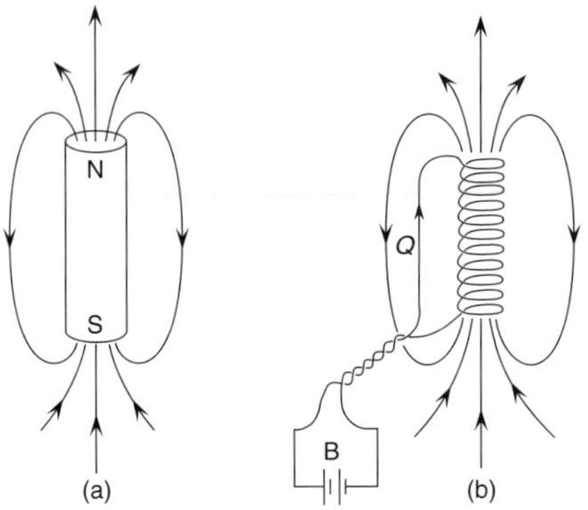


Bild 16.1
a) Magnetfeldlinien um einen Stabmagneten. Das mit N bezeichnete Ende wird sich nach Norden einpendeln, wenn der Stab als Kompaßnadel frei drehend aufgehängt wird.
b) Ein analoges Magnetfeld wird durch eine lange Drahtspule erzeugt, durch die ein von der Batterie B gespeister elektrischer Strom Q fließt.

Elektrischer **Strom** ist die Bewegung oder das Fließen von Ladungen zwischen zwei Orten; wir sagen, daß *ein Ampere* Strom durch einen Draht fließt, wenn ungefähr $6 \cdot 10^{18}$ Elektronen pro Sekunde an einer Meßstelle im Draht vorbeifließen. **Spannung** (oder: elektrisches Potential, in alten Büchern auch manchmal: elektromotorische Kraft) ist ein Maß für die elektrische Kraft, die die Bewegung der Ladungen antreibt. Eine Spannungsdifferenz zwischen zwei Punkten eines Schaltkreises entspricht dem Druckunterschied zweier Punkte in einer luftdurchströmten Pfeife, und elektrischer Strom entspricht dem Volumendurchfluß der Luft.

Ein *Magnet* läßt sich definieren als ein Körper, der eine Kraft auf eine in seiner Nähe befindliche Kompaßnadel ausübt. (Genaugenommen ist die Kompaßnadel selbst auch ein kleiner Magnet.) Die unsichtbare Kraft, die den Raum um den Magneten ausfüllt, wird als *Magnetfeld* bezeichnet. Die Richtung des Magnetfeldes an einem beliebigen Punkt wird durch die Kompaßnadel angezeigt, die Magnetfeldstärke durch die Schnelligkeit, mit der die Nadel beim Bewegen des Kompasses schwingt. Die Metalle Eisen, Nickel und Kobalt haben die Eigenschaft, *Dauermagneten* zu sein.

Ein starker gleichmäßiger Strom durch eine Drahtspule erzeugt einen *Elektromagnet*, dessen äußerliche Eigenschaften sich nicht von denen eines Dauermagneten unterscheiden (Bild 16.1). Dies ist ein Hinweis darauf, daß trotz der offensichtlichen Verschiedenheit von elektrischem Blitz und magnetischer Kompaßnadel in Wirklichkeit Elektrizität und Magnetismus eng zusammenhängen. Dauermagneten bestehen tatsächlich aus nichts anderem als aus Milliarden von rotierenden Elektronen, jedes ein kleiner Magnet, deren Zusammenwirken ein magnetisches Feld erzeugt.

## 16.2 Wandler

Anstatt eine lange Liste von Geräten aufzuführen, deren gemeinsame Merkmale dann möglicherweise unklar bleiben, wollen wir lieber versuchen, einige wenige gemeinsame Prinzipien herauszufinden, mit deren Hilfe wir die grundsätzliche Funktionsweise verschiedener Geräte besser verstehen werden.

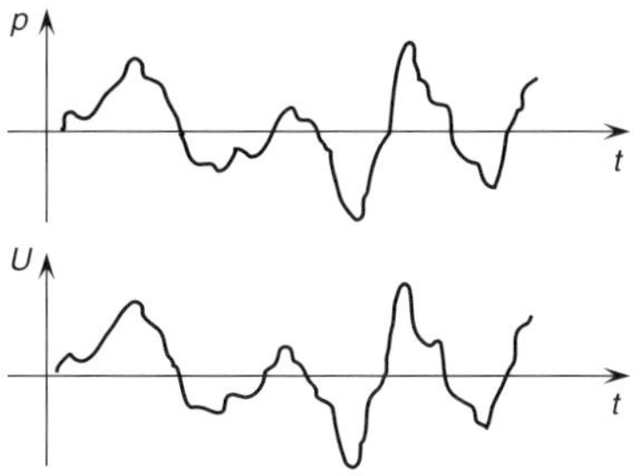


Bild 16.2
Der Luftdruck (Schalldruck) $p$ auf ein Mikrofon und die daraus nach Wandlung gewonnene Spannung $U$ über der Zeitachse. Bei einem idealen Wandler ist das Ausgangssignal eine exakte Kopie des Eingangssignals.

Der Schlüssel zu diesem Verständnis ist das Konzept der **Umwandlung** oder **Umformung**, d. h. die Überführung eines Signals von einer Energieform in eine andere. Die gleiche Information kann in jeder ähnlichen Folge von Schwingungen enthalten sein, gleichgültig, ob es sich um Schallwellen (Luftschwingungen), mechanische Schwingungen eines festen Körpers, wechselnde Ströme und Spannungen in einem elektrischen Schaltkreis, elektromagnetische Wellen im Raum als Träger von Radiosignalen oder die permanenten Markierungen auf einer Schallplatte oder die Magnetisierungen eines Tonbandes handelt.

Ein Mikrofon ist also z. B ein Wandler, der Energie in Form von Luftschwingungen empfängt und diese in die Energieform elektrischer Schwingungen überführt (Bild 16.2). Ein Tonbandgerät oder Cassettendeck überführt in der Zeit ablaufende elektrische Schwingungen in eine gleichsam „gefrorene“ Form derselben, nämlich das räumliche Muster von Magnetisierungen auf dem Band. Sogar ein Verstärker läßt sich als ein Wandler begreifen, dessen Eingangs- und Ausgangssignal zwar die gleiche Energieform benutzen, wobei aber das schwache Eingangs- in das viel stärkere Ausgangssignal gewandelt wird.

Eine grundlegende Gemeinsamkeit der meisten Wandler ist ihre *Reziprozität*: Für jede Art der Energiewandlung (sagen wir, von Form A in die Form B) durch eine bestimmte Gruppe von Wandlern gilt, daß die entgegengesetzte Wandlung (von B nach A) durch die Benutzung des Wandlers in entgegengesetzter Richtung möglich ist. Das offensichtlichste Beispiel hierfür ist wohl die Radio- oder Fernsehantenne: Der gleiche Draht kann, durch elektrische Ströme gespeist, als Sendeantenne funktionieren oder, wenn an einen Gleichrichter angeschlossen, als Empfangsantenne. In beiden Fällen funktioniert er gleich gut: Seine Leistungsstärke und Richtungsempfindlichkeit bleiben unverändert, gleichgültig ob er elektrische Schwingungen in Radiowellen umwandelt oder umgekehrt.

* Diese Reziprozität bezieht sich auf den einfachen Fall direkter Wandlung wie unten beschrieben, nicht jedoch auf parametrische Wandler wie z. B. das FM-Mikrofon.

Betrachten wir nun den weniger offensichtlichen Fall der Wandlung von Luftschwingungen in elektrische Schwingungen. Geräte, die diese Wandlung durchführen, nennen wir **Mikrofone**, und solche, die in entgegengesetzter Richtung arbeiten, **Lautsprecher**. Das Reziprozitätsprinzip sagt uns, daß Mikrofone und Lautsprecher zur gleichen Art von Wandlern gehören – ihre Funktionsweise ist nur einfach umgekehrt! Wenn wir also einen bestimmten Typ von Mikrofonen untersuchen, lernen wir dabei gleichzeitig etwas über den entsprechenden Lautsprechertyp, der nach dem gleichen physikalischen Prinzip funktioniert.

Diese Behauptung mag etwas überraschend sein, denn im allgemeinen sehen Mikrofone und Lautsprecher ja ganz verschieden aus. Dies beruht allerdings auf einem rein dimensionsabhängigen Unterschied: Ein Mikrofon nimmt nur einen winzigen Bruchteil der in einem Raum vorhandenen Schallenergie auf und produziert ein entsprechend schwaches elektrisches Signal daraus, wogegen ein Lautsprecher genügend Schallenergie liefern muß, um einen ganzen Raum zu füllen und entsprechend starke elektrische Energie zugeführt bekommt. Anders ausgedrückt: Ein Mikrofon ist ein Mini-Miniaturlautsprecher in umgekehrter Funktionsweise, oder: Ein Lautsprecher ist ein gigantisches Mikrofon, das umgekehrt benutzt wird. Wir werden zukünftig beide mit dem Ausdruck *elektroakustischer Wandler* zusammenfassend bezeichnen. Beschreiben wir nun die häufigsten Arten solcher Wandler.

1. *Elektrostatische* Wandler. (Gleichbedeutend mit: *Kondensator*-Mikrofon, einschließlich Electret-Kondensator-Mikrofonen). Eine mit der Luft in Wechselwirkung stehende dünne Membran ist metallisiert und parallel zu einer elektrisch geladenen starren Metallplatte angeordnet (Bild 16.3a). Bei der Verwendung als Lautsprecher wird auf die Membran eine Wechselspannung als Signal aufgebracht, wodurch die Anziehungskraft zur Metallplatte sich entsprechend verändert; die entstehende Hin-und Herbewegung der Membran versetzt die nach außen anliegende Luft in entsprechende Schwingungen. Um einen ausreichend großen Schalldruck zu erzeugen, muß die Membran eines elektrostatischen Lautsprechers eine große Oberfläche haben.

Bei der Verwendung als Mikrofon bewegt eine eintreffende Schallwelle die Membran vor und zurück. Der sich entsprechend verändernde Abstand zwischen Membran und Metallplatte bewirkt, daß durch die elektromagnetischen Kräfte der Metallplatte wechselweise zusätzliche Elektronen von der Membran angezogen werden bzw. von ihr weggetrieben werden. Dies erzeugt einen der Schallwelle analogen elektrischen Strom in dem an Membran und Platte angeschlossenen Stromkreis.

Die notwendige Versorgung mit einer konstanten Gleichstromspannung ist ein gewisser Nachteil. In kleinen preiswerten Mikrofonen muß ein Platz für entsprechende Batterien vorgesehen sein, und diese müssen oft ersetzt werden. Bei hochqualitativen Mikrofonen (und Lautsprechern) wird in der Regel eine separate Zuführung elektrischer Energie (als sogenannte *Phantomspeisung* bei Mikrofonen bezeichnet) verwendet. Eine Möglichkeit der Vermeidung von elektrischer Energiezufuhr besteht in der Verwendung sogenannter *Electrets*, das sind dünne Plastikfilme, die dauerhaft polarisiert werden können (sozusagen eine elektrische Analogie des Magneten) und wie ein Sandwich zwischen Membran und Metallplatte angeordnet sind. In den letzten Jahren wurden beträchtliche Fortschritte in der Konstruktion von Electret-Mikrofonen erzielt; sie werden oft als Grundausstattung mit Cassettendecks eingesetzt.

2. *Piezoelektrische* Wandler. (Manchmal als *Kristall-* oder *keramischer Wandler* bezeichnet). Diese Wandler nutzen eine ungewöhnliche Eigenschaft bestimmter

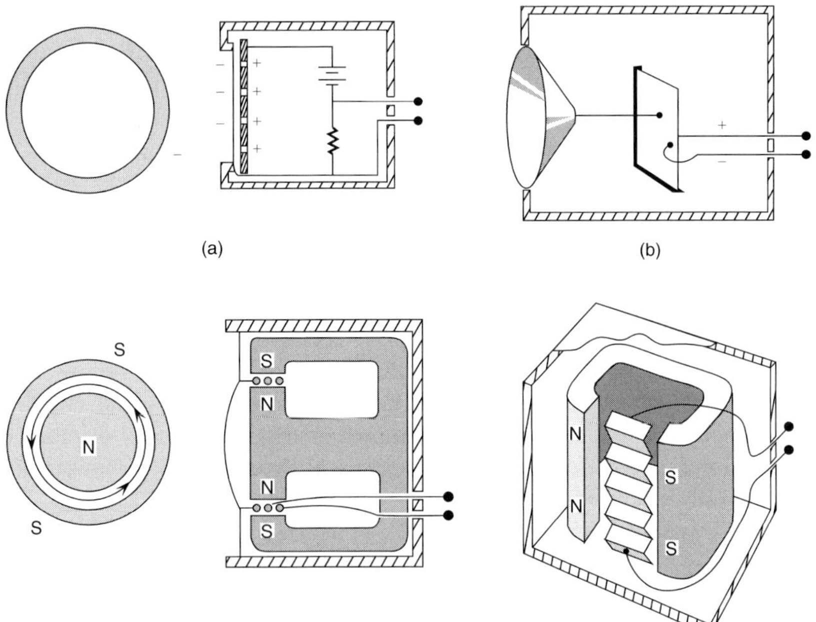


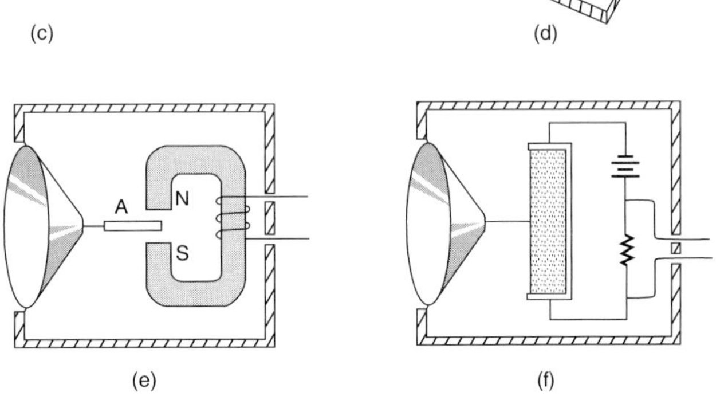


Bild 16.3 Der prinzipielle Aufbau üblicher elektroakustischer Wandler.
a) Elektrostatischer Wandler: Ladungen mit entgegengesetzten Vorzeichen fließen zwischen der druckempfindlichen nachgiebigen Membran und der starren Metallplatte hin und her.
b) Piezoelektrischer W.: Ein dünner Kristall ist mit drei Ecken starr montiert, die vierte Ecke ist mit einer Membran verbunden. – c) Elektrodynamischer W.: Eine stromdurchflossene Wicklung an der Rückseite der Membran bewegt sich in einem magnetischen Radialfeld. – d) Bändchen-dynamischer W.: Eine gewellte Aluminium-Folie überträgt die Spannung zwischen magnetischen Polen (gewöhnlich nicht in der dargestellten geschlossenen Form gebaut, vergleiche Bild 16.6). – e) Magnetischer W.: Die Membran ist mit einem kleinen Eisenstück A (Anker) verbunden, das sich zwischen den Polen eines Magneten bewegt. – f) Kohledynamischer W.: Die Bewegung der Membran wird auf einen mit Kohlegranulat gefüllten stromdurchflossenen Behälter übertragen.

kristalliner oder keramischer Materialien, von denen Bariumtitanat (Rochelle-Salz, Seignette-Salz) das bekannteste ist: Auch das kleinste „Verbiegen" eines solchen Kristalls geht immer einher mit einer Gleichgewichtsstörung seiner inneren Struktur, durch die ein kleiner Betrag negativer elektrischer Ladung zur einen, positiver Ladung zur anderen Seite des Kristalls verschoben wird. Zur Benutzung als Mikrofon wird eine Membran an einer Ecke des Kristalls befestigt, so daß der eintreffende Schalldruck den Kristall minimal verbiegt und die daraus entstehende elektrische Polarisierung durch eine Schaltung gemessen werden kann (siehe Bild 16.3b). Bei der Verwendung als Lautsprecher nutzt man den Effekt andersherum: Wenn Ladungen mit entgegengesetztem Vorzeichen auf die beiden Elektroden des Schaltkreises und damit auf die gegenüberliegenden Seiten des Kristalls aufgebracht werden, zwingt diese den Kristall, sich entsprechend der Ladungsstärke zu „verbiegen" und bringt so die an ihm befestigte Membran und die daran angrenzende Luft zum Schwingen. Sie sollten allerdings nicht erwarten, daß ein Baßlautsprecher für Ihr Wohnzimmer derart angetrieben wird, da es schwierig ist, mit dieser Methode große Luftmassen anzuregen; aber sowohl in Hochtonlautsprechern (neudeutsch: Tweetern) als auch in Kopf- und Ohrhörern werden Kristallwandler verwendet.

3. *Dynamische Wandler*. (Gleichbedeutende Bezeichnungen sind: *Elektromagnetischer, elektrodynamischer* oder *Tauchspulen-Wandler*). Hier ist die Membran an einer Drahtspule befestigt, die sich in einem starken dauermagnetischen Feld befindet, wie es durch einen Magnet, in seltenen Fällen auch durch einen Elektromagnet erzeugt wird (Bild 16.3c). Wenn das Ausgangssignal eines Verstärkers durch die Drahtspule geschickt wird, geht von ihr eine wechselnde magnetische Kraft aus; die resultierende Bewegung der Drahtspule bringt die Membran zum Schwingen. Nach dem gleichen Prinzip funktioniert übrigens jeder Elektromotor: Ein stromführender Draht unterliegt, wenn er sich in einem magnetischen Feld befindet, einer Kraft, deren Stärke proportional zur Stärke des Stromes und zur Stärke des Magnetfeldes ist und deren Richtung senkrecht zu beiden steht (Bild 16.4a).

Der umgekehrte Effekt wird als das Faraday'sche Gesetz der elektromagnetischen Induktion bezeichnet. Dieses besagt (soweit es uns hier betrifft), daß immer wenn ein stromführender Leiter (z. B. ein Stück Draht) durch ein magnetisches Feld bewegt wird, eine elektrische Kraft (d. h. eine Spannung) zwischen den beiden Enden des Leiters induziert wird (Bild 16.4b). Beim dynamischen Mikrofon bewegt also die Luft die Membran und diese wiederum eine Drahtspule durch ein magnetisches Feld; die daraus in der Drahtspule entstehende elektrische Spannung wird als Ausgangssignal des Mikrofons abgenommen und einem Verstärker zugeführt. Dies, siehe da, ist natürlich nichts anderes als das jedem Stromgenerator zugrundeliegende Prinzip; die Aussage, daß ein Stromgenerator nichts anderes als ein umgekehrt funktionierender Elektromotor ist, dürfte Sie jetzt nicht mehr überraschen.

Die meisten gewöhnlichen Hifi-Lautsprecher funktionieren nach dem dynamischen Prinzip, und die große Masse an Eisen, die für den Magnet erforderlich ist, macht sie so schwer. Mann kann daher manchmal schon am Gewicht erkennen, ob ein Mikrofon vom dynamischen Typ ist oder nicht. Dynamische Mikrofone werden vor allem bei Standardanwendungen wie Sprachverstärkung benutzt.

*Bändchen*mikrofone gehören ebenfalls zur Kategorie der dynamischen Mikrofone. Bei ihnen dient ein gewellter dünner Metallstreifen gleichzeitig als Membran und als Stromleiter (Bild 16.3d). Bändchenmikrofone sind sehr empfindlich, ihre dynamischen Cousins dagegen ausgesprochen robust.

4. *Magnetische Wandler*. Diese sind enge Verwandte der dynamischen Wandler; der Unterschied besteht lediglich darin, daß sich hier ein als Anker bezeichnetes

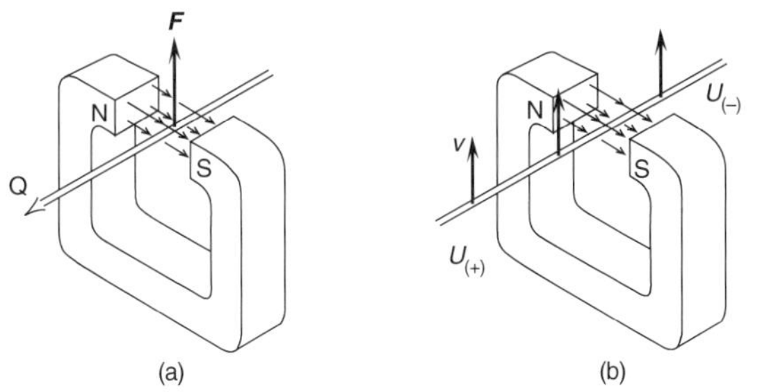


Bild 16.4
a) Ein mit dem Strom $Q$ durchflossener Draht erfährt in einem Magnetfeld eine Kraft $\boldsymbol{F}$, die rechtwinklig zu Stromrichtung und Magnetfeld steht.
b) In einem Draht, der sich mit der Geschwindigkeit $v$ quer zu den Linien eines Magnetfeldes bewegt, entsteht eine induzierte Spannung $U$, die einen Strom mit der Richtung von (im Bild) links unten nach rechts oben erzeugt.

Eisenstück bewegt, während die Spule feststeht (Bild 16.3e). Ein variabler die Spule durchfließender Strom fügt der gleichmäßigen Magnetkraft eine variable Komponente hinzu, die den Anker in den Raum zwischen den Magnetpolen hineinzieht, wodurch wiederum die Membran entsprechend bewegt wird (bei der Verwendung als Lautsprecher). Bei Mikrofon-Verwendung entstehen durch die Membran- und Ankerbewegung Veränderungen des Magnetfeldes zwischen den Polen und damit in der Spule; dies induziert wiederum eine meßbare Spannung in der Spule. Magnetische Mikrofone werden hauptsächlich in Hörgeräten, als Lautsprecher vor allem in Telefonen verwendet.

5. *Kohle-Wandler*. Die Membranbewegung drückt auf die Seite eines dicht mit Kohlegranulat gefüllten Behälters (Bild 16.3f). Wenn Kohlekörner zusammengedrückt werden, vergrößert sich die Kontaktfläche zwischen den einzelnen Körnern und erleichtert so das Wandern elektrischer Ladung von einem zum nächsten. Anders ausgedrückt: Der elektrische Widerstand einer solchen Kohlepackung ändert sich, damit auch der Stromfluß im angeschlossenen Stromkreis, und wir haben ein Mikrofon vor uns. Allerdings ist das Frequenzverhalten dieser Mikrofone nicht gut genug für Hifi-Wiedergabe; da sie wegen ihrer Robustheit und ihres leichten Ansprechverhaltens aber vor allem als Telefonmikrofone weltweit verwendet werden, haben wir sie hier mit aufgeführt.

Eine ausführliche Liste aller elektroakustischen Wandler müßte noch einige weitere exotische Prinzipien enthalten, die aber für musikalische Zwecke keine große Rolle spielen. Wir könnten noch eine ganz ähnliche Liste für *elektromechanische Wandler* aufstellen, die die Schwingungen fester Körper (anstatt Luft) in elektrische umwandeln. Man braucht nur in den Teilbildern 16.3 den festen Körper jeweils in direkten Kontakt mit der Membran zu bringen, um eine entsprechende Liste solcher Wandler zu erhalten. Wir werden das Beispiel der Schallplatte in Abschnitt 16.5 näher untersuchen.

Elektromechanische Wandler finden eine wichtige musikalische Anwendung als sogenannte *Kontakt-Mikrofone*, *Tonabnehmer* oder *Pickups*; bei elektrischen Gitarren unverzichtbarer Teil derselben, aber auch bei anderen Instrumenten angewendet. Kontaktmikrofone können zum Beispiel an einem Geigenkörper oder dem Resonanzboden eines Flügels angebracht werden. Eine solche Anwendung sollte vom Komponisten und Interpreten als ein eigenständiges Instrument mit eigener Klangcharakteristik betrachtet werden. Das direkt vom festen Körper des Instruments abgenommene Schwingungsspektrum wird in aller Regel nicht mit dem durch die Luft abgestrahlten Spektrum übereinstimmen, da der Wirkungsgrad der Schallabstrahlung stark frequenzabhängig ist.

Bei Elektrogitarren wird das Signal üblicherweise direkt von den Saiten und nicht vom Gitarrenkörper abgenommen. Am Körper angebracht würde jeder Wandlertyp – z. B. einer aus Kristall – korrekt funktionieren. Aber alles, was die Saite berührt, würde deren Schwingungen stören, womit Kristall- und Kohlewandler ausscheiden. Im Prinzip wären zwar auch elektrostatische und dynamische Wandler als Tonabnehmer möglich, wobei die Saite selbst die Rolle der metallischen Membran bzw. der Drahtspule übernehmen würde. Die Saite wird dann allerdings Teil des elektrischen Stromkreises (Nylon- oder Darmsaiten scheiden damit aus), was die Gefahr elektrischer Schläge und Kurzschlüsse mit sich bringt. Damit bleibt als bester Kandidat der magnetische Wandler übrig; hierbei übernimmt die Saite die Rolle des Ankers und benötigt daher keine elektrischen Anschlüsse an ihren Enden. Allerdings muß sie nicht nur aus Metall, sondern sogar aus Stahl sein, damit sie magnetisch wirksam ist.

Wir wollen nun verschiedene Arten von Wandlern genauer untersuchen, vor allem die für musikalische Anwendungen wichtigen Details.

## 16.3 Mikrofone

Abgesehen von dem speziellen Prinzip seiner Funktionsweise kann man jedes Mikrofon durch verschiedene Aspekte seiner Reaktion auf Schallwellen charakterisieren; vor allem sind dies der Dynamikbereich, das Frequenzverhalten und die Richtcharakteristik.

Der *Dynamikbereich* ist der Bereich von Schalldrücken, innerhalb dessen das Mikrofon ein brauchbares, d. h. ein zum Schalldruck möglichst proportionales elektrisches Signal abgibt. Wenn Sie sich ins Gedächtnis rufen, daß bereits ein Dynamikbereich von 60 dB (was recht bescheiden ist) bedeutet, daß die lautesten Schallwellen eine Million mal mehr Energie als die leisesten innerhalb dieses Bereichs haben, können Sie die Schwierigkeit besser einschätzen, diesen Bereich proportional in elektrischen Strom umzusetzen. Es ist alles andere als einfach, Geräte zu konstruieren, die einerseits größere Spannungen ohne Verzerrung oder Beschädigung überstehen, andererseits selbst auf tausendfach schwächere Signale noch exakt reagieren. Daher muß man zuweilen wählen zwischen einem (Spezial-)Mikrofon, das Schalldrücke bis zu 160 dB verkraftet (für manche wissenschaftlichen Experimente), aber unterhalb von 60 dB nicht mehr reagiert, und einem anderen, das bis zu 0 dB hinab reagiert, aber aufgrund dieser großen Empfindlichkeit gegen Schalldrücke oberhalb von 100 dB geschützt werden muß.

Der *Frequenzgang* wird üblicherweise in Form einer graphischen Darstellung angegeben (Bild 16.5), die anzeigt, in welcher Stärke ein elektrisches Signal für einen gegebenen Schalldruckpegel bei verschiedenen Frequenzen vom Mikrofon abgegeben

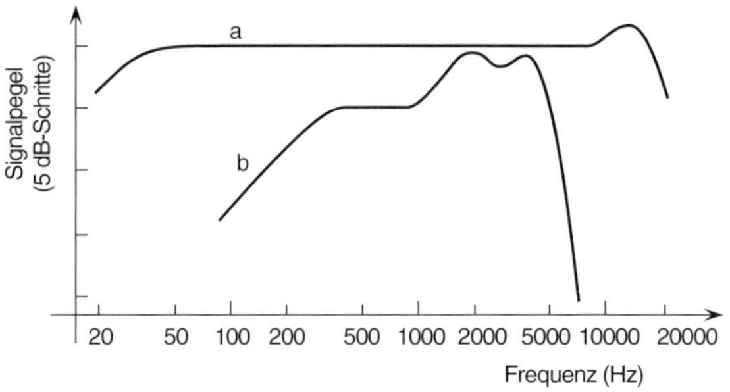


Bild 16.5
Frequenzgang eines guten elektrostatischen Mikrofons (Kurve a), und eines typischen (weniger guten) Kohlemikrofons (Kurve b).

wird. Im Idealfall ist dies eine perfekt gerade Linie, die an keiner Stelle des Frequenzbereichs nach unten oder oben abweicht. In der Praxis wird jedoch dieses Ideal nach unten durch das Erreichen der Resonanzfrequenz der Mikrofonteile eingeschränkt; und nach oben sinkt der Frequenzgang ab, wenn die Frequenzen so hoch werden, daß die zugehörigen Wellenlängen kleiner als die Mikrofonmembran werden. Man muß daher immer einen Kompromiß zwischen folgenden Eigenschaften anstreben: Eine größere Membran bedeutet größere Empfindlichkeit, da sie mehr Schallenergie empfängt, aber eine kleinere Membran ist besser für einen ausgeglichenen Frequenzgang bei hohen Frequenzen.

Sowohl elektrostatische als auch dynamische Mikrofone können heute so hergestellt werden, daß sie einen ausreichend guten Dynamikbereich (etwa linear mit maximal 2 dB Abweichung im größten Teil des hörbaren Frequenzbereichs) und einen guten Frequenzgang auch für Musikaufzeichnung und -wiedergabe sehr hoher Qualität haben. Allerdings darf man natürlich nicht erwarten, daß solch hohen Anforderungen auch schon durch das preiswerte Mikrofon erfüllt werden, wie es beispielsweise bei einem Cassettendeck mitgeliefert wird.

Die bisher gezeigten (Bild 16.3) und besprochenen Mikrofonarten sind alle *druckempfindlich*. Das bedeutet, daß zwei beliebige Schallwellen mit der gleichen Druckamplitude, aber verschiedener Frequenz und vielleicht auch verschiedener Richtung, trotzdem die gleiche Membranauslenkung und damit die gleiche elektrische momentane Signalstärke erzeugen. Dies ist eine Auswirkung der Konstruktionsweise, bei der die Membran eine Seite einer geschlossenen Kammer bildet, so daß immer nur die Druckschwankung außerhalb der Kammer gemessen wird. Solche Mikrofone haben eine *ommnidirektionale* Richtungscharakeristik, das heißt, sie reagieren gleich gut auf Schallwellen aus allen Richtungen. (Dies stimmt nicht mehr bei Wellenlängen, die kleiner als der Membrandurchmesser sind; dies ist aber normalerweise erst bei den Frequenzen der Fall, wo der Frequenzgang aufhört, also oberhalb des Frequenzbereichs, für den das Mikrofon gebaut wurde).

Wenn man die Kammer entfernt und beide Seiten der Membran den Schallwellen aussetzt, erhält man ein sogenanntes *Druckgradienten*-Mikrofon, das heißt ein Mikrofon, welches nur auf die *Differenz* des Schalldruckes zwischen Vorder- und Rückseite reagiert. In der einfachsten Form, etwa bei einem Bändchenmikrofon leicht skizzierbar, weist ein solches Druckgradienten-Mikrofon eine *bidirektionale* Richtcharak-

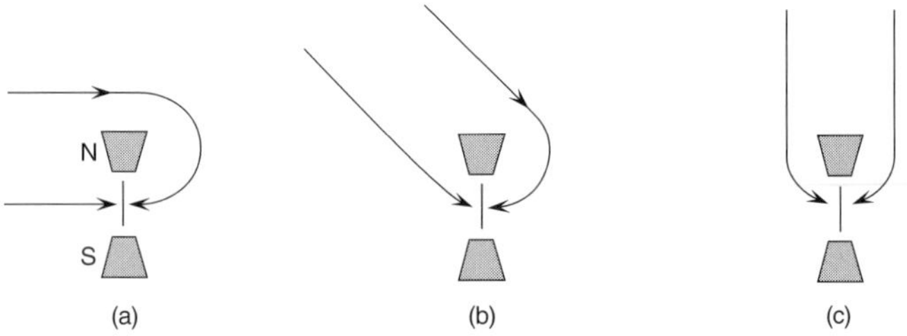


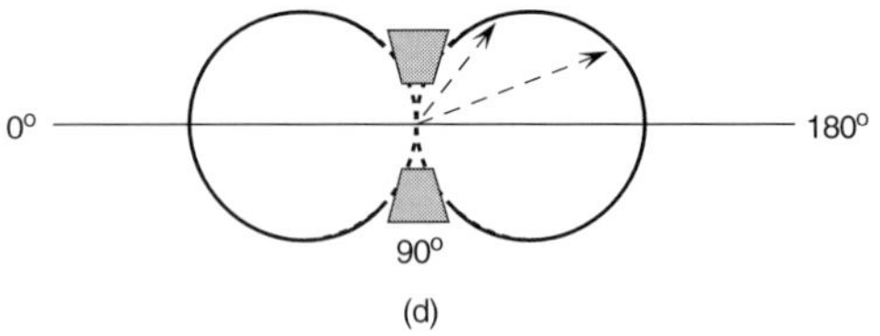


Bild 16.6
Bidirektionale Richtcharakteristik eines an beiden Seiten offenen Bändchenmikrofons. Vergleichen Sie mit Bild 16.3d; hier haben wir eine Draufsicht. a) Wenn Schallwellen senkrecht auf die Membran, hier das Bändchen, auftreffen, legt die von hinten nach Beugung um das Mikrofon herum auftreffende Schallwelle einen längeren Weg zurück. Selbst wenn die Amplitude noch gleich sein sollte, tritt doch ein Phasenunterschied auf, so daß zwischen Vorder- und Rückseite ein Druckunterschied besteht und das Bändchen ausgelenkt wird. b) Bei im Winkel von 45° auftreffenden Wellen ist der Phasenunterschied und damit der Druckunterschied zwischen Vorder- und Rückseite geringer und dadurch auch die Bewegung des Bändchens. c) Wellen, die genau von der Seite auftreffen, verursachen (weil genau phasengleich) gleichen Druck auf beiden Seiten, und das Bändchen bewegt sich nicht. – d) Darstellung der resultierenden Richtcharakteristik; der Abstand vom Mittelpunkt bis zur Linie der liegenden Acht gibt die relative Amplituden-Empfindlichkeit in der jeweiligen Richtung an, wie für die zwei gestrichelten Pfeile. Die Spitzenempfindlichkeiten liegen auf der Achse (bei 0° und 180°); sie fällt bei 45° um 3 dB ab. Die beiden Kreise sind als Querschnitte durch zwei Kugeln zu sehen, die die reale dreidimensionale Empfindlichkeit darstellen würden.

teristik auf (Bild 16.6). Man bezeichnet sie auch als *Schnelle-Empfänger*, weil die Amplitude der Schallschnelle (der Geschwindigkeit, mit der die Luftteilchen ausgelenkt werden) dem Druckunterschied direkt proportional ist.

Wenn wir nun die Kammer wieder auf einer Seite teilweise verschließen, können wir die effektiven Schallwege so justieren, daß wir eine *unidirektionale* oder *nierenförmige* Richtcharakteristik erhalten (Bild 16.7). Solche unidirektionalen Mikrofone werden als elektrostatische, als dynamische Tauchspulen- oder als Bändchenmikrofone gefertigt.

---

* Eine stärkere Ausprägung der Richtcharakteristik kann nur erreicht werden für den Preis a) einer geringeren Empfindlichkeit wie z. B. bei Druckgradienten-Mikrofonen höheren Grades oder für b) große Mikrofonmaße relativ zu den zu messenden Wellenlängen, bei gleichzeitig hoher Frequenz-Abhängigkeit der Richtungsempfindlichkeit so wie bei parabolischen Schall-„trichtern" oder gewehrähnlichen „Zielmikrofonen".

---

Man kann durch Kombination der Elementartypen eine Vielzahl weiterer Richtcharakteristiken gewinnen. Ein interessantes Beispiel ist das *Stereomikrofon*, welches – entsprechend den aufgenommenen zwei Richtungen – zwei Ausgangssignale abgibt.

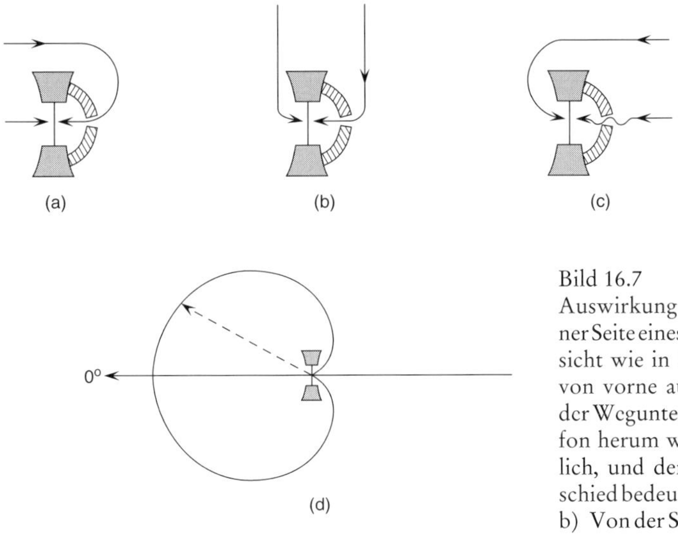


Bild 16.7
Auswirkung der teilweisen Schließung einer Seite eines Bändchenmikrofons; Draufsicht wie in Bild 16.6. – a) Bei senkrecht von vorne auftreffenden Schallwellen ist der Wegunterschied für die um das Mikrofon herum wandernden Wellen beträchtlich, und der resultierende Phasenunterschied bedeutet eine gute Empfindlichkeit. b) Von der Seite eintreffende Schallwellen weisen (im Unterschied zu Bild 16.6c) immer noch einen kleinen Phasenunterschied auf und bewirken daher eine Auslenkung der Membran. c) Obwohl dies aus der Darstellung nicht ersichtlich ist, kann man durch geeignete Bauweise erreichen, daß von rückwärts kommende Schallwellen phasengleich auf Vorder- und Rückseite auftreffen und damit keine Auslenkung bewirken. – d) Darstellung der resultierenden unidirektionalen polaren Richtcharakteristik; die Empfindlichkeit fällt bei 66° um 3 dB ab.

In seiner einfachsten Form (Bild 16.8) besteht es aus der Kombination eines unidirektionalen und eines bidirektionalen Mikrofons. Deren Signale werden einmal addiert und einmal subtrahiert und ergeben so die zwei Kanäle des Stereosignals.

Druckgradienten-Mikrofone reagieren nicht nur auf Phasen-, sondern auch auf Amplitudenunterschiede. Wenn das Mikrofon beim normalen Gebrauch relativ weit weg von der Schallquelle ist, haben die front- und rückseitig eintreffenden Schallwellen praktisch die gleiche Stärke. Ist das Mikrofon jedoch näher, werden die Druckunterschiede deutlicher und überwiegen schließlich; dies beruht auf dem Gesetz des reziproken Quadrats (Abschnitt 5.3).Daher erzeugt ein Druckgradienten-Mikrofon in der Nähe der Schallquelle den sogenannten *Nah-* oder *Nahbesprechungseffekt*, bei

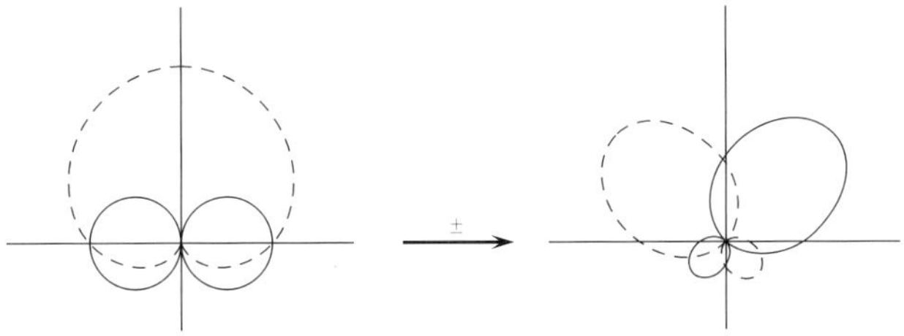


Bild 16.8
Ein Stereomikrofon. Das Mikrofon mit der Nierencharakteristik weist auf die aufzunehmende Schallquelle (z.B. Musikensemble), und das bidirektionale Mikrofon nimmt hauptsächlich Schallwellen von beiden Seiten auf. Durch Addition und Subtraktion dieser zwei Signale ergeben sich zwei weitere (rechts), die hauptsächlich den linken bzw. rechten Quadranten wiedergeben, jedoch auch ein Mittensignal beinhalten Vgl. auch Abschnitt 16.7, insbesondere Bild.16.23.

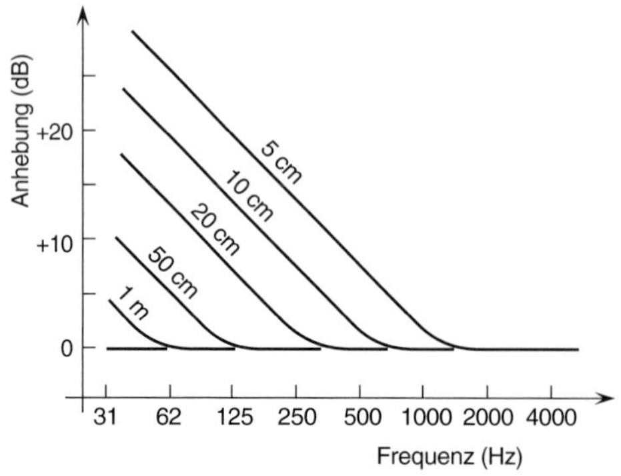


Bild 16.9
Die waagrechten Linienteile stellen den Frequenzgang eines Druckgradienten-Mikrofons bei großer Entfernung von der Schallquelle dar. Die ansteigenden Linienteile zeigen die verzerrende Anhebung der tiefen Frequenzen bei verschiedenen Entfernungen des Mikrofons von der Schallquelle.

dem die Baßfrequenzen stärker als die hohen Frequenzen gewandelt werden. Dieser Effekt setzt ein bei Frequenzen, deren Wellenlängen größer als etwa das Sechsfache der Entfernung Mikrofon–Schallquelle sind, und nimmt mit abnehmender Entfernung stark zu (Bild 16.9); er ist auch für die oft gepriesene „Wärme" von Druckgradienten-Bändchenmikrofonen verantwortlich, wie sie von vielen Sängern bevorzugt werden.

Ein anderer (völlig unabhängiger) Effekt bei geringem Abstand Mikrofon-Schallquelle ist ein steigender Anteil des Direktschalls im Gesamtsignal. Dies ergibt zwar eine größere Klarheit (und größere Kanaltrennung bei Stereo), aber auf Kosten des Hallanteils, der die Information über den Aufführungsraum enthält.

## 16.4 Verstärker

Das Grundprinzip jeden Verstärkers kann man mit Hilfe einer Strömungsanalogie leicht verstehen (Bild 16.10a). Kleine Durchflußänderungen in dem schwachen Steuerstrahl können viel größere Mengen des Verstärkerstrahls ablenken, so daß geringe Schwankungen im Steuerstrahl große im Verstärkerstrahl bewirken. Der klassische elektronische Verstärker, der am Beginn unserer modernen Kommunikationstechnologie stand, war die dreipolige Elektronenröhre (Bild 16.10b); ihre Funktionsweise ist ganz ähnlich, wobei kleine Steuerspannungen, die auf das metallische Steuergitter aufgebracht werden, den starken Strom zwischen Anode und Kathode beeinflussen und so vervielfachte Stromänderungen an der Anode bewirken. Elektronenröhren sind mittlerweile in modernen Audiogeräten fast vollständig durch Transistoren ersetzt worden, deren Funktionsweise die gleiche ist (Bild 16.10c).

Wenn das verstärkte Signal dem originalen Eingangssignal perfekt entsprechen soll, muß der Verstärker ein vollständig *lineares* Verhalten aufweisen. Damit ist gemeint, daß die Ausgangsspannung direkt proportional zur Eingangsspannung durch alle Frequenzen hindurch bleibt, daß also z. B. eine Verdoppelung der Eingangsspannung auch eine exakte Verdoppelung der Ausgangsspannung bewirkt (Bild 16.11). Nichtlinearität kann nicht nur in Verstärkern, sondern in allen Wandlern

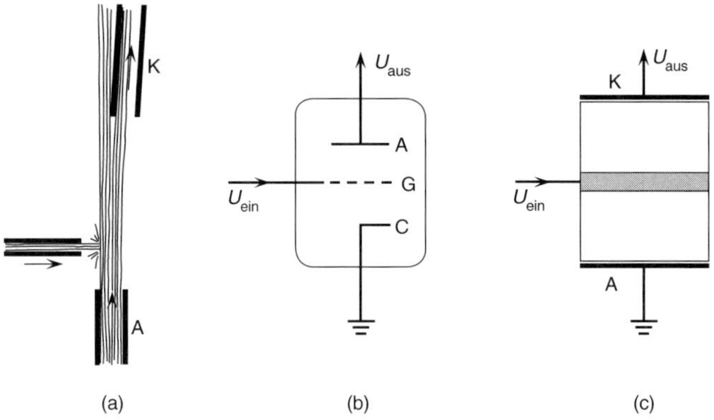


Bild 16.10
Beispiele für Verstärkung. a) Ein starker Strahl einer Flüssigkeit tritt aus der Öffnung A aus und kann teilweise oder vollständig im Kollektor K (Empfänger) aufgefangen werden. Ein kleiner, von der Seite auftreffender Strahl steuert je nachdem, wie stark er ist, den Anteil des großen Strahls, der im Empfänger landet. b) Eine Elektronenröhre ist an einen externen Stromkreis angeschlossen, mittels dessen ein starker Strom von Elektronen von der Kathode C zur Anode A gesendet werden kann; die Stärke dieses Stroms wird jedoch durch eine schwache Steuerspannung kontrolliert, die auf das Steuergitter aufgebracht wird. c) Ganz ähnlich funktioniert ein sogenannter *npn*-Transistor, wie er heutzutage Verwendung findet; kleine Steuerspannungen erhöhen die Zahl der in der Schicht p (der mittleren) verfügbaren Elektronen, die Ladung transportieren können, und bewirken so entsprechend starke Änderungen des Stroms, der vom Emitter A zum Kollektor K gelangen kann.

auftreten, die am Wiedergabe- oder Aufnahmeprozeß mitwirken. Jede Nichtlinearität bewirkt ein mehr oder weniger verzerrtes Ausgangssignal (Bild 16.12). Das Eingangssignal einer Sinuswelle würde dann mit einer davon abweichenden Wellenform ausgegeben; da diese immer noch periodisch ist, kann sie durch eine Fourier-Reihe dargestellt werden (erinnern Sie sich an Kapitel 8?), und wir können daher Nichtlinearität auch umschreiben als zusätzliche und unerwünschte Entstehung höherer Teiltöne; man nennt diesen Prozeß daher auch *harmonische Verzerrung*.

Ein Eingangssignal, das aus zwei Sinuswellen verschiedener Frequenz besteht und in einen nichtlinearen Verstärker eingespeist wird, ergibt ein Ausgangssignal, welches nicht nur die zwei Eingangsfrequenzen (sagen wir $f_1$ und $f_2$ plus deren durch die Nichtlinearität entstandenen harmonischen Teiltöne), sondern auch noch weitere unerwünschte Signale mit den Frequenzen $f_1 + f_2$ und $f_1 - f_2$ enthält. Dies wird als

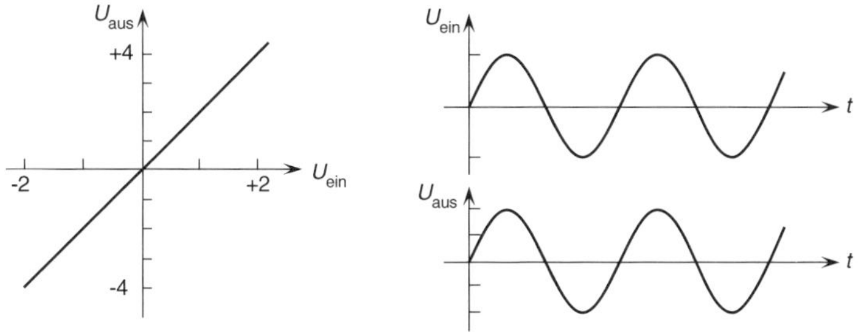


Bild 16.11
Eingangs-/Ausgangscharakteristik eines idealen linearen Spannungsverstärkers für den Fall einer Verdoppelung des Eingangssignals. Obwohl die Ausgangsamplitude größer ist als die Eingangsamplitude (beachten Sie die unterschiedliche Volt-Skala!), sind die Wellenformen absolut identisch.

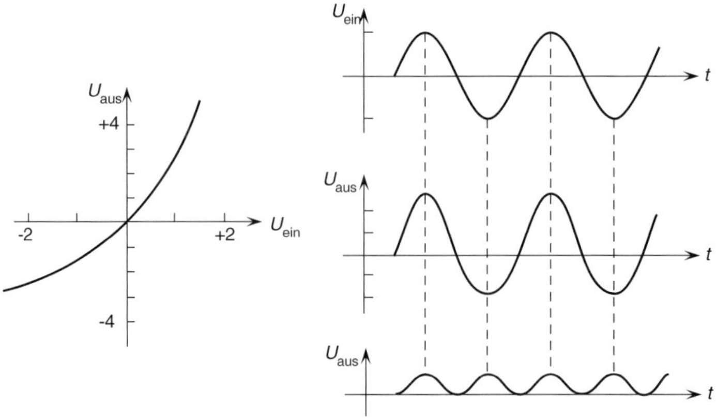


Bild 16.12
Eine Verstärkung um den Faktor 2 (=Verdoppelung) mit geringfügig vorhandener Nichtlinearität. Hierbei wird das Eingangssignal, eine Sinuswelle, beim Ausgang verzerrt wiedergegeben; die Kurve rechts unten zeigt, wie durch das Hinzutreten eines zweiten Teiltones die Schärfung der Spitzen und Abplattung der Wellentäler erklärt werden kann. In der Regel treten außerdem auch noch kleinere Beträge des dritten und weiterer Teiltöne auf.

*Intermodulations-Verzerrung* bezeichnet und ist immer eine Begleiterscheinung der harmonischen Verzerrung. Beide können in einem sehr guten und nicht überlasteten Verstärker jedoch kleiner als 1% in der Amplitude (d.h. 40 dB oder mehr unter dem Pegel des zu verstärkenden Signals) gehalten werden.

Selbst wenn keine harmonische Verzerrung auftritt, sind sogenannte *Phasen-Verzerrungen* möglich, verursacht durch Zeitverzögerungen im Verstärker, die für verschiedene Frequenzen unterschiedlich groß sind. Obwohl dies bei gleichbleibenden Klängen keine große Rolle spielt (entsprechend dem Ohm'schen Gesetz, wie in Kapitel 8 besprochen), führt es bei Einschwingvorgängen zu hörbaren Verzerrungen und sollte daher vermieden werden. Die Phasenverzerrung ist normalerweise innerhalb des flachen Frequenzgang-Bereichs ziemlich klein, und bei einem guten Verstärker sollte dieser ja den gesamten hörbaren Bereich abdecken.

Ein *Kompressor*(-Verstärker) wird gelegentlich (bei Popmusikproduktionen in der Regel) in Situationen eingesetzt, wo bestimmte einzelne Klangereignisse (z. B. Beckenschläge) unvermeidlich zu Übersteuerungen führen würden bei den Pegeleinstellungen, die für den Rest des Musikstückes nötig sind. Hier mißt ein besonderer Abhörschaltkreis ständig die ankommende Signalstärke und reduziert mittels einer Rückkopplungsschleife automatisch die Verstärkerleistung, sobald das Ausgangssignal einen kritischen Wert erreicht (Bild 16.13). Sobald der laute Spitzenpegel vorbei ist, kehrt die Verstärkerleistung allmählich wieder zur Normaleinstellung zurück.

Ein *Limiter* (Begrenzer) stellt den Extremfall einer so starken Kompression dar, daß das Ausgangssignal definitiv bei einem bestimmten Maximalpegel begrenzt wird, unabhängig von der Stärke des Eingangssignals. Zu beachten ist, daß Kompression nicht das gleiche ist wie *Clipping* (Abschneiden) der Amplituden-Maxima (Bild 16.13d); clipping bedeutet eine starke harmonische Verzerrung und muß normalerweise unbedingt vermieden werden. Gelegentlich wird es allerdings als Spezialeffekt z. B. bei Elektrogitarren benutzt.

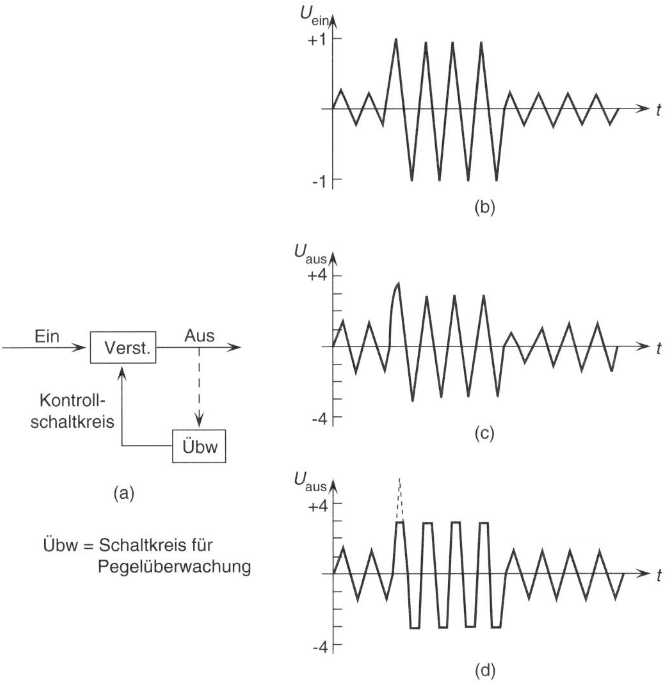


Bild 16.13
a) Bei einem Kompressor-Verstärker wird die Verstärkung durch einen Kontrollschaltkreis in einer Rückkopplungsschleife kontrolliert. b) + c): In diesem Beispiel beträgt die Verstärkung das 6-fache für kleine Eingangssignale (z.B. 0,25 V ein und 1,5 V aus), wird aber auf das 3-fache reduziert, sobald stärkere Signale auftreten (1 V ein und 3 V aus). Sobald das stärkere Signal einsetzt, reagiert die Reduzierung sehr schnell, so daß nur sehr kurzzeitig eine Verzerrung entstehen kann; sobald das Eingangssignal wieder absinkt, erreicht die Verstärkungsleistung allmählich wieder den normalen Wert. c) Kompression beeinflußt nur die relativen Amplituden des Signals, während beim d) Clipping große Verzerrungen durch das scharfkantige Abschneiden der Wellenform entstehen.

Cassettendecks weisen oft eine Weiterentwicklung dieser Idee auf, die als *automatische Aussteuerungskontrolle* oder ähnlich bezeichnet wird; dabei wird nicht nur der Aufnahmepegel bei lauten Eingangssignalen abgesenkt, sondern auch umgekehrt bei leisen Pegeln angehoben. Das Ergebnis ist dann allerdings, daß alles ungefähr mit dem gleichen Lautstärkepegel aufgenommen wird, was bei Sprachaufnahmen noch brauchbar sein kann, aber für anspruchsvolle Musikaufnahmen völlig ungeeignet ist.

* Das menschliche Ohr verhält sich nicht unähnlich wie ein Kompressor: Eine Vervielfachung der eintreffenden Schallintensität um den Faktor 100 erhöht die Rate der Nervenimpulse nur um einen Faktor zwischen drei und vier. Bei extrem lauten Geräuschen kommt noch der sogenannte akustische Reflex dämpfend hinzu, so daß der Kompressionsgrad noch größer wird.

# 16.5 Aufnahmetechnik

Es gibt verschiedene Möglichkeiten, akustische Informationen aufzuzeichnen und zu einem späteren Zeitpunkt wiederzugeben. Schallplattenspieler und Magnettonband (oder Cassettendeck) sind uns allen vertraut, und in den letzten Jahren hat sich auch die Verwendung digitaler Aufnahmemethoden durchgesetzt.

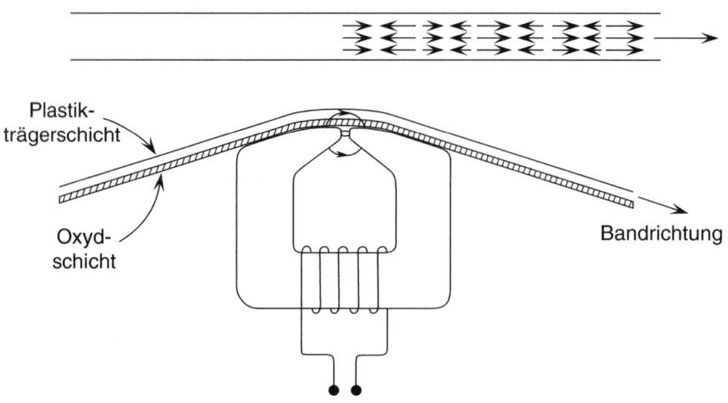


Bild 16.14
Tonband-Aufnahme- und Wiedergabekopf und das entstehende Magnetisierungsmuster auf dem Band.

Die Schallplattenaufzeichnung und -wiedergabe war lange Zeit – ohne Beteiligung von Elektronik (und auch ohne deren Klangtreue und Möglichkeiten!) – eine rein auf akustisch-mechanischen Wandlern beruhende Technik. Diese bestand hauptsächlich in einer an einer Membran befestigten Nadel am Ende eines großen Schalltrichters. Bei der Aufnahme diente der Trichter wie ein Hörrohr der Konzentration von Schallenergie und deren Übertragung über die Membran auf die Nadel; bei der Wiedergabe diente der Schalltrichter umgekehrt dazu, die von der die Plattenrille abtastenden Nadel und dadurch bewirkten Bewegungen der Membran auf eine größere Luftmasse zu übertragen, genau wie die Hornlautsprecher, die wir im nächsten Abschnitt beschreiben werden.

Heute kommen bei der Schallplattentechnik elektromechanische Wandler zum Einsatz. Bei der Wiedergabe werden die mechanischen Schwingungen der Abtastnadel, die den Einkerbungen der Schallplattenrille folgt, in elektrische Schwingungen umgewandelt, die dann für die weitere Verstärkung zur Verfügung stehen. Kristall- oder Keramik-Tonabnehmersysteme kann man noch in billigen Geräten finden, jedoch werden für den Hifi-Bereich fast ausschließlich dynamische (Tauchspule) oder magnetische Wandler verwendet.

Die Tonbandtechnik beruht auf elektromagnetischen Wandlern von der Art, wie in Bild 16.14 gezeigt. Bei der Aufnahme bewirken die Stromflußschwankungen in der Spule starke Magnetfelder zwischen den Polen des Elektromagneten, und diese führen zu entsprechenden Magnetisierungs-Schwankungen auf dem vorbeigleitenden oxidbeschichteten Band. *Magnetisierung* bedeutet eine Ausrichtung der einzelnen Atome derart, daß die Oxidkörner in jedem kleinen Abschnitt der Bandbeschichtung zu einer Gruppe winziger Magneten mit gleicher Orientierung werden. Bei der Wiedergabe bewegen sich diese Abschnitte wechselnder Magnetisierung rasch am sogenannten Kopfspalt des Elektromagneten vorbei, und ihre sich ändernden Magnetfelder bewirken eine entsprechend schwankende Induktionsspannung in der Spule; das Prinzip ist das gleiche wie beim magnetischen Mikrofon oder Platten-Tonabnehmer. Das Signal wird dabei jedoch zunächst nicht in seiner originalen Form wiedererzeugt, sondern erst nach Durchlaufen eines Wiedergabe-Entzerrers, der in Kasten 16.1 beschrieben ist.

Kasten 16.1 Entzerrung

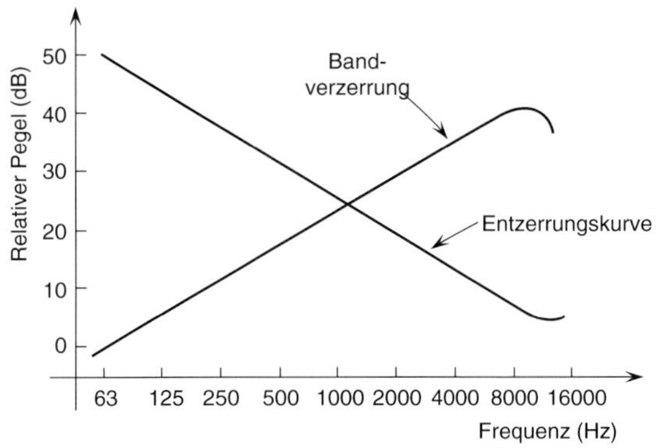


Bild 16.15
Die dem magnetischen Aufnahme- und Wiedergabeprozeß inhärente Höhenanhebung (=Verzerrung) und die kompensierende elektronische Wiedergabe-Entzerrung, die für originalgetreue Wiedergabe nötig ist.

Der Frequenzgang von Tonaufnahmeköpfen stellt ein großes Problem dar. Wenn der Kopfspalt schmal genug ist, läßt sich ein flacher Frequenzgang bei der Aufnahme erreichen, das heißt, gleiche Spannungsamplituden bei verschiedenen Frequenzen ergeben gleiche Magnetisierungsstärken auf dem Band. Bei der Wiedergabe ist aber die induzierte Spannung proportional zur *Schnelligkeit*, mit der das Magnetfeld im Kopfspalt sich ändert, und diese hängt nicht nur von der Stärke der Magnetisierung, sondern auch von der jeweiligen Frequenz ab. Daher entsteht bei der Wiedergabe eine übermäßige Anhebung der hohen Frequenzen (Bild 16.15), die durch einen elektronischen Schaltkreis, den sog. Wiedergabe-Entzerrer, ausgeglichen werden muß, bevor das Signal an einen Lautsprecher weitergegeben werden kann.

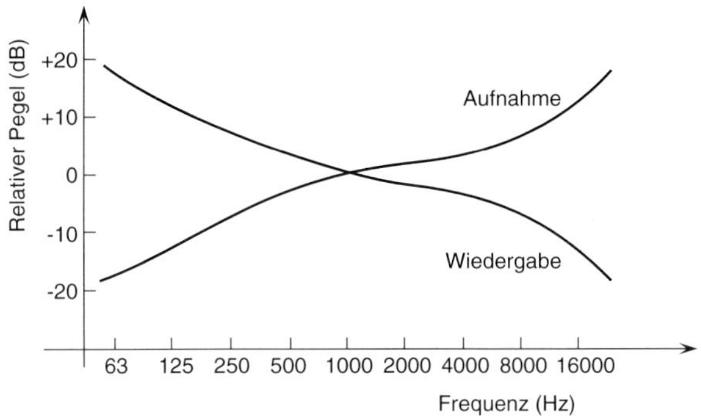


Bild 16.16
Die RIAA-Kurven, die die international anerkannten Ausgleichskurven für die Plattenaufnahme und die entsprechende Kompensation (De-Emphasis) bei der Wiedergabe festlegen.

Auch die Schallplattenaufzeichnung erfordert eine Entzerrung, allerdings aus anderen Gründen. Damit bei tiefen Frequenzen nicht eine Rille in die benachbarte Rillenspur „einbricht", trotzdem aber auch hohe und leise Frequenzen nicht im Hintergrundrauschen verdeckt werden, wird während des Aufnahmeprozesses der Baßbereich gedämpft und der Hochtonbereich angehoben (Bild 16.16). Alle modernen Hifi-Geräte haben eine entsprechende kompensierende De-Emphasis-Schaltung bei der Wiedergabe, um die Klangbalance des Originals wiederherzustellen.

Die Bezeichnung Entzerrer oder Equalizer bezieht sich auch auf Geräte, mit denen die relativen Pegel verschiedener Frequenzbereiche bei der Aufnahme justiert werden können, sei es aus technischen oder künstlerischen Gründen. Dies kann die ästhetische Qualität einer Aufnahme verbessern, man kann dabei aber auch übertreiben. Ich zitiere dazu aus Benade, S. 484–485:

„Allzu oft bedient den Equalizer jemand, der wenig Hörerfahrung mit live aufgeführter Musik hat und dessen Hörgewohnheiten bereits durch zahllose Stunden, die er vor Lautsprechern (oder, noch schlimmer, mit Kopfhörern) bei Lautstärkepegeln verbracht hat, die jedem anderen zur Qual würden. Dies ist der Grund, warum so viele der heutzutage verkauften Aufnahmen übertrieben ausgesteuerte Baß- und Höhenbereiche haben, zum Ärger der Interpreten und all derjenigen, die mit ‘live’ aufgeführter Musik vertraut sind.”

Die Reziprozität der Prozesse in diesem Fall ist offensichtlich; einfachere Tonbandgeräte bzw. Cassettendecks haben meist nur einen einzigen Tonkopf, der für Aufnahme und Wiedergabe dient. Aber auch bei professionellen Geräten mit mehreren Tonköpfen werden „Aufnahmeköpfe“ zuweilen auch genutzt, um selektiv eine Spur wiederzugeben, während auf einer anderen mit einem zweiten Tonkopf aufgenommen wird.

Eine gute Wiedergabe hängt auch von der Laufruhe und -gleichmäßigkeit des Plattentellers oder des Tonbandantriebs ab. Der Wandler sollte keinerlei merkbare Schwingung oder elektrische Interferenz durch den Motor aufnehmen, denn das würde zu dem bekannten 50 Hz-Brummen oder einer anderen Störfrequenz führen. Die Umdrehungs- oder Bandgeschwindigkeit muß auch absolut gleichmäßig erfolgen, um „Jaulen“ oder Flattererscheinungen zu vermeiden.

Wenn man Tonbänder wiederholt kopiert, taucht ein anderes Problem auf: Jeder Kopiervorgang verstärkt das Rauschen auf dem Vorlageband, auch wenn dieses sehr gering ist. Spätestens bei der vierten oder fünften Kopie tritt dieses als Bandrauschen bezeichnete weiße Rauschen dominierend hervor. Man kann das Problem zu einem großen Teil mit Hilfe von technischen Tricks wie dem verbreiteten Dolby und DBX *Rauschreduzierungsverfahren* in den Griff bekommen. Dabei wird eine ausgefeilte Kompressionsmethode (leisere Passagen werden höher verstärkt aufgenommen, um den Abstand zum Rauschpegel größer zu halten) angewandt, die eine entsprechende Rückkompensation bei der Wiedergabe erfordert. Ein mit Dolby aufgenommenes Tonband wird bei der Wiedergabe auf einer Maschine ohne Dolby (oder umgekehrt) keine genaue Reproduktion ermöglichen.

In der Ausdrucksweise des Abschnitts 8.4 könnten wir sagen, daß die traditionelle Schallplatten- und Tonbandtechnik die Schallsignale in analoger Form speichert. Die Entwicklung der Computertechnologie legte es nahe, die Schallsignale zu digitalisieren (d.h. in lange Reihen von Zahlen umzuwandeln) und diese zu speichern und bei der Wiedergabe die Zahlenfolgen wieder in analoge Form zu wandeln. Es ist dann von nur sekundärer Bedeutung, ob die Zahlenfolgen dabei auf Magnetbändern, Magnetscheiben oder irgendwelchen anderen Trägern gespeichert werden. Digitale Tonaufzeichnung auf Magnetbändern setzte sich in den späten 70er Jahren in großen Tonstudios durch. Der Gebrauch dieser Bänder als Ausgangsmaterial für den „Mastering-“Prozeß ermöglichte ein genaueres und komfortableres Behandeln des Tonmaterials und die Produktion von Platten mit wesentlich geringeren Rauschan-

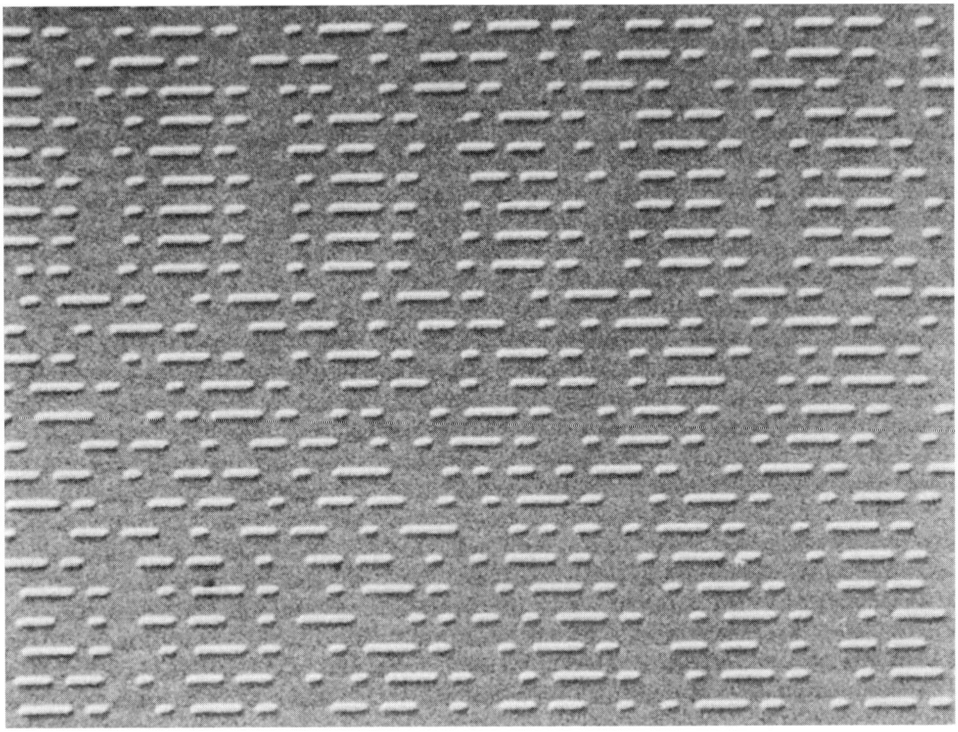

Bild 16.17 Mikroskopische Aufnahme der Oberfläche einer Compact Disc. Der Laserstrahl tastet die Zeilen (die hier durch die Vergrößerung gerade erscheinen, aber tatsächlich spiralförmig verlaufen) horizontal ab. Die einzelnen Vertiefungen sind ungefähr 0,16 μm (mikrometer) tief und 0,6 μm breit. (Mit frdl. Genehmigung von John Monforte).

teilen. Inzwischen hat sich die digitale Aufzeichnungstechnik in Form der kleineren DAT-Recorder (Digital Audio Tape) und Mehrspurgeräten auch in kleineren Studios durchgesetzt; auch im Consumer-Markt wird sich die digitale Technik wohl über kurz oder lang durchsetzen.

Die traditionelle Schallplattentechnik ist fast vollständig durch die Technologie der ebenfalls digitalen CD (Compact Disc) verdrängt worden, die seit etwa Mitte der 80er Jahre auf dem Markt ist. Die CD speichert die Schallinformation digital anstatt analog und weist daher keinerlei Schallplattenknistern oder Bandrauschen auf; da die Auslesegeschwindigkeit der digitalen Daten durch eine extrem präzise Uhr gesteuert wird, gibt es auch keine Gleichlaufschwankungen, die wie bei Schallplatte oder Tonband zu Jaulen oder Flattern führen könnten.

Die CD-Masterscheibe wird auf einer polierten Glasscheibe, die mit einer dünnen photoempfindlichen Materialschicht bedeckt ist, produziert. Das digitale Signal des Masterbands steuert einen Hochleistungslaser, der kleine Stückchen dieses Materials verdampft und so eine Art Maske erzeugt, die wiederum nach einem chemischen Ätzungsprozeß kleine Vertiefungen („pits") hinterläßt. Nach einigen weiteren elektrochemischen Behandlungsschritten dient diese Master-CD als Druckvorlage für die in Serie produzierte CD aus Plastik, deren Oberflächenmuster den originalen Vertiefungen genau entspricht (Bild 16.17).

Das Endprodukt ist eine 12 cm große Scheibe mit einer zusätzlichen Plastikschicht, durch das die CD mehr als jede Schallplatte gegen mechanische Beschädigung geschützt ist. Die Information wird durch einen kleinen Laserstrahl und einen optischen Mechanismus abgelesen, während die Scheibe mit Geschwindigkeiten zwischen 200 und 500 Umdrehungen pro Minute rotiert. Die Anwesenheit bzw. das Fehlen einer Vertiefung lenkt den Laser ab bzw. reflektiert ihn vollständig, so daß der optische Mechanismus daraus den originalen Zahlenstrom wiederherstellen kann. Schließlich wird durch einen Analog-zu-Digital-Wandler (ADC) daraus wieder ein analoges elektrisches Signal gewonnen, mit dem der Verstärker und zuletzt die Lautsprecher gespeist werden. Durch die Benutzung von 16 „bits" (von denen jedes entweder Null oder Eins darstellen kann) für jede der gespeicherten Zahlen hat die CD einen Dynamikbereich von ungefähr 90 dB, wogegen analoge Aufnahmetechniken (ohne Dolby) bereits Schwierigkeiten haben, den Abstand zwischen lautestem Signal und Grundrauschen auf mehr als 60 dB zu halten. Eine wichtige Eigenschaft der CD ist außerdem die Möglichkeit, zusätzliche Informationen sowie Fehlerkorrektur-Informationen zu speichern. Mit deren Hilfe richten kleine Kratzer oder Herstellungsfehler im digitalen Muster keinen hörbaren Schaden an, da das originale Muster wieder hergestellt werden kann.

## 16.6 Lautsprecher

Die wichtigsten Eigenschaften eines Lautsprechers sind seine Größe, sein Wirkungsgrad, der Frequenzgang, seine Richtwirkung und die Art der Aufhängung oder des Einbaus; diese Eigenschaften sind voneinander abhängig. Wir wollen sie am Beispiel eines dynamischen Lautsprechers besprechen, da dieser Typ der meist verbreitete High-Fidelity-Lautsprecher ist.

Zunächst muß festgehalten werden, daß es extrem schwierig ist, Lautsprecher zu bauen, die im ganzen Hörbereich gleichmäßig gut sind. Deshalb baut man *Lautsprechersysteme* – zwei, drei oder mehr Lautsprecher in einem Kasten, die über eine oder mehrere *Frequenzweichen* angesteuert werden. Diese Frequenzweiche teilt das vom Verstärker kommende Signal auf und sendet die Baßfrequenzen zum Tieftöner („Woofer"), die hohen zum Hochtöner („Tweeter"); bei einem Dreiwegesystem kommt auch noch ein Lautsprecher für die mittleren Frequenzen zum Einsatz. Die Erzeugung eines bestimmten Schallpegels bei tiefen Frequenzen erfordert die Bewegung großer Luftmassen, daher die großen Maße der Baßlautsprecher. Bei hohen Frequenzen wird der gleiche Schallpegel bereits durch die häufigere Bewegung kleinerer Luftmassen erreicht, und daher reicht hier ein kleinerer Lautsprecher aus. Die Membranform kann entweder konisch oder gewölbt sein (Bild 16.18), wobei der Unterschied hauptsächlich in der geeigneteren Wahl der Magnet- und Spulengröße begründet ist.

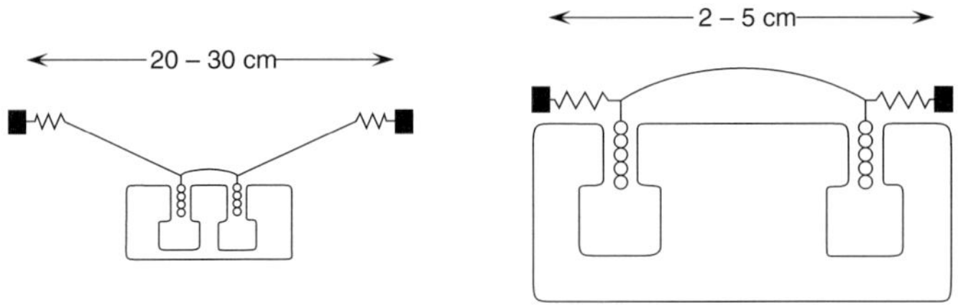


Bild 16.18
Konische und gewölbte Membranform eines dynamischen Lautsprechers, typischerweise für Tieftöner (links) bzw. für Hochtöner verwendet.

Die untere Grenzfrequenz für jeden Lautsprecher liegt in der Nähe der Eigenschwingungsfrequenz seiner Membran. Um einen guten Frequenzgang in den jeweiligen Bereichen zu erzielen, ist die Membran eines Baßlautsprechers relativ massig und weich aufgehängt, während die des Hochtöners leicht und steif ist.

Bei allen Wellenlängen, die deutlich größer sind als der Membrandurchmesser, strahlt der Schall gleichmäßig gut in alle Richtungen ab, was normalerweise erwünscht ist. Bei kürzeren Wellenlängen ergibt sich eine Bevorzugung der Abstrahlung nach vorne. Dies ist ein Grund dafür, daß die hohen Frequenzen auch dann einem kleinen Lautsprecher zugewiesen werden, wenn der Tieftöner sie gleichgut bewältigen könnte.

Wir müssen beachten, daß ein einfacher Lautsprecher sowohl nach vorne als auch nach hinten abstrahlt und sich die beiden abgestrahlten Wellen fast vollständig gegenseitig auslöschen (außer bei Wellenlängen, die kleiner als das zwei-bis dreifache des Membrandurchmessers sind) und der Lautsprecher dann einen sehr schwachen Gesamtwirkungsgrad hat. (Der reziproke Effekt ist der, daß ein Druckgradienten-Mikrofon weit weniger empfindlich ist als ein Druckmikrofon.). Man könnte das auch so ausdrücken: Da es für die Luftteilchen sehr einfach ist, um den Lautsprecherrand nach hinten herumzuwandern und den Druck auszugleichen, bewegen sie sich nicht allzusehr in andere Richtungen.

Die Frontalabstrahlung ist also nur dann nutzbar, wenn man irgendwie die rückseitige Abstrahlung unterdrücken kann. Eine Möglichkeit dazu wäre, den Lautsprecher in ein Loch in der Wand (als unendliche Schallwand, Bild 16.19b) zu montieren, so daß die Rückseite in einen anderen Raum abstrahlt. Bereits die Montage in ein flaches Brett (eine begrenzte Schallwand, Bild 16.19c) macht sich positiv bemerkbar, zumindest für Wellenlängen bis zum zwei-bis dreifachen der Brettgröße. Ein anderer Lösungsweg ist es, den Lautsprecher in eine geschlossene luftdichte Kammer zu montieren, so daß die rückwärtige Abstrahlung nicht daraus entweichen kann (Bild 16.19d). Dies funktioniert als begrenzte Schallwand jedoch nur, wenn die Kammer ausreichend groß und mit schallabsorbierendem Material gefüllt ist, so daß sich keine stehenden Wellen in ihr bilden und die Membranbewegung beeinflussen können.

Schließlich kann man auf den Gedanken kommen, daß man eigentlich auf die halbe Schallenergie bei den bisher erwähnten Verfahren verzichtet, und es besser wäre, sie irgendwie so zur Abstrahlung zu bringen, daß sich eine positive anstatt negative Interferenz ergibt. Dies führt zur Entwicklung der Baßreflex-Box (Bild 16.19e), bei

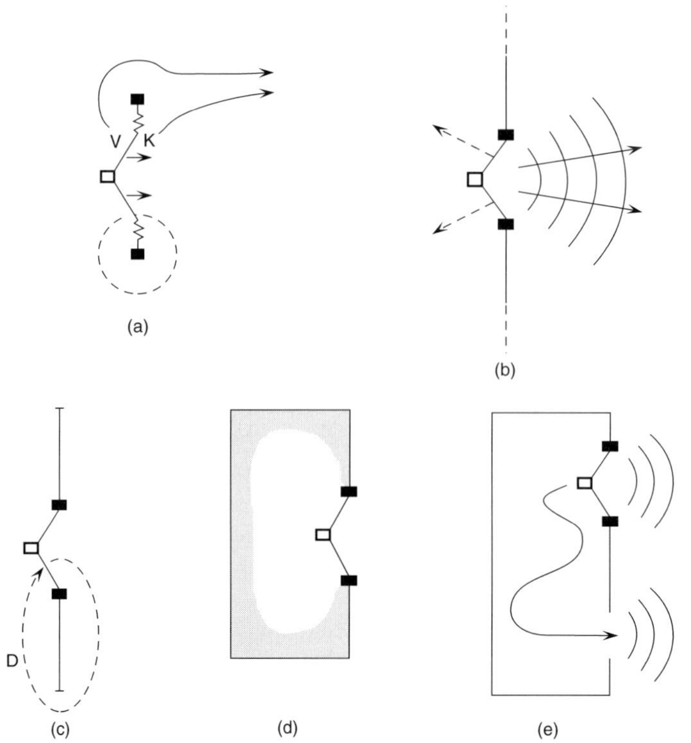


Bild 16.19 Lautsprechermontage. a) Während einer halben Schwingungsperiode erzeugt eine „nackte“ Lautsprechermembran eine Verdichtung K (Kompression) vor ihr und eine Verdünnung V hinter ihr. Diese beiden breiten sich zu einem Hörer aus, wobei sie sich bei tiefen Frequenzen nahezu völlig gegenseitig auslöschen. b) Eine unendlich lange Schallwand läßt nur das frontal erzeugte Signal zum Hörer gelangen, so daß keine Auslöschung erfolgen kann. c) Eine endliche Schallwand funktioniert nur bei ausreichend hohen Frequenzen; wenn D viel kleiner als die Wellenlänge ist, erfolgt wiederum eine Druckausgleich um den Rand der Schallwand herum bzw. eine Auslöschung tiefer Frequenzen. d) Eine geschlossene, mit schallabsorbierendem Material gefüllte Lautsprecherbox kann ebenfalls verhindern, daß das rückseitig erzeugte Schallsignal den Hörer erreicht, und so wie eine unendliche Schallwand funktionieren. e) Eine Baßreflex-Box verstärkt bestimmte Baßfrequenzen, indem für die rückseitig erzeugten Schallwellen eine Weglänge von etwa der halben Wellenlänge im Inneren der Box konstruiert wird; damit befindet sich dieses Signal beim Austritt in Phase mit dem frontseitig erzeugten und verstärkt dieses, anstatt es auszulöschen.

der das rückwärtige Signal im Inneren der Box so umgelenkt wird, daß es mit möglichst genau einer halben Phasenverschiebung nach vorne austritt. Da diese zusätzliche Weglänge natürlich nicht für alle Wellenlängen gleichzeitig genau diese halbe Phasenverschiebung ergibt, löst dies nicht alle Probleme. Bei sorgfältiger Abstimmung der Wellenlängen kann man jedoch eine Anhebung des Frequenzgangs im Baßbereich erzielen. Manchmal ist die Austrittsöffnung zusätzlich mit einem Radiator oder einer gewölbten Membran versehen, aber das Prinzip wird dadurch nicht verändert.

Eine andere wichtige Variante ist die sogenannte *akustische Aufhängung* bei der Lautsprecheraufhängung. Hierbei ist der die Membran haltende Ring aus extrem weichen und biegsamen Material, so daß die Rückstellkraft, die die Membran wieder in ihre Ausgangsposition bringt, fast ausschließlich aus der Elastizität der Luft innerhalb der Kammer stammt (ganz ähnlich wie ein Helmholtz-Resonator). Dies setzt natürlich voraus, daß die Kammer luftdicht ist. Die akustische Aufhängung ist

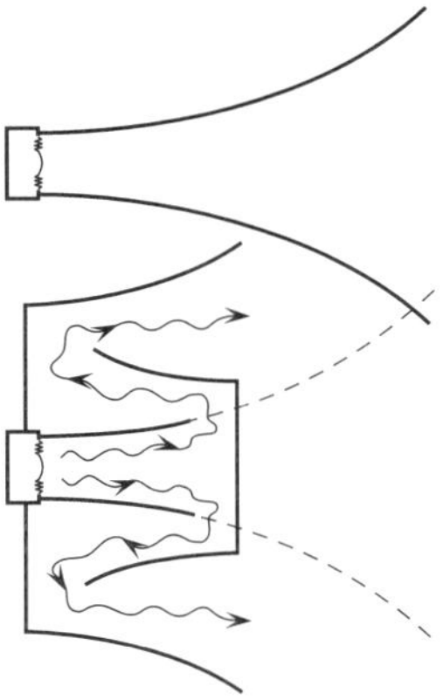

Bild 16.20
Ein gerader Hornlautsprecher mit Exponentialform und eine kompaktere Version mit effektiv gleicher Länge, bei der jedoch das Horn sozusagen gefaltet ist.

eine Möglichkeit, die Baßwiedergabe bei kleinen „Bücherregal-"Lautsprechern zu verbessern, denn bei ihnen kann die Eigenschwingung der Membran bei tieferen Frequenzen liegen. Allerdings ist der Wirkungsgrad dieses Lautsprechertyps ziemlich gering und erfordert daher vergleichsweise große Verstärkerleistungen.

Eine ganz andere Konstruktionsweise stellt der *Hornlautsprecher* dar, der vor allem bei großen Verstärkeranlagen (PA-Systemen, PA für Public Address) verwendet wird; auch im Hifi-Bereich findet man ihn häufig. Die oben besprochenen konischen Lautsprecher haben einen ziemlich schwachen Wirkungsgrad bei der Schallenergie-Übertragung auf die umgebende Luft, und dies ist auch unvermeidlich, weil einfach der Widerstands-Unterschied zwischen der Luft und dem viel dichteren Membran-Material zu hoch ist. Die allmähliche Ausweitung eines Horns verbessert nun die Energieübertragung zwischen der relativ kleinen Membran und der angestrebten Luftanregung außerhalb. Da die Form des Horns solcherart zu einer besseren Übereinstimmung der Widerstände beiträgt, hat es einen relativ hohen Wirkungsgrad – 30–40% der elektrischen Energie werden in akustische Energie umgesetzt, gegenüber nur 3–5% bei guten direkt abstrahlenden dynamischen Lautsprechern mit konischer Form.

Man kann sich das Horn als eine Schallwand vorstellen, die von den Seiten nach vorne eingefaltet ist, und dies führt zu einem der Probleme bei Hornlautsprechern: Es ist nur dann wirkungsvoll (gleichmäßige und starke Wiedergabe), wenn es große Maße im Vergleich zu den erzeugten Wellenlängen hat. Deshalb sind Hornlautsprecher gut geeignet für Tweeter (Hochtöner), aber nur selten bei Baßlautsprechern zu finden, abgesehen von der Variante des gefalteten Horns (Bild 16.20).

Für die Wiedergabe von Musik, wie sie vor allem bei Pop- und Rockgruppen gespielt wird, werden oft eine Vielzahl von in sogenannten *Arrays* kombinierten Lautsprechern verwendet. Das Ziel ist dabei nicht nur eine Erhöhung der Lautstärke, sondern auch eine erhöhte Richtwirkung auf die Zuhörermenge zu. Dies erfordert vor allem vertikale Lautsprechersäulen: Wenn die Lautsprechersäule aus einer Säule übereinander angeordneter Lautsprecher besteht, bleibt die gleichmäßige Schallabstrahlung des Einzellautsprechers in der Waagrechten erhalten; in der Vertikalen

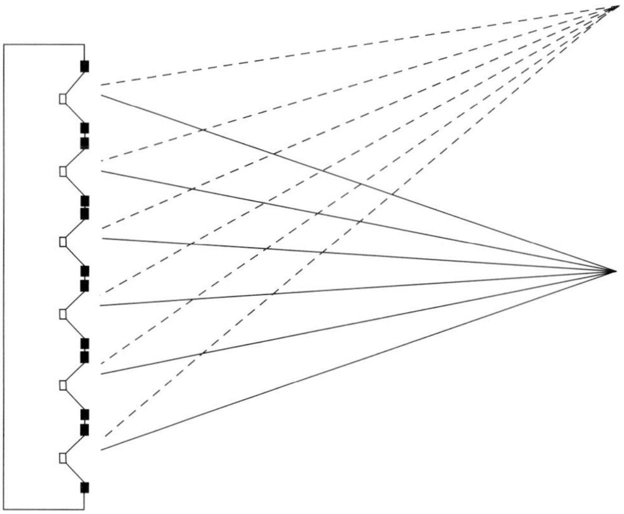

Bild 16.21
Wenn der Hörer sich genau mittig und horizontal vor einer solchen Lautsprechersäule befindet, haben alle Schallwellen etwa die gleiche Weglänge zu ihm, erreichen ihn daher phasengleich und ergeben eine große Lautstärke. Befindet sich der Hörer weit außerhalb dieser Mittenposition, führen die unterschiedlichen Weglängen (gestrichelte Linien) zu Phasenverschiebungen und daraus resultierenden destruktiven Interferenz, was eine entsprechend schwächere Lautstärke bedeutet.

kooperieren die Lautsprecher und strahlen den Schall in einem schmaleren Abstrahlungskegel ab (Bild 16.21). Dies ist eine Folge des Interferenzeffekts: Gerade vor der Lautsprechersäule kommen die Wellen weitgehend phasengleich an und ergeben eine konstruktive Interferenz; ober- oder unterhalb der Mittenabstrahlung kommen sie zunehmend mehr phasenverschoben an (aufgrund der längeren Wege) und löschen sich aufgrund der destruktiven Interferenz zunehmend aus. Für einen optimalen Wirkungsgrad sollte die Gesamthöhe einer solchen Lautsprechersäule größer als die längste wiederzugebende Wellenlänge sein, wobei die Abstände der Einzellautsprecher zueinander aber kleiner sein sollten als die kürzeste von diesen abzustrahlende Wellenlänge.

## 16.7 Mehrkanalige Schallwiedergabe

Die einfachste Form der Schallwiedergabe ist die *monophonische* oder einkanalige – ein Mikrofon, ein Übertragungskanal, ein Lautsprecher (der Ausdruck *monaural* wäre hier nicht richtig; vielmehr meint monaural ein Signal, das nur zu einem Ohr des Hörers gelangt, nicht jedoch zum zweiten). Dadurch wird allerdings nur ein sehr kleiner Teil der originalen Schallinformation über Raumgröße und -eigenschaften übermittelt. (Wir wollen in diesem Abschnitt davon ausgehen, daß die Wiedergabe in einem akustisch neutralen Raum stattfindet, wie z. B. einem durchschnittlichen Wohnzimmer, daß also dem aufgezeichneten Signal kein zusätzlicher Hall oder Klangveränderung durch den Wiedergaberaum hinzugefügt wird.) Der wiedergegebene Klang wird einfach als vom Lautsprecher kommend wahrgenommen; selbst bei einer Sinfonie-Aufnahme scheint das ganze Orchester auf den kleinen Raum des Lautsprechers begrenzt.

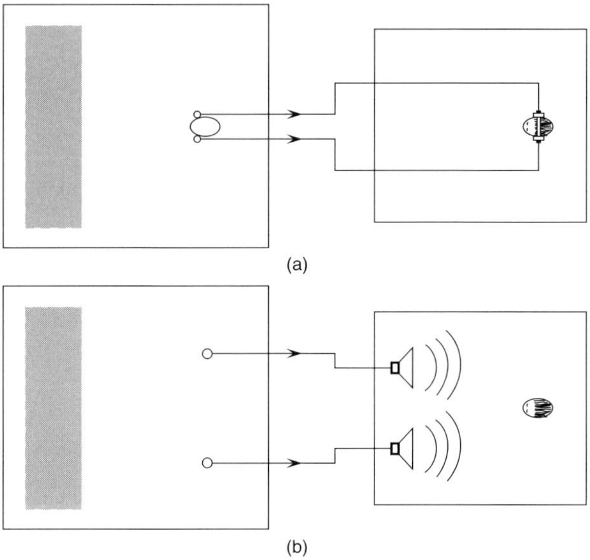


Bild 16.22
a) Bei der binauralen Wiedergabe wird der von der Bühne kommende Schall in einem Kunstkopf mit zwei Mikrofonen aufgenommen, so daß die zwei Signale weitgehend dem entsprechen, was auch ein realer Hörer wahrnehmen würde; die Wiedergabe erfolgt durch Kopfhörer.
b) Bei der stereophonischen Wiedergabe wird jedes der beiden Mikrofonsignale durch einen separaten Lautsprecher wiedergegeben, dessen Signal so *beide* Ohren des Hörers erreicht.

Um mehr Information über die ursprüngliche Anordnung der Schallquellen im Aufnahmeraum zu übermitteln, müssen wir die Schlüsselinformationen aufzeichnen, die auch ein Hörer im ursprünglichen Aufnahmeraum für diese räumlichen Informationen ausgenutzt hätte, wie die Phasen- und Amplitudenunterschiede an unseren zwei Ohren (siehe Abschnitt 15.6). Dies legt es nahe, zwei Mikrofone zu benutzen und deren Signale getrennt über zwei unabhängige Leitungen – Kanäle – zu zwei Lautsprechern zu übertragen. Wir sollten dazu zwei Formen von zwei-kanaliger Wiedergabe unterscheiden: binaurale und stereophonische. Die *binaurale* Wiedergabe (Bild 16.22a) nimmt die Signale möglichst genau so auf, wie sie von einem Paar menschlicher Ohren gehört würden, und gibt diese Aufnahmen getrennt an die zwei Ohren des Hörers ausschließlich über Kopfhörer wieder. Binaurale Aufnahmen klingen zunächst sehr realistisch, bis auf einen Punkt: Man kann keine weiteren Rauminformationen durch Bewegen des Kopfes erhalten, da ja die gesamte Schallwiedergabe sich mit dem Kopf mitbewegt. Binaurale Aufnahmetechnik ist daher weitgehend auf wissenschaftliche Zwecke begrenzt.

Die *stereophonische* Aufnahme- und Wiedergabetechnik unterscheidet sich davon in zwei wesentlichen Punkten: Zwei Mikrofone nehmen das Originalsignal auf, wobei ihre Anordnung im Aufnahmeraum überhaupt nicht der eines menschlichen Ohrenpaars entsprechen muß; und jedes der beiden durch einen Lautsprecher wiedergegebenen Signale kann *beide* Ohren des Hörers erreichen (Bild 16.22b). Angesichts dieser doch erheblichen Vereinfachung ist erstaunlich, wie weitgehend die räumliche Information bei der Stereophonie erhalten bleibt: Die verschiedenen Instrumente können tatsächlich an verschiedenen Positionen entlang der Verbindungslinie zwischen den beiden Lautsprechern geortet werden. Vielleicht noch wichtiger als dieses „Phantombild" ist die scheinbare Wahrnehmung einer „Präsenz", die durch die Stereophonie

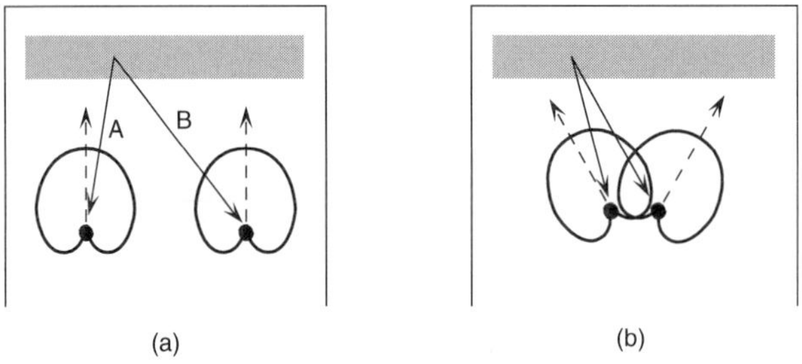


Bild 16.23
Muster der Richtwirkung von Mikrofonen (wie in Bild 16.7) bei verschiedenen Stereo-Aufnahmetechniken.
a) Weit auseinander positionierte Mikrofone ergeben nicht nur deutliche Intensitätsunterschiede, sondern auch übertriebene Phasenunterschiede, da der Weglängenunterschied beträchtlich ist. b) Zwei relativ engstehende, aber auswärts gerichtete Mikrofone ergeben ähnlich deutliche Intensitätsunterschiede, aber der Weglängenunterschied und damit die Phasenunterschiede sind nun realistischer. Ein einzelnes, im Zentrum plaziertes Stereomikrofon (Bild 16.8) arbeitet in ähnlicher Weise.

entsteht; dies ist schlecht zu beschreiben, aber umso deutlicher, wenn man bei einer Wiedergabedemonstration zwischen Mono und Stereo hin- und herschaltet.

Stereo sollte nicht derart mißverstanden werden, daß dabei einfach das gleiche Schallsignal zu zwei Lautsprechern gesendet würde; dies würde im Gegenteil in den meisten Fällen das Klangergebnis schlechter anstatt besser machen (außer wenn die zwei Lautsprecher nahe zusammenstehen und effektiv eine einzige Schallquelle ergeben), da die Weglängenunterschiede zum Hörer eine Phasenverschiebung ergeben würden, die teils konstruktive, teils destruktive Interferenzen zur Folge hätte und so das Klangbild verzerren würde.

Aus genau dem gleichen Grund kann das Mischen zweier Mikrofonsignale, die die gleiche Schallquelle aufnehmen, zu Interferenzen führen, die das originale Klangspektrum verzerren. Dieser verzerrte Klang wird allerdings in populärer Musik manchmal dem originalen Klang bewußt vorgezogen. Bei klassischer Musik ist im allgemeinen die Aufnahme mit zwei getrennten, sorgfältig plazierten Mikrofonen am vorteilhaftesten. Auch hierbei können jedoch störende Effekte auftreten, wenn die Entfernung der beiden Mikrofone zu groß ist (Bild 16.23a). Wenn als Ziel der Stereoaufnahme mehr die Erhaltung der Hallinformation des Aufnahmesaales als ein Ping-pong-Effekt angestrebt wird, ist eine Entfernung von ein bis zwei Metern oder eine unterschiedliche Aufnahmerichtung gewöhnlich am besten (Bild 16.23b).

In Kinosälen wird die Filmmusik gewöhnlich über mehr als zwei unabhängige Kanäle wiedergegeben. Nach einer Untersuchung von Blauert sind 20 oder mehr Kanäle nötig, um die originale räumliche Schallinformation „originalgetreu" wiederzugeben. In den frühen 70er Jahren gab es ein vorübergehend aufflackerndes Interesse an vierkanaliger oder *quadrophonischer* Aufzeichnungs- und Wiedergabetechnik für Hifi-Systeme. Es ist nicht besonders schwer, auf einem Magnetband vier Spuren aufzunehmen, aber für eine vierkanalige Schallplattenaufzeichnungen stellten sich erhebliche Probleme: Zwei der vier Kanäle werden dazu elektronisch auf Frequenzbereiche zwischen 15 und 45 kHz angehoben, bevor sie den anderen beiden zugemischt und auf die Platte geschnitten werden; bei der Wiedergabe müssen sie

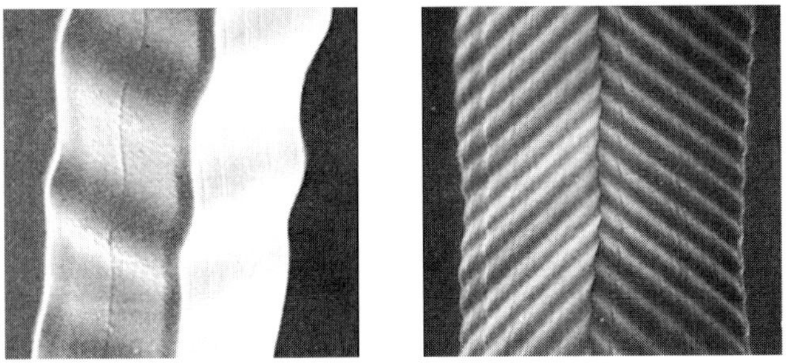

Bild 16.24
a) Die Spurrillen von a) einer normalen Stereoaufnahme und b) einer quadrophonischen Aufnahme. Die quadrophonische Technik erfordert wesentlich schnellere Schwingungen. (Mit frdl. Genehmigung von Csaba Hunyar).

entsprechend decodiert werden. Dies setzt voraus, daß sowohl die Schneidenadel als auch die Abtastnadel einen ausreichend guten Frequenzgang bis hin zu 45 kHz haben, anstatt nur bis zu 15 kHz wie beim normalen Stereosignal (Bild 16.24). Schließlich wurde das ganze System zu einem Flop auf dem Markt. Sobald man des Neuigkeitseffekts müde wurde (etwa mit dem Panoramaregler den Klang um sich herum wandern zu lassen), blieben eben nur zwei rückwärtige Lautsprecher übrig, die dem gewohnten Klang ein wenig Halligkeit hinzufügten, ohne sonstige Verbesserungen zu ergeben. Die Verbesserung gegenüber dem Stereoklangbild ist bei weitem nicht so stark wie die der Stereo- gegenüber der Monotechnik, so daß den meisten Verbrauchern der zusätzliche Aufwand unnötig erschien.

Anmerkung des Herausgebers.: In der gegenwärtigen Diskussion (1995/96) über HDTV – High Definition TeleVision – wird wieder über neue Standards der mehrkanaligen Tonübertragung (z.B. Dolby Surround oder das sog. 3–2-System) nachgedacht, die auch auf CDs aufgebracht werden könnten.

# Zusammenfassung

Die Wiedergabe von Musik in hoher Klangtreue – High Fidelity – wird durch eine Reihe von Wandlern ermöglicht, welche akustische Signale in andere Formen überführen, um sie in dieser bearbeiten oder speichern zu können. Von besonderer Wichtigkeit sind dabei die elektroakustischen Wandler in Form von Mikrofonen – um Klang in elektrische Schwingungen zu wandeln – und von Lautsprechern, um letztere in akustische Schallwellen zurückzuwandeln. Für musikalische Zwecke eignet sich hierbei vor allem das dynamische und das elektrostatische Prinzip.

Mikrofone wie auch Lautsprecher werden außerdem charakterisiert durch die Größe ihrer Membran, welches hauptsächlich die Empfindlichkeit des Mikrofons bestimmt, den Wirkungsgrad des Lautsprechers sowie die höchsten Grenzfrequenzen für beide. Die Membranmasse und -steifigkeit bestimmt deren Eigenfrequenz und damit die untere Grenzfrequenz. Auch die Art der Aufhängung ist von Bedeutung; offenliegende Membranen bedeuten geringen Wirkungsgrad bei Lautsprechern und geringe Empfindlichkeit bei Druckgradienten-Mikrofonen, damit einhergehend eine bidirektionale Richtcharakteristik. Eine geschlossene Lautsprecherkammer oder eine effektive Schallwand bringen einen höheren Wirkungsgrad bzw. eine höhere Empfindlichkeit sowie eine omnidirektionale Richtcharakteristik für alle Frequenzen, deren Wellenlängen deutlich größer als der Membrandurchmesser sind.

Signale in elektrischer Form können relativ leicht verstärkt oder entzerrt werden. Gute Verstärker weisen fast keine Nicht-Linearitäten (die sich in harmonischen oder intermodulierenden Verzerrungen bemerkbar machen) oder Phasenverschiebungen auf. Kompressor- oder Begrenzerverstärker (Limiter) passen den Verstärkungsgrad bei hohen Eingangssignalwerten automatisch an, um Übersteuerungen zu vermeiden.

Elektromechanische Wandler finden sowohl bei der direkten Tonabnahme (wie beim Pickup der Elektrogitarre) als auch bei der Schallplattenaufzeichnung und -wiedergabe Verwendung, wobei das magnetische und das dynamische Funktionsprinzip dominieren. Die Tonbandtechnik benutzt elektro-magnetische Wandler, um Magnetisierungsmuster in der Oxydschicht des Bandes zu erzeugen bzw. abzulesen.

Die Mehrkanaltechnik kann die Qualität der Wiedergabe sowohl hinsichtlich der Klangortung als auch der Präsenz des Klangbildes deutlich verbessern. Der Effekt hängt jedoch stark von der sorgfältigen Plazierung der Mikrofone bei der Aufnahme und der Lautsprecher bei der Wiedergabe sowie auch von der Art des Mischprozesses verschiedener Kanäle ab.

## Symbole, Begriffe, Beziehungen

Elektron
Ladung
Strom
Spannung
Magnet
Wandler, Umformer
Reziprozität
Mikrofon
Lautsprecher
Verstärker
Dynamikbereich
Frequenzgang

elektroakustische oder elektromechanische Wandler:
- elektrostatisch (Kondensator)
- piezoelektrisch (Kristall, Keramik)
- dynamisch (elektromagnetisch, Schwingspule)
- magnetisch

Richtcharakteristik
Richtwirkung
Nahbesprechungseffekt

Lautsprechersysteme und Frequenzweichen
Schallwand und Horn
Akustische Aufhängung
Harmonische Verzerrung
Intermodulations-Verzerrung
Kompressor und Begrenzer (Limiter)
Rauschreduktion, Dolby
Entzerrung, Equalizer
binaural versus stereophonisch
digitale versus analoge Aufzeichnungstechnik

## Übungsaufgaben

1. Nehmen Sie an, ein exaktes Qualitätskriterium für den Frequenzgang eines Mikrofons bestünde darin, daß dessen Membrandurchmesser nicht größer als die halbe Wellenlänge der aufzunehmenden Frequenz sein darf. Was wäre dann die maximale Membrangröße für einen guten Frequenzgang bis zu 20 kHz?
2. Wenn Sie den Membrandurchmesser eines Mikrofons mit Kristallwandler verdoppeln, um wieviel größer wird dann dessen Fläche und um wieviel größer wird dann der darauf wirkende Schalldruck, wenn alle anderen Parameter gleich bleiben? – Die Auslenkungs-Amplitude des Kristalls wird dadurch vergrößert, so daß die erzeugte Spannung viermal so groß wird wie vorher. Zeigen Sie, daß dies eine Steigerung der Mikrofonempfindlichkeit um circa 12 dB bedeutet, unter Ausnutzung der Beziehung, daß die elektrische Schwingungsenergie mit dem Quadrat der Spannungs-

amplitude zunimmt (Hinweis: Erinnern Sie sich an die Tabelle 5.1).

3. Beschreiben Sie Aufnahmesituationen, bei denen die Wahl eines Mikrofons mit omnidirektionaler Richtcharakteristik anzuraten ist, und andere, bei denen eine unidirektionale besser wäre.
4. Welcher Frequenzbereich wird durch den Nahbesprechungseffekt bei einem Bändchenmikrofon angehoben, wenn der Abstand zur Schallquelle a) 1 m und b) 20 cm beträgt?
5. Erklären Sie, warum eine harmonische Verzerrung um 1% einem Pegelunterschied von 40 dB zwischen dem Originalsignal und den zusätzlichen Störfrequenzen entspricht.
6. Genau wie bei anderen Wellen und Schwingungen gilt auch für die Schwingungen elektrischer Schaltkreise, daß die elektrische Kraft dem Quadrat der Amplitude proportional ist, also dem Quadrat der Spannung. Wenn wir den einfachen Fall eines Vorverstärkers mit gleichem Eingangs- und Ausgangswiderstand betrachten, können wir seinen Verstärkungsgrad als das Verhältnis von Ausgangs- zu Eingangsspannung definieren, $Vg = U_{aus}/U_{ein}$. Mit welchem Faktor wurde die Kraft multipliziert und um welchen Betrag in dB wurde daher der Schallpegel angehoben für einen Verstärkungsgrad a) $Vg = 2$ und b) $Vg = 100$?
7. Wie groß ist der Abstand zwischen aufeinanderfolgenden Abschnitten gleicher Magnetisierung bei einem Tonband (Geschwindigkeit 19 cm/s) für Signale mit der Frequenz a) 100 Hz und b) 10 kHz?
8. Wie groß ist der Abstand der einzelnen Kerben (=Schwingungen) in einer Schallplattenrille bei den Frequenzen a) 100 Hz und b) 10 kHz, wenn die Schallplatte mit 33 U/min rotiert, der Radius der Rille 10 cm beträgt, der Umfang dieser Rille somit 62,8 cm?

*9. Nehmen Sie an, ein Schallplattenloch sei um 1 mm exzentrisch versetzt. Wenn die Nadel gerade die Spurrille mit 10 cm Radius abtastet, wie stark ist dann die Tonhöhenabweichung und wie oft tritt sie auf? (Denken Sie daran, daß eine 6%-ige Frequenzänderung einer Tonhöhenänderung um einen Halbton entspricht.)

10. Nehmen wir an, eine Tonbandaufnahme sei mit der Geschwindigkeit 4,75 cm/s gemacht worden, bei der Wiedergabe werde jedoch auf 19 cm/s gestellt. Was passiert a) mit der Tonhöhe und b) mit dem Tempo der Musik?
11. Oberhalb welcher Frequenz würde die Abstrahlung eines Lautsprechers hauptsächlich auf einen schmalen Richtstrahl beschränkt bleiben, wenn dessen Durchmesser a) 30 cm und b) 3 cm beträgt?
12. Unterhalb welcher Frequenz würde der Wirkungsgrad eines 20 cm-Lautsprechers, der ohne Schallwand aufgehängt ist, extrem schlecht werden; und wie groß müßte eine flache Schallwand sein, damit der darin eingefaßte Lautsprecher einen guten Frequenzgang bis zu 50 Hz hinab hätte?
13. Welche ungefähre Mindestlänge ist für einen Hornlautsprecher erforderlich, der a) 2 kHz und b) 50 Hz abstrahlen soll?

*14. Sie stellen ein Hifi-System in einem Wohnzimmer auf, welches das Volumen $V = 100\ m^3$ und die Nachhallzeit $T_r = 0{,}5$ s aufweist, und Sie möchten gerne Nachhallpegel bis zu einem Pegel von 100 dB reproduzieren. Welche Leistungsfähigkeit muß das System dafür haben? Wenn die Umwandlungseffizienz der Lautsprecher nur 3% beträgt, welche maximale elektrische Leistung muß dann der Verstärker abgeben? Beantworten Sie die gleichen Fragen auch für den Fall eines Saales mit $V = 10^4\ m^3$, $T_r = 1{,}7$ s und Hornlautsprecher mit einem Wirkungsgrad von 30% (Vergleichen Sie Abschnitt 15.4 hierzu).

15. Wie viele Einzellautsprecher, welchen Abstand und welche Gesamthöhe würden Sie für eine Lautsprechersäule empfehlen, die den Bereich von 500–2000 Hz wiedergeben soll?
16. Erörtern Sie den Unterschied zwischen der Live-Hörwahrnehmung und derjenigen beim Anhören einer stereophonischen Aufnahme über Kopfhörer; vergleichen Sie beides mit normaler Stereowiedergabe über Lautsprecher und mit reiner binauraler Aufzeichnung und Wiedergabe.
17. Bei einer Stereoaufnahme seien die zwei Mikrofone weit auseinander plaziert, so daß der Wegunterschied der Schallwellen zu einem

Soloinstrument 2 m beträgt. Wie groß ist der resultierende Zeitunterschied für dessen Noten zwischen linkem und rechtem Kanal? Warum kann angesichts der Tatsache, daß unsere Hörwahrnehmung die Zeitunterschiede eines Schallsignals zur räumlichen Ortung benutzt (Abschnitt 15.6), diese Situation eine Irritation darüber hervorrufen, wo das Soloinstrument plaziert ist?

18. Um eine exakte Wiedergabe bis hinauf zu 20 kHz zu gewährleisten, muß ein digitales Aufzeichnungsverfahren mindestens 40.000 Abtastwerte pro Sekunde aufzeichnen. (Stellen Sie sich vor, wieviele Punkte Sie brauchen, um eine einzelne Schwingung aufzuzeichnen – mindestens je eine für Wellenkamm und Wellental). Bei der Compact Disc-Technologie werden 44.100 Werte („Samples") pro Sekunde und Kanal aufgezeichnet, wobei jedes Sample durch ein 16-bit-Wort dargestellt wird*. Wieviele Bits pro Sekunde muß der CD-Player lesen? Wenn eine CD eine Spielzeit von 67 Minuten hat, wie viele Bits sind dann auf der gesamten CD vorhanden; und wenn diese Information auf einer Fläche von circa 80 $cm^2$ gespeichert ist, wie viel Platz steht dann für ein einzelnes Bit zur Verfügung? Stimmt Ihre Antwort mit Bild 16.17 überein? (*Tatsächlich sind es sogar noch weit mehr, weil zu den reinen Audio-Bits noch eine große Anzahl weiterer Bits kommen, die zur Fehlercodierung, Synchronisation und Speicherung anderer Informationen dienen; insgesamt kommen zu jedem sog. „Block" von sechs 16-bit-Worten nochmals 396 bits dazu).

# Projektvorschläge

1. Besuchen Sie ein Aufnahmestudio, und studieren Sie dort die Raumgestaltung und -akustik, die Geräteausstattung und die Arbeitsweise des Personals. Können Sie so etwas wie eine ästhetische Grundhaltung erkennen? Beeinflußt die jeweilige Art der Musik irgendwie die Art der Aufnahmeprozeduren?
2. Besuchen Sie ein Hifi-Geschäft und studieren Sie die ausgestellten Lautsprecher, bei denen die dekorativen Blenden abgenommen sind, so daß die Membranen zu sehen sind. Vergleichen Sie die Bauweise der Lautsprecher und die Angaben in den Herstellerbroschüren (wobei Sie in diesen eine Flut von tollen Eigenschaften angepriesen finden werden, hinter denen sich nur einige wenige harte Fakten verstecken.) Inwieweit können Sie die wichtigsten Eigenschaften der Lautsprecher beurteilen, nachdem Sie dieses Kapitel studiert haben? Können Sie z. B. Magneto-Planar-Lautsprecher als zu einer unserer Standardkategorien gehörig erklären? Versuchen Sie andere Zusammenhänge zu erforschen, die hier nicht dargestellt werden konnten.

# 17. Noch einmal: Der Hörsinn

Wir wollen nun noch einmal die Betrachtung der menschlichen Gehörwahrnehmung aufgreifen. Im restlichen Teil des Buches werden wir uns zunehmend von der 'exakten' wissenschaftlichen Analyse weg und zur eher vagen ästhetischen Beurteilung hinbewegen. Unser Material wird sich allmählich von den für unsere Experimente sorgfältig ausgetüftelten und kontrollierten Klängen – darunter auch sehr merkwürdigen – zu den komplexeren und sich ständig ändernden Klangeigenschaften verändern, die wir in musikalischen Zusammenhängen antreffen.

Hier stoßen wir wieder auf die Frage, wie unsere Ohren einen einzelnen musikalischen Ton wahrnehmen (zu Melodien und Akkorden kommen wir in Kapitel 18). In Kapitel 6 konnten wir die Wahrnehmung gleichmäßiger Töne nur in beschränktem Umfang studieren, da wir verschiedene Theorien wie die des harmonischen Spektrums oder der Resonanz noch nicht ausreichend kannten. Unser zweiter Anlauf hier hat daher ein doppeltes Ziel: Theorien zu finden, die nicht nur exakt vorhersagen, wie jeder Klang aufgrund seiner physikalischen Dimensionen (Intensität, Frequenz, Wellenform bzw. Spektrum) von uns wahrgenommen wird (Lautstärke, Tonhöhe, Klangfarbe), sondern die auch etwas darüber aussagen, *wie* unsere Ohren das Gehirn in die Lage versetzen, diese Unterscheidungen zu treffen. Wenn Sie zurückblättern zu Bild 6.9, wird klar, daß wir es nun vor allem mit dem Einfluß des Klangspektrums auf die drei Wahrnehmungsgrößen zu tun haben werden.

Diese drei Größen – Lautstärke, Tonhöhe, Klangfarbe – kontrastieren erheblich hinsichtlich unserer Möglichkeit, weitere Erklärungsfortschritte zum gegenwärtigen Zeitpunkt zu erzielen, und zwar nicht nur hinsichtlich der Grenzen, die einem Buch wie diesem gesetzt sind, sondern auch hinsichtlich der Forschungstätigkeiten in diesen Gebieten. Die Lautstärkewahrnehmung war in Kapitel 6 bereits relativ leicht zu verstehen, und wir werden dem dort gesagten hier nur noch eine kurze Ergänzung zur Berechnung der Lautstärke von komplexen Klängen anfügen; dies wird uns ganz einfach erscheinen, nachdem wir einmal das Konzept der kritischen Frequenzbänder oder Frequenzgruppen entwickelt haben. Die Klangfarbe stellt das andere Extrem dar: Auch mit weiteren konzeptionellen Hilfsmitteln bleibt sie eine harte und nicht zu knackende Nuß, über die wir nicht allzuviel genaues aussagen können. Die Tonhöhenwahrnehmung liegt in der Mitte: Nicht so schwierig, daß wir nicht einige interessante weitere Erkenntnisse gewinnen können, aber doch noch so komplex, daß wir dafür einige neue Konzepte zusätzlich entwickeln müssen.

Aus diesem Grund wollen wir das ganze Kapitel auf der Analyse der Tonhöhenwahrnehmung aufbauen. In Abschnitt 17.2 und 17.3 vergleichen wir verschiedene Theorien der Tonhöhenwahrnehmung und deren Vor- und Nachteile. Dies führt uns zu den wichtigen Konzepten der Frequenzgruppen und der Kombinationstöne in Abschnitt 17.4 und 17.5 und danach zu deren Anwendung auf den Komplex der Lautstärke- und der Klangfarbenwahrnehmung in Abschnitt 17.6 und 17.7.

## 17.1 Unterschiedliche Arten der Tonhöhenwahrnehmung

Wir haben drei verschiedene Arten von Tonhöhenwahrnehmung zu unterscheiden. Die komplexeste ist die des *absoluten Gehörs*, die Fähigkeit also, die Tonhöhe eines einzelnen Tons zu identifizieren oder sie singend nach Vorgabe des bloßen Notennamens exakt zu treffen, ohne einen Referenzton zu haben. Diese Fähigkeit ist nur bei einem kleinen Teil der Bevölkerung anzutreffen und immer noch wenig verstanden. Möglicherweise ist sie angeboren, wird aber verloren, wenn sie nicht geübt wird; mit Sicherheit spielt es eine große Rolle, daß sie bereits in sehr frühem Alter trainiert wird.

Die nächste Art ist die Unterscheidung des Abstandes zwischen zwei Tonhöhen, also der *Intervallgröße*. Auch diese Fähigkeit ist bei vielen Menschen schlecht entwickelt, aber trainierte Musiker sind normalerweise in der Lage, Intervalle recht genau zu hören. Im nächsten Kapitel werden wir darauf zurückkommen.

Hier wollen wir uns auf die einfachste Art, nämlich die der *komparativen* oder *vergleichenden* Tonhöhenwahrnehmung beschränken. Gemeint ist damit, daß der Hörer lediglich beurteilt, ob zwei Töne gleich hoch sind oder welcher von zwei Tönen höher ist, ohne jedoch festzustellen, um wieviel höher.

Es ist eigentlich erstaunlich, daß wir zwei Tonhöhen selbst dann gut vergleichen können, wenn einer davon eine reine Sinuswelle ist, der andere dagegen von einem akustischen Instrument stammt und zahlreiche stark vertretene Teiltöne in seinem Spektrum aufweist. Trotzdem kann das Ohr länger anhaltende Instrumentalklänge problemlos mit Sinuswellen vergleichen, wobei die Grundfrequenz des Naturklangs als Bezugspunkt erkannt wird. (Eine ausführliche Darstellung dieses Sachverhalts ist bei Benade, S. 267–268 zu finden.) Dieses Phänomen muß durch eine gute Theorie der Tonhöhenwahrnehmung erklärbar sein.

* Eigentlich ist dies sogar noch erstaunlicher, weil die zwei Tonhöhen mittels zweier verschiedener Mechanismen wahrgenommen werden können. Der normale Mechanismus, der die Tonhöhe eines komplexen Signals wahrnimmt, wird als *synthetisch* bezeichnet. Durch Erhöhung der Aufmerksamkeit und Training dessen, was man den *analytischen* Mechanismus nennt, kann man aber lernen, aus dem komplexen Signal mehrere Tonhöhen „herauszuhören" und so die gleichzeitige Präsenz der ersten Partialtöne wahrzunehmen. Die Wahrnehmung einer reinen Sinuswelle beruht vermutlich mehr auf dem analytischen Mechanismus, kann aber ohne Probleme mit einem synthetisch gewonnenen Eindruck verglichen werden. Nur in extremen oder experimentell herbeigeführten Fällen, wenn das Klangspektrum in den niedrigeren Teiltönen sehr schwach ist, wird dies schwierig.

## 17.2 Mechanismen der Tonhöhenwahrnehmung

Wir wollen nun vier verschiedenen Theorietypen der Wahrnehmungstheorie vorstellen: Telefontheorie, Ortstheorie, Periodizitäts- und Mustererkennungstheorie. In Wirklichkeit ist jede dieser vier Theorien eher eine Familie von Theorien, die sich in zahlreichen Details unterscheiden, auf die wir hier nicht eingehen können; wir bescheiden uns mit einer stark vereinfachten Darstellung.

Die sogenannte **Telefontheorie** der Hörwahrnehmung (Rutherford, 1886) ist eine natürliche Analogie, und wahrscheinlich war es unvermeidlich, daß irgendjemand sie vorschlagen würde, nachdem Graham Bell das Telephon erfunden hatte. In ihrer extremsten Form sagt die Telefontheorie aus, daß das Ohr sozusagen wie ein Mikrofon funktioniere und Schallwellen in entsprechende elektrische Signale umwandle. Das Ohr würde demnach keinerlei analysierende, filternde oder andere Funktion wahrnehmen, sondern die vollständige Schallinformation einfach an das Gehirn weitergeben; die Aufgabe, aus dieser Gesamtinformation dann die Tonhöhe heraus zu analysieren, bleibe also völlig dem Gehirn überlassen.

Wir erwähnen diese Theorie eigentlich nur, um sie den folgenden gegenüberzustellen, denn sie ist in zweierlei Hinsicht völlig unzureichend. Erstens liefert sie überhaupt keine wirkliche Erklärung, denn sie verlagert ja das Problem nur in das Gehirn, wo die Chance einer Erklärung noch schlechter wird. Zweitens haben zahlreiche Experimente im 20. Jahrhundert gezeigt, daß das Ohr die einfallenden Signale radikal verändert, so daß sowohl die von der Schnecke (Cochlea) an das Gehirn übermittelte Information als auch deren Form (Nervenimpulse) sich völlig von dem kontinuierlichen Schallsignal unterscheiden, das auf das Außenohr trifft.

Die **Ortstheorie** wurde von Helmholtz (1863) vorgeschlagen und von Békésy getestet und weiterentwickelt. Sie bezieht ihren Namen von der Vorstellung, daß jede Tonhöhe der Erregung eines bestimmten Ortes in der Basilarmembran entspricht. Die Einfachheit und Klarheit dieser Idee erklärt ihre Attraktivität: Verschiedene Frequenzen erregen immer vorzugsweise verschiedene Stellen der Basilarmembran und damit auch verschiedene Nervenenden. Helmholtz gelangte aufgrund sorgfältiger Beobachtungen dazu, und erst siebzig Jahre später konnte Békésy experimentell einige Beweise dafür sammeln. Aber auch heute noch unterliegen die Beobachtungen, die wir von der Untersuchung menschlicher Leichen oder durch Experimente an lebenden Tieren gewinnen können, starken Beschränkungen; nach wie vor hängen wir bei allen unseren Versuchen, Beweismaterial für oder gegen die eine oder andere Theorie über das, was innerhalb der Schnecke des Gehörsinns passiert, zu sammeln, von der Interpretation psycho-physikalischer Experimente ab.

Die ursprüngliche Ortstheorie Helmholtz' baute auf seiner Resonanztheorie auf. In Bild 17.1 ist die Analogie dargestellt: Wenn ein und dasselbe Erregersignal auf verschiedene Schwingkreise aufgebracht wird, entsteht die stärkste Resonanz bei dem, dessen Frequenz am besten mit der des Erregersignals übereinstimmt. Durch Beobachtung, welcher Schwingkreis die stärkste Amplitude zeigt, läßt sich die Frequenz des Erregers feststellen. In Kapitel 6 hatten wir bereits angedeutet, daß die Härchen der Basilarmembran sich voneinander hinsichtlich ihrer Länge und Steifigkeit unterscheiden, so daß sie in der Nähe des Ovalen Fensters leichter auf hohe Frequenzen und weiter davon weg zunehmend leichter auf tiefere Frequenzen reagieren bzw. in Schwingung geraten. Man muß also nur noch annehmen, daß das Gehirn seine Tonhöhenwahrnehmung einfach daraus bezieht, welche Nervenenden am stärksten angeregt werden. Neuere Versionen der Ortstheorie verbessern die Analogie des in Bilds 17.1 Dargestellten noch, indem sie eine Kopplung zwischen benachbarten

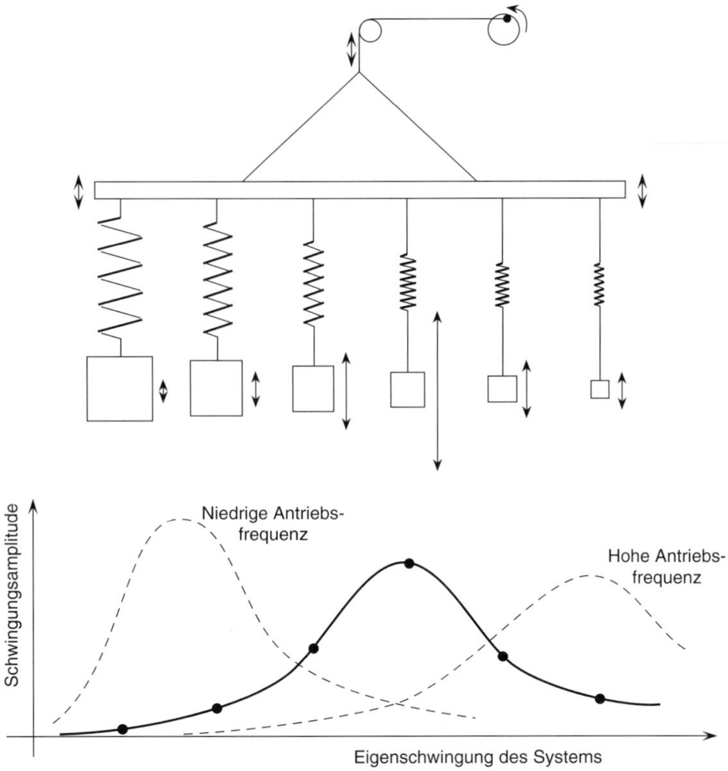


Bild 17.1
Eine abgestufte Reihe von verschiedenen Schwingungssystemen hat große Massen an weichen Federn links, so daß die zugehörigen Eigenfrequenzen sehr tief liegen, und kleine Massen an steifen Federn rechts, so daß die Eigenfrequenzen dort höher sind. Wenn alle gleichzeitig von einer schwingenden Kraft mit mittlerer Frequenz angetrieben werden, ergibt sich die darunter gezeichnete durchgezogene Resonanzkurve mit Maximum bei einem der mittleren Schwingsysteme. Höhere oder niedrigere Antriebsfrequenz erzeugt entsprechend verschobene Resonanzkurven (gestrichelte Linien). Das Schwingungssystem mit der größten Resonanzamplitude zeigt damit die Frequenz der antreibenden Kraft an. Die Schwingungssysteme entsprechen den Härchen der Basilarmembran, und das alle antreibende Brett enspricht dem Mittelohr (Ovales Fenster).

Regionen postulieren, womit ausgedrückt wird, daß Schwingungsenergie auch in Form von Transversalwellen entlang der Basilarmembran übertragen werden kann.

---

* Technisch gesehen entspricht dies nicht genau der Resonanz, wie sie in Abschnitt 11.3 erklärt ist, und die Analogie des Bilds 17.1 darf nicht allzu genaugenommen werden. Eine bessere Erklärung würde die Energie der Wanderwelle mit einbeziehen, die vor allem dort eingebracht wird, wo die Wellenfrequenz mit der Grenzfrequenz der jeweiligen örtlichen Membranregion übereinstimmt. Trotz dieser Ungenauigkeit eignet sich das relativ naive Helmholtz'sche Resonanzmodell gut für eine Einführung in die Ortstheorie.

---

Zugunsten der Ortstheorie sprechen Messungen, die an menschlichen Gehörgängen etwa eine Stunde nach dem Tode gemacht wurden und eine Art Meßkarte der Membranresonanz ergeben. Bild 17.2 zeigt, wie die Amplitude der Bewegung bei verschiedenen Frequenzen von der Position entlang der Basilarmembran abhängt. Die

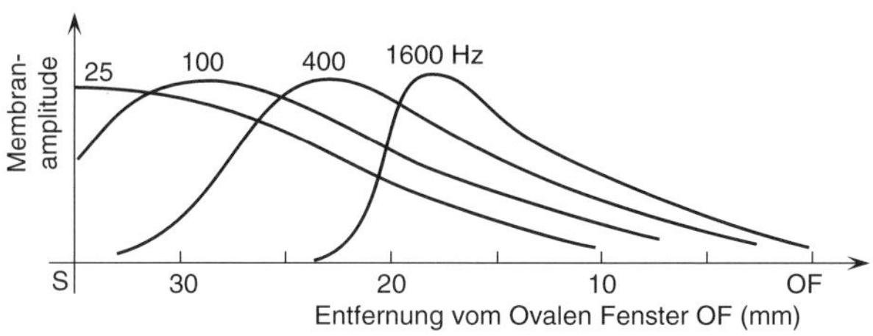


Bild 17.2
Die Resonanzreaktion der menschlichen Basilarmembran für verschiedene Frequenzen, wie sie von Békésy gemessen wurden (1943); S steht für das Schneckenloch, OF für Ovales Fenster. Diese Messungen an Leichenteilen sind mit großen Schwierigkeiten behaftet. Die Überzeugung, daß diese Kurven realistisch sind, beruht weitgehend auf Messungen an lebenden Meerschweinchen und Totenkopfäffchen.

Stelle der maximalen Amplitude zeigt die Frequenz der erregenden Welle und damit die Tonhöhe an; Bild 17.3 zeigt nochmals den Zusammenhang zwischen der Entfernung von Ovalem Fenster und der Resonanzfrequenz.

Ebenfalls für die Ortstheorie spricht, daß sie gut mit dem Ohm'schen Widerstandsgesetz übereinstimmt: Verschiedene Teiltöne eines Klangs regen verschiedene Stellen der Membran bevorzugt an. Nur deren relative Resonanzstärke spielt dann eine Rolle, nicht jedoch die Phase. Allerdings muß man hierbei zur Voraussetzung annehmen, daß jeder Teilton die Membran unabhängig von den anderen anregt. Das heißt, wir gehen dabei davon aus, daß sich das Ohr wie ein linearer Prozessor verhält; wir müssen aber auf einige Nicht-Linearitäten in den folgenden Abschnitten eingehen.

Die Breite der Resonanzreaktionen in Bild 17.2 stellt ein Problem für die Ortstheorie dar, denn sie würde ja bedeuten, daß die Frequenz einer Sinuswelle sich um 50 oder sogar 100% ändern muß, bevor eine andere Gruppe von Basilarhärchen angeregt wird, während tatsächlich schon Änderungen von nur 1% leicht wahrgenommen werden. Offensichtlich gibt es einen Mechanismus, der die Meßgenauigkeit während der Zeit der Verarbeitung im Gehirn verschärft, so daß auch eine geringe Frequenzänderung ausreicht, um Signale von verschiedenen Nervengruppen zu erhalten und auszuwerten.

Die Versuchung liegt nahe, die Ortstheorie dadurch zu retten, daß man den Prozeß dieser Wahrnehmungsverschärfung oder -filterung einfach in die Nervenbahnen verlegt, nachdem die Signale die Schnecke verlassen haben (Bild 17.4). Tatsächlich haben auch Studien der Tast- und Sehwahrnehmung am Menschen gezeigt, daß

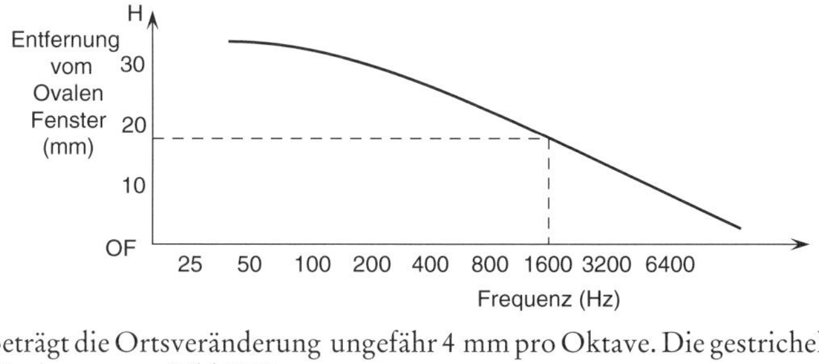


Bild 17.3
Eine typische Kurve für die Stelle der maximalen Resonanz, für tiefe Frequenzen beim Helicotrema, für hohe Frequenzen beim Ovalen Fenster gelegen. Auf dem geraden Abschnitt der Kurve beträgt die Ortsveränderung ungefähr 4 mm pro Oktave. Die gestrichelten Linien geben das 1600-Hz-Maximum von Bild 17.2 an.

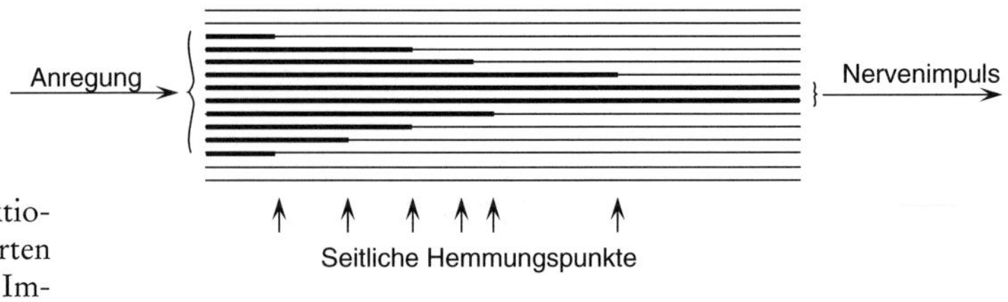


Bild 17.4
Seitliche (Quer-) Interaktionen zwischen benachbarten Nervenzellen kann deren Impulsrate hemmen, so daß nur einige wenige repräsentativ für die ursprünglich größere Gruppe angeregter Zellen ein Signal zum Gehirn schicken. Diese wenigen können dann relativ genau an der Stelle der maximalen Resonanz innerhalb des breiten insgesamt angeregten Bereichs liegen. Diese Darstellung gilt zwar für einige Phänomene des Tast- und Sehsinns, kann aber *nicht* die Verschärfung der Tonhöhenwahrnehmung erklären.

Nervengruppen sich so verhalten können. Auch die seitliche Hemmung konnte mit implantierten Elektroden an Versuchstieren nachgewiesen werden. Neuere Forschungsergebnisse haben aber gezeigt, daß der Filterungsprozeß bereits bei der ersten Erregungswelle der Nervenenden stattfindet, also bevor die Signale die Schnecke verlassen; der tatsächliche Mechanismus dieser Wahrnehmungsverschärfung bleibt daher vorläufig ein Geheimnis.

Andere Einwände gegen die einfache Form der Ortstheorie sind ebenfalls schwer zu widerlegen. Die Ortstheorie gibt keinerlei Hinweis darauf, wie wir einem komplexen Klang eine eindeutige Tonhöhe zuordnen; sie besagt stattdessen, daß wir viele Tonhöhen gleichzeitig wahrnehmen, jeweils eine für jede Region der Basilarmembran, die eine maximale Erregung erfährt und damit einen Partialton einer Fourier-Reihe abbildet. Es ist nicht besonders überzeugend, weiter zu behaupten, wir würden dann jeweils einfach die tiefste dieser Tonhöhen (die normalerweise den Grundton einer harmonischen Reihe bildet) als Tonhöhe identifizieren und alle anderen ignorieren. Man kann dem Ohr einen Klang anbieten, in dessen harmonischem Spektrum der Grundton vollständig fehlt, und trotzdem wird die wahrgenommene Tonhöhe die des fehlenden Grundtons sein, obwohl die entsprechende Region der Basilarmembran überhaupt nicht angeregt wurde. Das gleiche passiert auch noch dann, wenn sogar mehrere der ersten Teiltöne fehlen oder durch Rauschen verdeckt sind. Dieses Phänomen des *fehlenden Grundtons* befähigt uns, die Baßklänge eines Taschenradios zu „hören", obwohl dessen Lautsprecher unterhalb von 200 Hz praktisch gar keine Frequenzen wiedergeben kann.

Die konkurrierende **Periodizitätstheorie** wurde in einer langen Folge von psychophysischen Experimenten von holländischen Wissenschaftlern entwickelt, beginnend etwa um 1940 mit J. F. Schouten. Diese Theorie geht davon aus, daß die von der Schnecke ans Gehirn gesendeten Nervenimpulse bereits mehr als nur die Information über die relative Stärke der harmonischen Teiltöne enthalten. Vielmehr wird auch ein Teil der Information über die originale Wellenform übermittelt (allerdings nicht so weitgehend, daß dadurch das Ohm'sche Gesetz verletzt würde). Die einfachste Methode, diese Information zu übermitteln, besteht darin, daß jede Nervenzelle vorzugsweise nur während einer *Teilschwingung* der Basilarmembran feuert, so wie

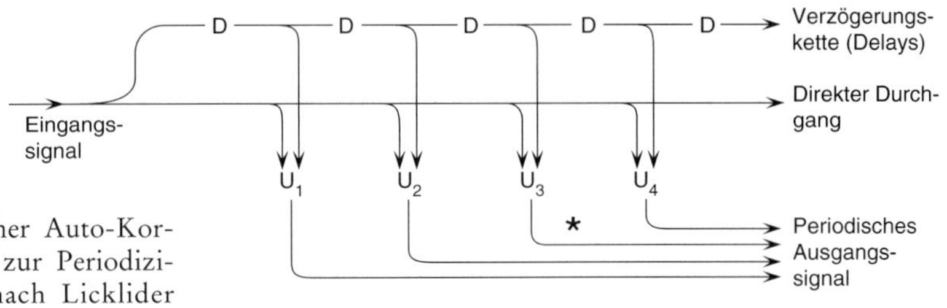


Bild 17.5
Ein hypothetischer Auto-Korrelationsrechner zur Periodizitäts-Messung (nach Licklider 1959). Eine bestimmte Art von Nervenverschaltung, hier mit D bezeichnet, verzögert ein Signal. Andere Nervenkombinationen stellen logische »Und« -Schaltungen dar, die nur dann ein Ausgangssignal abgeben, wenn beide Eingangskanäle ein Signal erhalten. Signale mit verschiedenen Perioden aktivieren dann verschiedene Ausgangssignale. Wenn z. B. jede Verzögerung 1 ms beträgt, würde eine Schallwelle mit einer 3 ms-Periode nur bei der mit * bezeichneten Nervenzelle ein Ausgangssignal erzeugen, denn nur der dreifach verzögerte Impuls würde bei $U_3$ gleichzeitig mit dem nichtverzögerten nachfolgenden Impuls ankommen und beide Eingänge dieser Zelle gleichzeitig erregen.

wir es auch in Bild 15.20 dargestellt haben. Dies funktioniert jedoch nur bei den tieferen Frequenzen bis zu ungefähr 1 kHz hinauf gut.

Worin liegt nun der Vorteil, wenn die Nervenimpulse gebündelt erfolgen, anstatt in einer gleichmäßigen Folge? Vorauszusetzen ist, daß das Gehirn irgendwie in der Lage ist, die Zeitspanne zwischen den aufeinanderfolgenden Bündeln von Nervenimpulsen (das heißt, die Schwingungsperiode der eingetroffenen Schallwelle) ziemlich genau zu messen. Ein Elektroingenieur kann solche Schaltkreise ohne weiteres entwerfen (Bild 17.5), und es ist durchaus möglich, daß ähnliche Schaltungen im Gehirn vorhanden sind. Allerdings wird es nun viel schwieriger, direkte Aufschlüsse zu erhalten, ob das Gehirn solche Schaltkreise zur Messung von Periodenzeiten benutzt und wo im Gehirn sie lokalisiert sein könnten.

Ein besonderer Vorzug der Periodizitäts-Theorie ist, daß sie die Wahrnehmung einer Tonhöhe trotz fehlenden Grundtons durch das Vorhandensein eines *Residualtons* erklären kann. Anstatt eines Problems wird nun ein Vorteil aus der Art, wie sich die Erregungskurven der Basilarmembran überlappen, so daß mehrere hohe Teiltöne den gleichen Teil der Basilarmembran stark anregen. Die Kombination mehrerer hoher Teiltöne ergibt dabei eine resultierende Wellenform mit hervortretenden Amplitudenspitzen, deren Zeitabstand genau der Periodenlänge des Grundtons dieser harmonischen Reihe entspricht (Bild 17.6), so daß eine Perioden-messende Schaltung des Gehirns die gleiche Botschaft erhalten wird, als wenn tatsächlich ein Grundton vorhanden wäre, und daher auch dessen Tonhöhe als vorhanden meldet.

Die größten Stärken der Periodizitätstheorie liegen in ihrer Fähigkeit, Tonhöhenwahrnehmungen selbst bei ungewöhnlichen Klängen zu erklären, wie sie in traditioneller Musik nie vorkommen (z. B. die Ringmodulation mit elektronischen Synthesizern). Solche Klänge bestehen aus einer Reihe von Teiltönen, die elektronisch verschoben werden, so daß sie zwar noch den gleichen Abstand zueinander haben, aber nicht mehr vollständige Vielfache des Grundtons sind. Man nimmt z. B. den neunten, zehnten und elften Teilton eines Grundtons von 200 Hz und verschiebt diese ein

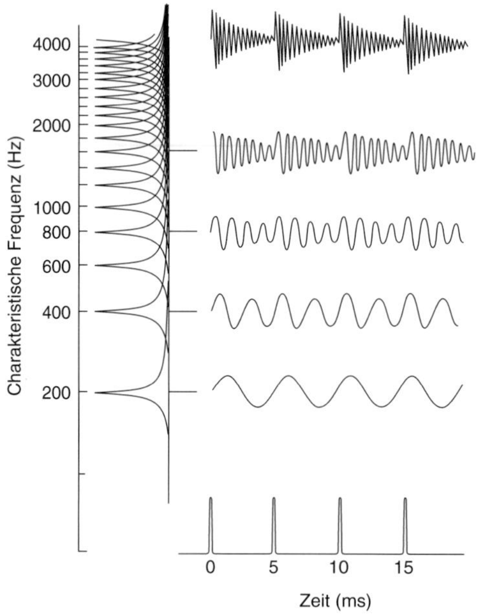


Bild 17.6
Reaktionen einer Reihe von gestimmten Oszillatoren (Schwingkreisen) auf eine Folge von kurzen Erregungspulsen mit 200 Hz (nach J.F. Schouten 1940). Die tieffrequenten Oszillatoren reagieren auf nur einen einzelnen Teilton stark, und ihre Resonanz ist fast eine sinusoidale Welle. Die hochfrequenten Oszillatoren werden durch den überlappenden Effekt mehrerer Teiltöne beinflußt, und ihre Resonanzkurven weisen daher eine übergeordnete Periodizität auf, deren Dauer der des Grundtones entspricht. (Aus Tobias, Bd.1, S. 45, mit frdl. Erlaubnis von Academic Press).

wenig zu 1830, 2030 und 2230 Hz oder auch mehr zu 1860, 2060 und 2260 Hz. Die wahrgenommene Tonhöhe verschiebt sich dann ebenfalls nach oben in einer Weise (Bild 17.7), für die die Ortstheorie keine Erklärung hat. Es bleiben auch Zweideutigkeiten zu erklären, bei denen die Zuordnung des Testsignals zwischen zwei verschiedenen Tonhöhen hin- und herschwankt.

Die detaillierte Wellenform dieser nichtharmonischen Reihe wiederholt sich nicht genau, weist aber eine Hüllkurve auf, deren Form sich wiederholt (Bild 17.8). Die Wiederholfrequenz dieser Hüllkurve bleibt aber unverändert bei 200 Hz, so daß sie offensichtlich nicht die Grundlage der Tonhöhenwahrnehmung sein kann. Die experimentellen Daten werden dabei so gewonnen, daß wir die Zeitspanne von einer Spitze der detaillierten Wellenform zur nächsten Spitze über der Senke in der Hüllkurve messen. So ergibt sich für 1860/2060/2260 Hz oft, aber nicht immer, eine Spitze, die von einer zweiten im Abstand von nur 4,85 ms gefolgt wird, wodurch sich eine Tonhöhe von etwa 206 Hz ergibt. Andere Spitzen liegen aber etwas mehr auseinander, ca. 5,35 ms, und ergeben eine Frequenz von 187 Hz. Beide Frequenzen können als wahrgenommene Tonhöhe abwechselnd hervortreten und so die Tonhöhenverschiebung und deren Zweideutigkeit erklären.

* Es ist äußerst schwierig, einen zusammengesetzten Clusterklang wie 1860/2060/2260 Hz direkt mit einer reinen Sinuswelle von 200 Hz zu vergleichen, weil die Klangfarben sehr unterschiedlich sind. Die Testsignale werden daher zunächst mit einer Rechteck-Pulswelle mit ca. 200 Hz verglichen; durch andere Experimente wurde gezeigt, daß diese praktisch die gleiche Tonhöhe hat wie der 200-Hz Grundton.

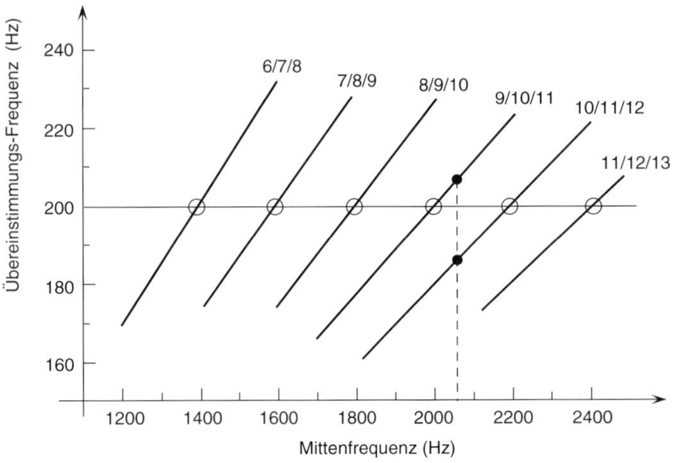


Bild 17.7
Tonhöhenbeurteilung bei einem aus drei Teiltönen zusammengesetzten Klang (nach J.F. Schouten 1962). Die horizontale Achse gibt die Frequenz des mittleren der drei Teiltöne an, wobei die anderen zwei um 200 Hz nach unten bzw. oben abweichen. Die vertikale Achse zeigt die Frequenz einer Sinuswelle, deren Tonhöhe im Vergleich mit dem Drei-Komponentensignal als gleich beurteilt wurde. Offene Kreise (○): Wenn die mittlere Frequenz ein Vielfaches von 200 ist, bildet das Testsignal den Teil einer harmonischen Reihe, sonst nicht. Schwarze Kreise (•): Das Beispiel für ein Testsignal mit 1860/2060/2260 Hz, welches eine zweideutige Tonhöhenwahrnehmung ergibt. – 6/7/8 usw.: Die Nummern der pseudo-harmonischen Teiltöne, wie sie der harmonischen Reihe entsprechen würden, die das Gehirn zu finden versucht.

Auch die einfache Periodizitätstheorie ist jedoch seit einigen Jahren in Ungnade gefallen, da auch sie nicht alle experimentellen Daten erklären kann. Zum Beispiel behauptet sie, daß der gemeinsame Effekt hoher Teiltöne (z. B. vom siebten oder achten an aufwärts) eine größere Auswirkung auf die wahrgenommene Tonhöhe habe als die tieferen Teiltöne. Experimente zeigten jedoch, daß die tieferen Teiltöne eindeutig dominant sind (Bild 17.9). Man kann dies sehr einfach zeigen, indem man elektronisch ein Signal erzeugt, welches widersprüchliche Tonhöhenindikatoren enthält. Man kombiniert z. B. den dritten Teilton eines Grundtons 200 Hz mit dem

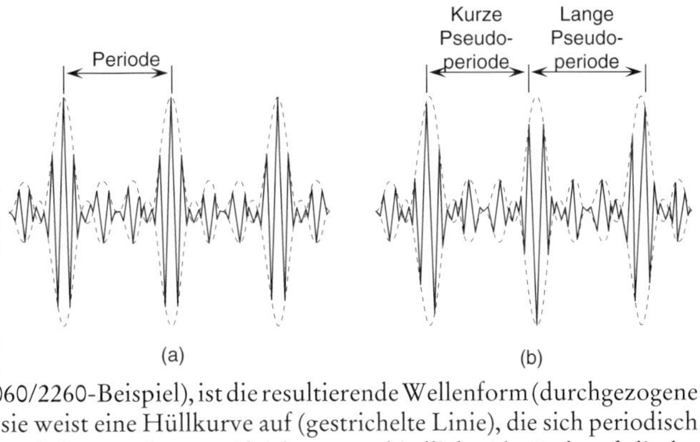


Bild 17.8
Die Wellenformen der von J.F. Schouten für Testzwecke verwendeten Drei-Komponenten-Signale.
a) Wenn die drei Teilkomponenten Teil einer harmonischen Reihe sind, ist auch die entstehende Hüllkurve genau periodisch.
b) Wenn die drei Komponenten zwar den gleichen Abstand haben, aber nicht Teil einer harmonischen Reihe sind (wie in unserem 1860/2060/2260-Beispiel), ist die resultierende Wellenform (durchgezogene Linie) zwar nicht periodisch, aber sie weist eine Hüllkurve auf (gestrichelte Linie), die sich periodisch wiederholt. Die deutlich erkennbaren Spitzen weisen zwei leicht unterschiedliche Abstände auf, die das Ohr als Repetitionsperiode zu interpretieren versucht; aufgrund deren kleinem Unterschied kommt die zweideutige Tonhöhenwahrnehmung zustande, die in Bild 17.7 dargestellt ist.

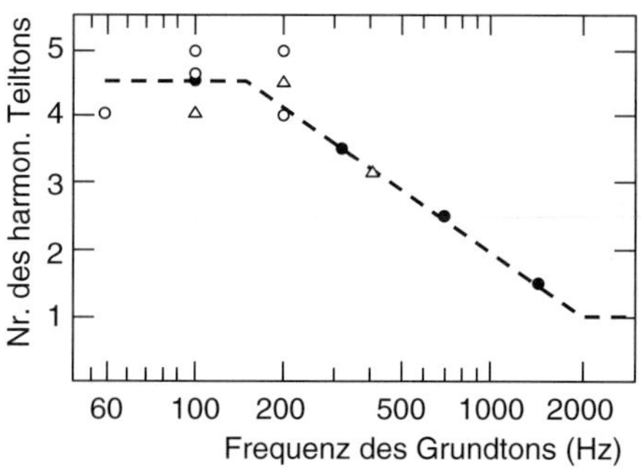


Bild 17.9
Die Dominanz der verschiedenen Teiltöne bei der Tonhöhenbeurteilung für verschiedene Grundtonfrequenzen. (Mit frdl. Erlaubnis aus R. Plomb 1976, *Aspects of Tone Sensation*. Copyright Academic Press Inc., London).

achten, neunten und zehnten Teilton eines Grundtons 205 Hz; die wahrgenommene Tonhöhe liegt näher bei 200 Hz als bei 205 Hz.

Die Periodizitätstheorie führt auch zu der Annahme, daß Tonhöhen und Klangfarbenwahrnehmung von komplexen Klängen sehr von den relativen Phasen der einzelnen Teiltöne abhängen; damit ließe sich dann aber die Gültigkeit des Ohm'schen Gesetzes nicht erklären.

Sowohl Orts- wie auch Periodizitätstheorie bieten jeweils für Teilfragen gute Erklärungen, die nicht geleugnet werden können. Wir müssen nicht etwa nach weiteren Theorien fragen, weil die genannten falsch sind, sondern weil jede von ihnen allein unzureichend ist. Tatsächlich stellen die heutzutage bevorzugten Theorien keine völligen Neuentwicklungen dar, sondern eher verfeinerte Kombinationen aus Elementen der beiden genannten Theorien, erweitert um einige neue Konzepte, die über die bisherigen Einschränkungen hinwegführen.

## 17.3 Die moderne Theorie der Tonhöhenwahrnehmung

Neuere Forschungen zur Tonhöhenwahrnehmung kombinieren Konzepte der Orts- und der Periodizitätstheorie; man kann diese eklektizistischen Theorien als **Mustererkennungs-Theorien** bezeichnen. Mehrere und bedeutende Varianten davon wurden unabhängig voneinander etwa um 1973 von Wightman, Goldstein und Terhardt entwickelt. Alle betonen die weitere Verarbeitung im Gehirn gegenüber derjenigen im Ohr; die alte Ortstheorie scheint manchmal wieder durch, ob es einem nun gefällt oder nicht. Die Ohren übermitteln demnach in erster Linie Information über das Klangspektrum, und die Identifizierung von Periodizität durch das Ohr wird auf eine geringere Rolle reduziert, gleichwohl nicht völlig ausgeschlossen.

Obwohl man zugeben muß, daß es so gut wie keinen offensichtlichen Anhaltspunkt für den zugrunde liegenden Mechanismus gibt, sind viele Wissenschaftler heute davon überzeugt, daß es das Gehirn ist, welches versucht, in den von den Ohren übermittelten Signalen Anzeichen von Ordnung – d. h. Muster – zu erkennen. Wenn es etwas entdeckt, das Ähnlichkeit mit einer harmonischen Reihe hat, ordnet es diesem Muster eine Tonhöhe mit der entsprechenden Grundfrequenz zu. So kann zum

Beispiel eine übermittelte Frequenz von 1800 Hz entweder ein Grundton, oder der zweite Teilton zu 900 Hz, oder der dritte zu 600, der vierte zu 450 Hz usw. sein; ein 2000-Hz-Ton kann mögliche Grundtöne bei 2000 Hz, 1000 Hz, 666,6 Hz, 500 Hz usw. haben. Treten aber 1800 und 2000 gleichzeitig auf, so scheiden die meisten Möglichkeiten aus, und das bestgeeignetste Muster würde diese Frequenzen als neunten und zehnten Teilton auf einem Grundton von 200 Hz identifizieren.

Am stärksten für Mustererkennungsprozesse im Zentralhirn spricht vielleicht die Tatsache, daß von beiden Ohren kommende Informationen für die endgültige Beurteilung kombiniert werden. Verschiedene Experimente mit *dichotischen* Signalen (d. h. verschiedene Schallinformationen für jedes Ohr, mittels Kopfhörer übertragen) haben dies gezeigt, wobei die von Houtsma und Goldstein (1972) besonders elegant und musikalisch aussagekräftig sind. Angenommen, Frequenzen mit 1200 und 1600 Hz werden dem rechten Ohr, eine mit 1400 Hz dem linken zugeführt. Wenn die Tonhöhenwahrnehmung durch jedes Ohr getrennt erfolgt, müßte man erwarten, zwei verschiedene Tonhöhen zu hören, und zwar 400 Hz rechts und 1400 Hz links. Die Versuchspersonen in Houtsma und Goldsteins's Experiment hörten jedoch nur eine Tonhöhe für den kombinierten Klang, obwohl diese *dichotische* Tonhöhe ausgesprochen schwach und schwierig zu hören ist. Im genannten Beispiel war diese gehörte dichotische Grundfrequenz 200 Hz und zeigte, daß das Gehirn zu der von beiden Ohren stammenden, zusammengesetzten Information (1200, 1400, 1600 Hz) den passenden Grundton errechnete.

Das Gehirn versucht mit allen Möglichkeiten, geordnete Muster auch dann zu entdecken, wenn solche im originalen Schallreiz gar nicht vorhanden sind. Dies wußte man schon früher von visuellen Reizen, die als Sammlung optischer Illusionen bekannt sind. Auf auditivem Gebiet haben wir erst damit angefangen, entsprechende Phänomene zu entdecken. Nehmen wir nochmals das Beispiel eines Testklangs mit den Teiltonfrequenzen 1860, 2060 und 2260 Hz. Da es kein besseres Muster findet, wird das Gehirn dies als neunten, zehnten und elften Teilton eines Grundtons von circa 206 Hz interpretieren, obwohl $9 \cdot 206$ und $11 \cdot 206$ in Wirklichkeit 1854 und 2266 Hz ergeben. Die Übereinstimmung ist jedoch nur geringfügig schlechter, wenn ein Grundton von 187 Hz angenommen wird (entsprechender zehnter, elfter, zwölfter Teilton: 1870, 2057, 2244 Hz), und tatsächlich entscheidet sich das Gehirn zuweilen dafür, diese Tonhöhe wahrzunehmen. Diese Versuche, die beste Übereinstimmung zwischen den von den Ohren gemeldeten Frequenzen und den möglichen Mustern harmonischer Reihen zu finden, sind die Grundlage für die meisten Experimente zum Residualton (siehe Bild 17.7), die wir bisher als Argumente für die Periodizitäts-Theorie interpretiert hatten.

Die Theorie der Mustersuche und -erkennung paßt ausgezeichnet zu unserer Tonhöhenwahrnehmung bei Klavierklängen, Glocken oder Pauken. Das Klangspektrum des Klaviers ist leicht unharmonisch, aber das Gehirn ignoriert einfach die kleinen Abweichungen. Glocken und Pauken haben aber ganz unregelmäßige Spektren, die sich beträchtlich von harmonischen Reihen unterscheiden. Solange jedoch das Gehirn auch nur ein paar Komponenten findet, die wenigstens ungefähr zu einer harmonischen Reihe passen könnten (etwa die Vielfachen 3, 4, und 5 einer Frequenz, auch wenn diese selbst überhaupt nicht vorhanden ist), klammert es sich sozusagen daran fest und ignoriert den Rest, um so eine bestimmte Tonhöhe melden zu können.

Nehmen wir beispielsweise an, Sie hören deutliche Teiltöne einer Trommel mit den Frequenzen 202, 305, 402, 493 und 584 Hz; diese ähneln dem zweiten bis sechsten Teilton einer harmonischen Reihe. Wahrscheinlich würden Sie aber die Tonhöhe etwas unterhalb von $1/2 \cdot 202 = 101$ Hz ansetzen, denn drei von den verbleibenden vier Teiltönen liegen niedriger als sich rechnerisch für diesen Grundton 101 Hz ergeben würde (303, 404, 505 und 606). Entsprechend wird der Schätzwert $1/6 \cdot 584 = 97$ Hz als weiterer möglicher Grundton einfach „überstimmt" von den anderen Teiltönen. Ihr Gehirn wird als besten Kompromiß wahrscheinlich einen Grundton von 99 oder 100 Hz annehmen. Wenn eine weitere Komponente z. B. mit 320 Hz anwesend wäre, würde das Ergebnis dadurch überhaupt nicht verändert, weil diese außerhalb jeden möglichen Musters liegt.

Goldsteins Theorie eines „Optimierungsprozessors" im Gehirn hat sich auch durchgesetzt bei der Erklärung dafür, daß wir einen Klang als schmutzig oder rein empfinden, das heißt, wie stark wir empfinden, ob ein Klang eine bestimmte Tonhöhe oder nur Rauschen enthält. Das Gehirn tut dies aufgrund der Übereinstimmung zwischen dem tatsächlich gemeldeten Klangspektrum und dem Spektrum der harmonischen Reihe für die wahrgenommene Tonhöhe nach einem speziellen mathematischen Kriterium.

Man kann sich fragen, *warum* denn das Gehirn harmonische Reihen erkennen will. Die optische Mustererkennung dient ganz eindeutig Überlebenszwecken; und obwohl dies nicht so offensichtlich ist, könnte dies auch für die Schallwahrnehmung zutreffen. Terhardt behauptet dazu, daß das zentrale Nervensystem „durch Handeln lernt": Jedes Mal, wenn wir einen Dauerton mit einem harmonischen Spektrum hören, wird es für das Gehirn leichter, diesen Klang wiederzuerkennen, falls er wieder erklingt. Wir lernen früh, daß Sprachklänge sehr wichtig sind, wobei die stimmhaften Phoneme ein annähernd harmonisches Spektrum aufweisen, so daß das Gehirn besondere Aufmerksamkeit auf das Erkennen solcher Muster verwendet. Der Singsang einer Mutter zu ihrem Kind kann da noch effektiver wirken. Wenn diese Theorie zutrifft, bedeutet dies, daß ausgedehntes Hören von Musik in früher Kindheit zur Ausbildung einer größeren Fähigkeit führt, harmonische Reihen zu identifizieren und damit einhergehend eine schärfere Tonhöhen- und Intervallgrößenbestimmung vornehmen zu können. Auch eine an sprachlichen Lauten reiche Umgebung würde diese Entwicklung schon fördern.

Wir wollen nun einige weitere Gesichtspunkte erörtern, die für ein tieferes Verständnis der konkurrierenden Theorien und der für oder gegen sie sprechenden Argumente wichtig sind.

## 17.4 Frequenzgruppen (kritische Frequenzbandbreite)

Viele psychoakustische Experimente bringen einen Unterschied in der Wahrnehmung zutage, der davon abhängt, ob die Frequenzen zweier Testsignale nahe zusammen oder weit auseinander liegen. Sind sie nahe zusammen, regen sie mehr oder weniger die gleiche Region der Basilarmembran an; sind sie weit auseinander, stimulieren sie zwei getrennte Regionen, das heißt, es gibt geringe oder gar keine Überlappung in den beiden Reaktionskurven (Bild 17.2).

Der Frequenzbereich, für den sich die Reaktionskurven der Basilarmembran effektiv überlappen, wird als **Frequenzgruppe** oder **kritische Frequenzbandbreite** bezeichnet. Da die Überlappung nur allmählich mit größer werdender Trennbreite der Frequenzen abnimmt, erscheint dieses Kriterium etwas zweideutig. Unterschiedliche Experimente hierzu ergaben jedoch ausreichend übereinstimmende Ergebnisse, so daß Scharf definiert: „Die kritische Bandbreite ist die Bandbreite, an deren Grenzen sich die subjektive Wahrnehmung eher plötzlich ändert."

Typische Ergebnisse hierzu sind in Bild 17.10 dargestellt. Vereinfacht besagen sie, daß die kritische Bandbreite bei Mittenfrequenzen über 500 Hz etwa 15–20% der Mittenfrequenz oder etwa $2\,^1/_2$– 3 Halbtöne beträgt oder entsprechend ungefähr 1,5 mm entlang der Basilarmembran; genug, um circa 1.000 bis 1.500 Nervenrezeptoren von den insgesamt 20.000 bis 30.000 anzuregen. Wohlgemerkt, damit soll *nicht* gesagt werden, daß es so etwas wie feste Grenzen an der Basilarmembran gibt; vielmehr ist gemeint, daß man *jeden beliebigen* Punkt auf der Basilarmembran nehmen kann (und die entsprechende Frequenz) und diesen als Mitte und Mittenfrequenz einer kritischen Bandbreite/Frequenzgruppe betrachten kann.

Wir wollen einige der Experimente beschreiben, aus denen diese Aussagen stammen. Nehmen wir an, Sie hören zunächst ein schmalbandiges Rauschen, z. B. eine Mischung aller Frequenzen von 980 bis 1020 Hz, was wir mit den Angaben Mittenfrequenz = 1000 Hz und Bandbreite = 40 Hz beschreiben können. Nun wird die

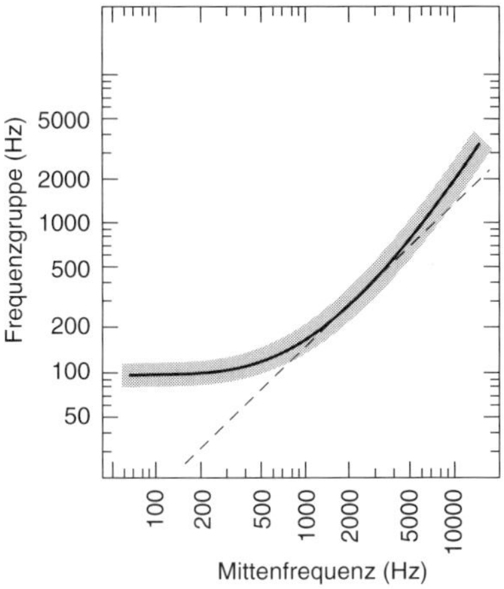


Bild 17.10
Gemessene Frequenzgruppen (kritische Frequenzbandbreiten) als Funktion der Frequenz. Der schraffierte Bereich deutet den Ungenauigkeitsbereich der Messungen an. Die gestrichelte Linie zeigt eine konstante 15%-Bandbreite zum Vergleich.

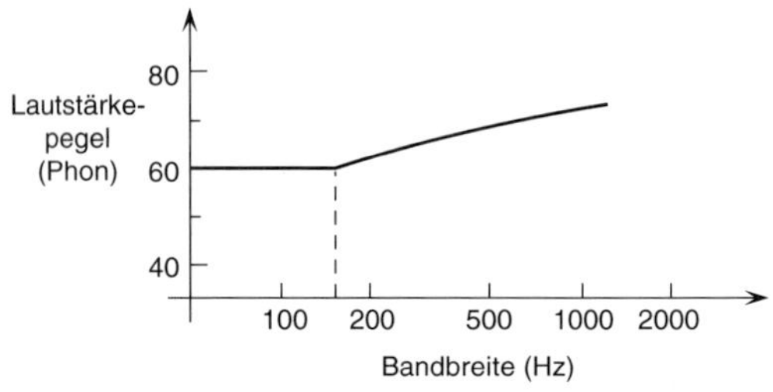


Bild 17.11
Die Änderung der wahrgenommenen Lautstärke von schmalbandigem Rauschen, wenn die Bandbreite erhöht wird, die Gesamtintensität aber konstant bleibt. Die Linie knickt beim Erreichen der kritischen Bandbreite. Bei diesem Beispiel ist die Mittenfrequenz 1000 Hz (nach Zwicker und Feldtkeller 1956).

Bandbreite allmählich vergrößert, während die Mittenfrequenz und Intensität gleich bleiben; anders ausgedrückt, die gleiche Schallenergie wird über einen zunehmend größeren Frequenzbereich verteilt. Eine Zeitlang bleibt die wahrgenommene Lautstärke unverändert, aber sobald die Bandbreite ungefähr den Wert von 160 Hz überschreitet, nimmt die subjektive Lautstärke plötzlich zu (Bild 17.11).

Ähnliche kritische Bandbreiten ergeben sich aus Experimenten, in denen untersucht wurde, wie stark die Präsenz eines Tones die Wahrnehmung eines zweiten Tones mit einer anderen Frequenz blockiert. Dieses als Maskierung bezeichnete Phänomen wird in Abschnitt 17.6 ausführlicher dargestellt.

Eine weitere Aussage ergibt sich durch Experimente zur Verschmelzung von Tonhöhen. Nehmen wir hierzu an, Sie hören gleichzeitig zwei Sinuswellen gleicher Amplitude. Wenn beide exakt die gleiche Frequenz haben und in Phase schwingen, ist die resultierende Gesamtwelle sinusoidal mit doppelter Amplitude; Sie hören also den gleichen Ton, nur lauter. Sind die zwei Frequenzen sehr verschieden, so nehmen Sie zwei separate Tonhöhen wahr. Wenn aber die Frequenzen nur wenig auseinander liegen, können Sie nicht mehr zwei Tonhöhen wahrnehmen; Sie hören dagegen nur eine, die allerdings Schwebungen aufweist (erinnern Sie sich an Abschnitt 4.5, besonders Bild 4.16). Wenn der Frequenzunterschied allmählich vergrößert wird, werden die Schwebungen immer schneller; selbst wenn sie so schnell erfolgen, daß sie nicht mehr einzeln wahrgenommen werden können, werden Sie sie als eine unangenehme *Rauhigkeit* des Klanges empfinden. Wenn der Unterschied der zwei Frequenzen die kritische Bandbreite erreicht, beginnen Sie zwei verschiedene Tonhöhen wahrzunehmen, und erst, wenn die zwei Frequenzen weit genug auseinander liegen, um verschiedene Gruppen von Nervenzellen auf der Basilarmembran anzuregen, verschwindet die Rauhigkeit (Bild 17.12).

* Wir haben stillschweigend vorausgesetzt, daß die zwei Sinuswellen mit dem gleichen Ohr gehört werden, so daß wir starke Schwebungen erster Ordnung erhalten. Wenn eine Sinuswelle über das rechte, die andere über das linke Ohr gehört wird, so nimmt man – wenn überhaupt – die sehr viel schwächeren und unbestimmbareren Schwebungen zweiter Ordnung wahr.

Die Natur hat hier ein durch widersprüchliche Anforderungen sich ergebendes Problem bemerkenswert raffiniert gelöst. Die kritische Bandbreite alleine würde nur eine sehr grobe und schlechte Tonhöhenbeurteilung erlauben, aber diese wird durch

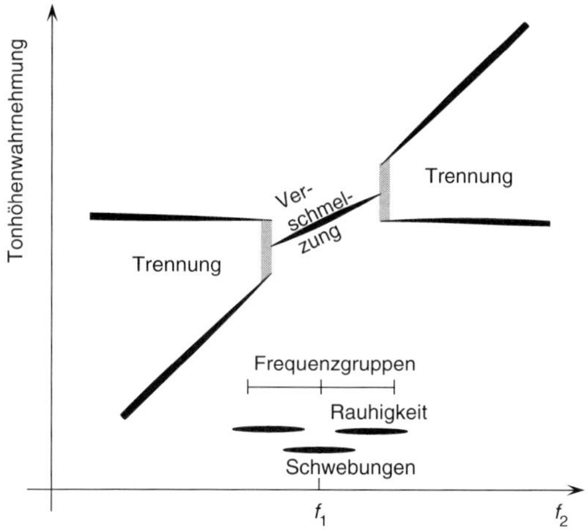


Bild 17.12
Die gleichzeitige Wahrnehmung zweier Sinuswellen, eine mit fester Frequenz $f_1$ und die zweite mit variabler Frequenz $f_2$. Wenn die zwei Frequenzen sehr nahe beieinander liegen, sind deutliche Schwebungen zu hören, und bei größer werdendem Frequenzabstand schließen sich beidseitig Bereiche an, in denen eine unangenehme Klangrauhigkeit wahrgenommen wird, verursacht durch Schwebungen, die zu schnell erfolgen, um als solche noch wahrgenommen zu werden. Innerhalb fast dieses ganzen Bereichs wird nur eine Tonhöhe wahrgenommen, die etwa dem arithmetischen Mittel der zwei Frequenzen entspricht; außerhalb dieses Bereichs – der kritischen Bandbreite – werden zwei separate Tonhöhen gehört (nach Roederer, S. 29).

* Kasten 17.1 Das Unschärfeprinzip

Nehmen wir an, Sie haben einen Tongenerator, der genau 10 Perioden einer Sinusschwingung (Frequenz $f_0$) erzeugen kann, mit vorhergehender und nachfolgender Stille. Das gesamte Schallsignal einschließlich der Stillezeiten ist dann nichtperiodisch (das heißt, es kann nicht in identische Abschnitte unterteilt werden, die unendlich wiederholt werden), und sein Spektrum bildet keine harmonische Reihe. Die Fourieranalyse zeigt, daß dieses vielmehr über einen kontinuierlichen Bereich um $f_0$ herum 'verschmiert' ist (Bild 17.13). Die Breite dieses Bereichs kann mit der Ungleichung $f' \cdot t' \geq 1$ abgeschätzt werden, wobei $f'$ den *Bereich* von Frequenzen mit relativ starker Amplitude bezeichnet und $t'$ das Zeit-*Intervall*, während dessen das Signal stark bleibt. Nota bene: Dies besagt, daß nur ein (unendlich) lang andauerndes Signal (großes $t'$) eine genau definierte Frequenz haben kann (kleines $f'$).

Welche Beschränkungen legt dieses Gesetz der Klangerzeugung auf? Schallsignale von sehr kurzer Dauer enthalten demnach notwendigerweise eine große Menge von Frequenzen, so daß selbst ein ideales Analysegerät ihnen keine präzise Frequenz oder Tonhöhe zuordnen könnte. Unsauberkeit der Tonhöhe ist also eine inhärente – wesenseigene – Eigenschaft aller kurzen transienten oder perkussiven Klänge, je kürzer der Klang, desto 'unsauberer'.

Die Beschränkung gilt ebenso am anderen Ende, dem Empfänger: Ein sorgfältig justierter Resonanzdetektor, der nur auf einen extrem kleinen Frequenzbereich $f'$ reagiert, kann nur funktionieren, wenn er sehr lange Meßzeiten bekommt. Auch wenn das Meßsignal sehr kurz ist, wird der Detektor selbst lange nachschwingen, mindestens eine Zeit $t' \geq 1/f'$ lang.

Das Unschärfeprinzip ist von größter Bedeutung, denn es gilt für Wellen aller Art. Nehmen wir z. B. eine 600 kHz-AM Radio-Trägerwelle, deren Amplitude sich in Größenordnungen von 0,2 ms ändert, da sie von Schallsignalen moduliert wird, die Frequenzen bis zu 5 kHz enthalten. Dies muß so gesehen werden, als wenn ein Frequenzbereich von mindestens 5 kHz Breite besetzt wird, und dieses vollständige Band muß durch den Empfangsschaltkreis hinter dem Drehknopf am Radio angewählt werden.

Die in der Atom- und Nuklearphysik benutzte Quantentheorie verbindet die Frequenz mit Energie. Dazu sagt uns das Unschärfeprinzip, daß unstabile Zustände (wie die radioaktiven Kerne) mit begrenzter Lebenszeit eine inhärente Energie während ihres Zerfallsprozesses abgeben werden. Es gibt auch eine Aussage des Unschärfeprinzips über den Raum, bei der die Wellenlänge an die Stelle der Energie tritt; es kann zum tieferen Verständnis der Beugung angewendet werden und auch zur Erklärung dafür, daß durchschnittliche Atome etwa $10^{-8}$cm Durchmesser haben und nicht größer oder kleiner sind.

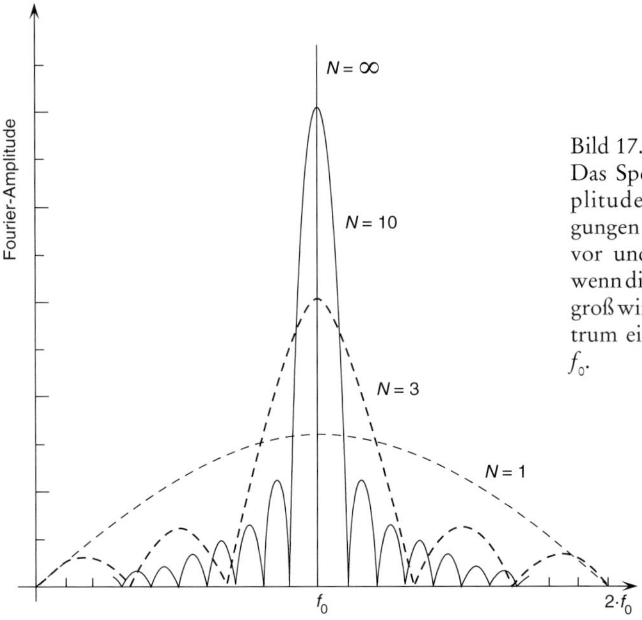


Bild 17.13
Das Spektrum der Fourier-Amplituden für $N$ Sinusschwingungen der Frequenz $f_0$, wobei vor und nach $N$ Stille ist. Nur wenn die Schwingungszahl $N$ sehr groß wird, nähert sich dieses Spektrum einer deutlichen Spitze bei $f_0$.

die in Abschnitt 17.2 geschilderte Filterung bzw. Schärfung der Wahrnehmung drastisch gesteigert. Würden wir versuchen, eine Schnecke zu entwerfen, die in nur einem Arbeitsgang eine gute Tonhöhenunterscheidung ermöglicht, müßte man viel engere kritische Bandbreiten vorsehen, das heißt, die Resonanz-Reaktionskurven der Nervenzellen müßten viel stärker ausfallen. Das würde aber unausweichlich zu einer weit geringeren Reibungsdämpfung führen (siehe Bild 11.6), so daß es in unseren Ohren nach jedem Schallsignal wie in Glocken nachhallen würde; anstatt fähig zu sein, nach wenigen Millisekunden schon wieder ein anderes Schallsignal wahrzunehmen, würden unsere Ohren bei hohen Frequenzen mehrere Zehntelsekunden nachschwingen und bei tiefen Frequenzen sogar mehrere Sekunden lang. Man kann dies auch als eine Manifestation des Unschärfeprinzips verstehen (siehe Kasten 17.1).

## 17.5 Kombinationstöne

Im Jahre 1714 beobachtete der berühmte Geiger Tartini, daß er beim kräftigen Spielen eines Doppelgriffs mit zwei Noten gleichzeitig zuweilen noch eine dritte Note hören konnte. Dieser *Differenzton* DT hat die Frequenz $f_{DT} = f_H - f_T$, wobei $f_H$ bzw. $f_T$ die

Bild 17.14
Einige Beispiele für Kombinationstöne. • = die zwei Ausgangstöne; x = der Summenton; o = der gewöhnliche Differenzton; ◊ = der kubische Differenzton. Die Regeln zum Berechnen weiterer Beispiele sind in Bild C (hintere Umschlaginnenseite) gegeben.

Frequenz des hohen bzw. tiefen anregenden Tons ist. Bild 17.14 zeigt einige Beispiele dafür in Notenschreibweise; sie wurden mit Hilfe von Bild C zusammengestellt. Das Vorhandensein von Differenztönen ist angesichts unserer Erkenntnisse über die Intermodulations-Verzerrung (Abschnitt 16.4) nicht allzu überraschend: Sobald im Wege der Klangübertragung Nichtlinearitäten vorhanden sind, wird diese zusätzliche Komponente auftreten (siehe Bild 2.11 und Bild 16.12, um die Bedeutung von Nichtlinearität aufzufrischen). Die Luft selbst liefert keinen signifikanten Verzerrungsbeitrag (außer wenn der Schallpegel Werte von weit über 100 dB erreicht), so daß wir die Rolle des Ohres hierbei untersuchen müssen.

Sowohl Trommelfell, Mittelohr als auch Innenohr kommen als mögliche Erzeuger von Nichtlinearitäten in Frage; es wäre erstaunlich, wenn einer oder gar alle von ihnen ein vollständig lineares Verhalten auch bei lauten Klängen zeigen würde. Es ist nicht einfach festzustellen, welche Teile des Ohres am meisten Nichtlinearität erzeugen; aber es ist weithin gesichert, daß im Ohr solche nichtlinearen Effekte entstehen.

Eine nichtlineare Verzerrung sollte sowohl einen Differenzton als auch einen *Summenton* ($f_{ST} = f_T + f_H$) mit vergleichbarer Amplitude ergeben. Der Summenton ist jedoch weitaus schwieriger zu hören, da er sich im Oktavbereich oberhalb von $f_H$ befindet und durch die beiden Ausgangstöne stark maskiert wird. Der Differenzton ist dann schwierig zu hören, wenn er zwischen $f_T$ und $f_H$ liegt, gut wahrnehmbar jedoch, wenn $f_{DT}$ weit unterhalb von $f_T$ liegt. Wird die Schallstärke der Ausgangstöne erhöht, so wächst der Schallpegel des Differenztons sogar noch etwas stärker (Bild 17.15).

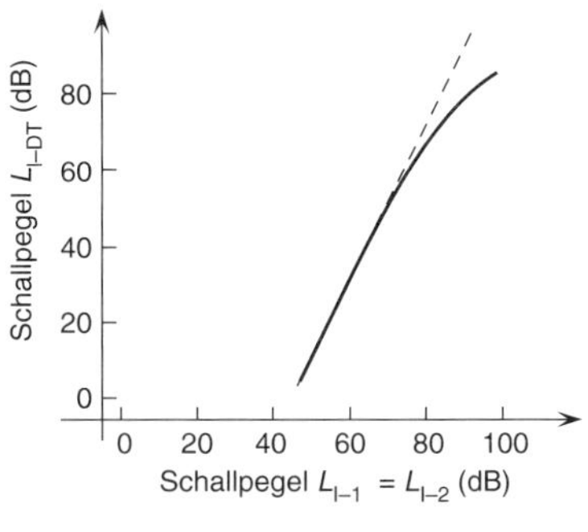


Bild 17.15
Einfache Nichtlinearität würde einen Differenzton ergeben, dessen Schallpegel jeweils um 20 dB zunimmt, wenn der Pegel der Ausgangstöne gleichzeitig um je 10 dB erhöht wird (gestrichelte Linie). Für niedrigere Pegel stimmen die Meßdaten recht gut mit dieser Vorhersage überein, bei höheren Pegeln verhindert jedoch der Sättigungseffekt, daß der Differenzton stärker als die Ausgangstöne wird.

Tabelle 17.1 Die Hierarchie der Kombinationstöne. Die Werte in der letzten Spalte stellen die gewöhnliche harmonische Verzerrung dar und sind auch bei einem einzelnen Ausgangston vorhanden. Bei einfacher Nichtlinearität und gemäßigten Pegeln reduzieren sich die jeweiligen Schallpegel um etwa gleiche Beträge von Zeile zu Zeile. Die Formeln können gelegentlich eine negative Frequenz für den Differenzton ergeben; das Minuszeichen muß dann ignoriert werden.

| | | | |
|---|---|---|---|
| Ausgangstöne | $f_T$ | $f_H$ | |
| Sekundärtöne | $\mathbf{f_H - f_T}$ | $\mathbf{f_H + f_T}$ | $2f_T$, $2f_H$ |
| Tertiärtöne | $\mathbf{2f_T{-}f_H}$, $2f_H{-}f_T$ | $2f_T{+}f_H$, $2f_H{+}f_T$ | $3f_T$, $3f_H$ |
| Quartärtöne | $3f_T{-}f_H$, $3f_H{-}f_T$, $2d_H{-}2f_T$ | $3f_T{+}f_H$, $3f_H{+}f_T$, $2f_H{+}2f_T$ | $4f_T$, $4f_H$ |
| ......usw.... | ...... | ...... | ...... |

In der Vergangenheit wurde gelegentlich vermutet, daß dieses Phänomen etwas mit unserer Fähigkeit zu tun haben könnte, einen fehlenden Grundton wahrzunehmen. So würde zum Beispiel ein Schallsignal mit den Frequenzen 1800, 2000 und 2200 Hz Differenztöne erzeugen, die bei 200 Hz (sowohl 2000–1800 als auch 2200–2000) und bei 400 Hz (2200–1800) liegen. Dies ist aber offensichtlich *nicht* der Grund dafür, daß wir den Grundton bei 200 Hz wahrnehmen, denn 1. besteht die Grundtonwahrnehmung von 200 Hz auch bei solch niedrigen Pegeln, bei denen der Differenzton keinen wahrnehmbaren Schallpegel mehr besitzt; 2. selbst wenn der für den 200 Hz-Bereich empfindliche Teil der Basilarmembran durch ein bandbegrenztes Rauschsignal so gestört wird, daß der Differenzton vollständig maskiert wird, bleibt die Grundtonwahrnehmung unverändert; und 3. bei nach oben zu 1860/ 2060 / 2260 Hz gleitenden Frequenzkomponenten (siehe Abschnitt 17.2) bleibt der Differenzton bei 200 Hz, der wahrgenommene Grundton gleitet aber ebenfalls nach oben.

Im allgemeinen besteht der einfachste Fall von Verzerrung in einer geringfügigen und allmählichen Abweichung von der Linearität mit zunehmendem Schallpegel. Dies führt erwartungsgemäß zur Erzeugung einer Hierarchie von Kombinationstönen höherer Ordnung (Tabelle 17.1). Die Mehrzahl davon sind wie der Summenton äußerst schwierig wahrzunehmen; der wichtigste ist der *kubische Differenzton* mit $f_{kDT} = 2 \cdot f_T - f_H$ (Achtung: Punktrechnung geht vor Strichrechnung!); unter gewissen Umständen ist er ebenso gut wahrzunehmen wie der gewöhnliche Differenzton.

Hier wird die Geschichte nun kompliziert, denn der kubische Differenzton verhält sich nicht wie zu erwarten wäre, wenn die Schallpegel variieren (Bild 17.16). Er kann selbst bei niedrigen Pegeln hörbar bleiben, bei denen der gewöhnliche Differenzton verschwindet. Seine Hörbarkeit hängt auch viel stärker von der Frequenz ab als die des gewöhnlichen Differenztons, wobei sie stark abnimmt, wenn $f_H$ um mehr als 20 oder 30 % über $f_T$ liegt. Es handelt sich also um einen qualitativen Unterschied: Der kubische Differenzton ist, zumindest bei niedrigen Schallpegeln, eine *inhärente Nichtlinearität*. Das heißt, das Übertragungsverhalten kann nicht einfach durch

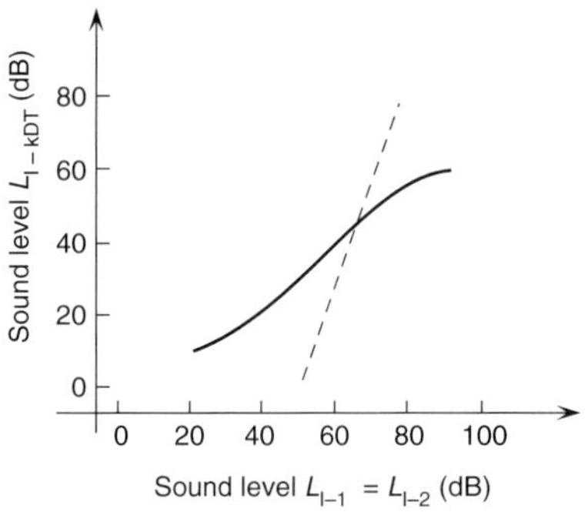


Bild 17.16
Einfache Nichtlinearität würde einen kubischen Differenzton erwarten lassen, dessen Stärke um jeweils 30 dB zunimmt, wenn die beiden erzeugenden Töne um je 10 dB zunehmen (gestrichelte Linie). Die tatsächlichen Daten zeigen einen vollständig anderen Trend und lassen daher das Vorhandensein von starken Nichtlinearitäten höherer Ordnung vermuten.

Begrenzung der Schallpegel auf relativ kleine Werte so gestaltet werden, daß sich Linearität ergibt, obwohl dadurch die Nichtlineraität vermieden wird, solange $f_T$ und $f_H$ nicht innerhalb einer kritischen Frequenzbandbreite liegen. Jüngste Forschungen haben gezeigt, daß hier noch vieles im Dunkeln liegt, was diese Kombinationstöne betrifft; und jeder Fortschritt wird durch grundsätzliche Zweifel daran erschwert, ob der Mechanismus dieser Nichtlinearität bei betäubten Katzen der gleiche ist wie beim lebenden Menschen (vgl. z.B. bei J.L.Goldstein, *JASA*, *63*, 474, 1978).

# 17.6 Lautheit und Maskierung

Im Abschnitt 6.4 hatten wir die Sone-Skala eingeführt, mit der die psychophysikalische Wahrnehmung der Lautheit von einzelnen Sinuswellen gemessen wird. Nunmehr sind wir in der Lage, diese Regeln auch auf komplexe Wellenformen anzuwenden. Die meisten, aber nicht alle experimentellen Beobachtungen lassen sich in der folgenden Regel zusammenfassen:

**Der von einer Frequenzgruppe (= kritischen Frequenzbandbreite) gelieferte Eindruck von Lautheit hängt ausschließlich von der in diesem Bandbereich empfangenen Energie ab; zwei ausreichend gut getrennte Bandbreiten liefern jeweils einen unabhängigen Beitrag zur Gesamt-Lautheit.**

Das heißt: Innerhalb einer Frequenzgruppe verhält sich die Intensität additiv, aber außerhalb dieser verhält sich die wahrgenommene Lautheit additiv.

Nehmen wir beispielsweise an, wir hätten eine Sinuswelle mit $f_1$ = 1000 Hz und Lautstärkepegel $L_1$= 70 phon und eine zweite mit $f_2$ = 1050 Hz und $L_2$ = 65 phon. Mit Hilfe von Bild 6.13 können wir sehen, daß wir beim getrennten Hören der beiden Wellen eine Lautheit von $L_1$= 14 sone und $L_2$ = 9 sone empfinden. Was geschieht aber, wenn wir beide gleichzeitig hören? Sie liegen innerhalb einer Frequenzgruppe (kritische Bandbreite), und wir müssen also ihre Intensitäten addieren. Da wir im Bereich um 1000 Hz liegen, ist dies relativ leicht, denn die Intensitätspegel $L_I$ sind ebenfalls 70 und 65 dB (vergleichen Sie Bild 6.5), und es ergibt sich $L_{I\ 1} \approx 3 \cdot L_{I\ 2}$ und damit $L_{I\ \text{komb.}} \approx 4 \cdot L_{I\ 1}$; der gemeinsame Schallpegel ist also um 6 dB größer als der von $L_{I\ 1}$ alleine, mithin 71 dB. Die kombinierte Lautstärke von 71 phon bedeutet eine Lautheit von näherungsweise nur 15 sone. Wenn aber $f_2$ in die Frequenz 1500 Hz geändert würde und damit in einer getrennten Frequenzgruppe (kritischer Bandbreite) zu liegen käme, würde die kombinierte Lautheit 14 + 9 = 23 sone betragen.

Mit Hilfe einer Sägezahnwelle können wir weiter veranschaulichen, wie das Spreizen der gleichen Schallenergie über einen größeren Frequenzbereich die wahrgenommene Lautheit vergrößert. Nehmen wir die Frequenz mit 200 Hz und den Schallpegel mit 100 dB an; dadurch wird die Berechnung leicht, weil wir uns in dem Teil des Fletcher-Munson-Diagramms befinden, wo der Lautstärkepegel in Phon ungefähr den gleichen Wert hat wie der Schallpegel in dB. Mit Hilfe der Fourier-Analyse kann man berechnen, daß die Teiltöne unserer Sägezahnwelle näherungsweise die Schallpegel 98, 92, 88 1/2, 86, 84, 82 1/2, 81, 80, ...dB haben (siehe Bild 8.6f). Die ersten drei oder vier Teiltöne liegen in gut getrennten Frequenzgruppen und steuern daher additiv 70+40+35+35 sone zur Lautheit bei (Bild 6.13). Die Beiträge der höheren Teiltöne werden schnell kleiner, da sie immer mehr innerhalb von Frequenzgruppen liegen. Trotzdem beträgt die Gesamt-Lautheit unserer Sägezahnwelle mehr als 200 sone, wogegen eine reine Sinuswelle mit ebenfalls 100 dB Schallpegel nur eine wahrgenommene Lautheit von 80 sone hat!

* Dieser Kontrast kann bei niedrigeren Pegeln sogar noch größer werden, wo die relative Unempfindichkeit des Ohrs bei tiefen Frequenzen ins Spiel kommt. Eine 100 Hz-Sägezahnwelle mit dem Gesamtpegel 50 dB und den Pegeln der Teiltöne 48, 42, 38 1/2, 36, 34,...dB hat die entsprechenden Teilton-Lautstärken 35, 40, 40, 38, 36,...Phon und die Lautheiten 0,5 + 1,0 + 1,0 + 0,8 + 0,6+ ...sone, insgesamt etwas über 4 sone. Dem steht für eine 50 dB-Sinuswelle eine Lautstärke von 39 Phon und eine Lautheit von 0,9 sone gegenüber.

Es ist ein bißchen Zufall, daß diese einfache Addition für die Gesamt-Lautheit bei sinusoidalen Teiltönen einigermaßen erfolgreich funktioniert. Solche Berechnungen würden bei Rauschbändern überhaupt nicht mehr stimmen, wenn nicht komplizierte Annahmen über Maskierungseffekte – die im folgenden erörtert werden – getroffen würden.

In engem Zusammenhang mit der Wahrnehmung derLautheitsunterschiede steht das Phänomen der **Maskierung**. Was damit gemeint ist, läßt sich mit folgender Frage verdeutlichen: „Wenn man bereits einen lauten Klang mit einer bestimmten Frequenz hört, wie groß ist dann die Wahrnehmungsschwelle, um einen zweiten, schwachen Klang mit einer anderen Frequenz zu hören?“ In Bild 17.17 ist gezeigt, daß der schwächere Ton umso leichter zu hören ist, je mehr seine Frequenz von der des stärkeren abweicht, und daß er umso mehr verdeckt – maskiert – wird, je näher er an der Frequenz des stärkeren, maskierenden Tons liegt.

Dies ist natürlich nicht allzu überraschend, da wir ja schon über Frequenzgruppen (kritische Frequenzbandbreiten) Bescheid wissen und wir auch erwarten, daß ein zweiter Ton innerhalb einer Frequenzgruppe nur dann hörbar wird, wenn er eine gewisse Mindeststärke im Vergleich zum ersten aufweist. Dies entspricht praktisch der Frage nach dem Gerade-noch-wahrnehmbaren Lautheits-Unterschied (JND – Just Noticeable Difference) eines einzelnen Tons, was typischerweise eine Intensitätsänderung um 15–30% erfordert (wie wir in Kapitel 6 gesehen haben), und legt daher die Vermutung nahe, daß ein maskierender Ton alles verdecken wird, was um 6 bis 8 dB unter seinem Pegel liegt.

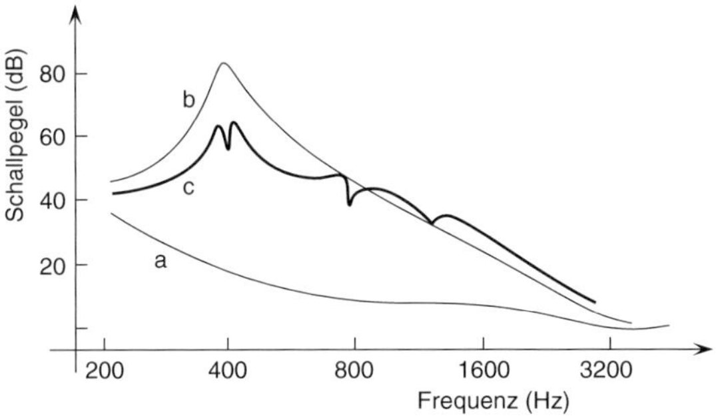


Bild 17.17
Die Kurve a) zeigt die typische Wahrnehmungsschwelle für einen schwachen reinen Ton mit variabler Frequenz, wie in Kapitel 6 dargelegt. Die Kurve b) zeigt die erhöhte Hörschwelle bei Anwesenheit eines maskierenden Rauschbandes von 365 bis 455 Hz und dem Pegel 80 dB. Töne oberhalb des maskierenden Frequenzbandes werden stärker verdeckt als unterhalb. – Kurve c) zeigt die Anhebung der Hörschwelle bei Anwesenheit eines maskierenden Sinustons mit 400 Hz und 80 dB. Die Einbuchtungen dieser Kurve zeigen Bereiche reduzierter Maskierung an, in denen infolge hörbarer Schwebungen der schwache Testton indirekt wahrgenommen wird, und zwar bei 400, 800 und 1200 Hz. (Nach J. Egan und H. Hake, JASA, 22, 622, 1950).

Wenn jedoch der zweite hinzutretende Ton eine andere Frequenzgruppe anregt als der maskierende, erfolgt die Meldung an das Gehirn durch einen getrennten Nervenkanal, der noch nicht beschäftigt ist. Er wird leicht gehört, da er durch seine unterschiedliche Tonhöhe die Aufmerksamkeit auf sich zieht (außer wenn seine Frequenz als eine Teiltonfrequenz des maskierenden Tons mißverstanden werden kann), auch wenn sein Pegel um 30 oder 40 dB unter dem des maskierenden Tons liegt.

Zu beachten ist die Asymmetrie in Bild 17.17: Der Abstand zwischen den Kurven a) und b) ist nach links zu größer als rechts. Dies bedeutet, daß ein zweiter Ton stärker maskiert wird, wenn seine Frequenz höher als die des maskierenden ist, und umgekehrt. Wir können diese „Aufwärts-Maskierung“ mit Hilfe der Schwingungsmuster der Basilarmembran verstehen: Ein hochfrequenter Ton produziert hauptsächlich nahe dem Ovalen Fenster Bewegung, während die durch einen tiefen Ton erzeugte Bewegung sich nahezu über die gesamte Membran ausbreitet. Daher sind mehr „Ausgabe-Nervenkanäle“ beschäftigt, wenn der maskierende Ton eine tiefere Frequenz hat, und weniger, wenn sie höher ist.

Der Maskierungseffekt ist eine alltägliche Erscheinung. Ein Flüstern, das in einem ruhigen Raum deutlich verstehbar wäre, ist in einer lauten Menge völlig unhörbar; ein Autoradio wird beim schnellen Fahren lauter aufgedreht, um die Fahrgeräusche zu übertönen, als bei der Pause oder langsamen Fahrt. Man kann auch bei musikalischen Veranstaltungen oft Maskierungseffekte beobachten. Wenn bei einem Höhepunkt sämtliche Blechbläser und die Streicher im *fff* ihr Äußerstes geben, hat der Komponist meist auch für die Holzbläser Noten vorgesehen. Es ist zweifellos überzeugender, wenn alle den optischen Eindruck vermitteln, mit äußerster Kraft zu spielen, aber soweit es den hörbaren Klang betrifft, könnten die Holzbläser ebensogut Pause haben. In der alltäglichen Praxis kann es einem klangschwachen Solisten nur allzuleicht geschehen, daß er durch eine zu laute Begleitung verdeckt wird. Gute Komponisten wissen jedoch, daß sie die Stimme des Solisten dadurch gut hörbar machen, daß sie sich entweder bezüglich der Tonhöhe oder der Klangfarbe deutlich vom begleitenden Ensemble unterscheidet und so Frequenzgruppen des Hörers anregt, die noch nicht durch von letzterem erzeugte Klänge „belegt“ sind.

## 17.7 Klangfarbe

Als wir das erste Mal die Wahrnehmung der Klangfarbe in Kapitel 6 erörterten, konnten wir lediglich aussagen, daß diese hauptsächlich durch die Wellenform bestimmt wird. In Kapitel 8 fanden wir, daß es sinnvoller sei, die in der Wellenform enthaltene Information in die Darstellung des Klangspektrums zu überführen. Können wir inzwischen mehr darüber aussagen, welche Aspekte des Spektrums am wichtigsten sind und welche Auswirkungen auf die Wahrnehmung der Klangfarbe sie jeweils haben?

Das Konzept der Frequenzgruppen oder kritischen Frequenzbandbreiten gibt uns eine gute Hilfestellung; ohne es müßten wir die Möglichkeit berücksichtigen, daß aus einer Vielzahl von 50 oder auch 100 Teiltönen jeder einzelne eine andere und wichtige Auswirkung auf die Klangfarbe haben könnte. So jedoch scheint es wahrscheinlicher, daß beim Zusammentreffen mehrerer Teiltöne innerhalb einer Frequenzgruppe es nur ihre gemeinsame Stärke ist, die prinzipiell einen Beitrag zur Wahrnehmung der Klangfarbe von diesem Teil der Basilarmembran aus liefert. Dies trifft für solche Teiltöne zu, deren Frequenzen um bis zu 15% auseinanderliegen. Für den ersten, zweiten und dritten Teilton trifft dies sicher nicht zu; aber im Bereich des 30-sten Teiltons beträgt der Frequenzunterschied vom 28-sten bis zum 32-sten hingegen nur noch 15%.

Das Zusammenfallen in eine Frequenzgruppe muß etwa beim 7. Teilton beginnen. Tatsächlich zeigen verschiedene Experimente, daß die Teiltöne bis zum sechsten oder siebten jeweils einen unabhängigen Beitrag zur Klangfarbe liefern, während die Beiträge höherer Teiltöne miteinander verschmelzen.

Genauer besagt dies, daß die Zahl der voneinander unabhängigen Informationen, welche die Klangfarbe bestimmen, sechs oder sieben plus ein paar mehr für die zusätzlichen Frequenzgruppen, die durch mehrere Teiltöne angeregt werden, beträgt – insgesamt vielleicht zehn bis fünfzehn. Eine großzügige Schätzung der Komplexität des Klangfarbenphänomens würde also lauten, daß diese eine Dimensionalität oder einen Freiheitsgrad von 10 bis 15 hat. Erinnern wir uns zum Vergleich, daß Tonhöhe und Lautstärke nur eindimensional sind.

Benutzt aber das Gehirn überhaupt so viel Detailinformation? Vielleicht achtet es ja nur auf bestimmte Kombinationen der Anregung von Frequenzgruppen und nicht auf die jeder einzelnen unabhängig von den anderen. Es gibt tatsächlich experimentelle Hinweise darauf, daß das Erkennen von Vokalen und Klangfarben nur von drei oder vier unabhängigen Parametern abhängig ist (Plomp, Kapitel 6). Es wäre also zumindest theoretisch möglich, daß wir eines Tages mit vier (oder vielleicht drei oder fünf – es ist ja keineswegs sicher) Angaben eine Klangfarbe beschreiben können, wobei jede Angabe eine Nummer ist, die für eine Position entlang der Verbindungslinie zwischen zwei Extrempunkten steht. So könnte zum Beispiel ein Klang beschrieben werden durch die Zahl 7 auf einer Skala von Null für „hohl" bis zehn für „voll", die Zahl 4 auf einer zweiten Skala zwischen den Extremen „dumpf" und „scharf" und so weiter, wobei dann vier solcher Zahlenangaben ausreichend genau fast jede mögliche Klangfarbe beschreiben würden. Dies würde der Methode entsprechen, mit der Geschmackswahrnehmungen nach ihren Abstufungen zwischen süß, sauer, bitter, salzig usw. eingeteilt werden.

Ist es aussagekräftiger zu sagen, daß eine bestimmte Wellenform (angenommen mit der Grundfrequenz 300 Hz) einen starken ersten, zweiten und fünften Teilton hat oder daß sie starke Frequenzanteile bei 300, 600 und 1500 Hz hat? Es scheint, daß eher die tatsächlichen Frequenzen am wichtigsten sind, und nicht die Nummern der Teiltöne. Wir hatten dies schon in Kapitel 12 angedeutet im Zusammenhang mit der Größenbemessung von Orgelpfeifen; es entspricht auch unserer Erörterung der Formanten in Abschnitt 14.3. Die überzeugendste Demonstration dafür ist es, Klänge auf Tonband aufzunehmen und dann mit doppelter oder halber Geschwindigkeit abzuspielen. Abgesehen von der Oktavierung ändert sich vor allem die Klangfarbe, obwohl die *relative* Verteilung der Schallenergie auf die Teiltöne unverändert bleibt. Am aussagekräftigsten, obgleich subtiler, ist wohl die Tatsache, daß eine reine Sinuswelle (in der die gesamte Energie in einer Frequenz konzentriert ist) ebenfalls eine Klangfarbe hat, die sich von sehr dumpf bei tiefen Frequenzen bis zu hell bei hohen Frequenzen verändert. Man kann sogar Ähnlichkeit an die eine oder andere Vokalklangfarbe mit entsprechender Formantfrequenz hören, fortschreitend von „ooo“ über „aahh“ bis zu „iiiii“, während die Frequenz der Sinuswelle zunimmt.

An dieser Stelle ist es vielleicht hilfreich festzuhalten, daß die Klangfarbe von Dauertönen nicht nur von deren Spektrum, sondern in gewissem Umfang auch von der Frequenz abhängt. Damit meinen wir, daß 1. bei einer beliebigen Schallquelle (vor allem bei elektronischen Oszillatoren), die die gleiche Verteilung der Schallenergie auf die Teiltonkomponenten unabhängig von der Frequenz beibehält, trotzdem mit einer Grundtonhöhenveränderung auch eine Veränderung der wahrgenommenen Klangfarbe einhergeht; 2. die beste Annäherung an eine gleichbleibende Klangfarbe über einen größeren Spielbereich durch starke Formantbereiche erreicht wird, obwohl selbst dann die Verschiebung der Frequenzen bei den unteren Teiltönen in der Regel eine deutliche Klangfarbenveränderung bewirken wird, wenn der Grundton um eine Oktave oder mehr verändert wird.

Schließlich sollten wir auch noch festhalten, daß auch die Schallintensität in gewissem Umfang die Klangfarbe beeinflußt. Nehmen wir eine komplexe Wellenform mit der Grundfrequenz 100 oder 200 Hz und zahlreichen starken Teiltönen. Bei großen Pegeln zwischen 80 und 100 dB, wo das Ohr auf alle Teiltöne gleichermaßen empfindlich reagiert, ist die Klangfarbe reich und voll. Wird die Gesamtschallintensität auf 40 oder 50 dB reduziert unter Beibehaltung der relativen Verteilung auf die Teiltöne, so nimmt die Empfindlichkeit des Ohres für die tieferen Komponenten viel rascher ab als für die höheren (Bild 6.12), und der Klang wird nicht nur viel weicher und schwächer, sondern verliert auch erheblich seine Klangfarbe.

# Zusammenfassung

Die menschliche Wahrnehmung von musikalisch relevanten Tönen und anderen Geräuschen ist ein höchst komplizierter Prozeß, den die Forschung noch nicht restlos erklären kann. Teile der Orts- und Periodizitäts-Theorie und sogar aus der Telephon-Theorie sind in die Muster-Erkennungs-Theorien eingeflossen, die heutzutage als am vielversprechendsten angesehen werden.

Die wichtigen Elemente dieser Theorien scheinen folgende zu sein: 1. Die Reaktion der Basilarmembran mit Stellen maximaler Erregung, welche einen Code für die anregenden Frequenzen ergeben; 2. die Verfeinerung oder Verschärfung dieser noch groben Information durch Prozesse, die noch kaum verstanden sind; 3. die Übertragung des Frequenzspektrums durch die Hörnerven zum Gehirn und 4. die Versuche des Gehirns, darin Muster von harmonischen Reihen zu erkennen, wobei dafür die kombinierte Information von beiden Ohren benutzt wird. Diese werden ergänzt durch eine beschränkte Information über einzelne Schallwellenmaxima, die durch das Muster der Signale 'feuernden' Nervenzellen übertragen werden.

Frequenzgruppen (kritische Frequenzbandbreiten) stellen Bereiche dar, in denen benachbarte Membranhärchen ausreichend ähnliche Bewegungen erfahren, so daß sie keine voneinander unabhängige Informationen an das Gehirn übermitteln. Diese Frequenzgruppen oder -bandbreiten schränken in starkem Maße die Fähigkeit des Ohrs ein, zwischen Schallwellen zu unterscheiden, deren Frequenzen weniger als 15% Unterschied aufweisen; dies schließt benachbarte Teiltöne einer harmonischen Reihe etwa ab dem siebten Teilton ein.

Wichtige Unterschiede zwischen dem normalen und dem kubischen Differenzton geben einen Hinweis auf den Umfang und die Art der Nichtlinearitäten, die im menschlichen Hörvorgang eine Rolle spielen. Die Bedeutung der Differenztöne für die Grundtonhöhenwahrnehmung und andere musikalische Wahrnehmungsleistungen wird heute für weit weniger wichtiger gehalten als früher.

Die Wahrnehmung der Lautheit und der Klangfarbe von komplexen Klängen hängen von den anteiligen Lautstärkepegeln ab, die auf die verschiedenen Frequenzgruppen entfallen. Die Grundtonhöhe wird entsprechend derjenigen harmonischen Reihe wahrgenommen, die am besten mit den vorhandenen Teiltonfrequenzen übereinstimmt, wobei die Grenzen auch hier von den Frequenzgruppen gesetzt werden. Bei Grundtonfrequenzen bis zu 500 Hz sind der dritte, vierte und fünfte Teilton – soweit vorhanden – von besonderer Wichtigkeit, zuweilen wichtiger als der Grundton selbst, der sogar vollständig fehlen kann, ohne daß seine Wahrnehmung als Grundton deswegen entfällt.

# Symbole, Begriffe, Beziehungen

Intensität, Frequenz, Spektrum
Lautheit, Tonhöhe, Klangfarbe
Absolute Tonhöhe
Schnecke (Cochlea)
Hörtheorien:
- Telephon-~
- Orts-~
- Periodizitäts-~
- Mustererkennung

$L_I$ Schallintensitäts-Pegel in dB
$L_{ph}$ Lautstärkepegel in phon
$L$ Lautheit in sone
Summenton ST
Differenzton DT und kubischer DT kDT
$f_{ST} = f_H + f_T$
$f_{DT} = f_H - f_T$
$f_{kDT} = 2 \cdot f_T - f_H$
Basilarmembran
Schärfungsprozeß
Harmonische Reihe
Fehlender Grundton
Ohm'sches Gesetz
Dichotische Reizung
Frequenzgruppe (= kritische Frequenzbandbreite)
Schwebung; Rauheit
Kombinationstöne
Einfache Nichtlinearität
Wesentliche oder inhärente Nichtlinearität
Maskierung (Verdeckung)

# Übungsaufgaben

1. Stellen Sie eine summarische Liste der Pro- und Kontra-Argumente für jede der wichtigsten Theorien zur Hörwahrnehmung zusammen.
2. Zeigen und begründen Sie den Zusammenhang zwischen Bild 17.2 und Bild 17.3.
3. Beschreiben Sie, wo auf der Basilarmembran die maximale Schwingungsamplitude auftritt, wenn das Ohr eine Sinuswelle mit $f = 6400$ Hz empfängt.
4. Welche zwei Grundtonhöhen können entsprechend Bild 17.7 bei einem aus drei Teiltönen mit 1600, 1800 und 2000 Hz bestehenden Schallsignal wahrgenommen werden? Welche drei Grundtonhöhen bei 1680, 1880, 2080 Hz? (Geben Sie die Antwort sowohl in Frequenzangaben als auch den nächstliegenden Notenbezeichnungen).
5. Als rein mathematisches Übungsspiel könnte ein Dreikomponentensignal mit 1830, 2030 und 2230 Hz als der 183., 203. und 223. Teilton eines Grundtons von 10 Hz angesehen werden. Warum wäre das aber ohne praktische Relevanz für unsere Erörterung von Tonhöhenwahrnehmung?
6. Wenn die folgenden Frequenzen 275, 512, 620, 796 und 1026 Hz alle im Spektrum einer bestimmten Kirchenglocke deutlich vorhanden sind, welche davon würden dann vom Gehirn näherungsweise als Teile einer harmonischen Reihe interpretiert werden? Versuchen Sie die entsprechende Grundtonfrequenz (und Tonbezeichnung) der am besten übereinstimmenden harmonischen Reihe herauszufinden.
7. Welche Tonhöhe oder Tonhöhen werden Sie höchstwahrscheinlich wahrnehmen, wenn Sie einen Klang hören, der starke Teiltöne mit den Frequenzen 200, 230, 402, 455, 608, 685, 799, 920, 1005 und 1160 Hz enthält?
8. Wenn eine aus zwei Sinuswellen mit 1800 und 2000 Hz kombinierte Schallwelle durch den Mustererkennungsprozeß in Ihrem Gehirn irrtümlich für den achten und neunten Teilton gehalten wird, welche Grundtonhöhe (in Frequenzangabe und Tonbezeichnung) würden Sie dann wahrnehmen? Und was, wenn er die zwei für den 10. und 11. Teilton hält?
9. Welche Teiltöne sind von besonderer Wichtigkeit bei der Wahrnehmung von Grundtonhöhen, wenn der Grundton im Bereich um a) 100 , b) 400 und c) 2000 Hz liegt?
10. Wie groß sind näherungsweise die Frequenzgruppen (kritische Frequenzbandbreiten) in Hz für Mittenfrequenzen von a) 3 kHz, b) 10 kHz und c) 200 Hz?
11. Liegen die Frequenzen 100 und 150 Hz innerhalb der gleichen Frequenzgruppe (kritische Frequenzbandbreite)? Was gilt für 1000 und 1500 Hz und was für 6000 und 6500 Hz?

12. Welche Teiltöne einer harmonischen Reihe mit dem Grundton 500 Hz liegen innerhalb einer Frequenzgruppe, und welche nicht? Hängt die Antwort irgendwie davon ab, ob die Grundfrequenz 500 Hz ist oder eine ganz andere Frequenz?
13. Benutzen Sie die in Abschnitt 17.4 und Bild 17.12 enthaltenen Informationen, um die Tonhöhe und zusammenhängende Wahrnehmungen zu beschreiben, die auftreten, wenn eine Sinuswelle mit 880 Hz mit einer zweiten Sinuswelle gleicher Amplitude überlagert wird, deren Frequenz a) 882 Hz, b) 890 Hz, c) 920 Hz und d) 1100 Hz betragen soll. (Lassen Sie dabei die Möglichkeit von Kombinationstönen außer Acht).
*14. Welcher Frequenzbereich $f'$ wird durch die Komponenten eines Schallsignals bedeckt, das nur 10 ms dauert?
*15. Um ein Cello mit $^1/2$% Genauigkeit zu stimmen, welche Mindestdauer müßten Sie jeweils hinhören unter der Annahme, Sie hätten es mit Sinuswellen zu tun? Zeigen Sie, daß, grob gesprochen, das gleiche Ergebnis entweder aus dem Unschärfeprinzip folgt oder aus dem Lauschen auf Schwebungen gegen ein standardisiertes Schallsignal. Zeigen Sie weiter, daß die Benutzung von gespielten Teiltönen oder auch die Anwesenheit von höheren Teiltönen in einem nicht-sinusoidalen gewöhnlichen Klang diese Begrenzung aufweicht.
16. Wenn die Trompeten im mittleren Bereich sehr stark blasen, welche der folgenden Instrumentengruppen wird dann am stärksten und welche am wenigsten verdeckt (maskiert): a) Cellos, die zwei Oktaven tiefer spielen; b) Klarinetten, die im gleichen Bereich wie die Trompeten spielen oder c) Flöten, die ein bis zwei Oktaven höher spielen?
17. Eine Sinuswelle mit der fixierten Frequenz 1 kHz wird mit einer zweiten gleicher Amplitude überlagert, deren Frequenz langsam von 1,1 nach 2 kHz wandert. Beschreiben Sie, wie sich der normale und der kubische Differenzton verändern, und erklären Sie, warum dies eine gute Methode ist, dieselben in unsere bewußte Beachtung zu bringen.
18. Welcher Summen-, Differenz- und kubischer Differenzton würde wahrgenommen werden bei Überlagerung von: a) 1000 und 1150 Hz (Antwort in Hz); b) den Noten b' und d'' (Antwort mit Notenbezeichnung); c) e' und c''; d) c' und f'' sowie e) c'' und d'' ? Geben Sie an, welche dieser Kombinationstöne tatsächlich gehört werden können.
19. Sie haben zwei Grundtöne mit 600 und 760 Hz Grundtonfrequenz, jeder mit starkem ersten, zweiten und dritten Teilton. Listen Sie die Frequenzen der neun normalen Differenztöne auf, die sich aus diesen Komponenten ergeben könnten. Führen einige davon zu einem Muster, das die Wahrnehmung einer bestimmten Tonhöhe verstärken könnte?
20. Vier Grundtöne bilden den Dur-Akkord c'e'g'c''. Welche zusätzlichen Noten könnten als Differenztöne entstehen?
21. Drei Sinuswellen haben die Frequenzen 600, 1020 und 1100 Hz; alle haben den Pegel 80 dB. Wie groß ist die Lautheit in sone, wenn alle drei gleichzeitig erklingen?
*22. Drei Sinuswellen haben die Frequenzen 110, 150 und 370 Hz; alle haben den Pegel 50 dB. Wie groß ist die Lautheit in sone, wenn alle drei gleichzeitig erklingen?
23. Eine Sinuswelle bleibt fixiert bei 400 Hz und 80 dB, während die Frequenz einer zweiten mit dem Pegel 50 dB langsam auf 100 Hz ansteigt. Beschreiben Sie, was Sie dabei hören werden.
*24. Konstruieren Sie vier Paare von Begriffen, die für die Beschreibung von Klangfarben geeignet sind. Legen Sie für jedes Paar eine Skala von 0 bis 10 zugrunde, und versuchen Sie für die vertrauten Instrumentenfamilien jeweils die passenden vier Zahlenwerte festzulegen, die deren Klangfarbe charakterisieren.

# Projektvorschläge

1. Stellen Sie die experimentellen Hinweise zusammen, die für oder gegen die Behauptung sprechen, daß alle Wellenformen mit der gleichen Periode (oder Grundfrequenz) die gleiche Tonhöhe haben. Berücksichtigen Sie dabei sowohl Sinuswellen und andere elektronisch erzeugte Wellenformen als auch die Klänge von akustischen Musikinstrumenten (benutzen Sie ein Oszilloskop, um deren Periode zu bestimmen).

2. Nehmen Sie die Melodie von „Happy Birthday" als Solo und schreiben Sie zwei verschiedene einfache Begleitungen, eine, mit der Sie zeigen, wie eine schlechte Begleitung die Solomelodie verdecken kann, und die andere, um zu zeigen, daß eine geschickte Begleitung die Melodie selbst dann durchhörbar läßt, wenn sie leise ist.

# 18. Intervalle und Stimmungssyteme

Soviel auch bereits über die Wahrnehmung nur eines einzelnen Tons zu sagen ist, stellt dies doch nur den ersten winzigen Schritt zur Musik hin dar. Die künstlerische Botschaft ist erst in der Abfolge vieler melodiebildender Töne und im gleichzeitigen Erklingen harmoniebildender Töne artikuliert. Wir wollen nun alle unsere bisherigen Einsichten zum Versuch einer Erklärung dafür heranziehen, warum eine Kombination von Tönen eine anderes Gefühl auslöst als eine zweite, welche Kombinationen als musikalische Standardgrößen zu betrachten sind und welche Funktion diese im musikalischen Zusammenhang übernehmen[13].

Wir beginnen das Kapitel mit einer Beschreibung der Wahrnehmung von musikalischen Intervallen und betrachten dann die Rolle von harmonischen Reihen insofern, als diese ganz spezielle Intervalle enthalten, deren Klang und musikalische Funktion sich von allen anderen unterscheiden. Im dritten Abschnitt untersuchen wir die Frage, wie ausgewählte Intervalle zur Bildung von verschiedenen Tonleitern zusammengesetzt werden können. Vor allem wollen wir den Aufbau der diatonischen Dur-Skala und deren chromatische Erweiterung untersuchen, da diese eine Grundlage unserer westlichen Kunstmusik bilden.

Dies führt zum Problem der Stimmungen, dem Vorbereiten eines Instruments derart, daß eine bestimmte Skala darauf spielbar wird. In Abschnitt 18.4 werden wir zeigen, daß es hierfür keine eindeutige oder perfekte Lösung gibt; wir werden das Kapitel mit einer Diskussion darüber abschließen, wie gut oder schlecht verschiedene Stimmungsmethoden sich dem Ideal einer perfekten Stimmung annähern. Im darauf folgenden Kapitel werden wir darstellen, wie diese harmonischen Elemente zu den größeren Strukturen von Musik zusammengesetzt werden.

## 18.1 Intervallwahrnehmung

Wie messen wir unsere Wahrnehmung des Abstandes zweier Töne entlang der Tonhöhenachse oder, gleichbedeutend, des Intervalls zwischen ihnen? Sobald wir die mehr oder weniger sterilen wissenschaftlichen Meßmethoden beiseitelassen und eher die musikalische Erfahrung ins Spiel bringen, finden wir eine Komplikation.

Wenn die Frequenz eines Tones sich immer mehr von der eines anderen entfernt, klingt seine Tonhöhe nicht einfach immer unterschiedlicher zu letzterem. Vielmehr haben wir sogar den Eindruck, daß er wieder wie zu Anfang klingt, wenn der Abstand einer Oktave erreicht ist. Wenn der Ton sich durch die nächste Oktave bewegt, klingt er so ähnlich zur ersten Oktave, daß wir die gleichen Tonbezeichnungen benutzen.

[13] Als Bezugspunkt der folgenden Betrachtungen gilt die „traditionelle Musik", d.h. jene, die in Melodik und Harmonik in der europäischen Musik des 19. und frühen 20. Jahrhunderts ihre größte Komplexität erreicht hat. Die sog. Neue Musik des 20. Jahrhunderts und andere experimentelle Ansätze gehen z.T. von anderen ästhetischen Prämissen aus – gleichwohl beziehen auch sie sich – oft in Abgrenzung – auf die hier angesprochenen akustisch-ästhetischen Zusammenhängen (Anm. d. Hg.).

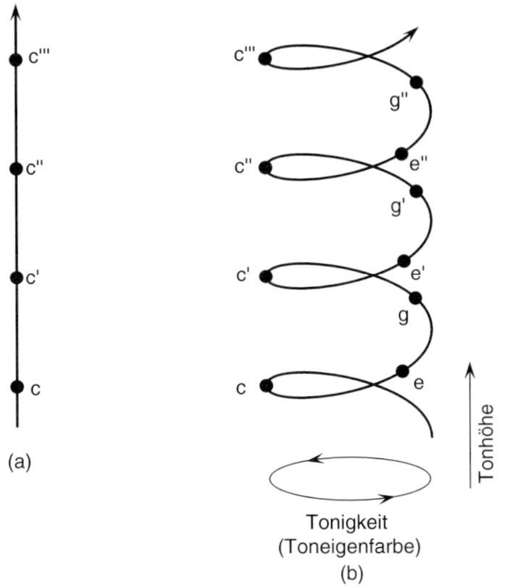


Bild 18.1
Gegenüberstellung von a) eindimensionaler und b) zweidimensionaler Modelldarstellung der Tonhöhenwahrnehmung (eigentlich dreidimensional). Die auf einem gewöhnlichen Instrument gespielten Noten bilden eine sich aufwärts windende Spirale auf der Oberfläche eines Zylinders. Computergenerierte Klänge können auch eine sogenannte Shepard-Skala bilden, die einen Kreis um den Zylinder bildet.

Für viele musikalische Zwecke gilt eine *Oktaven-Gleichwertigkeit* oder *-äquivalenz*, das heißt, es spielt keine oder kaum eine Rolle, wenn wir eine Note durch ihren Namensvetter aus einer anderen Oktave ersetzen.

Wir sagen, daß die Tonhöhe zwei Aspekte aufweist, nämlich einmal ihre *Tonigkeit*, auch als Toneigenfarbe oder Toncharakter bezeichnet, die aussagt, wo die Note in Relation zu den anderen innerhalb der Oktave steht, und sodann die Tonhöhenlage, die aussagt, in welcher Oktave sich der Ton gerade befindet. Der Ausdruck *Tonigkeit* läßt eine kontinuierliche Veränderung der Tonhöhe zu, während *Tonhöhenklasse* sich auf eine gleiche Eigenschaft bezieht, wenn wir nur eine begrenzte Zahl von diskreten Tonhöhen pro Oktave zulassen. In unserer chromatischen Skala bilden z. B. alle Noten mit der Bezeichnung „c" eine Tonhöhenklasse, alle Fis-Noten eine weitere und so fort. Wie Bild 18.1 nahelegt, sollten wir unsere frühere Aussage, daß Tonhöhe eine eindimensionale Größe ist, also besser durch die Aussage ersetzen, daß Tonhöhe in gewisser Hinsicht eine zweidimensionale Größe ist.

Daraus ergibt sich die Frage, ob es möglich ist, das Chroma zu verändern, während die Tonhöhenlage gleich bleibt. Eine faszinierende Demonstration dafür wurde 1964 von R. N. Shepard gegeben (JASA, 36, 2346, 1964). Er erzeugte mit Hilfe eines Computers Klänge, die viele Mitglieder einer Tonhöhenklasse gleichzeitig enthielten oder, anders ausgedrückt, mit den Teiltönen Nummer 1, 2, 4, 8, 16,... bei tiefen Grundfrequenzen. Immer derjenige Teilton, der in die Mitte des hörbaren Bereichs zu liegen kam, erhielt die stärkste Amplitude. Eine kontinuierliche Folge solcher „Shepard-Töne" kreist ewig auf der zum Kreis gewordenen Chroma-Spirale und vermittelt die akustische Illusion einer ständig steigenden Tonhöhe, ohne daß jemals die Grenze des Hörbereichs erreicht würde. (Deutlich wird dies wohl nur, wenn man einmal eine Shepard-Skala tatsächlich hört, z. B. auf der in der Bibliografie angegebenen CD).

Wir stoßen auch auf das faszinierende, gleichwohl unvollständig erforschte Phänomen der *kategorialen Wahrnehmung*. Nehmen wir ein Experiment an, in dem wir nicht nur gewöhnliche benachbarte musikalische Intervalle erzeugen können (z. B. kleine und große Terzen sowie reine Quarten), sondern noch viele andere, deren Abstand zwischen den genannten liegt. Werden all diese Intervalle in zufälliger Reihenfolge hörbar gemacht, so werden die meisten Testhörer jedes von ihnen als eines der drei Standard-Intervalle einordnen; das heißt, wir werden alle als kleine oder große Terzen oder Quarten „zurechthören“ und die verschieden großen Abweichungen dazwischen praktisch ignorieren. Dies macht allerdings musikalische Aufführungen um vieles stressfreier (für die Aufführenden), als sie es sonst wären! Ein ähnliches Phänomen läßt sich auch bei der Wahrnehmung von Sprache zeigen. Man kann z. B. eine Reihe von Geräuschen künstlich erzeugen, die einen kontinuierlichen Übergang zwischen den Konsonanten „b“ und „p“ bilden; die Testhörer werden praktisch ohne Ausnahme alle Geräusche entweder dem b oder dem p zuordnen, ohne die Abweichungen davon wahrzunehmen.

Wir müssen aber den Eindruck vermeiden, daß dies bedeuten würde, unsere gewohnten musikalischen Intervalle seien so etwas wie naturgegebene Größen oder Kategorien. Burns und Ward (JASA, 63, 456, 1978) haben aus sorgfältigen psychophysikalischen Studien schließen können, daß diese Kategorien im musikalischen Training, also kulturabhängig bedingt, erlernt werden. Dies wird auch durch die Beobachtung erhärtet, daß Angehörige anderer Kulturen Intervalle in einem vollständig verschiedenen Schema einordnen, das ihnen jedoch als natürlich erscheint. Das bisher Gesagte bezieht sich in erster Linie auf *melodische Intervalle* (zwei nacheinander folgende Töne) und auf reine Sinuswellen in beliebiger Anordnung (nacheinander oder gleichzeitig). Für *harmonische Intervalle* (zwei Töne gleichzeitig), die aus nichtsinusoidalen Klängen bestehen, gelten jedoch zusätzliche Aspekte (in Abschnitt 18.2 beschrieben), die gewissen Intervallen einen speziellen Anspruch verleihen, so etwas wie natürliche Kategorien zu sein.

Erinnern wir uns, daß dem musikalischen Begriff eines Intervalls dessen *Frequenzverhältnis* entspricht. Nehmen wir als Beispiel das Verhältnis von 3 zu 2, geschrieben als 3:2 oder gleichbedeutend als 1,5 : 1. Die Identität dieses Verhältnisses mit der reinen Quinte bedeutet also, daß z. B. eine 400- und eine 600 Hz-Welle zusammen genau wie eine 1500- und 2000 Hz-Welle klingen, eben als reine Quinte. Die Größe eines zusammengesetzten Intervalls erhalten wir nun durch die Multiplikation der einzelnen Intervall-Frequenzverhältnisse. Wenn die Note Z eine kleine Terz über der Note Y liegt und diese wiederum eine große Terz über der Note X, heißt das im Zusammenhang der weiter unten erfolgenden Erörterung der reinen Stimmung, daß Z und Y ein Frequenzverhältnis von 6:5 haben sowie Y und Z ein solches von 5:4. Anders ausgedrückt, gilt $f_Z = {}^6/_5\, f_Y$ und $f_Y = {}^5/_4 f_X$, so daß sich daraus ergibt $f_Z = {}^6/_5({}^5/_4 f_X) = {}^6/_4 f_X = {}^3/_2 f_X$ oder, gleichbedeutend, $f_Z = 1{,}2 \cdot (1{,}25 \cdot f_X) = 1{,}5 \cdot f_X$. Das von Z und X gebildete Intervall ist also eine reine Quinte. Würde Z dagegen eine kleine Terz unter Y liegen anstatt darüber, müßten wir mit ${}^5/_6$ anstelle mit ${}^6/_5$ multiplizieren und erhielten ein Verhältnis von 25:24 zwischen Z und X.

Wir benötigen eine praktischere Maßeinheit (kleiner als eine Oktave), um die Größe unserer Intervalle präzise zu beschreiben. In Kapitel 7 benutzten wir die Zwölfteilung der Oktave und nannten die Teile Halbtonschritte; in Abschnitt 18.5

Tabelle 18.1 Die Größen der konsonanten Intervalle entsprechend der pythagoräischen Hypothese. Für die meisten Zwecke ist es durchaus zulässig, diese zum nächsten ganzzahligen cent-Wert ab- oder aufzurunden. Beachte die vier komplementären Paare: Für jedes davon ist das Produkt der Verhältnisse 2:1, bzw. die Summe in cents ist gleich 1200.

| Musikalisches Intervall | Frequenzverhältnis | Größe in cent ¢ |
|---|---|---|
| Prime | 1:1 | 0,0 |
| Oktave | 2:1 | 1200,0 |
| | | |
| Reine Quinte | 3:2 | 701,95 |
| Reine Quarte | 4:3 | 498,05 |
| | | |
| Große Terz | 5:4 | 386,31 |
| Kleine Sexte | 8:5 | 813,69 |
| | | |
| Kleine Terz | 6:5 | 315,64 |
| Große Sexte | 5:3 | 884,36 |
| | | |
| ** | 7:4 | 968,83 |
| ** | 11:8 | 551,32 |

** Die auf 7 und 11 beruhenden Verhältnisse haben in der diatonischen Skala keinen Platz (oder Namen) und werden üblicherweise nicht als konsonant betrachtet.

werden wir jedoch sehen, daß dies zu eingeschränkt ist, da wir über einige Halbtonschritte sprechen müssen, die geringfügig größer oder kleiner sind als andere. Wir wollen daher hier die international übliche Maßeinheit **Cent** (abgekürzt ¢) einführen.

Die Cent-Skala hat zwei sie definierende Eigenschaften:

**1) Das Frequenzverhältnis 2:1 soll exakt der Zahl von 1200 cents entsprechen, und 2) an die Stelle der Multiplikation von Frequenzverhältnissen tritt immer die Addition der entsprechenden cent-Zahlen.**

Die erste Eigenschaft setzt die reine Oktave mit 1200 ¢ gleich, so daß ein Cent genau einem Hundertstel eines wohltemperierten Halbtons entspricht. Wir dürfen daraus nicht schließen, daß dies irgendetwas besonderes über die Größe eines 100-¢-Intervalls aussagt, genausowenig wie unsere Definition eines Kilogramms bedeutet, daß ein Kilogramm irgendwie eine spezielle natürliche Größe sei oder etwas derartiges. Die zweite Eigenschaft besagt, daß die Beziehung zwischen Frequenzverhältnissen und cent derjenigen zwischen Schallintensitätspegeln und Dezibel analog ist. So wie wir in Tabelle 5.1 die Verhältnisse und Pegelunterschiede gegenübergestellt haben, können wir daher auch für die wichtigsten Intervalle die analoge Tabelle 18.1 aufstellen (In Tabelle 7.2 und Bild C sind die dazugehörige Terminologie und Schreibweise zum Nachschlagen enthalten).

* Obwohl praktisch unsere ganze Erörterung ohne die Benutzung der mathematischen Definition ausgeführt werden kann, sei sie doch der Vollständigkeit halber angegeben: 1/(cent) = $1200 \log_2 (f_Y/f_X) = 3986 \log_{10} (f_y/f_X)$. Das einem cent entsprechende Frequenzverhältnis ist 1,000.577.8.

Wir haben also immer die Wahl zwischen zwei Möglichkeiten, die Größe eines zusammengesetzten Intervalls zu berechnen: 1) Multiplikation der Frequenzverhältnisse oder 2) Addition der cent-Beträge. Für das obige Beispiel eines aus kleiner plus großer Terz kombinierten Intervalls ergibt sich also gleichbedeutend durch Addition der cent-Beträge: 386¢ + 316¢ = 702¢. In diesem Fall ist es natürlich noch einfacher, nur die Halbtonschritte zu addieren (4+3=7), aber mit Hilfe der Cent-Skala können wir auch beliebige Intervallgrößen ohne Einschränkung auf die diatonischen Intervalle berechnen.

Wenn ein Intervall nach unten gegeben ist anstatt aufwärts, brauchen wir nur die Addition durch eine Subtraktion zu ersetzen. Beispielsweise ergibt sich für eine große Terz aufwärts und anschließend eine kleine Terz abwärts einfach 386¢ – 316¢ = 70¢, also eine kleine Version eines Halbtonschritts, das dem 25:24-Verhältnis oben entspricht.

Wie genau können unsere Ohren überhaupt diese Intervallgrößen beurteilen? Die Experimente zur kategorialen Wahrnehmung lassen vermuten, daß wir bei Sinuswellen ohne weiteres Abweichungen bis zu 50 ¢ nach oben oder unten von den Standardintervallen tolerieren (oder „zurechthören"), vor allem wenn wir nicht bewußt versuchen, solche Abweichungen zu entdecken. Die offensichtlich 'schrägen' Noten in einem Anfängerorchester weichen ebenfalls 30 bis 50 ¢ ab, und durch die in diesen nichtsinusoidalen Klängen vorhandenen Teiltöne werden die Abweichungen viel weniger tolerierbar. Messungen bei trainierten Berufsmusikern zeigen, daß Abweichungen von 10 bis 20 ¢ normal sind. Manche dieser Abweichungen sind bewußt künstlerisch gewollt, aber auch als ungewollte Fehler werden sie in dieser Größenordnung nicht wahrgenommen. Man kann sagen: Gottseidank, denn die Eigenschaften der Blas- und Streichinstrumente würden es sehr erschweren, ja fast unmöglich machen, die Tonhöhe genauer als in diesem Spielraum von 10 bis 20¢ einzuhalten. Außerdem tragen sowohl Vibrato, kurze Notendauern, Atem- und Ansatzgeräusche dazu bei, die Abweichungen in der Intonation zu verdecken.

Andererseits gibt es Umstände, unter denen das Ohr sehr viel empfindlicher reagiert; wenn z. B. ein geübter Musiker mit einem „guten Ohr" bewußt auf eventuelle Tonabweichungen lauscht, viel Zeit für jeden einzelnen Ton hat, kann er oder sie ein Intervall mit einer Genauigkeit von etwa 5 ¢ spielen. Es ist daher durchaus sinnvoll, wenn die Saiten einer Geige, eines Klaviers oder die Pfeifen einer Orgel mit einer Genauigkeit von 2 oder 3 ¢ im mittleren und hohen Bereich gestimmt sein sollen.

Die Verstimmung musikalischer Intervalle stellt eine weitere Beziehung von der gleichen Art dar, wie wir sie schon zwischen Intensität und Lautheit oder zwischen Frequenz und Tonhöhe kennengelernt haben. Auch hier erzeugt ein physikalisch zu messender Wert (Abweichung des tatsächlichen von dem erwünschten Frequenzverhältnis, meist ausgedrückt in cent) eine menschliche Wahrnehmung, die psychologisch gemessen werden muß (d. h. eine Beurteilung, wie unangenehm oder störend die Abweichung ist). Meine Studenten und ich erforschten diese Wahrnehmung an verschiedenen Musikern. In einem typischen Experiment lauschten die Versuchspersonen einer Reihe von computererzeugten Intervallen mit verschiedenen Graden absichtlicher Verstimmung und mußten dann die Reinheit der Intervalle auf einer

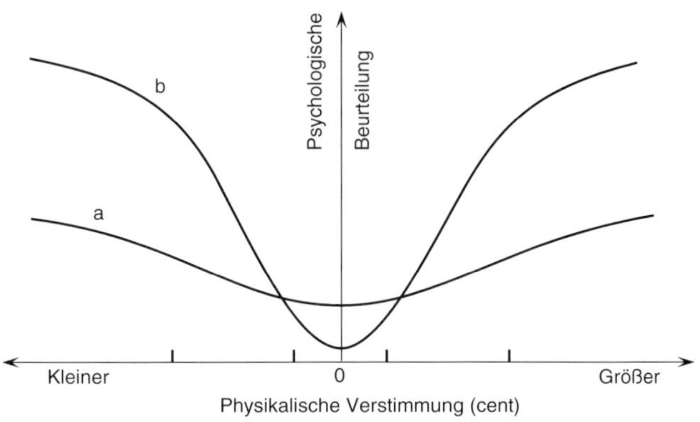


Bild 18.2
Die qualitative Beurteilung von Intervall-Abweichungen. Musikalisch nicht ausgebildete Testpersonen (Kurve a) zeigen ein geringes Unterscheidungsvermögen, während erfahrene Musiker (Kurve b) drei Beurteilungsniveaus zeigen. In einem sehr engen Bereich um Null herum werden die Abweichungen als sehr akzeptabel empfunden; außerhalb dieses Bereichs wird die unangenehme Empfindung einer Verstimmung mit zunehmender physikalischer Abweichung rasch stärker; schließlich wird die Verstimmung als so unangenehm empfunden, daß es kaum noch eine Rolle spielt, wenn die physikalische Abweichung weiter zunimmt, und die Kurve wird wieder flacher. (Die tatsächliche Zahl der Abweichung in cent hängt von der Größe des Intervalls, der absoluten Tonhöhenlage und anderen Faktoren ab).

Skala bewerten (von 1 für »sehr gut gestimmt/völlig akzeptabel« bis 7 für »schrecklich verstimmt, unakzeptabel«). Obwohl einige Intervallarten sich in speziellen Eigenschaften unterscheiden, läßt sich die generelle Art der Antworten wie in Bild 18.2 zusammenfassen. Das Vorhandensein einer 5 ¢-Abweichung wurde in vielen Fällen leicht entdeckt, und Abweichungen von 10 bis 15 ¢ reichen – bei komplexen Wellenformen – aus, um Oktaven, Quinten und Terzen völlig unakzeptabel werden zu lassen. Ein interessantes Nebenergebnis dieser Experimente waren Hinweise darauf, daß manche Musiker bei ihrem Urteil sich auf das Hören von Schwebungen verlassen, während andere eine abstraktere Fähigkeit der Intervallbeurteilung benutzen, unabhängig von Schwebungen. Die letzteren können Verstimmungen selbst dann wahrnehmen, wenn ein Ton des Intervalls dem linken, der zweite dem rechten Ohr dargeboten wird.

Es bleibt eine bemerkenswerte Eigenschaft unseres Gehörs bei der Intervallwahrnehmung, daß wir überhaupt zwei Tonhöhen wahrnehmen und nicht nur eine. Angesichts unserer Ausführungen über Mustererkennung im letzten Kapitel sollte man ja erwarten, daß das Ohr einfach die harmonische Reihe sucht, die am besten zu dem kombinierten Spektrum beider Töne passt, und den dazugehörigen Grundton als Tonhöhe hört. Warum verschmelzen die zwei Noten also nicht einfach und werden als eine wahrgenommen? Unser Gehör sammelt Hinweise von Formantbereichen, Einschwingvorgängen, Tonhöhenfortschreitungen und vollbringt das erstaunliche Meisterstück, die Fourierkomponenten in zwei oder mehr Reihen auszusortieren, um dann jeder Reihe einen Grundton zuzuweisen. Der Umstand, daß eine bestimmte Gruppe von Spektralkomponenten sich in gleicher Art von dem vorangehenden Ton weiter bewegt oder ein Einschwingvorgang in ähnlicher Weise stattgefunden hat, reicht dem Gehirn, um diese Wahrnehmungen einer eigenen Stimme zuzuordnen.

Hier liegt eine gute akustische Begründung für einige traditionelle Regeln der Instrumentation und des Kontrapunkts. Um zwei Melodielinien unterscheidbar zu halten, soll man sie Instrumenten mit unterschiedlicher Klangfarbe oder Einschwingverhalten zuweisen und außerdem die Linien möglichst stets in Gegenbewegung führen. Glatte und ähnliche Klangfarben (besonders auf elektronischen Orgeln) oder Parallelbewegung (besonders parallele Oktaven oder Quinten) würden allzuleicht die Stimmen miteinander verschmelzen lassen, und sie würden nicht mehr einzeln erkennbar sein.

Gelegentlich will jedoch ein Komponist absichtlich solch einen Verschmelzungseffekt zweier Linien in eine einzige herbeiführen und wird für ähnlich klingende Instrumente parallele Bewegungen schreiben. Ein wunderbares Beispiel hierfür ist der zweite Satz („Spiel der Paare“) von Béla Bartók's *Konzert für Orchester* (1944). Ich kann dabei jedes Duett fast als eine einzelne Melodiestimme hören, die von einem neuartigen Instrument mit fremdartiger, exotischer Klangfarbe gespielt wird.

Im einen Extremfall können zwei Dauertöne so gut übereinstimmende Klangspektren haben, daß sie irrtümlich als einzelner Ton wahrgenommen werden. Im anderen Extremfall ergibt sich ein so irreguläres kombiniertes Spektrum, daß die zwei Töne nicht nur ihre getrennte Identität behalten, sondern sich gegenseitig reiben und stören. Die delikate Balance dazwischen bildet den Fall des harmonisch klingenden Intervalls, bei dem beide Töne identifizierbar bleiben und doch so zusammenpassen, daß sie gemeinsam ein weiteres Element unseres musikalischen Vokabulars, ein Intervall, bilden.

Diejenigen Intervalle, die glatt, ruhig oder harmonisch klingen, bezeichnen wir als **konsonant** (was wörtlich nichts anderes heißt als „zusammen-klingend“) und diejenigen, bei denen sich die zwei Töne zu reiben scheinen, als **dissonant**. Es gibt jedoch verschiedene Abstufungen von konsonant oder dissonant und keine scharfe oder eindeutige Grenze dazwischen; die Beurteilung wird auch stark von der jeweiligen Kultur geprägt. Um diese Feinheiten zu verstehen, müssen wir die spezielle Rolle der harmonischen Reihen genauer untersuchen.

## 18.2 Intervalle und die harmonische Reihe

Eine der ältesten Überlieferungen der Musiktheorie ist die des griechischen Philosophen und Mathematikers Pythagoras (ungefähr 500 v. Chr.). Obwohl nichts von seinen eigenen Schriften erhalten blieb, wird berichtet, er habe herausgefunden, daß die zwei Abschnitte einer unterteilten Saite auf einem Monochord (Bild 18.3) unisono klingen, wenn die Abschnitte gleichlang sind, im Oktavabstand bei einem Verhältnis der Saitenlängen von 2:1 und im Quintenabstand bei einem Verhältnis von 3:2. Teilweise auf der Grundlage dieser Beobachtung, teils auch, weil Pythagoras Haupt eines mystischen Zahlenkults war, lehrten seine Nachfolger das, was heutzutage als

Bild 18.3 Unterteilung einer Saite auf einem Monochord durch einen verschiebbaren Steg. Da Spannung und spezifische Dichte in beiden Saitenabschnitten gleich sind, bestimmt das Längenverhältnis $s_1$:$s_2$ das Frequenzverhältnis $f_2$:$f_1$.

pythagoräische Musiklehre bezeichnet wird. Sie behaupteten, daß eine besondere Beziehung zwischen den in kleinen Zahlen ausdrückbaren Längenverhältnissen der Saitenabschnitte (wir würden heute sagen, daß die entsprechenden Frequenzverhältnisse grundlegender sind) und bestimmten Intervallen bestehe, die als Grundlage aller Musik diene: je kleiner die Zahlen, desto konsonanter und wichtiger das Intervall. Dies kommt auch in Tabelle 18.1 zum Ausdruck, in der die Reihenfolge der Auflistung sowohl die historisch fortschreitende Akzeptanz als Konsonanzen als auch die Bedeutung in der klassischen Musik wiedergibt. Unsere Vorfahren betrachteten zunächst nur die Quinte und Quarte als konsonant, und erst in der Renaissance wurden Terzen und Sexten als konsonant akzeptiert. Für die Benutzung von Verhältnissen mit den Zahlen 7 oder 11 traten nur wenige Nonkonformisten wie der späte Harry Partch (1901–1974) ein. Die Musik Indiens zeigt dagegen eine weit größere Bewußtheit des siebten Teiltons als unsere europäische Kultur.

Es besteht in nicht unerheblichem Maße die Gefahr, daß wir heute allzuleicht die Pythagoräische Intervalllehre akzeptieren, nicht aufgrund etwaiger Beweise für sie, sondern einfach weil sie so schön klar scheint und uns vertraut ist – vielleicht auch aufgrund der Anziehungskraft mystischer Zahlenspiele. Handelt es sich denn nun um ein unumstößliches Naturgesetz, oder sind wir nur einer Art Gehirnwäsche durch zwei Jahrtausende Musiktheorie und dem daraus resultierenden starken selektiven Druck auf alles, was wir als gute Musik zu bezeichnen gelernt haben, unterlegen ? – Ich denke, daß zwar ein gewisses Stück 'Wahrheit' in der pythagoräischen Beobachtung steckt, aber seine Intervalllehre auch definitive Grenzen oder Schwächen hat. Sie kann auf Dauertöne mit komplexen Spektren einigermaßen angewendet werden, nur schlecht jedoch auf Sinuswellen und auf perkussive Klänge. Und in jedem Fall ergibt es wenig Sinn, Berechnungen bis auf die fünfte Stelle hinter dem Komma auszuführen, es sei denn, man erfreut sich am Schreiben von Zahlen.

* Aus Untersuchungen wird oft berichtet, daß eine Präferenz für Oktavgrößen von 1210 ¢ oder mehr bei Melodieintervallen und auch bei gleichzeitig erklingenden Sinuswellen zu beobachten ist. Werden aber komplexe Klänge als Intervalle über eine halbe Sekunde oder länger zu Gehör gebracht, so liegt die bevorzugte Standardgröße ohne Zweifel bei 1200 ¢, dem exakten 2:1-Verhältnis.

Wenn man Frequenzverhältnisse mit kleinen Zahlen hervorhebt, meint man die gleichen Intervalle, wie sie in der harmonischen Reihe auftreten. Warum sollten diese Intervalle eine solch bedeutende Rolle in unserer Musik spielen, indem sie die Basis unserer vertrauten Tonleitern bilden? Physikalisch gesehen bilden die Spektren komplexer Dauertöne harmonische Reihen. Die Überlappung oder Übereinstimmung solcher Reihen ist besonders dann auffällig, wenn deren Grundtöne ein Verhältnis kleiner Zahlen aufweisen und daher die Vermutung nahelegen – nur die Vermutung –, sie könnten irgendwie so klingen, als wenn sie zusammenpassen oder -gehören würden (Bild 18.4a). Physiologisch gesehen kann es sein, daß die Einprägung harmonischer Reihen in unserem Muster-Erkennungs-Prozessor das Gehirn dazu verleitet, eifrig nach ähnlichen Mustern zu suchen, selbst bei zwei Tönen, deren Formanten oder Einschwingvorgänge sie als getrennte Einheiten identifizieren. Psychologisch wäre

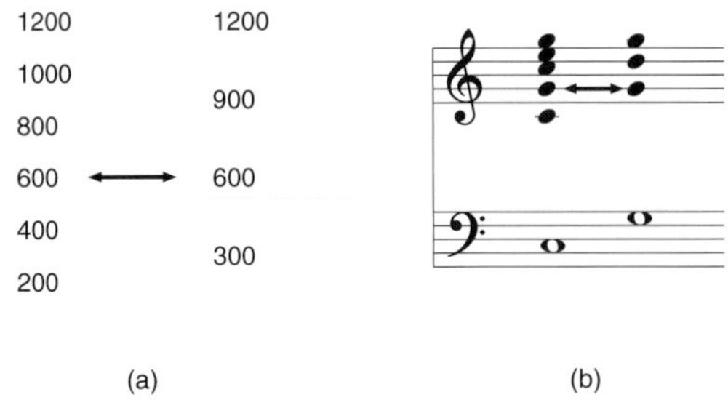


Bild 18.4
a) Aufsteigende Reihen der Teiltonfrequenzen von harmonischen Reihen auf den Grundtönen 200 und 300 Hz.
b) Musikalische Notation eines entsprechenden Beispiels für das Intervall einer Quinte; eine eventuelle Verstimmung wird durch Schwebungen zwischen den durch den Pfeil angedeuteten Teiltönen offenbar.

dies nicht überraschend, denn es ist nur einer von vielen Hinweisen auf die Bevorzugung des Vertrauten, Einfachen, des Ordentlichen und Reibungslosen durch den Menschen.

Das Wort „reibungslos“ bzw. „glatt“ ist dabei ein wichtiger Hinweis, denn hörbare Schwebungen geben uns ein bequemes Kriterium an die Hand, wann wir ein *reines* (genau gestimmtes) pythagoräisches Intervall vor uns haben. Bei Sinuswellen können starke Schwebungen nur hörbar werden, wenn deren Frequenzen sehr nahe beieinander liegen. Es ist richtig, daß auch Sinuswellen bei Frequenzverhältnissen in der Nähe von 2:1 oder 3:2 „Schwebungen zweiter Ordnung“ erzeugen können (wie von Roederer erörtert, S. 36–39), aber diese sind sehr schwer zu erkennen und haben keinerlei direkten Einfluß auf die musikalische Wahrnehmung. Viele psychophysikalische Experimente haben eine stark eingeschränkte musikalische Bedeutung, wenn sie nur Sinuswellen benutzen, die Intervalle von gleichbleibender Akzeptanz bei nur geringer Empfindlichkeit der Testpersonen für das Frequenzverhältnis bilden.

Nur beim Vorliegen komplexer Wellenformen können zwei Töne starke Schwebungen erster Ordnung ergeben, wenn ihre Grundfrequenzen in einem *beliebigen* Verhältnis kleiner ganzer Zahlen stehen. Dies gilt, weil einer oder mehrere der höheren Teiltöne der einen Note beinahe die gleiche Frequenz haben wie einer oder mehrere der Teiltöne der anderen Note. Eine geringfügig verstimmte Quinte habe zum Beispiel $f_Y$ fast gleich $^3/_2 f_X$. Dann stimmt der zweite Teilton von $f_Y$ fast mit dem dritten von $f_X$ überein (Bild 18.4), und Schwebungen mit der Rate $f_{Schw} = 2 \cdot f_Y - 3 \cdot f_X$ werden hörbar. Zum Beispiel ergeben zwei komplexe Töne mit $f_X$ = 200 Hz und $f_Y$ = 302 Hz Schwebungen mit 604–600 = 4 Hz. Die Schwebungsrate wird nochmals durch Beiträge von höheren Teiltönen verstärkt; in diesem Beispiel, $6 \cdot f_X$ und $4 \cdot f_Y$, $9 \cdot f_X$ und $6 \cdot f_Y$ usw.. Wenn Sie Ihre Aufmerksamkeit auf $3 \cdot f_X$ konzentrieren, werden Sie nachvollziehen können, daß die Schwebung mit dieser höheren Tonhöhe zusammenhängt und nicht mit $f_X$ oder $f_Y$.

Im Gegensatz zu dem, was man in manchen Texten lesen kann, haben dissonante Intervalle kein entsprechendes „korrektes“ Frequenzverhältnis; alles, was ungefähr in der groben Nachbarschaft von 200 ¢ ist, dient gleichermaßen gut als große Sekunde. Die Dissonanz von Sekunden, Septimen und dem Tritonus kann auf die Rauhigkeit der schnellen Schwebungen zurückgeführt werden, die wiederum mit der Nähe zu den Intervallen der Prime, Quinte und Oktave zusammenhängen.

Ein Instrument oder eine Saite kann mit einem anderen auf ein erwünschtes konsonantes Intervall gestimmt werden, indem man die Schwebungen zum Verschwinden bringt. Dies ist außerordentlich leicht für Primen, relativ leicht für Oktaven, etwas schwieriger schon für Quinten, und für die anderen Intervalle ist beträchtliche Mühe erforderlich. Die Konstruktion dieser Prozedur und der praktischen Basis zur Stimmung unserer Tonleitern wollen wir nun untersuchen.

## 18.3 Musikalische Skalen (Tonleitern und Modi)

Wenn unsere Musik nur aus Gesang und Geigenspiel bestünde und wir sie ausschließlich „hörend" erlernten, also ohne schriftliche Aufzeichnungen, dann könnten wir eine unbegrenzte Zahl von Tonhöhen aus einem kontinuierlichen Frequenzbereich auswählen. Die Bauweise unserer Blas- und Tasteninstrumente zusammen mit den Beschränkungen unserer traditionellen Notenschrift haben jedoch eine Begrenzung auf einige wenige Tonhöhen und die entsprechenden Intervalle mit sich gebracht; alle anderen Tonhöhen und Intervalle sind sozusagen 'offiziell nicht anerkannt'.

Wir bezeichnen diese Gruppen von erlaubten Tonhöhen als **Skalen, Modi** oder **Tonleitern**; sie sind nicht zu verwechseln mit den *Tongeschlechtern* oder *Tonarten*, die wir im nächsten Kapitel behandeln werden. Eine Skala oder Tonleiter ist einfach eine Folge von Tonhöhen, eine Liste möglicher Töne, während eine Tonart auch die Struktur ihrer Benutzung miteinschließt; die Tonart legt für ihre einzelnen Stufen verschiedene musikalische Funktionen fest, die Skala/Tonleiter nicht.

In moderner Sichtweise gibt es keine Begrenzung für die Zahl möglicher Skalen. Man kann eine beliebige Zahl verschiedener Tonhöhen zusammenstellen, sei es per Zufall oder nach irgendeinem Schema, und das Ergebnis als Skala bezeichnen. Dutzende solcher Skalen sind als Standardmuster in den verschiedenen Kulturen vorhanden. Viele von ihnen klingen für unsere Ohren sehr exotisch und führen auch oft zu Schwierigkeiten, wenn man sie auf unseren Instrumenten zu spielen oder mit unserem Musikstil zu verschmelzen versucht.

Teilweise beruht dies darauf, daß wir überwiegend Dauertöne bzw. relativ lang klingende Töne benutzen. Eine Kultur, die mehr schlagzeugartige Klänge benutzt, hat demgegenüber eine größere Freiheit in der Auswahl möglicher Skalen, da das Ausbleiben deutlich hörbarer Schwebungen den Eindruck von Klangrauheit oder Verstimmung höchstens bei den wenigen Intervallen mit Frequenzverhältnissen kleiner Zahlen – Oktave, Quinte – entstehen läßt. So benutzen zum Beispiel die Gamelan-Orchester auf Java nicht nur verschiedene Skalen, sondern diese Skalen können in jedem Dorf auch noch anders gestimmt sein, das heißt, die Intervallgröße kann unterschiedlich sein (Tab. 18.2); es ist keine oder nur eine geringe Tendenz erkennbar, wonach die dortigen Intervalle eine Übereinstimmung mit den in Tabelle 18.1 aufgeführten europäischen aufweisen.

Untersuchen wir nun, welche Art von Skalen wir erhalten, wenn wir gewisse Beschränkungen einführen. Zunächst fordern wir, daß 1. das Oktav-Intervall vorhanden sein müsse und zwar exakt auf 2:1 gestimmt und daß 2. die Tonabstände in der

Tabelle 18.2 Teilskalen, die für ein bestimmtes javanesisches Gamelanorchester berichtet wurden (Harvard Dictionary of Music, S. 436). Die Zahlen geben die Intervalle in cent an von der ersten (untersten) zu jeder der folgenden, wie in Tabelle 18.3. Beachte die Tendenz zu gedehnten Oktaven und den abweichenden Oktavabstand von einer zur nächsten. Slendro ähnelt einer Skala mit 5 gleichschwebend temperierten Ganztonschritten, aber Pelog hat ein deutliches HHGHHH+G-Muster aus unterschiedlich weiten Ganztönen G und Halbtönen H.

| Slendro | Pelog | Slendro | Pelog |
|---|---|---|---|
| 2441* | 2447* | 721 | 1220* |
| 2174 | 2225 | 473 | 965 |
| 1929 | 2021 | 218 | 800 |
| 1695 | 1905 | 0* | 676 |
| 1458 | 1778 | | 563 |
| 1213* | 1503 | | 266 |
| 954 | 1360 | | 125 |
| | | | 0* |

Skala gleichgroß sein sollen. Dann muß nur noch festgelegt werden, wieviele Tonschritte in einer Oktave möglich sein sollen; für $N$ Schritte bezeichnen wir die Skala als *N-tönige gleichtemperierte Skala*. Für den Abstand der Einzelschritte brauchen wir nur noch 1200 ¢ durch die Zahl N zu teilen; bei $N = 12$ ergibt sich jeder Schritt zu 100 ¢ und somit die uns wohlvertraute wohltemperierte Stimmung der chromatischen Skala (Bild A.5). Für $N = 6$ erhalten wir die *Ganztonskala*, deren Möglichkeiten z. B. Claude Debussy in vielen Stücken erforscht und benutzt hat. Ein anderer, nicht uninteressanter Fall ergibt sich für $N = 19$ mit der Schrittweite von 1200/19 = 63,16 ¢ und zwar deswegen, weil fünf bzw. sechs solcher Schritte zusammen Intervalle von 316 ¢ bzw. 379 ¢ ergeben, die eine weit bessere Annäherung an die kleine und große Terz ergeben als 300 ¢ bzw. 400 ¢; der 11. Schritt ergibt mit 695 ¢ eine durchaus akzeptierbare Quinte. Aus ähnlichen Gründen haben verschiedene Komponisten 31- und 53-tönige wohltemperierte Skalen trotz den praktischen Aufführungsschwierigkeiten verwendet (siehe Übung 13). Wohl die meisten von uns sind allerdings so wenig an mikrotonale Strukturen gewöhnt, daß wir den potentiellen Reichtum solcher Musik kaum einschätzen können.

Am wichtigsten für die westliche Musik sind die **diatonischen Skalen**, welche aus einer Folge von Ganztönen (G) und Halbtönen (H) pro Oktave bestehen. Oft wird die Bezeichnung *diatonisch* auch so verstanden, daß damit speziell das GGHGGGH-Muster gemeint sei, also unsere *Dur-Skala* (Bild 18.5). Andere verbreitete Muster der Ganz- und Halbtonschritte (die drei Moll-Skalen, die Zigeunerskala usw.) können als Abkömmlinge oder Varianten der Dur-Skala betrachtet werden. Wir wollen dies hier

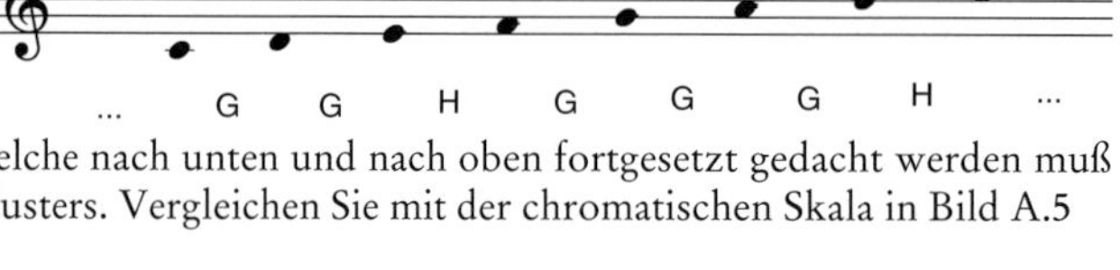


Bild 18.5
Die diatonische Dur-Skala, welche nach unten und nach oben fortgesetzt gedacht werden muß unter Beibehaltung des gleichen Musters. Vergleichen Sie mit der chromatischen Skala in Bild A.5

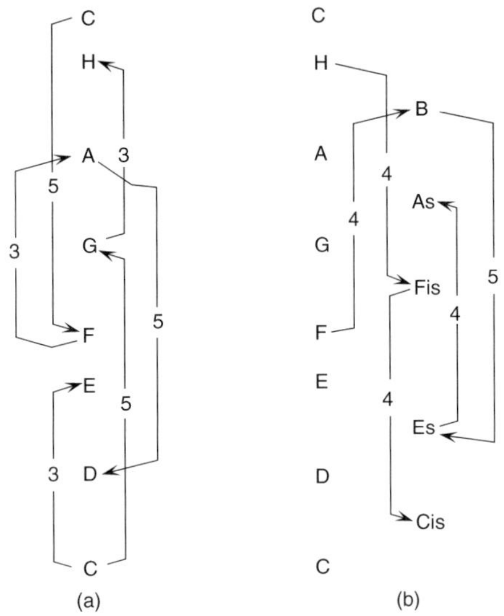


Bild 18.6
Eine unter verschiedenen Möglichkeiten zur Konstruktion der erweiterten diatonischen Skala.
a) Ausgehend von den zwei Oktav-C's stimmt man schwebungsfreie Quinten für die Töne G und F, danach mehr oder weniger schwebungsfreie große Terzen F–A, C–E, oder G–H und vervollständigt dann die 'weißen' Noten, indem man D–A–E–H jeweils als reine Quinten stimmt. Diese Vorgehensweise geht mindestens bis auf Ptolemäus zurück (140 n. Chr.)
b) Die 'schwarzen' Noten erhält man, indem man reine Quinten oder Quarten von H (für Erhöhungen: fis usw.) und von F aus (für Erniedrigungen: b usw.) stimmt.

jedoch nicht vertiefen, denn die folgenden Abschnitte können wir völlig mit den Begriffen der Dur-Skala abhandeln. Zu beachten ist, daß jede diatonische Skala im Unterschied zur chromatischen bereits eine ihr innewohnende Struktur durch ihre Tonhöhenstufen enthält, auch wenn noch keine Anwendungsstruktur für sie definiert ist.

Die diatonische Dur-Skala kann auf verschiedene Weise hergeleitet werden. Am leichtesten, obwohl historisch unzutreffend und musiktheoretisch ungeeignet, ist sie als Teilmenge der chromatischen Skala herzuleiten – also gewissermaßen als Klavier ohne schwarze Tasten. Eine andere Herleitung bezieht sich auf das Muster von Ganz- und Halbtönen pro Oktave, indem dies als Ausdruck der Tendenz aller Sänger – in allen Kulturen – verstanden wird, kleinere und größere Melodieschritte einander gegenüberzustellen. Eine dritte Herleitung beruht auf dem Versuch, eine Struktur mit reinen bzw. schwebungsfreien Quinten und Terzen zu bilden. Die letztere ist zwar komplizierter als die ersten zwei, aber sie legt die Entwicklung von Stimmungskriterien nahe, die für länger ausgehaltene Harmonien geeignet sind, im Gegensatz zu anderen Mustern, bei denen die eine „Quinte" nicht notwendigerweise die gleiche Größe hat wie eine andere.

Bild 18.6a zeigt eine vorläufige Version der einfachen diatonischen Skala, und Bild 18.6b deren chromatische Erweiterung. Es muß betont werden, daß dies nur eine von mehreren Möglichkeiten darstellt; das D könnte z. B. auch als Quarte unterhalb von G definiert werden anstatt als Quinte unter A. Diese Schemata führen *nicht* alle zum gleichen Ergebnis, und in Abschnitt 18.5 werden wir uns mit dem Problem herumschlagen, sie miteinander in Übereinstimmung zu bringen.

Natürlich möchten wir gerne die exakte Größen aller Intervalle der diatonischen Skala auflisten. Dazu müssen wir nicht nur fragen, welche Intervalle wir einschließen wollen, sondern auch danach, wie genau wir überhaupt die verschiedenen Anforderungen der genauen Stimmung in Übereinstimmung bringen können. Wir müssen uns daher kurz auf einen scheinbaren Umweg begeben, bevor wir in Abschnitt 18.5 auf unseren Weg zurückfinden zur Frage der Stimmung der diatonischen Skala und zur Entwicklung der dafür nötigen Hilfsmittel.

## 18.4 Die Unmöglichkeit einer vollkommenen Stimmung

Es gibt ein grundsätzliches mathematisches Problem bei der Stimmung der Töne einer diatonischen Skala, welches leicht durch das folgende Beispiel veranschaulicht werden kann. Angenommen, wir beginnen beim mittleren C und versuchen, weitere Noten hinzuzufügen. Da wir öfter C-Dur-Dreiklänge spielen werden und diese möglichst perfekt klingen sollen (keine Schwebungen!), fordern wir zunächst, daß e' genau 386 ¢ über c' sein soll (also ein exaktes 5:4-Verhältnis). Um auch entsprechend gut klingende E-Dur-Dreiklänge spielen zu können, muß gis' wiederum genau auf 386 ¢ über e' gestimmt werden. So weit, so gut. Aber nun wollen wir auch ein Stück in As-Dur spielen, und das erfordert (wenn die Dreiklänge rein klingen sollen), daß as genau um 386 ¢ unter c' liegt. Dann erhalten wir ein as, welches um 3 x 386 = 1159 ¢ unter gis' liegt bzw. eine Oktave höher ein as', welches um 41 ¢ über gis' liegt.

Was tun? Ein Sänger, Streicher oder Posaunist kann ohne Probleme das eine oder das andere hervorbringen; auch andere Bläser können die Tonhöhe ausreichend beeinflussen, um die gleiche Stimmung wie ihre Kollegen zu erreichen. Aber Tasteninstrumente haben nach dem Stimmen ein für allemal festgelegte Tonhöhen, und keinerlei Möglichkeit, diese während des Spiels zu ändern. Vor allem die Orgel mit ihren vibratolosen Dauertönen läßt jede abweichende Stimmung gnadenlos hörbar werden. Die Stimmung einer Orgel zwingt uns wie nichts anderes herauszufinden, welche Fallgruben in der Struktur der diatonischen Skala verborgen sind.

* Die von Ward zitierten Beobachtungen scheinen darauf hinzuweisen, daß Musiker tendenziell Terzen mit mehr als 400 ¢ bevorzugen, nicht mit weniger als 400 ¢. Ich vermute, daß dies verursacht wird von 1. unserer allzugroßen Prägung durch das Klavier, welches uns daran gewöhnt, 400 ¢ als Standard zu hören anstatt 386 ¢; 2. einer grundlegenden Tendenz der Wahrnehmung, die, wenn sie schon irren muß, lieber nach der größeren Seite als nach der kleineren eines Intervalls sich hin orientiert, und 3. der Übung (vor allem bei Streichern), Terzen zu vergrößern, um sie als melodisches Intervall prägnanter zu machen. Als Cembalo- und Orgelspieler versichere ich jedoch, daß 386 ¢ wirklich ein legitimer Standardwert für große Terzen ist. Die Moral von der Geschicht': Die Stimmungstheorie ist eng verknüpft mit den besonderen Problemen der Tasteninstrumente, und ihre Anwendung auf vokale oder orchestrale Musik muß mit Vorsicht betrieben werden.

Heutzutage lernen Klavierschüler, die gleiche schwarze Taste anzuschlagen, egal ob gis oder as in den Noten steht, obwohl wir doch gerade ausgerechnet haben, daß gis und as *nicht* die gleiche Frequenz haben dürfen. Dies war dadurch herausgekommen, daß drei große Terzen aufeinander keine reine Oktave ergeben, sondern um 41 ¢

'zu kurz' sind. Das gleiche in Frequenzverhältnissen ausgedrückt: $^5/_4 \cdot {^5/_4} \cdot {^5/_4} = {^{125}/_{64}}$, obwohl eine Oktave ja $^{128}/_{64}$ (= $^2/_1$) ergeben sollte; der Unterschied von 41 ¢ entspricht dem Verhältnis von 128:125.

Wie können wir nun dieses Problem lösen? 1. Wir könnten Tastaturen mit mehr als 12 Tasten pro Oktave bauen, so daß wir mehr als 12 Tonklassen benutzen können. Dies ist auch tatsächlich schon geschehen; viele alte Orgeln und Kielflügel haben geteilte schwarze Tasten, so daß man *entweder* Gis *oder* As (oder entsprechend andere Paare) mit zwei zugehörigen Pfeifen oder Saiten spielen kann. 2. Wir können für die eine Tonart stimmen und vermeiden, eine andere zu spielen – also auf Gis zu stimmen und kein Stück zu spielen, das As enthält, ohne vorher neu zu stimmen. In Barock und Renaissance war dies die übliche Praxis, und auch heute sollte jeder Cembalospieler solche Umstimmungen vornehmen können. 3. Wir könnten Gis stimmen, trotzdem Stücke in As spielen und dabei bewußt in Kauf nehmen, daß die erhebliche Verstimmung (427 ¢ anstelle 386 ¢) unseren Zuhörern regelrechte Pein verursachen wird. Das wäre aber natürlich nicht sehr sinnvoll. 4. Wir könnten ein wenig auf unsere perfekt gestimmten Terzen C–E und E–Gis verzichten und sie etwas größer als 386 ¢ stimmen, so daß Gis–C ausreichend kleiner als 427 ¢ wird und so erträglicher. Unter den vielen dafür möglichen Kompromissen sind wir infolge der heute üblichen Klavierstimmungen daran gewöhnt, alle drei Terzen auf 400 ¢ zu stimmen und zu hören.

Zusammengefaßt: Wenn wir zwangsweise Gis und As gleichsetzen, erzeugen wir einen *Großterzen-Zirkel* : ...Gis/As–C–E–gis/as.... Bestehen wir dagegen auf der Regel, daß Oktaven in 2:1 und Quinten in 5:4 gestimmt sein müssen, dann ergibt sich unausweichlich ein 41 ¢-Fehler irgendwo in diesem Zirkel (in der traditionellen Musiktheorie wird dieser als die *kleine Diesis* bezeichnet). Wir haben also die Wahl, diesen Fehler entweder gleichmäßig zu verteilen (14 ¢ pro Schritt in der gleichschwebenden Temperatur), oder ungleichmäßig, oder ihn an einer Stelle zu lassen, aber wir *können ihn nicht beseitigen*. Für die anderen verbleibenden Tonklassen, die alle ebenfalls zu einem Großterzen-Zirkel gehören (...Cis/Des–F–A–cis/des..., ...Dis/Es–G–H–dis/es... und ...Ais/Ges–D–Fis–ais/ges...), gilt die gleiche Schlußfolgerung.

Ähnlich können wir für drei *Kleinterzen-Zirkel* argumentieren: ...Fis–A–C–Es–ges..., Cis–E–G–B–des... und ...Gis–H–D–F–as.... Da eine kleine Terz (6:5) 316 ¢ hat, ergeben vier aufeinander 1263 ¢, 63 ¢ mehr als eine Oktave. (Gleichbedeutend: $(^6/_5)^4 = {^{1296}/_{625}}$ ergibt ein übergroßes Oktav-Verhältnis von $^{648}/_{625}$.) Jedes auf 12 Tonklassen beschränkte Stimmungsschema *muß* einen Gesamtfehler von 63 ¢ (die sogenannte *große Diesis*) bei jedem Kleinterzen-Zirkel aufweisen, gleichgültig, ob dieser gleichmäßig verteilt wird (z.B. in 16 ¢-Teilen in der gleichschwebenden Temperatur), oder ungleichmäßig, oder an einer Stelle belassen bleibt.

Am wichtigsten von allen ist vielleicht der *Quinten-Zirkel*: ...As–Es–F–C–G–D–A–E–H–Fis–Cis–Gis... . Da eine perfekte 3:2-Quinte genau 702 ¢ hat, ergeben 12 davon zusammen 8424 ¢ (genaugenommen 8423,5 ohne Rundungsfehler); sieben Oktaven ergeben aber nur 8400 ¢ und lassen eine Differenz von 23,5 ¢ (das *ditonische Komma*) zwischen dem Gis und as übrig. (Entsprechend: $(^3/_2)^{12} = {^{531441}/_{4096}}$ aber $(^2/_1)^7 = {^{128}/_1} = {^{524288}/_{4096}}$.) Auch hier gilt wieder, daß jedes Stimmungsschema auf dem Quinten-

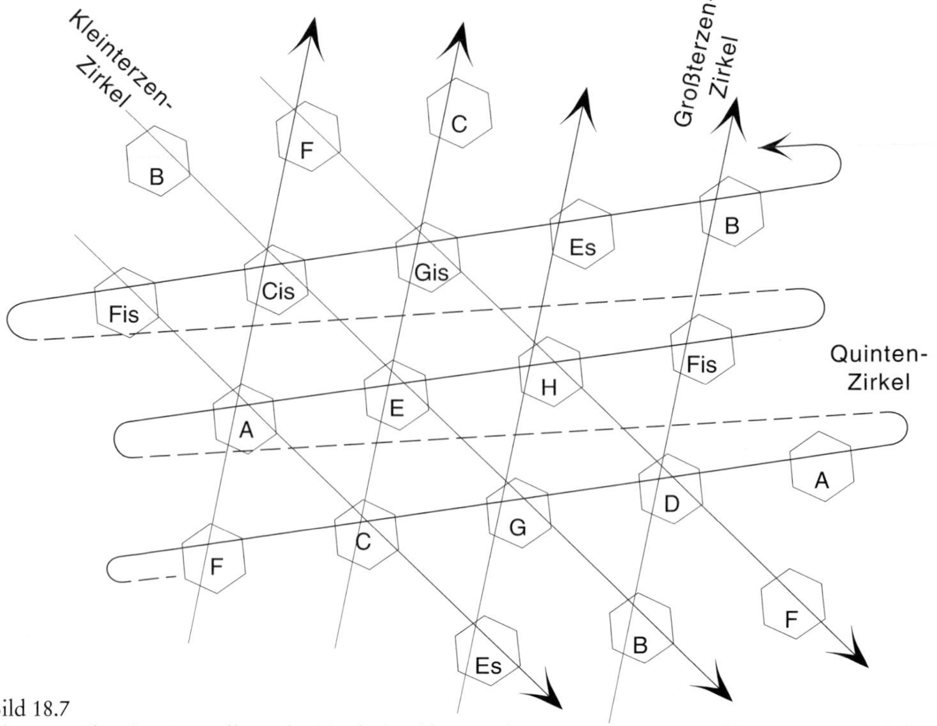


Bild 18.7
Eine mosaikartige Darstellung der Tonhöhenklassen, die interessante Intervallbeziehungen sichtbar macht. Alle Großterzen-Zirkel erscheinen als Diagonalen von links unten nach rechts oben, Kleinterzen-Zirkel als Diagonalen von links oben nach rechts unten . Der Quinten-Zirkel (leicht nach rechts ansteigende, fast horizontale Linie) ist die Spirale, die sich ergeben würde, wenn man das Bild ausschneiden und auf einen Zylinder kleben würde. – Um den Vergleich zu erleichtern, wollen wir die hier angebrachten Notennamen in allen folgenden Darstellungen beibehalten, auch wenn wir einige Male eigentlich As und nicht Gis meinen, wie in Bild 18.10.

Zirkel irgendwo diesen Fehler von 23,5 ¢ aufweisen *muß*, gleichgültig, ob verteilt (2 ¢ pro Schritt bei der gleichschwebenden Temperatur) oder nicht.

Hinsichtlich der Quarten und Sexten ergibt sich nichts Neues, denn diese sind ja nichts anderes als die Umkehrungen der Quinten und Terzen. Allerdings ist da noch eine wichtige Eigenschaft: Wir können unsere Entscheidung, wie das ditonische Komma zu verteilen ist, nicht unabhängig davon treffen, wie wir die große oder kleine Diesis verteilen. Die Quinten- und Terzen-Zirkel sind durch die Art miteinander verknüpft, in der jede ihrer Noten an verschiedenen Intervallen teilhat. Jede Korrektur, um die Terzenstimmung zu verbessern, geht zu Lasten der Quintenstimmung und umgekehrt.

Um den charakteristischen Widerspruch im Zusammenhang der Quinten und Terzen zu sehen, betrachten wir das Intervall c'–e'. Wenn wir es als große Terz stimmen, hat es ein Verhältnis von 5:4 oder 386 ¢. Stimmen wir dann eine Folge von vier Quinten, c'–g'–d''–a''–e''', so erhalten wir $({}^{3}/_{2})^4 = {}^{81}/_{16}$ oder 4 · 702 ¢ = 2808 ¢. Ziehen wir davon wieder zwei Oktaven ab, so kommen wir zurück zu unserem e', dessen Verhältnis zu c' ausgedrückt wird durch $^{81}/_{16} \cdot {}^{1}/_{4} = {}^{81}/_{64}$ (wogegen $^{5}/_{4} = {}^{80}/_{64}$) oder 2808 ¢ – 2400 ¢ = 408 ¢. Wir haben also eine Diskrepanz von 408–386 = 22 ¢ (genauer 21,5 ¢, entsprechend dem Verhältnis $^{81}/_{80}$), welche als das *syntonische Komma* bezeichnet wird. Genau wie die anderen ist dieser Gesamtfehler *immer* irgendwo in jeder Folge von vier Quinten und der entsprechenden großen Terz vorhanden.

Man könnte durch die Darstellung des Terzen- und Quintenzirkels leicht den (falschen) Eindruck haben, daß die Schwierigkeiten hauptsächlich durch die chromatische Erweiterung der diatonischen Skala entstehen; und daß die Probleme gelöst werden könnten, indem man alles nach C-Dur transponiert und so die Verwendung der schwarzen Tasten minimiert. Aber dem ist nicht so, denn das syntonische Komma steckt unleugbar bereits in der einfachen diatonischen Skala – in den weißen Tasten des Klaviers sozusagen.

Für den nächsten Abschnitt werden wir eine Darstellung der Tonhöhenklassen (Bild 18.7) als hilfreiches Anschauungsmittel entwickeln, bei der jede Tonhöhenklasse von denjenigen umgeben ist, mit denen sie wichtige konsonante Intervalle bildet. Alle Terzen-Zirkel erscheinen darin als diagonale Folgen, der Quinten-Zirkel als ungefähr horizontale Folge. Jedes Stimmungsschema kann damit schön übersichtlich zusammengefaßt dargestellt werden, indem zwischen jedem Notenpaar die Abweichung dieses Intervalls in cent angegeben wird, wobei Plus- oder Minus-Zeichen anzeigen, ob das Intervall kleiner oder größer als der Idealwert ist. In den folgenden Bildern ist es damit leicht, die bisher aufgeführten Regeln nachzuvollziehen, indem einfach die Zahlen entlang jeder Diagonalen bzw. Horizontalen addiert werden. Die klangliche Qualität eines Dreiklangs wird auf einen Blick ersichtlich, denn jeder stellt sich als ein Dreieck dar – Durdreiklänge als aufwärtszeigendes, Molldreiklänge als abwärtszeigendes.

Um es kurz zusammenzufassen: Es ist genauso unmöglich, 12-tönige Skalen so zu stimmen, daß alle konsonanten Intervalle rein sind, wie aus 2+2 das Ergebnis 5 entstehen kann. Es ist lediglich Zeitverschwendung, nach einem perfekten Stimmungsschema zu suchen; viel sinnvoller ist es, statt dessen nach derjenigen Kompromißstimmung zu suchen, die dem jeweiligen Zweck am besten dient.

## 18.5 Stimmung und Temperatur

Im Lauf der Zeit haben die Theoretiker Dutzende von Stimmungssystemen für Tasteninstrumente untersucht und entwickelt. Die meisten davon haben ihre Wurzeln in vier – einander ergänzenden – Betrachtungsweisen, die wir hier darstellen wollen. Wohlgemerkt, wir beschreiben dabei im folgenden theoretische Idealvorstellungen, was bedeutet, daß in der Praxis immer Abweichungen von mindestens 1 bis 2 Cent von den angegebenen theoretischen Intervallgrößen auftreten werden.

Die erste Betrachtungsweise oder Ausgangstheorie ist die auf dem Quintenzirkel aufgebaute *Pythagoräische Stimmung.* Dabei sind die meisten der reinen Quinten mit exakten 702 ¢ gestimmt (siehe Bild 18.8a), und die Stimmung der Terzen wird demgegenüber vernachlässigt. In ihrer reinsten Form erzielt die Phytagoräische

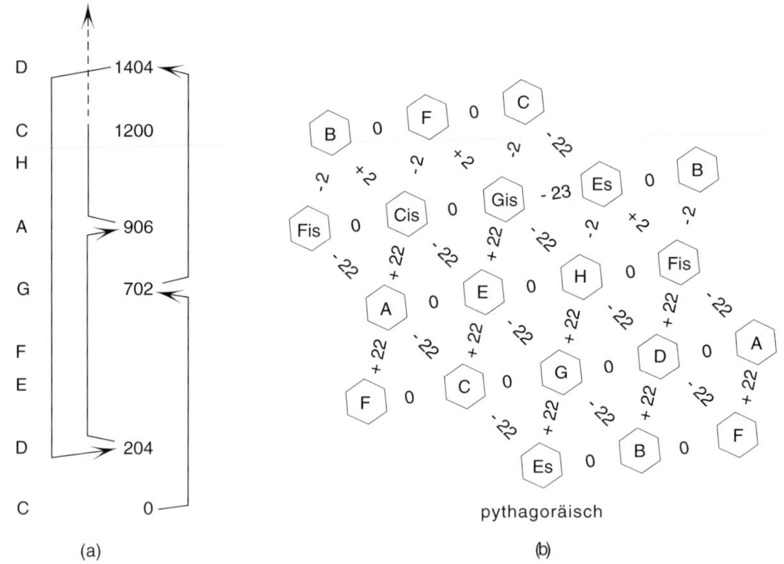


Bild 18.8
a) Die ersten Schritte einer Phytagoräischen Stimmung. Jedesmal beim Überschreiten des Ausgangsoktavbereichs stimmt man eine perfekte Oktave zurück. Das Endergebnis der Intervallgrößen in ¢, bezogen auf C, ist in Tabelle 18.3 dargestellt. Die sieben Töne der diatonischen Skala wurden auf diese Weise zuerst von Erastothenes (250 v. Chr.) gestimmt; die chromatische Erweiterung kam schrittweise erst viele Jahrhunderte später dazu. b) Mosaikdarstellung der Abweichungsfehler einer Pythagoräischen Stimmung, wenn die Wolfsquinte auf Gis–Es gelegt wird. Positive bzw. negative Zahlen bezeichnen eine jeweils zu weite oder zu kleine Quinte oder Terz. Die korrespondierenden Komplementärintervalle (Quarten und Sexten) haben den jeweils gleichen Abweichungsfehler, jedoch mit entgegengesetztem Vorzeichen.

Stimmung elf perfekte Quinten, wobei dann das vollständige ditonische Komma in der zwölften verbleibenden Quinte ausgeglichen werden muß. Diese letzte 679-¢-Quinte kann z. B. auf Gis–Es gelegt werden (wie in Bild 18.8) oder auch auf Dis–B; es kann im Prinzip jede beliebige der zwölf Quinten sein. Acht von den 12 großen Terzen ergeben sich somit als sehr weite 408-¢-Terzen, und es ist daher kein Zufall, daß die mittelalterlichen Theoretiker, die diese Stimmung benutzten, die Terz zu den dissonanten Intervallen rechneten.

Die zweite Betrachtungsweise wird als *1/4-Komma-mitteltönige Stimmung* bezeichnet und beruht auf dem Zirkel der großen Terzen[14]. Maximal acht große Terzen können hier schwebungsfrei mit 386 ¢ gestimmt werden, wogegen die Stimmung der Quinten vernachlässigt wird (siehe Bild 18.9). In der einfachsten regulären Form klingen die meisten Quinten mit 697 ¢ akzeptabel, jedoch verbleibt eine Quinte mit 738 ¢ so mißtönend, daß sie während des Spiels vermieden werden muß. Ebenso muß der Spieler jede Musik ausklammern, in der eine der vier 427-¢-Terzen vorkommt; im

[14] Diese Stimmung wird im deutschsprachigem Raum oft als „Praetorianische Stimmung" nach Michael Praetorius bezeichnet, der sie für seine Werke verlangte. Vgl. NG, Art. *Temperaments*, § 5 (A.d.Ü.).

Tabelle 18.3 Intervallgrößen (in ¢) von C aus zu allen anderen Tonhöhenklassen in der erweiterten diatonischen Skala für alle dargestellten Stimmungssysteme (Bild 18.8 bis 18.14). Zuunterst ist eine grobe Beurteilung der Klangqualität aller 24 Dreiklänge in jedem Stimmungssystem angegeben; es ist zwar möglich, eine Qualitätsverteilung von 12 guten plus 12 zweifelhaften plus null mißtönenden Dreiklängen zu erzielen, aber unmöglich, alle 24 gut zu stimmen.

| Bezeichnung: | Pythagoräisch | 1/4-komma | Ramos | de Caus | gleichschweb. | 1/6-komma | Vallotti |
|---|---|---|---|---|---|---|---|
| C | 1200 | 1200 | 1200 | 1200 | 1200 | 1200 | 1200 |
| H | 1110 | 1083 | 1088 | 1088 | 1100 | 1092 | 1090 |
| B | 996 | 1007 | 996 | 977 | 1000 | 1003 | 1000 |
| A | 906 | 890 | 884 | 884 | 900 | 895 | 894 |
| Gis | 816 | 773 | 792 | 773 | 800 | 787 | 796 |
| G | 702 | 697 | 702 | 702 | 700 | 698 | 698 |
| Fis | 612 | 579 | 590 | 590 | 600 | 590 | 592 |
| F | 498 | 503 | 498 | 498 | 500 | 502 | 502 |
| E | 408 | 386 | 386 | 386 | 400 | 393 | 392 |
| Es | 294 | 310 | 294 | 275 | 300 | 305 | 298 |
| D | 204 | 193 | 182 | 204 | 200 | 197 | 196 |
| Cis | 114 | 76 | 92 | 71 | 100 | 89 | 94 |
| C | 0 | 0 | 0 | 0 | 0 | 0 | 0 |
| Dreiklangsqualität: | | | | | | | |
| Gut | 6 | 16 | 6 | 12 | 0 | 16 | 10 |
| Zweifelhaft | 16 | 0 | 16 | 0 | 24 | 6 | 14 |
| mißtönend | 2 | 8 | 2 | 12 | 0 | 2 | 0 |

gezeigten Beispiel wäre jeder B-Dur oder f-moll Dreiklang ein Desaster. Trotz dieser Nachteile trugen die zahlreichen perfekten Terzen dieser Stimmung oder Temperatur dazu bei, die Verbreitung dreiklangsbasierter Musik – wie wir sie heute als selbstverständlich gewohnt sind – während der Renaissance zu fördern. Man muß diese Stimmung tatsächlich einmal gehört haben, z. B. mit elisabethanischer Cembalo-

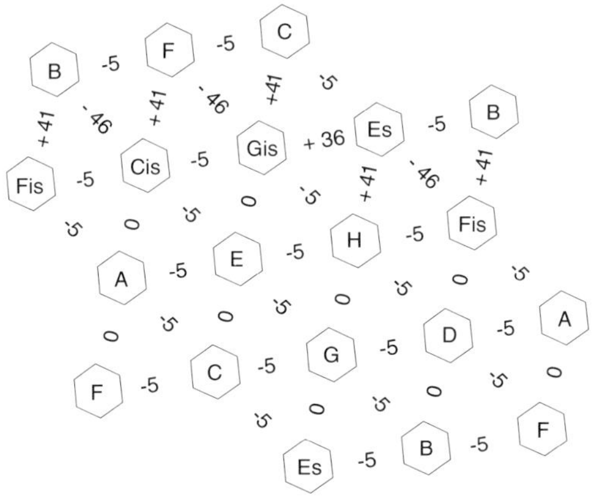


1/4-Komma mitteltönig

Bild 18.9
Fehlerverteilung bei der 1/4-Komma mitteltönigen Stimmung. Beachten Sie die Abstände relativ zu C in Tabelle 18.3 dazu. Die Stimmung wird durchgeführt, indem zuerst ein gleichmäßiger Fehler entlang C-G-D-A-E durch Zählen der Schwebungsrate (oder durch allmähliche Annäherung solange, bis C–E eine reine große Terz ist) verteilt wird und danach sieben reine Terzen gestimmt werden. Der gesamte Fehler über den Quintenzirkel erscheint nur deshalb als –19 ¢ (anstatt korrekt – 23), weil jede mit –5 angegebene gerundete Abweichung rechnerisch den Wert –5,4 ¢ hat.

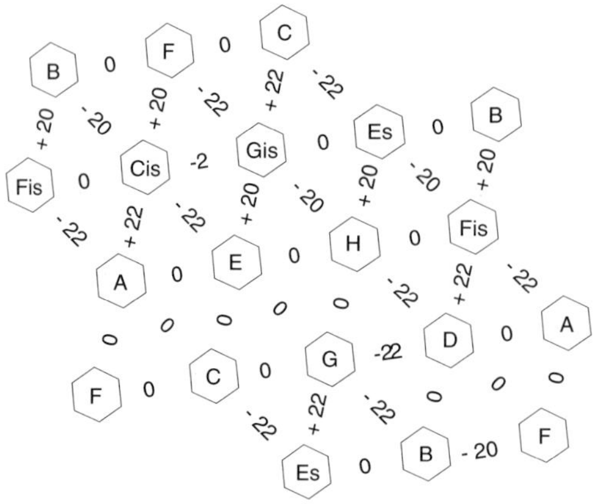

rein (Ramos)

Bild 18.10
Fehlerverteilung bei einem Schema reiner Stimmung, welches traditionsgemäß (obwohl unkorrekt) mit dem Namen von Ramos (1482) bezeichnet wird. Die Stimmung erfolgt nach den Angaben in Bild 18.6, die Ergebnisse sind in Tabelle 18.3 aufgelistet.

musik, um die Süße und Klarheit ihrer reinen Terzen zu schätzen; danach wieder Musik in wohltemperierter Temperatur zu hören, kann zur Qual werden.

Die dritte Betrachtungsweise wird als *reine Stimmung* bezeichnet. Hier wird versucht, sowohl einige Terzen als auch einige Quinten rein zu stimmen. Wie das Bild 18.10 zeigt, muß als Preis für die so erhaltenen sechs perfekten Dreiklänge in Kauf genommen werden, daß alle anderen Dreiklänge Terzen aufweisen, die genauso schlecht klingen wie in phytagoräischer Stimmung, und, noch dazu, daß eine extrem mißtönende Quinte ausgerechnet mitten unter den wichtigsten Dreiklängen sitzt. Bild 18.11 zeigt ein noch extremeres Beispiel, in dem zugunsten von zwölf perfekt rein gestimmten Dreiklängen alle verbleibenden zwölf fürchterlich klingen.

Oft wird in Lehrbüchern in irreführender Weise ein bestimmtes Schema sogenannter reiner Stimmung dargestellt und als *die* diatonische Tonleiter bezeichnet. Diese Schemata sind aber in erster Linie mathematische Übungen, deren hauptsächlicher Nutzen darin besteht, die Unmöglichkeit einer vollständigen reinen Stimmung von Tasteninstrumenten aufzuzeigen; für die tatsächliche Aufführungspraxis sind sie vollständig unbrauchbar. Die distinkte Bezeichnung *reine Intonation* oder *reine Stimmung* bezieht sich auf eine (idealtheoretische) Aufführungspraxis, in der die Stimmung mit jedem neuen Akkord so verschoben würde, daß dieser rein gestimmt erklingt. Dies ist zwar für einen Chor oder ein Streicher- oder Bläserensemble theoretisch möglich, aber ganz offensichtlich ist *reine Intonation* nicht das, was selbst der geübteste Interpret in der Praxis zustande zu bringen vermag.

Technisch gesprochen könnte man also den Begriff *Stimmung* für solche auf *reinen* Intervallen aufgebauten Schemata reservieren, wie sie oben dargestellt wurden. In der vierten Betrachtungsweise wird nun versucht, einen Kompromiß zu finden zwischen der widerstreitenden Erfordernis sowohl reiner Quinten als auch reiner Terzen, indem absichtlich einige oder alle Intervalle jeweils zu präzisen Anteilen verstimmt, „temperiert" werden. Diese Schemata werden daher als *Temperierungen* oder *Temperaturen* (oder als *temperierte Stimmungen*) bezeichnet. Es ist natürlich

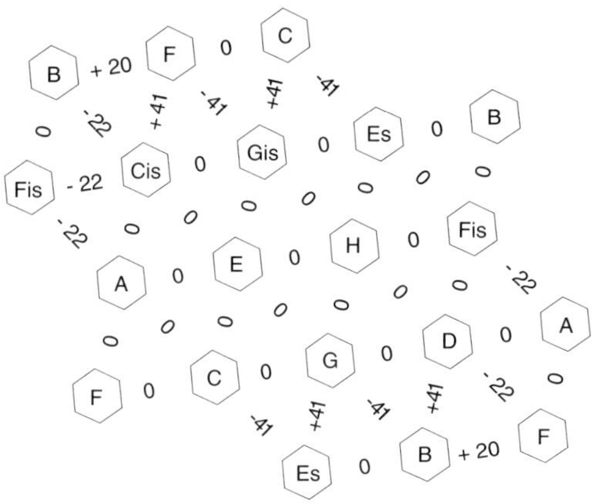


rein (de Caus)

Bild 18.11
Ein anderes Schema für eine reine Stimmung, im wesentlichen das von de Caus (1615). Es kann sehr leicht gestimmt werden, indem zuerst schwebungsfrei die großen Terzen F–A und A-Cis, dann Folgen von jeweils drei perfekten Quinten von jeder dieser drei Noten aus gestimmt werden.

durchaus möglich, Methoden, die auf den verschiedenen Betrachtungsweisen beruhen, miteinander zu kombinieren, indem z. B. zunächst eine pythagoräische Stimmung erzeugt wird und anschließend drei Noten temperiert, die anderen neun unverändert belassen werden.

---

Rein theoretisch gesehen ist die Unterscheidung zwischen Stimmung und Temperatur etwas künstlich: denn pythagoräische Stimmung ist im Grunde nichts anderes als eine (reine) Stimmung der Quinten und eine Temperatur der Terzen. Entsprechend könnte man sagen, die 1/4-komma mitteltönige Stimmung weist (rein) gestimmte Terzen auf, aber temperierte Quinten. Für die Praxis ist die Unterscheidung aber durchaus von Bedeutung: Intervalle rein, d. h. schwebungsfrei zu stimmen, ist relativ leicht; dagegen ist es beträchtlich schwieriger, eine bestimmte genau bemessene Temperatur (d. h. also eine kontrolliert herbeigeführte Schwebung) zu stimmen oder, besser gesagt, zu „ver-“stimmen.

---

Die Zahl der verschiedenen Möglichkeiten, in der bei einer temperierten Stimmung die Abweichungen den einzelnen Intervallen zugeteilt werden können, ist praktisch unbegrenzt. Es gibt jedoch eine Gruppe von besonders wichtigen *regulären Temperaturen* (die meisten davon werden in einem allgemeineren Sinne mit der Bezeichnung *mitteltönig* belegt), in der jeweils möglichst viele Intervalle auf den gleichen Abstand gestimmt werden (z. B. 11 von 12 Quinten, 8 von 12 großen Terzen, 9 von 12 kleinen Terzen), gleichgültig, wie groß dieser Abstand sein möge. Diese temperierten Stim-

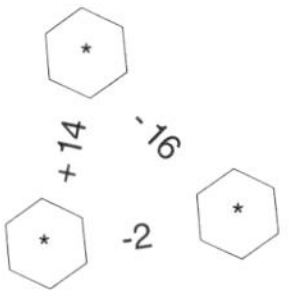


Bild 18.12
Im Falle der gleichschwebenden Temperatur brauchen wir nicht das ganze Mosaik darzustellen, da jeder Dreiklang die gleichen absichtlich herbeigeführten Stimmungsfehler aufweist. Die gleichschwebende Temperatur kann wegen ihrer Stimmschwierigkeit nur unter Benutzung von Schwebungstabellen gestimmt werden.

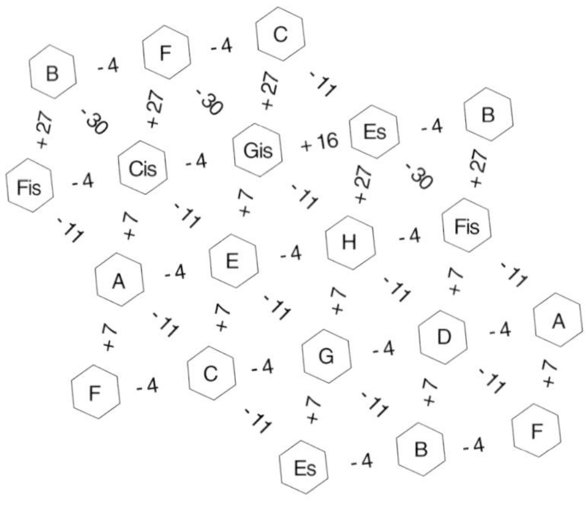


1/6-komma mitteltönig

Bild 18.13
Fehlerverteilung für die einfachste Version einer 1/6-Komma -mitteltönigen Temperatur. Auch diese Temperatur muß mit Hilfe von Schwebungstabellen gestimmt werden; die Ergebnisse sind in Tabelle 18.3 aufgeführt. Falls man hier das ditonische Komma überprüfen will, muß jeder als -4 angegebene Fehler mit exakt 3,6 ¢ angesetzt werden.

mungen werden üblicherweise danach benannt, wie stark die Quinten zur kleineren Seite hin temperiert werden und zwar ausgedrückt als Bruchteile des syntonischen (didymischen) Kommas. So könnte man z. B. die pythagoräische Stimmung als eine Null-Komma mitteltönige Stimmung bezeichnen (dies ist allerdings nicht üblich), weil die Quinten überhaupt nicht temperiert werden; die gleichschwebende Stimmung oder Temperatur (Bild 18.12) könnte als 1/11-Komma-mitteltönig bezeichnet werden, denn 1/11¢ = 1,95 ¢ ist der Anteil, um den die Quinten auf runde 700 ¢ herab temperiert werden. Die 1/4-Komma-mitteltönige Temperatur, bei der die Quinten so weit temperiert werden, daß die großen Terzen rein erklingen, könnte aus letzterem Grund also ebensogut auch als *Stimmung* bezeichnet werden; die 1/3-Komma-mitteltönige Temperatur mit Quintintervallen = 695 ¢ erzielt reine kleine Terzen und könnte daher ebenfalls als *Stimmung* bezeichnet werden, allerdings als eine mit geringem praktischen Nutzen.

Ein besonders wichtiger Fall ist die 1/6-Komma-mitteltönige Temperatur, die in der Barockzeit mit zahllosen Varianten weithin üblich war[15]. 21,5 ¢ (das syntonische Komma) durch 6 geteilt ergibt 3,6 ¢, die Quinten werden also auf 698,4 ¢ temperiert (=702–3,6), wodurch die großen Terzen auf 393 ¢ temperiert werden (anstatt rein gestimmt auf 386 ¢). Wie man aus Bild 18.13 ersehen kann, klingen die wichtigsten Dreiklänge deutlich besser als in der gleichschwebenden Temperatur, und gleichzeitig sind auch die „schlechten“ Dreiklänge ausreichend besser als in 1/4-Komma-mitteltöniger Temperatur, so daß wir damit leben könnten, falls wir letztere Dreiklänge nur gelegentlich benutzen. Das heißt praktisch, daß die 1/6-Komma-mitteltönige Temperatur ihre Akzeptanz als eine *zirkulierende* Temperatur erzielt, die es erlaubt, musikalisch in alle Tonarten zu modulieren, ohne dabei in klangliche Desaster zu geraten.

Vom praktischen Standpunkt aus ist die 1/6-Komma-mitteltönige Temperatur schwer zu stimmen, da sie keinerlei reine Intervalle aufweist. Es existieren jedoch

[15] Sie wurde vor allem von der Orgelbauerfamilie Silbermann verwendet. (MGG, 13, Sp 218) (A.d.Ü.).

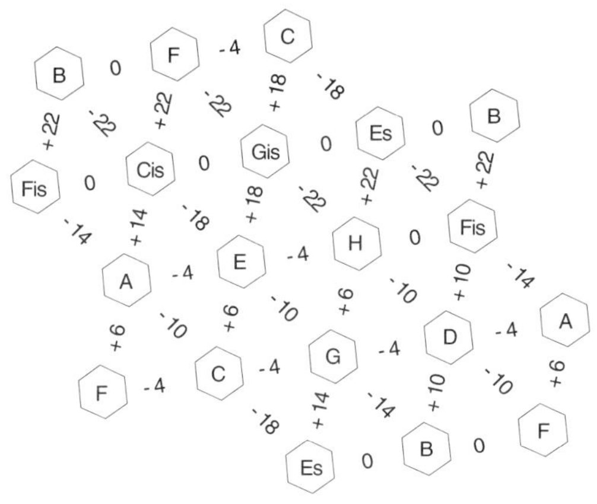

irregulär (Vallotti)

Bild 18.14
Fehlerverteilung bei der Temperatur nach Vallotti. Sie wird erreicht durch (a) schwebungsfreie Stimmung der Quinten B-Fis-Cis-Gis-Es-B, (b) Stimmung von D derart, daß die Terzen B-D und D-Fis gleichgroß sind, und schließlich (c) durch Temperierung der verbleibenden Quinten, indem C, G, A und E so gestimmt werden, daß die Quinten F-C-G-D-A-E-B jeweils die gleiche (nicht mehr reine) Größe aufweisen. Die Ergebnisse sind nochmals in Tabelle 18.3. zusammengestellt, wobei dort anstelle der exakten –3,9-¢-Werte jeweils gerundete –4, für die -21,5 jeweils gerundete 22-¢ angegeben sind.

Misch-Stimmungsverfahren, die praktikabel sind und gleichwertige, zum Teil sogar bessere Ergebnisse erreichen. Bild 18.14 zeigt eine zirkulierende *irreguläre Temperatur*, die von dem italienischen Organisten Vallotti Mitte des achtzehnten Jahrhunderts benutzt wurde. Sie geht von einer 2/11-Komma-Mitteltönigkeit aus, vermeidet aber jegliche Wolfsquinten und weist auch einen akzeptableren Übergang von klar zu schärfer klingenden Dreiklängen auf als jede andere reguläre Temperatur (siehe hierzu auch Übung 17). Übrigens wurde das gleiche Schema (lediglich eine Quinte aufwärts transponiert) durch den Physiker Thomas Young um 1800 wiederentdeckt und befürwortet. Young's Ruhm gründet sich jedoch ironischerweise mehr auf seinen Experimenten zur Interferenz von Lichtwellen.

---

Beim Studium verschiedener Quellen zur Stimmungstheorie finden sich oft Unstimmigkeiten in den Bezeichnungen, indem z. B. manchmal Bruchteile des syntonischen Kommas (SK) benutzt werden (wie wir es hier tun), manchmal jedoch solche des ditonischen Komma's (DK). Ebenso wird manchmal das Vallotti-Young-Stimmungssystem als 1/6-Komma bezogenes anstatt als 2/11-Komma bezogenes Stimmungssystem bezeichnet und dasjenige von Werckmeister (siehe Übung 20) als 1/4-Komma anstatt als 3/11-Komma bezogenes. Da der Unterschied zwischen SK und DK weniger als 12/11 von SK, also weniger als 2 ¢ beträgt, mag dieser Unterschied für praktische Zwecke vernachlässigbar sein; in einer theoretischen Darstellung sollte jedoch Klarheit darüber bestehen, was jeweils gemeint ist.

---

J. S. Bach schrieb seine berühmte Sammlung von 24 Preludien und Fugen *Das wohltemperierte Klavier* wahrscheinlich für die besser klingenden Stimmungssysteme bzw. Temperaturen, die auf dem 1/6-Komma-Schema beruhen. Die meisten Musikwissenschaftler sehen Bachs Werk nicht als Vorläufer der gleichschwebenden Temperatur an, obwohl sich Bach zweifellos der gleichschwebenden Temperatur als einer theoretischen Abstraktion bewußt war. Was er wohl mit seinen Stücken durch alle Tonarten zu zeigen versuchte, war die musikalische Nutzung einer „guten“, „wohltemperierten“ Temperatur, die keineswegs notwendigerweise eine gleichschwebende Temperatur meinte.

Die weitverbreitete Akzeptanz der gleichschwebenden Temperatur im 19. Jahrhundert bedeutete die absichtliche Aufgabe eines nützlichen musikalischen Materials (siehe Kasten 18.1). William Pole[16] empfand auch aus noch einem anderem Grund einen Verlust; in seiner *Philosophie der Musik* (1879) schrieb er:

„Die moderne Praxis, alle Orgeln auf die gleichschwebende Temperatur zu stimmen, hat sich als fürchterlicher Nachteil für deren Tonqualität herausgestellt. Unter der alten Stimmung erklang auf einer Orgel harmonische und faszinierende Musik ...jetzt geben die scharfen Terzen, unterschiedslos auf das ganze Instrument angewendet, diesem einen mißtönenden und abstoßenden Klang.“

Bedauerlicherweise wissen die meisten von uns, die wir mit den wild gegeneinanderschlagenden Schwebungen der Klavierterzen aufgewachsen sind, überhaupt nicht, wie rein gestimmte Terzen klingen.

---

Ein anderes interessantes Nebenprodukt der gleichschwebenden Temperatur ist die Tendenz im Orgelbau des späten 19. und frühen 20. Jahrhundert, weniger Mixtur-oder Mutations-Register einzubauen oder sie sogar völlig wegzulassen. Der stärker akkordische Kompositionsstil der Romantik und die gleichschwebende Temperatur führten zu beträchtlichen Reibungen zwischen den reinen Teiltönen der Mixturen und den falschen der gleichschwebenden Temperatur, so daß die Tendenz im Registerbau mehr zur Konzeption großer Gruppen von 8'-Imitationsregistern ging. Unglücklicherweise klingt barocker Kontrapunkt fade und langweilig auf solchen Instrumenten; als man sich dieser Tatsache bewußt wurde, führte das in jüngster Vergangenheit wieder zu einer Rückbesinnung auf die alten Prinzipien von Orgelbau und -stimmung.

---

Angesichts meiner negativen Bemerkungen über die gleichschwebende Temperatur wird mancher Leser wohl jetzt erwarten, von mir ein anderes und besseres Stimmungsverfahren aufgezeigt zu bekommen. Dies würde jedoch von der falschen Annahme ausgehen, ein einzelnes Verfahren könnte sich unter allen Umständen der Praxis als bestes erweisen. Sinnvoller ist es, danach zu fragen, welche Stimmung oder Temperatur am besten für ein oder mehrere Musikstücke oder für die Musik einer bestimmten Epoche geeignet ist. Wenn etwa ein Stück niemals das Intervall Gis–Es benutzt, ist es vollkommen korrekt, dort eine Wolfsquinte zu belassen, während dies für ein anderes Stück mit anderen Vorzeichen ein klangliches Desaster wäre.

Als eine vorläufige Annäherung können wir festhalten, daß pythagoräische Stimmung für mittelalterliche Musik geeignet ist, 1/4-komma-mitteltönige für Musik der Renaissance und des frühen Barock, 1/6-komma-mitteltönige (oder eine Variante der zirkulierenden Temperaturen) für spätes Barock und die Klassik sowie gleichschwebende Temperatur für die Romantik und die Moderne. Die nahezu vollständige Durchsetzung der gleichschwebenden Temperatur, die Verdrängung des Cembalos durch den modernen Flügel (mit seiner weniger klaren Tongebung und größeren Schwierigkeit des Stimmens) und die Komposition höchst chromatischer Musik im ausgehenden 19. Jahrhundert sind miteinander verflochten und bedingen bzw. ermöglichen einander erst.

[16] William Pole (1814–1900), englischer Ingenieur, Musikgelehrter, Organist und -Komponist. Seine »Philosophy of Music« wird heute noch als Einführung zu Helmholtz' »Lehre von den Tonempfindungen« herangezogen [NG, MGG] (A.d.Ü.).

Kasten 18.1 (Gemüts-)Stimmungen, Tonarten und Transpositionen

Viele Musiker zollen den verschiedenen Tonarten, in der Musik notiert wird, besondere Aufmerksamkeit: C gilt z. B. als die weiße, Fis die braune, F als kriegerische, A als traurige Tonart usw. Gibt es dafür überhaupt berechtigte Gründe? – Wenn wir davon ausgehen, daß alles in gleichschwebender Temperatur gespielt wird, offenbar nicht. In der gleichschwebenden Temperatur kann ein Musikstück in jede beliebige Tonart transponiert werden (die diatonische Skala kann auf jeder Note beginnen), und seine akustische Struktur würde doch exakt gleich bleiben.

Vor zwei oder drei Jahrhunderten und den damals üblichen irregulären Stimmungssystemen bzw. Temperaturen hatte jedoch jede Tonart eine eigene klangliche Charakteristik dadurch, daß einige Intervalle mehr, andere weniger genau gestimmt waren; bei einer Transposition änderte sich also auch der Klangcharakter des Stückes. Ein Stück wurde gewöhnlich für eine bestimmte Tonart geschrieben, und sein Charakter hätte sich geändert, wenn man es in einer anderen gespielt hätte. Viele Barockmusiker waren von einer ästhetischen Philosophie, der sogenannten Affektenlehre, überzeugt, in der erklärt wurde, wie verschiedene Schlüssel bzw. Tonarten unterschiedliche emotionale Reaktionen beim Hörer auslösten. Es gibt sogar ein paar Beispiele des absichtlichen Gebrauchs der Wolfsquinte, um damit den emotionalen Zustand großer Spannung auszudrücken bzw. zu evozieren, so z. B. in Johann Kuhnaus »Der Streit zwischen David und Goliath« bei »Goliaths Tod«.

Diese Tradition, bestimmte Musikstücke in den jeweils emotional 'passenden' Tonarten zu schreiben, war stark genug, um weiterzuleben, auch als die akustischen Gründe für die klangliche Eigenart verschiedener Tonarten gar nicht mehr gegeben waren, da nunmehr die gleichschwebende Temperatur diese Unterschiede verwischte. Der moderne Musiker wird aber offenbar immer noch so stark beim Spielen vieler Stücke in Affekt versetzt, daß er diesen Affekt (zumindest teilweise) mit bestimmten Tonarten in Verbindung bringt, obwohl er eigentlich eine gleichschwebende Temperatur benutzt.

Gibt es denn eine Möglichkeit, für ein gegebenes Stück diejenige Stimmung oder Temperatur herauszufinden, bei der die Stimmungsfehler für die im Stück hauptsächlich vorkommenden Intervalle am geringsten sind? – Dies kann z. B. mit einem ziemlich einfachen Computerprogramm festgestellt werden. Ich kann mir – da tragbare Kleincomputer heute ja bereits zunehmend verbreitet sind – gut eine Cembalistin vorstellen, die Angaben über ihre Repertoirestücke in ein solches Programm eintippt und als Ergebnis Vorschläge über die jeweils beste Stimmung für ein Stück (oder für die beste Kompromißstimmung für mehrere, für ein Konzert ausgewählte Stücke) erhält. Ich bin jedoch auch überzeugt, daß gute MusikerInnen dies nur als einen Ratschlag verwenden und die tatsächliche Stimmung dann nach der jeweiligen künstlerischen Erfahrung und Persönlichkeit modifiziert vornehmen werden! Mathematische Theorien über Stimmung sind mehr als genug vorhanden, aber letzten Endes kann nur das menschliche Ohr der Schiedsrichter sein.

# Zusammenfassung

Jede musikalische Intervallgröße entspricht einem Frequenzverhältnis, das als entsprechende Zahl von cents gleichwertig bezeichnet werden kann. Die Bezeichnung in cents ist insofern besonders bequem, da die cent-Skala additiv gehandhabt wird. Solange wir nicht aufgefordert sind, eine Stimmung sorgfältig zu beurteilen, haben wir die Tendenz, Intervalle zurechtzuhören, d.h. in Kategorien einzuordnen. Die Kategorien, nach denen wir die Intervalle zurechthören, werden von musikalischem Training und der gewohnten Tradition geprägt; in unserer westlichen Kultur entsprechen sie den Intervallen der 12-tönigen chromatischen Skala.

Für Musik mit lang ausgehaltenen Akkorden und komplexen Klangspektren gilt, daß Intervalle, deren Frequenzverhältnis kleinzahligen Brüchen entspricht, beträchtlich klarer klingen als solche mit großzahligen Brüchen der Frequenzverhältnisse und daher für jede Stimmung besonders wichtig sind. Für unsere Ohren ergibt sich der wichtigste Anhaltspunkt zur Beurteilung durch die Schwebungen bzw. die Klangrauheit, die zwischen solchen Obertönen der zwei Grundtöne des Intervalls entstehen, die nur annähernd, aber nicht genau die gleiche Frequenz haben.

Reine Quinten, zu kleinerem Teil auch große und kleine Terzen, spielen eine besondere Rolle in der Struktur der siebentönigen diatonischen Skala und ihrer chromatischen Erweiterung auf 12 Töne (worüber wir im nächsten Kapitel mehr hören werden). Es ist mathematisch unmöglich, in einer solchen Skala alle Intervalle gleichzeitig perfekt rein zu stimmen. Die unvermeidlichen Abweichungen werden in zahlreichen Varianten und unterschiedlichen Stimmungssystemen und Temperaturen durch Kompromisse geregelt. Die gleichschwebende Temperatur ist dabei nur eine von vielen Möglichkeiten, und für viele Musikstile und -stücke keineswegs die beste.

# Symbole, Begriffe, Beziehungen

Chroma
Pythagoräische Hypothese
Melodisches Intervall
Harmonisches Intervall
Frequenzverhältnis
Reine Stimmung/Intonation

Skalen:
- diatonisch Dur-/moll
- chromatisch
- cents

Stimmungen:
- pythagoräische
- 1/4-komma-mitteltönige
- reine

Temperaturen:
- reguläre
- irreguläre
- zirkulierende
- gleichschwebende

Cent ¢
1 Oktave = 1200 Cent
Tonhöhe
Tonhöhenklasse
Konsonante und dissonante Intervalle
Reine oder perfekte Intervalle

Quinten-Zirkel:
- –ditonisches (pythagoräisches) Komma = 23,5 Cent oder 531441:524288

Großterzen-Zirkel:
- kleine (enharmonische) Diesis = 41,1; ganztönig oder 128:125

Kleinterzen-Zirkel:
- große Diesis = 62,6 Cent oder 648:625

Syntonisches (didymisches) Komma = 21,5 Cent oder 81: 80

# Übungsaufgaben

1. Wenn Sie von einem beliebigen Ausgangston eine Oktave und dann nochmals eine reine Quarte aufwärts gehen, ist das Gesamtintervall eine sogenannte Undezime (=italienisch für 11). Fragen: a) Wieviele Halbtöne enthält eine Undezime, b) wieviel Cent bei perfekter Stimmung, c) was ist das Frequenzverhältnis einer Undezime?
2. Warum gibt es in Tabelle 18.1 keinen Eintrag für die Frequenzverhältnisse 4:2 und 3:1?
3. Warum ist das Verhältnis 37:23 weniger wichtig als jedes der in Tabelle 18.1 aufgeführten Verhältnisse?
4. Finden Sie das Frequenzverhältnis und die entsprechende Cent-Zahl für die Umkehrung des 7:4-Intervalls (wodurch dieses zur Oktave ergänzt wird) heraus.
5. Wenn Sie zunächst eine reine große Sexte und danach eine reine Quinte aufwärts gehen, welches Gesamtintervall haben Sie dann gebildet? (Es handelt sich nicht um eine Undezime). Wie lautet das Frequenzverhältnis für dieses Intervall und wieviele Cent enthält es? Zu welchem Intervall der Tabelle 18.1 ist es eng verwandt? (Tip: Manchmal macht die Multiplikation oder Division mit 2 aus einem unbekannten Verhältnis einen alten Bekannten.)
6. Angenommen, Sie bilden das Gesamtintervall einer großen Sekunde (1 Ganzton) auf zwei verschiedenen Wegen: a) durch Aufwärtsgehen um eine reine Quinte und anschließendes Abwärtsgehen um eine reine Quarte; b) durch Aufwärtsgehen um eine reine Quarte und Abwärtsgehen um eine kleine Terz. Wie groß ist die jeweils entstehende große Sekunde, ausgedrückt sowohl als Frequenzverhältnis als auch in Cent? (Beachten Sie: Es ergeben sich zwei verschiedene Größen, von denen *keiner* beanspruchen kann, die absolut richtige zu sein.
7. Mit Sinuswellen sind Intervalle besonders schwer zu stimmen, da die Schwebungen erster Ordnung fehlen. Sägezahnwellen stimmen sich dagegen leicht, weil alle Teiltöne vorhanden sind (so wie in Bild 18.4). Welche Teiltöne sind in einer Rechteckwelle vorhanden (erinnern Sie sich an Kapitel 8)? Läßt die Antwort vermuten, daß Intervalle aus Rechteckwellen schwer oder leicht zu stimmen sind? Sollte man in diesem Zusammenhang die Stimmung einer Kirchenorgel besser mit den gedackten oder den offenen Pfeifen beginnen?
8. Schreiben Sie die Teiltöne der Grundtöne f und a auf (wie in Bild 18.4b) und kennzeichnen Sie diejenigen, die beiden Grundtönen gemeinsam sind. Zeigen Sie, daß die Frequenzen 176 und 220 Hz ein rein gestimmtes Intervall ergeben. Zeigen Sie weiter, daß, wenn diese Noten leicht verstimmt sind, die Schwebungsrate sich zu $f_{\text{Schw}} = 4 \cdot f_Y - 5 \cdot f_X$ ergibt. Wieviele Schwebungen pro Sekunde ergeben sich für die Frequenzen 174 und 220 Hz? Auf welche Tonhöhe sollte man hören, um diese Schwebungen deutlicher zu hören?

*9. Rufen Sie sich die Begriffe der Schwebungsrate und der Frequenzgruppe (kritische Frequenzbandbreite) ins Gedächtnis, und erklären Sie dann, warum Terzen in tiefen Lagen brummig und dissonant, andererseits Sekunden in hohen Lagen beinahe konsonant wirken. Erörtern Sie die sich daraus ergebenden Konsequenzen für das Komponieren, vor allem was die Wahl der Dreiklangsumkehrungen und der Lage (eng oder weit) betrifft.

10. Vergleichen Sie die Zahl der gemeinsamen Teiltöne bei parallelen Oktaven, Quinten und Terzen, und erklären Sie daran, welche dieser Intervallnoten am ehesten ihre Individualität verlieren können und nur noch als Einklang wahrgenommen werden.
11. Finden Sie die Größe in Cent für die Abstände aller in Tabelle 18.2 angegebenen Intervalle; listen Sie das Ergebnis mit zunehmender Größe auf und gruppieren Sie eng beieinander liegende Werte zusammen. Weist die entstandene Liste irgendeine Ähnlichkeit zu unseren diatonischen Intervallen auf?

*12. Bei den Telephonapparaten mit Tasten und Frequenzwahlverfahren (nicht mit Impulswahl) wird eine der vier Frequenzen 697, 770, 852, 941 Hz zusammen mit einer der drei Frequenzen 1209, 1337, 1477 Hz verwendet, um daraus 12 Kombinationen einzusetzen. Berechnen Sie die cent-Größe aller vorkommenden Intervalle unter Benutzung eines Taschenrechners mit Logarithmus-Funktion. Vergleichen Sie die Abstände mit denen einer siebentönigen gleichschwebenden Skala.

13. Wie groß ist die Schrittgröße in cent bei einer 53-tönigen gleichschwebend temperierten Skala? Wie viele dieser Schritte sind nötig, um ungefähr das Intervall a) einer kleinen Terz, b) einer großen Terz, c) einer Quinte zu ergeben, und wie groß sind die verbleibenden Abweichungen von diesen Intervallen?
14. Prüfen sie alle Zirkel (Klein- und Großterzen-, Quinten-Zirkel, zusammen acht) in Bild 18.14 auf den korrekten Gesamtfehler. Prüfen Sie einige weitere Fälle auf den korrekten Wert des syntonischen Kommas.
15. Vergleichen Sie die Stimmungsabweichungen des Dreiklangs C–E–G in den Bildern 18.8 bis 18.14.
16. Schreiben Sie in eine Liste alle 12 großen Terzen und deren Cent-Größe für die Stimmung nach Valotti auf. Überprüfen Sie, ob sie das gleiche Ergebnis bei Benutzung von Tabelle 18.3 bzw. von Bild 18.14 erhalten. Wie viele Abweichungen gibt es?
17. Listen Sie die 12 großen Terzen in aufsteigender Intervallqualität für eine Stimmung nach Vallotti auf, und vergleichen Sie dies mit einer 1/6-mitteltönigen Stimmung. (Meine Kriterien lauten, daß eine 6 ¢-Abweichung einer Quinte und eine 11 ¢-Abweichung einer großen Terz den Dreiklang bereits „unklar", Abweichungen von 12 ¢ für eine Quinte und 30 ¢ für eine große Terz diese „unerträglich"erklingen lassen.
18. Angenommen, Sie wollen eine 1/6-mitteltönige Temperatur so einfach wie möglich modifizieren, so daß eine zirkulierende Temperatur entsteht. Welcher Gesamtfehler steckt in den drei Quinten Cis–Gis–Es–B in Bild 18.13? (Beachten Sie: Er beträgt nicht 24 ¢, denn positive und negative Werte müssen verrechnet werden.) Um wieviel Cent müßte Gis erhöht und Es erniedrigt werden (wobei die anderen 10 Noten unverändert bleiben), um diesen Fehler gleichmäßig auf die drei Quinten zu verteilen? Es verändern sich dadurch 11 Zahlen (Verdoppelungen nicht gezählt) im Fehlermosaik; zeichnen Sie die entsprechende Version davon.

*19. Stellen Sie eine zusätzliche Spalte für Tabelle 18.3 auf, welche für 1/3-mitteltönige Temperatur gilt. Erörtern Sie die Ähnlichkeit zur 19-tönigen gleichschwebenden Temperatur.

*20. Manche Organisten verwenden nach Werckmeister (um 1700) eine irreguläre Temperatur (von einer 3/11-mitteltönigen ausgehend), die das ditonische Komma in vier gleiche Teile aufteilt. Mit diesen werden die Quinten G–D–A–E und H–F um 5,9 ¢ enger gemacht, und die restlichen acht Quinten verbleiben rein. Konstruieren Sie das Fehlermosaik für diese Stimmung und die entsprechende Spalte zur Tabelle 18.3. (Hinweis: Zeigen Sie mit Hilfe des syntonischen Kommas, daß C–E um 3,9 ¢ zu groß ist; der Rest ist dann einfach). Erörtern Sie die Abweichungen der großen Terzen und der Durdreiklänge, entsprechend Übung 16 und 17.

*21. Welche Tonarten werden zum Vorteil der Bläser am häufigsten bei Militärmärschen verwendet? Und welche Tonarten kommen am häufigsten in Streichquartetten vor? Könnte dies zur Erklärung der Behauptung beitragen, daß bestimmte Tonarten bevorzugt mit bestimmten Emotionen assoziiert werden?

22. Wie lautet das Frequenzverhältnis für eine exakt gestimmte große Sexte? Weisen c' und a' in der gleichschwebenden Temperatur dieses Verhältnis auf? Welche Schwebungsrate wird hörbar, wenn diese Intervallnoten gleichzeitig erklingen?
23. Eine Möglichkeit zur Bildung einer kleinen Septime besteht im Addieren zweier reiner Quarten aufwärts, eine andere in der Addition einer kleinen Terz zu einer reinen Quinte. Wie groß ist die jeweils entstandene kleine Septime, sowohl als Frequenzverhältnis als auch in cent ausgedrückt? Stimmt eine von beiden mit der „harmonischen Septime" überein, also dem 7:4, das sich aus der harmonischen Reihe ergibt?

*24. Wie viele Cent hat ein Intervall mit dem Frequenzverhältnis 7:5? (Tip: Sie können die

Antwort entweder direkt mit der Logarithmus-Formel finden, oder indem Sie einfach die Differenz zweier Intervalle aus Tabelle 18.1 nehmen.) Wie groß sind die entsprechenden Werte für das Komplementär-Intervall von 7:5 (die Ergänzung zur Oktave)? Diese zwei verschiedenen Varinaten eines Tritonus könnten etwas unterschiedlich klingen, denn einer ist näher zu einer Quarte, der andere näher zu einer Quinte. Welcher wäre für die Funktion der verminderten Quinte besser geeignet und welcher für die der übermäßigen Quarte?

# Projektvorschläge

1. Besorgen Sie sich zwei elektronische Oszillatoren und einen Frequenzzähler, und bitten Sie mehrere Testpersonen, mehrfach bestimmte Intervalle auf den Oszillatoren einzustellen, die Sie dann mittels des Frequenzzählers aufschreiben. Bedenken Sie gut die Auswahl der geeigneten Wellenform (siehe Übung 7). Wie gut kommen die Testpersonen an die idealen Intervallgrößen heran und wie verteilen sich die Abweichungen?
2. Stimmen Geiger ihre Saiten wirklich genau im 3:2-Quintverhältnis oder, wenn nicht, mit welcher Abweichung? Überlegen Sie sich eine Meßmethode (ein Frequenzzähler alleine muß wahrscheinlich durch einen Tiefpassfilter oder Tricks mit Lissajous-Figuren auf einem Oszilloskop ergänzt werden), und bitten Sie Geiger, wiederholt für Sie zu stimmen. Erklären Sie die Ergebnisse.
3.* Führen Sie eine vollständige und genaue Darstellung – möglichst mit Hilfe eines Computerprogramms – aller N-tönigen gleichschwebenden Stimmungen für N ≤ 60. Finden Sie dann die Schemata heraus, bei denen gute Annäherungen an die pythagoräischen Frequenzverhältnisse kleiner Zahlen erreicht werden; entscheiden Sie, in welchem Umfang die 12-, 19-, 31- und 53-tönige Skala dabei hervortreten, und vergleichen Sie Ihre Antwort dann mit der von mir gegebenen in Amer. Journal Physics, 56, 329, (1988).
4. Wählen Sie einige Untermengen aus den 12 Noten unserer chromatischen Skala aus und schreiben Sie einige Musikstücke unter Beschränkung auf diese Teilskalen. Oder, als Alternative: Um der Beschränkung der Klaviertasten/-noten auf Vielfache von 100 ¢ zu entgehen, machen Sie sich mit einem elektronischen Synthesizer vertraut; manche Modelle bieten die Möglichkeit, beliebige N-tönige Skalen mit gleichschwebender Temperatur einzustellen (leider nicht alle). Noch eine weitere Alternative: Durchstöbern Sie den Abstellraum einer Schlagzeuggruppe nach den verschiedensten Arten von Holzblöcken, Kuhglocken, Tomtoms usw.; stellen Sie aus deren Klängen eine Skala zusammen und schreiben Sie ein Stück dafür.

# 19. Strukturen in der Musik

Nach unserem heutigen Verständnis ist es die Aufgabe der Wissenschaft, die Welt zu analysieren – alle Phänomene in ihre Bestandteile zu zerlegen, um deren Funktion Stück für Stück zu erforschen. Entsprechend haben wir in diesem Buch die meiste Zeit damit verbracht, einen elementaren Aspekt von Klängen und Geräuschen nach dem anderen zu untersuchen – das Zusammenspiel zwischen Bogen und Saite, die erste Reflexion an einer Wand, Tonhöhe und Klangfarbe eines einzelnen Tons.

Die Aufgabe des Wissenschaftlers ist aber erst dann beendet, wenn er die Einzelteile wieder zusammengesetzt hat und auf ihr korrektes Ineinandergreifen und Funktionieren gemäß den gewonnenen Erkenntnissen überprüft hat. Wir müssen also sicherstellen, ob unsere Schritt-für-Schritt-Vorgehensweise ausreichend alle Funktionen der Musik als Ganzes erklären kann oder ob noch wichtige akustische Lektionen zu lernen bleiben über die Art und Weise, wie unsere Einzelerkenntnisse zusammenwirken. Einen großen Schritt in dieser Richtung haben wir mit dem letzten Kapitel beim Studium der Intervalle, Skalen und Stimmungen getan. Es bleibt nun darzustellen, wie die größeren Strukturen aufgebaut sind, wobei wir wieder neue und wichtige Konzepte in deren Entstehung kennenlernen werden, die nicht in den elementaren Bauteilen enthalten sind. Unsere Betrachtung muß dabei in der Hauptsache auf die vertraute europäische Musik[17] beschränkt bleiben; die Darstellung ähnlicher Konzepte in der afrikanischen und asiatischen Musik muß ich einem dafür Kompetenteren überlassen.

Wir werden ähnliche Fragen zunächst bezüglich der Melodie, dann der Harmonie stellen: Wie erzielen diese den Eindruck von Zielgerichtetheit, Form, Gestaltung oder Entwicklung in der Musik? Dazu müssen wir solche Konzepte wie Tonalität, harmonische Akkordfunktionen, Konsonanz und Dissonanz erörtern. Im letzten Teil des Kapitels werden wir die noch größeren Strukturen von Musik untersuchen – die Gesamtform und Organisation von vollständigen Werken und die Entwicklung musikalischer Stile im Verlauf der Jahrhunderte. Für alle diese Fragen werden wir dabei ein Hilfsmittel in einigen elementaren Konzepten der Informationstheorie finden.

## 19.1 Melodien und Tonarten

Auch ohne die Komplikationen einer unterstützenden Harmonie kann eine Melodie alleine bereits einen großen Beitrag zur Entwicklung musikalischer Form und Organisation darstellen. Tempo und Rhythmus einer Melodie stabilisieren einen gefühlsmäßigen Eindruck, sie unterteilt mit Phrasen und Abschnitten ein Stück, vermittelt Informationen über Anfang, Mitte und Ende. Ebenso wichtig ist die Wahl einer Skala für die melodiebildenden Noten und die den einzelnen Noten zugewiesenen Rollen.

[17] Siehe die Anmerkung des Herausgebers am Anfang des 18. Kapitels (S. 406).

Bild 19.1 Der Gebrauch der diatonischen Skala in verschiedenen unterschiedlichen Tonarten; Tonika- und Dominant-Noten sind mit T und D gekennzeichnet. a) Das Thema des zweiten Satzes aus Haydns Sinfonie Nr. 94 (Sinfonie mit dem Paukenschlag), nach C-Dur transponiert. b) Dux aus Bachs Orgelfuge a-moll. c) Thema einer Orgel-Miniatur von Flor Peeters (op. 55, Nr.10) in der Dorischen Tonart, beginnend bei D.

Oft bilden letztere eine versteckte Harmonie, auch wenn eine solche nicht tatsächlich erklingt.

Die Hartnäckigkeit, mit der eine Melodie zu einer bestimmten Note zurückkehrt oder sie auch vermeidet, die Dauer, mit der sie auf ihr verweilt, das Erreichen der Note entweder schrittweise und allmählich oder mit einem plötzlichen Intervallsprung –, all dies kann einer Note eine bestimmte Rolle oder Funktion zuweisen. Spezifischer ausgedrückt: All diese Einflüsse dienen letztendlich dazu, eine einzelne Note in der Skala in der Funktion einer Basis hervorzuheben, eines Zentrums, um das alle anderen musikalischen Geschehnisse kreisen. Wir benennen in einem solchen Fall die Note, das tonale Zentrum, als *Tonika-Note,* und wir bezeichnen diese Art der Skalenbenutzung auch als *Tonart* oder *Tongeschlecht.*

Diese Begriffe sind in Bild 19.1 veranschaulicht, aus dem ersichtlich ist, daß verschiedene Tonarten auf der gleichen Skala erzeugt werden können. Von den sieben möglichen Tonika-Noten in der diatonischen Skala sind nur zwei die für unsere Musikkultur dominierenden. Wenn wir die weißen Tasten des Klaviers als diatonische Skala benutzen, ergibt sich durch die Tonikafestlegung auf C die *Dur-Tonart*, und durch die Tonika auf A die *Moll-Tonart*. jedoch sind nur die allereinfachsten Melodien auf die diatonische Skala beschränkt, und beide Tonarten werden in aller Regel durch den gelegentlichen Gebrauch der chromatischen Skala angereichert (d.h., durch zusätzliche Kreuz- oder b-Vorzeichen).

* Genau genommen hat die oben definierte natürliche Moll-Tonart noch zwei Varianten, nämlich das „harmonische" und das „melodische" Moll, wobei letzteres bei Auf- und Abwärtsbewegung verschiedene Notenschritte aufweist. Desweiteren waren vor der Klassik durchaus auch Skalen in Gebrauch, die andere Tonzentren und Intervallstrukturen besitzen als »Moll« und »Dur«, wie wir sie heute kennen (die »Kirchentonarten«). Wir wollen dies hier jedoch nicht weiter vertiefen.

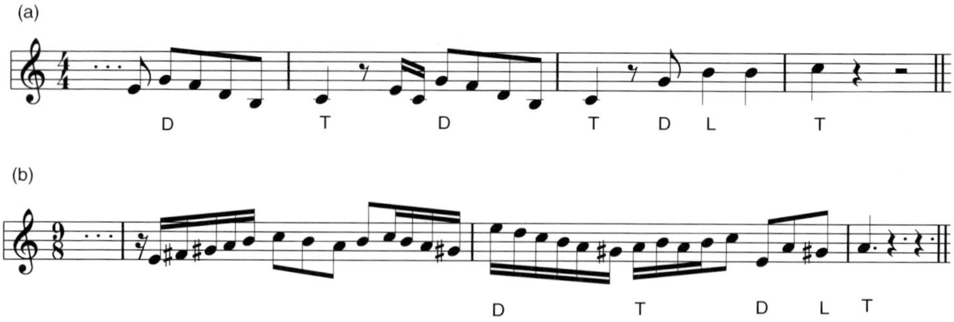


Bild 19.2 Verwendung eines Leittons zur Annäherung und Vorbereitung der Tonika, vor allem gegen Ende einer Phrase. a) Das Ende des ersten Satzes der Klaviersonate KV 333 von Mozart, nach C-Dur transponiert. Beachten Sie, wie die Dominante D und der Leitton L zusammenwirken, um den finalen Tonika-Ton als Ende und Ruhepunkt zu stabilisieren. b) Ende des Präludiums aus Bachs Englischer Suite Nr.6, transponiert nach a-moll. Beachte, wie hier das G durch ein Kreuz zum Gis wird und damit seine Leittonwirkung erhält.

Eine weitere wichtige Rolle oder Funktion ist die der *Dominante*. Diese dient als ein zweites Zentrum, um welches die Melodie eine Weile herumkreisen kann, bevor sie wieder zum ersten Zentrum, der Tonika, zurückkehrt. Das Intervall zwischen Dominant- und Tonika-Note war in den verschiedenen Kirchentonarten des Mittelalters nicht das gleiche; erst in der uns vertrauten Dur- und Moll-Tonart liegt die Dominante (G bzw. E in den Beispielen Bild 19.1) eine Quinte über der Tonika. Für diese Tonarten ist die akustische Beziehung zwischen Dominante und Tonika sehr eng – das konsonanteste Intervall nach der Oktave ist die Quinte –, und sie klingen daher, als ob sie einander ergänzende Teile der gleichen Botschaft übermitteln würden. Sie verstärken ihre Funktion gegenseitig in einer Art und Weise, die mit der Einführung der Harmonie noch viel deutlicher wird.

Eine andere wichtige Rolle spielt der *Leitton*, allgemein ausgedrückt ein Ton, der direkt zu einem anderen wichtigen Ton hinführt und ihm vorangeht. Dies unterstellt, daß eine Melodie unvollendet und unbefriedigend klingen würde, wenn sie auf dem Leitton stehenbliebe, ohne sich zum Zielton – meist der Tonika – hin aufzulösen. Die Note unterhalb der Tonika – die siebte Stufe der Dur- und moll-Skala – funktioniert also als Leitton zur Tonika. Dies ist eine so kraftvolle Methode zur Verstärkung der Tonika-Funktion, daß in der Moll-Tonart dieser siebte Ton um einen Halbton erhöht wird, um so ebenfalls stärker die Leittonfunktion auszuüben (Bild 19.2). Zusätzlich wird der Leitton oft etwas zu hoch gesungen oder gespielt, so daß er noch weniger als 100 ¢ unter dem Zielton liegt.

Die Tonarten können so transponiert werden, daß jede Note bzw. Taste auf der Klaviatur als Tonika dient; dies kann zum Beispiel nötig sein, um eine Melodie in den Bereich zu verlegen, der von einem Sänger oder einem bestimmten Instrument spiel- bzw. singbar ist. Hier fängt nun die Terminologie der *Tonarten* an: Man sagt, ein Stück in der Dur-Tonart sei in C-Dur, wenn es den Ton C als Tonika benutzt, bzw. in Esdur, wenn es den Ton Es als Tonika benutzt, um auf diesem das Muster der GGHGGGH-Skala aufzubauen. Entsprechend meint die Bezeichnung a-moll die natürliche Moll-Tonart mit der Tonika A, und die Bezeichnung fis-moll bedeutet, daß Fis die Tonika bildet [18].

---

* Wir brauchen so etwas hier nicht auswendig zu lernen, aber die meisten Musiker haben sich eine leichte Merkregel eingeprägt, um sich die Kreuz- oder B-Vorzeichen zu merken, die jeder Tonart entsprechen: C-dur und a-moll haben keine, alle anderen haben soviele, wie es der Position innerhalb des Quintenzirkels entspricht, rechts herum die „Kreuztonarten" C–G–D–A-Dur usw., links herum die „B-tonarten" C–F–B–Es–Dur usw..

---

Das absichtliche Verharren in einer dieser Tonarten mit strenger Unterscheidung der Regeln für die entsprechenden Noten und einer deutlich erkennbaren Tonika-Note wird als *Tonalität* bezeichnet. Die Hinzufügung der Harmonie kann die Empfindung der Tonalität verstärken. Ist die Tonalität solcherart ausgeprägt, dann ist nicht nur der Tonika-Ton oder -Akkord die Grundlage, sondern vielmehr ein komplexer Satz von Regeln für Noten- und Akkordfolgen, der als erweiterte strukturelle Basis für die Musik dient.

Mit dem entgegengesetzten Begriff der *Atonalität* bezeichnet man die absichtliche Vermeidung jeglichen Eindrucks eines tonalen Zentrums, indem alle Noten der Skala gleichwertig behandelt werden. Atonalität kann nicht mit den sieben Noten der diatonischen Skala realisiert werden, da deren ungleiche Abstände unvermeidlicherweise verschiedene Wertigkeiten hervorbringen; die 12 Noten der chromatischen Skala haben jedoch keine solche innere Struktur und können daher benutzt werden, um atonal zu komponieren. Arnold Schönberg (1874–1951) und andere legten die Grundlagen für atonale Kompositionsweisen, die seitdem von vielen Komponisten vor allem der sogenannten *seriellen Musik* benutzt wurden. Bei letzterer hat die Befolgung strenger Regeln absoluten Vorrang vor der Konstruktion eines „gefälligen" Klangs; dies ist aber nur ein Weg unter anderen zur Atonalität. Schönberg selbst traf eine Unterscheidung, als er voraussagte, daß die Komponisten sehr gut ohne Serialismus auskommen würden, sobald einmal die Atonalität anerkannt sei.

---

* Obwohl mir bewußt ist, daß einige Leser mich deswegen als Reaktionär abstempeln werden, möchte ich meine persönliche Meinung dazu nicht verstecken: Ich denke, daß es akustische Gründe dafür gibt, daß die serielle Komposition eine Elfenbeinturm-Angelegenheit einer kleinen Gruppe von Avantgarde geblieben ist und niemals sich in größerem Umfange hat durchsetzen können. Ich denke, daß Struktur und Gegensatz, erkennbare Symmetrie und Organisation Phänomene sind, die den Fähigkeiten von Ohr und Gehirn angemessen sind und eine ästhetische Wahrnehmung und Beurteilung ermöglichen. Die absichtliche Vermeidung der grundlegendsten Struktur von Musik – die spezielle akustische Beziehung einer Note zu einer anderen – scheint gezwungenermaßen diese Art von Musik zu einer Art von uninteressantem Rauschen zu reduzieren, zumindest soweit es die meisten Hörer betrifft. Es ist zwar richtig, daß serielle Komponisten dafür andere Strukturen setzen, aber es handelt sich zumeist um solche, die sich mehr an das Auge des Partitur-Lesers richten und nicht an das Ohr eines

[18] Im Deutschen werden die Durtonarten stets groß, die Molltonarten klein geschrieben (A.d.Ü.).

Hörers. Vielleicht sollte man daher diese Kompositionsweise auch gar nicht als Musik beurteilen, sondern als eine neue und andere Kunstform [19].

*Chromatizismus*, der beabsichtigte Gebrauch der vollständigen chromatischen Skala, führt nicht unbendingt zur Atonalität; er kann vielmehr die Tonalität anreichern und sie sogar verstärken. Diese Rolle spielen die chromatischen Töne im größten Teil der klassischen (klassisch hier umgangssprachlich verstanden, nicht als Stilepoche) Musik vom 17. bis zum 19. Jahrhundert und in der populären Musik von heute.

## 19.2 Akkorde und harmonische Fortschreitung

Die elementaren Bestandteile der Harmonie werden durch Akkorde gebildet, zumeist durch drei- bis viertönige. Allerdings sollten wir uns einen Akkord nicht einfach als eine Ansammlung von Tönen vorstellen, sondern zutreffender als eine Kombination der Intervalle, die von seinen Tönen gebildet werden. Ein *Dur-Dreiklang* besteht zum Beispiel aus einer kleinen Terz, die auf eine große Terz aufgesetzt ist; drehen wir das Verhältnis um, so erhalten wir einen *Moll-Dreiklang*. Genau wie die musikalische Rolle eines einfachen Zwei-Töne-Intervalls von dessen charakteristischem Klang abhängt (bestimmt durch das Frequenzverhältnis), insbesondere vom Grad der Konsonanz oder Dissonanz, so gilt dies auch für Akkorde.

Was macht manche Akkorde rund und schön, beruhigend und andere mißtönend, unangenehm oder aufreizend? Ein Teil der Antwort liegt wie bei den Intervallen darin begründet, wie gut die Töne ein gemeinsames Muster ergeben, welches uns als wiedererkennbar, einfach oder geordnet erscheint. In einer ersten groben Annäherung können wir sagen, daß die Natur eines Akkords zu einem großen Teil durch die Natur der ihn bildenden Intervalle bestimmt ist. Jeder Akkord, der eine große Sekunde enthält wie in Bild 19.3a, wird im allgemeinen relativ dissonant klingen, da er dieses dissonante Intervall enthält. Dur- und Moll-Dreiklänge (Bild 19.3b, 3c) werden als konsonant empfunden, da alle in ihnen enthaltenen Intervalle – große und kleine Terz, reine Quinte – konsonant sind.

Dieses letzte Beispiel zeigt aber, daß die Auflistung der Intervalle in einem Akkord nicht ausreicht, denn Dur- und Moll-Dreiklänge enthalten genau die gleichen Intervalle, klingen aber trotzdem deutlich verschieden. Meist wird der erste als Ausdruck freudiger, positiver Stimmung, der zweite als solcher trauriger, melancholischer

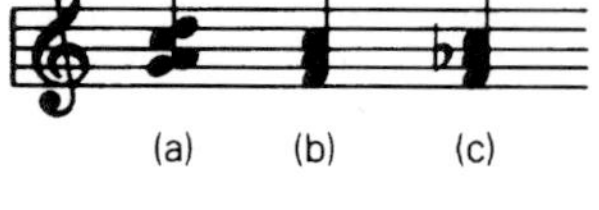


Bild 19.3
Drei gegensätzliche Akkorde. a) Ein dissonanter Akkord; b) ein F-Dur-Akkord, ausgesprochen konsonant; c) ein f-moll-Akkord, etwas weniger konsonant.

[19] Die ästhetische Position von D. Hall sei unbenommen. Die deutsche Herausgabe dieses Buches richtet sich u. a. auch an Komponisten, die eine über diesen Standpunkt hinausgehende Einstellung haben und auch gerade deshalb sich mehr mit musikalischer Akustik beschäftigen wollen (Anm. d.Hg.).

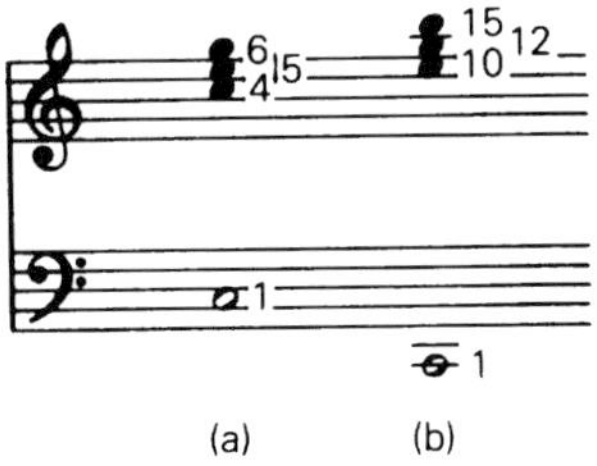


Bild 19.4
a) Der implizite Grundton eines Dur-Dreiklangs auf c'' ist der Ton c.
b) Der implizite Grundton eines e-Moll-Dreiklangs auf e'' ist der Ton C.

Stimmung beschrieben. Es müssen also andere Eigenschaften als nur die Liste der enthaltenen Intervalle zu dem jeweiligen Eindruck beitragen.

Wir sagten im letzten Kapitel, daß die Intervalle besonders wichtig sind, deren Frequenzverhältnisse auch in der harmonischen Reihe vorkommen; sie geben unserem Muster-Erkennungs-Gehirn eine Möglichkeit, die Teiltöne aller Intervalltöne in ein gemeinsames Muster zu vereinen. Wenn wir kurz auf Bild 18.4a zurückblicken, können wir weiter zeigen, daß die gemeinsame Liste der in beiden Tönen vorhandenen Teiltöne (200, 300, 400, 600 Hz...) die Mehrzahl der gleichen Teiltonfrequenzen enthält, die eine harmonische Reihe auf 100 Hz enthält. Das heißt, es gibt (für unser Gehirn) einen hierin **impliziten Grundton** von 100 Hz, obwohl diese Frequenz tatsächlich gar nicht enthalten ist. Ähnlich sind in Bild 18.4b alle gezeigten Noten Teiltöne eines (impliziten) Grundtons C. Somit ist dieses C ein impliziter Grundton, der wie ein Handschuh über die tatsächlich erklingenden Noten c und g paßt und das Gefühl verstärkt, daß diese zusammengehören.

Können wir entsprechende implizite Grundtöne für Akkorde mit drei oder mehr Tönen finden? Probieren wir es zunächst an einem einfachen Dur-Dreiklang aus. Bei richtiger Stimmung weisen dessen Töne das Frequenzverhältnis 4:5:6 auf. Dies allein reicht schon aus, damit unser Gehirn das Muster einer harmonischen Reihe erkennt, und das umso leichter, je komplexer die zugehörigen Wellenformen der Einzeltöne sind. Die Frequenzen 400, 800, 1200, 1600... Hz vom ersten Ton, 500, 1000, 1500... Hz vom zweiten und 600, 1200, 1800... Hz vom dritten ergeben eine übereinstimmende Reihe der Frequenzen 400, 500, 600, 800, 1200, 1500, 1600, 1800,...Hz, die sehr stark auf einen fehlenden, also impliziten Grundton mit 100 Hz hinweist. Wir schließen daraus, daß die drei Töne dahingehend kooperieren, daß sie einen gemeinsamen impliziten Grundton ergeben, den wir als die *Wurzel* des Dreiklangs bezeichnen, die eine wichtige Rolle in der harmonischen Analyse klassischer Musik spielt.

Nun probieren wir das gleiche für einen Moll-Dreiklang in reiner Stimmung. Wenn die untere Terz ein 5:4-Verhältnis, die obere ein solches von 4:5 hat, sind die

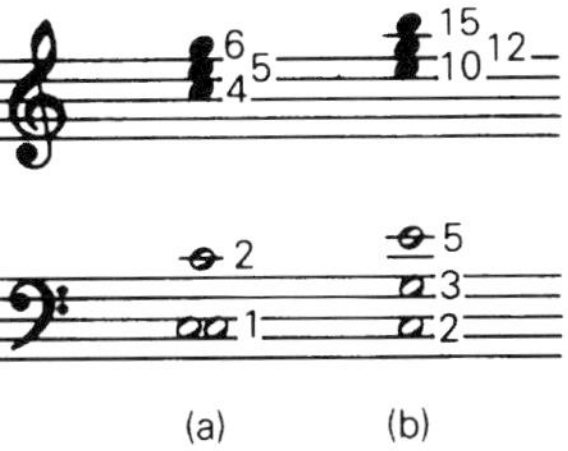


Bild 19.5
Differenztöne (oder paarweise implizite Grundtöne) für die gleichen Dreiklänge (reine Stimmung) wie in Bild 19.4.

Bild 19.6
Differenztöne für die gleichen Dreiklänge wie in Bild 19.4 bei wohltemperierter Stimmung, zu vergleichen mit Bild 19.5. Der Differenzton aus dem Quintenintervall liegt nur um 6 ¢ niedriger, aber der aus der großen Terz liegt um 67 ¢ zu hoch (eingeklammerte Kreuze), und der aus der kleinen Terz sogar um 96 ¢, also einen vollen Halbton niedriger.

kleinsten Verhältniszahlen, die dies zusammen ausdrücken, 10:12:15. Wenn wir aus Gründen der Bequemlichkeit die drei Dreiklangstöne auf 1000, 1200 und 1500 Hz legen, ergibt sich die Liste der übereinstimmenden Teiltonfrequenzen zu 1000, 1200, 1500, 2000, 2400, 3000, 3600, 4000, 4500, 4800, 5000...Hz. Die größte Zahl, deren Vielfache alle diese Zahlen ergeben, ist 100, so daß wir (zumindest im Sinne einer mathematischen Übung) wiederum sagen können, es liege ein impliziter Grundton bei 100 Hz vor.

Allerdings sind da zwei nicht unwichtige Unterschiede. Erstens sind im Beispiel des Dur-Dreiklangs alle Teiltöne von 100 Hz gut repräsentiert, während beim Moll-Dreiklang die Auswahl recht sparsam ausfällt. Die Annahme fällt leicht, daß unsere Mustererkennung das 4:5:6-Verhältnis entdecken kann, unterstützt durch die Anwesenheit vieler anderer Teiltöne des impliziten Grundtons. Aber das Erkennen eines 10:12:15-Verhältnisses würde schon eine erheblich feineres Unterscheidungsvermögen erfordern, noch dazu, wenn nur relativ wenige Teiltöne des impliziten Grundtons zur Mustererkennung beitragen.

Der zweite Unterschied ergibt sich aus der Identität des impliziten Grundtons unserer Beispiele in musikalischer Notation (Bild 19.4). Für den Dur-Dreiklang liegt dieser genau zwei Oktaven unterhalb einer der drei tatsächlich klingenden Töne, und wir haben eine starke Dreiklangswurzel, die eng mit den klingenden Tönen kooperiert. Für den Moll-Dreiklang ergibt sich durch das 1:10-Verhältnis dagegen der implizite Grundton bei drei Oktaven plus eine große Terz ($^1/_8 \cdot {}^4/_5$) unterhalb des untersten klingenden Tones; er ist also nicht nur weiter weg, sondern auch ein nicht im Dreiklang enthaltener Ton, die sich mit dessen Tönen dissonant reibt! Wir müssen also schließen, daß 1. wahrscheinlich eine viel schwächere Tendenz vorhanden ist, eine identifizierbare Wurzel für einen Moll-Dreiklang als für einen Dur-Dreiklang wahrzunehmen; 2. falls wir trotzdem die Möglichkeit dieses schwachen impliziten Grundtons einräumen, dies die Dinge nur noch komplizierter macht, anstatt ein einfaches Muster zu verstärken; 3. die akustischen Voraussetzungen für Konsonanz in Moll-Dreiklängen beträchtlich schlechter sind als in Dur-Dreiklängen.

Die gleichen Schlußfolgerungen ergeben sich auch, wenn wir alternative Gesichtspunkte einnehmen. Einer wäre es, zu den Einzelintervallen zurückzukehren und dort nach impliziten Grundtönen zu suchen. Beim Dur-Dreiklang ergibt sich für beide Terzen der gleiche Grundton wie oben, und für die Quinte ein impliziter Grundton eine Oktave höher; all dies vermittelt den gleichen Eindruck einer starken Dreiklangswurzel (Bild 19.5a). Beim Moll-Dreiklang ergeben sich für die drei Intervalle drei verschiedene implizite Grundtöne, von denen einer sich wiederum mit dem Originaldreiklang reibt (Bild 19.5b).

Eine andere Alternative besteht darin, den Schallpegel so hoch anzusetzen, daß die Differenztöne deutlich hervortreten. Bei diesen einfachen Dreiklängen ergeben sich die Differenztöne als exakt die in Bild 19.5 gezeigten Noten (bei Akkorden, die Sexten, Dezimen usw. enthalten, stimmen die Differenztöne nicht mit den impliziten Grundtönen überein). Wir müssen aber beachten, daß die zwei Gesichtspunkte divergieren, sobald die Dreiklänge etwas verstimmt sind. Für einen Dur-Dreiklang in gleichmäßig temperierter Stimmung ändern sich die Frequenzverhältnisse in 4:5,04:5,99. So weit es die Mustererkennung betrifft, könnten wir immer noch erwarten, daß das Gehirn das 4:5:6-Verhältnis als beste Annäherung erkennt, und der Effekt wäre lediglich eine etwas geringere Reinheit und Konsonanz. Spielten jedoch die Differenztöne eine Rolle, dann ergäbe sich eine starke dissonante Reibung, die den Eindruck einer Dreiklangswurzel und der Konsonanz des Dreiklangs erheblich schwächen würde (Bild 19.6).

Wie in Übungsaufgabe 3 dargestellt ist, können wir viele Akkorde unter dem gleichen Dach vereinen, wenn wir erkennen, daß beliebige Repräsentanten der Tonklassen C, E und G immer die gleiche Dreiklangswurzel C haben. Mit anderen Worten, alle *Umkehrungen* eines Dur-Dreiklangs haben einen sehr ähnlichen Klang und können eine zusammenhängende harmonische Funktion übernehmen.

Genau wie die verschiedenen Töne unterschiedliche Rollen in einer Tonart wahrnehmen, so spielen auch verschiedene Akkorde entsprechende unterschiedliche Rollen für die *harmonische Fortschreitung*, die zeitliche Entwicklung der Harmonie. Auch hier spielt der *Tonika-Akkord*, also der auf der Tonika-Note aufgebaute Dreiklang, die zentrale Rolle einer Basis, um die die anderen Harmonien kreisen. Der auf der Dominante aufgebaute *Dominant-Akkord* spielt wiederum die Rolle eines zweiten Zentrums in enger Beziehung zur Tonika. Der *Subdominant-Akkord*, der auf der Quinte *unterhalb* der Tonika steht, assistiert als drittes Zentrum. Ebenso tut dies der *Subdominantparallel-Akkord*, der auf einer Wurzel einen Schritt über der Tonika aufbaut; er hat eine spezielle Bedeutung, da er eine reine Quinte über der Dominante steht. Die harmonische Unterstützung durch all diese Akkorde kann die Wahrnehmung der Tonalität in einer Melodie in starkem Maße verstärken.

Die spezielle Rolle der Tonika- und Dominantakkorde wird am deutlichsten in den Harmoniefolgen, die einer Pause, einem Ruhepunkt oder dem Ende vorangehen und als **Kadenz** bezeichnet werden (Bild 19.7a). Die Dominante führt überzeugend und natürlich zur Tonika aufgrund des Tons, der beiden Akkorden gemeinsam ist und als Drehpunkt für die Fortschreitung dient, und aufgrund der engen akustischen Beziehung beider Dreiklangswurzeln (und ebenso der Dreiklangstöne), nämlich des von ihnen gebildeten Quintintervalls. Damit soll nicht behauptet werden, daß die Dominante-Tonika-Folge die einzige Form einer Kadenz sei; es ist lediglich die häufigste in der klassisch-romantischen europäischen Kunstmusik. Bild 19.7b und 7c zeigen andere Kadenzformen zur Beendigung eines Abschnitts oder Satzes.

Die Beziehung Tonika-Dominante ist so stark, daß ein großer Teil der harmonischen Struktur unserer Musik mit der Auf- oder Abwärtsbewegung von impli-

Bild 19.7
Beispiele für harmonische Kadenzen. a) Die vertraute Folge Dominante-Tonika mit zusätzlicher Verstärkung durch die Subdominante im letzten Refrain des Liedes *Amerika*. b) Eine Kadenz von Landini, wie sie im 14. und 15. Jahrhundert üblich war. c) Eine der vielen interessanten Kadenzen, die in Paul Hindemiths *Erster Klaviersonate* (1936) zu finden sind.

ziten Dreiklangswurzeln um eine Quinte erklärt werden kann; das heißt, daß zwei beliebige Dreiklangswurzeln, die eine Quinte auseinander liegen, vorübergehend so betrachtet werden können, als wären sie Dominante und Tonika. Natürlich können sich Dreiklangswurzeln auch um andere Intervalle als Quinten auf- oder abwärtsbewegen. Die zweitstärkste solcher Beziehungen ist die von Terzen, die als *Medianten* bezeichnet werden; sie erhalten ihre funktionelle Stärke durch einen gemeinsamen Ton, der als Drehpunkt dient, und durch die etwas schwächere Intervallbeziehung der Terz. Wurzelbewegungen um eine Sekunde oder einen Tritonus sind generell schwächer – eher zweideutig als überzeugend klingend –, denn solche Akkorde haben weder einen gemeinsamen Ton noch eine enge Intervallbeziehung zwischen den impliziten Grundtönen.

Das soll nun nicht etwa heißen, daß die bestmögliche Musik ausschließlich aus Dominant-Tonika-Folgen bestehe. Der Einfluß der Tonika-Dominanten-Beziehung ist aber in einer subtilen Weise überall gegenwärtig. Die Bedeutung beinahe aller anderen harmonischen Schritte oder Folgen ergibt sich zu einem großen Teil daraus, wie ähnlich oder abweichend sie im Vergleich zum Standard der Dominante-Tonika-Folge klingen; wenn dieser Standard außer Kraft gesetzt wird (wie in der atonalen Musik), verlieren auch alle anderen harmonischen Folgen oder Fortschreitungen ihre bisherige Bedeutung.

# 19.3 Konsonanz und Dissonanz

Wir sollten die Folgerungen aus der letzten Aussage gut bedenken: Die Bedeutung eines Akkordes oder der Beziehung zwischen zwei Akkorden ist keine inhärente oder absolute Eigenschaft, sondern sie hängt von dem Rahmengeflecht der anderen, vorausgegangenen Akkorde und Akkordbeziehungen des Stückes ab. In den vorangegangenen Kapiteln haben wir hauptsächlich über Intervalle gesprochen, die isoliert gehört und beurteilt wurden; klingen sie rund und rein, so sagen wir, daß sie uns das Gefühl *sinnlicher* oder *akustischer Konsonanz* vermitteln. Der Tonika-Akkord als Abschluß einer Kadenz ist konsonant im Sinne von spannungslos, ruhig, während der oder die ihm vorausgehenden Akkorde dissonant sind im Sinne von spannungsvoll – sie verlangen eine Auflösung durch Voranschreiten zur folgenden Konsonanz.

Aus einem solchen dynamischen Gesichtspunkt heraus muß man sogar Vorsicht walten lassen, einen C-Dur-Akkord als konsonant zu beurteilen, denn er könnte in einen Kontext gestellt werden, in dem eine Auflösung zu einem anderen Akkord hin erforderlich wird. Als Beispiel eines dissonant wirkenden C-Dur-Akkords brauchen Sie sich nur vorzustellen, nach dem Schlußakkord eines Kirchenlieds in G-Dur würden man einen C-Dur-Akkord anschließen (Bild 19.8a); es entsteht eine Spannung, die sofort wieder nach der Auflösung in G-dur drängt. Dies gilt auch andersherum: Ein normalerweise als dissonant beurteilter Akkord kann in einem bestimmten Kontext als spannungslose Konsonanz wirken. Ein schönes Beispiel für einen Dominant-Septakkord, der als Konsonanz und Auflösung wirkt, ist die Coda von Maurice Durufles *Requiem* (Bild 19.8b), oder auch das berühmte F-Dur-Prélude von Chopin.

Benade erläutert diesen Gesichtpunkt überzeugend mit einer Analogie. Angenommen, Sie haben drei Töpfe mit Wasser, einen kalt, einen heiß, einen lauwarm. Wenn Sie Ihre Hand eine Zeitlang in den kalten Wassertopf halten und dann plötzlich

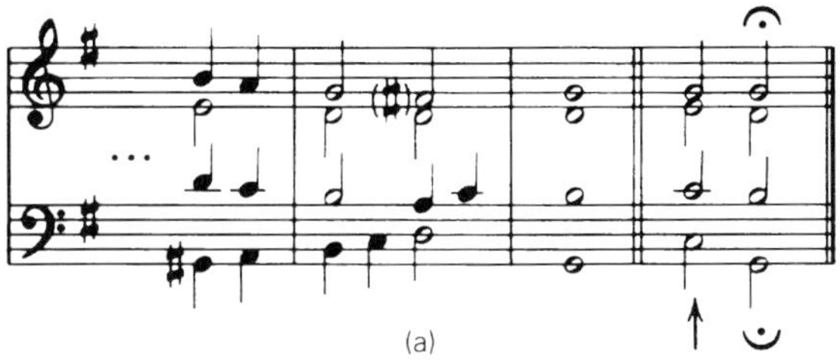

(a)

(b)

Bild 19.8
Beispiele für die Rolle des Kontextes dafür, ob ein Akkord als konsonant bzw. spannungslos oder als dissonant bzw. spannungsgeladen erscheint.
a) Das »Amen« am Ende von Kirchenliedern (Praxis aus dem 19. Jhd.) hat oft einen dissonanten/spannungsvollen Dur-Dreiklang (Pfeil), meist die Subdominante.
b) Ein Akkord, der 'normalerweise' dissonant wirkt (d. h. nach einer Auflösung verlangt), wird hier in Durufles *Requiem* op. 9 (1947) so erreicht, daß er als finaler ruhevoller Klang wirkt.

in den lauwarmen, kommt Ihnen dessen Wasser ziemlich warm vor. Hätten Sie aber vorher Ihre Hand in den heißen Wassertopf gehalten, würde Ihnen das gleiche lauwarme Wasser angenehm kühl vorkommen.

Wir deuteten schon in Kapitel 18 an, daß sich die Einstellungen bezüglich der Intervalle von Quinte, Terz, oder auch des unbenannten 7:4-Verhältnisses im Lauf der Jahrhunderte verändert haben. Es wird nun klar, daß dies weit mehr als nur eine veränderte Beurteilung der isoliert gehörten Intervalle war. Weitaus der größere Einfluß stammt aus dem veränderten Denken über die dynamische Rolle, die als geeignet für die verschiedenen Intervalle und Akkorde betrachtet wurden und werden.

## 19.4 Form und Stil

Es paßt ganz gut für den Anfang dieses letzten Abschnitts, noch einmal einen Bogen zurückzuschlagen zur Einleitung des 2. Kapitels: Musik ist eine Folge von (Klang-)Ereignissen in der Zeit. Dynamische Änderungen in verschiedenen Dimensionen der Zeitskala sind wesentlich bestimmend für das, was Musik zur Musik macht. Zunächst hatten wir uns lang und breit mit den *Mikrostrukturen* der einzelnen Schwingungen jeder Note beschäftigt; in den letzten Kapiteln haben wir dann zunehmend über *Mesostrukturen*, also Strukturen einer mittleren Zeitskala, gesprochen. Dies umfaßt das Gruppieren einzelner Noten zu kleinen Einheiten wie Motiven und Melodien, Intervallen und Akkorden, sowie Fragen des Rhythmus und des Tempos. Wir sollten das Buch nicht beenden, ohne wenigstens einige wenige Aussagen über *Makrostrukturen* zu versuchen, also die Organisation dieser kleinen Einheiten in größere und größere Strukturen, welche mehrere Minuten dauern und schließlich ein vollständiges Stück bilden. Aufgrund der großen Komplexität dieser Strukturen ist es viel zu schwierig, irgendetwas Präzises, Eindeutiges und experimentell Nachweisbares über sie auszusagen, als daß ein Naturwissenschaftler das könnte; und aus diesem Grund wird die Betrachtung solcher Makrostrukturen üblicherweise den Musikkritikern und -wissenschaftlern überlassen und nicht den Akustikern.

Nichtsdestotrotz faszinieren gewisse Aspekte der Makrostrukturen die Wissenschaftler: Form und Organisation, Ordnung und Symmetrie, Vorhersagbarkeit und Zufälligkeit. Diese Konzepte haben mathematische Formulierungen in vielen wissenschaftlichen Theorien gefunden, aus denen wir vielleicht doch noch einen Beitrag zum Verständnis von Musik auf diesem hohen Niveau gewinnen können. Allerdings muß man zugeben, daß alle solchen Versuche sich noch in einem sehr primitiven Zustand befinden.

Genau wie es relativ viel regelmäßige Wiederholung in den einzelnen Schwingungen im Millisekundenbereich und in der Folge von einzelnen Noten im Sekundenbereich gibt, bestehen auch in den längeren Strukturen im Minutenbereich (im Falle einer Sinfonie 10 bis 20 oder mehr) geordnete, sich wiederholende Strukturen. Wir sehen dies zunächst an der Gestalt der musikalischen Phrasen; Lieder und andere Stücke weisen oft eine Folge von viertaktigen Einheiten (meist sind diese wieder zu achttaktigen gruppiert) auf, etwa so wie die ungefähr gleichlangen Zeilen eines Gedichts. Wir können dann etwas größere Strukturen in der Folge von Strophen oder dem Wechsel von Vers und Refrain bei Liedern erkennen; bei Instrumentalstücken entspricht dem die sogenannte Rondo-Form, bei der ein Abschnitt des Stückes immer wieder als verbindendes Element erklingt. Sinfonien weisen eine geordnete Struktur und Symmetrie in großen Maßstäben auf; meistens wird erst bewußt, wieviel geplante Struktur und Ordnung ein solches Werk enthält, wenn man es lange und ausführlich analysiert.

Muß Musik notwendigerweise so hochgradig organisiert sein? Im Mikrobereich können wir definitiv mit ja antworten: Wenn die Schwingungen vollständig zufällig erfolgten, würden wir nur ein zischendes Rauschen hören. Erst wenn ausreichend viele regelmäßige Schwingungen vorliegen, können wir einen musikalischen Klang mit bestimmbarer Tonhöhe wahrnehmen. Im Mesobereich scheint es auch so, daß unser Gehirn eine gewisses Mindestmaß an Ordnung und Wiederkehr verlangt. Obwohl einige Komponisten des 20. Jahrhunderts die Möglichkeiten einer Musik erforscht haben, bei der jeder Ton zufällig ohne Rücksicht auf die vorangegangenen gewählt ist.

Schon eher diskutierbar ist die Frage, inwieweit es eine musikalische Rolle spielt, ob das, was man gerade hört, eine bestimmte Beziehung zu dem haben sollte, was man vor 5 oder 10 Minuten gehört hatte. Viele Leute scheinen dies zu verneinen, zumindest, was den bewußten Teil der Wahrnehmung betrifft; aber große Komponisten haben immer wieder ihre Überzeugung bestätigt, daß diese großräumigen Strukturen dem Werk zusätzliche Schönheit und Faszination verleihen. Zumindest ein Teil der Hörer stimmt dem zu, und zwar umso mehr, je mehr sie über solche Zusammenhänge etwas wissen.

Können wir aber auch darüberhinaus eine Erklärung dafür finden, warum der Verstand Ordnung und symmetrische Konstruktion bevorzugen sollte? Ein Zweig der Mathematik, die Informationstheorie, läßt vermuten, daß die Antwort in der Vorhersagbarkeit liegt. Die Theorie hat eine exakte quantitative Form, die uns hier jedoch nicht interessiert; es ist ihre qualitative Aussage, die uns bereits eine wertvolle Einsicht verschafft. Die zentrale Idee besteht darin, daß das Maß an Information, das in einem beliebigen Signal enthalten ist (wie einem Wort, einer Geste, einem musikalischen Akkord), bestimmt wird durch die Größe der Ungewißheit oder des Überraschungseffektes, wenn das Signal beim Empfänger eintrifft.

Betrachten wir als Beispiel die Information, die in dem Wort *Feuer* enthalten ist. Wenn Sie einen Ruf „Feuer!“ in einem vollen Theater hören, empfangen Sie einen großen Informationswert in sehr effizienter Weise, und zwar genau deshalb, weil ein solches Ereignis sehr ungewöhnlich, also sehr überraschend ist. Das entgegengesetzte Extrem wäre zum Beispiel, wenn Sie auf einer Party jemanden im Gespräch sagen hören „Wo Rauch ist, gibt's auch .......“ In diesem Fall können Sie leicht voraussagen, welches Wort als nächstes folgen wird; das heißt, Sie erhalten praktisch keine weitere Information, wenn Sie dann tatsächlich das Wort *Feuer* folgen hören.

Ähnlich gilt, daß eine Note in einer Melodie einen großen Informationsbetrag enthält, wenn sie für den Hörer überraschend wirkt. Wenn die gleiche Note jedoch

Bild 19.9 Eine sogenannte Trugschluß-Kadenz von Mozart im 1. Satz seiner Klaviersonate in C-Dur (KV 533). Die Kadenzformel wird entwickelt mit dem Ziel eines Tonika-Akkordes (C-Dur, in Klammer dargestellt), aber überraschend ertönt ein völlig unerwarteter anderer Akkord an der erwarteten Stelle (1. Akkord des letzten Taktes, Pfeil).

Teil der 73. Wiederholung eines unveränderten Refrains ist, überbringt sie keinerlei Information mehr. Es ist also der Kontext, das Ausmaß der vorangehenden Struktur und die Bestimmtheit, mit der diese Struktur aufrechterhalten wird, welcher die Vorhersagbarkeit und damit den Informationsgehalt jeder weiteren Note bestimmt.

Die gleiche Aussage gilt auch für harmonische Fortschreitungen und andere Folgen von musikalischen Elementen. Der *Trugschluß* (Bild 19.9) ist ein gutes Beispiel dafür: Er weckt das Interesse des Hörers durch Aufbau der auf einen bestimmten Akkord hinzielenden Schritte, setzt dann aber an die Stelle des erwarteten Akkordes (meist der Tonika) einen ganz anderen. Dies kann eine vergnügliche und informative Überraschung sein; man kann fast den Komponisten sagen hören: „Du dachtest wohl, ich wäre schon fertig, aber ich habe noch ein paar nette Dinge auf Lager".

Musik mit wenig oder keiner Struktur hat eine geringe Vorhersagbarkeit und daher einen hohen Informationsgehalt. Demzufolge bombardiert die *aleatorische Musik*, deren Verlauf absichtlich völlig (oder teilweise) von Zufallsentscheidungen abhängt, den Verstand des Hörers mit einer extrem hohen Informationsrate. Darin liegt wahrscheinlich einer der Hauptgründe dafür, daß einige der experimentellen Musikrichtungen der letzten Jahrzehnte so wenig Erfolg beim Publikum hatten; der menschliche Verstand hat eine Obergrenze für seine Fähigkeit der Informationsverarbeitung; wird diese stark und länger überschritten, so fühlt er sich unwohl (und schaltet sozusagen zur Sicherheit ab). Auf der anderen Seite gilt dann für eine überbestimmte Musik (etwa die *Minimal-Musik*), daß sie wenig Informationsgehalt hat; der Verstand wird nicht durch neue Informationen angeregt und fühlt sich bald gelangweilt. Ein Komponist sollte also einen Kompromiß zwischen vorhersagbaren Strukturen und Überraschungen anstreben, so daß der Informationsgehalt der Musik das Interesse des Hörers wachhält, ohne es zu überfordern.

Diese Aussagen gelten ganz eindeutig für die Elemente der Mesostruktur – im mittleren Zeitbereich – von Rhythmus, Melodie und harmonischer Fortschreitung. Obwohl sie für den Makrobereich nicht in gleich eindeutiger und starker Weise zutreffen, gibt doch das Konzept einer ausgeglichenen Informationsrate – d. h., interessanter, aber nicht zu hoher Informationsgehalt – einen Hinweis darauf, warum auch im Makrobereich geordnete Strukturen und Symmetrien wünschenswert scheinen. Wir erfreuen uns an der Wiederkehr der Hauptthemen oder eines vollständigen Werkabschnitts, weil dies uns eine größere Einheit und Identität versichert; aber wir lieben ebenso auch die Variation solcher Themen oder Abschnitte. Und die Wiedererkennungsfreude eines vertrauten Themas (oder des gesuchten Hausschlüssels) hängt auch davon ab, wie lange und wie weit weg wir uns zuvor entfernt hatten.

Es gibt noch eine weitere und noch größere Zeitdimension, in der sich Musik ändert und entwickelt. Kompositionsstile, melodisches und harmonisches Material, Aufführungsinstrumente und deren Verwendungsart: Alles das entwickelt sich allmählich. Bei der zeitgenössischen Musik können wir solche Stilveränderungen in der Größenordnung von ein, zwei oder zehn Jahren beobachten. Aus der größeren Perspektive zurück auf die vergangenen Jahrhunderte scheint es, daß die wichtigen Stiländerungen im Rhythmus von 50 oder 100 Jahren erfolgten. Aber warum ändert sich Musik überhaupt auf diese Weise? Etwa nur deshalb, weil wir den absolut besten, ultimativen Stil noch nicht gefunden haben?

Es gibt natürlich eine Vielzahl von Gründen, warum Menschen Musik hören und machen. Viele kulturelle und soziale Faktoren beeinflussen unser musikalisches Verhalten. Aber die Informationstheorie hat auch hier noch ein Argument dafür, warum musikalische Entwicklung notwendig und niemals abgeschlossen sein könnte. Es geht davon aus, daß jeder erfolgreiche musikalische Stil bereits in sich selbst die Keime seiner eigenen Auflösung tragen muß. Wenn irgendein neuer Stil präsentiert wird, ist es unter anderem einfach die Neuigkeit der darin enthaltenen Information, die unsere Aufmerksamkeit weckt und den eventuellen Erfolg begründet. Anders ausgedrückt, es sind unerwartete Elemente enthalten, die interessante neue Informationen für uns darstellen. Der dann – vielleicht – tatsächlich eintretende Erfolg dieses Stils und die damit einhergehende Gewöhnung daran ändern jedoch zwangsweise den Kontext und damit den Informationsgehalt. Wenn man ein Stück zum zweitenmal hört, und noch mehr natürlich beim zehntenmal, ist es nicht mehr das gleiche Stück wie beim ersten Mal in dem Sinne, daß es nun viel weniger Informationen enthält als zuvor. Hört man schließlich zum 100- oder 1000-ten Male eine Gruppe von Stücken, die dem gleichen Stil angehören, so ist es möglich und wahrscheinlich, daß sie nicht mehr genug Informationswert besitzen, um die Aufmerksamkeit zu fesseln. Wenn daher ein Stil allmählich verschwindet und verdrängt wird, heißt das nicht notwendigerweise, daß er deswegen minderwertig sei; wir brauchen einfach eine höhere Informationsrate, damit unser Interesse nicht erlahmt, und eine Möglichkeit höherer Informationsrate besteht in der Präsentation frischer Ideen. Veränderung ist also ein notwendiges Element von Musik selbst in solchen Zeitdimensionen, die größer als unsere Lebenszeit sind.

# Zusammenfassung

Veränderung, Bewegung und Struktur sind unerläßliche Elemente der Musik auf allen Zeitebenen. Die einzelnen Töne einer Melodie haben charakteristische Funktionen, die ihre Zugehörigkeit zu verschiedenen Tonarten ausweisen. Besonders wichtige Funktionen in der westlichen Musik sind die Tonika und die Dominante. In den Dur- und Moll-Tonarten ist die Dominante eine Quinte über der Tonika, und diese dient oft als Anfangs- und Endpunkt eines Stücks. Akkorde als simultan erklingende Noten haben ebenfalls musikalische Funktionen, und auch hier sind Tonika- und Dominantakkorde die wichtigsten.

Dur-Dreiklänge weisen eine deutliche akustische Grundlage für ihre Rolle als erstrangige musikalische Elemente auf. Die Berücksichtigung von Mustererkennungs-Prozessen und von Differenztönen führen zur Identifikation einer Dreiklangswurzel oder eines impliziten Grundtons für diese Dreiklänge. Moll-Dreiklänge haben eine weitaus zweideutigere akustische Grundlage und eine entsprechend schwächere Rolle in der harmonischen Entwicklung.

Konsonanz und Dissonanz hängen nicht nur von der inneren Struktur eines Akkords ab, sondern auch von dessen Kontext. In dieser dynamischen Auffassung ist Dissonanz gleichbedeutend mit Spannung und Konsonanz die entsprechende Auflösung dieser Spannung.

Die Informationstheorie läßt vermuten, daß Musik ein bestimmtes Maß an Struktur bzw. Organisation aufweisen muß (weder zu viel noch zu wenig), um interessant bzw. angenehm zu sein. Die Rate der Informationsübertragung vom Musiker zum Hörer wird bestimmt vom Grad der Unvorhersagbarkeit bzw. des Ausmaßes an Überraschung durch das einzelne musikalische Ereignis in Bezug auf die vorangegangenen. Dies hängt wiederum nicht nur von der Musik selbst ab, sondern ebenso von der Erwartungshaltung, die aus allen früheren Erfahrungen des Hörers entsteht. Dies erklärt, warum auch musikalische Stilrichtungen über den Verlauf von Jahren oder Jahrzehnten Veränderungen unterworfen sind.

# Symbole, Begriffe, Beziehungen

Skala und Tonart
Dur- und Molltonarten
Tonika und Dominante
Leitton
Tonalität und Atonalität
Dur- u. Moll-Dreiklänge
implizite Grundtöne
Dreiklangswurzel
Kadenz
Trugschluß
Konsonanz u. Dissonanz
Informationstheorie

# Übungsaufgaben

1. Welche sieben Tonhöhenklassen gehören zur F-Dur-Skala, welche zu A-Dur? Benennen Sie jeweils den Tonika-, Dominant- und Leitton. (Hinweis: Erinnern Sie sich an die Folge der GGHGGGH-Schritte).

*2. Finden Sie einen impliziten Grundton für den Akkord in Bild 19.3, wenn die Intervallverhältnisse 9 : 8, 4 : 3 und 3 : 2 betragen, gerechnet jeweils von der untersten Note g' zu den drei darüberliegenden. Vergleichen Sie alle drei möglichen Differenztöne. Kann man sagen, daß eine klare Dreiklangswurzel vorhanden ist? Wie konsonant oder dissonant würde man aufgrund Ihrer Analyse diesen Akkord einschätzen?

3. Betrachten Sie die Dreiklänge a) g'–c''–e'', b) e'–g'–c'' und c) c'–g'–e''. Finden Sie für jeden davon den impliziten Grundton bei reiner Stimmung und sämtliche Differenztöne ersten Grades.
4. Betrachten wir a) den übermäßigen Dreiklang c''–e''–gis'' mit zwei 5:4 reinen großen Terzen und b) den verminderten Dreiklang h'–d''–f'' mit zwei 6:5 kleinen Terzen. Finden Sie für beide die impliziten Grundtöne und sämtliche Differenztöne ersten Grades heraus. Welche Klarheit der Dreiklangswurzel oder welchen Konsonanzgrad legt das Ergebnis nahe, verglichen mit Dur- und Moll-Dreiklängen? (Hinweis: Erklären Sie zuerst, warum Sie die Verhältnisse 25:20:16 und 36:30:25 untersuchen wollen.)
5. Welche drei Tonhöhenklassen gehören zum Tonika-Akkord in der Tonart C-Dur, und welche drei zum Dominant-Akkord? Welche Töne sind beiden gemeinsam? Welches Intervall besteht zwischen den Dreiklangswurzeln der beiden Akkorde?

*6. Nehmen Sie ein bekanntes Volkslied (oder irgend ein anderes Stück) und finden Sie a) heraus, an welchen Stellen die Tonika-, Dominant- und die Leitton-Note in wichtiger Funktion in der Melodie vorkommen, b) die Stellen, an denen Tonika- und Dominant-Akkorde in der Harmonie erscheinen.

7. Erörtern Sie die Möglichkeit einer Analogie zum Konsonanz-Dissonanzphänomen in den visuellen Künsten.
8. Suchen Sie sich einen gerade aktuellen populären Song heraus und versuchen Sie, so viel Strukturen wie möglich darin zu identifizieren. Wie sehr stellen nach Ihrer Meinung diese Strukturen einen positiven oder negativen Wert für das Stück dar?
9. In der Musik des siebzehnten und frühen achtzehnten Jahrhunderts spielte das Cembalo etwa die gleiche zentrale Rolle wie heute das Klavier. Es wurde jedoch im 19. Jahrhundert vollständig durch das Klavier verdrängt, und viele alte Cembali endeten als Feuerholz, da sie niemand mehr haben wollte. In den letzten Jahrzehnten haben jedoch das Cembalo (teilweise auch das Clavichord) und auch die dazugehörige Musik ein erstaunliches Comeback erlebt. Erklären Sie mit den Mitteln der Informationstheorie, wie solch ein zyklischer Prozeß zustande kommt.
10. Die Musik von J. S. Bach erfreut sich gleichbleibender Wertschätzung von Generation zu Generation und scheint damit unsere Behauptung zu widerlegen, daß jeder Musikstil irgendwann durch andere abgelöst wird. Um diesen Widerspruch aufzuklären, erörtern Sie die Idee, daß im Falle von gelegentlichen Aufführungen eines Stückes ein kleinerer Informationsgehalt darin steckt, als wenn es mit wissenschaftlicher Gründlichkeit über längere Zeit hin studiert wird; oder als zweite Idee, daß möglicherweise in einem Stück verschiedene Ebenen von Informationsgehalt enthalten sein können.
11. Erinnern Sie sich an die relative Reichhaltigkeit der Spektren von Violinen oder Oboen im Vergleich mit Klarinetten oder Flöten und überlegen Sie dann, wie unterschiedlich ein Oboen-Quartett im Vergleich mit einem Flöten-Quartett klingen würde. Erklären Sie mit den Begriffen der akustischen Konsonanz, welcher Quartettklang besser „verschmilzt", vor allem bei engen Lagen der Stimmen oder auch bei konsonanten oder allenfalls gemäßigt dissonanten Klängen, und welcher weniger, selbst bei konsonanten Klängen.

# 20. Epilog – Wissenschaft und Ästhetik

Ich hoffe, die letzten Kapitel mögen jede Illusion darüber zerstört haben, daß die musikalische Akustik nichts als eine weitere Abteilung einer „harten Wissenschaft“ sei, in der alles ganz klar ist und man für jedes Phänomen die passende Erklärung aus der Schublade ziehen kann. Ganz im Gegenteil ist musikalische Akustik auch erst dann annähernd vollständig behandelt, wenn ihre wissenschaftlichen Komponenten – soweit sie klar vorliegen – mit den *ästhetischen* integriert sind: Das bedeutet. daß Begriffe wie z.B. „Schönheit“ definiert und Kriterien zu ihrer Beurteilung erarbeitet werden müssen. Ich denke, es ist für das Verständnis der musikalischen Akustik erforderlich zu prüfen, welche Beiträge von der Wissenschaft und welche von der Ästhetik geleistet werden können; darüber hinaus muß geprüft werden, ob diese beiden Standpunkte miteinander verträglich sind oder Widersprüche zeigen.

Wir haben verschiedene Charakteristiken des wissenschaftlichen Ansatzes kennengelernt:

1. Wissenschaft versucht methodische Forschung zu betreiben, Probleme in kleinere Teilprobleme zu zerlegen und die Ergebnisse wieder zur Erklärung des Ganzen zusammenzusetzen. Unsere Erklärung von Schlagzeugklängen in Kapitel 9 mit Eigenschwingungen und Schwingungsüberlagerung ist ein besonders offensichtliches Beispiel für diesen analytischen Zugang.

2. Wissenschaft beschäftigt sich mit Mechanismen, vor allem mit dem Herausfinden von Ursache-Wirkungs-Ketten in Teilsystemen. Wir haben dies bei unserer Erörterung des Einflusses der Instrumentenkonstruktion auf die Klangfarbe in den Kapiteln 11–13 gesehen und auch in Kapitel 17, als wir versuchten herauszubekommen, was wirklich in unseren Ohren passiert. In beiden Fällen gibt sich der Wissenschaftler nicht mit einer beschreibenden Darstellung dessen, was wir feststellen, zufrieden, sondern er will auch wissen, wie und warum alles so und nicht anders funktioniert.

3. Wissenschaft idealisiert und vereinfacht bewußt komplexe Phänomene auf deren wesentliche Aspekte. Erinnern wir uns, wie wir in Kapitel 6 eine Zeitlang vorausgesetzt haben, daß Lautheit vollständig durch die Schallintensität definiert sei, und dabei bewußt andere sekundäre Auswirkungen von Klangeigenschaften auf unsere Wahrnehmungen ignoriert haben (Bild 6.9), damit wir mit einem möglichst einfachen und anwendbaren Modell unsere Untersuchung beginnen konnten. In Kapitel 12 haben wir einige Male als nützliche Vereinfachung vorausgesetzt, es reiche zur annähernden Darstellung aus, nur das erste offene Fingerloch an einem Blasinstrument zu berücksichtigen. Das befreite uns natürlich nicht von der Pflicht, zumindest die Umstände anzugeben, unter denen diese Vereinfachung nicht länger zulässig ist.

4. Wissenschaft ist absichtlich skeptisch und besteht auf der Vorlage von Fakten, bevor eine Hypothese als richtig akzeptiert wird. Denken wir daran, wie wir in Kapitel 18 dem Pythagoräischen Kriterium für konsonante Intervalle unsere Zustimmung verweigerten, nur weil dies sich lediglich auf seine Einfachheit und seine lange Tradition abstützen konnte – nur psychophysikalische Experimente haben wir als Beweismittel für den Grad seiner Richtigkeit zugelassen. Obwohl es besonders die

Wissenschaftler sind, denen dieses skeptische Verhalten nachgesagt wird, würden wir gut daran tun, es auf allen Gebieten geistiger Tätigkeit anzunehmen. Der weise Buddha wußte dies auch, als er sagte:

> *Glaube nichts, nur weil ein sogenannter Weiser Mann es sagte;*
> Glaube nichts, nur weil alle dran glauben;
> Glaube nichts, nur weil es in alten Büchern geschrieben steht;
> Glaube nichts, nur weil es göttlichen Ursprungs sein soll;
> Glaube nichts, nur weil ein anderer daran glaubt.
> Glaube nur, was Du ganz allein für wahr beurteilen kannst.

Mit anderen Worten, man soll sich nicht vor der Verantwortung drücken, den Augenschein genau zu untersuchen und den eigenen Verstand zu benutzen.

Die Ästhetik beinhaltet nun einige oberflächlich kontrastierende Charakteristiken:

1. Ästhetik ist mehr am unteilbaren Ganzen einer musikalischen Struktur interessiert; sie besteht darauf, daß das Ganze mehr als die Summe der Teile sei und daher Analyse und anschließende Synthese der Teilergebnisse keine angemessene Betrachtungsweise sind. Wissenschaftler sind sich meist dieser Schwäche wohl bewußt; als Albert Einstein gefragt wurde „Glauben Sie, daß man wirklich alles wissenschaftlich exakt beschreiben kann?“, antwortete er: „Ja, es wäre möglich, aber es würde keinen Sinn ergeben. Es wäre eine Beschreibung ohne Bedeutung – so als wenn Sie eine Beethoven-Sinfonie als eine Veränderung von Schallwellendrücken beschreiben würden.“ Das trifft den Kern der Sache, ohne Zweifel, aber man muß sogar noch darüber hinaus gehen; heutige Biologen und Psychologen und zunehmend auch andere Wissenschaftler akzeptieren immer mehr, daß sie einen ganzheitlichen Ansatz in ihren jeweiligen Wissenschaften brauchen.

2. Ästhetik beschäftigt sich mehr mit den Gefühlen, die von einem Ergebnis evoziert werden (Bild 20.1), als mit irgendwelchen Mechanismen zur Produzierung dieser Ergebnisse. Tatsächlich behauptet die Ästhetik sogar, daß eine zu intensive Beschäftigung mit den Details oder den Entstehungsmechanismen eines Kunstwerks das Gefühl der ästhetischen Wahrnehmung zerstöre. Aber dies findet sogar eine Entsprechung im Unschärfeprinzip der Physik, welches besagt (Kasten 17.1), daß gewisse Eigenschaften der Atome nicht allzu genau untersucht werden können, ohne diese durch die Untersuchung zu zerstören.

Bild 20.1 Copyright © 1973 United Feature Syndicate, Inc.. Abdruck mit freundlicher Erlaubnis.

3. Die Ästhetik behauptet auch, daß die wissenschaftlichen Idealisierungen und Vereinfachungen zuweilen an der Realität musikalischer Strukturen völlig vorbeigehen, da deren volle Komplexität ein wesentlicher Teil ihrer (künstlerischen) Aussage sei. Alfred North Whitehead drückte das so aus: „Das Ziel der Wissenschaft ist es, die einfachste Erklärung für komplexe Tatsachen zu finden. Wir sind daher geneigt, in den Irrtum zu verfallen, daß die Tatsachen einfach sind, weil Einfachheit das Ziel unserer Untersuchungen ist. Das Leitmotto im Leben jedes Naturphilosophen sollte sein: Suche Einfachheit und mißtraue ihr."

4. Die Ästhetik hat ihren eigenen Skeptizismus – eine große Skepsis daran, ob wissenschaftliche Beschreibungen, vor allem solche mit Zahlen ausgedrückte, die Wahrheit über künstlerische Maßstäbe sagen können. Wir müssen vorsichtig mit intuitiven Gefühlen umgehen; sie können zuweilen quantifizierbare Größen sein, zuweilen aber auch nicht. Es ist zum Beispiel bereits äußerst schwierig, Abstufungen von konsonant nach dissonant mit Zahlenangaben zu versehen (Kapitel 18 und 19).

Es wäre jedoch ein Mißverständnis, würde man Wissenschaft und Ästhetik als einander entgegengesetzt sehen, grundsätzlich unfähig zur Übereinstimmung bezüglich der Grundlagen der Musik. Zumindest ist Ästhetik keine im luftleeren Raum schwebende ätherische Angelegenheit, denn sie beschäftigt sich mit den Gefühlen, die durch durchaus reale Objekte und Ereignisse ausgelöst werden; und bei der exakten und präzisen Definition dieser Objekte oder Ereignisse kann die Wissenschaft sicher nützlich sein. Übrigens sind Wissenschaftler viel mehr mit den ästhetischen Aspekten ihrer eigenen Arbeit beschäftigt, als die meisten Leute glauben würden. Manche der eigenen Methoden, Experimente und Theorien werden von Wissenschaftlern als schön oder elegant empfunden, andere als häßlich, und sie bevorzugen immer die eleganten Lösungen. Einstein zum Beispiel ließ sich bei der Entwicklung seiner Relativitätstheorie viel mehr von der Suche nach mathematischer Eleganz leiten als von irgendwelchen experimentellen Fakten. Gerade Wissenschaftler schätzen ganz besonders die Schönheit geordneter und symmetrischer Strukturen. Sie sind sich durchaus bewußt, daß – obwohl Wissenschaft auf Fakten aufbaut – eine reine Ansammlung von Fakten genausowenig Wissenschaft ist, wie ein Haufen von Ziegelsteinen schon ein Haus ergibt.

Insgesamt glaube ich, kann man fairerweise sagen, daß wissenschaftliche Analyse ein Licht darauf werfen *kann*, wie oder warum gewisse Gefühle hervorgerufen werden. Ich behaupte das nicht für *alle* Gefühle, aber es ist zumindest den Versuch wert, wissenschaftliche Methoden auf musikalische Strukturen anzuwenden und zu sehen, wie weit man damit kommt.

Manche Leute befürchten, daß dies einen zu hohen Preis erfordert, daß der Versuch der wissenschaftlichen Analyse tatsächlich das Gefühl zerstören könnte, welches er erklären will. Ich selbst hatte zumindest eine solche Erfahrung: Vor vielen Jahren war eine von meinen ersten eigenen Platten Beethovens 5. Sinfonie, und ich hörte sie mir immer wieder an. Etwas später mußte ich eine Klasse unterrichten, in der die detaillierte Analyse dieses Stücks zum Stoff gehörte, und noch jahrelang danach hatte ich keinerlei Lust mehr, die Sinfonie anzuhören. Auf der anderen Seite habe ich sehr oft bemerkt, daß meine Wertschätzung und Hörfreude bestimmter Werke durch die genaue Analyse ihrer inneren Zusammenhänge noch erhöht wurde. Ich vermute, daß die Art des Interesses, aus dem heraus die detaillierte Analyse geschieht, sehr stark mitbestimmt, ob daraus ein positiver oder negativer Eindruck entsteht.

Ich kann nichts Schlaueres empfehlen, als eine ausgewogene Balance im Verhalten anzustreben. Dem Musiker empfehle ich die Offenheit, den Skeptizismus und vor allem die aktive Neugier der Wissenschaft. Den Wissenschaftler möchte ich vor voreiligen, unbegründeten oder unverlangten Beurteilungen ästhetischer Fragen warnen. Zum Beispiel wären all die kleinen Nebengeräusche vieler Tasteninstrumente, die Atemgeräusche der Musiker, selbst das Brummen und Summen von Pablo Casals während seines Cello-Spiels bei einem wissenschaftlichen Experiment sicherlich unerwünscht. Aber nur das unergründliche Urteil menschlicher Zuhörer kann entscheiden, ob diese Nebengeräusche in der Musik erwünscht sind oder nicht. Offensichtlich sind sie es zuweilen, weil sie nutzbare Erkennungsmuster enthalten, aber auch als Bürgen für »Authentizität«.

Warum eigentlich lieben wir Musik überhaupt? Ich hörte einmal eine amüsante Spekulation darüber auf einem Treffen der Akustischen Gesellschaft. Die Soziobiologie nimmt an, daß alle unsere Verhaltensweisen irgendwie mit dem Überlebenskampf der Evolution verknüpft sind, aber Musik scheint keinerlei direkten Überlebenswert zu besitzen. Oberflächlich gesehen scheint es sich dabei nur um eine Äußerung von „Spaß“ oder Freude zu handeln – eine Tätigkeit, die wir nur zu ihrem eigenen Zweck beginnen, nicht für irgendeinen konkreten Lohn. Vielleicht hat aber diese Vorstellung von Musik als „Spaß, Freude“ einen indirekten, verborgenen Überlebenswert. Musik könnte dabei mitwirken, uns bei verschiedenen Tätigkeiten in Übung zu halten, die direkten Überlebenswert besitzen – nicht nur aufmerksames Hören auf Klänge aller Art oder ein größeres Repertoire an Geräuschen zur Kommunikation, sondern mehr noch als Übung in Mustererkennung und Einschätzung verschiedener Arten von Ordnung und Beziehungen. Ich will aber die weitere Entwicklung dieses Gedankens gerne jemandem überlassen, der kompetenter in der Gestaltpsychologie ist.

Die Anwesenheit von Ordnung und Symmetrie als grundlegende Elemente in der Musik geben ihr einen ausgewiesenen mathematischen Aspekt. Ich habe versucht, nicht allzuviel darüber zu sagen, aus Angst, der eine oder andere Leser möchte zurückschrecken. Aber ich glaube doch, daß eine tiefe Wahrheit in meinem kleinen Sprichwort steckt:

*Mathematik ist Musik für den Verstand;*
*Musik ist Mathematik für die Seele.*

Es ist sicher kein reiner Zufall, daß im Gelehrtenstudium des Mittelalters die Musik gleichwertig neben Arithmetik, Geometrie und Astronomie das Quadrivium bildete.

Diese Verbindung behielt lange Jahrhunderte hindurch ihre Stärke, offensichtlich dokumentiert im umfassenden Konzept der »Musik der Sphären«. Die Annahme einer engen Verwandschaft zwischen Schwingungen, Zahlen, Ordnung und Symmetrie galt offensichtlich von Pythagoras bis Johannes Kepler (1571–1630) und dessen detaillierter Konzeption des Sonnensystems als eines großartigen musikalischen Meisterstücks. Die gleiche Sichtweise findet sich noch bei Niels Bohr und Werner Heisenberg, als sie in den 20er Jahren die Atome als Ansammlung harmonischer Oszillatoren beschrieben, deren Eigenschaften durch mächtige Symmetriegesetze bestimmt seien. Es ist eine bedauerliche Schwäche moderner Bildung und Erziehung, daß sie vorübergehend vergessen hat, wie eng Musik mit Mathematik und Wissenschaft verbunden ist, und deshalb die Musik „nur" als eine Kunst behandelt.

Ich hoffe natürlich, daß dieses Buch Sie dazu angeregt hat, nicht nur wissenschaftliche Aspekte der Musik zu schätzen, sondern auch allgemein Wissenschaft als eine interessante, verständliche und schöne Sache anzusehen. Aber Sie müssen natürlich dieses ästhetische Gefühl wie jedes andere auch an sich selbst erfahren – es wäre dem wissenschaftlichen Esprit konträr, wenn Sie mir das einfach nur so glauben würden! Hobart Ellis drückte das einmal nett so aus:

*Schönheit in der Physik ist immer eine schwierige Sache. Wenn Sie mit Ihren Freunden sprechen, bewegen sich die Meinungen der Außenstehenden zwischen den Extremen. Auf der einen Seite sind diejenigen, die eine Antithese zwischen Schönheit (also Malerei, Skulptur, Musik, Poesie) und Anti-Schönheit (Technik, Mathematik, Wissenschaft) empfinden. Auf der anderen Seite findet man symphatische Leute, die denken, daß das, was Sie tun, genauso schön ist wie das, was sie tun – wenn sie es nur verstehen könnten. Auch unter den Insidern findet sich ein breiter Bereich von Meinungen – von denen, die denken, etwas kann nicht gut sein, wenn es auch einen praktischen Wert hat, bis zu denen, die genau das Umgekehrte denken.*

*Schönheit existiert immer im Auge des Schauenden, und wahrscheinlich gibt es nichts Nutzloseres, als jemandem, der nicht so denkt, zu erzählen, daß Physik eine ästhetische Erfahrung sei. Aber wie können Sie die Schönheit eines Rembrandt oder einer Melodie beweisen? Wie können Sie eine emotionale Erfahrung jemandem mitteilen, der sie nicht gefühlt hat?*

In diesem Sinne hoffe ich, daß Sie immer neugierig bleiben und sich Offenheit gegenüber wissenschaftlichen Methoden und Informationen erhalten. Und hoffentlich werden Sie Musik mehr schätzen und mehr in ihr hören, als Sie es vor der Lektüre dieses Buchs taten. Aber vor allem wünsche ich Ihnen, daß Sie sich einfach immer an einer Welt voll guter und schöner Musik erfreuen können!

# Anhang A
# Musiknotationen

Wahrscheinlich gibt es einige Leser dieses Buches, die nicht oder kaum mit der Notenschrift vertraut sind. Sie sollten sich dadurch aber nicht abschrecken lassen, denn es ist überhaupt nicht erforderlich, Notenschrift professionell lesen zu können, um dieses Buch zu verstehen. Einige grundlegende Kenntnisse, die zum groben Nachvollziehen einer einfachen Melodie ausreichen, ermöglichen es, fast alle Beispiele und Übungen zu bewältigen (mit Ausnahme vielleicht von Kapitel 19).

Dieser Anhang soll daher eine kurze Einführung in die wichtigsten Grundlagen von aufgeschriebener Musik geben. Benutzen Sie ihn soweit nötig, möglichst in Verbindung mit Bild E (rückwärtige Umschlaginnenseite). Damit auch Ihre Ohren die entsprechenden Assoziationen zu dem erhalten, was Sie auf dem Papier sehen, sollten Sie wirklich versuchen, Zugang zu irgendeinem Tasteninstrument zu erhalten, vor allem beim Kapitel 7. Benutzen Sie Bild E, um sich auf der Tastatur zurechtzufinden, und spielen Sie einige der Beispiele, egal wie langsam und stockend.

Die Aufzeichung von Musik gibt dem Komponisten die Möglichkeit, dem aufführenden Interpreten genaue Anweisungen dafür zu geben, welche Klänge er in welcher Reihenfolge usw. spielen soll. Manche Angaben beziehen sich auf vollständige Abschnitte der Musik; dies sind Tempo und Metrum (siehe Abschnitt 7.1) sowie dynamische Bezeichnungen, wie laut oder leise gespielt werden soll. Die italienischen Bezeichnungen *forte*(laut, stark) und *piano* (leise) werden meist abgekürzt mit *f* und *p*. Steigerungen der Lautstärke sind mit *ff* (*fortissimo*) und *fff*, Verminderungen mit *pp* (*pianissimo*) und *ppp* bezeichnet. Abstufungen dazwischen sind *mf* (*mezzoforte*) und *mp* (*mezzopiano*), wobei *mezzo* soviel bedeutet wie „halb-“ oder „mittel-“. Die Lautstärke kann allmählich zunehmen (*crescendo* oder <) oder allmählich abnehmen (*decrescendo* oder >). Sie kann auch plötzliche Sprünge machen bei *subito piano* (plötzlich leise, dann leise bleibend) oder *sfz* (*sforzato*, plötzlicher starker Akzent, dann Rückkehr zur vorhergehenden Lautstärke).

Besonders wichtig für uns sind die Angaben, die sich auf einzelne Noten beziehen. Es ist naheliegend, daß diese einzelnen Notenangaben in der gleichen Reihenfolge auf die Seite geschrieben werden, wie man Texte liest (in unserer Kultur also von links nach rechts), um deren zeitliche Reihenfolge damit anzuzeigen. Die Tatsache, daß Noten höhere oder tiefere Töne bezeichnen können, legt es nahe, dies durch eine höhere oder tiefere Anordnung auf der Seite (innerhalb der „Zeile“, welche in der Musik als „System“ bezeichnet wird) auszudrücken. Jedoch muß die Tonhöhe irgendeinen Bezugswert haben, und dieser wird traditionell durch eine horizontale Linie quer über die Seite angegeben, wie in Bild A.1 dargestellt.

Man kann sehen, daß es ziemlich unbequem ist zu schätzen, wieviele Tonhöhenschritte über oder unter dieser Linie genau gemeint sind; es liegt daher nahe, eine zweite und schließlich noch weitere Hilfslinien zu ziehen. Obwohl die tatsächliche geschichtliche Entwicklung nicht so einfach verlief, ist es eine nützliche Hilfe, sich eine

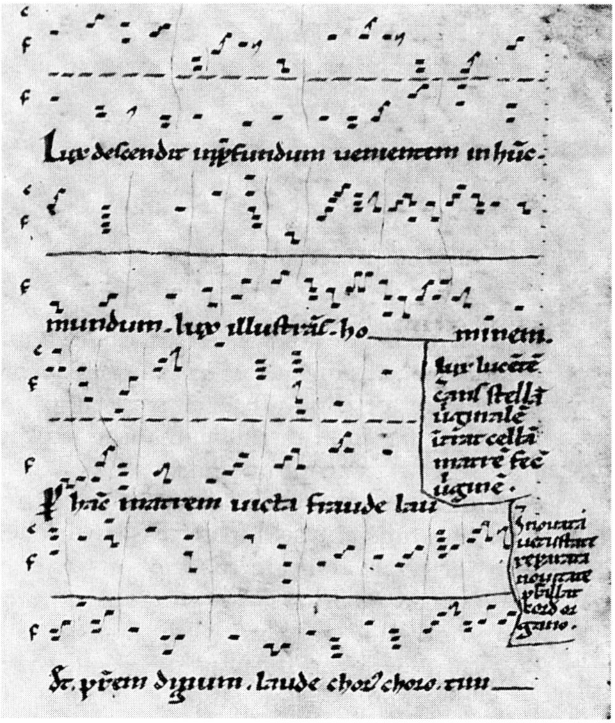

Bild A.1
Ein Manuskript aus dem 12. Jahrhundert, das einen frühen Entwicklungsstand der Notenschrift veranschaulicht. (Mit frdl. Genehmigung der Britischen Bibliothek).

allmähliche Standardisierung auf elf Linien vorzustellen (Bild A.2, links); standardisiert so, daß jede Linie und jeder Zwischenraum zwischen zwei Linien jeweils Platz für eine der Töne der diatonischen Skala (nur die weißen Tasten des Klaviers) bereithält. Für unsere Zwecke ist es ein reiner Zufall der historischen Entwicklung, welche dieser Linien-Zwischenräume mit der Note A belegt wurde. Die Tatsache, daß nach der

Bild A.2
Ein gebrochener C-Dur-Akkord, zunächst (links) auf einem 11-Linien-System und rechts daneben auf dem modernen Doppelsystem. Die Linie für das mittlere c' ist verschwunden, und das c' wird nun mit einer kurzen Hilfslinie geschrieben, entweder oberhalb des unteren Systems oder unterhalb des oberen Systems. Beachten Sie den G-Schlüssel und F-Schlüssel, um die zwei Teilsysteme zu unterscheiden (G und F beziehen sich auf die Linie, auf der der jeweilige Schlüssel gezeichnet wird; man bezeichnet sie oft auch als Violin- und Baßschlüssel).

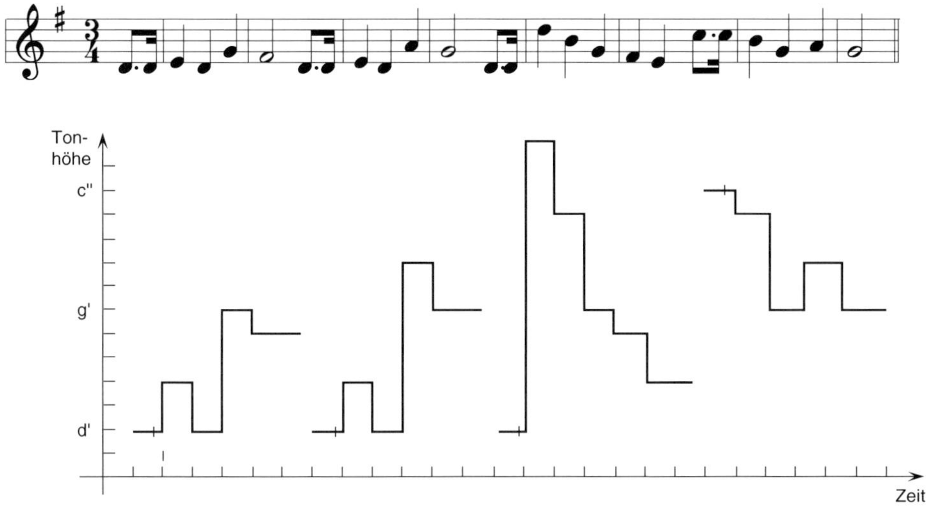


Bild A.3 Das allbekannte „Happy Birthday to You", einmal in der Standard-Notenschrift (oben) und als graphische Darstellung der Tonhöhe über der Zeitachse (darunter). Die Fermate oder Haltezeichen ( 𝄐 ) und die rit.-Angabe (*ritardando* = langsamer werden) bewirken, daß die Tonhöhenänderungen später stattfinden, als wenn wir den regelmäßigen Klick eines Metronoms befolgten. Beachten Sie die kleine vertikale Verzerrung: Der Ganztonschritt d'–e' beim ersten „birth-day" und der Halbtonschritt g'–fis' abwärts (bei „to You") sind auf dem Liniensystem mit dem gleichen Abstand dargestellt, obwohl sie zwei unterschiedliche Intervalle sind, was auf der graphischen Darstellung darunter korrekt wiedergegeben ist.

Note G wieder A folgt (anstatt H), rührt natürlich daher, daß zwei Oktavnoten so ähnlich klingen. (Die Notenbezeichnung „H" im Deutschen ist etwas verwirrend; ursprünglich hieß diese Note jedoch ganz folgerichtig „B", so wie dies auch heute noch in den englischsprachigen Ländern der Fall ist. A.d.Ü.) Diese Gruppe aus 11 Linien hat das c' auf der mittleren Linie, daher der Name „das mittlere C".

Allerdings erschweren es derart viele Linien wiederum, den Abstand schnell zu erkennen – wenn man ein Stück im schnellen Tempo spielt, kann man nicht genau genug hinsehen, um zu erkennen, ob eine Note zum Beispiel auf der vierten oder der fünften Linie sitzt. Deshalb teilen wir nur aus Gründen der besseren Lesbarkeit das 11er-Liniensystem in zwei 5er-Systeme (Bild A.2, Mitte); jede solche Gruppe wird heute als (Noten-) *System* bezeichnet. Die mittlere c'-Linie verschwindet, außer wenn das c' geschrieben werden soll; dann wird sie als sogenannte *Hilfslinie* kurz angedeutet. (Der gleiche Trick wird auch für alle Noten verwendet, die außerhalb der höchsten bzw. tiefsten der 5 Linien eines Systems liegen; siehe Bild E.) Durch die Benutzung des G- oder Violin- ( 𝄞 )und des F- oder Baßschlüssels ( 𝄢 ) können wir die zwei Systeme auf einen Blick unterscheiden. Ungefähr entsprechen sie dem Stimmumfang von Frauen- bzw. Männerstimmen.

Betrachten wir das Beispiel in Bild A.3: Die Notensymbole auf dem Liniensystem sind Anklänge an die graphische Darstellung einer funktionellen Beziehung. Zunächst

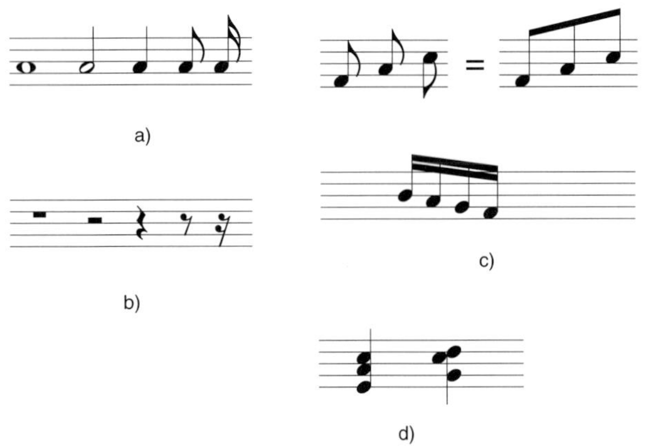


Bild A.4
Von links nach rechts sind bei a) die Notensymbole für die Ganze, die Halbe, die Viertel, die Achtel- und Sechzehntel-Notendauer dargestellt; jede Note dauert nur halb so lang wie die links von ihr stehende. Darunter in b) sind die Symbole für die entsprechenden Pausenwerte dargestellt. Wird eines der Symbole aus a) und b) mit einem unmittelbar angehängten Punkt versehen (wie in Bild A.3 und A.6 zu sehen), so verlängert sich die jeweilige Noten- bzw. Pausendauer um die Hälfte. – c) Gruppen aus aufeinander folgenden Achtel- oder Sechzehntel-Noten können mit einem *Balken* zusammengefaßt werden, wofür die *Fähnchen* am *Notenhals* entfallen. – d) Noten, die gleichzeitig als Akkord angeschlagen werden sollen, werden wie dargestellt geschrieben.

lesen die Augen gleichmäßig von links nach rechts, und wir spielen hohe oder tiefe Noten an allen Stellen, wo wir Notenköpfe höher oder tiefer auf dem Liniensystem registrieren. Um zu gewährleisten, daß das Zeitmaß gleichmäßig verstreicht mit dem Lesen nach rechts, müßte man schnelle Noten enger zusammen schreiben, für längere Notendauern entsprechend viel horizontalen Abstand lassen, was allerdings eine ziemliche Platzverschwendung bedeutet. Um dies zu vermeiden, entwickeln wir eine Codierung, mit der wir kurze und längere Notendauern kennzeichnen können (Bild A.4), und können damit die Notenabstände beliebig eng oder weit wählen, solange wir nur die korrekte Reihenfolge einhalten. Wir brauchen auch noch Symbole für *Pausen*, um entsprechende Zeitlängen anzugeben, in denen keine Note gespielt werden soll.

Wir lassen auch eine gewisse Unregelmäßigkeit in vertikaler Richtung zu. Die wirklichen Gründe dafür sind ziemlich subtil; lassen wir es mit der Aussage genug sein, daß die Musiker sich darauf geeinigt oder daran gewöhnt haben, daß gleiche vertikale Abstände der gleichen Zahl von *weißen* Tasten auf dem Klavier entsprechen, obwohl nur die vollständige Folge aus weißen und schwarzen Tasten eine Folge ungefähr gleichgroßer Tonhöhenschritte darstellt (siehe Bild E). Jede Linie und jeder Zwischenraum eines Systems stellt also eine weiße Taste der Klaviertastatur dar. Der Spieler

Bild A.5 Eine Oktave der chromatischen Skala. Das Tonhöhenintervall von einer Note wird mit verschiedenen Namen bezeichnet: Halbton- oder Semitonschritt, kleine Sekunde sind die gebräuchlichsten. Diese 12 Intervalle haben ungefähr die gleiche Größe; die möglichen Abweichungen werden in Kapitel 18 bei der Erörterung der Stimmungstheorie dargelegt.

Bild A.6 Ein bekanntes Volkslied als Leseübung für Leser, die gerade die Notenschrift erlernen.

schlägt nur dann eine schwarze Taste an, wenn er eins von zwei besonderen Zeichen vor einer Note sieht: das Kreuz-Vorzeichen ( # ) vor einer Note besagt: „Spiele anstelle dieser Note diejenige schwarze oder weiße Taste, die unmittelbar rechts daneben liegt, also die nächsthöhere Tonhöhe"; und das b-Vorzeichen ( ♭) bedeudet entsprechend: „Spiele anstelle dieser Note diejenige schwarze oder weiße Taste, die unmittelbar links daneben liegt, also die nächstniedrigere Tonhöhe". Wenn in einem Stück ständig bestimmte schwarze Tasten anstelle der weißen benutzt werden sollen, wäre es umständlich, diese Vorzeichen jedesmal aufs neue anzubringen, und man faßt sie daher in einer Tonartvorzeichnung oder einem Tonartschlüssel am Anfang jedes Systems zusammen (wie für das F, welches zum Fis erhöht wird, in Bild A.3, ganz links); damit ist gleichzeitig angegeben, daß alle Noten der gleichen Tonklasse (also in Bild A.3 z. B. alle Fs auf der ganzen Tastatur) entsprechend behandelt werden sollen. Wenn an einer Stelle des Stücks diese Regelung vorübergehend aufgehoben werden soll, wird dies durch das *Auflösungszeichen* ( ♮) angegeben, welches besagt: „Spiele wieder die ursprüngliche Note ohne Vorzeichen."

Bild A.5 zeigt, wie die Anweisung „Spiele vom mittleren C aus in aufsteigender Reihenfolge bis zum nächsten Oktav-C alle folgenden (chromatischen) Noten einschließlich aller weißer und schwarzer Tasten" aussieht.

Versuchen Sie das bekannte Lied in Bild A.6 zu lesen und vielleicht auf einem Klavier zu spielen; und scheuen Sie sich nicht, jemanden um Hilfe zu fragen, wenn Sie Schwierigkeiten mit der musikalischen Notation der Beispiele in diesem Buch haben.

# Anhang B
# Physikalische und mathematische Grundgrößen

Bei der Übersetzung wurden die verwendeten Symbole und Begriffe im gesamten Buch den international standardisierten SI-Einheiten angeglichen, deren Verwendung in der Bundesrepublik gesetzlich vorgeschrieben ist (DIN 1301 u.a.). (Anm. d. Hg.)

## B.1 Maßeinheiten für physikalische Messungen

Jede physikalische Größe muß in geeigneten Maßeinheiten gemessen werden; eine Übersicht der wichtigsten davon ist in Tabelle B.1 gegeben. Beachten Sie, daß Länge, Masse, Zeit und Temperatur einen besonderen Status als sog. Basisgrößen haben, die nicht weiter von anderen Definitionen irgendwelcher anderer Größen abgeleitet sind. Nachdem z. B. einmal die Länge eines bestimmten Metallstabs, der in Paris aufbewahrt

Tabelle B.1 Einheiten der Bewegung, Kraft und Energie

| Symbol | Bezeichnung | Definition | Einheit | zusammenges. Einheit |
|---|---|---|---|---|
| $s, x$ | Länge | | 1 m = Meter | |
| $S$ | Fläche | $S = s_1 \cdot s_2$ | | 1 $m^2$ |
| $V$ | Volumen | $S = s_1 \cdot s_2 \cdot s_3$ | 1 $l$ = Liter | $= 10^{-3}\ m^3 = 10^{-3}\ cm^3$ |
| $m$ | Masse | | 1 kg = Kilogramm | |
| $D$ | Dichte | $D = m / V$ | | 1 $kg/m^3$ |
| $t$ | Zeit | | 1 s = Sekunde | |
| $f$ | Frequenz | $f = 1 / P$ | 1 Hz = Hertz | = 1 Schwingung/s |
| $v$ | Geschwindigk. | $v = s / t$ | | 1 m/s |
| $a$ | Beschleunigung | | | 1 $m/s^2$ |
| $\mathbf{F}$ | Kraft | $\mathbf{F} = m \cdot a$ | 1 N = Newton | $= 1 kg{\cdot}m/s^2$ |
| $p$ | Druck | $p = \mathbf{F} / S$ | | 1 $N/m^2$ |
| | | | 1 Atmosphäre* | $= 1{,}013 \cdot 10^5\ N/m^2$ |
| $W$ | Arbeit | $W = \mathbf{F} \cdot s$ | 1 J = Joule | = 1 N·m |
| $E$ | Energie | | | |
| $P$ | Leistung | $P = W / t$ | 1 W = Watt | = 1 J/s |
| $I$ | Intensität | $I = P / S$ | | 1 $W/m^2$ |
| $T$ | Temperatur | | 1 K = Kelvin | |

* Die »Atmosphäre« ist keine offizielle Einheit; da sie als anschaulicher Vergleichswert aber nützlich und häufig gebraucht ist, wird sie hier mit angeführt.

wird, zum Standardmaß erklärt wurde, werden alle anderen Längeneinheiten in Bezug zu diesem Standard gemessen.

Alle anderen Größen sind sekundäre bzw. abgeleitete; eigentlich sind sie Namens-Übereinkünfte für bestimmte Kombinationen von Metern, Kilogramme und Sekunden. Die Definition jeder solchen abgeleiteten Größe beruht auf einer physikalischen Beziehung, so wie z.B. das Hertz aus $f = 1/P$ für Frequenz und Periode oder das Joule aus $W = \mathbf{F} \cdot s$ für die Arbeit, die von der Kraft $\mathbf{F}$ über eine Strecke $s$ hin ausgeübt wird.

Einige dieser abgeleiteten Größen beziehen Flächen oder Volumen mit ein, bezeichnet als $m^2$ (Quadratmeter) und $m^3$ (Kubikmeter). Oft kommt der Schrägstrich „/" vor, der als „pro" gelesen wird: $kg/m^3$ meint „Kilogramm pro Kubikmeter". Zu beachten ist, daß dieses „pro" meint: „pro *jeden*...(Kubikmeter usw.)". Die Aussage „Die Massendichte von Aluminium beträgt 2.700 $kg/m^3$" besagt z.B., daß jeder Alumiumblock unabhängig von seiner Größe 2.700 kg Masse pro jeden Kubikmeter seines Volumens hat. Ein Block mit den Maßen 2 mal 5 mal 1 Meter hat ein Volumen von genau 10 $m^3$, jeder $m^3$ jeweils 2.700 kg; der Block hat somit eine Gesamtmasse von 27.000 kg (entsprechend 27 Tonnen). Das gilt natürlich genauso für kleine Volumen: Ein Aluminiumwürfel mit 0,1 m Seitenlänge (10 cm) hat ein Volumen von 0,1m mal 0,1m mal 0,1m = 0,001 $m^3$ und daher eine Masse von 2,7 kg; auch dieser kleine Würfel hat die gleiche Massendichte wie der große von vorher; die entsprechende Anzahl kleiner Würfel, die zusammen ein Volumen von 1 $m^3$ ergeben (1000 Würfel), weisen zusammen die Gesamtmasse 2.700 kg auf.

Am letzten Beispiel läßt sich eine häufige Fehlerquelle aufzeigen. Das Volumen des 10 cm-Würfels beträgt $(0{,}1m) \cdot (0{,}1m) \cdot (0{,}1m) = (0{,}1m)^3 = (0{,}1)^3 \cdot (m^3) = 0{,}001m^3$, und das ist nicht das gleiche wie 0,1 $m^3$. Schon gar nicht ist es das gleiche wie $(0{,}001m)^3$ – das wäre nämlich das Volumen eines Würfels mit der Kantenlänge 1 mm, also ein Milliardstel Kubikmeter. Eine andere Fallgrube ist es, z.B. zu sagen, ein Volumen sei $V = (10\ cm)^3 = 1000$ Kubikzentimeter und dann durch 100 zu teilen (die Anzahl der Zentimeter in einem Meter), um so zu der falschen Antwort zu gelangen $V = 10\ m^3$. Vermeiden Sie so etwas, indem Sie sich einmal hundert 1 cm-Würfel aufeinandergelegt aufzeichnen, 100 längs und hundert quer, um so einen Kubikmeter auszufüllen. Dann

Tabelle B.2 Standardisierte Dimensionsvorzeichen

| Abkürzung | Entsprechender Faktor | Beispiel |
|---|---|---|
| n = nano | $10^{-9}$ | ns |
| µ = mikro | $10^{-6}$ | µfd |
| m = milli | $10^{-3} = 0{,}001$ | ms, mm |
| c = centi | $10^{-2} = 0{,}01$ | cm |
| d = dezi | $10^{-1} = 0{,}1$ | dB |
| k = kilo | $10^{3} = 1.000$ | KW, kHz |
| M = Mega | $10^{6}$ | MHz, MW |
| G = Giga | $10^{9}$ | GHz |

wird Ihnen klar werden, daß erst eine Million Kubikzentimeter einen Kubikmeter ergeben, und Sie kommen zu der richtigen Antwort, daß 1.000 $cm^3$ geteilt durch 1.000.000 $cm^3/m^3$ genau 0,001 $m^3$ ergibt.

Tabelle B.2 zeigt die Standardbezeichnungen für die Bildung von Bruchteilen und Vielfachen der jeweiligen Basisgröße. Die beiden ersten und die letzte Bezeichnung kommen in diesem Buch nicht vor, aber Sie werden sie wahrscheinlich in der weiterführenden Literatur finden.

In Tabelle B.3 sind einige weitere Einheiten und ihre Symbole dargestellt, die in der Elektrizitäts- und Magnetismuslehre verwendet werden. Sie sind lediglich der Vollständigkeit halber hier angeführt; im Buch kommen sie nicht vor. Beachten Sie, daß das Coulomb eine weitere Basisgröße ist (es bezeichnet den Betrag an elektrischer Ladung, der von $6{,}2 \cdot 10^{18}$ Elektronen transportiert wird – eine 62 mit 17 Nullen daran) und alle anderen abgeleitete Größen sind.

Tabelle B.3 Elektrische und magnetische Einheiten

| Symbol | Bezeichnung | Definition | Einheit | |
|---|---|---|---|---|
| $Q$ | Ladung | | 1 C = Coulomb | |
| $I$ | Stromstärke | $I = Q / t$ | 1 A = Ampere | =1 C/s |
| $V$ | Spannung oder Potentialdifferenz | $V = W / Q$ | 1 V = Volt | = 1J / C |
| $R$ | Widerstand oder Impedanz | $R = V / I$ | 1 Ω = Ohm | = 1V/A |
| $E$ | Elektrische Feldstärke | $F_e = Q \cdot E$ | | 1 V/m |
| $H$ | Magnetische Feldstärke | $F_m = Q \cdot v \cdot B$ | 1 T = Tesla | = 1V-s/$m^2$ = $10^4$ Gauss |

## B.2 Wissenschaftliche Schreibweise und Berechnung

Wissenschaftler müssen oft mit fürchterlich großen Zahlen oder unglaublich kleinen Bruchteile umgehen, deren vollständiges Ausschreiben sehr umständlich wäre. Sie haben daher eine abkürzende Schreibweise in sog. Potenzen entwickelt, die auf dem einfachen Prinzip der Multiplikation oder Division mit 10 beruht. So ergibt die Multiplikation $10 \cdot 10 \cdot 10$ bekanntlich $10^3$ oder 1.000. Allgemein ausgedrückt ergibt die n-fache Multiplikation von 10 mit sich selbst eine „1“, gefolgt von „n“ Nullen; anstatt nun alle diese Nullen immer hinzuschreiben, auch wenn n sehr groß ist, schreiben wir einfach n als hochgestellte Zahl hinter 10. Somit können wir 1.000 als $10^3$ und eine Million als $10^6$, eine Billion (1.000.000.000.000) als $10^{12}$ usw. schreiben. Die korrekte Sprechweise lautet „zehn hoch drei", „zehn hoch zwölf" usw. (In älteren Büchern findet man manchmal auch „zehn zur dritten Potenz" usf.)

Man kann auch alle anderen Zahlen in dieser Form darstellen, z.B. die Zahl 23.500.000 als $2{,}35 \cdot 10.000.000 = 2{,}35 \cdot 10^7$. Allgemein ausgedrückt, steht eine beliebige Größe mit dem Faktor $10^n$ (davor oder dahinter) für die gleiche Größe mit einer um n Stellen nach rechts verrückten Kommastelle. Dies können wir noch erweitern, indem wir annehmen, daß, wenn positive Exponenten (d.h. die hochgestellte Zahl ist positiv) eine Rechts-Rückung des Kommas bedeuten, dann entsprechend negative Exponenten eine Komma-Rückung nach links bedeuten. Z.B. bedeutet also $10^{-5} = 0{,}00001$ und $3{,}4 \cdot 10^{-3} = 0{,}0034$. Achten Sie darauf, daß Sie nicht versehentlich $7^4$ anstelle von $7 \cdot 10^4$ schreiben, denn das sind zwei verschiedene Werte.

Wenn Sie Zahlen in wissenschaftlicher Notation dividieren oder multiplizieren müssen, könnten Sie diese natürlich ausschreiben und dann schön brav in Schulmanier ausrechnen; also z.B. $3 \cdot 10^5$ geteilt durch $2 \cdot 10^{-4}$ ergibt ausgeschrieben 300.000 / 0,0002 = 1.500.000.000. Leichter geht das, wenn Sie wissen, daß Sie mit allen Zehnerpotenzen einfacher durch Addieren und Subtrahieren umgehen können. Die Multiplikationsregel heißt dann allgemein $(A \cdot 10^m) \cdot (B \cdot 10^n) = (A \cdot B) \cdot 10^{m+n}$ und die Divisionsregel $(A \cdot 10^m) / (B \cdot 10^n) = (A \cdot B) \cdot 10^{m-n}$. Dies gilt unabhängig davon, ob m und n positiv oder negativ sind; das obige Beispiel rechnet sich dann so: $3 \cdot 10^5 / 2 \cdot 10^{-4} = (3 / 2) \cdot 10^{5-(-4)} = 1{,}5 \cdot 10^9$. Wenn Sie das ein paarmal gemacht haben, werden Sie es als sehr bequemen Weg zur Handhabung sehr großer und sehr kleiner Zahlen schätzen. Vermeiden Sie aber den folgenden häufigen Fehler: $10^3 \cdot 10^4$ ist $10^7$, nicht $100^7$.

Ein abschließender Rat: Rechnen Sie nicht blind drauflos. Alle Übungen und Beispiele im Buchtext (ausgenommen dieser Anhang) beziehen sich auf Größen von physikalischer Bedeutung. Die jeweiligen Zahlen und Symbole sind immer nur Abkürzungen für das jeweils gemeinte konkrete Faktum. Seien Sie daher nicht damit zufrieden, ein paar Zahlen und Symbole berechnet zu haben, sondern bedenken Sie auch immer deren konkrete empirische Aussage. Insbesondere sollten Sie sich angewöhnen, die Einheiten der jeweiligen Größen und deren Dimensionen im Auge zu behalten. Nehmen wir z.B. an, Sie wollen die Dichte eines Holzblocks mit der Masse $m = 1{,}5$ kg und dem Volumen $V = 0{,}003\ m^3$ herausfinden. Die durch die Formel $D = m/V$ gegebene Antwort ist nicht einfach 1,5/0,003 = 500, sondern korrekt (1,5 kg) / (0,003 $m^3$) = 500 kg/$m^3$. Die Zahl alleine ohne Einheitenbezeichnung hat nicht nur nicht die gleiche physikalische Bedeutung, sie ist schlicht falsch.

# Übungsaufgaben

1. Wieviel Hz bedeutet 8 kHz?
   Wieviel m sind 26 cm?
   Wieviel W sind 3 MW?
   Wieviele s sind 0,6 ms?
2. Welche Fläche hat ein Rechteck mit den Maßen 3 cm und 4 cm in $cm^2$? Zeigen Sie, daß dies gleichbedeutend mit $1{,}2 \cdot 10^{-3}\ m^2$ ist.
3. Wenn eine Kraft von 12 N über eine Strecke $s = 0{,}2$ m wirkt, wieviel Arbeit wurde dann verrichtet? (Benutzen Sie die Informationen

über Einheiten aus Tabelle B.1, um dies in Joules auszudrücken.)

4. Benutzen Sie Tabelle B.1, um zu zeigen, daß 3 N · 4 m/s = 12 W richtig ist.
5. Wenn die Kraft $P = 10^{-3}$ W über eine Fläche von $S = 10^2$ $m^2$ verteilt wirkt, wie groß ist dann die entsprechende Intensität $I$?
6. Schreiben Sie die folgenden Zahlen jeweils in der wissenschaftlichen Schreibweise:
   a) 10.000.000.000.000
   b) 0,000.01
   c) 3.600
   d) 0,036
7. Schreiben Sie jede der folgenden Zahlen in gewöhnlicher Schreibweise:
   a) $10^{18}$
   b) $10^{-12}$
   c) $3 \cdot 10^4$
   d) $2{,}7 \cdot 10^{-5}$.
8. Lösen Sie die folgenden Multiplikationen und Divisionen in der wissenschaftlichen Schreibweise:
   a) $(2 \cdot 10^3) \cdot (3 \cdot 10^4)$
   b) $(2 \cdot 10^{-3}) \cdot (3 \cdot 10^4)$
   c) $(4 \cdot 10^{10}) / (2 \cdot 10^8)$
   d) $(4 \cdot 10^8) / (2 \cdot 10^{10})$
   e) $(4 \cdot 10^{-3}) / (2 \cdot 10^{-5})$
   (Hinweis: Die letzte Antwort lautet $2 \cdot 10^2$. Wenn Sie sich nicht darüber im klaren sind, welche Zahlen groß oder klein sind oder warum die Antworten so und nicht anders lauten, führen Sie die Rechnung zuerst in gewöhnlicher Schreibweise aus und versuchen Sie dann nochmals den ersten Weg.)

# Alphabetisches Glossar

Weitere Stichwörter sind im ausführlichen Index aufzufinden.

**Absorption** Der Energieverlust einer Schallwelle bei der Reflexion durch Umwandlung in Reibungs- oder Dehnungswärme.

**Amplitude** 1. Größter Unterschied in einer beliebigen Variablen (wie z.B. Auslenkung oder Schnelligkeit) während eines Zyklus einer schwingungsartigen Störung. 2. Bei Schallwellen bezeichnet A. meistens die maximale Druckänderung, die durch die Schallwelle hervorgerufen wird.

**Arbeit** Die Übertragung von Energie auf ein Objekt immer dann, wenn eine Kraft über eine Strecke hin darauf ausgeübt wird, $W = F \cdot s$.

**Artikulation** Die genaue Kontrolle über die Aneinanderfügung oder Absetzung von aufeinander folgenden Noten durch den aufführenden Musiker.

**Ausbreitung** Die Bewegung (z.B. einer Schallwelle) von einer Stelle zu einer anderen sowie die charakteristischen Eigenschaften wie Beugung, Reflexion und Brechung, die den Verlauf der Bewegung bestimmen.

**Auslenkung** Abstand von einem fixierten Bezugspunkt wie z.B. dem Punkt des Gleichgewichtszustandes.

**Basilarmembran** Eine Struktur des Innenohres, deren Schwingungen die Haarzellen dazu anregen, Nervenimpulse zu feuern, die Informationen über die eingetroffenen Schallwellen an das Gehirn vermitteln.

**Baß** Ton- bzw. Frequenzbereich unterhalb von ungefähr 200 Hz, ganz besonders unterhalb von 100 Hz.

**Beschleunigung** Der Betrag der Änderung einer Geschwindigkeit.

**Beugung** siehe Diffraktion

**Binaural** Wörtlich „zwei-ohrig", die auf den verschiedenen Signalen des linken und rechten Ohres beruhende Wahrnehmung.

**Blechblasinstrumente** Blasinstrumente, bei denen die Lippen die Funktion eines Doppelrohrblatts übernehmen; oft, aber nicht notwendigerweise aus Messing angefertigt.

**Brechung** (Refraktion) Die Richtungsänderung einer Welle, die durch deren Geschwindigkeitsunterschied in verschiedenen Materialien bewirkt wird (z.B. beim Auftreffen einer Luftschallwelle auf Wasser oder ein anderes Material). Nicht zu verwechseln mit Beugung (Diffraktion), die auch bei der Ausbreitung innerhalb des gleichen Mediums auftritt.

**Brücke** Eine Stützkonstruktion, die das eine Ende der aktiven Länge einer gespannten Saite festlegt, meist verwendet für die entsprechende Konstruktion bei den Streichinstrumenten.

**Cent** ¢ Eine Maßeinheit für die Intervallgröße, die so definiert ist, daß jeweils 1.200¢ eine Oktave ergeben.

**Chromatische Skala** (Tonleiter) Eine Skala mit 12 Noten pro Oktave, deren Tonhöhenabstand untereinander annähernd gleich groß ist.

**Dämpfung** Die allmähliche Abnahme von Schwingungen infolge des Energieverlusts derselben an Reibungs- und Dehnungswärme und Abstrahlung.

**Dezibel** Eine Einheit für den relativen Unterschied zweier Schallpegel. Ein Bel entspricht einem Intensitätsverhältnis von 10 und 1dB =

0,1 B einem Intensitätsverhältnis von 1,26 (= 10. Wurzel aus zehn).

**Diatonische Skala** Eine Tonleiter mit sieben Noten pro Oktave mit unregelmäßigem Tonhöhenabstand, meist im GGHGGGH-Muster (aufsteigende Folge von Ganztonschritten G und Halbtonschritten H).

**Diffraktion** (Beugung) Eine charakteristische Eigenschaft aller Wellenarten, infolge der diese sich hinter einem Durchlaß nach allen Seiten hin ausbreiten und den Bereich hinter einem Hindernis ausfüllen, anstatt einen Wellenschatten zu hinterlassen.

**Dissipation** (Energieverlust) Umwandlung einer beliebigen Energieform in Wärme, vor allem infolge Reibung.

**Dissonanz** Ein unangenehmes oder spannungsgeladenes Gefühl beim Hören eines Intervalls oder eines Akkords; ein Gefühl von Spannung, das das Fortschreiten zu einer →Konsonanz verlangt.

**Druck** Die auf eine Einheitsfläche ausgeübte Kraft $p = F / S$; eine Maßeinheit für die Dichte oder Konzentration einer Kraft auf einer Oberfläche.

**Eben merkbarer Unterschied** siehe JND

**EHS Einfache harmonische Schwingung** Eine sinus-förmige Schwingung wie z. B. die eines Massekörpers an einer idealen linearen Feder oder eine Eigenschwingung eines Systems.

**Eigenschwingung** und ~szustand Ein Bewegungszustand eines physikalischen Systems, bei dem dessen Teile in →einfacher harmonischer Schwingung mit der gleichen Frequenz schwingen. Vgl. Kapitel 9.

**Energie** Die Fähigkeit, Arbeit zu verrichten. Sie kann in Form kinetischer Energie (d.h. in einer Bewegung) oder in potentieller Energie (z.B. in Form der Position – Kugel auf einer Bergspitze –, der Spannung einer Feder oder in chemischer Form) gespeichert sein; beide Formen sind in Schallwellen vorhanden.

**Enharmonik** Eine Beziehung zwischen zwei Noten wie z.B. Gis und As, die diese zwar in der Schreibweise unterscheidet, nicht jedoch im klanglichen Resultat der Aufführung in gleichmäßig temperierter Stimmung; nicht zu verwechseln mit unharmonisch.

**Exponentielle Abnahme** (exponential decay) Eine Art der →Dämpfung, bei der in gleichen Zeitabständen auch die Amplitude um gleiche Beträge abnimmt, unabhängig von der Anfangsamplitude.

**Feedback** siehe Rückkopplung

**Fehlender Grundton** (auch: virtueller Grundton) Eine Tendenz des Hörsinns, den Grundton einer (zumindest teilweise) harmonischen Reihe auch dann zu „hören", wenn er physikalisch gar nicht (oder nur unhörbar schwach) vorhanden ist. Dies trifft bei mehreren Instrumenten regelmäßig zu (Tuba, Orgelpfeifen etc. in tiefer Lage).

**Formant** oder **Formantbereich** Eine breite Resonanz (vor allem im menschlichen Vokalapparat), die die darin liegenden Fourier-Komponenten (Teiltöne) verstärkt.

**Fourier-Analyse und -Synthese** Eine mathematische Beschreibung und Darstellung der Gleichwertigkeit einer komplexen Wellenform zu der Addition reiner Sinuswellen (Fourier-Komponenten). Vgl. Kap. 8.

**Frequenz** Die Wiederholungsrate einer Schwingung, gemessen in Hertz Hz (=Schwingungen pro Sekunde).

**Frequenzgruppe** Jeweils der Bereich von Frequenzen, innerhalb dessen zwei beliebige Schallsignale einen gemeinsamen Teil der Basilarmembran stark anregen.

**Gegenknoten** (Druck- oder Schwingungsbauch) Ein Punkt im Muster einer stehenden Welle, an dem die Schwingung eine größere Amplitude als an jedem benachbarten Punkt hat (vgl. auch Knoten).

**Geschwindigkeit** Der Betrag der Ortsveränderung bei einer Bewegung.

**Gewicht** Die zum Erdmittelpunkt gerichtete Kraft auf jeden Massekörper entsprechend seiner Masse $M \cdot g$.

**Gleichgewicht** (Equilibrium) Jeder Zustand eines Systems, bei dem sich alle Kräfte gegenseitig exakt ausgleichen; solange dieser Zustand beibehalten wird, bleibt das System unverändert in Ruhelage.

**Grundton** (= 1. Teilton) Die tiefste Frequenz einer harmonischen Reihe, oder allgemeiner, die niedrigste Eigenschwingungsfrequenz eines Systems.

**Hall** Der Gesamteffekt der vielfachen Schallreflexionen in einem Raum, der ein allmähliches Ausklingen auch nach dem plötzlichen Verstummen der Schallquelle bewirkt.

**Harmonische Reihe** Eine Gruppe von Schwingungen, deren Frequenzen alle ganzzahlige Vielfache einer gemeinsamen Grundtonfrequenz sind.

**Harmonische Verzerrung** Das Entstehen zusätzlicher Teiltöne in einem Signal infolge der Nichtlinearität eines Wandlers.

**Helmholtz-Resonator** Ein luftgefüllter Hohlraum mit einer relativ kleinen Öffnung, dessen niedrigste Resonanzfrequenz hauptsächlich durch sein Gesamtvolumen und die Maße der Öffnung bestimmt wird und praktisch unabhängig von weiteren Details der Form ist.

**Höhen** Klänge mit hoher Frequenz etwa oberhalb von c'' (d.h. Frequenzen oberhalb von etwa 500 Hz).

**Holzblasinstrumente** Instrumente, die entweder Rohrblätter benutzen (wie Oboe und Klarinette) oder einen Schneidenton-Mechanismus (wie Flöte und Querflöte), jedoch nicht ein Lippen-Rohrblatt. Aus akustischer Sicht ist dies eine schlecht definierte Kategorie, für die ein besserer Ersatz gesucht werden müßte.

**Instabilität** Jeder Vorgang oder Prozeß, der ein System immer weiter weg von seinem Ruhezustand bringt.

**Intensität** Physikalische Maßeinheit der Schallstärke als Betrag des Energieflusses pro Einheitsfläche $I = E/S$.

**Interferenz** Eine Überlagerung von Schallsignalen mit der gleichen Frequenz aus zwei oder mehr Schallquellen, bei der an bestimmten Punkten bzw. Linien im Raum gegenseitige Verstärkung eintritt (konstruktive Interferenz), an anderen Punkten bzw. Linien dagegen Auslöschung (destruktive Interferenz).

**Intervall** 1. Der wahrgenommene Abstand zwischen zwei Tonhöhen. 2. Musikalisches Element, gegeben durch einen bestimmte Größe des Abstandes zweier Tonhöhen, wie z. B. die reine oder perfekte Quinte.

**Impedanz** siehe Widerstand

**JND Just noticeable difference** = Eben merkbarer Unterschied. Die kleinste erforderliche Änderung in einer Sinnesreizung (wie z.B. Schallpegel oder Tonhöhe), bei der die Änderung vom menschlichen Hörer zuverlässig wahrgenommen wird.

**Kadenz** Eine stilisierte musikalische Formel in der traditionellen europäischen Musik (Folge von Harmonien), die einer Pause oder einem Abschluß vorausgeht.

**Klangfarbe** („Timbre“) Die psychologische Wahrnehmung dessen, was einen Klang abgesehen von Tonhöhe und Lautstärke bestimmt.

**Knoten**, ~-linien, ~-flächen Ein Punkt im Muster einer stehenden Welle, an dem eine physikalische Variable konstant bleibt, obwohl sie sich an den benachbarten Punkten ändert. Man muß einen Druckknoten unterscheiden vom Auslenkungsknoten; beide treten niemals an der gleichen Stelle auf. (Bei zweidimensionalen Schwingungssystemen wie z.B. einem Trommelbezug spricht man von Knotenlinien, bei dreidimensionalen wie z.B. der Luft als Ausbreitungsmedium von Knotenflächen.

**Konsonanz** Ein angenehmes und entspanntes Gefühl beim Hören eines Intervalls oder Akkords, das sowohl von den akustischen Eigenschaften des Intervalls oder Akkords abhängt als auch von dem Kontext, in dem diese gehört werden.

**Kraft** Druck, Schub oder Zug irgendeiner Art, dessen Stärke in Newton N gemessen wird.

**Kritische Frequenzbandbreite** siehe Frequenzgruppe

**Lautheit** Die psychologische Wahrnehmung der Lautstärke, gemessen in sone.

**Lautstärkepegel** Eine beschränkte Information über die Lautheit eines Klanges, die nur auf der vergleichenden Beurteilung beruht. Der Lautstärkepegel (angegeben in Phon) ist definiert als die gleiche Zahl wie der Schallpegel einer 1000 Hz-Sinuswelle, deren Lautstärke dem fraglichen Klang gleich ist.

**Leistung** Der Betrag einer Energieübertragung pro Zeit, $P = E/t$.

**Linear vs. nichtlinear** Eine Beziehung zwischen zwei beliebigen Variablen ist linear, wenn die Verdoppelung der einen Variablen immer exakt auch zur Verdoppelung der anderen Variablen führt, sich beide Größen also proportional zueinander verhalten; trifft dies nicht zu, spricht man von Nichtlinearität (Bsp.: Verdoppelung der Variablen A führt zwar auch zur Verdoppelung der Variablen B, aber eine Verdreifachung von A führt zu einer Vervierfachung von B). Vgl. Abschnitte 2.4 und 16.4.

**Maskierung** (Verdeckung) Die Eigenschaft eines Klangs oder Geräusches, einen zweiten Klang/Geräusch zu verdecken, vor allem, wenn dieser schwächer und höherfrequent ist.

**Masse** Die Menge an Material (=Atome) in einem Körper (oder einem Gas oder einer Flüssigkeit), wie sie durch seine Trägheit gemessen wird oder durch den Widerstand, der einer Beschleunigung entgegengesetzt wird.

**Mensur** Die regelhafte Festlegung von Größen und Proportionen bei den Saiten eines Klaviers, den Pfeifen einer Orgel oder den Mitgliedern einer Instrumentenfamilie. Durch eine geeignete Mensur soll eine gleichbleibende Tonqualität sichergestellt werden.

**Modus** 1. Bezeichnung für Skalen (Tonleitern), bei denen verschiedenen Noten bestimmte Funktionen zugewiesen werden. (2. Bezeichnung im englischen {„mode"·}, aber häufig auch in deutscher Fachliteratur, für einen →Eigenschwingungszustand).

**Mustererkennung** Die Fähigkeit und Tendenz, in komplexen Sinnesreizen bestimmte Muster (wieder-) zu erkennen; bei der Schallwahrnehmung insbesondere das Erkennen einer Tonhöhe des Grundtons, indem versucht wird, das Muster der jeweiligen Fourier-Reihe (der Teiltonreihe des jeweiligen Klangs) möglichst gut in Übereinstimmung mit dem Muster der harmonischen Teiltonreihe zu bringen.

**Nachhallzeit** Die Zeit, in der ein Schallpegel um 60 dB unter seinen Anfangspegel absinkt. Die Aussagekraft ist nur dann eindeutig, wenn die Abnahme immer mit der gleichen Rate erfolgt.

**Nichtlinear** siehe Linear

**Note, Notenname:** Ein Name für eine bestimmte Tonhöhe, z.B. c''' oder fis''.

**Note, Notenzeichen** : Das grafische Symbol in der Notenschrift, z. B. ♪, welches für eine Note bzw. deren Tonhöhe und Dauer steht.

**Oberton, Obertöne** Oft verwendeter Name für die (harmonischen) Teiltöne eines Klanges ab dem 2. Teilton (der 1. Teilton entspricht dem Grundton).

**Ohm'sches Gesetz** 1. In der Akustik ist damit die Aussage gemeint, daß die Wahrnehmung eines Klanges vollständig durch die Amplituden seiner Fourier-Komponenten (Teiltöne) und nicht durch deren relative Phasen bestimmt ist. Dies gilt jedoch nur unter bestimmten Voraussetzungen. 2. In der Elektrizitätslehre die Beziehung zwischen Stromstärke, Spannung und Widerstand.

**Oktave** 1. Das besondere musikalische Intervall, bei dem die zwei Töne als gleich wahrgenommen werden, obwohl der eine deutlich höher klingt als der andere. 2. Das Verhältnis von 2:1 zweier Frequenzen zueinander, das die erstgenannte Wahrnehmung bewirkt.

**Ortstheorie** Ein Modell der Tonhöhenwahrnehmung, nach dem jede spezifische Tonhöhe an einem bestimmten Ort der Basilarmembran wahrgenommen wird (vgl. Kapitel 6 und 17).

**Periode** Die Zeitdauer, in der ein vollständiger Schwingungszyklus abläuft; allgemeiner die Zeitdauer, in der ein beliebiges Phänomen sich wiederholt.

**Periodische Welle** Eine Schwingung, die exakt das gleiche Schwingungsmuster unverändert und unaufhörlich wiederholt und dadurch einen gleichmäßigen Dauerton erzeugt.

**Periodizitätstheorie** Eine Modellvorstellung für die Tonhöhenwahrnehmung, die deren Ablauf weitgehend im Gehirn (und nicht in den Ohren) annimmt und nach der die Periode von sich wiederholenden Wellenformen verarbeitet wird (vgl. Abschnitt 17.2).

**Phase** Die zeitliche Beziehung zwischen zwei Signalen mit der gleichen Frequenz. Phasengleich oder „in Phase“ meint, daß die Amplitudenspitzen zeitgleich auftreten; phasenverschoben oder „nicht in Phase“ meint, daß die eine Amplitudenspitze um einen halben Schwingungszyklus (=180°) später als die andere auftritt oder auch andere Phasenverschiebungen wie z.B. „um eine Viertelphase verschoben“ (=90°).

**Phon** Zahlenskala zur Beschreibung des Lautstärkepegels eines Klangs oder Geräuschs; definiert als der Schallpegel in dB einer 1000 Hz-Sinuswelle mit gleicher Lautheit.

**Präzedenz-Effekt** (Gesetz der ersten Wellenfront) Eine Tendenz der menschlichen Hörwahrnehmung, den Ort einer Schallquelle dort zu lokalisieren, von wo die Schallquelle *zuerst* eintrifft, selbst wenn aus einer anderen Richtung etwas später ein stärkeres Schallsignal eintrifft (z.B. infolge künstlicher Verstärkung).

**Refraktion** siehe Brechung

**Resonanz** Eine Schwingung mit sich verstärkender Amplitude, die beim Zutreffen von drei Bedingungen auftritt: 1. Ein System mit einer Eigenschwingungsfrequenz $f_n$ wird 2. beeinflußt von einer wechselnden Kraft (z.B. einer Schalldruckwelle) mit der Wechselfrequenz $f_0$, und 3. $f_0$ ist möglichst gleich $f_n$ .

**Rhythmus** Das zeitliche Muster von Tönen in ihrer Abfolge über dem gleichmäßigen Metrum und den betonten und unbetonten Taktschlägen , das sowohl durch die Intention des Komponisten bei der Notation seines Werkes vorgegeben sein kann als auch durch die Artikulation des aufführenden Musikers entsteht.

**Rohrblatt/Zunge** 1. Ein dünner Streifen aus Metall oder Holz (manchmal auch Plastik), dessen Schwingungen dazu dienen, den Luftstrom in ein Rohrblattinstrument zu kontrollieren. 2. Im akustischen Sinn jedes beliebige Objekt, das dem gleichen Zweck dient, also z.B. auch die Stimmbänder oder die Lippen eines Blechbläsers.

**Rückkopplung** Jeder Mechanismus oder Vorgang, bei dem der momentane Wert einer physikalischen Variablen dessen weitere Entwicklung beeinflußt. Negative Rückkopplung bringt ein System tendenziell zum Gleichgewichts- oder Ruhezustand, positive Rückkopplung schaukelt sich auf und destabilisiert das System, kann es im Extremfall zerstören.

**Schall** 1. Eine Längswellen-Störung in einer beliebigen komprimierbaren Substanz (Gas, Wasser...), vor allem in Luft. 2. Das Wahrnehmungsobjekt, welches im Gehirn „gehört" wird, wenn solche Wellen das Ohr anregen.

**Schallpegel** Eine abgeleitete Information über die Intensität eines Schalls in Dezibel dB. Der Schallpegel entspricht dem Verhältnis $I / I_0$, wobei $I_0 = 10^{-12}$ W/m² ist (vgl. Tabelle 5.1).

**Schlaginstrumente, Schlagzeug** Die Instrumente, die durch Schlagen (oder manchmal auch Reiben oder Zupfen) zur Erzeugung von Klängen oder Geräuschen angeregt werden. Im weiteren Sinne werden darunter manchmal auch die Tasteninstrumente Klavier usw. verstanden.

**Schlüssel** Tonhöhenschlüssel, Zeichen am Beginn eines Notensystems, welches festlegt, auf welcher Linie eine bestimmte Note erscheinen soll, z.B. G-Schlüssel (Violinschlüssel), F-Schlüssel (Baß-Schlüssel).

**Schneidenton** Die von der Instabilität einer Fluid-Strömung erzeugte Schwingung, wenn ein schmaler Luftstrahl gegen eine scharfe Schneide gerichtet wird (Fluid = Flüssigkeit, Gas).

**Schwebungen** Langsamer Anstieg und Abfall der wahrgenommenen Lautheit, wenn Signale mit geringfügig abweichenden Frequenzen überlagert werden (z.B. wenn die drei Einzelsaiten eines Klaviertones nicht exakt mit der gleichen Frequenz schwingen).

**Sinuswelle**, sinusoidale oder sinusförmige Welle Die einfachste und glatteste Wellenform, produziert durch eine EHS. Ihr Fourier-Spektrum besteht nur aus einem einzigen Grundton = 1. Teilton ohne weitere Teiltöne.

**Skala (Tonleiter)** Eine bestimmte Folge von Tonhöhenschritten, in der alle Noten eines bestimmten Musikstücks oder eines bestimmten Musikstils enthalten sind (vgl. Kap. 18). Im allgemeineren Sinn auch eine festgelegte Folge von Werten (z.B. eine Meßwertskala in der Physik und Technik).

**Sone** Die Einheit zur Messung der →Lautheit.

**Spannung** Die elektrische Potentialdifferenz, ein Maß für die Kraft, die auf die Elektronen in einem elektrischen Schaltkreis wirkt.

**Spektrum** (Klangspektrum, Fourier-Spektrum) Die Zusammensetzung und Stärke der Fourier-Komponenten (Teiltöne) eines komplexen Signals (vgl. Kap. 8).

**Stehende Welle** Der Eigenschwingungszustand eines zusammenhängenden Systems (z.B. einer Klaviersaite oder einer Luftsäule in einer Orgelpfeife), welcher durch seine Frequenz und durch das Muster der stationären Knoten und Gegenknoten (Bäuche) gekennzeichnet ist. S.auch →Wanderwelle.

**Stimmung** 1. Das Einrichten aller Tonhöhen eines Instruments in präzise Intervallabstände zueinander. 2.(Stimmen) Das gegenseitige Abstimmen verschiedener Instrumente aufeinander, z.B. der Orchesterinstrumente vor einer Aufführung.

**Stromspannung** Der Betrag an elektrischer Ladung, der in einem Schaltkreis fließt.

**Synkope** Eine beabsichtigte Verschiebung oder Veränderung in einem vorgegebenen metrischen Muster von betonten Schlägen.

**Temperatur, Temperierung** 1. Die Veränderung der Tonhöhe einer Note derart, daß das von dieser und einer anderen Note erzeugte Intervall zu einem kleinen und bewußt kontrollierten Betrag verstimmt ist. 2. Das komplette Schema zur Einrichtung aller Noten in einer Skala bzw. einem Instrument, bei dem absichtlich ein oder mehrere Intervalle temperiert, also leicht verstimmt werden.

**Tempo** Der „Puls" der Musik, die Geschwindigkeit, mit der die Zählzeiten des Metrums aufeinander folgen.

**Ton** 1. Jeder musikalische Klang mit bestimmbarer Tonhöhe. 2. Manchmal die Bezeichnung der Klangqualität, z.B. in dem Ausdruck „er spielte mit einem vollen und kraftvollen Ton".

**Tonalität** Die Organisation von musikalischen Strukturen um einen wiedererkennbaren tonalen Schwerpunkt oder eine Tonart.

**Tonartenvorzeichnung,** die nach dem Schlüssel geschriebenen →Vorzeichen, die festlegen, welche Noten zu erhöhen oder zu erniedrigen sind (z.B. vier „B's" für die Tonart As-Dur, ein Kreuz für die Tonart G-Dur usw.).

**Tonhöhe** Die (psychologische) Wahrnehmung eines Tones als hoch oder tief; bestimmte Abstufungen werden mit Notennamen belegt.

**Tonhöhenklasse** Die Gruppe aller Noten mit dem gleichen Namen, die jeweils eine Okatve auseinander liegen (z.B. alle Noten mit dem Namen fis oder alle mit dem Namen C).

**Tonleiter** siehe Skala

**Transient** (Übergangsklang) 1. Ein Klang oder Geräusch, das nicht anhält, sondern sofort abklingt oder sich verändert. 2. Der schnelle Einschwingvorgang oder schnelle Ausschwingvorgang eines ansonsten gleichmäßigen Tons.

**Trägheit** (Massenträgheit) Die Tendenz eines beliebigen Objekts (Massekörpers), seine momentane Geschwindigkeit beizubehalten, abhängig von der Masse des Körpers.

**Tremolo** Die Amplitudenmodulation mit Frequenzen unterhalb des Hörbereichs, angewendet auf eine beliebige Schallwelle (vgl. Abschnitt 8.3).

**Überblasen** Die Verwendung größeren Luftdrucks, um eine Orgelpfeife oder ein Blasinstrument zu höheren Schwingungsfrequenzen anzuregen.

**Umformer** siehe Wandler

**Unharmonisch** (manchmal auch „anharmonisch") Adjektiv zur Bezeichnung solcher Eigenschwingungen bzw. deren Frequenzen, die nicht in das reguläre Muster einer → harmonischen Reihe passen. Nicht zu verwechseln mit enharmonisch.

**Verdeckung** siehe Maskierung

**Vibrato** Die Frequenzmodulation mit Frequenzen unterhalb des hörbaren Bereichs, angewandt auf eine beliebige Schallwelle (vgl. Abschnitt 8.3).

**Vorzeichen,** in der Notation die Veränderung einer Ausgangsnote (z.b. g) nach oben oder unten (z.B. zu gis oder ges) durch ein der Note vorangestelltes Kreuz- oder B-Zeichen. Stehen sie am Anfang einer Notenzeile nach dem →Schlüssel, so gelten sie für alle folgenden Takte der Zeile und heißen →Tonartvorzeichnung oder einfach Vorzeichnung.

**Wahrnehmung** Bewußtes Wahrnehmen und Beurteilen eines Sinnesreizes (wie z.B. Schallwellen) einschließlich der physiologischen und psychologischen Komponenten dieses Prozesses.

**Wanderwelle,** wandernde Welle Eine Wellenstörung, die Energie von einem Gebiet zu einem davon entfernten Gebiet trägt (im Gegensatz zur stehenden Welle, deren Energie immer am gleichen Ort bleibt).

**Wandler** Ein Gerät, das Wellensignale von einer Energieform in eine andere überführt, z.B. Schallwellen der Luft in elektrische Wellen in einem Mikrofon.

**Wellenform** Die Folge der Werte der Auslenkungs- oder Schalldruckamplituden eines Schallsignals, aufgetragen über der Zeitachse, die einen vollständigen Schwingungszyklus des Schallsignals darstellt.

**Wellenlänge** Der Abstand zwischen zwei aufeinander folgenden Wellenform-Maxima, gemessen entlang der Ausbreitungsrichtung.

**Widerstand** Ein Maß dafür, wieviel Kraft aufgewendet werden muß, um ein schwingungsfähiges Material (Medium) zu einem bestimmten Betrag von Bewegung anzuregen.

**Widerstandskraft** Jede Kraft, deren Wirkung jeweils so gerichtet ist, daß sie ein Objekt in dessen Ruhelage zurückzubringen sucht.

# Tips und Lösungen zu ausgewählten Übungsaufgaben

Zur Erinnerung: Wichtiger als das Präsentieren einer richtigen Lösung ist es, den *Lösungsweg* klar aufzeigen zu können, auf dem die Lösung gefunden wurde. Machen Sie es sich zur Gewohnheit, immer auch zu zeigen, *wie* Sie die Lösung gefunden haben.

Kapitel 1

2. Ungefähr 69 cm.
3. 100 ms.
4. Ungefähr 3 C° nach beiden Richtungen.
5. Wenn Sie Schwierigkeiten haben, die Antwort $p = 10^3$ atm zu finden, studieren Sie Anhang B!
6. Dutzende.
7. Maximalwert 1,000.003 atm.
8. 100 ms.
9. 200 ms.
10. $10^{-3}$ N.
11. 300 N/m².

Kapitel 2

1. Wenigstens 4 ms.
2. Denken Sie an die Bedeutung des Prefixes M!
5. Es hieß nicht 2.000 m!
6. 540 km.
8. 20 cm.
10. 700 Hz.
13. 30 cm.
15. 50 kg.
16. 1,6 Hz.
19. $2{,}5 \cdot 10^5$ Birnen.
20. 10 cm.

Kapitel 3

2. Wie lange dauert es, bis die Welle einmal hin- und hergewandert ist?
3. 1,4 m.
7. c) 1.600 Hz.
8. c) 1,2 m.
9. 2% (Erinnern Sie sich an Kapitel 1).

Kapitel 4

1. Wie verhält sich jeweils $\lambda$ zum Durchmesser der Insel?
2. Ja, sogar beträchtlich. Erklären Sie warum.
3. Verhältnis von Öffnungsweite zu $\lambda$.
4. 1,7 kHz.
5. Keiner.
6. Fast 150 km/h.
7. b) 25 cm, 75 cm, ... was folgt dann?
8. a) 287 Hz, 573 Hz, ...
   b) 143 Hz, 430 Hz, ...
9. In einem Fall konstruktiv, im anderen nicht.
11. Einer davon ist 437 Hz.
12. Geben Sie drei Antworten!

Kapitel 5

1. 10 W/m².
2. 108 J; denken Sie daran, 1 kg wiegt 9,8 N.
3. b) $7 \cdot 10^{-10}$ J.
5. Vergleichen Sie Tabelle 5.2.
6. b) $3 \cdot 10^{-4}$ W/m².
7. b) 56 dB.
8. Für 105 dB: 1.000, nicht 30.
9. 70, 70, 73...
10. 20.
11. 97 dB.
12. a) 18 dB, d) sehr wenig. Warum?
18. Mehr als 300 m. Nehmen Sie 6 dB-Schritte.

Kapitel 6

4. Fast 1 atm; 1 mm; 0,1 mm.
6. Benutzen Sie Bild 6.8 und teilen Sie den Hörbereich in verschiedene Teilbereiche ein. Schätzungen von ungefähr 2.500 bis 3.000 sind zutreffend.
7. 60%.
8. b) 2.000 Hz.
9. Benutzen Sie die Oktave als Hilfsmittel!
11. c) Fast 80 Phon.
13. b) Fast 50 sone.
14. c) 83 dB.
16. 12 dB, 27 dB, ...
17. Wählen Sie für den Baß Frequenzen wie z.B. 50–200 Hz und für die Höhen 1–5 kHz.
19. 12–15%.
20. a) 58 dB.

Kapitel 7

1. b) 0,2 s.
3. 150.
5. 100 ms versus 125 ms.

10–18: Vergleichen Sie Bild C (hintere Umschlaginnen-

seite).
19. Zum Beispiel: 16, 15, 14.
20. Ungefähr 1/3 Halbtonschritt.

Kapitel 8
1. In beiden Fällen die gleiche Antwort.
2. $P = 10$ ms.
3. Ja und Nein. Erklären Sie das.
4. 196 Hz und ...
5. 250 Hz und ...
8. Welche Klänge/Geräusche haben periodische Wellenformen?

Kapitel 9
1. In jedem Fall würde sich nur eine Eigenfrequenz ändern. Warum?
5. 6; zwei degenerierte Eigenschwingungszustände.
6. Wie stark werden die Federn gedehnt?
9. Was würde es bedeuten, wenn die Frequenz einer Eigenschwingung gegen Null gehen würde?
10. es', d'' usw.
11. a'.
13. Die Krümmungen haben kaum Einfluß, und Sie können deswegen Ihre Kenntnisse über die Eigenschwingungen eines geraden Stabes benutzen.
15. a) Überhaupt nicht. Warum?
17. Letzte Frage: nein. Warum?
19. Alle zusammen abwärts im ersten, aufwärts im zweiten Fall.
20. Z.B.: Eigenschwingeung Nr. 3 stark, Nr. 5 fehlend.
22. 2 s.
23. Beachten Sie, daß der Gegenknoten von Eigenschwingung 1 ein Knoten für viele andere ist.
25. 1 kHz.

Kapitel 10
1. Eine davon ist 0,4m lang.
2. 400 Hz.
3. 750 Hz.
5. Frequenzverhältnis 1,414; eine halbe Oktave.
6. 300 m/s.
7. 200 Hz.
8. 864 N.
15. Ungefähr eine Oktave. $J_{\text{Stahl}} = 1/2\, J_{\text{Darm}}$; $J_{\text{Stahl}} = 2\, J_{\text{Darm}}$.
16. Vergleichen Sie die Regeln in Abschnitt 9.6 und 9.7.
20. Welche Eigenschwingung fehlt praktisch in der Zusammensetzung?
21. a) Drei mögliche Orte; einer davon ist die Mitte. Wo sind die andern zwei? c) Oktave plus Quinte.
22. Erinnern Sie sich an das Dämpfungsgesetz von Abschnitt 9.7; g'.
23. Zupfen Sie *beide* Stellen und setzen Sie an *beide* Stellen den Pickup an.
25. Vergleichen Sie Bild 10.7a.

Kapitel 11
1. Die Resonanzspitze verschiebt sich nach links, dann nach unten, dann nach rechts und dann nach oben.
3. Wie stark ist die Kraft, die die Brücke auf den Korpus ausübt?
5. a) 4,8.
7. 0,63 g·m/m.
8. a) Jede Widerstandsänderung erzeugt Teilreflexionen. c) Nein. d) Ja, negativ. Erklären Sie warum.
10. Denken Sie an die Regel aus Abschnitt 9.7.
12. Beachten Sie $W = F \cdot I$; vgl. Tabelle 5.1
15. Wie beeinflußt Dämpfung die Resonanzspitzen?
16. Nein.
18. Was geschieht mit der Luftresonanz?
20. Reine Quarte; 2 cm, 6 cm.
21. 26 oder 27 cm.
22. Eine reine Quarte aufwärts.
23. 12, 6, 10, 30.

Kapitel 12
2. Achten Sie auf Bildteile b) und c).
3. 300 Hz.
4. 50 Hz.
5. 1 und 5 kHz.
6. 0,2 und 1,8 kHz.
7. b) 10 cm.
8. 171 und 162 Hz.
9. 1.600 Hz.
10. 2 cm.
12. a) 4.
13. 1,7 kHz; 20 kHz.
14. b) Welcher Bruchteil von 16 ist 5 1/3?
15. g'.
16. 4 cm aufwärts; 26 cm aufwärts.
17. Ungefähr 40 cm abwärts.
19. Wo befindet sich ein Knoten der erwünschten Eigenschwingung?

Kapitel 13
3. Denken Sie daran, daß die Resonanzspitze des Rohrblatts nicht zu hoch und schmal sein sollte.
4. Eine Wellenform mit vielen abrupten Änderungen enthält stärkere hohe Teiltöne.

5. b) 5,1 m.
6. Weniger als 60 cm. Prüfen Sie die Wirkung des Schallbechers.
7. Mehr als 70 cm. Betrachten Sie das Rohrblatt.
8. b) a''.
9. Wo sind die Schwingungsknoten?
10. Ungefähr 40 und 15.
12. 2,22 m; 6,6 cm; 8,9 cm.
17. Die Tonhöhe steigt um einen ca. 0,3 Halbtonschritt. Warum?
18. Egal wie, er kann nicht funktionieren. Warum?
19. 7,4 cm.

Kapitel 14
1. Bedenken Sie, ob Ihre berechnete Antwort realistisch sein kann!
2. a) t – sch.
4. Versuchen Sie es!
5. Ein kontinuerliches Frequenzspektrum kann durch Formanten ebenso wie eine harmonische Teiltonreihe geformt werden.
6. Welche Frequenzbereiche sind betroffen?
10. Welcher Teilton befindet sich bei 2,2 kHz?
11.–13. Benutzen Sie Bild 14.12.
14. Nein und Ja. Begründen Sie warum.
16. Es könnte ein kurzes a oder langes aah sein.
17. Ungefähr 3 cm. (Erinnern Sie sich an Bild 12.3)
18. 0,015 atm.

Kapitel 15
1. c) ergibt die beste Ausbreitung in *alle* Richtungen.
3. Zu lang.
4. 10 Hz.
5. Bestimmen Sie zuerst den Prozentanteil, den Sie hereinlassen wollen, unter Benutzung von Tabelle 5.1.
6. 60, 6000; 2 oder 3; 240.
8. a) 1,6 s, d.h. nicht weniger als 1,4 und nicht mehr als 1,8.
10. b) 0,84 s.
12. 0,4 s.
13. a) 2,4 s. b)1,1 s. c) 1 s und weniger. Selbst bei einer geeigneten Decke würden 200 Personen den Raum fast schalltot machen.
14. c) 1,1 s. d) Siehe Bild 15.8c.
15. 640 $m^2$.
16. 1,4 s.
17. 400 $m^2$.
18. b) 14 m.
19. a) 109 dB. c) 103 dB.
20. 1.200 $m^3$.
22. Zehntel einer Mikrosekunde.
23. Für welche Frequenzen kann der Kopf wie ein Hindernis wirken bzw. einen Schallschatten erzeugen?
24. b) 1,6 s.
25. 1.000 $m^2$; 1.100 $m^2$ und 1,45 s (leicht angezogen).

Kapitel 16
1. Weniger als 1 cm.
4. Siehe Bild 16.9.
6. b) 40 dB.
7. a) 1,9 mm.
8. a) 3,5 mm.
9. 0,17 Halbtöne; 1,8 s.
11. Ungefähr 1 kHz.
13. b) Mehrere Meter.
14. Stromstärke ungefähr 2 W und 6 W.
15. b) 15 cm Maximum. b) 1 m Minimum.
17. 6 ms.
18. 1,4 Millionen; 5,6 Milliarden; 1,4 Quadrat-Mikrometer.

Kapitel 17
3. Siehe Bild 17.3
4. a) 200 Hz und 176 Hz; siehe Bild C für die Bezeichnungen.
6. c'; um eine bestimmte Frequenz zu bestimmen (mit 2 oder 3 Hz Abweichung), bestehen Sie darauf, daß sich zu hohe und zu niedrige Urteile gegenseitig ausgleichen.
7. Zwei, ungefähr 2,5 Halbtöne auseinander. Welche Töne sind es (Notennamen)?
8. a) 224 Hz; siehe Bild C.
9. Siehe Bild 17.9.
10. b) 2,5 kHz.
11. Siehe Bild 17.10.
12. Was sind die Frequenzen der harmonischen Teiltöne? – Benutzen Sie dann Bild 17.10.
14. Ungefähr 100 Hz.
15. Mehrere Sekunden.
18. e) cis''', C, b'. – a) bis d): Einige liegen zwischendrin.
19. Ja, um e herum. Welche Frequenzen?
21. 50 sone. Vergleichen Sie Bild 6.12 und Bild 6.13.
22. 5 sone.
23. Siehe Bild 17.17.

Kapitel 18
1. c) 8 : 3
2. a) Kürzen Sie das Verhältnis auf den kleinsten gemeinsamen Nenner. b) Drücken Sie es mit anderen bereits aufgeführten Intervallen aus.
3. Es gibt mehrere Gründe dafür; siehe z.B. Übungsaufgabe 12 in Kapitel 17.

4. 8 : 7.
5. b) 5 : 2.
6. a) 9 : 8 oder 204 ¢.
7. Sehen Sie in Bild 12.2 und Bild 12.3 nach.
8. a'', 10 Hz.
11. In Slendro finden sich Cluster um 245 ¢, 490 ¢ herum, drei Intervalle mehr; in Pelog Cluster um 130 ¢, 415 ¢, mehrere weitere Intervalle.
12. 434 ¢, 608 ¢,...
13. e) Alle jeweils ca. 1,5 ¢ nahe daran.
16. Fünf verschiedene Größen.
18. b) 7 ¢.
19. Zeigen Sie, warum die Quinten genau 695 ¢ haben und schreiben Sie dann eine Spalte wie in Bild 18.8a nieder. Vergleichen Sie die Ergebnisse mit den Vielfachen von 63 ¢.
22. 12 Hz, e'''.
23. a) 996 ¢, 16 : 9.
24. a) 582,5 ¢.

Kapitel 19

2. C,, (Subkontra-C); sechs Differenztöne.
3. a) c; zweimal c und c'.
4. a) C, b) Es.

# Bibliografische Hinweise

Vorbemerkung: Die nachfolgend aufgeführten Autoren und Titel können und sollen keine vollständige Bibliografie darstellen, sondern sind als Hilfen für denjenigen Leser gedacht, der sich tiefer in die musikalische Akustik oder deren Randgebiete einarbeiten möchte. Es sind daher hauptsächlich Titel aufgeführt, die zumindest in größeren Bibliotheken zugänglich sind. Der interessierte Leser findet in den meisten der genannten Bücher ausführliche Bibliografien, die ihm weitere Studienmöglichkeiten eröffnen.

## Allgemeine Einführungen, Lexika und Sammelwerke


Benade, Arthur H. 1960: Musik und Harmonie. Die Akustik der Musikinstrumente. (=Natur und Wissen, Bd. 9–10). K. Desch, München.

Dickreiter, Michael 1987: Musikinstrumente. Moderne Instrumente, historische Instrumente, Klangakustik. dtv/ Bärenreiter, München/ Kassel.

Helmholtz, Herrmann von 1913 (6.Aufl): Die Lehre von den Tonempfindungen als physiologische Grundlage für die Theorie der Musik. Vieweg, Braunschweig. (Nachdruck 1963: G. Olms, Hildesheim.)

Meyer, Jürgen 1980 (2. erw. Aufl.): Akustik und musikalische Aufführungspraxis. Verlag Das Musikinstrument, Frankfurt/Main. (3. Auflage i.V.)

Nederven, Cornelis J. 1969: Physik der Musikinstrumente. M.e.Einf.v. Klaus Winkler ü.d. Akustik wichtiger Orchesterinstrumente u. d. menschl. Stimme.

Pierce, John R. 1985: Klang. Musik mit den Ohren der Physik. Verlag Spektrum der Wissenschaft, Heidelberg.

Rieländer, Michael M. (Hg.) 1982: Reallexikon der Akustik. Erwin Bochinsky, Frankfurt/Main.

Roederer, Juan G. 1993 (2.Aufl.): Physikalische und psychoakustische Grundlagen der Musik. Springer Verlag, Berlin.

Spektrum der Wissenschaft (Hg.) 1988: Die Physik der Musikinstrumente. M.e.Einf.v. Klaus Winkler. Spektrum der Wissenschaft Verlagsgesellschaft, Heidelberg.

Stauder, Wilhelm 1990 (3.verb. Aufl.): Einführung in die Akustik. Florian Noetzel Verlag, Wilhelmshaven.

Simbriger, Heinrich / Zehetlein, Alfred 1951: Handbuch der musikalischen Akustik. Verlag Josef Habbel, Regensburg.

Tarnòczy, Tamás 1991: Einführung in die musikalische Akustik. Unter Mitw. v. Jürgen Meyer. Akadémiai Kiadó, Budapest.

Valentin, Erich 1986: Handbuch der Musikinstrumentenkunde. Neu hg. v. Franz A. Stein u. Christine Weiss. Gustav Bosse Verlag, Regensburg.

Webers, Johannes 1989: Tonstudiotechnik. Schallaufnahme und -wiedergabe bei Rundfunk, Fernsehen, Film und Schallplatte. 5. neu bearbeitete und erweiterte Auflage. Franzis Verlag, München.

## Instrumentengattungen, Einzelinstrumente

Adelung, Wolfgang 1992: Einführung in den Orgelbau.Breitkopf und Härtel, Wiesbaden.

Cremer, L. 1981: Die Physik der Geige. Hirzel, Stuttgart.

Dullat, Günter1991: Metallblasinstrumentenbau. Entwicklungsstufen und Technologie. Verlag Das Musikinstrument/Bochinsky, Frankfurt/Main.

Dullat, Günter 1990: Holzblasinstrumentenbau. Entwicklungsstufen und Technologien. Moeck Verlag, Celle.

Ellerhorst, Winfried 1936 (3. Reprint 1986): Handbuch der Orgelkunde. Die mathematischen und akustischen, technischen und künstlerischen Grundlagen sowie die Geschichte und Pflege der modernen Orgel. Einsiedeln.

Jahnel, Franz 1993 (5.Aufl.): Die Gitarre und ihr Bau. Technologie von Gitarre, Laute, Mandoline, Sister, Tambur und Saite.

Junghanns, Herbert u.M. 1979 (5.Aufl): Der Piano- und Flügelbau. Verlag Das Musikinstrument, Frankfurt/Main.

Maersch, Klaus/ Rohde, Ulrich/ Seiffert/ Singer, Ute: 1987: Bildwörterbuch Musikinstrumente. Gliederung, Baugruppen, Bauteile, Bauelemente. Schott Verlag, Mainz.

Meinel, Eberhard 1993: Elektrogitarren. Grundlagen der Elektrogitarren und der elektrifizierten akustischen Gitarren. Bochinsky Verlag, Frankfurt/M.

Meyer, Jürgen 1994: Akustik der Gitarre in Einzeldarstellungen. U.Mitarb.v. Andreas Meyer. Frankfurt/Main. Bochinsky Verlag, Frankfurt/M.

Meyer, Jürgen 1966: Akustik der Holzblasinstrumente in Einzeldarstellungen. Bochinsky Verlag, Frankfurt/ Main.

Moeckel, Otto 1954: Die Kunst des Geigenbaus. 2. neubearbeitete und ergänzte Auflage von Fritz Winckel. Voigt Verlag, Berlin.

Ventzke, Karl / Raumberger, Claus/ Hilkenbach, Dietrich 1994 (3.Aufl.): Die Saxophone. Beiträge zur Baucharakteristik und Geschichte einer Instrumentenfamilie. Verlag Das Musikinstrument, Frankfurt/Main.

Pape, Winfried 176: Instrumentenhandbuch. Streich-, Zupf-, Blas- und Schlaginstrumente in Tabellenform. Musikverlag Hans Gerig, Köln.

Peinkofer, Karl / Tannigel, Fritz 1981 (2.Aufl.): Handbuch des Schlagzeugs. Praxis und Technik. Schott Verlag, Mainz.

Uchdorf, Hans-Jürgen 1985: Klavier. Praktisches Handbuch für Klavierbauer und Klavierspieler. Heinrichshofen Verlag, Wilhelmshaven.

## Einzelne Themen / Untersuchungen

Ackermann, Philipp 1991: Computer und Musik. Eine Einführung in die digitale Klang- und Musikverarbeitung. Springer Verlag, Wien, New York.

Blauert, Jens 1974: Räumliches Hören. Hirzel Verlag, Stuttgart.

Cremer, L./Müller, H.A. 1978: Die wissenschaftlichen Grundlagen der Raumakustik. Hirzel Verlag, Stuttgart.
Henle, Hubert 1990 (2.Aufl.): Das Tonstudio-Handbuch. Praktische Einführung in die professionelle Aufnahmetechnik. G. Cartsensen Verlag, München.
Hesse, Hans-Peter 1972: Die Wahrnehmung von Tonhöhe und Klangfarbe als Problem der Hörtheorie. Arno Volk Verlag, Köln.
Mertens, P.H. 1975: Die Schumann'schen Klangfarbengesetze und ihre Bedeutung für die Übertragung von Sprache und Musik. Bochinsky Verlag, Frankfurt/Main.
Schröder, Eberhard 1990 (2.Aufl.): Mathematik im Reich der Töne. Verlag Harri Deutsch, Thun / Frankfurt/Main.
Voigt, Wolfgang 1975: Untersuchungen zur Formantbildung in Klängen von Fagott und Dulzianen. G. Bosse Verlag, Regensburg.(=Kölner Beiträge zur Musikforschung, Akustische Reihe).
Wängler, H. 1974: Grundriß einer Phonetik des Deutschen. Marburg.
Webers, Johannes 1989: Tonstudiotechnik. Schallaufnahme und -wiedergabe bei Rundfunk, Fernsehen, Film und Schallplatte. 5. neu bearbeitete und erweiterte Auflage. Franzis Verlag, München.
Zwicker, Eberhard 1982: Psychoakustik. Springer Verlag, Berlin / Heidelberg /New York.

********************

# Originalbibliografie der amerikanischen Ausgabe

Adam, R.T. 1986: Electronic Music Composition (for Beginners). William C. Brown, Ames, IA.
Ando, Y. 1985: Concert Hall Acoustics. Springer, New York.
Andersen, P.-G. 1969: Organ Building and Design. Oxford University Press, New York.
Andrew, Donald 1966: The Symphony of Live. Unity Books.
Askenfelt, Anders1986: Measurements on Bow Force and Motion I. In: JASA, 80, 1007.
Askenfelt, Anders1989: Measurements on Bow Force and Motion II. In: JASA, 86, 503.
Backus, John G. 1977: The Acoustical Foundations of Music. (2nd ed.) W.W.Norton, New York.
Barbour, J. Murray 1951: Tuning and Temperament. Michigan State University Press, Michigan.
Benade, Arthur H. 1976: Fundamentals of Musical Acoustics. Oxford University Press, New York.
Békésy, Gregor von 1960: Experiments in Hearing. McGraw-Hill, New York.
Beranek, Leo 1962: Music, Acoustics and Architecture. Wiley, New York.
Blauert, Jens 1983: Spatial Hearing. MIT Press, Cambridge, MA.

Capra, Fritjof 1975: The Tao of Physics. Shambhala, Berkeley.
Cooper, G.W. / Meyer, Leonard 1969: The Rhythmic Structure of Music. University of Chicago Press.
Cremer, L. 1983: The Physics of the Violin. MIT Press, Cambridge, MA.
Crocker, Richard 1966: A History of Musical Style. McGraw-Hill, New York.
Denes, Peter / Pinson, Elliot 1973: The Speech Chain. Doubleday, New York.
Deutsch, Diana 1982: The Psychology of Music. Academic Press, New York.
Deutsch, Diana 1975: Musical Illusions. In: Scientific American, October 1975.
Eargle, John 1980: Sound Recording. 2nd. ed., Van Nostrand Reinhold, New York.
Elliott, S. 1982: Input and Transfer Response of Brass Wind Instruments. In: JASA, 72, 1747, 1982.
Erickson, Robert 1975: Sound Structure in Music. University of California Press, Berkely.
Firth, Ian 1978: Studie of Wolf Tones. In: Acustica, 39, 252, 1978.
Fletcher, Neville H. 1977: Analysis of Harpsichord Scaling. In: Acustica, 37, 39 (1977).
Forsyth, Michael 1985: Building for Music. MIT Press, Cambridge, MA.
Gabrielsson, Alf 1979: Rhythm and Timing in Music. In: Humanities Association Review, 30, 69 (1979).
George, Graham 1970: Tonality and Musical Structure. Faber & Faber, London.
Gillespie, John 1976: The Musical Experience. 3nd. ed., Wadsworth.
Green, David M. 1976: An Introduction to Hearing. Halsted.
Grout, Donald 1960: A History of Western Music. Norton, New York.
Hall, D.E./ Hess, J.T. 1984: Perception on Musical Interval Mistuning. In: Music Perception, 2, 166, 1984.
Harvard Dictionary of Music, 1969, 2nd ed. (Ed. Willi Apel), Harvard University Press, Cambridge, Massachusetts.
Helmholtz, Herrmann von 1877/1954: On the Sensations of Tone. (Translated by A. Ellis) Dover Publikations, Dover 1954.
Hiller, Lejaren 1959: Composing the ILLIAC Suite. In: Scientific American, Dec. 1959.
Hindemith, Paul 1945: The Craft of Musical Composition, Book I. Rev. Ed. Associated Music Publishers, New York.
Hofstadter, Douglas 1979: Gödel, Escher, Bach: An Eternal Golden Braid. Basic Books, New York.
Hudspeth, A. J. 1983: Workings of the Hair Cells of the Inner Ear. In: Scientific American, 248, 54 (Jan. 1983).
Hutchins, Carleen (Ed.) 1978: The Physics of Music. (Reprints from Scientific American). W.H.Freeman, San Francisco.
Hutchins, Carleen 1962: The Physics of Violins. In: Scientific American, 79, Nov. 1962.
Hutchins, Carleen 1975: Musical Acoustics, Part I, Violin Family Components. Halsted Press.
Hutchins, Carleen 1976: Musical Acoustics, Part II, Violin Family Functions. Halsted Press.

Johnson, K.W./ Walker, W.C. 1981: The Science of Hi-Fi. Kendall/Hunt.
Jorgensen, Owen 1977: Tuning the Historical Temperaments by Ear. Northern Michigan University Press.
Keidel, W.D./ Neff, W.D. 1976: Handbook of Sensory Physiology, Vol. V/3. Springer, Berlin.
Kent, Earle L. (Ed.) 1977: Musical Acoustics: Piano and Wind Instruments. Halsted Press.
Klotz, Henry 1969: The Organ Handbook. Concordia.
Knudsen, Vern 1963: Architectural Acoustics. In: Scientific American, Nov. 1963.
Kuttruf, Heinrich 1979: Room Acoustics. 2nd.ed. Applied Sciences, London.
Littler, T.S. 1965: The Physics of the Ear. Pergamon Press, New York.
Lindley, Mark 1977: Practical Tuning. In: Early Music, 5, 18, 1977.
Lloyd, L.S./ Boyle, H. 1979: Intervals, Scales and Temperaments. Rev.ed. Macdonald & Jane, London.
Murchie, Guy 1961: Music of the Spheres. Houghton Mifflin, New York.
Nederven, Cornelis 1969: Acoustical Aspects of Woodwind Instruments. Frits Knuf, Amsterdam.
New Grove Dictionary of Music and Musicians, 6th. ed. Macmillan, London.
Olson, Harry 1972: Modern Sound Reproduction. Van Nostrand Reinhold, New York.
Oster, Gerald 1973: Auditory Beats in the Brain. In: Scientific American, October 197
Partch, Harry 1974: Genesis of a Music. 2nd. ed. Da Capo Press, New York.
Patterson, Blake 1974: Dynamic Levels of Solo Musicians. In: Scientific American, Nov. 1974, p. 78.
Perle, George 1972: Serial Composition and Atonality. 3rd.ed. University of California Press, Berkeley.
Pinkerton, Richard 1956: Information Theory and Melody. In: Scientific American, Febr. 1956.
Plomb, Richard 1976: Aspects of Tone Sensation. Academic Press, New York.
Roederer, Juan G. 1975: The Physics and Psychophysics of Music. (2nd ed.) Springer, Berlin.
Rossing, Thomas D. 1982: The Science of Sound. Addison Wesley, Massachusetts.
Schelleng, John 1974: The Physics of the Bowed String. In: Scientific American, 87, Jan. 1974.
Schrader, Barry 1982: Introduction to Electro-Acoustic Music. Prentice-Hall, Englewood-Cliffs, New Jersey.
Stevens, S.S. 1975: Psychophysics. Wiley, New York.
Strong, William / Plitnik, George 1983: Music, Speech & High Fidelity. (2nd ed.) Soundprint, Provo, Utah.
Shankland, R.S. 1973: On the Acoustics of Greek Amphitheaters. In: Physics Today, 26, 30, October 1973.
Snow, Charles Percy 1959: The Two Cultures. Cambridge University Press, Cambridge.
Sundberg, Johan 1987: The Science of the Singing Voice. Northern Illinois University

Press, Illinois.
Tobias, J.V. (Ed.) 1970/72: Foundation of Modern Auditory Theorie, Vol. I and II. Academic Press, New York.
Yasser, Joseph 1932: A Theory of Evolving Tonality. American Library of Musicology.
Warren, R.M. 1982: Auditory Perception. Pergamon Press, New York.
Winckel, Fritz 1967: Music, Sound and Sensation. Dover, New York.
Wilson, Frank R. 1986: Tone Deaf and All Thumbs? Viking Penguin Books, New York.

Sowie zahlreiche Artikel aus den folgenden Zeitschriften:

Acustica.
American Scientist.
Early Music.
JASA Journal of the Acoustical Society of America.
Journal of Guitar Acoustics.
Journal of the Audio Engineering Society
Journal of the Catgut Acoustical Society.
Music Perception. Univers. of California Press, Berkeley, CA.
Physics Today.
Psychological Review.
Quarterly (Guild of American Luthiers.)
Scientific American. W.H.Freeman, San Francisco.

# Index

(Der Index wurde gegenüber dem amerikanischen Original erheblich erweitert.)

## B

## C



## D

## E

# F

## H

## I

## J



## K

## L

## M

## N

## O



## P

## Q



## R

## S

## T

## U



## V

## W

# X



# Y



# Z

# Abkürzungen

| | |
|---|---|
| EHS | Einfache harmonische Schwingung (s. Kapitel 2) |
| JASA | Journal of the Acoustical Society of America (Zeitschrift der Akustischen Vereinigung von Amerika) |
| JND | Just noticeable difference (eben merkbarer Unterschied, s. Kapitel 6 und Kapitel 17) |

# Systematische Übersicht

Da die meisten Themen mehrfach behandelt werden, sind hier zur schnellen Orientierung die wichtigsten Sachthemen mit den entsprechenden Kapitelnummern bzw. -abschnitten aufgeführt.



Der Index ermöglicht eine genauere Suche.

# Erläuterungen zu Bild C
## (hintere Umschlaginnenseiten)

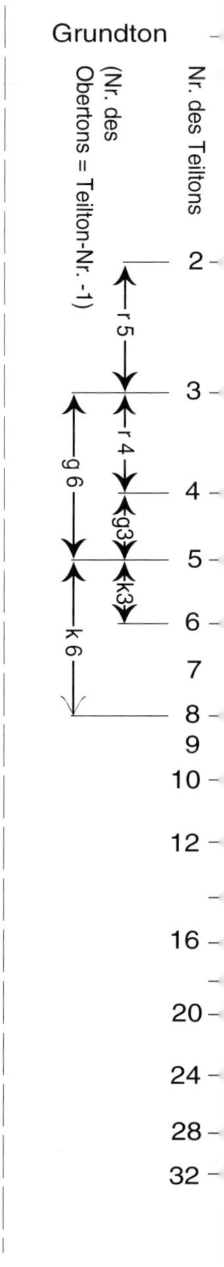


## Die chromatische Tonleiter

In der oberen Mitte von Bild C sind die 88 Tasten eines Klaviers dargestellt und mit den im deutschsprachigen Raum üblichen Bezeichnungen für die weißen Tasten gekennzeichnet sowie die üblichen Bezeichnungen für die Oktavlagen angegeben. (Darunter stehen die amerikanischen Bezeichnungen.) Die schwarzen Tasten werden durch Anhängen der Silbe „-is“ bezeichnet, wenn sie durch Erhöhung mittels eines #-Vorzeichens erhalten werden, und durch Anhängen der Endung „-es“, wenn sie durch Erniedrigung mittels eines b-Vorzeichens erhalten werden (Ausnahme: Die schwarze Taste links vom „h“ wird als „B“ und nicht als „hes“ bezeichnet. Aufpassen: Im Englischen trägt nämlich die Taste „h“ den Namen „B“!). Die entsprechenden Noten sind gemäß dem im Baß- und Violinschlüssel darüber eingezeichnet.

Die Frequenzen der jeweiligen Noten sind für die gleichmäßig temperierte Stimmung mit Eichung auf den Kammerton A = 440 Hz angegeben. Sie stellen lediglich Näherungswerte für die in der Praxis vorhandenen Werte dar. (Siehe dazu Kapitel 18).

Die Linien im unteren Teil der Abbildung geben den normalen Spielbereich verschiedener Orchesterinstrumente wieder. Für viele Instrumente gilt jedoch, daß die höchsten jeweils spielbaren Töne stark von der Geschicklichkeit des Spielers abhängen. In jedem Fall sind immer noch höhere Teiltöne vorhanden, wenn solche hohen Noten gespielt werden.

## Das Teiltonreihen-Lineal (Abbildung rechts)

Photokopieren Sie diese Seite und schneiden Sie den rechten Rand mit dem Teiltonreihen-Lineal aus; Sie können es dann zusammen mit Bild C (hintere Umschlaginnenseite) benutzen, um einfach und schnell die Teiltonverhältnisse innerhalb der chromatischen Skala zu finden. Die Schneidelinie (gepunktet) muß an der gepunkteten Linie „Teiltonreihen-Lineal“ in Bild C angelegt werden, so daß es über dem unteren Teil der Tastatur liegt. Es folgen einige Tips zum Gebrauch. (Durch den Buchbindevorgang können sich kleine Abweichungen ergeben!)

1. Um die harmonischen Teiltöne oder Obertöne eines beliebigen Grundtons zu finden, legen Sie das Lineal so an, daß der Strich bei „Grundton“ genau auf die Taste des gewünschten Grundtons zeigt. Die

zugehörigen (harmonischen) Teiltöne werden dann durch die jeweiligen Ziffern bzw. Striche auf dem Lineal angezeigt. Beispiel: Setzen Sie den Grundtonstrich auf C. Die Ziffer 2 zeigt nun auf das c (=2. Teilton oder 1. Oberton), die 3 auf das g, 4 auf c', 5 auf e' usw. Jeder Strich, der nicht genau mittig auf eine Taste zeigt, weist damit darauf hin, daß ein wohltemperiert gestimmtes Instrument nicht die Note hat, die diesem Teilton genau entsprechen würde.

2. Um den Grundton zu einem gegebenen Teilton bzw. Oberton zu finden, verschieben Sie das Lineal solange, bis die Nummer des Teiltons auf die entsprechende Taste zeigt. Am linken Ende des Lineals können Sie nun den Grundton ablesen. Beispiel: Wenn a'' der sechste Teilton des gesuchten Grundtons sei, legen Sie die Ziffer 6 auf die Taste a'' an und können nun ablesen, daß der Grundtonstrich auf die Note d zeigt, den gesuchten Grundton.

3. Um das Frequenzverhältnis zu finden, das in der reinen Stimmung einem musikalischen Intervall entspricht (Kapitel 18), bestimmen Sie zunächst die zwei Tasten in Bild C, die dieses Intervall ergeben. Auf die niedrigere von beiden legen Sie nun zuerst den Grundtonstrich an, dann den des 2., 3., 4ten usw. Teilstrichs und kontrollieren jedesmal, ob der zweiten, höheren Taste ein Teilstrich exakt gegenübersteht. Sobald dies zutrifft – also ein Teilstrich exakt auf die untere, der nächste exakt auf die obere Taste des Intervalls zeigt –, geben die zugehörigen Ziffern die Bruchzahl an, die als Standard für dieses Intervall-Frequenzverhältnis stehen. Beispiel: Für das Intervall c' – f' sollten Sie herausfinden, daß das Frequenzverhältnis 3 : 4 ist. Für das Intervall f'' – h'' ergibt sich 5 : 7, jedoch nur ungenau (weil in der gleichschwebend temperierten Stimmung das 5 : 7-Verhältnis nur grob angenähert wird), und nur 19 : 27 stimmt besser überein. Natürlich kann man die Prozedur auch umdrehen, um von einem gegebenen Frequenzverhältnis zu entsprechenden Intervallen auf der Tastatur zu gelangen.

3. Um Kombinationstöne (Kapitel 17) zu finden, bestimmen Sie zuerst wieder die entsprechenden Tasten. Verschieben Sie das Lineal wie unter 3. so lange, bis zwei Teiltonstriche exakt auf die beiden Tasten zeigen. Ziehen Sie die entsprechenden Teiltonzahlen voneinander ab, und lesen Sie den Differenzton an dem Strich ab, der dem Subtraktionsergebnis entspricht. Umgekehrt ergibt sich bei Addition der Teiltonzahlen der Differenzton gegenüber dem Teilstrich, der der Summe entspricht. Beispiel: f' und d'' bilden ein recht genaues 3 : 5-Verhältnis; das Lineal zeigt dann den Differenzton b gegenüber dem Teiltonstrich 2 an, den Summenton b'' gegenüber dem Teiltonstrich 8. (Wohlgemerkt, dies gilt genau genommen nur für die reine Stimmung; bei gleichschwebender Stimmung ist der Differenzton in der Lücke zwischen b und h, wie man durch Subtrahieren der Frequenzen ersehen kann oder auch dadurch, daß man die bessere Übereinstimmung des 19 : 32-Verhältnisses mit dem Diagramm herausgefunden hat.)

# Bild C

Erläuterung: siehe vorangehende Seiten

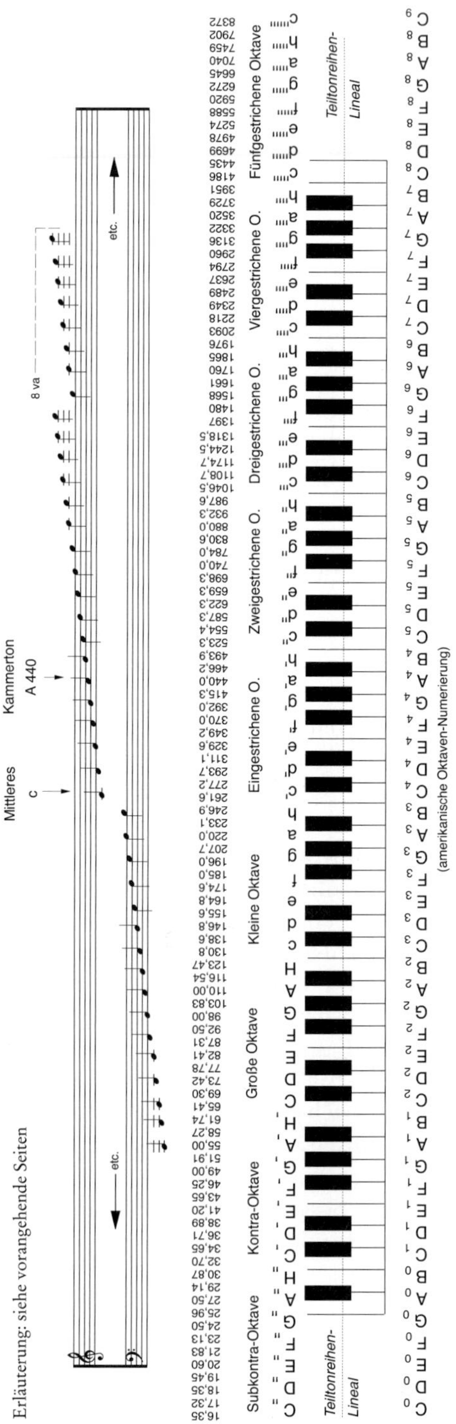

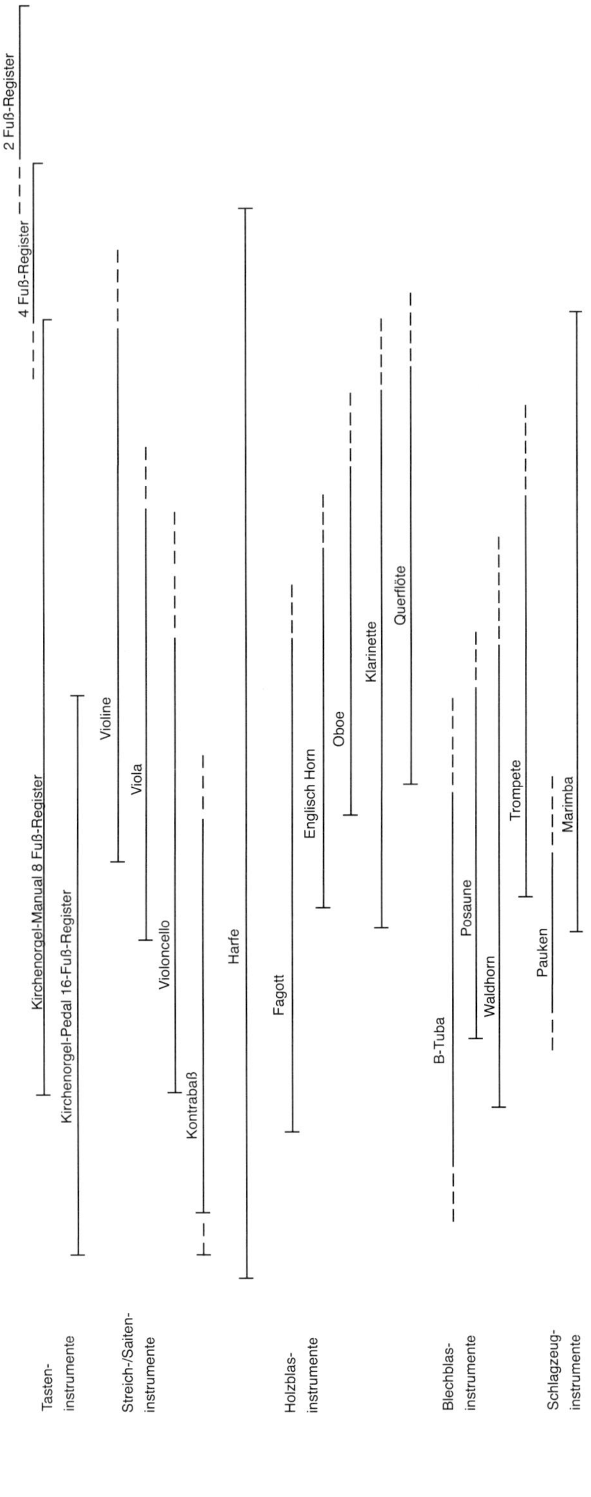

Tasten-instrumente
Kirchenorgel-Manual 8 Fuß-Register
4 Fuß-Register
2 Fuß-Register
Kirchenorgel-Pedal 16-Fuß-Register
Streich-/Saiten-instrumente
Violine
Viola
Violoncello
Kontrabaß
Harfe
Holzblas-instrumente
Fagott
Englisch Horn
Oboe
Klarinette
Querflöte
Blechblas-instrumente
B-Tuba
Posaune
Waldhorn
Trompete
Schlagzeug-instrumente
Pauken
Marimba